10×10

로마사

한 그루의 나무가 모여 푸른 숲을 이루듯이
청림의 책들은 삶을 풍요롭게 합니다.

천년의 제국을 결정한 10가지 역사 속 100장면

10×10 로마사

함규진 지음

추수밭

니콜라 푸생의 〈사비니 여인들의 약탈〉(1653).
왼쪽 위에 붉은 토가를 입고 서 있는 사람이 로물루스다. *1-1*

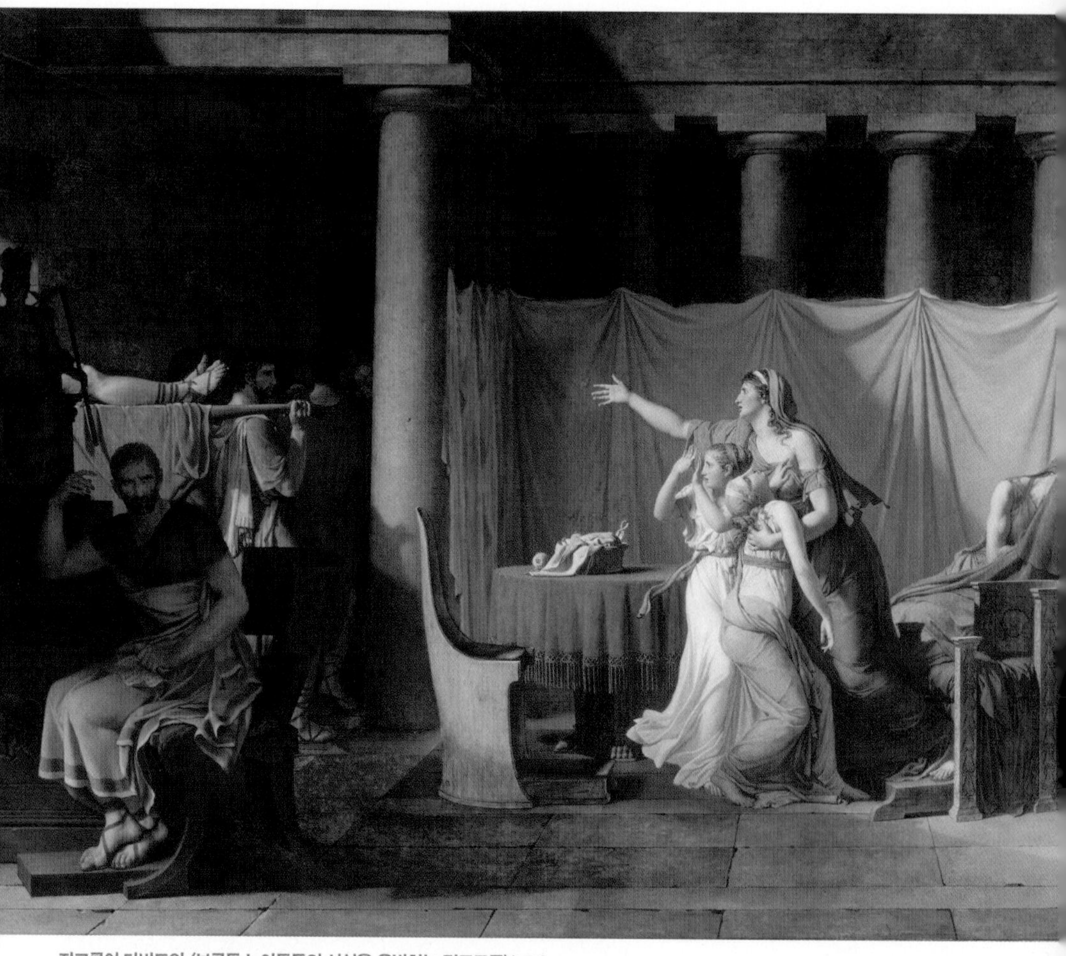

자크루이 다비드의 〈브루투스 아들들의 시신을 운반하는 릭토르들〉(1789).
사형 집행된 아들들의 시신이 실려 오자 모친과 누이들은 비통하게 울부짖지만, 브루투스는 조용히 앉아 외면하고 있다. *1-2*

빌헬름 폰 카울바흐의 〈훈넨쉴라흐트(훈족의 전투)〉(1850).
전설에 따르면 전투가 너무도 격렬했던 나머지 죽은 전사들의 영혼이 천국으로 올라가면서 하늘에서 계속 싸웠다고 한다.
헝가리의 작곡가 프란츠 리스트는 이 그림에서 영감을 받아 1857년, 카탈라우눔 전투를 주제로 한 교향시를 짓는다.*1-9*

메종 카레.

프랑스어로 '사각형의 집'이라는 뜻의 이 신전은 아우구스투스가 건립한 것으로, 프랑스의 님(Nîmes)에 있다. 로마제국 초기 신전으로 보존이 가장 잘 된 것이다.*2-1*

로마시의 산탄젤로성.
본래 하드리아누스의 영묘였으나 교황청이 접수해서 교황의 별궁 내지 피난처로 활용해왔다.*2-6*

위베르 로베르의 〈로마 대화재〉(1785).
네로 황제가 불을 냈다는 근거 없는 소문이 퍼지면서 그에 대한 평판이 급속도로 나빠졌고, 사람들의 불만을 잠재우려 네로는 기독교인들을 희생양으로 삼았다. *2-3*

라벤나 성당에 묘사된 유스티니아누스(위쪽), 테오도라(아래쪽) 모자이크화.
황제와 황후가 동등하게 묘사되었다.*3-9*

주세페 데 리베라의 〈회개하는 성 타이스〉(1641). *3-8*

DAVID

자크루이 다비드의 〈사비니 여인들의 개입〉(1799).
'남편과 친정아버지의 싸움'을 말리는 사비니 여인들 가운데 헤르실리아가 팔을 벌린 채 당당하게 서 있다.*3-1*

가르동 강을 가로지르는 퐁뒤가르.*4-2*

ⓒ Nicholas Gemini

'아치 중의 아치'라는 찬탄을 불러일으킨 콜로세움의 아치 구조. *4-3*

위에서 바라본 콜로세움 전경. *4-3*

ⓒ Kasa Fue

판테온의 정면. *4-6*

판테온의 지붕 내부. *4-6*
오쿨루스를 통해 햇빛이 비쳐든다.

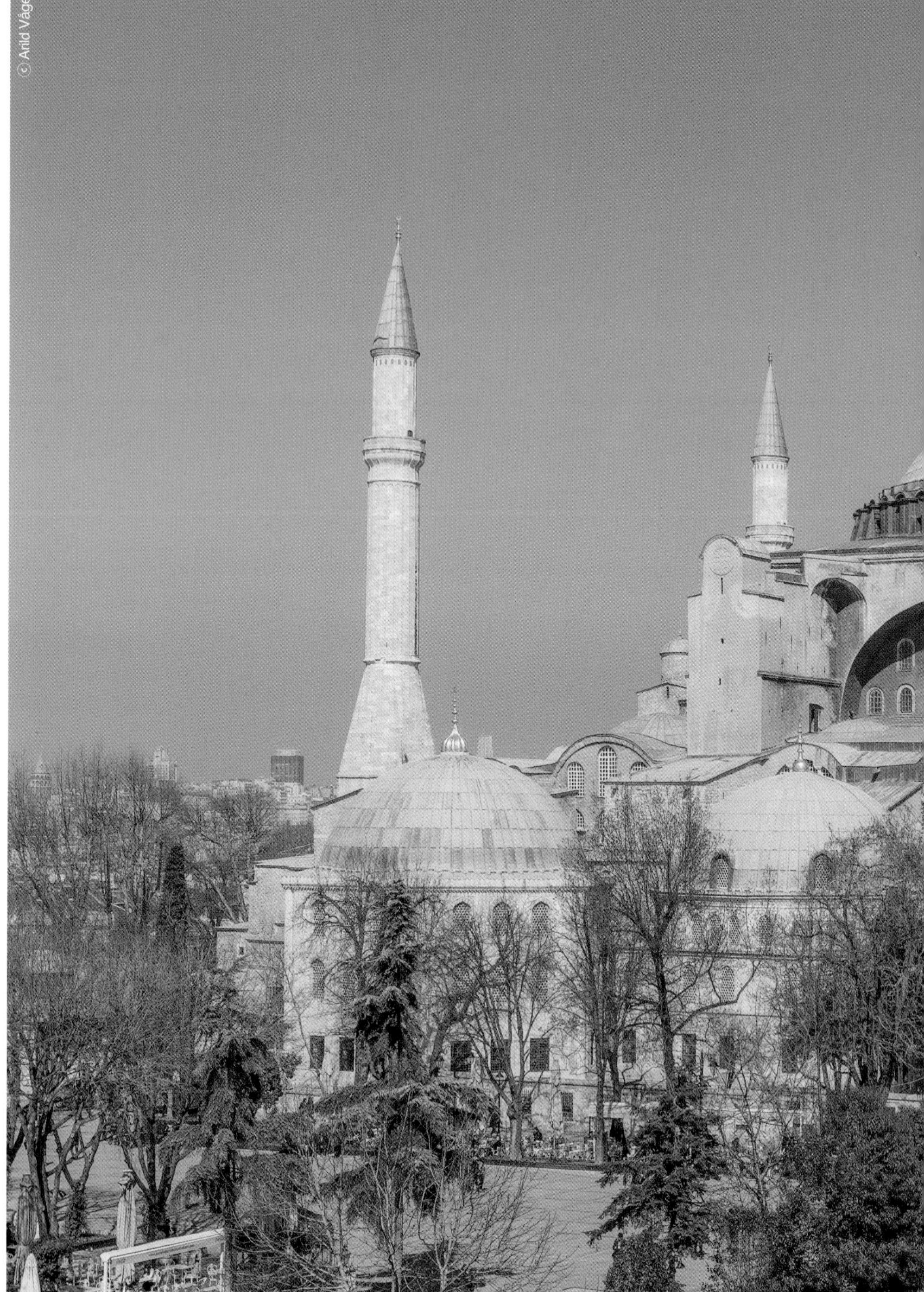

오늘날의 아야소피아.
당시의 건축술로는 불가사의로 불릴 만큼 비범한 건축물이었다. 지금은 이슬람 지배 이래 여러 건물이 덧대어져 있다. *4-10*

코르넬리스 코르트의 〈자마 전투〉(16세기).
한니발의 카르타고군은 코끼리 부대까지 동원하여 스키피오의 로마군과 맞섰으나, 끝내 패배하고 만다. *5-2*

로리스 아 카스트로의 〈악티움 해전〉(1672).
왼쪽에 포위를 뚫고 달아나는 클레오파트라가 보인다. *5-3*

영국의 바스에 남아 있는 로마 시대의 욕장. *6-3*

빵집에서 빵을 구입하는 로마인들을 묘사한 폼페이 벽화.*10-10*

폼페이의 벽화로 남겨진 플로라 여신. *8-8*

로마의 포룸 유적.
공화정 시절 이곳은 나라의 모든 문제를 두고 수많은 시민이 오가며 토론하고 결의했던 곳이었다. *10-5*

토마 쿠튀르의 〈로마인의 타락〉(1847).
질펀한 연회에 탐닉하는 로마인의 모습을 묘사했다. *10-10*

일러두기

1. 10개의 부 안에 있는 각 10개의 꼭지에는 구분을 위하여 번호를 달았습니다. 각 꼭지 안에서 전개되는 내용 중 다른 꼭지에서 다뤄지는 용어나 인물명, 키워드가 있을 경우 굵은 글씨로 표시하고 그 옆에 해당 번호를 작은 글씨로 실었습니다. 마치 링크를 타고 넘어가듯 해당 번호의 꼭지를 찾아 읽을 수 있습니다.
2. 책의 앞쪽에 배치된 컬러 그림의 해설 부분에도 관련된 꼭지의 번호를 실었습니다.
3. 서문 뒤에는 연대표와 지도를 배치하여, 책에서 소개하는 '로마사 100장면'의 전체적 흐름을 이해하는 데 도움이 되도록 했습니다.
4. 책에 수록된 사진 자료의 저작자는 'ⓒ' 표시 옆 이름으로 표기하였습니다. 모든 도판 자료는 위키피디아의 '퍼블릭 도메인' 또는 '상업적 사용이 허용된 자료'들로만 수록하였습니다.

로마사를 '10×10'으로 읽는다고?

어느 날 밤, 어떤 여신의 방문을 받았다. 정확히 누군지는 모르겠다. 아이네아스를 낳아 로마의 기원을 이루었다는 베누스 여신인가? 사람의 희비를 가지고 노는 심술궂은 포르투나 여신? 아니면 신비롭고 위대한 어머니 여신인 이시스?

아무튼, 그 여신은 내게 불만이 많은 듯 보였다.

"네가 로마에 대한 책을 썼다고? 너는 이탈리아에서, 아니면 프랑스나 스페인에서 태어났느냐?"

"…아닙니다. 고대 로마에서 수천 킬로미터 떨어진 한국에서 태어나서 이제껏 살고 있습니다. 로마시는 한 번 방문했었죠."

그 여신은 더욱 기분이 나쁜 듯, 혼자 중얼거리다 다시 질문했다.

"그러면 너는 로마 역사를 전공하여 박사학위를 받았느냐?"

"그것도 아닙니다. 다만 정치사상을 전공했으니 로마의 역사와 제도, 문화, 사회, 체제에 얽힌 다양한 인간들의 이해관계나 맥락 등에 대해 어느 정도는 압니다."

여신은 기가 막히다는 듯 한숨을 내쉬더니, 목소리를 높여 이렇게 말했다.

"너는 로마 역사에 대한 책이 이제껏 셀 수 없이 많이 나왔음을 아느냐? 리비우스나 타키투스 같은 그 나라의 역사가들은 물론이고, 에드워드 기번, 테오도어 몸젠, 로널드 사임, 프리츠 하이켈하임, 필립 마티작…. 수많은 대가들이 수십 년의 시간을 바쳐 로마에 대한 책을 써냈다! 그런데 네가 뭐라고 감히 로마사에 대한 책을 또 썼다는 것이냐? 건방지도다!"

여신의 타박에 겁이 나면서도, 나는 이렇게 항변했다.

"그러나 '거인의 어깨 위에 올라서야 먼 곳을 내다볼 수 있다'는 말이 있습니다. 말씀하신 사람들의 오랜 노력의 결과물들, 저도 읽었습니다. 그런 고전들에 기대서 로마 역사를 이해할 수 있었지요. 하지만 거인의 어깨 위에 선 사람은 거인이 미처 보지 못한 다른 곳을 더 볼 수 있지 않겠습니까? 그들의 위업을 바탕으로 미미하더라도 새로운 시각과 해석을 덧붙여나가는 게 발전 아니겠습니까?"

여신은 얼굴을 찌푸렸다. 그리고 뭐라고 말을 하려는데, 다시 내가 말했다.

"그리고 수에토니우스나 플루타르코스는 로마사를 통틀어서가 아니라 중요 인물들만의 열전을 써서 명성을 얻었고, 토머스 불핀치도 신화를 당대 사람들에게 정리해서 알리는 책으로 큰 영향을 끼치지 않았습니까? 어쩌면 거의 2천 년에 달하는 로마의 완전한 역사를 통으로 쓰는 것은 제게 버거운 일이기도 하고, 또 언급하신 대가들의 작품과 크게 다르지 않을 것 같습니다. 지금의 독자들에게 너무 어렵게 다가오기도 하고요. 그렇지만 로마사를 영웅이나 황제, 여성, 건축, 전쟁, 기술, 제도 등 10가지 흥미로운 주제들로 크게 나누고, 다시 각 주제마다 10가지 핵심적인 장면을 꼽아서 모두 100가지 이야기로 로마사를 종횡으로 이해하게끔 하는 책은 어떻습니까? 적어도 막연하게만 다가오던 로마사의 풍경을, 오늘의 독자들이 입체적으로 이해할 수 있는 계기를 마련해주지 않을까요?"

"……"

"물론 저는 말씀하신 대로 로마 본고장 출신도 아니고, 로마사에 대해 평생을 탐구한 사람도 아닙니다. 그러나 그런 저도 로마에 대해 알면 알수록 매력을 느끼게 됩니다. 그리고 로마 사회와 체제, 로마인들이 고민했던 문제가 오늘날에도 엇비슷하게 나타나고 있음을 알고, 깜짝 놀라기도 했지요. 여신님! '모든 문명의 호수'로 통하는 로마의 역사에 대한 이렇게 입체적인 서술을 통해 21세기 한국에도 뭔가 특별한 통찰을 전할 수 있지 않을까요? 엄격한 논리를 고집하기보다 실용에 힘쓰고, 외국의 낯선 문물이라 하여 외면하지 않고 받아들이며, 자신들의 문제 해결에 적극적으로 활용하는 것. 이것이 바로 로마의 위대한 정신 아니겠습니까?"

"……"

그리고 여신은 사라졌다. 과연 나의 변명에 일리가 있다고 여겼기 때문일까? 아니면 하도 어이없는 소리를 듣고 반박할 가치도 없다고 본 걸까? 모르겠다…. 부디 이 책을 읽는 독자 여러분이 판별해 주시길 바란다, 나의 무사 여신들이여!

2023년 여름

함규진

로마의 역사는 세계 문명의 호수와 같다.
로마 이전의 역사는 로마로 흘러 들어갔고,
로마 이후의 역사는 로마로부터 흘러 나왔다.

_레오폴트 폰 랑케

차례

3부 로마의 여성

4부 로마의 건축

5부 로마의 전쟁

6부 로마의 기술

7부 로마의 책

8부 로마의 신

9부 로마의 제도

10부 로마의 유산

로마사 100장면의 연대표

1. 기원전 753년?
로물루스, 로마를 세우고 초대 왕이 됨. 얼마 뒤 '사비니 여인의 약탈'을 벌여 이웃나라들과의 전쟁에 돌입했지만 헤르실리아 등의 탄원으로 그들과 화해하고 국가를 확장.

2. 기원전 713년?
2대 왕 누마, '야누스의 문'을 포함하는 야누스 신전을 로마에 건설. 1년을 12개월로 하는 역법 개혁도 진행.

3. 기원전 509년?
루크레티아의 능욕과 자살 사건. 이에 루키우스 유니우스 브루투스 등이 제7대 왕 타르퀴니우스를 축출하고 공화정 수립.

4. 기원전 509년?
카피톨리노 언덕에 유피테르 신전 봉헌.

5. 기원전 494년?
제1차 '평민의 철수'. 이로써 호민관직 신설.

20. 기원전 184년
카토가 감찰관에 취임.

19. 기원전 195년?
스키피오의 딸 코르넬리아가 셈프로니우스 그라쿠스와 결혼. 이후 둘 사이에서 그라쿠스 형제가 탄생.

18. 기원전 204년
스키피오, 자마 전투에서 한니발을 대파.

17. 기원전 216년
한니발, 칸나에 전투에서 로마군을 대파.

16. 기원전 227년
시칠리아가 로마 최초의 속주가 됨.

21. 기원전 146년
포에니 전쟁(제3차) 종식. 카르타고 멸망. 로마의 지중해 패권 확정.

22. 기원전 134년
티베리우스 그라쿠스, 호민관으로서 셈프로니우스 법 제정.

23. 기원전 133년
티베리우스 그라쿠스, 원로원 의원들의 테러로 사망.

24. 기원전 123년
가이우스 그라쿠스, 호민관으로서 빈민에게 밀을 저가로 배급.

25. 기원전 121년
가이우스 그라쿠스, 테러로 사망.

40. 기원전 50년
카이사르, 원로원의 조치에 불복하고 로마로 진군. 제2차 로마 내전 개시.

39. 기원전 52년
카이사르, 알레시아 전투에서 승리하고 베르킨게토릭스의 항복을 받음. 갈리아 전쟁 종식.

38. 기원전 53년
크라수스, 파르티아 원정에서 전사. 제1차 삼두정 붕괴.

37. 기원전 55년
카이사르, 갈리아 전쟁의 일환으로 브리타니아에 처음 진입.

36. 기원전 58년
카이사르, 갈리아 전쟁 개시.

41. 기원전 48년
카이사르, 파르살로스 전투에서 폼페이우스를 격파.

42. 기원전 48년
카이사르, '율리우스력'을 수립.

43. 기원전 44년
카이사르 암살.

44. 기원전 40년
옥타비아누스-안토니우스-레피두스가 카이사르 암살자들을 소탕하고, 로마를 3분해 통치하기로 합의(제2차 삼두정).

45. 기원전 32년
옥타비아누스, 안토니우스를 탄핵. 제2차 삼두정 붕괴하고 제3차 로마 내전 시작.

6. 기원전 480년?

로마 최초의 주화인 아에스 시그나툼 주조.

7. 기원전 476년?

평민회 수립.

8. 기원전 449년

로마 최초의 성문법인 12표법 제정.

9. 기원전 438년

킨키나투스, 두 번째로 독재관이 되어 스푸리우스의 반란 진압. 이후 임기를 마치기 전 물러나 은둔하면서 '청렴과 공정의 상징'이 됨.

10. 기원전 343년

삼니움 전쟁(제1차) 발발.

11. 기원전 342년

제2차 '평민의 철수'. 콘술 중 한 사람을 평민으로 뽑도록 함.

12. 기원전 312년

아피우스 카이쿠스의 결정으로 아피아 가도 건설 시작.

13. 기원전 290년

삼니움 전쟁(제3차) 종식, 로마가 이탈리아 중부를 통일.

14. 기원전 287년

마지막 '평민의 철수'. 평민회 결의가 입법의 성격을 갖게 됨.

15. 기원전 264년

포에니(제1차) 전쟁의 발발.

26. 기원전 107년

가이우스 마리우스, 콘술에 당선. 이후 군제개혁 실시.

27. 기원전 88년

미트리다테스 전쟁(제1차) 발발.

28. 기원전 88년

미트리다테스에 맞서 출정했던 술라가 마리우스파를 처단하려 로마로 회군. 이로써 제1차 로마 내전 발발. 마리우스는 아프리카로 도주.

29. 기원전 82년

마리우스가 로마로 돌아와 술라파를 대숙청, 일곱 번째 콘술에 취임했으나 얼마 뒤 사망.

30. 기원전 81년

술라가 되돌아와 마리우스파를 대숙청. 제1차 로마 내전 종식.

31. 기원전 73년

스파르타쿠스 반란 발발. 2년 뒤 그라쿠스에게 진압됨.

32. 기원전 65년?

카이사르-폼페이우스-크라수스의 '제1차 삼두정' 수립.

33. 기원전 64년

폼페이우스, 폰투스를 멸망시키면서 미트리다테스 전쟁(제3차) 종결. 이후 동방 원정을 계속하며 셀레우코스 왕국을 멸망시키고 시리아, 유데아 등 동지중해변 오리엔트를 로마에 편입시킴.

34. 기원전 63년

카틸리나 반역 사건. 이를 제압한 공로로 키케로는 '조국의 아버지'라는 칭호를 얻었으나, 카이사르와는 적대관계가 됨.

35. 기원전 60년

카이사르, 콘술에 당선. 이후 율리우스 농지법 등 여러 개혁 실행.

46. 기원전 31년

악티움 해전에서 옥타비아누스가 안토니우스와 클레오파트라를 격파. 제3차 로마 내전 종료.

47. 기원전 27년

옥타비아누스가 자신의 군사명령권, '임페라토르'를 반납했으나 원로원은 이를 다시 부여함. 이후 그는 '임페라토르 카이사르 아우구스투스'로 칭해졌고, 이것이 '황제'라는 칭호로 이어짐.

48. 기원전 19년?

베르길리우스의 《아이네이스》 출간.

49. 기원전 9년

아우구스투스의 후계자로 낙점되었던 드루수스 사망. 리비우스는 여기까지를 그의 《로마사》의 내용으로 다룸. 이후 후계자 문제가 초창기 로마 제정을 혼란에 빠트림.

50. 9년

토이토부르크 전투에서 로마군이 게르만군에게 궤멸됨. 이후 로마와 '비로마 유럽'의 경계가 세워짐.

51. 14년
아우구스투스 사망. 리비아가 실권을 보유한 채 티베리우스가 2대 황제에 즉위.

52. 40년
칼리굴라, 매춘세 도입.

53. 41년
칼리굴라 암살. 공식적으로 암살된 최초의 황제가 됨.

54. 50년?
퐁뒤가르 완공.

55. 59년
네로가 모후 아그리피나를 암살.

66. 114년
트라야누스가 파르티아 공략, 크테시폰을 점령하고 메소포타미아를 병합해 로마 사상 최대 영토에 도달.

67. 122년
하드리아누스, 브리타니아를 순행하다가 하드리아누스 방벽 건설을 지시.

68. 125년
판테온 재건 완료.

69. 140년
로마 시민 전원에게 밀을 무상 배급하기로 법제화.

70. 161년
가이우스, 《법학제요》를 써서 로마법학을 체계화.

71. 180년
마르쿠스 아우렐리우스 사망. 아들 콤모두스가 계승함으로써 5현제 시대 종료.

72. 193년
근위대가 페르티낙스 황제를 시해하고, 차기 황제를 경매에 붙여 디디우스에게 넘김.

73. 260년
발레리아누스 황제가 사산조 페르시아에 패하고 사로잡힘.

74. 293년
디오클레티아누스가 로마를 동-서로 나누고 다시 정제와 부제를 두어 분할 통치하는 4분 체제 수립.

75. 312년
콘스탄티누스, 밀비우스 다리 전투에서 막센티우스를 격파하고 서로마의 단독 지배자가 됨. 324년에는 동로마까지 병합해 4분 체제를 와해시킴.

86. 452년
아틸라가 다시 서로마로 침입하다가 교황 레오 1세와의 담판 뒤 물러남.

87. 476년
오도아케르가 서로마 황제 로물루스 아우구스투스를 폐위. 이후 황제위가 단절됨으로써 서로마제국 멸망.

88. 515년
동로마에서 '그리스인의 불'을 활용해 비탈리아누스 반군의 함대를 전멸시킴. 이후 이 무기를 적극 활용.

89. 529년
유스티니아누스, 《대법전》의 편찬 작업 시작.

90. 532년
니카의 반란. 여기서 유스티니아누스를 도운 테오도라와 벨리사리우스의 입지가 커짐.

91. 537년
아야소피아 완공.

92. 610년
동로마가 공공 언어에서 라틴어를 제외하고 그리스어만으로 선택.

93. 634년
이슬람군이 아즈나다인 전투에서 동로마군을 대파. 이후 시리아, 팔레스타인 등 로마령 중동의 대부분이 이슬람에게 넘어감.

94. 887년
레온 6세 황제가 콘술 직책을 폐지.

95. 963년
니케포루스, 동로마 황제에 즉위. 전 황후인 테오파노를 황후로 맞고 그녀의 아들 바실리우스를 공동황제로 선포.

56. 64년

로마 대화재. 네로가 기독교인들에게 책임을 미룸으로써 최초로 기독교 박해.

57. 68년

네로 암살. 로마는 내란 상태로 돌입.

58. 69년

베스파시아누스, 내란을 수습하고 9대 황제에 즉위. 카이사르의 혈연을 이어온 율리우스 왕조가 끝나고 플라비우스 왕조 시작.

59. 69년

티투스가 예루살렘을 점령, 신전을 파괴하고 유물을 로마로 가져감. 사실상 유대 전쟁 종식. 기독교도를 포함한 유대인들이 로마 세계에 널리 퍼짐.

60. 79년

베수비우스 화산 폭발로 인한 폼페이의 궤멸. 이때 《박물지》의 저자 플리니우스도 사망.

61. 80년

콜로세움 완공.

62. 96년

도미티아누스 암살. 플라비우스 왕조가 끝나고 네르바가 즉위하면서 '5현제 시대' 개막.

63. 98년

네르바 사망. 트라야누스 즉위. 최초의 비이탈리아인 황제.

64. 100년?

플루타르코스, 《영웅전》 저술.

65. 100년?

유베날리스, 《풍자시집》에서 오늘날의 로마 시민은 '빵과 서커스'만 추구한다고 개탄.

76. 313년

콘스탄티누스, 밀라노 칙령으로 기독교를 합법화.

77. 327년

헬레나가 성지 순례에 나서고, 성십자가 발견.

78. 330년

콘스탄티누스, 콘스탄티노플을 수도로 정함.

79. 344년

레온티우스, 안티오크에 최초의 기독교 병원을 설립.

80. 363년

이교를 부활시켰던 '배교자' 율리아누스 황제가 전사. 이후 로마에서 기독교의 지배력 강화.

81. 383년

그라티아누스 황제가 대제사장 칭호를 포기, 베스타 무녀단 해산.

82. 413년

테오도시우스 성벽 건설 시작.

83. 426년

아우구스티누스, 《신국론》 저술.

84. 447년

아틸라가 이끄는 훈족이 동로마 침공, 테오도시우스 성벽을 넘지 못하고 휴전.

85. 451년

아틸라가 서로마 침공. 아에티우스가 카탈라우눔 전투에서 격퇴.

96. 989년

바실리우스 2세의 누이 안나와 키이우 대공 블라디미르 1세 결혼. 블라디미르가 기독교로 개종하면서 러시아 기독교화의 시초가 됨.

97. 991년

바실리우스 2세가 불가르 원정을 시작으로 생애 내내 원정을 진행. 동로마의 전성기 시작.

98. 1071년

동로마군과 셀주크 튀르크의 만지케르트 전투. 로마노스 4세 황제가 포로가 되면서 동로마군 대패. 이를 계기로 십자군 운동 촉발.

99. 1203년

제4차 십자군이 콘스탄티노플을 유린. 동로마를 일시적으로 단절시키고 '라틴 제국' 수립. 1261년에야 동로마 복원.

100. 1453년

오스만제국, 테오도시우스 성벽을 뚫고 콘스탄티노플을 점령. 동로마-로마제국의 멸망.

수에비의 바다
(발트해)
게르만의 바다
(북해)
브리타니아(영국)
론디니움(런던)
랑고바르드족
수에비족
부르군트족
콜로니아 아그리피나(쾰른)
대서양
마르코마니족
루테티아 파리시오룸(파리)
레누스강(라인강)
갈리아
칸타브리아 바다
(비스케 만)
판노니아
티키누스강(티치노강)
로다누스강(론강)
시르미움
포르투스 칼레
달마티아
에브로강
이탈리아
코르시카
히스파니아(에스파냐)
로마
올리시포(리스본)
타렌툼
네아폴리스
사군툼
사르데냐
카르타고 노바
시칠리아
카르타고
히포
아프리카
지중해
렙시스 마그나

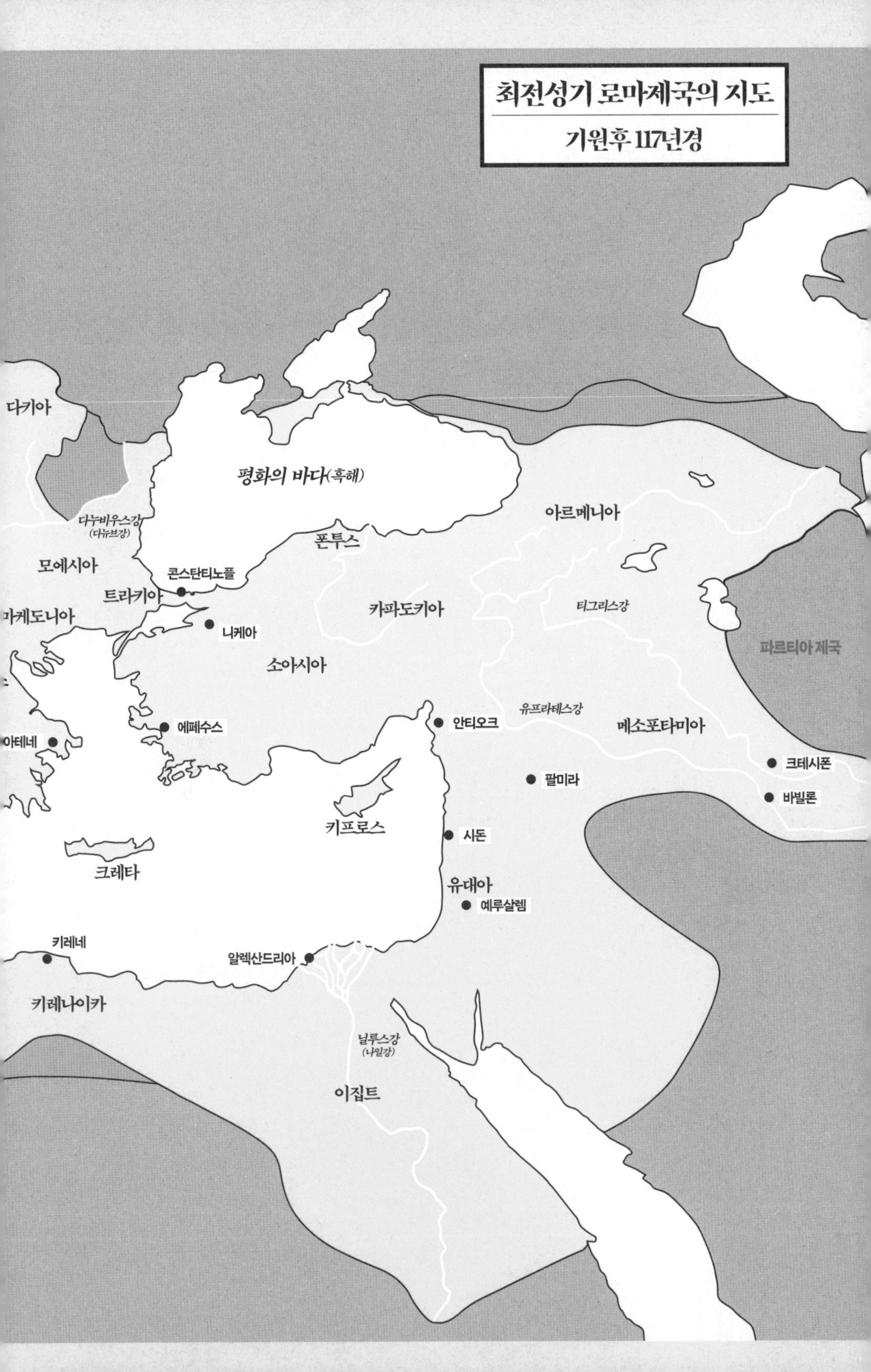
최전성기 로마제국의 지도
기원후 117년경
다키아
평화의 바다(흑해)
다누비우스강
(다뉴브강)
모에시아
폰투스
아르메니아
콘스탄티노플
트라키아
마케도니아
니케아
카파도키아
티그리스강
파르티아 제국
소아시아
유프라테스강
안티오크
에페수스
메소포타미아
아테네
크테시폰
팔미라
바빌론
키프로스
시돈
크레타
유대아
예루살렘
키레네
알렉산드리아
키레나이카
닐루스강
(나일강)
이집트

'영웅'이란 '탁월한 미덕과 재능을 발휘해, 사람들을 이끌고 새로운 시대를 여는 사람'이라고 할 수 있다. 이런 점에서 '문화적 영웅들', 가령 아인슈타인이나 스티브 잡스, BTS 같은 사람들도 이 시대의 영웅이라 할 만하다. 그러나 로마에서는 아니었다. 그들에게 영웅이란 군사와 정치의 영역에서 위업을 이룬 사람들을 의미했다. 물론 로마에도 베르길리우스, 리비우스, 키케로 등 뛰어난 문화적 천재들이 있었다. 그러나 로마인들은 아폴로보다 마르스에서 참된 영웅의 모습을 찾았다. 그것은 로마라는 나라가 전쟁 속에서 태어나 전쟁을 통해 성장한 역사를, 그리고 귀족과 평민 사이의 끝없는 갈등과 정치적 조정의 역사를 갖고 있었기 때문이다.

그러나 뛰어난 군인은 남보다 큰 권력을 독과점하는 자이기 마련이며, 그런 권력은 주위의 의심과 적의를 사기 마련이다. 그래서 로물루스에서 카이사르에 이르는 영웅들은 항상 로마 시민들의 눈치를 봐야 했고, 아에티우스나 벨리사리우스 같은 제국 시대의 영웅들은 황제의 눈치를 봐야 했다. 그리고 대개 개인적 불운과 비극적 결말을 맞았다.

1부

로마의 영웅

일곱 개 언덕에 터를 잡다

로마를 세운 사나이, 로물루스의 탄생

로마의 역사를 살펴보면, 그들이 기원에 대해 너무도 다양하게 써놓았다는 점에 놀라게 된다. 플루타르코스의 《영웅전》에 나오는 기원 이야기만 여섯 가지다. 단군의 탄생과 고조선 건국을 기원 이야기의 전부로 여기는 우리로서는 당황스럽기 그지없다. 그중에서도 '가장 믿을 만한 전설'은 로물루스Romulus가 로마를 세웠다는 이야기다.

로물루스의 탄생에 관한 이야기도 다양한 버전이 있다. 믿을 만한지는 모르겠으나 가장 널리 알려진 대로라면 그는 트로이의 후예다. 소아시아의 강국 트로이가 아카이아, 즉 그리스에 의해 멸망할 때 아이네아스 장군이 탈출해 7년 동안의 모험과 유랑을 거쳐(이 이야기는 로마 최고의 문인인 **베르길리우스**7-3가 서사시에서 장엄하게 풀어냈다) 이탈리아 중부인 라티움 땅에 닿았고 그곳에 '알바'라는 나라를 세웠다. 이 아이네아스의 후손이 로물루스라는 것이다. 그러나 어떤 후손인지는 불분명해 아이네아스의 아들이라고도 하고 증손자뻘이라고도 한다. 그런데 어떻게든 말이 안 맞는다. 트로이의 멸망은 기원전 12세기 정도로 보이는데 로물루스는 기원전 8세기 사람이다. 로물루스

카피톨리나 늑대상. ⓒ Jastrow
늑대 밑에서 젖을 먹고 있는 로물루스와 레무스 형제상은 15세기 말에 덧붙여진 것이다.
로마를 상징하는 도상으로 꼽힌다.

도 단군처럼 역사적 사실보다는 전설이 더 많이 회자된다는 걸 감안하면, 로마를 더 유서 깊게 꾸미려고(그리고 로마의 그리스 정복을 정당화하려고) 억지로 이어붙인 이야기 같다. 로물루스가 아이네아스를 계승했다면 해안가에 있던 알바와 뚝 떨어진 내륙인 '일곱 개의 언덕'이 있는 지금의 로마에 터를 잡은 점도 납득되지 않는다.

왜 그렇게 되었는지 납득하려면 로물루스가 '버려진 아이'였다는 전설을 살펴볼 필요가 있다. 알바의 공주가 남성과 멀리해야 할 **베스타 무녀**[8-5]가 되어서 아이를 가졌다(상대가 군신 **마르스**[8-2]였다며, 로물루스-로마가 마르스의 후예이기도 하다는 신화를 쓸 계기도 되었다). 화가 난 부왕은 로물루스와 레무스가 태어나자 강물에 던져버렸다. 그러나 암늑대가 형제를 거두어 젖을 먹여 키웠고(그래서 두 아기에게 젖을 먹이는 늑대가 로마의 상징이 되었다. 그런데 이 암늑대가 사실 라렌티아라는 창녀였다고도 한다. 로마에서는 창녀를 **루파**[9-10], 즉 암늑대라고도 불렀다), 형제는 성장하여 자신들을 따르는 무리를 이끌고 팔레티노 언덕에 이르러 터를 잡고 나라를 세웠다. 그런데 이때 형제 사이에 다툼이 있었고, 로물루스는 성벽을 세우는 작업을 방해하며 자신을 조롱하는 동생 레무스를 살해했다.

사회적 단합을 이끌고 강력한 군사력을 갖추다

로물루스는 곳곳에서 모여든 사람들을 규합해 나라의 규모를 키웠다. 그 가운데 비교적 뼈대 있는 집안 사람을 '파트리키안', 즉 귀족이라고 규정해 국가 운영에서 주도적인 역할을 하도록 했으며 이들 가운데 선별된 100명이 **세나투스**9-2, 즉 원로원을 이루어 자신을 보필하도록 했다. 그러면 파트리키안이 아닌 '플레비안', 즉 평민은 소외되지 않았을까? 로물루스는 그러지 않게끔 파트리키안이 각각의 플레비안의 '파트로네스'가 되어 생계 등을 돌봐주고, 해당 플레비안은 '클리엔테스'로서 자신의 파트로네스를 존경하고 지지하도록 했다. 이것이 고대 로마에서 내내 유지되었고 오늘날에도 찾을 수 있는 '후견인patron—피후견인client' 제도였다.

이렇게 사회적 단합을 이룬 로물루스는 강력한 군사력을 구축했고, 단기간에 일대 강국으로 떠올랐다. 로물루스 스스로도 '전쟁의 신'임을 인정할 만큼 초인적인 무용을 자랑했는데, 토스카나인과의 전쟁에서는 적군 7천 명 이상을 혼자서 해치웠다고도 한다! 로물루스는 무력으로 '저출생 문제'도 해결했다. 사비니를 비롯한 이웃 나라의 여성들을 납치해 아이를 낳게 하고, 이웃 나라의 반발은 힘으로 찍어 눌렀으니 말이다. 그러나 그 가운데 사비니와는 전쟁 끝에 화해하여 나라를 하나로 합쳤다.

건국 군주의 오점도 기록한 로마인들

플루타르코스는 로물루스가 말년에 이르러 '자신의 업적에 취해 교만해졌다'고 한다. 사람들의 말을 잘 듣고 두루 만족할 만한 결정을 내리는 현명한 지도자였던 그는 아부하는 말에만 귀 기울이며 뭐든 제멋대로 결정하는 독재자가 되었다. 행차를 할 때면 자신에게 다가와 무언가 이야기하려는 사람을 두들겨 패고 잡아 가두게 했으며, 원로원과 상의도 없이 중요한 국가적 결정을 내렸다.

그러던 그는 어느 날 갑자기 '승천했다'. 그가 시민들과 이야기를 나누는데 갑자기 벼락이 치고 폭우가 쏟아지며 사방이 캄캄해졌다. 그리고 다시 밝아졌을 때 보니 로물루스가 온데간데없더라는 것이다. 사람들은 그가 하늘로 올라가 신이 되었다고 수군거렸다. 그러나 불카누스 신전에서 열린 귀족회의에 그가 참석하자 귀족들이 그를 참살하고 시신을 토막내어 각자 들고 나가 몰래 버렸다는 이야기도 있다. 아무튼 그의 시신은 찾을 수 없거니와 무덤도 존재하지 않는다는 게 사실이다. 물론 그것은 로물루스라는 사람이 존재하지 않았음을 나타내는 정황일지도 모른다. 로물루스라는 건국 군주가 원로원의 분노를 샀다는 것, 말년의 그는 '시민들과 이야기를 나누는' 사람이 아니었다는 것은 그의 진정한 최후를 암시하고 있다.

어쨌거나 그는 신으로 추앙되었다. 그가 잠시 부활해 '나는 퀴리누스 신이 되었노라'고 말했다는 증언을 근거로, 로마는 대대로 그를 퀴리누스와 동일시하며 받들어왔다.

어찌 보면 아이러니하다. 그는 간통으로 태어났고, 창녀에게 길러졌으며, 친형제를 죽이고, 집단 성폭행을 주도했다(배신도 했다. 사비니와 화해하고 그 왕인 타티우스와 공동 군주가 되었으나, 얼마 뒤 간접적으로 그를 처치해버렸다). 이러한 사람이 왕으로 군림하고 신으로 추앙받아도 되는 걸까? 한편으로 그는 싸움꾼만이

영웅 황제 여성 건축 전쟁 기술 책 신 제도 유산

아니었고, 어중이떠중이를 용사와 시민으로 거듭나게 하는 탁월한 지도자였다. 또한 사람들이 자신의 카리스마에만 의존하지 않고 서로의 입장을 이해하고 공동의 이익에 눈을 돌리도록 하는 제도를 창설했다. 그가 보여준 개방성, 정교하고 실용적인 법의 정신, 그리고 무력이 결국 답이라는 태도는 고대 로마 내내 이어져오다 로마가 지중해를 호수로 삼으며 서양 문명의 호수가 되도록 했다. 어쩌면 건국 군주를 신성시하면서도 인간적 오점을 기록에서 삭제하지 않고, 용서하지도 않는(기록상 오점이라고는 찾아볼 수 없는 단군, 동명성왕, 박혁거세 등과 비교해보라) 로마인들의 자세가 로물루스가 세운 나라를 그토록 오래 유지하며 융성하게 했을지도 모른다.

공화정을 세우다

멍청이라 불린 남자의 야망

"이 칼에 맹세합니다. 이런 폭정이 더 이상 이어지지 않도록 목숨 바쳐 싸울 것입니다!"

로물루스1-1를 여러 왕이 계승하며 제7대 왕인 루키우스 타르퀴니우스 수페르부스까지 왔을 때 '**루크레티아**3-2 성폭행' 사건이 발생했다. 이때 피 묻은 칼을 들고 루키우스 유니우스 브루투스Lucius Junius Brutus는 위와 같이 말했다. 이것은 왕정을 **공화정**10-5으로 바꾸는 외침이었다.

사실 그는 타르퀴니우스 왕의 여동생인 타르퀴니아의 아들, 다시 말해 왕의 조카였다. 하지만 왕은 브루투스의 형을 포함한 여러 왕족을 숙청해 처형대로 보냈다. 브루투스는 개인적으로도 왕에게 앙심을 품는 한편 왕의 숙청이 자신에게도 미칠까 봐 두려워했다. 그래서 그는 일부러 바보처럼 굴어서 의심을 피했다고 한다. 그의 이름 브루투스는 **아그노멘(별명)**9-7으로, '멍청이'라는 뜻이다. 그 덕분인지 그는 타르퀴니우스의 아들들을 포함한 '망나니 그룹'과 자연스레 어울려 놀았다.

루키우스 유니우스 브루투스. ⓒ Jastrow
본래 두상만 있었으나 토가를 입은 위엄 있는 모습의 흉상으로 후대에 꾸며졌다.

언젠가 그들이 그리스 여행을 갔을 때, 신탁으로 가장 권위가 있던 델포이 신전에 '우리 중 누가 로마의 왕이 되겠습니까?'라는 질문을 올렸다. 여기서 왕으로 지목된 사람은 엄청난 견제와 위협을 받게 된다는 정치의 법칙을 등한시한 질문이었다. 신탁의 대답은 '가장 먼저 어머니에게 입 맞추는 사람'이었다. 모두들 '빨리 로마로 돌아가자!', '우리 어머니는 멀리 여행 가셨을 텐데 어떡하지?'라며 떠드는데, 브루투스는 갑자기 비틀거리다가 엎어져 땅에 얼굴을 처박았다. 깔깔대는 친구들 앞에서 얼굴의 흙을 털며 헤헤 웃는 브루투스. 그러나 그는 자신이 다음 왕이 될 거라는 자신감에 차 있었다. 가이아, 즉 만물의 어머니인 대지에 입을 맞췄기 때문이다.

이는 그의 뛰어난 지모를 보여주지만, 한편으로 의아하기도 하다. 장차 공화정의 아버지가 될 사람이 내심 왕을 꿈꾸고 있었다니 말이다. 그래서 나중에 마키아벨리는 이 에피소드를 들며 '개혁을 추구하는 사람도 개인적인 야심이 없을 수는 없다'고 말했다.

왕정을 무너뜨린 개혁가의 냉혹한 결정

망나니 그룹의 일원이었던 왕의 아들 섹스투스 브루투스가 친구의 아내인 루크레티아를 성폭행하는 사건이 벌어지자, 브루투스는 멍청이의 가면을 벗고 혁명 지도자로 나선다. 혁명은 성공했으며 브루투스는 왕권에서 종교적 권한만을 떼어낸 최고행정관인 **콘술**9-1에 취임했다고 한다. 신탁을 실현한 셈이었다. 그러나 한편으로 그는 로마 시민에게 '두 번 다시 왕정을 도모하지 않겠다. 이를 어길 경우 목숨을 내놓겠다'는 맹세를 하도록 했다.

하지만 타르퀴니우스 왕은 쫓겨나기는 했어도 죽은 건 아니었다. 그는 로마 주변의 라틴 도시를 규합해 로마 신정부에 대한 전쟁을 일으켰다. 로마 내부에서도 새로운 체제에 불만을 가진 사람이 있었기 때문에 신생 로마 공화국은 한때 위기에 처했다. 그러나 결국 그들을 물리치는데, 이때 적에게 가담한 반역자 가운데 브루투스의 두 아들, 티투스와 티베리우스가 있었다. 그러자 한때 사람 좋은 멍청이로 통했던 브루투스는 냉혹한 모습을 보여주었다. 그는 꽁꽁 묶여 끌려온 두 아들을 직접 심문했다.

"너희가 음모에 가담했다는 게 사실이냐?"

"… 그렇습니다, 아버지."

"알았다."

그리고 '왕정을 다시 세우지 않겠다는 맹세를 어긴 자들이자 국가의 반역자'인 두 사람을 처형하라고 지시했다. 형이 집행되는 내내 브루투스는 자리에 앉아 죽어가는 두 아들의 모습을 지켜보았다고 한다. 프랑스 화가 자크루이 다비드가 1789년에 그린 〈브루투스 아들들의 시신을 운반하는 릭토르들〉은 이 이야기를 묘사하고 있다. 처형당한 티투스와 티베리우스의 시신이 집으로 옮겨지자, 그들의 어머니와 누이들은 울부짖는다. 그러나 브루투스는 가만히 앉은 채 무표정할 뿐이다. 공화정을 재현하려던 혁명 시기 프랑스에서는 다비드의 또 다른 그림 〈호라티우스 형제의 맹세〉에 묘사된 '개인적 친분을 무시하고 오직 조국을 위해 싸운다'는 이야기와 함께 로마 공화정의 위대한 정신이라고 받아들여졌다. 정치지도자의 멸사봉공이야말로 국민을 감동시켜 새로 세워진 국가에 진심으로 충성하게 한다는 것이다. 이후 브루투스는 **민회**[9-2]를 강화하는 등 여러 가지 개혁으로 공화정의 기초를 닦고, 기원전 509년에 사망했다. 로마인들은 1년 동안 상복을 입으며 그의 죽음을 애도했다.

교활한 정치꾼인가, 위대한 정치인인가

오늘날 이런 이야기들은 그 진위를 의심받고 있다. 콘술 제도는 공화정의 수립과 동시에 나타나지 않았으며, 한동안 여러 명의 프라이토르(법무관)로 이루어진 집단 지도체제가 이어졌다. 또한 왕족과 혼인할 정도면 대단한 가문일 텐데, 유니우스 가문의 이름은 그 이전에 평민들 사이에서만 발견된다. 아무튼 건국자 로물루스와 마찬가지로 제2의 건국자 브루투스도 신화화되어, 공화정 말기에는 유니우스라는 이름을 쓰는 사람들이 브루투스의 후손이라며(플루타르코스는 '브루투스는 아들 둘을 다 죽였다지 않았나? 어떻게 그의 후손이 있을 수 있나?'라고 의심하지만) 명문대가로 대접받았다. 마르쿠스 유니우스 브루투스도 그랬다. 그는 **카이사르**[1-8]의 총애를 받았지만, '브루투스의 후손이고, 브루투스라는 이름까지 쓰면서 어떻게 공화정의 멸망에 한몫할 수 있소? 카이사르의 충견으로 남으려거든, 당신 이름부터 갈아버리시오!'라는 카시우스의 충동질에 결국 카이사르 암살에 가담한다.

그의 이야기가 모두 사실이라고 해도 브루투스는 냉혹하고 교활한 정치꾼의 전형으로 받아들여질 수 있다. 숙청을 면하려 남들을 속이고, 왕을 꿈꿨으며, 아들조차 가차 없이 제거하여 자신의 권력을 지킨 사람! 그는 짝패였던 섹스투스 등 타르퀴니우스 왕족의 젊은이들을 남김없이 숙청했을 뿐 아니라, 절친한 친구이며 루크레티아의 남편인 콜라티누스마저 '당신도 구 왕실의 일원 아닌가(브루투스 자신도 해당되련만)!'라며 추방해버렸다. 그는 야심가였다. 하지만 그의 마음과 행동에 한 줌의 정의도 없었을까? 그렇지 않다. 그는 보다 정의로운 세상을 위해 권력을 휘둘렀다. 그리고 그 권력을 세습하지 않았다(아들들이 다 죽어서 세습할 수 없었을지 몰라도). 마키아벨리는 '브루투스야말로 대의를 위하여 작은 도덕에 눈 감을 줄 알았던 위대한 정치인이며, 공화정에는 그런 영웅이 필요했다'라고 평가한다.

권력을 내려놓고 전설이 되다

콘술 대리에서 쟁기질하는 농부의 삶으로

"저 또한 킨키나투스처럼… 쟁기질하러 가겠습니다!" 2022년 9월, 영국의 보리스 존슨 총리가 퇴임하며 한 로마인을 언급했다. 이는 한동안 런던 장안의 화제가 되었다. 대체로 '존슨, 그가 과연 킨키나투스처럼 위대한 인물에 빗댈 깜이 되느냐?'는 비판이, 일부에서는 '킨키나투스는 귀족파의 입장에 서서 평민파를 억압한 정치인이다. 한마디로 보수 꼴통이다! 닮을 사람을 닮아라!'라는 비판이 있었다.

2,500여 년 전 사람(킨키나투스는 대체로 기원전 519~430년에 살았다고 본다)을 현대의 진영 논리에 대입하는 건 곤란할 수도 있다. 하지만 '과연 현대의 누가 킨키나투스만큼 위대한가?' 하는 또 다른 비판은 돌아볼 필요가 있다.

루키우스 퀸크티우스 킨키나투스Lucius Quinctius Cincinnatus. 그는 로마 왕정이 끝나기 직전에 태어났으며, 그의 가문은 로마에서 손꼽는 명문가였다. 본래 이름은 '퀸크티우스 가의 루키우스'를 뜻하는 루키우스 퀸크티우스였으나, 로마 정치에서 중요 인물이 된 뒤 유난히 곱슬거리는 머리 때문에 '곱슬머리(킨키나투스)'라는 **별명(아그노멘)** 9-7을 갖게 되었다.

후안 안토니오 리베라의 〈로마법을 위해 쟁기질을 포기하는 킨키나투스〉(1806).
쟁기질하던 킨키나투스가 원로원 의원들의 간청에 따라 독재관이 되기로 결심하는 모습이다.

그런데 그의 명예는 불명예로 시작된다. 당시 로마는 **공화정**[10-5]의 틀을 새로 짜는 문제로 귀족과 평민의 대립이 심각했다. 백주대낮에 서로 욕하며 주먹다짐까지 벌이기도 했는데, 그 가운데 킨키나투스의 아들 카에소가 있었다. 그는 당연히 귀족파의 입장에서 평민을 폭행했고, 한 사람을 죽이고 말았다. 이는 엄청난 스캔들이었다. 당시 킨키나투스는 **콘술 대리**(프로콘술)[9-6]를 하고 있었고, 평민파의 과격한 주장을 억압하는 입장이었다. 집중포화를 받은 그는 공직에서 물러나 테베레강 서쪽 어느 농촌에 틀어박혀서 쟁기질하며 조용히 살았다.

두 번의 독재관 임명, 두 번의 독재관 사직

기원전 458년, 아위키족이 로마를 침공했고, 로마는 회심의 반격이 참패해 국가 존망의 위기에 놓인다. 그래서 은퇴했던 킨키나투스를 독재관(딕타토르)에 임명하게 된다. 독재자(딕테이터)의 어원인 독재관dictator은 국가 비상시 전제군주와 같은 권력을 임시로 갖는 직책이었다. **콘술**[9-1], 원로원, **민회**[9-2]로 이루어지는 평상시의 의사결정을 할 여유가 없을 때 독재관의 판단만으로 국사를 진행하는데, 그의 명령은 기존의 법도 무시할 만큼 절대적이다. 리비우스는 **《로마사》**[7-4]에 원로원 의원들이 한창 구슬땀을 흘리며 밭일하던 킨키나투스에게 찾아가 독재관 임명 소식을 전했다고 기록했다. 그는 곧바로 로마시로 가 유능한 장군 타르퀴티우스를 부사령관으로 삼고, 아위키족을 양쪽에서 습격했다. 허를 찔린 아위키족은 항복했으며, 킨키나투스는 '이제 내 할 일은 끝났다'며 임기 6개월인 독재관직을 1개월 만에 사임하고는 농장으로 돌아갔다.

그러나 역시 로마는 그를 다시 한번 불렀다. 기원전 439년, 스푸리우스 마엘리우스의 반란을 진압하기 위해서였다. 이미 80대였던 킨키나투스는 두 번째로 독재관이 된 뒤, 반란을 성공적으로 진압하고 스푸리우스를 처단했다. 그리고 아무 미련 없이 자진 사임하고 농장으로 돌아갔다.

킨키나투스는 로마를 두 번이나 위기에서 구했다는 업적보다, 독재관이라는 엄청난 권력을 두 번이나 자진해서 내려놓았다는 점에서 존경과 찬양을 받았다. 리비우스는 "요즘 사람들에게는 돈이 모든 것이고, 돈과 지위만을 좇고 있다. 그러나 옛날엔 이런 사람도 있었다!"라며 킨키나투스를 본받을 것을 촉구했다. 많은 로마인은 그의 멸사봉공의 자세, 애국심, 공정함, 부와 권세를 버리고 소박한 은둔의 삶을 선택하는 청빈함 등이야말로 로마 공화정의 모든 미덕을 집약한 것이라고 생각했다.

로마인만이 아니었다. 오랫동안 서구인들은 킨키나투스야말로 노블리스 오블리주의 표본이라 여겼다. 특히 미국 독립전쟁의 주역이 된 조지 워싱턴은 독립군 장교 모임을 결성하고 그 이름을 '신시내티 소사이어티Society of the Cincinnati(킨키나투스와 같은 사람들의 모임)'라고 불렀다. 그리고 미합중국 초대 대통령으로 두 차례 봉직하고는, 킨키나투스의 예를 따라 임기를 연장하지 않고 스스로 대통령에서 물러나 마운트버논의 농장으로 돌아갔다. 오하이오의 신시내티시와 뉴욕의 신시내이터스시, 그리고 이탈리아의 친치나토는 킨키나투스를 기리고자 그의 이름을 딴 것이다.

스스로 최고 권력을 내려놓는다는 것

그러나 비판의 여지는 있다. 가령 정치철학자 레오 스트라우스는 그가 애초에 작은 농장에서 소일할 수밖에 없었던 까닭은 청빈해서가 아니라 아들의 범죄로 인해 거의 전 재산을 물어내야 했기 때문이라고 지적한다. 또한 그가 첫 번째로 독재관을 지낼 때, 평민파의 볼스키우스를 체포하고, 그가 자신의 아들 카에소가 사람을 죽였다고 증언한 것은 위증이었다는 자백을 받아낸 다음 국외 추방했다. 과연 위증이었을까? 킨키나투스는 철저하고 공정한 사람이었을까? 리비우스는 독자들에게 감동을 주기 위해 사실을 과장·왜곡하기로 유명하다. 그러므로 그가 묘사하는 킨키나투스의 모습이 얼마나 실제에 가까웠는지는 모를 일이다. 그가 노블리스 오블리주의 상징이었다는 이야기는 신화 또는 전설일지도 모른다.

하지만 우리에게도 신화와 전설은 있다. 백성을 자식처럼 사랑한 성군, 나라를 위해 목숨을 내던진 충신, 효자, 열녀…. 그러나 스스로 최고 권력을 내려놓았다는 전설은 찾기 어렵다(양녕대군이 그에 가깝기는 한데, 그는 최고 권력자의 후보였지 권력자는 아니었다. 그리고 자신의 형제에게 양보한 것이었다). 더구나 '민주공화국'이 된 오늘날에는 권력욕을 부리지 않는 고위공직자의 미담이 좀처럼 없다. 대통령만 놓고 봐도 임기 말기를 무사히 치러 낸 사람이 드물고, 임기를 마치고 나서도 감옥에 가거나 했던 것이 우리네 정치사가 아닌가. 따라서 킨키나투스의 이름은 여전히, 우리들 사이에서도 빛을 발해야 한다.

한니발을 쓰러트리다

문 앞의 한니발보다 방 안의 스키피오가 더 무섭다

"아버지, 안 돼요! 피하세요!"

기원전 218년 12월, 지금의 스위스 영토에 있는 티키누스 강변, 휘몰아치는 눈보라를 뚫고 한 소년이 목청껏 외치며 말을 타고 달리고 있었다. 18세였던 그 소년은 푸블리우스 코르넬리우스 스키피오Publius Cornelius Scipio. 그는 **콘술**9-1로서 한니발군을 막기 위해 나섰으나 참패를 당하고, 스스로도 창에 찔려 말에서 떨어진 채 절체절명을 맞은 아버지 스키피오를 구하려 달려가는 중이었다. 아버지가 지휘하던 소수의 기병대는 적이 벌떼처럼 달려들어 총사령관의 목을 따려는 서슬에 한동안 멈칫거렸다. 그러나 머리에 피도 안 마른 소년이 아버지를 살리려고 달려드는 모습에 마음을 다잡고 그 뒤를 좇았다. 결사전이 벌어졌고, 아들은 아버지를 기적적으로 구해 퇴각했다.

스키피오의 진짜 삶은 한니발에 맞서는 것으로 시작했다. 그리고 한니발을 무찌르는 것으로 사실상 마감되었다. 그의 라이벌 한니발의 진짜 삶이 로마에 맞서는 것으로 시작해, 스키피오의 로마에 패하는 것으로 끝난 것처럼.

그는 한니발이 로마군을 가장 처절하게 두드려 부순 기원전 216년의 칸나에 전투에도 참전했다. 이 전투로 많은 로마인이 전의를 상실했고, "문 앞에 한니발!"이라고 누가 외치면 깜짝 놀라 허둥댈 정도로 한니발에 대한 공포는 그들의 폐부에 스며들었다. 그러나 스키피오는 의연했다. 그는 로마의 손꼽는 명문가인 코르넬리우스 가문의 일원이었는데, 그런 명문 자제들이 앞날을 의논한다며 모인 자리에 나갔다. 패배의식에 찌든 그들은 이제 로마는 끝인 것 같다며, 외국으로 망명하는 방법에 대해 의논 중이었다. 그러자 스키피오는 칼을 빼들었다. 그리고 **유피테르**[8-1] 신에게 맹세했다.

> "신이시여, 당신의 이름에 맹세합니다. 이 맹세를 깬다면 저와 제 가문을 철저히 파멸시켜주소서! 저는 결코 로마를 배반하지 않으리라고 맹세합니다. 그리고 다른 자들이 배반하게 내버려두지도 않으리라고 맹세합니다. 그런 자가 내 눈앞에 있다면, 이 칼로 죽이고야 말겠습니다!"

스키피오의 서슬에 자리에 있던 도련님들은 넋이 나갔고, 다시는 망명 따위를 입 밖에 내지 않게 되었다. 그리고 수군거렸다. "문 앞의 한니발보다 방 안의 스키피오가 더 무섭군!"

그는 절망에 빠진 사람들에게 용기를 불어넣는 영웅이었다. 그리고 용기가 전부는 아니었다. 그는 한니발과 싸울 때마다 그의 전법과 성향을 철저히 연구했다. 프로 바둑기사가 고수와 한 판을 두고, 그 복기를 통해 다음번에는 고수를 누를 묘책을 찾아내듯, 온 로마가 한니발에게 끌려다닐 때 그는 반격을 준비하고 있었다.

조국의 불신 앞에서도 책무를 다한 전쟁 영웅

기원전 211년, 한니발의 본거지인 에스파냐에 일부 남은 로마령을 지키던 스키피오의 아버지와 삼촌이 한니발의 동생 하스드루발과 싸우다 전사했다. 로마는 다시 한번 패배감에 젖었다. 그러나 스키피오는 지금이야말로 전력을 쏟아 에스파냐를 공략해야 할 때라고 주장했다. 한니발과 정면 대결하기보다 그의 뒤통수를 치고 이탈리아 안에 고립시켜야 한다! 그러려면 그의 본거지를 쓸어버리는 게 최상이다! 그는 주저하는 **원로원**9-2을 설득했고, **프로콘술**9-6로서 스페인 원정군 총사령관이 되어 출정했다. 당시 그의 나이는 25세였다.

에스파냐에 도착한 그는 아버지와 삼촌의 패배를 분석하며, 적을 알고 나를 알게 되었다. 그리하여 카르타고 지배자들에게 염증을 내던 현지 토착민을 한편으로 만들고(한니발이 이탈리아를 종횡무진하며 해내지 못한 일이었다), 중심 도시인 카르타고 노바를 무너뜨리는 것을 시작으로 기원전 208년까지 에스파냐 전역을 손에 넣으며 한니발의 동생 하스드루발을 패사시켰다. 게다가 카르타고의 동맹이었고 당시 지중해 최고의 기병대를 자랑했던 누미디아를 포섭해 로마 편에서 싸우도록 했다. 그야말로 멀리 에스파냐에서 이탈리아에 있던 한니발에게 치명타를 날린 것이다.

스키피오는 한니발을 철저히 연구해 그의 전략과 전술을 모방했지만, 지휘관으로서의 스타일은 많이 달랐다. 한니발은 제일 먼저 적진에 뛰어들고 가장 나중에 퇴각하는 장군이었다. 이런 용맹과 솔선수범은 병사들의 사기를 북돋웠고, 위대한 영웅의 옆에서 맹렬히 싸우겠다는 열정에 넘치도록 했다. 스키피오도 그렇게 할 수 있었다. 혼자 힘으로 적진에 뛰어들어 아버지를 구해낸 것으로 명성을 얻은 그가 아닌가.

하지만 총사령관이 된 뒤에는 그러지 않았다. 늘 전쟁터 전체를 굽어볼 수 있는 위치에 있되, 방패병 등으로 자신을 철저히 보호하며 직접 싸움에 참가하지는 않았다. 그것은 총사령관이 일선에서 싸우다 전사할 경우 전투의 승패가 좌우된다는 점도 있지만, 싸움의 격정에 사로잡히는 대신 냉정한 눈으로 적과 아군의 움직임을 파악하고, 그때그때 필요한 지시를 내리기 위해서였다. 또한 그것은 한니발과는 다른 방식으로 병사들을 고무시켰다. 그들은 자신들의 행동 하나하나를 총사령관이 지켜보고 있음을 알았고, 따라서 열심히 싸웠다. 특히 열심히 싸운 병사에게는 어김없이 상이 주어졌고, 반대의 경우에는 벌이 내려졌다.

이렇게 눈부신 성과를 거두고 로마에 돌아와 콘술을 다시 맡은 스키피오. 그는 카르타고 본토로 직접 쳐들어가기로 했다. 그러나 로마의 평민들이 그를 신처럼 받들고 열렬한 환호를 바치는 모습을 보자, 원로원의 귀족들은 인상을 찌푸렸다. '평민의 열광적 지지를 업고 군림하는 독재자'의 그림이 떠올랐기 때문이다. 지연 전술로 한니발을 잘 막아냈지만 이제는 스키피오에게 영광을 빼앗긴 파비우스 막시무스의 질투 등도 한몫했다. 원로원은 그의 북아프리카 원정에 어깃장을 놓았다. 심지어 스키피오의 부하 하나가 추문에 연루되자, 그들은 스키피오를 콘술직에서 끌어내릴 움직임마저 보였다.

그래도 한니발은 여전히 문 앞에 있었고, 전쟁을 끝낼 힘은 스키피오에게 있었기에, 결국 그는 기원전 204년에 아프리카 땅을 밟았다. 카르타고에서 얼마 떨어지지 않은 우티카가 그의 손에 떨어지자, 혼비백산한 카르타고는 외교 협상에 나서는 한편 이탈리아에서 한니발을 소환했다. 결국 카르타고 땅에서 벌어진 두 명장의 결전! 기원전 202년에 벌어진 자마 전투 전야, 두 사람은 회담을 가졌다고 한다(주고받은 내용이 자세히 알려져 있지는 않다). 한니발은 스키피오를 설득해 싸우지 않고 전쟁을 끝내려 했던 반면, 스키피오는 거절했다. 그러자 한니발은 '당신의 조국에서 당신에 대한 의심과 불신이 있다고 들었다. 당신이 싸움에서 지면 그야말로 헌신짝처럼 버려질 것이고, 이

니콜라 기 브레넷의 〈스키피오의 절제〉(1788).
전해지는 이야기에 따르면 스키피오는 아름다운 여인에게 유독 약했다. 이를 안 부하들은 스키피오가 에스파냐의 카르타헤나를 점령했을 때 미녀를 그에게 바쳐 환심을 사려 했다. 그러나 그녀가 이미 약혼한 몸이었음을 알게 되자, 스키피오는 두말 하지 않고 그녀를 곧장 약혼자에게 돌려보냈다고 한다.

겨도 의심과 불신은 커질 것이다'라고 회유했다. 그러나 스키피오는 '전쟁을 이겨서 끝내는 게 내게 주어진 책무다. 그걸 이행하지 않는다면 그 이상의 트집거리가 있을 수 있겠는가?'라고 대답했다. 결국 회담은 결렬됐고, 이튿날 로마는 스키피오로 인해 칸나이 전투의 악몽에서, 카르타고의 위협에서 해방되었다.

조국에 묻히길 원치 않은 로마의 해방자

그러나 로마의 해방자, 아프리카를 정복해 '아프리카누스'라는 **별명**(**아그노멘**)[9-7]을 얻게 된 스키피오의 인생은 그때부터 내리막을 탔다. 개선한 그에게 **카토**[1-5]를 비롯한 원로원 의원들은 공금 횡령의 혐의를 들이댔다. 그는 무고라고 항변했지만, 싸움터에서 그토록 냉정했던 그도 정치와 법률의 무대에서는 그렇지 못했던 것 같다. 법정에서 그에게 건네진 횡령 혐의 관련 문서를 읽지도 않고 찢어버렸으니 말이다. 결국 '구국의 영웅에게 손대지 마라!', '우리가 스키피오다'라는 성난 민중의 항의 덕분에 최악은 피했지만, 공직에서 물러나 시골의 별장에 틀어박혀 살아야 했다. 자신이 왜 이런 대접을 받아야 하는지 이해할 수가 없었던 스키피오는 임종의 자리에서 자신의 유해를 로마의 가족묘로 옮기지 말고 이곳 캄파니아에 묻으라며, 이렇게 말했다고 한다.

"인그라타 파트리아(배은망덕한 조국이여)! 너는 내 뼈를 갖지 못하리라!"

《로마전쟁영웅사》에서 에이드리언 골즈워디는 한니발과 스키피오에 대한 일화를 인용한다. 자마 전투 이후 몇 년이 지나 둘 다 영광의 자리에서 밀려나 모처럼 마주하게 되었을 때 '역대 최고의 명장이 누구냐'는 말이 나왔는데, 한니발은 '알렉산드로스, 피로스, 나 한니발의 순서다. 자마에서 당신에게 지지 않았다면 내가 첫 번째가 되었을 거다'라고 말했다고 한다. 골즈워디는 이 이야기의 진위는 의심스러우나 '그런 평가에는 일리가 있다'고 말했다. 더불어 골즈워디는 리비우스가 쓴 이야기를 인용했다. 리비우스는 한니발이 스키피오를 꼽지 않은 까닭은 그가 감히 가치를 따질 수도 없는 인물이기 때문이라고 풀이했다. 그러나 같은 일화를 두고 폴리비오스는 한니발이 스키피오를 조롱한 것이라고 보았다.

무엇이 맞을까. 하지만 적어도 두 사람은 닮은꼴이었다. 한니발은 전투에서 이겼지만 그것을 전쟁의 승리로 가져가지 못했다. 스키피오는 전쟁에서 이겼지만 그것을 자신의 권력으로 가져가지 못했다.

1-5 카토

보수의 모범을 보이다

로마 공화정기 보수 정치의 대명사

'보수주의'란 무엇일까. 사실 여러 정치사상가가 좀처럼 합의를 내리지 못했다. 가장 단호한 목소리라면 '보수주의라고 부를 만한 이념은 따로 없다!' 정도다. 하지만 대체로 ①지나친 합리주의를 기피하고 ②합리적 기획에 따른 급진적 혁신을 불신하며 ③오랜 전통에는 존중할 만한 가치가 있다고 보고 ④절제와 경건함을 미덕으로 여기고 ⑤가족의 가치를 중시하는 경향이 있다. 세간의 말처럼 '그 어떤 변화도 거부하며 무조건 현상을 유지하려 한다'면 그것은 보수가 아니라 수구겠지만, 보수는 개혁의 필요성을 인정하면서 현실의 벽을 중시하고, 선배들이 시행착오 끝에 만들어놓은 기존 질서를 존중할 필요가 있다고 여긴다.

로마 **공화정**[10-5]에서 보수주의를 지향한 정치인으로 가장 그럴듯한 사람을 꼽는다면, 마르쿠스 포르키우스 카토Marcus Porcius Cato일 것이다. 원래는 프리스쿠스라는 **코그노멘**(**파명**)[9-7]으로 불렸으나, 두루 명성을 얻은 뒤 '카투스(사려 깊은 사람)'라는 별칭으로 불리게 되었다. 그의 증손자로 **카이사르**[1-8]와 대결했던 카토와 구별해 '대 카토'라고도 불리며, 그가 **켄소르**(**감찰**

카토의 흉상.
완고하고 심술궂은 인상이다.

관)9-3로 지내며 행한 일이 가장 인상적이었기에 '카토 켄소리우스(감찰관 카토)'라고도 불린다.

'보수 정치인의 모범'이라지만 그는 사비니인의 피를 이어받았는데, 투스쿨룸이라는 작은 마을에서 평민의 아들로 태어났다. 명문대가도 아니고 조상 중에 고위 정무관을 지낸 사람도 없었기에, 그가 정계에 진출했을 때는 '신참(호모 노부스)' 취급을 받아야 했다. 그는 용모 덕도 볼 수 없었다. 핏빛 머리카락에 눈매도 입매도 우락부락해서 성난 도깨비처럼 보였다고 한다. '카토는 영원히 살지도 몰라. 저승에 가면 그곳에서 깜짝 놀라 내쫓아 버릴 테니까'라는 놀림을 받을 정도였다.

그러나 젊은 카토는 누구보다 성실했다. 투스쿨룸에는 **콘술**9-1을 지낸 마니우스 쿠리우스가 살았다는 오두막이 있었다. 쿠리우스는 **킨키나투스**1-3처럼 조국을 위해 큰 공을 세우고도 권력을 마다하고 청렴하게 일생을 보낸 사람으로 알려졌는데, 카토는 종종 그 앞에 찾아가서 '당신을 본받아 살겠습니다. 힘을 주세요'라고 기도했다고 한다. 그리고 꿋꿋이 실천했다. 타고난 웅변 실력을 갈고 닦아 변호사가 되었는데, 가난한 이들을 위해 변론을 해주며 대가를 받지 않았다. 사치를 부리지 않고 언제나 가장 검소한 음식만 먹었으며, 노예나 빈민들과 스스럼없이 어울리며 함께 먹고 마셨다. 노예를 때리지 않음은 물론, 노예와 함께 장작을 패고 물을 져 날랐다.

그의 부인도 감화받았던지 자신의 아이와 노예의 아이를 함께 젖 먹여 키웠다. 카토는 그녀를 사랑하여 다른 여성에게 눈 돌리지 않았으며, 자식이 어릴 때는 기저귀를 갈고, 자랄 때는 직접 앉혀 놓고 교육했다. 당시는 이 모든 게 보모와 가정교사의 일이고, 로마의 성인 남성은 집안일에 손 하나 까딱하지 않는 게 보통인 때였다.

탁월한 언변에 힘입은 정치적 영향력

이런 '고대 로마판 링컨'이 소문 나지 않을 리 없다. 발레리우스 플라쿠스라는 유력 정치인이 그 소문을 듣고 찾아와 그에게 감탄하고는 그를 정계로 이끌었다. 두 사람은 평생 정치적 동지 관계를 유지했다.

그는 **포에니 전쟁**[5-2]에서 용감하게 싸워 전공을 세웠고, 그 과정에서 파비우스 막시무스와 친해진 반면, 그 라이벌이던 **스키피오**[1-4]와는 사이가 벌어졌다. 이는 나중에 스키피오에 대한 탄핵으로 이어지며, 그것은 보수파 지도자로서의 카토의 입지에 보탬이 된 한편 당대나 후대에 '구국의 영웅을 음해한 자'라는 오명을 쓰는 계기 또한 되었다. 그런데 이는 기질적인 차이에 의한 상호 이해 부족이 문제였을지도 모른다. 스키피오는 전장은 물론 어디서나 늘 여유로웠으나 카토는 매사 최선을 다하며 긴장을 늦추지 않는 성격이었기 때문이다. 아무튼 스키피오만 한 천재는 아니었을지라도 지휘관으로서 카토의 능력은 뛰어나, 시리아와의 전쟁 중이던 기원전 191년에는 테르모필레 협곡에서 안티오코스 3세가 이끄는 적군을 완파, 패주시킴으로써 개선장군이 되기도 했다.

연줄로 정계에 입문하고 전공을 바탕으로 두각을 나타냈지만, 그의 정치적 영향력은 탁월한 언변에 주로 힘입었다. 그가 로마에 나타난 지 얼마 지나지 않아 '카토처럼 연설하는 법'을 익히려는 사람들이 줄을 섰다고 한다. 그는 거물 보수 정치인답게 독설과 유머를 적당히 섞으며 촌철살인의 언어를 구사했는데, 플루타르코스가 50명의 영웅을 다루면서 그에게만 '카토 어록'을 마련해주었을 정도였다.

"그렇지요. 요즘은 소값보다 생선값이 비싸니 말입니다."(물가가 뛴다는 지적에 부유층의 사치 풍조가 문제 아니냐고 꼬집으며)

"자기 가는 길도 못 찾겠는지, 늘 시종을 앞세우고 뒤뚱대며 따라가는 사람들이 어떻게 다른 이들의 길을 안내한단 말입니까?"(고위직을 얻고 싶어하는 부유층을 비판하며)

"조심들 하시죠. 왕이란 짐승은 본래 육식성이거든요."(페르가몬의 에우메네스 2세가 로마를 방문했을 때 원로원 의원들이 앞다투어 그의 손을 잡으며 환영하자)

그러나 역사적으로 가장 유명한 그의 말은 이것이리라. "카르타고 델렌다 에스트(카르타고는 망해야 한다)!" 제2차 포에니 전쟁이 끝나고 카르타고가 패전국으로 로마에 저자세를 보일 때, 이웃 나라 누미디아와 영토 분쟁이 일어났다. 로마는 카토를 포함한 진상 조사단을 파견했는데, 카토는 카르타고인들이 로마에 대한 적개심을 감추면서 복수전을 도모하고 있음을 꿰뚫어보았다. 그래서 그는 로마로 돌아와 무슨 말에든 이 말을 덧붙였다. "세금 인상 건에 대해서는 재무관의 보고가 필요합니다. 카르타고는 망해야 하고요." "오늘 참 날씨 좋군요. 카르타고는 망해야죠."

이런 악착스러운 그의 태도에 일부 힘입어 제3차 포에니 전쟁이 발발하며, 카르타고는 완전히 파멸하게 된다.

로마 역사상 고소를 가장 많이 당한 원칙주의자

이만한 영향력과 인기가 있었고, 콘술도 한 차례 역임했지만, 카토는 한때의 스키피오나 훗날의 **마리우스**1-7 같은 일인자급 정치인은 되지 못했다. 현대의 '논객'들처럼 독설로 인지도를 높일 수는 있었어도 지도자는 되기 어려웠던 것일까? 그가 기원전 184년에 켄소르 선거에 나섰을 때, 다른 여섯 명의 후보는 '카토 같은 독설가가 감찰관이 되었다가는 큰일 난다'고 입을 모았다. 그러나 카토는 '여러분! 우리 로마는 지금 병을 앓고 있습니다. 켄소르는 그 병을 찾아내고 치료하는 의사입니다. 여러분은 환자의 비위를 맞추는 의사를 원하십니까, 아니면 솔직하게 말하고 똑바로 치료하는 의사를 원하십니까?'라고 유세했고, 결국 켄소르가 되었다.

감찰관 카토는 예상대로 꼬장꼬장하게 굴었다. 지위고하를 가리지 않고 탄핵했으며, 권력자들의 위법과 탈법을 용서하지 않았다. 유력자들이 자기네 정원에 물을 대고자 공용 수도관에 내둔 불법 송수관을 일일이 찾아다니며 부숴버렸고, 옛날 가격에 묶여 있던 공유지 임대료를 현실화했다. 심지어 일종의 부유세까지 신설했다. 재산이 일정 한도를 넘는 사람은 그 열 배의 재산을 가진 것으로 간주해서 세금을 매겼던 것이다.

그는 공중도덕과 공직자 품행에 대해서도 가혹할 정도로 엄했다. 유력한 콘술 후보였던 마닐리우스를 '백주 대낮에 어린 딸이 보고 있는데도 아내와 포옹했다'는 이유로 품위를 잃었다고 탄핵해 원로원에서 쫓아냈다. 풍기에 대한 카토의 엄한 태도는 당시 로마의 그리스-동방화에 대한 맹비난과도 닿아 있었다. 마케도니아 전쟁으로 그리스가 사실상 로마의 손에 들어간 뒤, 그리스의 철학과 동방의 호사스러운 문화가 로마 사회를 사로잡게 되었다. 그리스어를 할 줄 모르면 상류층이 아니라 여겨졌고, 토하도록 먹고 쓰러질 때까지 마시는 잔치로 날을 새웠다. 카토는 이 모든 일이 로마를 뿌리부터 썩게 만들 것이라며 그리스와 동방에 관한 모든 것을 비난했다. 그런 점에서 그는 고유한 전통을 떠받드는 보수 정치인의 면모를 확실히 보여줬다.

그런 그를 밉살스럽게 여기는 사람들, 심지어 원한을 품은 사람들이 적을 리 없었다. 로마 역사상 고소를 가장 많이 당한 사람인 그는 86세가 되었을 때도 고소당해 법정에 섰는데, '나 같은 쉰 세대가 요즘 세대 앞에서 변론하려니 말이 통할까 모르겠군요'라며 넉살을 부렸다고 한다.

말년의 카토, 엇갈린 평가

그러나 그가, 적어도 나이를 먹은 뒤의 그가 과연 남에게만큼 자신에게도 엄격한 원칙주의자였는지는 의문이다. 원로원 의원은 상업적 영리 행위를 하지 못하게 되어 있는데, 그는 자신의 노예에게 자금을 주고 그 자금으로 여러 군데에 투자를 시킴으로써 막대한 부를 챙겼다고 한다. 또한 노예와 동고동락하던 젊은 시절과 달리 노년에는 노예들을 가혹하게 대했으며, 오랫동안 집안에 봉사하여 가족과 다름없었던 노예를 '늙어서 쓸모가 없어졌다'며 팔아치웠다고도 한다. 그의 부인이 먼저 세상을 떠나자 자신의 하인 출신인 사람의 딸과 재혼하기도 했는데, 이 역시 '노인네가 정욕에 미쳐서 힘으로 남의 딸을 빼앗았다'는 손가락질을 받을 일이었다.

젊은 시절의 '로마 링컨'은 늙어서 '로마 아베'가 된 걸까? 그럴 수도 있다. 하지만 이러한 부정적 이야기들이 대체로 플루타르코스에게서 나오며, 플루타르코스는 카토가 싫어한 '그리스인'임을 감안해야 할지도 모른다. 스스로 호모 노부스 출신의 보수 정치인이었으며, 그리스 철학과 문화에 심취하기도 했던 사람인 키케로는 《국가론》에서 카토를 찬양한다. "그는 절도 있게 말했고, 신중하면서 매력 있었다. 배움과 가르침에 누구보다 열정적이었으며, 그보다 언행일치의 삶을 산 사람은 없다." 그렇게 보면 말년의 카토가 언행일치가 되지 않았다는 건 악의적인 가짜뉴스일지도 모른다. 나이가 들어서 전 하인의 딸과 재혼한 일도, 충분히 명문가의 여성을 얻을 수 있는 위치였음을 생각하면 순수한 사랑의 발로였을지도 모른다.

그가 스키피오를 탄핵하고 그리스 문화를 혐오한 일 또한 로마 공화정의 전통을 지키려는 뜻에서 비롯했을 수도 있다. 그는 보수이지만 기득권자들의 횡포에 맞섰으며, 힘없는 서민을 감싸는 정책을 펼쳤다. 그런 점에서 '참보수'의 면모를 보였다고 할까? 그러나 그가 주는 불편함 때문에 일인자가 되지는 못했다. 그리고 이후에 등장할 정치인이 보다 과격하게 기득권과 대립했을 때, 그 정치인에게 쏟아진 반응은 단지 불편함 정도가 아니었다.

영웅
황제
여성
건축
전쟁
기술
책
신
제도
유산

개혁을 위해 싸우다 희생되다

로마의 번영으로 심화된 부익부 빈익빈

포에니 전쟁5-2(기원전 264~146), 마케도니아 전쟁(기원전 215~148)으로 로마는 지중해 대부분을 손에 넣었고, 그리스인과 페니키아인이 장악했던 지중해 상권을 거머쥐었다. 로마는 상상도 못했던 부와 번영의 길로 접어든다. 하지만 화려한 빛만큼 어둠도 짙었다. 전리품을 챙기고 상권을 얻어 부를 축적한 쪽은 주로 기존의 부자나 귀족들이었다. 반면 서민이나 평민들의 처지는 더 심각해졌다. 오랜 전쟁으로 이역만리에서 싸워야 했던 로마 병사들은 죽음의 위기를 가까스로 넘기고, 이런저런 부상을 안고 집으로 돌아왔다. 그러나 그를 기다리는 건 생활고를 못 이겨 부인이 달아나고 그 결과 아무도 살림을 챙기지 않아 폐허처럼 변해버린 집, 쑥대밭이 된 농장, 먼지만 남아 있는 작업장 등이었다. 당장 먹고살 수도 없게 된 그들은 부자에게 남은 부동산을 헐값으로 넘기거나, 채무 노예가 되어야 했다. 그렇게 빈부 격차는 더욱 심해졌다. 또한 로마가 지중해를 장악하면서 현지의 값싼 물자와 인력(노예 포함)이 밀려들어 경쟁력을 잃고 파산하는 중소 상인도 잇따랐다.

이런 상황에서는 정치가 대책을 내놓아야 한다. 그런데 당시의 로마 정치는 그렇지 못했다. 힘의 균형을 도모했다고는 하나 귀족들이 사실 우세했던 기존 로마 공화정은 이 새로운 변화의 혜택을 본 자들이 대체로 귀족인 이상 발 빠른 대응은 무리였다. 과거 **공화정**10-5의 영웅들인 **브루투스**1-2나 **킨키나투스**1-3처럼, '자신의 이익을 돌아보지 않고 공익에 헌신하는 영웅이 나와야 개혁이 가능하지 않을까?' 하고 민중은 생각했다. 그리고 그 생각에 부응하듯 두 형제가 나타났다.

사람답게 살기 위해 애쓰다 개처럼 맞아죽다

티베리우스 셈프로니우스 그라쿠스Tiberius Sempronius Gracchus는 로마의 명문 귀족 중 하나로 태어났다. 아버지는 **콘술**9-1을 지냈고, 귀족의 입장을 대변해 **호민관**9-3과 정면 대결한 일화로 유명했다. 어머니는 **스키피오 아프리카누스**1-4의 딸, **코르넬리아**3-3로 역시 보수 지향 명문 귀족의 핏줄이었다. 티베리우스는 포에니 전쟁에서 카르타고의 성벽에 가장 먼저 기어 올라가는 용맹을 보여주어 표창을 받기도 했다. 당연히 법무관, 콘술을 역임하며 아버지처럼 보수 귀족 유력 정치인의 길을 걸으리라 여겨졌다.

그러나 기원전 137년, 재무관으로 북이탈리아를 거쳐 에스파냐에 가서 겪은 일이 그의 진로를 뒤바꿨다. 로마의 엘리트들이 치른 전쟁, 그에 따라 피 흘린 사람과 그 가족이 무엇을 보상받았는지에 대해 그가 직접 보고 듣고 받은 충격은 3년 뒤 호민관으로서 **원로원**9-2에 서서 외친 연설에 그대로 나타나 있다.

"이 땅의 짐승들을 보십시오, 밤이면 저마다의 동굴이나 둥지를 찾아갑니다.

그러나 이 땅의 시민들을 보십시오, 집도 없고, 비바람을 피할 최소한의 안식처도 없지 않습니까? 그들은 나라를 위해 목숨을 걸고 싸웠습니다. 상처투성이가 된 그들의 손에 조국이 건네준 것은 무엇입니까? 공기와 햇빛뿐입니다! 그들은 짐승보다 못한 신세로 이리저리 떠돌고 있습니다. 그들은 세계를 정복했는데, 그 스스로는 몸을 눕힐 땅 한 조각도 갖지 못했습니다!"

이런 연설로 장내를 숙연하게 만든 그라쿠스는 '셈프로니우스 법'으로 불리게 되는 개혁안을 제시했다. 그것은 기원전 367년 리키니우스 법에 규정되었으나 이제는 사문화된 '1인당 소유할 수 있는 토지는 500유게라(약 1.26제곱킬로미터)로 한정한다'는 규칙을 제대로 시행하자는 것이었다. 덧붙여서 일가족이 소유한 토지 규모가 1천 유게라를 넘을 수 없도록 했다. 이를 넘는 토지는 국가가 유상몰수하여 토지 없는 빈민에게 무상분배하도록 했다. 이때 분배된 토지는 매매나 양도를 금지해 원래의 대토지 소유자가 되찾아 가지 못하도록 했다.

'원래 있던 법을 제대로 지키자는 것'이 보수적인 원로원 의원들에게 내민 명분이었으나, 대토지 소유자였던 그들이 고개를 숙일 리 없었다. 그러자 그라쿠스는 **평민회**9-2로 직접 가서 이 법을 표결에 붙였다. 물론 법적으로 정당한 절차였으나, 관행적으로 민회 표결 전에 원로원의 승인을 받던 절차를 무시했으므로 정치적으로는 부당했다. 원로원은 귀족 몫으로 뽑은 마르쿠스 옥타비우스를 움직여 셈프로니우스 법에 거부권을 행사하게 했다. 그러나 그라쿠스는 '평민의 권익 증진을 방해하는 자가 무슨 호민관이냐!'며 민회 분위기를 격앙시켜 그를 탄핵되게끔 하고 법안을 관철시켰다.

하지만 법의 집행은 지지부진했다. 귀족들의 거센 반발 외에도 본래의 토지 경계 기록이 많이 사라지거나 토지 형질이 바뀌어 계측이 어렵다는 문제가 있었다. 또한 이 법을 적용하면 관행적으로 로마의 토지를 점유해 생활하던 비시민권자들의 설 땅이 없어진다는 문제도 지적되었다. 이는 이런

저런 이유로 그 시민들을 로마에 거주하도록 하던 동맹시들의 입장에서도 묵과할 수 없는 일이었다.

궁지에 몰린 그라쿠스는 페르가몬 왕국의 아탈로스 3세가 사망하며 자기 나라를 로마에 증여하자(로마의 식민지처럼 되어 있던 여러 소왕국의 관행이었다), 거기서 얻는 수입을 재원으로 빈민에게 토지를 주자는 제안을 했다. 그러나 그 과정에서 귀족들의 농간이 없게끔 평민들이 페르가몬의 재산 처리를 주도해야 한다고도 했는데, 그것은 원로원의 재정권을 침해하는 일이었다. 그라쿠스는 개혁을 계속 이끌기 위해 133년에 호민관 연임에 도전했는데, 그것 역시 원칙 파괴였다.

결국 원로원은 폭발했다. 그라쿠스를 처단해야 한다는 목소리가 드높았는데, 콘술이던 스카이볼라는 "그래도 법에 따라 신체의 안전을 보장받는 호민관을…" 하며 주저했다. 그러자 스키피오의 조카이며, 그라쿠스와도 친척인 스키피오 나시카가 나서서 "지금은 법을 일일이 지키고 있을 때가 아니오! 법을 따지다가 국가가 먼저 무너집니다! 국가를 위하는 사람은 나를 따르시오!"라고 외쳤다. 그리고 자기 의자 손잡이를 뜯어내 무기로 만들었다. 그의 뒤를 따라 원로원 의원들은 티베리우스 그라쿠스에게 달려갔다. 그리고 그를 때려죽였다.

로마시는 이 소식에 경악했다. 평민들의 분노는 하늘을 찔렀다. 그라쿠스의 개혁이 무리라고 여기던 사람들도 호민관을 개처럼 때려죽인 일에는 할 말을 잃었다. 귀족들은 '그는 평민의 환심을 사서 왕이 되려고 했다'고 변명했으나 소요가 잦아들지 않자, 스키피오 나시카를 추방하고 셈프로니우스 법을 폐기하지 않겠다고 약속해 겨우 진정시켰다. 하지만 그 법을 실행하기 위한 위원회는 원로원이 장악하고 있었으니 사실상 폐기된 것이나 마찬가지였다. 이후 로마는 완전히 귀족파와 평민파로 갈라져 서로 불신하며 갈등했다. 키케로는《국가론》에서 이 상황을 '하늘에 두 개의 태양이 떠 있다'는 비유로 묘사했다.

개혁을 주장하다 형의 뒤를 따르다

그리고 또 하나의 태양이 되어 그늘에 사는 사람들을 비추려는 자가 있었다. 티베리우스의 동생, 가이우스 셈프로니우스 그라쿠스Gaius Sempronius Gracchus였다. 형보다 9살 어린 그는 형의 비극을 보고 겉으로는 원로원에 공손한 태도를 취한 덕에 재무관에 순조롭게 당선될 수 있었다. 그는 조용히 힘을 키우다가 형이 죽은 지 10년 만인 기원전 123년에 호민관에 도전해 당선된다. 그리고 다시 개혁의 깃발을 든다.

그는 형이 정면 승부를 하려다 반격을 받았다고 여겨 우회적으로 농지개혁에 접근했다. 해외에서 새로 얻은 영토에 도시개발을 하고 빈민들을 이주시킴으로써, 그들에게는 토지를 주면서 기득권의 몫은 건드리지 않는 식이었다. 또한 개혁의 지원 세력으로 '기사 계급'에 주목했다. 기사란 공화정 초기 시민병 가운데 기병을 맡았던 사람들의 후예인데, 본래는 귀족과 별 차이가 없었으나 어느 사이에 2등 계급이 되어 있었다. 가이우스는 그들을 귀족이 독점해온 상급배심원에 참여할 수 있게 하고, 식민지의 조세징수권을 주며, 귀족들이 갖고 있던 '공용 말'을 회수하도록 했다. 전쟁 과정에서 기사들의 말이 귀족에게로 넘어간 채로 있는 경우가 많았던 것이다. 따라서 공용 말 회수는 기사의 힘을 키우고 귀족과의 격차를 줄이는 의미가 있었다.

당시 로마의 서민을 괴롭힌 건 토지귀족만이 아니었다. 상공업에 종사하는 기사 계급 때문에 파산하고 길거리로 내몰린 사람도 많았다. 하지만 가이우스는 일단 지원 세력을 확보해야 한다고 여겼다. 그런 차원에서 그는 로마 시민권을 확대하는 법안도 제출했는데, 이것만은 귀족은 물론 기사,

프랑수아 토피노-르브룅의 〈가이우스 그라쿠스의 죽음〉(1792).

심지어 평민에게도 인기가 없었다. 그래도 호민관 연임은 거뜬히 해냈지만, 과격한 보수파 귀족 오피미우스가 콘술이 되면서 그의 개혁 법안을 모두 폐기하려 하자 갈등은 격화되었다. 개혁은 또다시 유혈로 끝장 났다.

기원전 121년, **원로원의 비상결의**Senatus Consultum Ultimum 9-2로 살생부를 거머쥔 오피미우스는 그라쿠스와 그 일파를 사정없이 살육했다. 3천 명가량이 죽었다. 그라쿠스 본인은 달아났다가 자결했는데, '그 머리의 무게만큼 황금을 주겠다'는 오피미우스의 포고에 혹했던 셉투물레이우스라는 자는 무게를 늘리려고 시체의 뇌를 빼내고 납을 채워서 갖다 바쳤다.

거대해진 공화국, 불가피한 제도 개혁

그라쿠스 형제의 개혁이 절대선이었다고는 할 수 없다. 키케로는 그들이 개인적인 야심의 발로에서 개혁을 들고나온 것이며, 그 과정에서 유서 깊은 원칙과 제도를 깨트렸다면서 '선동 정치가일 뿐'이라 비하했다. 부작용과 모순도 있었다. 그러나 그렇지 않은 개혁이 세상에 어디 있을까. 그럼에도 불구하고 개혁을 하지 않고 버틸 수 있는 나라는 또 어디 있을까. 정의와 인도주의를 떠나 거대해진 공화국을 기존의 체제로는 움직이기 힘들다는 점(특히 병력 모집에 있어서)은 그들이 주장한 개혁이 불가피했음을 나타내고 있었다. 그들을 살해한 자들은 공화국을 지키기 위해서라고 말했지만, 그들은 **로물루스**[1-1]가 세운 공화국의 원칙, 귀족이 평민을, 부자가 빈자를 돌봐주고 살펴주면서 서로 더불어 살아가야 한다는 원칙을 까맣게 잊고 있었다.

군벌의 시대를 열다

평민 대표로서 일곱 번의 콘술 당선

> 저들은 전쟁을 책으로만 배웠지만, 저는 직접 나가 싸우면서 배웠습니다. 저들은 저의 출신이 천하다고 비난하지만, 정말 비난받아 마땅한 것은 그들의 천한 행동입니다. 저는 생각합니다. 모든 인간의 본성은 동일하다고!

살루스티우스의 《유구르타 전쟁》에서는 기원전 107년, 가이우스 마리우스Gaius Marius가 **콘술**9-1 선거를 앞두고 이렇게 연설했다고 전한다.

'모든 인간은 평등하다'는, 고대 세계 기준으로는 경천동지할 발언을 마리우스가 정말로 했는지는 불확실하다. 당시에는 연설이나 발언을 일일이 기록하지 않았고, 역사가들이 나중에 추측이나 상상을 동원해 옛 인물의 연설문을 만들었기 때문이다. 따라서 살루스티우스가 마리우스의 실제 연설을 얼마나 비슷하게 옮겼는지는 모르지만, 그렇게 말했을 법도 하다. 마리우스는 당시 귀족들이 장악하고 있던 로마 정계에 평민을 대표한다며 출사표를 던졌기 때문이다. 당연히 귀족들의 분노와 견제를 받았으나, 그를 향한 평민들의 지지는 그 이상으로 폭발적이었다. 그는 50세에 콘술에 당선되었다. 그리고 그는 이후로도 여섯 번이나 더 콘술이 되어 로마 역사상 기록을 세울 운명이었다.

전쟁을 위해 태어난 남자

마리우스가 '천하다'고는 하지만, 먹고살기 힘들 만큼 비천한 출신은 아니었다. 아르피눔 출신의 지역 귀족 집안에서 태어났는데, 그 일대에서는 꽤 유력한 집안이었다. 하지만 로마에 병합된 기간이 상대적으로 짧아서 온전한 로마 시민권을 얻은 지 얼마 되지 않은 상태였고, 당연히 선대에 콘술 등의 고위직을 지낸 사람은 없었다. 따라서 로마 중앙 귀족들의 눈에는 '신참자(호모 노부스)', '근본 없는 자'로 보일 만도 했다. 그런 그가 콘술까지 치고 올라갈 수 있었던 것은 그의 말대로 '전쟁을 직접 나가 싸우면서 배웠기' 때문이었다.

그는 제3차 **포에니 전쟁**[5-2] 참전으로 군 경력을 시작했으며, 당시 로마군 총사령관 소 스키피오(**스키피오**[1-4]의 입양된 손자)는 이 용감하면서 패기만만한 젊은이에게 좋은 인상을 받았다고 한다. '내 후계자로서 제격'이라고 평가했다는 말도 있다. 하지만 전쟁이 끝나고 소 스키피오와 **그라쿠스**[1-6]가 대립 끝에 퇴장하는 혼란기에 군사적 공은 더 쌓지 못했고, 기원전 119년에 **호민관**[9-3]에 당선된 이후로는 평민파로서의 정치 지향성을 띤다. 다만 마리우스는 평민들의 차별과 빈곤을 동정했다기보다 스키피오 같은 영웅은 비극을 겪고 저열한 무리가 출신을 무기로 뽐내는 로마 정치에 대한 환멸과 반감에 사로잡혀 있었던 것 같다.

그리고 포에니 전쟁의 잿더미에서 타오른 불씨는 마리우스가 더 높이 오를 만한 실마리가 된다. 카르타고 편이었다가 로마에 붙음으로써 전쟁의 승리에 큰 힘이 되었던 북아프리카 누미디아의 왕위가 유구르타와 아드헤르발, 히엠프살에게 공동으로 넘어갔는데, 유구르타가 단독으로 왕이 되려 하면서 로마와 충돌하게 된 것이다. 콘술 메텔루스가 총사령관이 되어 유구르타 토벌전에 나섰는데, 고전을 면치 못했다. 그러자 그의 부관이던 마리우스는 '그런 식으로 전쟁을 해서 이길 턱이 있나? 내가 당신 대신 콘술이 되어 끝을 내겠다!'라고 선언했다. 그리고 로마로 돌아와 기원전 107년 콘술 선거에 나간 것이었다.

그리하여 북아프리카로 돌아온 마리우스. 그러나 호언장담처럼 곧바로 유구르타를 무찌르지는 못했다. **원로원**9-2이 낡은 규정에 얽매여 충분한 병력을 주지 않은 것이 주된 원인이라고 여긴 마리우스는 **'마리우스 군제 개혁'**9-8이라 알려질 개혁을 실시한다. 먼저 일정한 재산을 소유하고 있어야 한다는 로마군의 자격조건을 없애고 누구나 병사로 받아주었다. 이는 마리우스가 처음 실시한 개혁은 아니고, 병력이 부족한 상황에서 임시로 시행된 전례가 있었다. 또한 영토는 넓어지고 전쟁도 많아지는데 빈부 격차 증대로 유복한 시민의 수는 오히려 줄어들던 당시 추세를 볼 때, 마리우스가 아니더라도 언젠가 이루어질 변화였다.

하지만 마리우스는 그렇게 해서 모여든 재산 없는 빈민(프롤레타리아)들이 오합지졸이 되지 않도록 했다. 스스로 무기와 갑옷을 장만할 수 없는 그들에게 자신의 사비로 병장기를 구입해 나눠주었고, 엄격하고 혹독한 훈련을 통해 그들이 정예 병사로 거듭나게끔 했다. 특히 중간 보급의 필요성을 최소화하며 원정할 수 있도록 병사들마다 낫과 곡괭이 등 작업 도구, 3일치의 식량, 개인용 식기, 모직 외투 등을 일체화한 군장을 메고 행군하는 훈련을 시켰는데, 이후 로마군의 표준 군장이 되는 이것을 우스개로 '마리우스의 노새'라 불렀다. 마리우스도 이 마리우스의 노새를 짊어지고 다녔으며, 병사들과 한 자리에서 식사했고, 위험한 전투마다 앞장섰다. 그리하여 그들에게 진심 어린 존경을 받게 되었다.

그리고 좀 더 나중에는 그가 로마의 주요 권력자로 자리 잡으면서 군 편성체제도 바꾸었다. 중대(마니풀루스) 3개를 합쳐 대대(코호르트)로 만들고, 이를 기초 전술 단위로 삼아 병력을 운용했다. 그리고 로마 초기에는 전력의 핵심이었던 중장보병대를 없애고, 기병과 창병, 투창병 등이 일체가 되어 싸우도록 했다. 이는 당시 다양한 지형에서 다양한 전법으로 덤벼드는 적들을 상대하기에 효과적이었다.

이처럼 에이드리언 골즈워디의 말대로 '전쟁을 위해 태어난 남자'로서의 면모를 드러낸 마리우스는 유구르타 전쟁 뒤처리를 부관 술라에게 맡기고 로마로 가서 두 번째로 콘술에 당선되었다. 그 뒤로도 연속해서 세 차례 더 콘술이 되었으며(이것 역시 로마 사상 초유의 일이었다), 갈리아인들을 상대로 연이어 승리를 거두었다. 일찍이(기원전 387년) 갈리아인의 침입으로 처음 로마가 유린되는 경험을 한 로마인들은 이 승리에 환호했으며, 마리우스를 '제2의 **로물루스**[1-1]다!'라고 칭송하기까지 했다.

위험한 평민파 두목의 식지 않는 야망

기원전 100년, 여섯 번째 콘술이 된 마리우스는 정치적 위기를 겪는다. 그가 모집한 병사 가운데는 로마 시민권이 없는 경우도 많았는데, 그는 퇴역과 함께 그들에게 시민권을 부여하고자 했다. 그러나 원로원이 이에 강력히 반대하고 나선 것이다. 그는 과격한 호민관인 사투르니누스와 손잡고 자신의 조치를 관철하려 했으나 사투르니누스가 너무도 과격한 행보를 보이자 연을 끊었다. 그리고 원로원이 일찍이 **그라쿠스**[1-6] 처단을 위해 발동했던 원로원 비상결의를 통해 사투르니누스를 처단하기로 하자, 그 일에 앞장섰다. 그러자 그의 정치적 인기는 급락했다. 원로원은 그를 '그래봤자 위험한 평민파 두목'으로 보는 가운데, 평민들과 퇴역군인들은 그에게 크게 실망했기 때문이다.

이후 그의 라이벌로 부상한 인물이 루키우스 코르넬리우스 술라였다. 한때 마리우스가 신임하는 부관이었던 그는 명문 귀족 출신답게 원로원파의 총아가 되었다. 그가 콘술로 동맹시 전쟁에서 활약하는 동안 마리우스는 퇴물 취급을 받았다. 그러나 그의 야망은 식지 않았다. 기원전 88년, 원로원이 술라에게 **미트리다테스 전쟁**5-4의 총지휘권을 맡겼을 때, 마리우스는 호민관 푸블리우스 술피키우스를 움직여 그를 공동 지휘관으로 임명하도록 했다. 이 소식에 이미 출정해 있던 술라는 격분했고, 군대를 이끌고 로마로 쳐들어갔다. 그 결과 술피키우스는 참살되고, 마리우스는 아프리카로 달아났다.

민주 정치인에서 정치 군인으로

이것으로 **로마 내전**5-3은 막을 열었고, 쉽사리 끝나지 않았다. 상황을 끝냈다고 여긴 술라가 다시 동방으로 가서 미트리다테스와 싸우는 틈에 마리우스가 아프리카에서 돌아온 것이다. 그가 보급로를 차단해 굶어 죽게 생긴 로마가 항복하자, 원로원 의원 대부분을 포함한 반대파에게 비상식적인 잔인함을 발휘했다. 그들의 목이 꽂힌 창이 광장 둘레를 장식했고, 목 잘린 시체는 길거리에 내던져졌다. 그리고 일곱 번째 콘술에 스스로 앉았으나, 71세의 고령이던 그는 13일 만에 사망했다. 그리고 술라가 돌아와 또 다시 로마를 피로 물들임으로써 로마 내전의 1막이 내렸다.

마리우스는 전쟁을 위해 태어났을지 몰라도 정치를 위해서는 아니었다고 대부분의 역사가는 평가한다. 로마의 전환기에 혜성처럼 나타났으나 시대적 과제에 대응할 비전과 정치적 역량이 부족했다. 그리고 그가 시행한 군제 개혁으로 시민의 군대는 직업군인의 군대가 되고, 병사들은 국가가 아닌 자신을 모집하고 훈련시키고 상금을 주는 장군에게 충성하게 되었다. 내전 중 마리우스와 술라가 보여준 전례 없는 행동은 그것이 가능함을, 문민정치인이 아니라 군벌의 시대가 되었음을 증명했다. 이제 폼페이우스나 **카이사르**[1-8]가 그들의 뒤를 따를 것이고, 그리하여 **공화정**[10-5]은 몰락하고 제정이 나타날 것이었다. '모든 인간은 평등하다'라고 말한 마리우스, 그는 위대한 민주정치가가 될 수도 있었다. 그러나 실제로는 정치 군인의 길을 걷고 말았다.

로마의 일인자가 되다

백 명의 마리우스를 품은 사람

"애송이라고? 별거 아니라고? 그놈 속에는 백 명의 마리우스가 있단 말일세!"

마리우스1-7를 최종 타도하고 그의 일파를 섬멸한 술라, 그가 마리우스의 처조카뻘인 젊은 카이사르가 달아났다는 보고를 받자 이렇게 외쳤다고 플루타르코스는 전한다. 하지만 이는 아마도 와전일 것이다. 술라가 그토록 카이사르의 잠재력을 꿰뚫어보고 두려워했다면 로마를 점령했을 때 살려두었을 리가 없었을 것이다. 게다가 카이사르에게 대표적 마리우스파인 킨나의 딸 코르넬리아와 이혼해서 마리우스파와 절연했음을 증명하라고 요구했을 때 카이사르가 대담하게도 불복하고 달아났는데, 술라는 그를 집요하게 쫓지 않았고 결국 사면해주었다. 이는 당대에는 가세가 기울었지만 로마의 전통 명문인 율리우스가의 당주가 카이사르였으며, 카이사르의 모친이 술라와 가까운 집안이었기 때문일 것이다. 카이사르도 코르넬리아가 죽은 뒤 술라의 외손녀와의 두 번째 결혼으로 '보은'을 했다.

로마에서 도망쳐 소아시아에 숨어 있던 가이우스 율리우스 카이사르Gaius

Julius Caesar는 사면받은 뒤 그곳의 군에 입대해 '로마의 일인자'로 가는 계단의 첫 단을 밟는다. 전투에서 용맹을 발휘해 포상도 받았지만, 술라가 죽은 뒤 로마로 돌아온 그는 변호사로 일했다가, 그리스로 가서 공부를 했다가, 그곳에서 **미트리다테스 전쟁**5-4에 개인적으로 참전했다가, 에스파냐로 파견 나갔다가 하며 기원전 69년까지 이런저런 활동을 했다. 소소한 공직도 얻었다. 그러나 그는 성에 차지 않았던지, 에스파냐에 갔을 때 그곳의 알렉산드로스상을 보면서 '내 나이가 지금 33세다. 알렉산드로스는 33세에 세계를 정복했지. 그런데 나는 정말 형편없구나!' 하며 한탄했다고 한다.

삼두정 수립과 콘술 당선

하지만 그는 로마 사교계의 스타였다. 그리 미남은 아니었고 머리가 벗겨지고 있었지만, 스포츠에 만능이고 최고의 패셔니스타였다. 그리고 화술이 뛰어날 뿐 아니라, 사람을 끌어들이는 마력이 있어 키케로도 감탄했다고 한다. 그리고 수에토니우스 등에 따르면 잠자리에서의 실력도 최고여서 많은 스캔들의 주인공이 되었는데, 당시에는 이것이 단점이라기보다 장점이었다.

가문이 좋은 것 외에는 정치적 자산이 변변치 않았지만, 이런 점을 눈여겨보고 그에게 접근했던 정치 거물이 있었다. 바로 크라수스와 폼페이우스였다. 돈은 무척 많지만 평판은 좋지 않았던 크라수스와 전공으로는 로마 사상 최고였으나 말주변이 없고 카리스마가 부족했던 폼페이우스는 자신들의 모자란 점을 카이사르가 메워줄 수 있다고 생각했다.

이리하여 기원전 65년 전후, '트리움비라투스(삼두정)'가 수립되었다. 먼저 가장 세력이 약한 카이사르가 **콘술**9-1이 되고, 다음에는 돌아가면서 폼페이우스와 크라수스가 콘술이 된다는 계획이었다. 공동의 적은 술라가 본의 아니게 키워준 **원로원**9-2을 중심으로 '로마 **공화정**10-5의 정신'을 내세우는 소카토, 그리고 키케로 같은 보수파였다. 카이사르는 기원전 63년 카틸리나의 반역에 연루되었다는 의혹을 받았고, 그에 앞서 스스로 마리우스의 후계자라고 내세워 '원로원파'의 집중 공격을 받아 실각할 뻔도 했으나, 삼두정치의 힘과 스스로의 정치력으로 겨우 극복했다. 크라수스 같은 금권 정치인이자 폼페이우스 같은 군벌의 짝패이면서, 술라파와의 인연을 완전히 끊지 않고 평민파의 희망을 자처하는 모습은 위선이기도 했다. 그러나 당시의 카이사르는 이미 구상해두었던 것 같다. 평민파도 귀족파도 아닌 진보와 보수를 뛰어넘는 한 사람의 권위와 권력으로, 초창기에 비하면 너무도 광대하고 복잡해진 로마를 이끌어가는 체제를 세우겠다고 말이다.

카이사르가 기원전 60년에 콘술이 된 일은 로마사에서 두 가지 큰 의미가 있었다. 한 가지는 카이사르만큼은 막아보려는 반카이사르-원로원파의 치사할 정도의 노력(카이사르가 '동성애자다', '마리우스파다', '색골 대머리다'를 비롯해 현대의 선거전에서는 드물지 않은 온갖 마타도어가 휘몰아쳤다)과 삼두정, 즉 군부를 움직이는 폼페이우스의 영향력 및 크라수스의 자금력이 정면충돌한 결과였다. 다른 한 가지는 가까스로 차지한 콘술 자리를 지키는 데 급급하리라던 예상과 달리 카이사르가 그의 삼두정 동지들조차 놀랄 만큼 혁신적이고 대담한 개혁을 밀어붙여 성공한 계기가 되었다는 것이다.

카이사르와 폼페이우스의 대결

카이사르는 '율리우스 농지법'으로 **그라쿠스**1-6 형제가 이루지 못했던 토지개혁을 이뤄내는 등(보다 온건한 형태였지만) 과감한 개혁으로 널리 인망을 얻었고, 삼두정 말석에서 대등한 위치로 단숨에 부상했다. 그러나 그는 로마에서 큰소리치려면 전공을 세워야 함을 잘 알고 있었다. 그리하여 **갈리아 전쟁**5-6을 '기획'(아마도)하고, 콘술에서 내려오자마자 기원전 58년에 갈리아로 떠났다.

제2차 세계대전의 영웅이자 전쟁사가인 버나드 몽고메리는 카이사르가 전술가로서 독창성이 없었다고 평한다. 그러면서도 '역사상 가장 훌륭한 보병 지휘관'이라고도 했다. 왜 그런 모순된 평가를 했을까? 여러 병과, 지형, 무기 등의 전술적 특성을 꿰뚫고 이를 창의적으로 조합해 전력을 상승시키는 데는 카이사르가 **스키피오**1-4나 마리우스보다 뒤처졌다. 그러나 그는 병사들을 적절하게 죄었다 풀었다 하며 신뢰를 얻었고, 여러 곳에서 와서 하나로 뭉치지 못하던 군대도 빠르게 응집시켰다. 또한 그의 군대는 기동력이 유독 뛰어났다. 하루에 150킬로미터를 이동하고는 했다는데, 당시 로마군의 기본 행군 속도가 하루 50킬로미터였음을 감안하면 믿기지 않는 속도였다. 카이사르 자신도 걸음이 빨라서 때로는 그가 온다고 알리러 떠난 전령보다 그가 먼저 도착하기도 했다고 한다. 또한 성격도 급해서 후퇴해야 할 때 진격을 고집하다 파멸할 뻔하는 일도 가끔 있었다. 지연전술을 잘 써서 '굼벵이'라는 별명까지 얻었던 파비우스와는 정반대의 지휘관이라고 할까. 아무튼 그처럼 예상 밖의 속도로 예상 밖의 지점에서 튀어나와 맹공격하는 카이사르의 군대는 갈리아인에게나 나중의 로마인에게나 버거운 상대였다.

사실 이는 그가 뛰어난 군인이라기보다 정치인이라는 데서 나오는 특성이었다. 병사들의 마음을 교묘히 조종해 강한 군대를 만들고, 적의 허를 찔러 당황하게 만드는 수법은 모두 정치인으로서 갈고닦은 능력을 응용한 것이라 할 수 있다.

갈리아를 정복함으로써 카이사르는 삼두정의 첫 번째 자리까지 치고 나갔다. 그런 그를 다른 두 사람이 곱게 볼 리 없었다. 하지만 기원전 56년의

'루카 회담'에서 카이사르는 삼두정을 만들면서 먼저 카이사르가, 그 다음은 폼페이우스와 크라수스가 콘술이 되도록 서로 밀어주는 게 기본 내용이 아니었느냐며 상기시켰다. 그리고 자신은 이왕 정복한 갈리아나 계속 관리할 테니 약속대로 두 사람이 콘술이 되라, 내가 최대한 밀어주겠다고 했다. 카이사르에게 설득당한 두 사람은 힘을 합쳐 카이사르를 견제하기를 포기했다. 그런데 기원전 54년 앞서 폼페이우스와 정략결혼을 했던 카이사르의 딸 율리아가 사망하고, 이듬해 '나도 카이사르처럼!'이라는 꿈을 품고 파르티아 원정에 나섰던 크라수스가 전사한다. 이로써 삼두정은 끝났고, 로마의 일인자를 놓고 카이사르와 폼페이우스의 대결이 시작된다.

소 카토 등의 원로원파는 둘 중 하나를 밀어 다른 하나부터 없애고 보자는 생각에, 폼페이우스에게 힘을 실어주기로 한다. 키케로도 망설임 끝에 폼페이우스에게 붙었다.

기원전 50년, 원로원은 법정 임기를 마치지 않은 카이사르에게 '갈리아에서 돌아오라'는 지시를 보냈다. 이에 카이사르가 불복하자, 이듬해 원로원은 카이사르의 군 지휘권을 박탈하고 폼페이우스를 독재관에 임명했다. 마침내 주사위는 던져졌다. 카이사르는 폼페이우스와 제2차 **로마 내전**[5-3]을 벌였다. 기원전 48년 파르살로스 전투에서 카이사르에게 결정적으로 패배한 폼페이우스는 이집트로 도망쳤으나 암살되었다. 이때 폼페이우스를 쫓아 이집트로 간 카이사르는 클레오파트라를 만나고, 그녀와 '세기의 로맨스'를 쓰게 된다.

대화와 타협을 우선한 정치가, 그 뼈저린 실책

기원전 46년, 아프리카로 피신해 있던 키케로는 카이사르에게 항복하고 소

카토는 자살했다. 마침내 카이사르는 '로마의 일인자'가 되었다. 그의 나이 44세였다. 세계를 정복한 알렉산드로스에게 미치지 못한다고 한탄한 뒤 11년 만에 알렉산드로스가 지배한 땅보다 더 넓은 땅을 지배하는 독재자가 된 것이다.

'종신독재관'의 신분으로 카이사르는 여러 개혁을 실시했다. 원로원 정원을 늘리고 추가 인원을 자신의 패거리로 채운 일은 권력 강화 차원에서 실시했다. 그러나 그라쿠스에서 자신에 이르기까지 평민파 지도자를 처단하는 데 쓰였던 원로원 최종 권고를 폐지하고, 술라가 원로원에게 주었던 사법권을 **민회**9-2에게 되돌려주었으며, 빈민에 대한 곡물 배급제를 실시한 것 등은 마리우스의 후계자다운 행보였다. 또한 로마의 속주 체제와 중앙관제를 재편하고, '율리우스력'을 만들어 개량된 **태양력**10-6을 쓰도록 한 것은 '로마의 시간과 공간을 카이사르화'하려는 움직임이었다.

그는 대화와 타협을 강압보다 우선시하는 정치가답게 필요할 때는 과격하고 기습적인 수단에 의존했으나, 위험이 사라졌다 싶으면 정적도 용서하고 같은 편으로 만들었다. '클레멘티아 카이사리스(카이사르의 관용)'라는 용어를 낳기도 한 이런 태도는 술라나 마리우스가 정적들에게 벌인 잔악무도한 행위를 기억하던 로마인에게 칭송과 찬탄의 대상이었다.

그러나 그 그림자에는 카시우스(폼페이우스파였던)나 브루투스(원로원파였던) 등의 덫이 숨어 있었다. 또한 그와 상대할 '대안'이 없고 그가 일부 정치인 외에는 두루 인기를 누리고 있었다고 해도, 종신독재관을 넘어 '왕'이라는 칭호를 피하지 않는 태도를 취한 점은 대의명분을 잊지 말아야 할 정치인으로서 실책이었다. 어차피 그의 로마이련만 허울뿐인 영광에 눈이 멀어 신중함을 잃었던 탓일까? '후퇴해야 할 때'를 잘 모르던 그의 성정의 결과인 셈일까?

한 세계의 파괴, 그리고 창조

기원전 44년 3월 15일, 카시우스와 브루투스, 오랫동안 카이사르파였던 트레보니우스를 포함한 14명이 휘두르는 칼에 카이사르는 쓰러진다. 자식처럼 사랑하던 브루투스도 가담했음을 알고 절망하여 "브루투스, 너마저도!"라고 소리치고 저항을 포기했다는 이야기는 셰익스피어의 창작이다. 하지만 그가 관용을 베풀고 나름 신뢰했던 사람들과 트레보니우스처럼 생사고락을 오래 함께해온 사람들까지 자신을 죽이려 하는 모습 앞에서는 충분히 절망과 비탄에 빠졌을 법하다.

"카이사르는 역사상 가장 뛰어난 영웅적 모험가였다. 그는 후세에 엄청난 영향을 끼친 정치적 전통을 창조해내었고, 서양 문명이 그 후 2천 년 동안 발전할 수 있도록 정치적 공간을 마련해주었다." 루돌프 골트슈미트 옌트너는 《7가지 역사적 대결》에서 이렇게 말했다. 카이사르는 죽었으나 그가 세

장 레옹 제롬의 〈카이사르의 암살〉(1867).
'로마의 일인자'로 불렸던 그가 시체가 되어 왼쪽 아래 구석에 초라하게 놓여 있다.

운 체제는 꿈쩍도 하지 않았다. 후계자 다툼이라 할 수 있는 **제3차 로마 내전**[5-3] 뒤에 로마는 본격적으로 제국이 되었고, 카이사르라는 **코그노멘**[9-7]은 황제의 별칭처럼 되어 로마가 멸망한 이후, 전혀 다른 문화권에서도 황제를 가리키는 말로 오래 쓰였다(가령 독일의 카이저, 러시아의 차르). 서양사, 아니 세계사는 로마를 빼놓고 말할 수 없다. 로마사는 카이사르를 빼놓고 말할 수 없다. 역사상 가장 뛰어난 정치적 천재의 하나였던 율리우스 카이사르. 그의 야망은 하나의 세계를 파괴하고, 또 다른 세계로 거듭나도록 했다.

제국의 황혼을 장식하다

최후의 로마인, 로마의 최고 실권자가 되다

서로마 최후의 로마인.

에드워드 기번이 《로마제국쇠망사》에서 플라비우스 아에티우스Flavius Aetius를 두고 남긴 말이다. 그것은 그가 최후까지 로마인다운 사람이었다는 뜻일까? 그의 시대에는 로마인다운 로마인이 거의 없었다는 뜻일까?

그는 약 390년쯤, 지금의 불가리아 영토인 모에시아의 두로스토룸에서 태어났다. 그는 훗날 두 아들에게 각각 자신의 아버지와 장인의 이름을 붙여주었는데, 이것은 그리스인들의 전통이므로 그 역시 그리스계일 가능성이 있다.

아에티우스는 군인의 아들로 어릴 때부터 종군했는데 405년, 그의 나이 15세 즈음 서고트족에게 붙잡혀 서고트 왕 알라리크의 시중을 들게 되었다. 그러다 408년에는 다시 훈족에게 보내져 그곳에서 성년이 되고 기량을 쌓았다. 그리고 420년 즈음 로마에 돌아왔다가 이후 벌어진 서로마 황제의 계승권 분쟁에서 훈족의 대군을 끌어와 개입함으로써 서로마 황제가 된 발렌티니아누스 3세의 입지를 굳혀주고는 그 대가로 갈리아 지역 총사령관이 되었다.

이후 갈리아인, 부르군트인, 서고트인 등의 반란이나 침입을 물리쳐 나갔다. 420년대 말부터 430년대 초에는 발렌티니아누스의 모후이자 섭정인 갈라 플라키디아를 뒷배로 삼던 보니파키우스와의 항쟁을 벌였다. 아프리카에 파견되었던 보니파키우스는 아에티우스를 무너뜨리려 그곳의 반달족과 연합했는데, 이는 로마를 야만족의 손아귀에 넘겨주는 것이라고 아에티우스는 탄원을 올렸다. 이에 갈라 플라키디아는 보니파키우스에 대한 지지를 거두었다. 그러자 보니파키우스는 아프리카를 반달족에게 빼앗긴 채 이탈리아로 돌아와 아에티우스와 대결했다.

432년의 라벤나 전투에서 승리는 보니파키우스에게 돌아갔으나, 말 그대로 '상처뿐인 승리'였고 보니파키우스는 이때 입은 부상에서 회복되지 못해 곧 죽었다. 그리하여 아에티우스가 옛 **카이사르**[1-8]처럼 로마의 최고 실권자로 떠올랐으며, 갈라 플라키디아는 433년 그에게 섭정 자리를 넘겨줌으로써(즉위 때 여섯 살배기였던 발렌티니아누스 3세는 당시 14세에 불과했다) 대세에 순응했다.

이민족들을 물리치고 로마를 지키겠다는 집념

아에티우스는 최고 실권을 개인의 치부나 향락 따위에 손톱만큼도 쓰지 않았다. 오로지 기울어져가는 로마를 붙잡아 일으키는 데 썼다. 내전을 치르느라 잠시 비웠던 최전방으로 달려간 그는 갈리아에서 프랑크족과 알레마니족을 내쫓고, 바가우다이를 제압했다. 알프스와 이탈리아 북부에서 부르군트를 굴복시키고, 에스파냐에서 서고트와 수에비족을 격파했다. 이로써 이탈리아에 국한될 정도로 쪼그라들었던 서로마의 실제 세력권은 일시적으로나마 회복되었다.

> 당신은 바위나 땅바닥에서 주무십니다…. 갑옷을 벗지도 않은 채 말이지요. 갑옷은 당신의 일상복이나 피부와 마찬가지입니다. 싸울 때는 말할 것도 없고, 휴전 중에도 잠시도 쉬지 않습니다. 산을 넘고 강을 건너고, 도시를 굽어보고 도로 상태를 점검합니다. 다시 싸움이 벌어질 때 어떻게 해야 가장 효과적으로 병력을 배치할 수 있는지 직접 확인하고 계획해두시려고 그토록 바쁘신 것이지요….

아에티우스의 부관으로 그에게 매료되었던 메로바우데스가 남긴 글이다. 이 묘사는 한니발을 연상케 한다. 실제로 카르타고를 지키기 위해 로마를 무너뜨리겠다는 한니발의 집념은 수백 년 뒤 이민족들을 물리치고 로마를 지키겠다는 아에티우스의 집념으로 되살아났다. 그의 일상은 전쟁이었으며 뛰어난 전사의 한 사람으로서 언제나 일선에서 싸웠다. 그런 점은 훗날의 바실리우스 2세를 연상케도 한다.

한편 그는 '궁술과 기마술에 비길 만한 사람이 없었다'고 하는데, 아마도 훈족 진영에 있을 때 익힌 기술일 것이다. 그는 이민족이 로마를 넘보지 못하게 했지만, 이민족을 경멸하거나 혐오하지는 않았다. 그들의 문화와 기술을 편견 없이 받아들였고, 그들 가운데 믿을 만한 사람은 같은 편으로 삼았다. 그 덕에 사방에서 여러 이민족을 연거푸 물리칠 수 있었을 것이다. 하지만 현지인의 말이나 정찰병의 보고에 의존하지 않고 직접 지형을 살피며 다녔다는 것은 그가 '자신만을 믿음'과 '믿을 만한 사람을 믿음' 사이에서 훌륭하게 줄타기를 하고 있었음을 뜻한다.

그러나 가까스로 안정되는 듯했던 서로마에게 최대 위협은 훈족이었다.

445년경 훈족 최고지도자가 된 아틸라는 느슨하게 엮여 있던 훈족 부족을 단합해 강력한 왕국을 건설했으며, 447년 동로마로 쳐들어갔다. **테오도시우스 성벽**4-6에 의존해 간신히 재난을 모면한 동로마와 매우 유리한 조건의 강화조약을 체결한 아틸라는 451년에 서로마를 노리고 출격했다. 내부 다툼 끝에 동로마에서 유폐 생활 중이던 발렌티니아누스의 여동생 호노리아가 머리를 써 아틸라에게 청혼 의사를 전한 것이 빌미가 되었다. 아틸라의 군세는 갈리아 북부를 유린했으며, 남부까지 치고 내려왔다. 서로마로서는 아에티우스만 바라볼 수밖에 없었는데, 아에티우스도 휘하 병력만으로는 아틸라를 물리칠 자신이 없었다. 여기서 그는 군사적 재능 못지않은 외교적 재능을 발휘했다. 서고트 왕 테오도리크를 설득해 연합군을 편성한 것이다. 오늘날의 오를레앙 근처인 카탈라우눔 평원에서 두 세력은 부딪쳤으며, 전투는 "두 진영 사이를 잔잔하게 흐르던 시내가 믿을 수 없을 만큼 쏟아진 피로 넘쳐나 급류를 일으켰을 만큼" 치열하게 전개되었다.

훈족은 병력, 사기, 그리고 어쩌면 병사 일반의 전투력에서 로마-서고트 연합군을 능가했다. 그것은 그때까지 아연실색할 정도로 빠르게 적들을 뭉개온 훈족의 전과로 입증된다. 그러나 두 군대 모두 연합군이었으며, 여기서 아에티우스의 치밀한 지형 읽기와 진형 배치가 빛을 발했다. 아틸라는 진영의 중앙을 자신과 가장 믿음직한 훈족 전사들이 맡고, 양 날개에는 그리 미덥지 않은 프랑크족을 배치했다. 중앙에서 이기면 대부분은 이긴다는, 정통의 전법이었다. 그러나 아에티우스는 거꾸로 양 날개에 자신이 이끄는 로마군 정예와 테오도리크가 이끄는 서고트군 정예를 배치하고, 중앙은 전투력과 사기 등에서 가장 떨어지는 병력들로 채웠다. 그리고 전장에서 높은 언덕 지형을 재빨리 확보했다.

아틸라는 자신하는 중군으로 적의 중군을 밀어붙이며 언덕을 빼앗으려고 했다. 그러나 훈족보다 형편없이 약했던 로마와 서고트 중군은 죽기살기로 맞싸웠다. 정예 병력이 양쪽에서 그들을 에워싸고 있었고 뒤는 언덕이라 도망치기 힘들었던 것이다. 그러는 사이 두 정예 날개가 아틸라의 허술한 날개를 돌파하고, 아틸라 중군의 측면을 찌르고 들어왔다! 아틸라는 당황했으며, 어느새 포위되다시피 하고 있음을 깨닫고 서둘러 퇴각 명령을 내렸다. 승승장구하며 "신의 채찍"처럼 동서 로마를 후려쳐온 훈족 제국이 처음으로 꽁무니를 뺀 것이다.

이 카탈라우눔 전투, 또는 살롱 전투가 "유럽이 아시아 유목민족에게 유린되는 일을 막았다"는 전통적 평가는 오늘날 대부분 과장이라고 전해진다. 아틸라가 빠르게 판단한 덕에 그의 군세는 대체로 보전되었으며, 실제로 얼마 뒤 다시 전투에 나설 정도였다. 또한 난전 중에 테오도리크가 전사하면서 서고트는 전장에서 발을 뺐는데, 남은 전력으로는 아무리 아에티우스라도 훈족을 분쇄할 수 없었다. 하지만 이로써 훈족에 대한 공포심에서 해방된 서고트나 프랑크 등은 자체적으로 훈족과 맞섰으며, 아틸라가 사망한 뒤 훈족 제국은 빠르게 와해되었다. 아무튼 아에티우스는 할 수 있는 최선을 해냈다. 카탈라우눔 전투는 쓰러져가던 서로마가 마지막으로 빛나던 순간이었다는 기번의 평가는 지나치지 않다.

참된 로마인의 비참한 최후

그러나 그 빛은 서로마 스스로의 손에 의해 꺼졌다. 454년, 35세가 되어 직접 정무를 보던 발렌티니아누스 황제가 라벤나의 궁전으로 아에티우스를 불러들였다. 60대 중반에 이르러 머리도 수염도 하얗던 이 구국의 영웅은 황제 앞에 나가 공손히 절한 다음, 세금 거두는 일이 순조롭지 않다는 등 국정 관련 보고를 올렸다. 그러자 황제는 갑자기 벌떡 일어났다. "세금 따위가

다 뭐냐! 지금 당장 반역의 뿌리를 뽑는 일이 중요하다!"라고 말하고는 아차 하는 사이에 칼을 뽑아 아에티우스의 머리를 내리쳤다.

도저히 믿을 수 없는 장면 앞에서 모두 돌처럼 굳어 버렸는데, 황제는 자신의 즉위에서 오늘날까지 수십 년 동안 성심으로 봉사해온 영웅의 머리에서 칼을 뽑으며 주위 신하들에게 이렇게 물었다고 한다.

"짐이 아주 훌륭하게 문제를 처리하지 않았는가? 너희가 보기엔 어떠냐?"

"폐하, 저희가 보기에 폐하께서는 방금 당신의 왼팔로 폐하 자신의 오른팔을 베어내셨습니다."

그 소식을 들은 대부분이 같은 생각을 했을 것이다. 발렌티니아누스에게도 변명거리는 있었다. 아에티우스는 동로마 황실과 친했다. 따라서 언제 그쪽의 힘을 업고 다른 황족을 세우거나 자신이 황제가 되려고 할지 몰랐다. 나아가 황제보다 더 큰 권위를 갖고 더 큰 존경을 받는 신하를 내버려두는 게 안전한 일인가?

하지만 그것도 안전한 일이 아니었다. 이후 불거진 권력 암투 1년 만에 발렌티니아누스도 암살당하고 말았다. 그리고 이제 서로마의 몰락은 그 누구도 막을 수 없었다. 아에티우스의 사망 뒤 22년 만에 서로마는 역사 속으로 사라진다.

무력에서 뛰어나지만 야만스럽지 않고, 실질을 숭상하되 천박하지 않으며, 병사의 진심 어린 충성을 끌어내고, 정치에서나 사생활에서나 존엄한 소박함을 잃지 않는 것, 그것이 리비우스나 플루타르코스가 본 옛 로마 영웅의 미덕이다. 그런 점에서 아에티우스는 최후의 참된 로마인이었다. 그러나 눈먼 사람들 사이의 정상인처럼, 로마인이 거의 남지 않은 로마에서 참된 로마인은 비참해질 수밖에 없었다.

전쟁에서 이기고 정치에서 지다

로마제국의 영광이여, 다시 한 번!

플라비우스 벨리사리우스Flavius Belisarius는 게르만 혈통이다. 하지만 어디까지나 도나우 속주(지금의 남부 불가리아) 태생의 로마인이었고, 당시에는 그런 혈통이 따돌림 받는 시대가 아니었다. 그는 콘스탄티노플로 가서 병사로 복무했는데, 스스로도 그런 길을 통해 출세하고 황제까지 된 유스티누스와 그의 조카이자 오른팔인 **유스티니아누스**2-9의 눈에 들게 되었다. 유스티니아누스와는 친구 관계까지 맺었다고도 한다. 이후 출정한 몇 차례의 전투에서 그리 좋은 성과를 내지는 못했지만, 유스티니아누스의 후원으로 급속 승진해 장군까지 되었다.

그리고 530년, 그는 사산조 페르시아군을 다라에서 대파해 명장으로서의 면모를 과시했다. 벨리사리우스와 로마군을 우습게 본 적장 페로즈는 '내일이면 당신네 진지에서 만찬을 즐길 것이니, 목욕물이나 준비해두라'고 서신을 보내기까지 했지만, 참패를 당하고 본국으로 돌아가 숙청되었다.

이후 벨리사리우스는 '니카의 반란'에서 제위도 목숨도 잃을 위기에 빠진 유스티니아누스를 구하고, 533년~554년 북아프리카에서 반달족을, 이탈리아에서 고트족을 무찌르며 옛 서로마 땅을 회복해갔다. 이로써 지중해를 호수로 삼는 로마제국의 영광을 되살린다는 유스티니아누스의 담대한 꿈을 거의 성공으로 이끌었다. 그를 위하여 유스티니아누스는 사라진 지 오래던 옛 로마 장군의 개선식을 다시 베풀며 최고의 영예를 선사하기도 했다.

뛰어난 능력 탓에 왕의 의심을 받게 된 장군

벨리사리우스는 고대 로마의 전법과 전쟁철학을 구사한 최후의 명장이라고 한다. 특히 지형에 알맞게 진영을 배치하는 데 능했으며, 기만술에도 뛰어나 싸우지 않고 적군을 물러나게 하거나 항복을 받아내는 일도 있었다.

그러나 그가 이끄는 로마군은 예전의 로마군과 많이 달랐다. **공화정**[10-5] 때는 시민 중장보병이 주력이었고 제정에 들어와서는 모집된 보병과 창병들이 활약했다. 그러나 이제 로마군의 주축은 훈족이나 게르만족 용병부대였으며, 모집된 보병은 그리 도움이 되지 않았다. 정예 기병이 믿음직한 전력이 되어 승패를 가르는 때가 많았다. 무엇보다 로마군 특유의 엄격한 군기와 강도 높은 훈련(시민병이나 모집병이나 마찬가지였던)은 대부분 사라졌다. 그만큼 지휘관의 명령이 통하지 않거나, 폭동을 일으키는 일이 잦았다.

벨리사리우스도 예외는 아니었다. 싸울 때가 아닌데도 병사들의 성화에 못 이겨 싸우다 패배하거나, 배분된 전리품이 불만이라며 전선을 이탈해버리는 일을 겪어야 했다. 명장이라면 그런 상황에서도 리더십을 발휘해 자신의 뜻대로 움직이는 군대를 만들었겠지만, 벨리사리우스는 그 점에서 뛰어나지 못했던 것 같다.

그는 다른 쪽으로도 '정치'를 잘하지 못했다. 역사가 프로코피우스는 그의 부관으로 북아프리카와 유럽 원정에 참여했으며, 《전쟁사》를 써서 벨리사리우스를 불세출의 영웅으로 묘사했다. 그런데 그 점이 유스티니아누스의 비위를 건드렸다고 한다. 재정복의 영광이 벨리사리우스의 몫으로만 돌아가고 황제인 자신의 몫은 없는 듯 서술된 점이 못마땅했다는 것이다. 프로코피우스는 부랴부랴 유스티니아누스를 찬양하는《건축론》을 써서 수습해야 했다. 아무튼 뛰어난 장군이 군대와 시민의 지지를 업고 제위를 찬탈하는 일은 로마제국에서 흔했으므로 유스티니아누스는 자신의 친구이자 오른팔을 신뢰하는 한편으로 경계하지 않을 수 없었을 것이다.

그러면 벨리사리우스로서는 황제의 의심을 사지 않게 잘 행동하거나, 그 의심을 현실로 만들어 쿠데타를 모의했어야 했다. 하지만 어느 쪽도 아니었다. 그는 페르시아와 싸우려 동으로, 게르만과 싸우려 서로, 동분서주를 해야만 했다. 그런데 이길 수 있는 전쟁을 우유부단해서 놓쳐버렸다거나, 필요 이상의 군사행동으로 민심을 잃었다거나 하는 이야기가 불만을 품은 병사들을 통해 콘스탄티노플에 전해졌다. 정복지 한 곳에서는 곧 취소했지만 그 나라의 왕이라는 호칭까지 받음으로써 유스티니아누스의 의심을 부채질했다. 결국 황제는 환관인 나르세스를 파견해 처음에는 부관으로 벨리사리우스를 감시하도록 하다가, 나중에는 교체시켰다. 나르세스는 지휘관으로서도 뛰어났으므로 벨리사리우스의 입지는 위축되었다. 하지만 제국은 넓고 싸울 곳은 많았기에 벨리사리우스가 기용되지 않는 일은 당분간 없었다.

로마의 영광을 회복할 기회,
두 사람이 잡고 두 사람이 놓치다

하지만 상황은 점점 나빠졌다. 프로코피우스는 반 이상은 벨리사리우스의 자업자득이라고《비사》에 썼다.《전쟁사》에서는 그토록 치켜세웠던 그를

《비사》에서는 마구 깎아내리며 벨리사리우스야말로 천하에 둘도 없는 공처가이며 얼간이라고 비난했다. 벨리사리우스의 아내 안토니나는 남편이 전장에 나간 사이 양자인 테오도시우스와 불륜에 빠졌다. 그 사실을 안토니나가 이전 결혼에서 낳은 아들인 포티우스를 통해 알게 된 벨리사리우스는 그녀를 처단하고 포티우스는 지키겠다고 맹세했다. 그러나 당시 벨리사리우스가 안토니나에게 영혼까지 지배되었던 나머지 반대로 포티우스를 위험에 빠트렸다는 것이다. 그리고 아내 곁으로 빨리 돌아가고 싶어서 일부러 전쟁을 그만두거나 하는 등 지휘관으로서 할 수 없는 행동도 서슴지 않았다고 한다. 더욱이 안토니나는 **테오도라**3-9 황후와 합세해 벨리사리우스를 고생길로 내몰았다. 마지막 유럽 원정에서 유스티니아누스는 벨리사리우스를 총사령관으로 내보내면서 필요한 지원은 해주지 않았다. 할 수 없이 벨리사리우스는 현지 주민들을 가혹하게 약탈해서 물자를 마련할 수밖에 없었고, 이는 현지와 수도 모두에서 그에 대한 비판 여론을 북돋웠다.

프로코피우스의 비난이 얼마 만큼 진실일지는 의문이다. 그런 정신 빠진 인간이 이전의 전쟁에서 그토록 놀라운 업적을 세웠을 것 같지 않기 때문이다. 그가 마지막으로 치른 559년의 원정(프로코피우스가 언급하지 않는)에서 훈족을 상대로 또 하나의 위업을 거두기도 한 벨리사리우스 아니었던가. 어쩌면 부관이었고 그를 찬양하는 책까지 쓴 자신에게 섭섭하게 대했다고 여겨 앙심을 품었던 것은 아닐까? 하지만 562년, 벨리사리우스가 반역 혐의로 체포되어(무고였을 것으로 여겨진다) 종신형을 선고받고 모든 재산을 압류당했음은 틀림없는 사실이다. 그 뒤 유스티니아누스의 사면으로 풀려났는데, 전설처럼 장님 거지가 되어 콘스탄티노플을 헤매는 신세는 되지는 않았지만 우울한 말년을 보내다 죽었음은 틀림없다.

벨리사리우스의 행동은 정치적 보신을 위해 계산된 것이었을지도 모른다. 부정한 아내를 용서한 것은 그녀가 테오도라 황후와 친밀했기 때문에,

프랑수아 앙드레 뱅상의 〈벨리사리우스〉(1776).
늙고 시력마저 잃은 그가 구걸로 연명하다가 옛 부하의 동정을 받고 있다.
그러나 이는 사실과 다른 전설로 보인다.

프로코피우스의 원한을 산 것은 그가 자신을 너무 치켜세운 점이 부담스러웠기 때문에…. 하지만 그런 속 좁은 계산은 결국 오류로 끝났으며, 그의 인생에나 역사적 평가에나 큰 흠집을 내고 말았다.

군사적 업적이 무엇보다 중요했던 로마의 영웅들. 그래서 **카토**1-5나 키케로에게는 일인자라는 영광을 주지 않았던 로마. 그러나 군사적 영웅은 **마리우스**1-7나 **카이사르**1-8와 같은 길을 가거나 **스키피오**1-4나 **아에티우스**1-9와 같은 길을 가야만 했다. 정복하거나 정복당해야 했다. 유스티니아누스와 벨리사리우스라는 비범한 인물이 동시에 나타났음은 로마가 옛 영광을 회복할 절호의 기회였다. 그러나 그들이 끝까지 협력하지 못하고 한때의 재정복도 곧 물거품이 된 것은 로마 자체의 한계에도 원인이 있었다. 565년. 두 사람은 같은 해에 눈을 감았다.

금빛 월계관을 쓰고, 호화로운 옷을 입고, 반지가 한가득 끼워진 손을 여유롭게 흔드는 모습. 역사적 진실은 황제들이 그렇게 영광과 사치에 둘러싸인 일생을 보내지만은 않았음을 알려준다. 비참하게 암살되거나 꼭두각시 노릇을 한 황제도 많았다. 폭군이라는 오명을 썼지만 실제로는 최선을 다했던 황제도, 궁전의 푹신한 침대보다 싸움터의 맨땅에서 잠들기를 자주 했던 황제도 있었다.

그러나 분명한 사실은 한때는 서구 세계에서 절반 이상에 다다랐던 넓은 영토, 여러 지역에 퍼져 있는 국민을 통치하는 최고의 책임이 한 사람에게 주어져 있었다는 것이다. 황제들은 각자의 개성에 따라 이 책임을 수행했고, 그중 행운을 함께 누렸던 사람들은 역사에 이름을 남겼다. 근엄한 아우구스투스, 실용주의자 베스파시아누스, 통합과 변혁의 콘스탄티누스 …. 여기 뽑힌 열 명의 황제보다 더 유명한 황제들도 있지만, 이 열 명을 통해 로마제국 역사의 거대한 흐름을 파악할 수 있을 것이다. 아울러 한 사람의 개성과 결단이 어떻게 세상을 바꿀 수 있었는지도.

2부

로마의 황제

대리석의 로마를 세우다

카이사르를 향한 삼고초려

> 임페라토르 카이사르 디비 필리우스 아우구스투스 폰티펙스 막시무스 콘술 트리부니키아이 포테스타티스 파테르 파트리아이.

기원전 63년에 태어나 기원후 14년에 죽은 아우구스투스Augustus의 사망 당시 호칭이다. 그러나 태어날 때 그는 이 가운데 어떤 이름도 가지고 있지 않았다. 심지어 '옥타비아누스'라고도 불리지 않았다.

가이우스 옥타비우스 투리누스Gaius Octavius Thurinus는 로마시에서 태어났으나, 그의 본가는 로마시 외곽에 있는 옛날 볼스키인들의 땅에 있었기에 그곳에서 양육되었다. 그의 가문은 기사 계급으로 조상 중에 고위직을 지낸 사람은 없었다. 배경만 보면 그가 훗날 세상을 다 가지게 될 만한 조건은 없었다. 다만 한 가지가 달랐는데, 어머니 아티아는 율리우스 가문 출신으로 **카이사르**1-8의 조카딸이었다.

옥타비우스의 아버지는 그가 네 살 때 죽었고, 아티아는 명문가 사람과 재혼했는데 새아버지는 옥타비우스를 맡으려 하지 않았다. 그래서 그는 외할머니, 즉 카이사르의 여동생 율리아의 손에서 자랐다. 율리아는 그를 '곱게 키워' 사제단의 일원으로 만들었다. 하지만 옥타비우스는 야심이 있었고, 카이사르의 명성이 쟁쟁한 것을 보면서 그의 휘하에서 전공을 세우고 싶었다. 그래서 단독으로 폼페이우스와 싸우던 카이사르에게 달려갔는데, 운이 나쁜지 병에 걸려 드러누웠다. 기운을 차리고 다시 출정했으나 이번에는 배가 좌초되었다. 그래도 포기하지 않고 카이사르를 찾아갔는데, 적들이 우글우글한 지역을 목숨 걸고 가로질렀다. 결국 그의 열정이 카이사르에게 좋은 인상을 주어, 옥타비우스는 카이사르의 전차를 따라다니며 수행할 수 있었다.

로마의 일인자, 카이사르의 후계자

카이사르가 언제 옥타비우스를 입양했는지는 불확실하다. 심지어 그는 "카이사르께서 돌아가신 뒤에야 내가 그분께 입양되었음을 알고 놀랐다"고 회상한다. 아무튼 카이사르는 **베스타 무녀**[8-5]들에게 유언장을 남겼는데, 거기에는 옥타비우스를 양자로 삼는다는 내용이 있었다고 한다. 카이사르에게는 달리 자식이 없었기에(클레오파트라와의 사이에서 카이사레온이라는 아들을 얻었다고 하나, 카이사르는 인정하지 않았다), 졸지에 옥타비우스가 로마의 일인자, 카이사르의 후계자가 되었다. 그는 이름을 '가이우스 율리우스 카이사르 옥타비아누스'라고 바꾸었다. 옥타비우스에서 옥타비아누스가 된 것은 '옥타비우스 가문 출신의'라는 뜻이라고 하지만 확실하지는 않다.

옥타비아누스는 아직 젊고(카이사르 사망 당시 19세), 별 공적도 없고, 사실상 별 볼 일 없는 집안 출신이었으므로 카이사르의 진짜 후계자는 마르쿠스 안토니우스라고 대부분 생각했다(반카이사르파인 키케로 등의 원로원파마저도). 그

아우구스투스 입상. ⓒ Joel Bellviure
그가 권력을 확고히 한 뒤 만들어진 것으로 보이는 이 입상은 그를 지엄하며 신성한 존재로 보이게끔 최선을 다했다. 가령 군장과 높은 신분에 어울리지 않아 보이는 맨발도 신이 갖는 특징 중 하나다.

러나 카이사르가 한때 쳐다보지도 못할 정도의 거물이던 폼페이우스를 제치고 일인자가 되었듯, 옥타비아누스도 그리된다.

옥타비아누스를 가볍게 본 키케로 등 원로원파는 옥타비아누스를 자신들의 최대 목표인 안토니우스 제거에 이용하려 했다. 그러나 옥타비아누스는 이를 기회로 삼아 카이사르가 죽기 전에 준비하던 파르티아 원정 예산을 자신에게 넘기도록 **원로원**9-2을 설득했다. 그리하여 얻어낸 막대한 돈을 무기로 카이사르에게 충성해온 군단들의 마음을 얻어낸 그는 나아가 **콘술**9-1 자리를 꿰찼다. 그러고는 안토니우스와 협상하고 레피두스까지 포함해 '제2차 삼두정'을 구성했다. 이들의 단합된 공세에 원로원파도, 카시우스나 브루투스 등 반카이사르파도 패망했다.

기원전 40년, 공동의 적을 제거한 세 거두는 브린디시움 협정을 맺고, 로마를 셋으로 구분해 동방은 안토니우스, 남방(아프리카)은 레피두스, 서방은 옥타비아누스의 영역으로 정했다. 카이사르의 딸과 폼페이우스가 결혼해 삼두정의 단합을 나타냈듯, 옥타비아누스도 누나를 안토니우스에게 시집보냈다. 이즈음 옥타비아누스는 '디비 필리우스(신의 아들)'라는 별칭으로 불렸다. 카이사르가 신격화되면서 그의 공식적 아들이 얻을 수 있는 자연스러운 칭호였다. 안토니우스가 자기 영역인 동방을 순행하다가 클레오파트라를 만나 '운명적인 사랑'에 빠져 있는 사이, 옥타비아누스는 부지런히 서방을 정리하는 한편 로마 정계를 조금씩 자기편으로 기울게 했다. 마침 폼페이우스의 아들인 섹스투스 폼페이우스가 막강한 해군을 이끌고 이탈리아에 침입했으며, 옥타비아누스는 그와 맞서 싸워 승리함으로써 로마 정계에서 비중을 높였다. 한편 레피두스가 그를 돕는답시고 나섰다가 도리어 배신했는데, 이 배신은 실패하고 만다. 레피두스는 제거되지 않았지만 아프리카의 기반을 잃고 대제사장 지위만 유지한 채 여생을 보내게 되었다. 역사는 반복되는 것일까? 크라수스의 자멸과 정략결혼했던 카이사르 여동생의 죽음으로 제1차 삼두정이 깨졌듯, 레피두스의 몰락과 안토니우스의 부적절한 관계로 제2차 삼두정도 깨졌다. 그리고 그 후의 구도는 모두 서쪽의 세력인 카이사르와 옥타비아누스에게 유리하게 돌아갔다.

로마의 왕이 아닌, 원로원 최고의원을 자처하다

앞서 원로원파와 합세했던 폼페이우스와 달리, 안토니우스는 로마에서 신망을 잃고 있었다. 옥타비아누스는 기원전 32년 '안토니우스의 유언장'을 빼냈다며 이를 원로원에서 낭독했다. 내용은 안토니우스가 죽으면 로마의 동방 영토를 포함한 대부분의 '개인 재산'을 클레오파트라에게 물려준다는 것이었다. 이것이 실제였는지 조작이었는지는 모를 일인데, 옥타비아누스는 이것이 반역이라 주장하며 안토니우스를 정벌해야 한다는 원로원 결의를 이끌어냈다.

기원전 31년 여름, 안토니우스와 클레오파트라의 함대는 이탈리아로 향하고 있었다. 그러나 옥타비아누스가 이미 만반의 대비를 하고 있음을 알고 그리스 서부의 악티움에서 일단 멈췄다. 하지만 옥타비아누스는 곧바로 쫓아와 악티움 가까이에 진을 쳤고, 결국 세기의 해전이 벌어지게 된다.

악티움 해전은 세 차례에 걸친 **로마 내전**5-3의 종식을, 그리고 **공화정**10-5의 종식을 알리는 이정표가 되었다. 옥타비아누스는 30대 초반의 젊은 나이에 로마의 일인자로 올라서게 되었다.

그러나 카이사르의 전례를 본 그는 신중했다. 그는 카이사르처럼 종신독재관의 자리에 앉지 않고, 자신을 '프린켑스 세나투스'라 부르도록 했다[그래서 그의 재위기, 내지는 3세기 후반까지의 제정을 '프린시페이트(원수정)'라고 부르기도 한다]. '원로원 최고의원'이라는 뜻인데, 원로원에서 가장 존경받는 의원에게 주던 칭호였다. 자신은 로마의 일인자라기보다 원로원의 일인자이며, 엘리트들 사이의 '동등자 가운데 대표자'라는 의미였다.

하지만 본래 프린켑스가 갖던 특권은 원로원 회의에서 가장 먼저 발언하는 기회가 주어지는 정도였던 반면, 옥타비아누스는 원로원 의장 노릇을 했다. 따라서 토의를 자기 입맛대로 끌고 갈 수 있었다. 또한 앞서 카이사르는 처음 콘술이 되고 나서 원로원에서 논의된 내용을 동판에 새겨 광장에 붙임으로써 시민들이 원로원에서 돌아가는 일을 바로 알도록 했는데(자신의 업적을 선전하려는 의도였다), 세계 최초의 신문으로도 여겨지는 이 '악타 디우르나'를 옥타비아누스는 없애버렸다. 따라서 혹시라도 그에게 반대하는 의원이 나오더라도 '조용히 처리'할 수 있었다.

기원전 27년, 그는 자신이 최고의 자리에 너무 오래 있었다며 군사통수권(임페리움 마이우스)을 비롯한 권력을 원로원에 일체 반환했다. 그러나 이는 요식행위였고, 원로원이 즉시 그에게 권력을 다시 부여하지 않을 경우를 대비해 완전무장한 군인들이 대기하고 있었다.

당시 원로원은 권력을 그의 손에 다소곳이 되넘겨주었을 뿐 아니라, 그에게 전에는 없던 특별한 존칭까지 바쳤다. '아우구스투스(존엄한 자)!' 이때부터 그는 공식 명칭을 '임페라토르 카이사르 아우구스투스'라 썼고, 그리하여 변변찮은 조상이 물려준 옥타비우스라는 이름에서 영원히 벗어났다.

절대권력을 유지하기 위한 노력

아우구스투스는 임페리움 마이우스 외에 공화정의 여러 직책이 갖는 권한을 조합해서 전제적인 권력을 확보했다.

첫째, 콘술의 최고행정권. 그는 이따금 이 직책을 내려놓기도 했지만 대부분 보유하여 총 13번이나 콘술이 되었다.

둘째, **호민관**9-3의 법령 거부권과 신체 안전 보장 특권. 호민관을 보호하기 위한 이 특권은 **그라쿠스**1-6의 예처럼 원로원 비상결의에 의해 무효화되고는 했으나, 앞서 카이사르가 그 비상결의를 폐지했다. 이제 프린켑스에게 순종하게 된 원로원은 기원전 23년에 그에게 종신 호민관직을 바쳤다.

셋째, **프로콘술**9-6의 속주 통치권. 프로콘술은 본래 전임 콘술이 이탈리아 밖의 로마 속주에서 별도의 군사지휘권을 갖고 군무와 행정을 통할하는 총독직이었다. 아우구스투스는 오래된 속주인 시칠리아, 사르디니아, 코르시카, 아프리카, 그리스 등을 '원로원 관할 속주'로 두고 나머지는 자신이 프로콘술을 겸임해 맡는 속주로 삼았다. 이 속주들은 훨씬 넓고 풍요로웠으며, 군사 방위의 필요성이 절실했으므로 아우구스투스는 자연히 로마가 갖는 군사력과 경제력의 대부분을 손에 쥐게 되었다. 또한 호민관의 권한 범위는 로마시, 콘술의 권한 범위는 이탈리아로 정해졌기에 프로콘술직으로 그 외의 광활한 지역에 대한 통제권을 확보했다.

아우구스투스는 여기에 프린켑스로서 원로원을 지휘하고, **폰티펙스 막**

시무스(대제사장)9-4로서 종교 문제도 총괄하는 한편 법령의 최고해석권까지 행사했다. 이렇게 프로콘술, 귀족을 대표하는 원로원, 평민을 옹호하는 호민관, 그들 사이를 중재하는 콘술의 기능을 통합해 공화정에서는 겸할 수 없고 상호견제의 의미를 지닌 권력들을 한 손에 움켜쥠으로써 아우구스투스는 '황제'가 되었던 것이다.

법적 권한이 반드시 권력을 보장하지는 않는다. 아우구스투스는 권력을 유지하기 위해 갖은 애를 썼다. 군벌들의 쟁패전에서 자원이 되어온 군대를 크게 감축했는데, 60개 군단을 28개로 줄이면서 30만 명의 병사들을 민간으로 돌려보냈다. 그런데 그것은 국방력 약화를 가져오지 않을까?

그래서 그때그때 동원과 모집으로 충원되던 로마군을 상비군 체제로 바꾸고, 그들에게 상당 수준의 처우를 해주면서 대부분 변경에 주둔하며 이민족을 상대하게 했다. 또한 '지금의 강역에 만족하고, 더 이상 정복 사업을 벌이지 말라'고 후계자들에게 지침을 내렸다. 다만 '가족 걱정을 하지 않아야 목숨을 걸고 싸울 것'이라는 생각에 군인들의 결혼을 금지시킨 일은 도가 지나쳤다. 또 병력을 과도하게 줄여 기원후 9년에 토이토부르크 전투에서 로마군 3개 군단이 게르만족에 궤멸되자 아우구스투스는 비통함을 감출 수 없었다. 그만큼 병력이 아쉬웠기 때문이다. 더불어 수도 경비와 자신의 호위를 위해 근위대(코호르테스 프라에토리아에)를 창설했는데, 이들은 훗날 황제권을 쥐고 흔드는 권력집단으로 타락한다.

직할 속주에서 얻은 막대한 부를 가지고 대중의 칭찬을 받을 일, 즉 신전이나 수도교 등 공공건물을 웅장하게 새로 짓고(그는 '내가 개축한 신전만 82곳'이라고 했다), 빈민에게 식량을 무상배급하며, 특별 은사금을 호기롭게 뿌리는 일 등을 계속했다. 그러면서 스스로는 집권 이전에 살던 대저택을 **베스타 무녀**8-5의 거처로 양도하고, 궁궐 없이 비교적 소박한 저택에서 살았다. 화려한 치장도 피하고, '내 옷은 황비 **리비아**3-4가 직접 지어준다'고 자랑했다.

호화로운 연회와 화끈한 놀이 기회를 명사와 귀족들에게 제공하면서 스스로는 잘 먹지도 마시지도 않는 모습을 보였고, 외지에서 진귀한 선물이 들어오면 대부분 주변에 나눠줬다. 몸이 아파도(몸이 쉴 새 없이 가려워 연신 긁었으므로 피부가 상처투성이였다고 한다. 또 요로결석으로 고생했다) 원로원 회의나 주요 국가 행사, 심지어 극장과 경기장에서 벌어지는 공연과 시합장에 빠짐없이 참석해 끝까지 자리를 지켰다.

그러니, 아우구스투스의 권력은 존엄하게 지켜졌어도 인간 옥타비우스는 늘 고달팠을 것이다. 그의 마음은 '자식 농사'의 실패로 더욱 찢겨졌다. 그는 카이사르 이상으로 여성을 밝혔는데, 그럼에도 좀처럼 아이를 얻지 못했다. 결국 하나뿐인 딸 율리아의 첫 남편이 죽자 자신의 오른팔이었던 아그리파를 그녀와 혼인시켜 후계자로 삼으려 했는데 아그리파마저 죽어버렸다. 이후에도 그의 후계자 선정 과정은 꼬이기만 했고, 이는 그의 사후 제정이 한동안 불안정해지는 정변의 원인이 됐다. 그리고 율리아는 아우구스투스가 사치 향락 풍조와의 전쟁을 선포하고, 특히 로마 여성은 늘 정숙해야 한다고 거듭 강조했음에도 남자를 계속 갈아치우며 길바닥에서 성교를 하는 등 난행을 저질렀다. 아버지에 대한 일종의 반항이었을까? 아무튼 율리아를 유배 보내라고 명령하며, 아우구스투스는 "차라리 자식이 없는 것이 나았을 것을!"이라고 중얼거리며 눈물을 흘렸다고 한다.

이를 두고 플리니우스는 **《박물지》**7-7를 통해 아우구스투스의 삶에 대해 이렇게 말했다. "아우구스투스는 모든 것을 다 가진 분이었다. 그러나 늘 불행했다. 아르카디아의 프소피스는 세상에서도 가장 외진 땅이다. 그곳에 살던 동시대의 아글라오스는 집 한 채와 한 뙈기의 밭밖에 없었다. 그러나 단언컨대 그는 아우구스투스보다 몇 배나 행복한 삶을 살았다."

대리석의 로마를 남겨주다

기원후 14년, 임페라토르 카이사르이자 존엄자이며, 콘술이자 호민관, 대제사장이자 신의 아들이고 나라의 아버지이기도 한 사람은 눈을 감았다. 향년 49세. 그는 죽음의 자리에서 "나는 진흙의 로마를 물려받아, 대리석의 로마를 남겨준다"고 말했다고 한다. 자신이 이룬 수많은 공공건축 사업으로 고상하고 위엄 있게 변한 로마시의 모습만 두고 한 말이 아니라, 혼란과 갈등이 그치지 않았던 로마의 질서를 바로잡고 튼튼한 체계에 따라 움직이는 제국으로 거듭나게 했음을 이르는 말이리라. 맞는 말이었다. 그러나 진흙은 튼튼하지 않지만 변화에 유연하다. 또한 차디찬 대리석에 비해 따스하다. 아우구스투스의 체제는 공화정에 내재한 갈등, 때로는 건강한 갈등을 힘으로 짓눌렀고, 그것은 장기적으로 체제가 안에서부터 썩어 들어가도록 만들었다.

아우구스투스 개인에 대한 평가는 엇갈린다. 《황제전》에서 그를 모든 정치지도자의 모범으로 꼽고 그 뒤로 점점 더 못한 인물이 옥좌를 차지했다고 비평한 수에토니우스를 비롯해 당대와 후대의 많은 사람이 아우구스투스를 위대한 인물로 받들었다. 그러나 셰익스피어는 그가 안토니우스보다 모든 면에서 뒤떨어졌으며, 안토니우스의 패배는 로마와 세계사의 불행이었다고 보았다. 아우구스투스 시대를 열심히 연구해서 《로마 혁명사》를 쓴 로널드 사임도 아우구스투스를 어떤 미덕도 없고 권모술수밖에 모르는 사악한 인간이라 평가했다.

카이사르 이후의 역사가 그 이전과 크게 다를 수 있었던 것은 아우구스투스가 있었기 때문이다. 그는 행운이 아닌 자신의 역량과 노력으로 그 자리를 지켜냈다. 그렇지 않았으면 로마 내전은 4차, 5차를 넘어 끝없이 이어지고, 로마 자체가 일찌감치 몰락의 길을 걸어 오늘날 쟁쟁한 로마의 명성은 없었을지도 모른다.

파충류로 불린 남자, 신이 되려 하다

로마 최고의 폭군

"나는 살았어. 아직도 살고 있어!"

프랑스의 실존주의 작가 알베르 카뮈는 희곡 〈칼리굴라〉(1945)의 마지막 장면에서 근위병들의 칼에 찔려 죽어가며 칼리굴라 황제가 이렇게 부르짖도록 했다. 틴토 브라스가 감독하여 큰 센세이션을 불러일으켰던 영화 〈칼리굴라〉(1979)에서도 같은 장면이 나왔다. 수에토니우스의 《황제전》에서 비롯된 이 대사는 맥락상 "나 아직 안 죽었거든?"이라는 의미였는데, 현대의 진지한 예술가들이 이 대사에 무게를 실은 까닭은 무엇일까? 그가 주어진 삶을, 가능한 1분 1초까지 치열하게 살았다는 선언으로 삼은 걸까? 물론 그 치열함이란 타인들에게는 악몽이었지만 말이다.

로마 제3대 황제이면서 최초로 암살된 황제(공식적으로는)인 칼리굴라는 로마 역사를 통틀어 제일가는 폭군이기도 했다. 그는 어째서 그랬을까? 어떻게 그것이 가능했을까?

순종적이고 겸손한 파에톤

그의 실제 이름은 가이우스 율리우스 게르마니쿠스Gaius Iulius Germanicus이다. 칼리굴라는 그가 소년 시절 신던 신발을 뜻하는데, 어린아이를 위해 특별히 작게 만든 군화여서 재미있게 여긴 병사들이 별명으로 불렀다고 한다. 아버지는 한때 황제 물망에 올랐으며 불세출의 무공과 인간적 매력으로 로마 최고의 인기인이었던 게르마니쿠스였고, 어머니는 **아우구스투스**[2-1]의 손녀인 아그리피나였다. 아버지 게르마니쿠스를 따라 북방의 전선에서 지냈고(칼리굴라라는 별명도 그때 얻었다), 다시 시리아로 갔다가 아버지가 죽자 증조할머니 리비아와 잠시 함께 살았고, 할머니 안토니아와 살기도 했다. 일각에서는 이때 유대와 이집트 왕자들과 어울렸는데, 그때 동방 전제군주 정치와 생활 방식에 대한 동경이 싹텄다고 보기도 한다.

초대 황제 아우구스투스가 후계자로 티베리우스를 지목하기를 꺼려했듯, 티베리우스도 칼리굴라를 못마땅해했다. 일단 그 아버지 게르마니쿠스가 껄끄러웠다. 관리 능력은 뛰어났지만 인간적 매력은 부족했던 티베리우스에 비해 게르마니쿠스의 인기가 날로 높아졌기 때문이다. 게르마니쿠스는 33세에 돌연사했는데, 티베리우스가 암살했다는 설이 그때나 지금이나 유력하다. 티베리우스는 그것도 모자라 칼리굴라의 형들인 네로와 드루수스에게 누명을 씌워 처형하고, 어머니 아그리피나는 유배 보냈다. 아직 어렸던 칼리굴라에게는 화살이 미치지 않았지만, 시간이 좀 더 지났더라면 어찌되었을지 모른다. 칼리굴라는 말년에 카프리 섬에 별천지를 만들고 틀어박혀 지냈던 티베리우스의 시중을 들었는데, 순종적이고 겸손한 태도로 일관해 시종들에게 '노예근성이 있네'라는 비아냥을 들었다고 한다. 그러나 티베리우스는 그를 계속 불편해했다. '파충류', '독사'라고 불러댔으며, 수에토니우스에 따르면 '이 놈은 파에톤이야!'라는 말까지 했다고 한다. 파에톤은 아버지 아폴로의 태양 전차를 감히 몰다가 전 세계를 불태울 뻔한 신화의 인물이다. 이는 다만 시의심 때문이었을까? 마냥 겸손한 칼리굴라의 감춰진 독이빨을 눈치 챘던 걸까?

기원후 37년, 티베리우스는 카프리 섬에서 77세에 눈을 감았다. 칼리굴라가 죽였다는 소문이 돌았다. 그러나 그가 25세의 나이로 황제위를 계승하자 로마 전역에서 터져나온 환호가 그런 소문을 압도했다. 티베리우스는 말년에 괴물처럼 변해 폭정과 기행을 일삼았는데, 그런 자가 죽고 아직까지도 로마인들의 마음속에 살아 있던 게르마니쿠스의 유일한 아들이 황제가 되었기 때문이었다. 칼리굴라도 그런 기대에 부응하고자 한동안은 별다른 스캔들을 일으키지 않았다.

폭군이라는 말이 무색하지 않았던 4년

그가 폭주하게 된 계기는 병에 심하게 걸려 죽기 직전까지 갔던 일에서 찾기도 하고, 어려서부터 피붙이가 아닌 필생의 연인으로 사랑해온 누이동생 드루실라가 죽은 일에서 찾기도 한다. 이후 그는 파에톤처럼 로마제국을 공포의 도가니로 몰고 갔는데, 스스로를 신이라고 부르며 영원불멸의 존재처럼 행세했다. 황제의 권력을 갖고서도 자신이나 사랑하는 사람의 죽음을 피할 수 없음을 깨닫고, 자신의 운명을 조롱하려던 것이었을까? 제국을 제물 삼아서?

칼리굴라는 신성을 모독하고 전통을 짓밟았다. 로마의 신전들에 자신의 궁전을 연결하고, 신전을 집처럼 여겼다. 고대 7대 불가사의 중 하나인 아테네의 제우스 신상을 로마로 끌고 와 그 두부를 떼어내고 자신의 두상을 얹으려고도 했는데, 도중에 신상을 실은 배가 침몰해 미수에 그쳤다. 원로원 의원들에게 '황제와 그 누이들에게 목숨 바쳐 충성하겠습니다'라는 맹세를 외우게 하고, 노예처럼 식사 시중을 들도록 하거나 자신의 전차를 맨발로 달려 쫓아오게 했나. 로마 초기부터 내려오는 고귀한 가문들의 상징이나 칭호를 없애버리고, 그들 중 다수에게 사소한 트집을 잡아 노예로 삼거나 강제로 희극 배우 노릇을 하도록 했다. **콘술**9-1이나 재무관 등 **공화정**10-5의 고귀한 직책도 능멸했으며, 자신의 애마에게 콘술 직위를 내렸다.

칼리굴라는 음란과 퇴폐를 일삼았다. 드루실라만이 아니라 다른 누이들과도 근친상간을 했으며, 결혼식장에서 신부를 빼앗아 성폭행하는 일을 즐겼다. 이에 대해 '**로물루스**1-1도 아우구스투스도 이렇게 신부를 얻었는걸!'이라며 너스레를 떨기도 했다. 칼리굴라의 황후 카이소니아는 음란하기로 유명한 여자였는데, 그는 그녀와 다른 여자들과 동시에 잠을 자거나 놀이상대인 남자들에게 그녀를 '상으로' 내리기도 했다.

칼리굴라는 숱한 살육도 저질렀다. 티베리우스의 손자인 게멜루스, 한때 자신의 든든한 후원자였던(티베리우스를 암살한 장본인이라는 소문도 있는) 마크로를 죽인 일은 권력투쟁의 일환으로 볼 수도 있다. 그러나 불필요하고 잔인무도한 살인 또한 일상다반사로 범했다. 자신이 만든 어처구니없는 금령을 어겼다는 이유로 몸을 반으로 가르거나, 작은 상처를 꾸준히 내 결국 죽게 만드는 등의 혹형에 처했다. 검투사에게 아무 무장도 하지 않고 알몸으로 맹수와 싸우게 하거나, 맹수의 먹이 값을 절약한다며 죄수들을 산 채로 맹수에게 던지도록 했다. 대중은 그의 피비린내 나는 유희에 희생되어 횡사하기도 했다. 일부러 원형극장에서 소동을 일으켜 패닉에 빠진 관객들이 압사당하도록 유도하기도 하고, 교량의 완공을 기념하는 자리에 몰려든 군중들을 물에 빠트려 죽이기도 했다. 아버지 게르마니쿠스의 죽음에 책임이 있다는 얼토당토않은 이유로 당시 전선에 있었던 모든 군단을 몰살시키려고까지 했다. 외국의 지도자나 귀빈을 초청했다가 별 이유도 없이 죽이는 바람에 국제적 긴장 상황을 자초하기도 했다.

칼리굴라는 사람들의 재산을 갈취했다. 듣도 보도 못한 사치와 낭비로 티베리우스가 남겨준 재정을 1년 만에 탕진했다고 한다. 그는 이를 벌충하고자 온갖 기발한 수입원을 고안했다. 그중에는 부모에게 물려받은 로마 시민권을 무효로 만들고, 적지 않은 돈을 내야 갱신해주는 조치도 있었다. 원로원 의원들과 부유한 기사들에게는 황제 자신을 상속자로 지정하라고 협박했으며, 상속자로 지정하지 않은 사람은 반역자로 몰아 처형하고 재산을 몰수했다. 또 **경매 제도**10-9를 이용해서 좋지 않은 물건을 억지로 떠맡기고 거액을 뜯어내기를 즐겼다. 사회의 밑바닥에서 살아가는 매춘부들도 갈취의 대상이었다. 손님과 한 차례 성행위를 할 때마다 일정액을 세금으로 내도록 했으니 말이다. 심지어 매춘부가 폐업하고 결혼해 주부가 된 뒤에도 '성교세'를 계속 내도록 했다는데, 대체 어떤 방법으로 세수를 파악하고 징수했을지 모를 일이다. 그는 심지어 궁전 안에 대규모 매춘굴을 만들어서 직접 돈을 거두기도 했다.

칼리굴라의 흉상. ⓒ PierreSelim
로마 황제 가운데 그와 비슷하게 엽기적이고 무분별했던 폭군은 콤모두스, 엘라가발루스가 있는데 이 세 사람의 공통점은 매우 젊은 나이에 황제가 되었다는 것이다.

이 모든 일을 벌이고도 무사할 수 있는 권력은 없다. 기원후 41년, 근위대장 카이레아를 비롯한 음모자들이 궁궐의 통로에서 그를 찔러 죽였다. 그의 나이 29세. 황제가 된 지 근 4년 만이었다. 이를 두고 하이켈하임은 《로마사》에서 '칼리굴라의 제위에 관해 할 수 있는 최선의 말은 그 기간이 짧았다는 것'이라고 평가한다.

폭군의 암살, 공화정을 복원하려는 시도였을까

로마는 물론 역사상 최악의 폭군이라 전해지는 칼리굴라. 그의 이야기들은 상상을 초월할 정도이기에, 오늘날에는 과연 진실일까라는 의문도 많다. 당시는 황제 제도가 세워진 지 오래지 않았고, 황제권이 대체로 공화정의 제도에 기대어 사용되던 때였다. 그런데도 그렇게 말도 안 되는 전제군주의 권력 행사가 가능했을까? 가능했더라도 로마인들이 황제 제도에 진절머리가 나서 없애버리려 하지 않았을까? 그래서 그의 암살은 개인에 대한 공격이 아니라 공화정을 복원하려는 시도였으며, 무능한 인물로 여겨졌던 클라우디우스를 허수아비로 세우고 고위 귀족들이 나라를 이끌어가려 했지만, 클라우디우스가 예상 밖의 역량을 발휘해 그런 시도를 무산시켰다는 해석도 있다. 하지만 그 역시 의문을 남긴다. 어떤 체제가 허물어지려 한다면 아무리 뛰어난 인물이 나타나 지키려고 해도 결국 무너지게 되어 있기 때문이다. 이후 1천 년 이상 제정이 지속된 까닭은 클라우디우스의 역량에만 있지 않으리라. 이미 공화정이 불가능할 정도로 로마인들의 마음과 판단이 제정에 익숙해져 있었거나, 칼리굴라의 만행이 상당히 과장되어 있었거나이지 않을까.

제국 최고의 광대를 꿈꾸다

폭군의 대명사

"플리니우스는 그를 가리켜 '인류의 파괴자'이며 '세상의 독'이라 표현했다. 그는 **원로원**9-2에서 국가의 적이라 선언한 최초의 황제가 되었다. 후대 사람들은 네로에게서 사악한 인간, 더 나아가 반그리스도의 전형을 보았다. (…) '더러운 피를 물려받은 타락한 절대권력자'라는 말은 **칼리굴라**2-2보다 네로에게 훨씬 더 어울리는 표현이었다." 비비안 그린이 《권력과 광기》에서 묘사했듯 네로라는 이름은 오랫동안 폭군의 대명사처럼 쓰였다.

그러나 폭군이라 하면 대개 잔인무도함을 연상하는데, 네로는 로마 황제들 가운데서도 가장 피를 보기 싫어했고, 비교적 피를 흘리지 않았다. 사치스럽고 방탕한 면은 있었지만, 다른 로마 황제들에 비해 지나치다고 할 수는 없었다. 그런데도 왜 네로 하면 폭군, 폭군 하면 네로로 통하게 된 것일까?

놀이를 즐기지만 죽이기는 꺼리는 황제

네로의 아버지 그나이우스 도미티우스 아헤노바르부스는 장남 네로(처음의 이름은 루키우스 도미티우스 아헤노바르부스Lucius Domitius Ahenobarbus)가 태어났을 때 '아내(아그리피나3-5)가 오빠 칼리굴라와의 근친상간으로 낳은 자식이 아닌가?' 하고 의심하였다고 한다. 그래서인지 아그리피나가 코르시카에 유배되자 두 살도 안 된 네로를 숙모인 레피다에게 맡기고 쳐다보지도 않았다. 레피다는 네로를 살뜰히 보살피지 않았으며 무용수나 이발사 교육을 시켰다. 아그리피나는 칼리굴라의 '누이이자 정부'에 이어 클라우디우스의 황후가 되었고, 권력을 더욱 공고히 하고자 클라우디우스를 암살한 다음 친아들 네로를 제위에 앉혔다. 하지만 54년, 고작 16세의 나이로 로마 황제가 된 네로는 귀찮아했다고 한다. 자신은 시나 음악을 즐기며 사는 게 좋지, 정치 놀음은 적성이 아니라고 여겼기 때문이다. 그러나 네로는 마침내 자신만의 '황제 스타일'을 만들어내게 된다.

"그의 성격의 특징은 대중의 인기에 대한 억누를 수 없는 욕망이다"라고, 네로보다 한 세대 뒤에 태어난 로마 역사가 수에토니우스는 썼다. 사실 네로는 평생 스스로를 예술가라고 생각했는데, 자신만의 미학의 세계에 사는 고독한 예술가라기보다 대중의 환호와 애정을 먹고 사는 대중예술가에 가까웠다. 그는 황제로서 원로원이나 민중 앞에서 연설할 때 시적인 운율을 구사했으며, 아그리피나가 그의 스승으로 붙여준 세네카의 도움 덕에 내용 면에서도 알찼던 연설은 많은 갈채를 받았다. 여기서 그치지 않고 네로는 직접 류트나 리라를 켜면서 시를 읊고 노래를 불렀다. 그리고 환호하는 대중에게 함박웃음과 함께 거액의 화폐를 뿌렸다.

원로원은 이를 황제답지 못한 경박한 일로 여겼으며, 수에토니우스나 타키투스는 네로의 목소리나 시의 수준은 형편없었으나 청중은 황제의 무력과 돈 때문에 마지못해 환호를 보내고는 했다고 적었다. 하지만 네로가 더 멋지게 공연하기 위해 피나는 노력을 했다는 이야기는 수에토니우스도 인정하고 있음을 볼 때, 그가 단지 겉멋 든 엉터리 예술가는 아니었던 것 같다.

젊은 황제의 이러한 전시성 행사는 점점 규모가 커졌다. 올림픽을 본떠 '네로니아' 축제를 열었는데 5년에 한 번 개최하기로 했지만 점점 기간을 좁혀 결국 연중행사가 되었다. **전차 경주와 검투사 경기**10-7 등에 이어 시와 리라 연주, 웅변 등의 경연이 벌어졌는데 이들 종목에서는 언제나 네로가 우승이었다. 그는 이를 축하하는 뜻에서 막대한 자금을 시민들에게 뿌리고, 축제 기간 중 누구나 자유롭게 목욕탕과 음악당을 사용하게 했으며, 수많은 경기장과 극장을 새로 지어 귀족들의 전유물이던 오락을 서민들도 즐길 수 있게 해주었다. 또한 그는 그리스 비극에 직접 출연했는데, 매번 심혈을 기울여 임했으며 어쩌다 작은 실수를 하면 그 때문에 관중들의 야유를 받을까 봐 안절부절못했다고 한다. 감히 아무도 그를 야유할 수 없으리라는 것을 모를 정도로 어리석어서 그랬을까? 아니면 그만큼 연기에 몰입했던 것일까?

하지만 네로는 놀기는 즐겨도 죽이기는 꺼렸다. 사형수조차 집행을 미루다가 장기 유배형으로 바꾸게 했으며, 대중이 좋아하므로 검투사 시합을 열었지만 스스로는 즐기지 않았고 끝내 폐지했다. 재위 14년 동안 한 차례의 전쟁도 일으키지 않았다. 당시 로마의 가장 큰 적대국은 파르티아였는데, 네로는 파르티아 왕자 티리다테스를 로마로 초대했다. 그리고 주체할 수 없을 정도의 거액을 선사하여 양국 사이에 평화가 이어지게 했다. 파르티아에서는 네로에게 큰 호감을 품은 나머지 네로가 죽은 뒤에도 그에게 경의를 표했다고 한다(그런데 검투사 시합을 없애고 외교로 분쟁을 해결한 것은 당시로서는 오히려 '폭군적 행동'이라 여겨지기도 했다).

평민의 왕이자 귀족의 적

또한 네로는 '친시민 정책'을 많이 내놓았다. 과도한 변호사 비용 때문에 서민들이 소송을 포기하는 경우가 많았기에 변호사 비용 상한제를 실시하고, 보석금이나 과태료는 줄였다. 간접세를 일체 폐지하려다가 원로원의 극렬한 반대에 세율만 낮추었으며, 속주에서 이탈리아에 들어오는 물품의 관세를 폐지했는데, 이로써 사실상 무관세 혜택을 받고 있었던 이탈리아 내 대지주들의 기득권이 훼손됐고 생필품 물가는 내렸다. 노예들에게는 주인의 가혹행위에 맞서 주인을 고소할 수 있는 권리를 줬다. 사치스러운 공연과 볼거리들로 대중에게 정신적·물질적 만족의 기회를 주는 한편 로마 전역의 경기를 활성화하는 효과를 냈다. 평민들 사이에서는 네로 황제의 인기가 드높았다. 반면 그의 전기를 쓴 수에토니우스와 타키투스를 포함한 귀족들은 '철부지 황제'의 모든 것이 갈수록 못마땅해졌다.

그러나 재위 5년째인 59년, 그는 모후 아그리피나를 암살했으며 그것은 서민들 사이에서도 네로의 인기를 '조금은' 떨어트리는 계기가 되었다. 친족 암살은 로마 황실에서 지겨울 정도로 많이 일어났지만, 친어머니를 죽인 경우는 처음이었기 때문이다. 이를 시작으로 65년에 스승 세네카에게 자살을 강요하기까지, 네로는 처음과 달리 점점 폭력을 늘려갔다. 그것은 한편으로 천성적인 소심함(암살이나 반역의 낌새가 있다고 여겨지면 두려워서 견디지 못하는) 때문이기도 했고, 그리고 그만큼 기세 좋게 퍼부어댄 결과 점점 뚜렷해지는 재정 부족 때문이기도 했다. 반역이 의심되는 자를 처형하고 그의 재산을 몰수하면 일석이조의 결과를 얻을 수 있었던 것이다. 이 과정에서 원로원을 중심으로 하는 귀족들과의 사이는 더욱 나빠졌다.

로마 대화재와 가짜뉴스

그러나 서민들 사이에서는 여전히 인기가 있었는데, 이를 단숨에 꺼트리는 사태가 일어났다. 64년 7월에 일어난 로마의 대화재였다. 네로가 자신이 생각한 신도시를 만들기 위해 일부러 로마를 불태웠으며, 불타는 로마를 바라보며 시를 읊었다는 이야기는《쿠오바디스》를 비롯한 여러 문학 작품과 예술 작품에서도 오랫동안 정설처럼 받아들여져 왔다. 불타는 로마를 보며 네로가 시를 읊은 것은 사실이며(순전히 비통함을 표현한 것으로 보이지만), 잿더미 위에 네로 스스로를 위한 웅장한 황금궁전을 포함하는 반듯하고 깔끔한 계획도시를 추진하기도 했다. 더욱이 네로의 근위대는 불길을 잡기 위해 시가지의 한쪽에 맞불을 놓았는데, 이 광경이 '군대가 방화를 했다'는 뜬소문의 근거가 되었을 수도 있다. 하지만 네로 방화설은 오늘날 대체로 부정된다. 이 화재로 네로가 아끼던 진귀한 수집품들도 불타버렸다는 점, 네로가 화재 진압과 이재민 구호를 위해 안간힘을 썼던 점, 무엇보다 그가 그렇게 광인은 아니었다는 점 때문이다. 당시 로마는 골목이 좁고 집이 다닥다닥 이어져 있어 불이 번지기는 쉬우면서도 진압하기는 어려운 구조였으며, 공식 소방대도 없었다. 대화재는 언제든 벌어질 수 있는 일이었다.

하지만 네로 방화설은 당시의 민중들에게 쉽게 먹혀들었다. 하루아침에 모든 것을 잃어버린 사람들로서는 미칠 것 같은 분노를 쏟을 대상이 필요했으리라. "황제는 자기 어머니를 죽였다. 그리고 우리 모두의 어머니인 로마까지 죽이려 한 것이다!"라는 가짜뉴스는 또 하나의 화재처럼 삽시간에 로마를 휩쓸었다. 이 가짜뉴스를 잠재우려 네로가 **기독교도**[10-4]들을 희생양으로 삼자, 그것은 장기적으로 네로에 대한 평가를 더욱 떨어트리는 결과를 낳았다. 기독교도는 그 뒤 물밑에서 교세를 넓히며 로마 서민들의 마음을 사로잡았기 때문이다. 학살에서 살아남은 교인들은 모일 때마다 "사도들이 예언한 종말의 때가 왔으며, 적그리스도는 다름 아닌 네로"라고 속삭였다.

위대한 연예인으로 살다 간 황제

이로부터 권력을 잃는 4년여 동안, 네로는 홀린 사람처럼 점점 더 잔인한 명령을 내렸다. 65년에 발각된 피소의 황제 암살 음모가 그런 추세에 불을 붙였으며, 이제는 반역 협의자뿐 아니라 황제를 조롱했다거나 예의를 갖추지 않았다거나 하는 사람들까지 처형장으로 끌려갔다. 품행이 나쁘다고 소문난 포파이아와 결혼하려 황후 옥타비아에게 누명(아마도)을 씌우고 내친 것도 황제의 인기를 떨어트렸다. 게다가 로마에 전염병까지 돌아서 수천 명이 죽으니, 민심은 대부분 황제를 외면해버렸다. 마침내 갈리아에서 빈덱스가 반란을 일으키고, 에스파냐 총독인 갈바를 황제로 추대하고 나섰다. 네로는 이들을 진압할 군대를 보냈지만, 황금에 굶주려 있던 군대는 도리어 반란군 편에 섰다.

반란군이 거침없이 로마로 진격하고 있다는 소식에 네로는 갈팡질팡했다. "내가 갈리아로 가서 저들에게 눈물로 호소하면 저들은 무기를 내릴 거야"라고 했다가, "파르티아로 달아나는 수밖에 없어"라고 하기도 했고, "그냥 갈바에게 로마를 넘겨주자. 나는 이집트 총독 정도면 만족해"라고도 했다. 하지만 결국 친위대까지 그를 버리고 달아나자, 그는 네 명의 하인만 데리고 로마 교외 별장으로 피신했다. 그러나 이미 부처님 손바닥 안이었고, 네로는 잡혀서 갖은 고문 끝에 죽느니 자살을 선택한다. 그러나 이 심약한 인간은 스스로를 찌르는 일마저 주저하며 제대로 못해, 결국 하인의 도움이 필요했다. 나이는 31세. 마지막으로 남긴 말은 "위대한 예술가가 이렇게 사라지는구나!"

금화에 새겨진 네로의 초상. ⓒ American Numismatic Society
왼쪽(64년 주조)에 비해 오른쪽(68년 주조)은 불과 4년 만에 걷잡을 수 없이 비대해진 모습이다.
그가 사치와 안일에 탐닉했음을 방증한다.

네로가 즉위한 때는 로마가 '황제란 대체 무엇인가'를 고민할 때였다. 역대 황제들은 각각의 개성으로 답을 했다. **아우구스투스**[2-1]는 각종 제도의 창시자였고, 티베리우스는 냉혹한 관리자였으며, 칼리굴라는 독재자였다. 그리고 개성이 불충분한 클라우디우스를 거쳐 네로에게 5대 황제의 지위가 돌아왔을 때, 그는 "세계 최고의 연예인, 모든 로마인을 하나로 묶는 상징"이라는 또 다른 의미에서의 로마 황제를 연출해 보였다. 다수 백성에게 인기를 얻는 정치를 하고, 무력보다는 매력으로 권위를 유지했던 것이다. 포악한 싸움꾼보다는 인심 좋은 광대가 그나마 나은 지배자가 아니겠는가? 그가 귀족들, 지식인들, 그리고 기독교인들에게 특별히 밉보이지 않았더라면 그토록 심한 오명의 주인공이 되지 않았을지도 모른다. 수에토니우스는 자신의 네로전을 마무리하며 네로가 비열하고 우매했다고 비판하고는 이렇게 덧붙인다.

그가 죽은 날은 그가 옥타비아를 살해한 바로 그날이었다. 온 세상이 환호했다. 시민들은 자유의 모자를 쓰고 거리로 뛰쳐나왔다. 그러나 그의 무덤에 오랫동안 봄꽃과 여름꽃을 바치는 사람들도 있었다. 그의 조각상을 세우고, 토가를 입혀놓은 사람들도 있었다. 그가 마치 아직도 살아서 황제로 군림한다는 듯, 포고령을 전하며 그의 이름을 언급하는 경우도 있었다.

평범함으로 비범한 황제가 되다

로마의 위기를 수습한 보통 사람

네로2-3의 통치가 제국을 위기에 빠트렸다고 하기는 어렵다 해도, 네로의 죽음은 확실히 위기를 불러왔다. 기원후 68년에서 69년까지 겨우 1년 동안 갈바, 오토, 비텔리우스가 잇따라 제위에 올랐다. 그들의 통치에는 어떤 정통성도 없었고 공헌도 없었다. 세 사람 모두 군 사령관으로서 반란이나 암살로 일어서고, 반란이나 암살로 쓰러졌다. 이런 상황이 계속되었다면 로마 제국은 3세기에 실현된 '군인황제시대'의 혼란기로 일찌감치 빠져들었을 것이며, 국가의 내공이 부족한 상태에서 200년 일찍 그런 혼란기가 왔다면 그대로 멸망의 길로 접어들었을지도 모른다.

이 위기를 수습하고 요동치던 정세를 안정시켜, 그 뒤 100년이 넘도록 제국이 평화와 안녕을 누리게 만든 인물은 **카이사르**1-8나 **아우구스투스**2-1 같은 영웅이 아니었다. 영웅은 고사하고, 이 책에서 '10대 황제'로 꼽지 않은 카라칼라나 디오클레티아누스 같은 사람들보다 지명도가 훨씬 떨어지는 인물이었다. 역사가는 물론 당대 사람들이 보기에도 그는 평범해 보였다. 좋게 봐야 온건하다 정도이고, 대체로 속이 좁고 속된 인물로 여겨졌다.

그러나 그랬기에 그는 권좌에 앉을 수 있었으며, 그 권좌를 오랫동안 튼튼하게 만들 수 있었다.

티투스 플라비우스 베스파시아누스Titus Flavius Vespasianus는 변변찮은 집안에서 태어났다. 그의 할아버지는 **제2차 로마 내전**5-3 때 폼페이우스 편에서 싸웠는데, 그 때문에 죽음을 간신히 면한 뒤 **경매꾼**10-9으로 밥벌이를 했고, 아버지는 고리대금업자와 세금징수관을 지냈다. 아버지가 일찍 죽게 된 베스파시아누스는 할머니 손에서 자랐다. 할머니는 그의 형이 그보다 예뻐 보였던지 '제발 네 형의 절반이라도 닮아라'라는 말을 달고 살았다고 한다.

로마에서 미천한 출신이 출세하려면 전쟁이 불가피하다고 했던가? 장성한 베스파시아누스는 수십 년 동안 브리타니아, 아프리카, 게르마니아, 그리스, 시리아 등등 로마의 변방을 돌아다니며 전공을 세웠다. 그것은 그가 군 지휘관으로 꽤 유능했기 때문이기도 하지만, 중앙정치와는 자의반 타의반으로 거리를 두었기 때문이기도 하다. **칼리굴라**2-2에서 네로에 이르는 시기에 그는 중앙 엘리트의 환심을 사기도 했지만, 노여움을 사는 일이 더 많았다. 특히 네로는 그를 그리스 유람에 동행시켰다가 자신이 노래하는데 그가 꾸벅꾸벅 졸았다며 노발대발했고, 베스파시아누스는 목숨을 잃을 뻔했다.

이렇게 배경도 별로고, 미남도 능변도 아니며, 변방을 전전하느라 나이까지 먹은 베스파시아누스는 아이러니하게도 그 덕에 권력의 소용돌이에서 치고 오를 수 있었다. 네로 사후 혼란기에 그는 여러 군단의 추대로 황제에 입후보했다. 먼저 모에시아에 이어 이집트, 시리아에서 그를 황제로 받들었다. 그래도 베스파시아누스가 주저하자 시리아 총독이던 무에티우스가 '이미 당신은 호랑이 등에 탄 거요. 가만히 있으면 반역자로 처형될 것이니, 살고 싶어서라도 황제가 돼야 하오!'라며 충동질했다고 한다. 결국 당시 그가 맡고 있던 유대의 병사들까지 그를 황제라 부르자, 베스파시아누스는 지지 병력을 모아 로마로 진군했다. 그가 비텔리우스와 대결하는 동안, 네로 이래로 황제들에게 시달려온 **원로원**[9-2]에서는 베스파시아누스를 지지하기로 뜻을 모았다. '그는 온순한 사람이고, 늙은이요. 우리가 쉽게 다룰 수 있는 인물이오!'

서민을 위한 정치, 서민을 위한 사치

그러나 그가 그렇게 쉬운 인물이었을까? 멀리 떨어진 군단에서까지 그에게 지지를 보냈으며, 이후 황제인 그가 군대를 특별히 우대하지 않는 정책을 펼쳤음에도 반란이 일어나지 않았던 것은 그가 일찍이 여러 지역을 돌아다니며 '정치'를 하고, 자기 세력을 제국 곳곳에 심어뒀기 때문이다. 얼빠진 늙은이처럼 보인 것도 그의 술수였다. 일단 권력을 쥐자 그는 네로 이후의 폭정과 내전으로 원로원 수가 많이 줄었다며, 기사 계급과 속주 출신 수백 명을 원로원 의원으로 충원했다. 그것은 그가 원로원과 맞설 수 있는 **호민관**[9-3] 직위는 사양하면서, 원로원 의원을 선발할 수 있는 켄소르 직위를 차지하는 묘수를 두었기에 가능했다. 유서 깊은 혈통과 귀족다운 교양을 자랑해온 기존의 원로원 의원들은 거세게 반발했다. 그러나 베스파시아누스는 채찍과 함께 당근도 내밀었다. 당시에는 투자에 실패하거나 칼리굴라, 네로에게 재산을 빼앗겨 원로원 의원으로서의 재산 자격에 미달하는 의원들이 많았는데, 미달분만큼 황제가 재산을 채워줬던 것이다. 베스파시아누스는 이렇게 해서 원로원을 장악했을 뿐 아니라, 그들의 실권을 조금씩 빼앗아 자신이 손발처럼 부릴 수 있는 관료들에게 넘겨주었다.

그렇게 얻은 권력으로 베스파시아누스는 국정의 모든 부문에서 실용적인 개혁을 시행했다. 숙적인 파르티아와 평화 공존 외교를 하는 한편 중동의 요충지인 콤마게네를 병합하고, 그 밖의 거점에 주둔군을 추가 배치했다. 유럽에서도 다뉴브강을 경계로 게르만족을 대처할 방위망을 정교하게 구축하고, 브리타니아에 아그리콜라 등을 보내 정복과 안정에 힘을 기울였다.

네로 이래 파탄 직전에 이르렀던 재정을 기적적으로 일으켜 세웠는데, 역시 켄소르의 직위를 이용해 제국 전반에 호구조사를 실시하고, 이를 근거로 재력이 풍부해진 지역을 가려서 세금을 올려 거뒀다. 네로가 선심을 쓰고자 면세 혜택을 준 그리스 등에서도 다시 세금을 거뒀으며, 관리들의 부정부패를 엄격히 단속하고 불필요한 재정 지출을 없앴다.

그의 집안은 할아버지 때부터 돈 만지는 일에 종사했으며 그 자신도 지방 총독일 때 재정의 구멍을 메우려 낙타 장사에 손대는 등 경제에 밝았기 때문에 그런 조치들을 효과적으로 시행할 수 있었다. 하지만 세금을 더 내게 된 속주 지역민들은 불만일 수밖에 없었는데, 베스파시아누스는 그들 가운데 인재를 뽑아 원로원, 관료, 군 장교 등에 등용함으로써 그런 불만을 무마했다. 정치 문제와 행정 문제를 하나로 엮어서 능수능란하게 해결했던 것이다.

한편 돈을 써야 할 때는 아낌없이 썼다. 도로나 수로 등 중요한 인프라 투자에 적극적이었을 뿐 아니라, 화재와 내전으로 망가진 로마의 면모를 일신하고자 가장 중요한 신전, **유피테르**8-1의 카피톨리노 신전을 웅장하게 개축했으며 그 밖의 공공건물들을 여럿 세웠다. 그 가운데 '**콜로세움**4-3'으로 알려지게 될 '플라비우스 원형경기장'은 네로가 예산을 물 쓰듯 해서 세운 황금궁전 바로 옆에 세웠다. 베스파시아누스는 스스로를 신이나 국부로 부르는 것을 사양하고, 황금궁전 대신 그보다 수수한 편인 저택에서 지내며 소박한 면모를 과시했다. 네로가 화려한 볼거리를 계속 베풀어 황제의 권력을 강화했다면, 베스파시아누스는 그런 것에 싫증이 난 대중과 비판적인 지식인의 심리를 간파하고 '나를 위해서는 사치하지 않겠다. 시민을 위해서는 하겠다!'는 이미지 정치를 추구했던 것이다.

폼페이의 베스파시아누스 봉헌 신전의 부조. ⓒ Wmpearl
평민 기질이 짙었던 그는 생전에 신격화를 거부했으며,
죽어가면서 '나 이거, 진짜 신이 되려나 본데?'라며 최후의 농담을 했다고 한다.

그는 농담을 잘 했는데, 거기서도 낙천적이고 서민적인 모습을 담곤 했다. 수에토니우스는《황제전》에서 이런 일화들을 소개한다.

그를 위한 개선식에서 행렬이 워낙 느린 것에 짜증을 내며, "이 나이에 개선식이라니 주책이지 뭔가? 이렇게 고생해도 싸지!"라고 말했다.

일찍이 그가 네로의 눈 밖에 났을 때 당황해서 '이제 난 어디로 가야 하나?' 하고 중얼거리는데 궁지기 하나가 '지옥에나 가버려!' 하면서 그의 등을 떠밀어 내쫓았었다. 이제 황제가 되어 돌아온 베스파시아누스 앞에 그 궁지기는 꿇어 엎드리며 제발 용서해달라고 빌었다. 그러자 베스파시아누스는 껄

껄 웃으며 '지옥에나 가버려!'라는 말로 되갚았고, 그 밖에는 어떤 벌도 내리지 않았다.

원로원 의원 하나와 기사 하나가 심하게 다투었다. 그러자 베스파시아누스는 두 사람을 화해시키면서 이런 규정을 만들었다. '원로원 의원을 모욕해서는 안 된다! 그러나 원로원 의원에게 모욕당했다면 똑같이 갚아도 된다.'

재정 확보를 위해 온갖 세금을 거두던 중, 그때까지는 무료로 사용되던 공중 화장실에도 세금을 매기기로 했다. 황태자 티투스는 아무리 그래도 이건 지나치다며 "황제 체면이 있지, 냄새나는 돈까지 긁어모으시렵니까?"라고 말했다. 그러자 베스파시아누스는 화장실 사용료로 거둔 동전을 가져오게 해서 냄새를 맡았다. 그리고 그걸 아들에게도 내밀며 이렇게 말했다. "너도 맡아보려무나. 돈에서 무슨 냄새가 난다고 그러니?"

얄궂게도 이 마지막 일화는 로마 황제 가운데 별로 유명하지 않은 그의 이름을 그나마 널리 알리는 효과를 냈다. 그 후 유럽에서는 오랫동안, 이탈리아에서는 아직까지도 유료 화장실을 '베스파시아노'라고 부르고 있으니 말이다.

망할 뻔한 나라를 되살린 현대적 정치가

이 모든 게 망하기 직전의 나라 재정을 되살리기 위해서였건만, 말년의 그는 인기가 없었다. 그가 이룩한 평화에 익숙해진 로마 시민들은 늙고 못생겼으면서 꾸밀 줄도 모르고 네로처럼 공연을 하지도, 콤모두스처럼 무용을 과시하지도 않는 황제를 위대하게 여기지 않았다. '쫌생이', '돈벌레'라는 그의 이미지는 술집의 흔한 우스개가 되었다(칼리굴라나 네로 때였다면 목숨이 달아날 일이었건만). 심지어 그의 장례식 때도 그런 조롱이 펼쳐졌다. 그의 장례 행렬을 따라가며 어떤 희극 배우는 "나, 베스파시아누스야! 이거, 내 장례 비용이 얼마나 되나? 뭐? 10만 데나리우스나 된다고? 미쳤군! 좀 깎아! 1천 데나리우스라도 깎아줘! 그 대신 내 시체는 그냥 테베레강에다 던져버리면 돼!"라며 너스레를 떨었다.

그의 고혼이 그런 조롱을 보았다면 어땠을까? 길이길이 자신의 이름에 '냄새가 나게 되었다'는 걸 알았다면? 딱히 실망하거나 불쾌해하지는 않았을 것 같다. 껄껄 웃으며 "뭐 어때? 난 어차피 죽었는데!" 그러지 않았을까? 그는 멍청한 듯하면서 빈틈없고, 대의를 잃지 않으면서 실용적이며, 소탈하고 유머러스한 정치가였다. 그런 점에서 영웅이나 독재자를 떠받들던 고대보다 현대에 어울리는 사람이었다. 그가 다져놓은 튼실한 기반 덕에 로마제국은 오래 살아남아 번영할 수 있었다.

최고, 최대, 최상에 이르다

최초의 속주 출신 황제

로마인들은 역대 최고의 황제로 누구를 꼽았을까? **아우구스투스**2-1? 그럴 만하다. 그는 초대 황제로 제2의 건국자이며, 체제를 잘 다지고 가장 먼저 생전에 신격화된 사람이기에 길이 찬양받을 만했다. 그러나 제국 후반기 새로 황제가 등극하면 **원로원**9-2은 그에게 이런 축하를 올리고는 했다. "폐하께서 아우구스투스보다 행운을 누리시고, 트라야누스보다 훌륭하시기를!" 아우구스투스도 위대하지만 어디까지나 운이 좋았으며, 역대 최고의 치세를 이룩한 황제는 트라야누스라는 말이다.

베스파시아누스2-4는 일찍 무너질 뻔했던 제국을 안정시켰다. 그 아들 티투스도 잘 해냈다. 그러나 그를 이어받은 티투스의 동생 도미티아누스는 폭정을 휘둘러 원로원 의원 등은 '**네로**2-3가 또 나타났다!'며 진저리를 쳤다. 결국 기원후 96년 그가 암살되면서 플라비우스 왕조는 3대로 끝이 났다.

다음 황제로 추대된 사람은 네르바였다. 그는 여러 면에서 '무난한 인물'이었고, 베스파시아누스처럼 이미 60대(즉위 당시 61세 혹은 66세였다고 한다)였다. 그는 로마 귀족들에게 도미티아누스가 가한 탄압을 취소하고 서민들에게는 구호 조치를 기획하면서 환심을 얻었지만, 그보다 군대의 지지를 계속 받을 수 있느냐가 중요했다. 노령이고 건강도 나쁘며, 결정적으로 뒤를 이을 자식이 없다는 점은 군대와 시민들에게 불안을 심어주었다. 결국 97년 근위대는 봉기했다. 그들은 네르바를 처단하지는 않았으나 적절한 후계자를 찾아 양자로 들일 것을 요구했다. 네르바는 어쩔 수 없이 이를 수용하고, 마르쿠스 울피우스 트라야누스Marcus Ulpius Trajanus를 낙점했다. 그리고 약 석 달 뒤에 눈을 감으니(98년 초), 트라야누스가 로마 제13대 황제가 된다.

트라야누스. ⓒ Bibi Saint-Pol
그는 제국 사상 가장 인기 있는 황제였다.

트라야누스는 에스파냐의 이탈리카라는 작은 마을에서 태어났는데, 그의 가문은 **포에니 전쟁**5-2 때 이탈리아 북부에서 에스파냐로 이주했다. 그의 아버지가 베스파시아누스에게 발탁되어 군사령관을 거쳐 **콘술**9-1과 총독을 역임한 덕에 그도 명문가 엘리트로 자랄 수 있었다. 체구가 당당하고 카리스마가 넘쳤으며, 유럽과 아시아 변방을 두루 다니며 빛나는 군공을 세웠다. 네르바 즉위 직후에는 게르마니아 총독이 되었는데, '게르마니쿠스'라는 칭호를 받을 만큼 원로원과 군 모두에게 명망이 높았다. 그래서 그가 네르바의 후계자가 되었을 때는 지지가 압도적이었으며, 마침내 속주 출신의 첫 번째 황제가 되었을 때 로마인들은 좋은 시대가 올 것이라고 기대했다.

국가, 서민, 부자가 모두 이득을 본 훌륭한 정책

그는 기대를 저버리지 않았다. 먼저 내정에서, 그는 '알리멘타 법'을 마련했다. 이것은 서민을 위한 복지제도이면서 부자를 위한 사업지원제도인데, 부자들에게 땅을 담보로 대출을 해준다. 그러면 부자는 대출 이자를 내는데, 정부는 그 이자를 활용해 부자들이 사는 지역의 가난한 사람들을 구제한다. 건국군주 **로물루스**[1-1]가 세운 '부유한 사람이 가난한 사람의 후원자가 되어 보살펴준다'는 원칙은 **공화정**[10-5] 말기를 거치며 유명무실해졌다. 알리멘타 법은 정부가 매개가 되어 이 원칙을 부활시키는 의미가 있었다. 그리고 가난한 사람은 지원을 받아서 좋고, 부자들은 대출을 이용해 사업자금을 마련하는 한편 해당 지역민들에게 인심을 얻어서 좋고, 국가는 경제 활성화와 빈민 구제를 동시에 할 수 있어 좋았으니 국가, 부자, 서민이 모두 웃을 수 있는 훌륭한 정책이었다.

또한 그는 제국 전역에서 누구보다 많은 토목건축 사업을 벌였다. 로마에는 욕장, 시장, 원형극장 외에 **카이사르**[1-8] 이래 황제 포룸 가운데 가장 크고 웅장한 트라야누스 포룸을 지어 로마 시민에게 바쳤다. 지금은 그 가운데 트라야누스 기념주 정도만 온전하게 남아 있지만 트라야누스 포룸은 후대의 황제들도 감탄할 정도로 최고 수준의 건축미를 자랑했다. 이렇게 제국의 영광을 뽐내는 건물과 더불어 한편으로 실용적인 건물들, 가령 다리나 수도교, 항만 시설 등을 제국 전역에 지었는데, 한때 로마령이던 유럽, 아시아, 아프리카에 오늘날까지 남아 있는 로마 유적 가운데 트라야누스 때 지어진 건물이 가장 많을 정도다.

이는 속주의 생활수준을 높이고, 제국의 국방과 무역 기반을 강화하는 의미가 있었다. 베스파시아누스의 노선인 '황제 스스로는 사치하지 않되 시민들을 위해서는 아낌없이 쓰는 원칙'과 '속주민들의 입지를 높여 제국에 충성하게 한다는 정책'을 이어받은 것이었다. 그 스스로가 베스파시아누스 덕분에 귀족 사회에 편입된 가문 출신이자, 속주민 출신이라는 점을 잘 새긴 것일까?

원로원에도 공손한 태도로 일관하고 제국 전역에서 황제에게 올라오는 질의서에도 일일이 성실하게 타당한 답변을 했는데, 그 가운데 그의 숭배자이던 소 플리니우스(**《박물지》**[7-7]의 대 플리니우스의 조카다)가 **기독교도**[10-4]의 처우에 대해 질의한 것에 '그들을 합법화할 수는 없지만 최대한 관용을 베풀라. 근거 없는 고발은 무시하도록 하라'라고 답변한 덕에 훗날 단테가 《신곡》에서 그를 특별히 천국에 올려줄 정도로 기독교도들의 감사도 받았다.

말 위에서 천하를 다스릴 수는 없건만….

그러나 베스파시아누스와 근본적으로 다른 점이 있었다. 그는 뼛속까지 군인이었다. 그리고 정복 사업에 열정을 불살랐다. 101년, 도미티아누스 시절부터 제국의 골치를 썩여온 다뉴브강 이북의 다키아를 친정했다. 그 해에는 허를 찔려 결정적 승리는 이루지 못했지만 트라야누스는 포기하지 않았고, 이듬해에 다시 다뉴브강을 넘어 적진 깊숙이 들어갔다. 106년에 가서야 다키아의 저항은 끝났고, 트라야누스는 이곳을 로마 영토에 추가했다. 옛날 트라야누스의 조상들처럼, 로마인들이 다키아에 정착하려 분분히 떠나갔으며 그들이 원주민과 함께 오늘날의 루마니아를 세우게 된다.

그리고 114년, 이번에는 로마의 오랜 숙적인 파르티아를 겨눈 원정이 시작되었다. 양국 간 완충지대로 내내 쟁점이 되던 아르메니아에 파르티아가 손을 댄 게 빌미가 되었는데, 트라야누스는 파르티아를 응징하는 정도가 아니라 멸망시킬 요량이었다. 아르메니아를 병합해 속주로 삼은 다음, 메소포타미아로 진격하여 파르티아의 수도 크테시폰을 점령한 뒤 파르티아 왕을 죽이고 꼭두각시를 앉혔다. 고대문명의 발상지인 메소포타미아가 사상 처음으로 로마 영토가 되었나.

그러나 트라야누스는 만족하지 않았다. 아마도 알렉산드로스의 길을 따라 인도까지, 그리고 그 너머까지 가고 싶었던 것 같다. 하지만 무리였다. 페르시아만을 굽어보며 "아, 나는 너무 늙었다! 조금만 더 젊었다면 여기서 출항해 인도로 갔을 것을!"이라고 탄식했다는 트라야누스. 그러나 사실 그의 나이는 문제가 아니었으며, 이미 정복한 영토를 지키는 일조차 무리였다. 116년부터 정복한 아시아 곳곳에서 반란이 일어났으며, 이를 진압하려 동분서주하던 트라야누스는 죽을 고비를 간신히 넘기기도 했다. 그러나 기후, 식량, 질병 등 여러 악조건 속에서 밤낮 없이 말을 달리며 병사들을 독려해야 하는 날이 거듭되자, 철인이라도 무너질 수밖에 없었다. 마침내 정복지를 안정시키는 일을 포기하고 로마로 돌아가던 117년 8월, 그는 숨을 거뒀다. 죽기 직전에는 뇌졸중에 걸려 몸이 반쯤 마비되어 있었다.

트라야누스는 다키아와 메소포타미아를 병합하여 로마제국을 최대의 판도에 이르게 했다. 웅장한 건축물들로 상징되는 로마의 번영도 최고 수준에 이르렀다. 그러나 최대, 최고란 곧 한계를 의미한다. 정복 사업, 건축 사업, 심지어 빈민 구제 사업까지 모두 막대한 예산을 필요로 한다. 당시 로마는 전성기였고 파르티아에서 빼앗은 수입도 있어 로마가 당장 쇠퇴의 길을 걷지는 않았으나, 일시적인 재정난에는 빠졌다. 이를 메우려 속주에서 세금을 마구 거둬들임에 따라 그가 애써 다잡아놓은 속주민들의 충성심과 질서도 많이 허물어졌다. 새로 정복한 영토는 오래 지킬 수 없었으며, 그가 다뉴브강과 유프라테스강 일대를 헤집은 탓에 그 주변 질서가 무너졌고, 이는 장기적으로 그 너머에 있던 이민족들이 침략을 결심하도록 꾀었다. 그들은 머잖아 로마로 들어올 것이었다.

트라야누스는 '**임페라토르**[9-5]' 즉 군사령관으로서의 황제로는 최상이었다. 그의 행정 능력과 정치력도 수준급이었다. 하지만 '말 위에서 천하를 다스릴 수는 없다'는 동양의 금언을 들을 기회가 있어야 했다.

제국의 안정을 위해 현신하다

선황의 황후 덕에 황제가 되다

기번이 '인류 사상 가장 행복했던 시대'라고 부른 '5현제 시대'의 첫째인 네르바는 업적이 거의 없었고, 업적을 이룰 만큼 오래 살지도 못했다. 그러나 **트라야누스**2-5에게 황제 자리를 넘겨주었고, 트라야누스가 높은 인기를 누린 덕분에 5현제로 꼽힐 수 있었다. 반면 트라야누스의 뒤를 이은 하드리아누스는 그의 후계자가 된 탓에 명성에 흠집이 났다고 할 수 있다.

그렇지만 하드리아누스는 단순히 위대한 황제의 부록이 아니었고, 자신만의 통치를 한 사람이었다. 오히려 하드리아누스가 그의 뒤를 이은 덕에, 트라야누스가 오랫동안 명성을 누릴 수 있었다고 해야 한다.

푸블리우스 아일리우스 하드리아누스Publius Aelius Hadrianus도 트라야누스처럼 에스파냐 태생인 데다, 아버지가 **베스파시아누스**2-4에게 중용되면서 명문의 반열에 들 수 있었다. 그리고 그 아버지가 일찍 죽자 후견인의 돌봄을 받게 되었는데, 그가 바로 오촌 아저씨뻘인 트라야누스였다. 하지만 트라야누스는 어려서부터 철학과 문학만 좋아하고, 군인 기질이라고는 보이지 않던 하드리아누스를 못마땅해했던 것 같다. 좀처럼 양자로 들이려 하지 않았으며, 후계자에게 내리곤 하던 카이사르(부황제)나 **콘술**9-1 직책도 주지 않았다.

하드리아누스상. ⓒ Marie-Lan Nguyen
수염을 기르고, 그리스식 옷을 입고 있다.

반면 트라야누스의 황후 플로티나는 하드리아누스를 끔찍이 아꼈다. 나이 차이가 많이 나지도 않았던 그에 대한 애정이 과연 '어머니 같은 사랑'에 그쳤을지는 의문이나, 이는 결국 하드리아누스가 트라야누스를 잇는 데 결정적 역할을 한다. 트라야누스는 죽기 직전에야 그를 입양했는데, '플로티나가 트라야누스의 문서를 위조했다', '트라야누스 연기를 할 배우를 데려와 입양 의사를 밝히도록 했다' 등의 소문이 무성했다. 심지어 그녀가 트라야누스를 독살했다고까지도 했는데, 최고 권력의 내밀한 영역에서는 별일이 다 벌어지지만, 별일이 다 벌어진다고 뜬 소문이 돌기도 한다. 어쨌든 플로티나가 하드리아누스의 등극을 위해 '온 힘을 다한' 것만은 틀림없다. 게다가 그의 계승에 불만을 표출한 **원로원**9-2 의원들이 황제 암살 혐의를 쓰고 체포되었는데, 적법 절차도 없이 서둘러 처형되었으므로 즉위 초의 하드리아누스의 평판은 형편없었다.

귀족도 평민도 모두가 황제의 신민이다!

하드리아누스는 자신의 즉위가 잘못된 선택이 아니었음을 실력으로 입증해 나갔다. 그는 121년부터 갈리아, 브리타니아, 북아프리카, 아시아 등등 로마제국의 변경을 순행했다. 변방 순행은 트라야누스도 하던 일이었다. 그러나 그는 제국의 팽창과 정복, 개인의 영광을 꿈꾸며 말을 달렸지만, 하드리아누스는 제국의 유지와 안정을 위해 돌아다녔다. 그는 직접 변경 속주의 사정을 챙기며 긴요한 조치를 취했고, 그가 엄선해서 임명한 총독에게는 '강자에게서 약자를, 부자에게서 빈자를 보호하라!'는 원칙에 따라 행정에 임하도록 했다. 그런 노력으로 트라야누스의 무리한 정복 후유증을 앓고 있던 제국의 변방은 안정되어갔다. 이를 상징하는 것이 122년 브리타니아를 순행할 때 **하드리아누스 방벽**4-5을 세우도록 한 일이었다. 그는 숙적 파르티아와도 평화 공존을 도모해 트라야누스가 빼앗은 파르티아의 땅 대부분을 돌려주며 평화 협정을 맺었다.

군제 개혁을 비롯한 제도 개혁에도 힘을 쏟았다. 로마 군단에 남아 있던 병종별 신분 차이는 그의 조치로 대부분 사라졌다. 또한 변방에 영구 주둔하던 병사들이 현지에서 결혼해 낳은 자식들에게 아버지의 재산을 상속할 권리를 주어 변방 주둔병들의 사기를 높였다. '군인 기질이 없어!'라며 트라야누스 이래 그에게 쏟아진 눈총을 극복하고자, 순행 과정에서 병사들의 군기를 다잡고, 몸소 무거운 군장을 지고 병사들과 함께 행군하거나, 병사들과 팔씨름 내기를 하는 모습도 보여주었다. 관제에서는 베스파시아누스의 노선을 따라 기사 계급들이 관계에 많이 진출하도록 했는데, 그들만 차지할 수 있는 부서를 정하고 '비르 페르펙티시무스(완벽한 미덕의 소유자)' 등의 극존칭을 붙여 위신을 세워주었다.

또한 주인이 노예를 함부로 죽이거나 고문하는 일을 금지하고, 로마 초기부터 내려온 부권(파테르 파밀리아스)을 최종적으로 폐지하여 아버지가 자식의 생사여탈권을 갖고 심지어 성인이 되어서까지도 지배해온 로마의 전통, 지금의 시각에서는 악습에 종지부를 찍었다. 또한 아동복지를 전담하는 관직을 신설해 빈민 자녀들을 돌보는 일을 맡기기도 했다.

이처럼 인도적이고 온정이 넘치는 하드리아누스 제도 개혁의 일면에는 황제의 전제군주적 성격을 강화하는 점도 있었다. 그는 **민회**[9-2]와 원로원에 의해 법률이 제정된다는 **공화정**[10-5]의 원칙을 최종적으로 깨고, 황제의 칙령이 '칙법'으로 우선시되도록 했다. 부권이나 신분제, 군 계급 등을 과감히 폐지한 것도 '이제는 귀족도 평민도 없다. 모두가 황제의 신민이다!'라는 메시지를 천명하기 위한 방법이자 그 결과이기도 했다.

죽음을 애걸할 만큼 외롭고 괴로웠던 말년

그러나 무엇보다 그의 치세에서 가장 개성적이었던 부분은 '그리스인'이라는 별명으로 불렸을 만큼 그리스 문화에 푹 빠져 있던 그가 황제로서 실현한 그리스풍이었다. 그는 수염부터 길렀다. 페르시아나 소아시아, 그리스에서 게르만까지, 고대 남성들은 보통 수염을 덥수룩하게 길렀다. 그러나 로마인만은 말끔히 면도를 했다. 까닭은 불확실한데 수염을 죄의 상징으로 여겼다고도 하고, 로마의 수호신 **마르스**[8-2]가 '영원한 젊음'의 상징으로 수염 없이 묘사되는 것을 모방했다고도 한다. 아무튼 그래서 **카토**[1-5]나 카이사르 같은 공화정 사람은 물론, **아우구스투스**[2-1]에서 트라야누스에 이르는 역대 로마 황제들도 모두 수염이 없는 모습의 조각상으로 남아 있다. 그러나 하드리아누스부터 달라진다! 그 이후로 로마 황제들은 잘 다듬은 수염을 과시하게 되었다.

그리고 아테네에 웅장한 신전을 지어 봉헌하고, 쇠퇴한 지 오래던 이 도시를 다시 한번 발칸반도의 중심지로 만들었다. 여러 차례 그리스를 순행했는데, 거기서 엘레우시스 비교에 입문해 로마의 보수파들을 놀라게 하기도 했다. 그리고 또 한 가지, 그리스에서는 자연스러운 문화였으나 로마에서는 죄악시되어온 일, 바로 동성애에도 빠졌다. **칼리굴라**[2-2]나 **네로**[2-3] 등도 동성애를 한다는 소문이 있었지만 어디까지나 소문이었다. 그러나 하드리아누스는 소아시아 순방 중 발견한 안티노우스라는 미청년에게 흠뻑 빠져 그를 공공연히 옆에 두었으며, 그와의 사랑을 노래한 시도 남겼다. 그리고 이집트 순행 중 안티노우스가 의문사하자(여러 설이 있다) 자살을 기도할 정도로 슬퍼하다가 그를 신으로 받들게 하고 안티노폴리스라는 신도시까지 지었다.

그가 완벽한 사람은 아니었다. 허영심과 질투심이 강했으며 옹졸한 면도 있었다. 그가 즉위하기 전, 트라야누스가 당대 최고의 건축가 아폴로도로스와 건축 관련 상의를 하고 있는데 하드리아누스가 자꾸 끼어들어 여기는 이렇게, 저기는 저렇게 하면 좋다고 하자 아폴로도로스가 화를 내며 아마추어의 의견은 받지 않는다고 했다. 하드리아누스는 이 일을 잊지 않고 즉위 후 아폴로도로스를 처단했다고 한다. 또한 철학과 문학에서 자신의 실력을 과신하여 알렉산드리아 순행 도중 그곳의 학자들과 마라톤 토론을 벌였다. 학자들은 기나긴 토론 끝에 패배를 선언했는데, 돌아 나와서는 왜 졌느냐는 질문에 "그 누가 30개 군단을 가진 사람과 토론에서 이길 수 있겠나?" 하고 반문했다. 그는 많은 시를 썼지만 거의 전하지 않는데, 4세기의 어느 저자는 《로마황제전》에서 그가 죽음의 자리에서 남긴 〈배회하는 내 고운 넋이여〉를 소개한다. 딱 봐도 별로 잘 쓴 시 같지 않은데, 저자는 이렇게 비아냥대고 있다. "그가 쓴 시 가운데 이보다 나은 시는 거의 없다."

말년의 그는 외롭고 괴로웠다. 양어머니 플로티나도, 정략결혼을 했고 그리 살가운 사이는 아니었지만 그래도 그의 옆에 있어준 황후 사비나도, 그가 후계자로 점찍고 애지중지했던 루키우스 케이오니우스도, 안티노우스도 저세상으로 갔다. 강행군을 해온 결과 건강이 망가졌고, 갈수록 몸이 아파 나중에는 '제발 나를 좀 죽여다오!'라고 주변 사람들에게 애걸하기까지 했다. 그러나 아무도 그 부탁을 들어주지 않았다. 138년, 그는 62세의 나이로 숨을 거뒀다.

허영심에 들떴던 전제군주의 마지막일까? 그럴지도 모른다. 그러나 역사가들에게 평이 그다지 좋지 않았던 그이련만, 이런 일화는 살아남았다. 어느 순행 길에 한 노인이 그의 행차를 가로막으며, 청원드릴 일이 있다고 했다. 하드리아누스는 '짐은 매우 바쁘다. 백성의 하소연을 일일이 들어줄 시간이 없구나'라고 말했다. 그러자 그 노인은 '백성의 하소연도 듣지 않을 바에야 뭐 하러 그 자리에 있으십니까?'라고 소리쳤다. 그러자 하드리아누스는 깜짝 놀라며 말에서 내려 그 노인의 이야기를 찬찬히 들어주었다고 한다.

그는 황제란 무엇인지, 무엇을 해야 하는지 평생 진지하게 고민한 사람이었다. 그가 수염을 기른 것도 '이제 로마 시민과 속주민은 차별받지 말아야 한다. 그러므로 외모상 구별되는 요소부터 없애자'라는 뜻이 아니었을까. 엘레우시스 비교는 일찍이 소크라테스가 신봉했다고 플라톤이 기록한, 부활과 영생을 믿는 종교다. 그는 그리스 철학과 종교의 힘으로 제국이 다시 태어나기를, 영원히 평화와 번영을 누리기를 꿈꾸지 않았을까.

결코 풀 수 없는 역사의 수수께끼 하나, 그것은 그가 죽여달라고 호소할 때 그의 측근들이 끝내 거부한 까닭이 나중에 책잡힐 일이 두려워서였는지, 아니면 그를 진심으로 존경하고 사랑했기에 차마 그럴 수가 없었던 것이었는지다. 그것을 풀 수 있다면 하드리아누스가 기본적으로 전제군주였는지, 애민군주였는지를 알 수 있으리라.

현실의 철인왕이 되다

국가와 국민을 위해 헌신하는 자세

플라톤의《국가론》은 세계에서 유명하고 영향력 있는 고전의 하나다. 그곳에서 그려지는 이상국가는 모든 것이 참된 본질인 이데아idea에 맞는 이상적인ideal 나라다. 그런 나라는 한 사람이 모든 것을 결정하는 군주국이어야 한다. 수학 문제의 답을 토론으로 정할 수 없듯, 정치 문제의 답도 가장 현명한 한 사람이 내려야 하기 때문이다. 따라서 그는 군주이면서 가장 현명한 사람을 의미하는 철학자일 것이다. 그의 스승 소크라테스를 통해 볼 수 있듯, 철학자란 정치권력을 피하며 지적 탐구와 명상의 세계를 원한다. 그러니 세상이 진정 이상적으로 다스려지려면 철학자가 군주가 되거나, 군주가 철학자가 되는 수밖에 없다.

역사상 그런 사람은 없었다. 다만 그에 엇비슷한 사례를 들자면, 5현제 시대의 마지막을 장식한 마르쿠스 아우렐리우스Marcus Aurelius Antoninus일 것이라고, 많은 사람이 입을 모은다.

전임자들과 같이 친자식이 없던 **하드리아누스**2-6는 여러 반대를 무릅쓰며 루키우스 케이오니우스를 후계자로 낙점했으나 그는 얼마 뒤 결핵으로 사망한다. 그래서 아우렐리우스 안토니누스를 후계자로 삼되, 그가 50대의 고령이라는 점이 마음에 걸린 나머지 조건을 달았다. 안토니누스가 루키우스 케이오니우스의 아들 루키우스 베루스와 자신의 먼 친척뻘인 마르쿠스 안니우스 베루스를 입양해야 한다는 것이었다. 이렇게 차기뿐 아니라 차차기까지 확정한 뒤 하드리아누스가 사망하자, 안토니누스가 계승해 안토니누스 피우스 황제가 되었다.

안토니누스 피우스는 온화하고 평온한 통치를 하다가 161년 사망했으며, 마르쿠스 안니우스가 계승하여 마르쿠스 아우렐리우스라는 이름의 황제가 되었다. 그는 안토니누스의 23년 재위 중 그에게서 '단 이틀'만 떨어져 있었다고 할 정도로 선황과 긴밀한 관계를 유지했으며, 즉위할 때도 자신이 어디까지나 선황의 뜻을 받들어 제위에 오른 사람임을 분명히 했다. 그 일환으로 그는 후계자 후보였던 베루스를 '공동황제'로 임명했다. 로마 제국 최초의 일이었다. 이후 베루스는 사치와 안일에 몰두하며 황제다운 모습이나 실권은 외면했고, 사실상 아우렐리우스가 단독으로 지배하도록 했다. 그만큼 생각이 없는 사람이었는지, 잘못해서 상대방의 역린을 건드리지 않도록 알아서 처신한 결과였는지는 알 수 없다. 어쨌든 두 사람 사이는 돈독했던 듯하며, 반란 음모나 반란 무고에 따른 처벌 등은 끝까지 일어나지 않았다.

더 중요한 점에서 아우렐리우스는 선황을 계승했다. 바로 신중하고 절제하며 사적인 욕망이나 정열을 버리고 오직 국가와 국민을 위해 헌신하는 자세였다. 그런 자세는 아우렐리우스가 일찍이 입문한 스토아 철학에 의해 더욱 확고해졌다.

> 모든 순간, 로마인답게 살아라. 그리고 남자답게! 꾸미지 않은 당당함으로 서라. 동포를 사랑하는 마음과 정의를 추구하는 마음을 가슴에 품어라. 자신

의 의무를 빠짐없이 철저히, 한 가닥의 사심도 없이, 해내라. 다른 상념은 모두 버려라.

그의 **《명상록》**[7-10]에서, 아우렐리우스는 이렇게 스스로에게 말하고 있다. 그리고 많은 사람이 그 말대로 실천했다고 평가한다. 하드리아누스 이래로 노예나 고아, 빈민 등에 관용과 복지를 베푸는 정책을 더욱 열심히 추진했고, 되도록 형벌을 쓰려 하지 않았으며, 분쟁이 벌어지면 귀족이든 평민이든 공평하게 처리했다. 하드리아누스처럼 재능이 뛰어났으나 그처럼 그 재능을 과시하려고 하지 않았고, **원로원**[9-2]을 늘 정중히 대하되 휘둘리지는 않았으며 그리스 사상과 문화에 심취했으나 동성애는 기피했다.

반란을 충동질한 황후

그러나 안토니누스 피우스와는 전혀 다른 모습도 보여주었는데, 그것은 불가피한 일이었다. 사방에서 몰려드는 적에 맞서 로마 각지를 돌며 군단을 지휘한 것이다. 아우렐리우스는 20년 재위했는데 전쟁터에 나가지 않아도 되었던 때는 4년뿐이었다. 안토니누스 피우스가 지나치게 내치에만 집중하여 국방 문제를 소홀히 여긴 업보랄까. 게다가 167년에는 전선에서 돌아온 병사들이 옮긴 공포의 전염병이 제국을 휩쓸었다. 천연두로 추정되는 이 '안토니누스 역병'은 최소 50만 명, 최대 300만 명의 목숨을 앗아갔으며, 로마의 속주 지배력에 심각한 타격을 입혔다.

그리고 아우렐리우스는 그의 성품에 맞지 않는 일도 해야 했다. **기독교도**[10-4]를 몹시 박해한 것이다. 177년에는 완강한 기독교도들을 원형경기장에서 사자와 싸우다 죽게까지 했다. 이런 참혹한 형벌은 **네로**[2-3]가 아니라 아우렐리우스가 처음으로 도입한 것이었다. 작은 동물 하나라도 죽이기를 꺼렸고, **검투사 시합**10-7을 없애려다 반발이 크자 존속시키되 무딘 칼로 싸우도록 했던 그가 어째서 그랬을까? 역시 불가피한 점이 있었다. 전쟁은 끊이지 않는데 로마군의 수는 줄어들고 있었으며, 역병까지 겹쳐 병력 부족이 더욱 심각해졌다. 검투사들을 차출해도 모자라자, 병역을 기피하던 기독교도들을 억지로 전선으로 내몰아야 했던 것이다. '병사가 될지, 사자밥이 될지 선택하라!' 이렇게 본보기를 보이면서까지 말이다. 이렇게 쓰라린 마음으로 못할 짓을 하면서, 아우렐리우스는 한편으로 부족하던 전쟁 비용에 보태려 자신과 왕비가 쓰던 물건이나 값진 선물, 대대로 내려오던 가보까지 모조리 **경매**10-9에 붙여 팔아치우기도 했다.

마르쿠스 아우렐리우스의 기마상.
살아남은 유일한 로마시대의 기마상이며, 그 까닭은 이것이 기독교를 공인한 콘스탄티누스의 기마상으로 잘못 알려졌기 때문이다. 마지못해서라고는 하나 아우렐리우스가 기독교를 잔인하게 박해했음을 생각하면 아이러니다.

그런 그의 노고에 대한 가족들의 위로는 거의 없었다. 175년, 아우렐리우스가 다뉴브 강변에서 필사적인 싸움을 하던 무렵, 아시아에서 시리아 총독 아비디우스 카시우스가 반란을 일으켰다. 그런데 반란의 실마리에는 파우스티나 황후가 있었다. 안토니누스의 딸로 아우렐리우스와 정략결혼을 한 그녀는 아버지나 남편과는 달리 방탕했으며 수없이 많은 남자들과 간통을 저질렀다고 한다(다만 로마의 여성이 으레 받아야 했던 이분법적 평가에 따른, 과장된 악평일지도 모른다). 일과 철학밖에 모르고, 자신의 장신구까지 빼앗아 경매에 내놓는 남편에게 악이 받쳐서, 또는 병에 시달리면서도 과로를 거듭하는 그가 갑자기 죽을 경우 자신의 위치가 위태롭다 여겨서, 그녀는 아비디우스를 충동질해 반란을 일으키도록 한 것이다. 그러나 반란은 진압되고, 그녀는 곧 죽었다(자결이 의심된다). 아우렐리우스는 절절히 애통해했으며 반란에 관한 그녀의 의혹을 일체 덮도록 지시했다. 그리고 후계구도가 확실치 않아 이런 일이 생겼다고 여겨, 선황들과는 다른 선택을 했다. 친아들 콤모두스에게 후계자 자리를 준 것이다.

철학자가 왕이 되면? '그래도 견딜 만하다'

오늘날 남아 있는 콤모두스상을 보면 아버지 아우렐리우스와 놀랄 만큼 닮았다. 그러나 인성은 놀랄 만큼 닮지 않았다. 그는 사치스러웠고 폭력과 무절제한 성관계에 탐닉했다. 스스로 검투사가 되어 경기장에서 싸운 전무후무한 황제가 되었으며, 자신을 헤라클레스의 화신이라고 부르며 대놓고 동성애를 했다. **칼리굴라**2-2 버금가는 폭군의 길을 가던 그는 결국 암살된다. 그리고 로마는 피할 수 없는 몰락의 길로 들어선다.

트라야누스2-5에게 제위를 물려준 것만으로 네르바가 5현제가 되었듯, 친아들 그것도 하필 그따위 친아들에게 제위를 물려준 것이야말로 아우렐리우스의 5현제 자격이 의심스러울 정도인 실책이라고 한다. 하지만 그의 주변에는 그렇게 뛰어난 인물이 없었다. 그리고 그가 콤모두스를 외면했다면, 로마는 내란 상태에 빠졌을 가능성이 높다.

평생 병마와 싸우면서 온 힘을 다해 의무를 수행했던 아우렐리우스는 180년에 전장에서 병이 악화되어 죽었다. 그는 주위에서 흐느끼는 사람들을 돌아보며 마지막으로 이렇게 말했다고 한다. "왜 나를 위해 우는가? 사람은 누구나 죽는데. 울려거든 역병으로 죽어가는 수많은 가엾은 사람들을 위해 울어주게."

그는 위대한 행정가는 아니었다. 천재적인 군사지도자도 아니었다. 오늘날 5현제 가운데 최고인 그의 명성에 비해 뛰어난 업적이라고 꼽을 만한 것은 별로 없다. 하지만 아리스토텔레스는 《정치학》에서 스승 플라톤의 철인왕을 반박했다. "아무리 현명하고 고귀한 사람이라도 격정에 사로잡혀 잘못된 일을 할 때가 있다." 따라서 집단지성이 더 낫다는 것이었다. 그러나 마르쿠스 아우렐리우스는 그렇지 않았다. 단 한 번도 격정에 사로잡혀 폭주하지 않았다. 그것이야말로 누구도 흉내 낼 수 없는 그의 위업이었다. 그리고 그럼으로써, 그는 철학자가 왕이 되면 국가와 국민이 그나마 견딜 만하다는 사실을 입증했다. 그렇게 되기도, 그 자리에 있기도 너무 힘들다는 사실 또한 입증했다.

제국을 거듭나게 하다

서로마의 단독 지배자가 되다

로마 카피톨리노 미술관에 있는 콘스탄티누스Flavius Valerius Constantinus 황제의 두상을 보면 흠칫 놀라게 된다. 이마 윗부분에서 목까지 남아 있는 두상의 높이가 4미터에 달하는 탓이다. 크기에 압도된 마음을 진정시키기에는 아직 이르다. 두상 옆으로 황제의 손, 황제의 발, 황제의 팔꿈치 등의 대리석상이 줄지어 있기 때문이다. 본래 이들은 막센티우누스 바실리카 성당에 들어서 있던 거대한 좌상의 일부였다. 로마가 겪은 전란의 여파로 산산이 부서졌다가 15세기 말 부분적으로 발굴된 것이다. 그 좌상은 30미터에 가까우며, 오른손에 쥐고 있던 왕홀까지 하면 40미터에 이르렀을 것으로 추정된다. 고대 7대 불가사의 가운데 하나인 올림피아의 제우스상이 13미터, 이집트 아부심벨 사원의 람세스상이 22미터임을 생각하면 놀라운 규모다.

실제 콘스탄티누스는 덩치가 유난히 컸다고 한다. 디오클레티아누스 황제의 장군인 콘스탄티우스의 아들로 272년, 오늘날 세르비아에 속하는 나이수스에서 태어났다. 이후 디오클레티아누스가 로마제국을 넷으로 나누고 그의 아버지에게 갈리아 지역을 다스리는 부제(카이사르)를 맡기자, 대사이자 인질로서 디오클레티아누스의 궁정에 보내져 그곳에서 고급 교육을 받았다. 그때 락탄티우스라는 학자가 그의 마음에 들었는데, 그는 **기독교도**10-4였다. 모후 **헬레나**3-7도 그랬고, 부황 콘스탄티우스도 기독교도는 아니었지만 다스리는 지역에서 기독교도를 관대하게 대우했다. 이런 점들이 그를 '최초의 기독교도 황제'가 되게끔 힘을 보탰다.

콘스탄티누스의 거대한 두상.
ⓒ Jean-Christophe BENOIST

306년, 브리타니아에서 부황이 병사하며 콘스탄티누스가 카이사르 지위를 물려받는다. 하지만 이는 디오클레티아누스의 뒤를 이어 동방 로마 황제이자 제국의 선임 황제가 된 갈레리우스의 심기를 거슬리게 했다. 그는 마지못해 콘스탄티누스의 계승을 추인했지만, 서로마 정제(아우구스투스) 지위는 자신과 가까운 세베루스에게 주었다.

하지만 그 직후 막센티우스가 황제를 참칭하며 이탈리아를 장악하고, 세베루스를 격파한다. 콘스탄티누스는 그와 처음에는 관계가 좋았는데, 막센티우스의 누이인 파우스타가 그의 두 번째 부인이었기 때문이다. 그러나 막센티우스와 그의 아버지 막시미아누스가 갈라서게 되자 콘스탄티누스는 장인의 편에 섰다. 312년, 그는 알프스 산맥을 넘어 로마로 진군했다. 로마시의 밀비우스 다리 전투에서 콘스탄티누스는 군대의 선두에 서서 용맹스럽게 싸웠다. 결국 막센티우스는 패사했으며, 콘스탄티누스는 명실공히 서로마의 단독 지배자가 되었다.

'최고 권력은 나누지 않는다'

그 사이에 동로마는 갈레리우스의 후계자 리키니우스가 장악하고 있었다. 두 황제는 리키니우스가 콘스탄티누스의 누이동생인 콘스탄티아와 결혼함으로써 사이 좋게 제국을 나누어 지배하는 모양새를 띠었다. 하지만 부자 사이에서도 나누지 않는 게 권력이라 했던가? 316년부터 콘스탄티누스는 리키니우스를 공격하기 시작했고, 이듬해에 잠시 휴전했으나 다시 324년에 소아시아까지 달아난 리키니우스를 추적해 결국 항복을 받아냈다. 이로써 로마제국은 다시 한번 한 사람의 손에 의해 통일되었다.

그리고 콘스탄티누스는 또다시 '부자 사이에서도 권력은 나누지 않음'을 실증해 보였다. 326년, 자신의 첫 번째 부인 소생인 맏아들 크리스푸스를 처형하고, 얼마 뒤 두 번째 부인 파우스타도 없앤 것이다. 크리스푸스가 젊고 인기가 높았으므로 은근히 경계하던 중 파우스타가 '그가 나를 범하려 했다'고 무고했기에 처형했으나 곧 진실을 알게 되자 크게 후회하며 파우스타를 처벌했다고 한다. 그러나 이 이야기에는 모호한 부분이 많다. 자신이 늙고 힘이 없어졌을 때 후계자를 두고 크리스푸스파와 파우스타파로 제국이 분열하고, 자신도 그 와중에 희생될까 봐 불안의 싹을 없앤 것이 아닐까. 콘스탄티누스는 아들과 함께 조카, 그러니까 리키니우스와 콘스탄티아의 아들인 소 리키니우스도 처형했는데, 그는 아마도 크리스푸스파였을 것이다.

이후 콘스탄티누스는 파우스타의 어린 세 아들을 부제로 앉히고, 유일한 아우구스투스로서 제국에 군림했다. 337년 사망할 때까지 군주가 된 뒤로는 31년, 유일 통치자로서는 13년이라는 당대에는 매우 긴 재위 기간을 누린 그는 자신이 세운 제2의 로마, 콘스탄티노플에 묻혔다.

기독교 제국 황제, 콘스탄티노플 황제, 전제군주

콘스탄티누스는 세 가지 점에서 로마 황제들 가운데 매우 큰 역사적 중요성을 갖는다.

첫째, 그는 '밀라노 칙령'을 내려 기독교를 공인했다. 그때가 기원후 313년, 다시 말해 기독교가 나타난 지 300년이 흐른 시점이며 그때에야 비로소 기독교가 금지와 박해의 대상에서 벗어났다는 점은 중대하지 않을 수 없다. 그는 나아가 321년에 기독교인들의 주일 관습을 공식화해 일요일에는 아무도 일하지 않도록 정했다. 325년에는 니케아 공의회를 후원해 삼위일체설을 중심으로 하는 아타나시우스파를 정통파로 세웠으며, 예루살렘을 성역화해 오늘날까지도 기독교인들의 순례지가 되도록 했다.

하지만 그 자신은 황제가 겸임해온 **폰티펙스 막시무스**9-4 직위를 유지하여 로마의 전통 신들에게 드리는 예배를 주재했으며, 죽음의 자리에서야 겨우 세례를 받았다. 말년에는 스스로 정한 니케아 신조를 깨트리고 아타나시우스를 유배 보내기도 했다. 따라서 그가 과연 순수하게 기독교를 믿고 보호하려 했는지는 의문이다. 콘스탄티누스가 기독교를 공인한 이면을 짐작한 다른 분석을 살펴보면, 기독교가 이미 타락의 막장에 있던 로마인들의 도덕성 회복에 도움이 되리라 보았다는 설, 기독교인들에게 로마 시민 자격을 부여함으로써 그들이 내게 될 세금으로 제국의 재정난을 해소하려 했다는 설 등이 있다. 에우세비우스는 그가 밀비우스 다리 전투를 앞두고 근심에 싸여 있다가 십자가의 환상과 '너는 이것으로 이기리라'라는 문장을 보았으며, 이후 정말로 승리를 거둔 뒤 모든 병사들의 방패에 그리스도를 의미하는 'P'와 'X'를 새기게 했다고 한다. 그러나 밀비우스 다리 전투는 콘스탄티누스가 크게 유리한 상황에서 벌어졌기에, 그런 이야기를 곧이곧대로 믿기는 어렵다. 다만 그의 병사들이 P·X 문장 방패를 했음은 사실인데, 신앙심에 불타는 기독교인 병사들만 추려서 싸움에서 이겼고, 따라서 기독교가 매우 유용한 종교임을 인식하게 된 것일지도 모른다.

둘째, 그는 324년에 비잔티움을 콘스탄티노폴리스(콘스탄티노플)로 고치고, 330년에는 수도를 그곳으로 정했다. 그는 평생 로마시에 손꼽을 수 있을 정도로만 가봤을 만큼 옛 로마의 정서와는 거리가 있었고, 유럽과 아시아의 중간 지점이자 천혜의 요새지인 비잔티움을 자신의 도시이자 영원한 새 수도로 만들고자 했다. 그리고 그곳에 세운 사도 교회에 묻혔는데, 자신의 무덤이 상징적인 12사도 무덤과 나란히 자리 잡도록 했다. 이후 '황제야말로 12사도에 이은 열세 번째 사도이며, 현세에서의 신의 대리인이다'라는 관념이 생겼으며, 서방에서는 교황이 이를 거부하며 세속권력에 맞서 교회권력을 장악했으나, 동방 교회에서는 황제가 계속해서 세속과 종교의 최고권을 가지게 되었다.

셋째, 그는 콘스탄티노플을 띄우는 한편 로마시를 푸대접했고, 전통적인 직제를 뜯어고쳐 **원로원**9-2과 **콘술**9-1 등을 바지저고리로 만들었다. 황제는 이제 명실공히 전제군주였으며, 페르시아 군주와 마찬가지로 보석 박힌 왕관을 쓰고 옥좌에 앉아 만조백관이 자기 앞에 엎드리도록 했다. 역시 페르시아에서처럼 황제의 측근인 비서관들이 실권을 휘두르게 되었으며, 제국 방방곡곡에 황제의 밀정들이 돌아다니며 범법자와 불평불만자들을 잡아들이고 고문했다. 람세스를 연상케 하는 그의 거대한 석상이 달라진 황제의 위상을 증명한다.

이처럼 콘스탄티누스는 로마 최초의 기독교 제국 황제, 콘스탄티노플의 황제, 전제군주가 되면서 제국을 거듭나게 했다. 다른 말로 하면 **로물루스**1-1로부터 이어져온 1천 년의 로마를 그의 손으로 마감했다. 이제 다시 1천 년이 그의 이름을 딴 도시에서 그를 본받은 황제들을 주인공으로 흘러갈 것이었다.

현군이자 폭군으로 군림하다

그는 '악마 황제'였나?

> 유스티니아누스의 악행은 말로 다 할 수 없다. 이 인간은 워낙 많은 악덕을 지니고 있어서, 마치 자연이 세상 모든 이들의 악덕을 모아 이 인간에 심어 놓은 게 아닐까 하고 생각될 정도였다…. 아마도 로마인들이 이제까지 겪었던 모든 재앙을 다 합쳐도 그가 저지른 범죄보다 가벼우리라. 그가 혼자 죽인 사람들이 이전의 모든 역사를 통틀어 살해당한 사람들보다 더 많을 것이다.

동로마, 아니 로마의 중흥 황제로 불리며《대법전》과 하기아 소피아 성당으로 역사에 길이 남을 업적을 세운 유스티니아누스Justinianus에게 동시대의 정치가이자 역사가인 프로코피우스는《비사》를 통해 이처럼 입에 담지 못할 악평을 남겼다. 동시대인이 그런 악평을 남길 수 있었다는 것 자체가 유스티니아누스 시대가 살 만했음을 증명하지 않을까? 그렇다고 하기는 어렵다.《사기》를 숨긴 사마천처럼, 그도 이런 악평으로 점철된 책을 쓰고는 생전에 발표하지 않고 후대 사람이 자신의 책으로 당시의 진실을 알아주기를 바랐기 때문이다. 그래서 그 이름도 '비사'라 부른다. 그러면 그 평가는 과연 사실일까?

유스티니아누스는 발칸반도의 마케도니아에서 482년경에 태어났다. 출생 연도가 불확실한 것은 황실 가문의 자식이 아니었기 때문이다. 그의 부모는 농민이었고, 삼촌 유스티누스 역시 농사를 지으며 살았다. 유스티누스가 출세하겠다고 콘스탄티노플로 상경하지 않았더라면 프로코피우스도, 우리도 영영 유스티니아누스를 몰랐을 것이다.

유스티누스는 군인으로 명성을 쌓았고, 근위대장에까지 올랐다. 그리고 518년 아나스타시우스 1세가 사망한 뒤 근위대의 세력을 바탕으로 그 계승자가 된다. 그런데 그는 까막눈이었고 싸움은 잘 해도 정치에는 깜깜했다. 그래서 똑똑한 조카 플라비우스의 도움을 받아 통치했다고 한다. 그 플라비우스가 바로 유스티니아누스다. 낫 놓고 기역자도 모를 정도인 유스티누스는 허수아비였고 유스티니아누스가 실제로 제국을 통치했다고 프로코피우스는 말하는데, 똑같은 농사꾼 자식인데 왜 두 사람의 지성은 차이가 났을까? 그것은 유스티누스가 조카를 총애하여 황제가 되기 오래 전, 수도에 자리 잡을 때부터 그를 불러들여 여러 고급 교육을 시켜(유스티니아누스라는 이름도 유스티누스의 양자가 되었기 때문에 붙여진 것으로 보인다), 법학, 신학, 역사학에 통달했기 때문이다. 하지만 그런 학문에 능통하다고 다 정치를 잘할 수는 없는 법이니, 유스티니아누스가 타고난 지도자였거나 유스티누스 시절 그의 역할이 과장되었을 것이다.

'하나의 로마'를 실현하려는 담대한 구상

527년, 유스티누스가 죽자 유스티니아누스는 **아우구스투스**2-1와 **콘스탄티누스**2-8의 자리를 물려받았다. 그는 일 중독자였다. 황제의 자리에 있다면 빠지기 쉬울 사치도 안일도 없었으며, 초인적일 정도로 정무에 시간을 투자했다. 그리고 원대한 포부를 가졌다. 쇠망한 서로마를 다시 정복해 다시 한 번 지중해를 로마의 호수로 만든다. 뿐만 아니라 전 세계를 하나의 종교로 통일하고, 법전을 정비해 지구상 모든 인간이 **로마법**10-3에 따라 살아가도록 구상한다. 그것은 일찍이 콘스탄티누스가 내세웠던 '하나의 로마, 하나의 황제, 하나의 종교, 하나의 법'이라는 정치 비전을 실현하려는 담대한 구상이었다.

아나스타시우스 때부터 축적된 풍성한 재정과 **벨리사리우스**1-10 같은 명장은 그 구상의 실현을 뒷받침할 만했다. 또한 유스티니아누스 자신이 당대 최고의 신학자이자 법학 전문가였다. 그는 즉위하자마자 사산조 페르시아와의 전쟁을 재개하며 자신의 구상을 실현에 옮기기 시작했다.

그리하여 그가 눈을 감은 565년까지 40여 년 동안 동로마제국은 '한때' 이탈리아의 대부분을 탈환하고 북아프리카도 정복했으며 에스파냐의 남부까지 손에 넣음으로써 '서로마 재정복'을 실현할 뻔한 수준까지 이르렀다. 경제적으로는 농업에만 의존하다시피 하던 동로마 경제에 장거리 무역 활성화로 새 바람을 불어넣었고, 행정적으로는 수프라기아(매관매직) 관행을 근절하고, 지방 행정 민원을 전담하는 변호사를 창설하는 한편 지방행정권을 기독교 주교들에게 분담시킴으로써 각 지역에서 왕처럼 군림하며 횡포를 일삼던 총독들의 손에서 지방민들을 구제했다.

예술과 문화도 발전했다. 《로마법대전》은 전통의 로마법을 집대성하는 한편 법 해석의 다양한 학설도 집대성했으며, 서로마에서는 소멸한 로마법을 발전적으로 계승하여 훗날 세계가 로마법에 근거한 법체계로 다스려지도록 공헌했다. 그와 **테오도라**3-9 황후의 유명한 **모자이크화**6-9가 담긴 라벤나의 산 비탈레 성당, 하기아 소피아 성당 등은 동로마 조형미술의 최고봉을 이룬다. 그리고 프로코피우스를 포함한 여러 학자와 문필가들이 황제의 후원 아래 중요한 작품들을 써냈다.

그러면 프로코피우스의《비사》는 얼토당토않은 악의적인 중상모략인 것일까?

세 가지 점에서 그렇다고 볼 수 있다. 첫째, 프로코피우스의 비판은 사실과 맞지 않는 부분이 많다. 가령 그는 유스티니아누스가 콘스탄티노플을 드나드는 무역선에 관세를 매겨서 상인들을 괴롭히고 상업을 망하게 만들었다고 하는데, 이것은 방금 말한 대로 그가 상업을 활성화했기 때문에 가능했던 일이며, 관세 부과는 재정 충실화와 무역 조절을 위해 필요했다. 또 유스티니아누스는 금화에 들어가는 금의 함량을 줄였으며 이는 일찍이 듣도 보도 못한 일이라고 했는데, 금의 함량을 줄이는 일은 로마제국이 시작된 이래 주기적으로 되풀이되었다. 이런 서술은 프로코피우스가 고의로 유스티니아누스를 중상했다기보다 그의 식견이 부족했기 때문인 듯하다.

둘째, 그의 비판은 현실을 넘어서기까지 한다. 유스티니아누스가 일 중독자였음은 분명해 보이지만, 그는 황제가 먹고 자는 일을 거의 전폐하고 밤낮 일만 했다고 한다. 살과 피를 가진 인간이라면 그런 식으로 살 수 없다. 심지어 유스티니아누스처럼 80대까지 살 수도 없다(그는 로마제국의 장수왕이기도 했다). 프로코피우스도 그렇게 생각했던지 유스티니아누스는 사실 인간이 아니었다고 한다! 그의 어머니가 '나 사실 악마랑 교접해서 그 애를 낳았어'라고 했다는 이야기, 한 수도사가 그를 알현하려 왔다가 소스라치게 놀라 도망치며 '옥좌에 악마가 앉아 있다!'라고 외쳤다는 이야기 따위가 증거라면서! 그리고 유스티니아누스가 전쟁과 박해로 빼앗은 목숨이 무려 수천만 명, 아니 1억 명이 넘는다고 한다! 리비아나 북부 이탈리아 등은 단 한 사람도 살지 않는 황무지가 되었으며, 수없이 많은 민족이 멸종했다는 것이다. 그게 사실이라면 유스티니아누스는 진짜 악마였으며, 시간여행을 해 현대에서 핵폭탄이라도 가져다가 터뜨렸을 것이다.

셋째, 그의 비판은 정치의 법칙을 무시한다. 프로코피우스에 따르면 유스티니아누스는 테오도라와 한 줌도 안 되는 간신배들 말고는 제국의 모든 사람을 괴롭혔다. 귀족도 평민도, **원로원**9-2 의원도 변호사도 군인도 농민도 그 때문에 갖은 고통을 겪었다. 그런데도 정권을 유지할 수 있었을까? 애초에 그가 유서 깊은 왕조의 후예도 아니고, 집권 과정에서 보듯 힘이 있으면 비교적 쉽게 차지할 수 있는 게 동로마의 황제 자리였다. 그런데 그토록 모든 사람의 원한을 사면서 어떻게 40년 가까이 제위를 지키다가 천수를 다할 수 있었을까? 악마라서?

결국《비사》가 프로코피우스 생전에 공개되지 않은 것은 후환이 두려워서이기도 했겠지만, 공개될 경우 사정을 아는 당시 사람들이 의아하게 여길 것을 걱정해서였는지도 모른다.

고귀한 이상을 실현하기에는 과도했던 정책

그러나 이《비사》에 당신의 현실이 전혀 반영되지 않은 건 아니다. 유스티니아누스의 이상이 아무리 고귀했더라도 그것을 실현하기에는 어려움이 많았다. 동로마의 국력으로 서로마를 재정복하기는 어려웠고, 일시적으로 점령했어도 지킬 힘이 없었다. 이를 위해 소요된 자금도 과중했다. 그가 즉위했을 때 2,880만 솔리두스에 이르렀던 국고는 3년 만에 500만 솔리두스로 급락했다고 한다. 그러다 보니 여러 가지로 돈을 염출할 수밖에 없었고, 그것이 프로코피우스 같은 사람에게는 비리로 비쳤을 것이다. 수천만 명에서 1억 명은 과장이 분명하지만, 정복과 박해로 엄청난 인명 피해가 발생한 것도 사실이다.

특히 박해는 현대의 기준을 적용하지 않더라도 그를 좋게 평가할 수 없

시리아의 사이드나야 수도원. ⓒ Bernard Gagnon
유스티니아누스가 동방을 재정복한 뒤 세운 것이다.

는 요소다. 그는 '종교가 하나인 제국'을 만들고자, 이교도들이 개종하지 않으면 추방하거나 재산을 몰수한다고 선포했다. 이것이 감당하지 못할 반발을 가져온다 싶어지자, 이를 철회하되 '사망 시에는 반드시 정통 기독교인에게만 재산을 상속할 수 있다'고 정했다. 유대인들이 종교행사 때 먹는 양고기에 무거운 세금을 매기며 행사를 포기하도록 유도하기도 했다. 급기야 '이교도의 가르침 따위는 필요 없다'며 유서 깊은 그리스와 이집트의 신전이나 학교들을 폐쇄했다. 그의 무리한 정복 사업과 종교 통일 사업으로 동로마에 대한 서아시아인들과 북아프리카인들의 증오가 쌓이고, 그것이 이슬람의 빠른 정복으로 이어졌다는 분석도 있다.

이렇다 보니 유스티니아누스가 잘한 정책까지 욕을 먹고, 지진이 나고 역병이 도는 것마저 '이게 다 유스티니아누스 때문'이라는 푸념이 귀족과 지식인들 사이에서(모두에게서 그랬다면 정권이 뒤집혔으리라) 유행했던 것이다. 프로코피우스는 그러한 사람들의 불만을 바탕으로 《비사》를 썼다. 개혁의 지도자가 지나치게 급진적이고 독선적일 경우, 개혁은 추진력을 잃고 변질된다. 이상을 추구하고 현명하게 행동하던 지도자도 악마로 보일 수 있게 된다.

전쟁을 위해 살다

뛰어난 군사지도자로서의 황제가 필요한 시대

> 신께서 나를 돌아보시고 세상을 지배하는 황제로 삼으신 이후, 나의 창은 하루도 쉴 날이 없었다. 나는 평생을 한시도 쉬지 못하며, 동서를 가리지 않고 용감하게 원정하였다. 그래서 제2의 로마를 온전히 지켜냈다.

동로마 황제 바실리우스 2세Basilius II의 묘비명이다. 그의 인생은 전쟁으로 점철되었다. 그는 위대한 정복자이며 통치자였고 무사였다. 칼과 방패가 부딪치는 금속성 소리와 피비린내만이 그의 삶을 일깨우는 감각이었다.

유스티니아누스2-9의 '지중해 재정복'은 동로마의 잠재력을 소진시켰다. 그리고 불운하게도 동서남북으로 강적이 잇달아 나타나 콘스탄티노플을 겨누었다. 북방의 불가르족과 루스족, 서방의 게르만족, 동방의 사산조 페르시아와 그 뒤를 이은 이슬람 제국. 한때(8세기)는 콘스탄티노플 일대를 제외한 영토를 대부분 상실하기도 했다. 서방의 기독교 제국과 직접 충돌은 없었으나 교리상의 대립으로 사이가 좋지 않았다. 이쯤 되자 끊임없는 위기에 맞서 제국을 지키기 위해서는 혈통이나 학식, 심지어 행정 능력보다 무

군복을 입은 황제 바실리우스 2세의 초상.
동로마제국의 전성기를 이룬 그는 '오직 싸움밖에 모르는 자'였다.

용에 뛰어난 군사지도자로서의 황제상이 강력하게 요구되었다. 그리고 그 기준에 미치지 못하면 곧바로 쿠데타가 일어나, 더 뛰어난 군사지도자의 역할을 담당할 황제가 콘스탄티노플의 주인이 되고는 했다.

나라 안팎 적들과의 싸움

바실리우스는 '마케도니아 왕조'의 로마누스 2세 황제와 **테오파노**[3-10] 황후의 아들로 958년에 태어났다. 그는 동로마 사상 가장 오래 재위한 황제이기도 한데, 세 살의 나이에 즉위해 67세로 숨지기까지 65년이나 황제의 자리에 있었다. 하지만 그가 명실상부한 황제가 되기까지는 오랜 세월과 많은 위기가 있었다. 960년에 부황 로마누스 2세가 그를 명목상 공동황제로 내세워 후계자로 낙점했음을 보였으나, 3년 뒤에 부황은 많은 의문을 남기며 승하한다. 이후 니케포루스에게 황위가 넘어가고, 다시 요한네스 치미스케스가 쿠데타로 황위에 오르고, 모후 테오파노가 실각 후 사망하고, 치미스케스가 또 의문의 죽음을 당한 다음에 시종장이던 바실리우스 레카포네스가 실권을 휘두르는 한편 두 사람의 황제 참칭자까지 나타나는, 그야말로 우여곡절의 세월이 수십 년 동안 이어졌다. 그리하여 989년, 바실리우스 2세는 즉위 29년째가 되어서야 비로소 황제로서 제국을 온전히 다스릴 수 있게 되었다. 달리 말하면 29년 동안 정쟁에 휘말려서 죽지 않은 게 다행이라고, 기적이라고 할 수 있었다.

명실공히 황제가 된 바실리우스의 적은 나라 안팎에 모두 있었다. 동방의 아바스 왕조는 쇠약해졌으나 남쪽 이집트의 파티마 왕조가 호시탐탐 노렸고, 서쪽에는 사무엘 차르가 이끄는 불가리아가 있었다. 더욱이 아나톨리아의 대토지 소유 귀족들은 왕권을 견제하고 백성들을 착취하며 국가 재정을 좀먹는 내부의 적이었다.

무엇보다 중대한 적은 불가리아였다. 바실리우스는 두 참칭 황제들을 처리하지 못했던 986년, 불가리아를 공격해 수도 소피아를 포위했으나 후방의 지원이 끊겨 식량 부족으로 철수해야 했다. 그는 철수 도중 트라야누스 관문을 지나다 매복을 만나 처절한 패배를 겪고, 불가리아를 쓰러트리겠노라 다짐한다.

다시는 치욕을 겪지 않기 위해 바실리우스는 공들여 병력을 확충하고 전술을 다듬었다. 신중하고 냉정한 성격이었던 그는 군사지도자로서 한니발보다는 **스키피오**[1-4]의 길을 따랐다. 즉 연설이나 용맹함을 과시해 병사들의 사기를 끌어올리는 대신 군대 전체를 하나의 기계처럼 정밀하고 일사불란하게 움직이도록 했으며, 서서히 밀려드는 밀물처럼 적진을 차근차근 그러나 확실하게 무너뜨리게끔 했다. 그러기 위해 병사들이 대열을 유지하고 부내 간 통신이 정확하게 이루어지도록 훈련을 거듭했으며, 일부 병사가 개인의 판단으로 적진에 뛰어들어 영웅적인 분투를 하면 오히려 벌을 주며 각자 주어진 역할대로만 행동할 것을 강조했다. 또한 봄에 출정하여 여름에 전쟁을 하고 가을이 되기 전 귀환하는 기존의 전쟁 방식을 뛰어넘어, 눈이 오나 폭풍이 부나 행군하고 전투하는 군대를 만들어냈다.

이렇게 동로마군을 '전투 머신'으로 만든 바실리우스는 991년 불가리아 원정에 나섰다. 하지만 도중에 급보가 날아들었다. 파티마 왕조의 군대가 알레포를 포위했으며 안티오크까지 위협하고 있다는 것이었다. 바실리우스는 말머리를 돌려 동방으로 진격했는데, 상황이 급박함을 감안해 기발한 방법으로 진격 속도를 높였다. 병사들에게 노새를 지급해 주 병력인 보병대를 임시 기병대로 만들었던 것이다. 그리고 밤낮으로 행군하여 16일 만에 알레포에 도착해 파티마군을 격파한 뒤 계속 남하하여 에메사와 트리폴리까지 휩쓸어버렸다. 이로써 파티마는 한동안 동로마를 위협할 생각을 못하게 된다.

동방 원정을 성공적으로 마치고 수도로 귀환하던 바실리우스는 아나톨리아 토지 귀족들이 불법으로 대토지를 점유하고는 황제도 놀랄 정도의 사치를 일삼고 있음을 확인한다. 그리고 귀환 직후 힘으로 빼앗은 토지를 원주인에게 모두 돌려주라는 법령을 공포한다. 이로써 토지 귀족들이 힘을 잃고, 소규모 자영농의 기반이 마련되었으며, 국유지였던 토지도 반환됨에 따라 제국의 재정 기반도 충실해졌다. 바실리우스는 농민의 세금 부담도 줄였으며, 상이군인들과 전사자의 가족들을 돌보는 복지제도를 마련했다. 그리하여 일반 백성, 군대, 국가의 살림살이가 넉넉해졌다. 또한 그 자신은 문필가들의 나약함을 경멸하기도 했지만, 학자들의 문화 사업은 후원했으며 그의 치세

동안 많은 문인과 학자가 배출되어 '마케도니아 르네상스'가 가능해졌다.

그러나 강적 불가리아를 그대로 두고서는 안심할 수 없었다. 그는 대규모 원정으로 단숨에 승부를 가르기보다 매년 소규모 원정대를 보내 적의 힘을 조금씩 줄여나가는 전략을 썼다. 불가리아는 매번 동로마군을 물리쳤으나, 어느새 조금씩 후퇴하고 있었다. 1000년이 넘으면서는 발칸반도 동부의 상당 부분이 동로마 수중에 있었으며, 불가르족의 전술과 지형에 능통한 고참 장교와 병사들도 늘어나 불가리아가 동로마군을 격퇴하는 일이 점점 힘들어졌다. 바실리우스는 전쟁뿐 아니라 회유책도 썼는데, 사무엘 차르의 친인척을 포함한 여러 장군들이 동로마군에 항복했다.

마침내 1014년 7월 29일, 바실리우스는 클레이디온 전투에서 불가리아군을 결정적으로 격파했다. 전해지기로는 바실리우스가 이 전투로 잡은 포로 1만 5천 명의 눈을 모두 뽑아버리되, 100명당 1명씩은 한쪽 눈만 남겨 눈먼 동료들을 인도해 본토로 돌아가게 했다고 한다. 본거지로 돌아와 있던 사무엘 차르는 이 무시무시한 행렬을 보고 기가 막혔으며, 끝내 심장마비로 죽었다고 전한다. 그러나 당시에는 이미 불가리아의 국력이 기울어져 있었으므로 1만 5천 명씩이나 포로로 잡힐 만한 병력이 없었을 것이고, 포로의 눈을 뽑는 일은 비교적 흔한 일이었으므로 사무엘이 심장마비를 일으킬 만큼 충격을 받지는 않았을 것이다. 이 '잔혹 행위'의 결과 바실리우스에게 붙게 되었다는 '불가르족의 학살자(불가록토누스)'라는 별명도 당대의 문헌에서는 보이지 않으며, 19세기에 불가리아의 독립운동이 벌어질 때 비로소 나타났다.

바실리우스는 이 밖에도 남부 이탈리아와 크림반도를 공략해 동로마 영토로 만들었다. 1025년에 그가 죽을 무렵, 동로마의 영토는 아드리아해와 에게해, 흑해와 동지중해에 걸쳐 있었으며, 유럽에서도 아시아에서도 적수를 찾을 수 없었다.

역대 황제 중 가장 고독한 사람

바실리우스는 외교적·문화적으로도 중요한 역사적 결정의 주인공이 되었다. '제1'과 '제3' 로마와의 관계가 그것이다. 그는 서방의 신성로마제국과 동맹을 맺기를 오랫동안 바랐으며, 조카딸 중 하나인 조에와 오토 3세의 결혼으로 그것을 이루려 했다. 혼담은 성사되어 1002년에 조에를 태운 배가 이탈리아로 출발했으나, 도착 직전 오토 3세가 열병으로 급사함으로써 결실을 보지 못했다. 이로써 두 사람 사이의 자식이 신성로마와 동로마의 황제위를 모두 물려받을 경우, 불완전하나마 '동서 로마의 재통일'이 이루어질 뻔했던 일이 무산되었다.

이보다 13년 전인 989년에는 또 하나의 정략결혼이 있었고, 그 결혼은 보다 운이 좋았다. 내란을 처리하기 위해 키예프(키이우) 대공 블라디미르 1세의 힘을 빌렸는데, 그 대가로 누이인 안나를 그에게 시집보낸 것이다. 블라디미르는 이를 계기로 기독교로 개종했으며, 이를 시작으로 러시아가 기독교화된다. 그래서 15세기에 '제2의 로마' 콘스탄티노플이 오스만제국에게 멸망하자, 모스크바가 그 정통성을 이어받는 '제3의 로마'라고 주장하게 되었던 것이다.

이 황제의 위업 앞에서 그에게 존경을 바치는 사람은 많았다. 하지만 존경을 넘어 따스한 눈으로 바라보는 경우는 드물었다. 존 줄리어스 노리치는 《비잔티움 연대기》에서 "그의 어머니를 제외하고 그를 사랑한 사람은 없었으며, 그는 누구를 사랑하지도 누구에게 사랑받지도 못했다"고 서술한다. 더욱이 "사랑은커녕 그를 좋아한 사람이 있었다는 증거도 없다"며, "기록에 의하면 절친한 친구도 없었던 듯하다"고 전한다. 비잔티움의 역대 황제 중 그처럼 고독한 사람은 없었다는 것이다.

같은 전제군주라지만, 구중궁궐에 신화처럼 존재했던 아시아의 황제들과는 달리 동로마의 황제들은 대중 앞에 나서서 인기를 관리하는 일이 많았다. 그런 점에서 로마의 시민문화가 그 명맥을 유지했던 것이다. 그런데 바실리우스는 키가 작고 못생긴 데다가 외모에 신경 쓰지 않는 사람이었다. 일찍이 **베스파시아누스**2-4가 대중의 호감을 사기 어려운 풍모 때문에 업적에 비해 낮은 평가를 받았지만, 그는 그 이상이었다. 머리 손질도 목욕도 제대로 안 했으며, 늘 닳아빠진 군복만 입었다. 화려한 예식도 볼거리도 관심 밖이었고 말도 어눌했다. 그래서 꼭 필요한 경우 말고는 남들 앞에 나서지도 않았으며, 싸움터에서 말을 달리지 않으면 집무실에 틀어박혀 공무를 처리하고 군사계획을 세우며 나날을 보냈다. 그는 평생 독신이었으며 여인과의 에피소드는 전설로나마 남아 있지 않다.

이런 '모태 솔로 군인', 또는 '일 중독자'의 수십 년에 걸친 노력 덕분에 동로마는 제2의 전성기를 누렸다. 영토의 넓이 면에서는 유스티니아누스 시대보다 못했으나, 유스티니아누스의 재정복이 실속 없었던 데 비하여, 바실리우스는 영토를 넓히고 민생을 안정시키면서도 풍족한 국가재정을 남겼다. 그의 치세에 동로마는 서유럽과 이슬람이라는 세계사의 두 축에 끼어 맥도 못 추기는커녕 당당한 '대안 세력'으로 우뚝 섰다.

하지만 노리치의 지적처럼, "결혼해서 자식을 남기지 않은 것이 그의 최대 실책"이었다. 후계자가 달리 없었기에 이름뿐이던 공동황제인 동생 콘스탄티누스가 그를 이었고, 그와 그의 두 딸(한 사람은 신성로마 황후가 될 뻔했던 조에였다), 그리고 사위들은 바실리우스의 위업을 계승하기보다 산산이 무너뜨렸다. 그래서 노리치는 "1025년, 바실리우스 2세의 죽음은 곧 동로마 멸망의 시작이었다"라고 말한다. '**임페라토르**9-5'가 본래 군 최고사령관을 뜻한다는 점에서 바실리우스는 가장 임페라토르다운 임페라토르였으며 그것은 당시 시대에 부응하는 모습이기도 했다. 그러나 역시 정치의 최고점에 있는 사람이라면 그것 말고도 마음을 기울여야 할 것들이 많았다.

로마는 고대국가 가운데서도 보기 드물게 남성중심적인 나라였다. 여성은 자신의 개성을 나타낼 수 있는 이름조차 없었고, 강력한 가부장권에 묶여 아버지 아니면 남편의 부속물처럼 살아야 했다. 그래서인지, 그 오랜 로마의 역사에서 유명한 여성들은 대개 둘 중 하나다. 현모양처, 아니면 악녀. 그리고 로마인들의 존경을 받은 여성들도 그 자체의 역량보다는 영웅이나 황제의 어머니 또는 아내였기에 이름을 남길 수 있었다. 그런 점은 전근대 사회 어디나 비슷하지 않았던가? 그래도 그리스에는 사포와 히파치아가 있었다. 팔미라의 제노비아, 브리타니아의 부디카처럼 로마와 맞붙었던 용맹한 여성 지휘관들도 있었다. 하지만 로마에서는 그와 짝할 만한 위대한 여성 문화인이나 여성 영웅을 발견하기 어렵다.

많은 로마의 지성인들이 공화정이 몰락하고 제정이 되면서 로마인들의 미덕도 가물어져 버렸다고 개탄했다. 그러나 여성의 입지만큼은 확실히 제정기에 나아졌다. 가부장권도 폐지되고, 여성도 재산을 가질 권리를 갖게 되어 이혼하면 자살 아니면 매춘밖에는 답이 없던 시대도 끝났다. 그리고 기독교화의 결과, 현모양처도 악녀도 아닌 제3의 유명한 여성 유형, 즉 '성녀'도 나타나게 되었다. 많은 성녀들은 신앙의 이름으로 아버지나 남편, 그리고 국가의 지배를 거부한 사람들이기도 했다.

그래도 로마의 10대 여성, 명성과 역사적 영향력에서 가장 두드러졌던 열 명을 뽑아 보면 대부분 '현모양처 아니면 악녀' '영웅이나 황제 집안의 여성'의 범주에 들어간다. 그녀들의 악명이 과연 진실이었을지, 그녀들의 명예에는 과연 다른 의미가 없었을지, 오늘날 생각해 보는 일도 의미가 있다.

3부

로마의 여성

남성 권력의 희생자, 평화를 이끌다

건국자의 배우자, 그 희미한 역사의 흔적

헤르실리아Hersilia가 언제 태어나 언제 죽었는지는 확실히 알 수 없다. 실존 인물이었는지도 분명치 않다. **로물루스**[1-1]와 마찬가지로 로마의 초창기, 신화에 휩싸인 시대의 인물이기 때문이다. 그녀가 누구의 아내였는지조차 두 가지 설이 있는데, 건국군주 로물루스의 왕비였다고도 하고, 당대의 용장이자 로마 제3대 왕 툴루스 호스틸리우스의 할아버지인 호스투스 호스틸리우스의 아내였다고도 한다. 그래도 로물루스의 반려였다는 주장이 더 두드러진다.

국모國母, 더욱이 건국자의 배우자라고 하면 대단한 덕성이나 능력을 갖추고 있었으리라 짐작된다. 그런데 의외로 그렇지 않다. 신화적 건국자인 남편에 가려져 그 존재가 희미한 것이다. 우리는 단군의 부인이 누구인지 모른다. 중국의 단군이라고 할 수 있는 황제黃帝 역시 왕비에 대해서는 알려져 있지 않다. 인도 최초의 통일제국인 마우리아 제국을 세운 찬드라굽타의 왕비는 두르다라라고 하는데, 그 이름과 그녀가 후계자인 빈두사라를 낳았다는 정도만 전해진다.

그에 비해 헤르실리아는 전해지는 이야기도 '많은 편'이며, 적어도 한 가지 미덕 내지 가치를 구현했다고 전한다. 바로 '평화'다. 플루타르코스는 여러 기록을 참조하여 그녀가 초기 로마의 이웃 나라였던 사비니 출신이라고 한다(다른 기록도 있다. 가령 리비우스는 그녀가 로물루스의 왕비였다고 못 박고 있지만, 사비니 출신이라 여기지는 않는다).

강제 결혼으로 출생률을 해결?

그런데 당시 로마는 결혼하고 임신할 수 있는 젊은 여성이 절대적으로 부족했다. 이래서는 애써 세운 나라가 무너지겠다 싶었던 로물루스는 이웃 나라에 두루 청혼 사절을 보냈으나, 좋은 대답을 듣지 못했다. 개중에는 '너희 로마는 사방에서 모여든 비렁뱅이, 도망 노예, 범죄자 따위를 다 받아들여 국민을 늘리고 있지 않느냐? 여자도 그렇게 해보지 그러냐?'라고 비아냥대는 경우도 있었다. 로물루스는 분개했고, 더 폭력적인 방법을 쓰기로 했다. 넵투누스를 기리는 콘술리아 축제를 열고, 이웃 나라 사람들을 초대했다. 가벼운 마음으로 아내와 딸들을 데리고 비무장으로 축제에 온 사비니, 카이니나, 안템나이 등의 주민들이 성대한 축제에 한창 취해 있을 때, 로물루스의 신호에 따라 로마 용사들은 점찍어 두었던 처녀들에게 덤벼들었다. 그 숫자는 30명에서 683명까지 다양한데, 한 사람만이 유부녀였다. 그녀가 바로 헤르실리아였다.

그렇다면 로물루스는 뻔뻔스럽게 이웃 나라를 속이고 집단 성폭행을 주도했을 뿐 아니라 그 가운데서도 이미 결혼한 여성을 짝으로 삼았다는 말인데, 이는 그만큼 그녀가 아름다웠거나 또는 일부의 기록대로 그녀가 사비니 왕 타티우스의 공주라는 신분이었기 때문일지도 모른다.

이런 몰상식하고 파렴치한 행동으로 여인들을 빼앗겼음에도 취한 채 무기도 없었던지라 도망치기 바빴던 이웃 나라 사람들은 뒤늦게 분노하며 복수를 맹세했다. 그중 카이니나가 가장 서둘렀고 크루스투미움 등이 뒤를 따라서 로마를 쳤는데, 사비니는 오랫동안 움직이지 않았다. 복수심이 적어서도 로마가 두려워서도 아니었다. 그만큼 만전을 기하여 로마를 무너뜨리려 했던 것이다.

한편 강제로 결혼하게 된 이웃 나라 여인들은 그 사이에 안정을 찾았다. 운명이려니 생각하고 새 남편과 새 가정을 받아들였다. 사비니를 포함한 이웃 나라의 복수전이 계속되는 가운데, 아이를 낳고 어머니가 되는 여인도 늘어났다. 그런데 여기에서 헤르실리아의 역할이 한몫 했다. 납치된 여성들을 대표하여 그녀가 '이왕 이리 된 것, 로마의 여인으로 살아갈 테니 대신 대우를 잘 해주세요. 그리고 우리 친정 식구들이 원한다면 로마에 와서 함께 살도록 해주세요'라고 로물루스에게 요구했던 것이다. 로물루스는 흔쾌히 허락했고, 납치된 여인들은 서구 여성의 전통적 노동인 실 잣는 일 말고는 아무것도 하지 않아도 된다고 했다(그런데 이 점은 따져보면 이상하다. 그러면 가사 노동을 담당할 노예가 이미 많이 있었던 걸까? 아니면 전사들이 실 잣는 일 말고 밥 짓고 청소하고 빨래하기를 도맡았던 걸까?). 그렇게 여인들의 부모 형제가 로마에 와 살게 되면서 이웃 나라들과의 전쟁도 잠잠해질 수 있었다.

국모의 호소로 평화를 되찾은 로마

문제는 사비니였다. 가장 강력하고 가장 오래 원한을 삭혀온 이 나라는 한때 로마를 멸망 직전까지 몰고 갈 만큼 무섭게 공격해왔다. 마침내 로마의 중심지 포로 로마노까지 쳐들어온 사비니인들과 로마인들의 사투가 치열하게 벌어졌다.

이때 뜻밖의 일이 벌어졌다. 납치되었던 사비니 여인들이 뛰쳐나와 두 진영 사이에 선 것이다. 그들은 로마인 남편과 사비니인 부모 형제 앞에 자신들의 아기를 치켜들며 호소했다.

> "이 아이들은 당신의 아이이며 당신의 손자입니다. 그들에게 아버지와 외할아버지가 서로 싸우다 죽었다는 이야기를 남기시렵니까? 이 아이들을 낳은 일이 그토록 저주스럽다면, 부디 칼끝을 우리에게 돌려주세요. 우리 때문에 이 싸움이 벌어졌고, 우리 때문에 우리가 사랑하는 사람들이 죽고 다쳤으니까요. 과부가 되고 고아가 되느니, 차라리 먼저 죽기를 원합니다!"

이렇게 외친 여성이 바로 헤르실리아라고 한다. 그녀와 다른 여인들의 눈물 어린 호소에 두 나라는 무기를 거두었고, 화해가 이루어졌다. 아니 하나로 통합되었다. 로물루스는 타티우스와 공동으로 나라를 다스리고, 사비니인들의 주신인 퀴리누스를 로마의 주신 중 하나로 삼으며, 일곱 언덕 가운데 하나를 그 이름으로 부르기로 했다. 로물루스를 이은 제2대 왕 누마 폼필리우스도 사비니계였다.

또한 평화와 안정을 가져온 공로자인 여성들에 대한 대우도 더 나아졌다. 가령 남성이 길을 가다 여성과 마주치면 먼저 가도록 비켜주어야 한다, 남성은 여성 앞에서 상스러운 말을 하거나 추잡한 행동을 해서는 안 된다 등이다. 서구 전통의 에티켓이 이때 만들어졌다는 것인데, 그중에는 사비니 여인들의 납치를 기리어 결혼 첫날밤 침실에 들 때 신랑이 신부를 안아 들고 들어간다는 관례도 있다고 플루타르코스는 전한다.

이렇게 해서 헤르실리아는 '오랫동안 행복하게 살았다'. 다만 그녀가 낳은 아이가 누구인지는 불확실하다. 오비디우스에 따르면, 최후에 그녀는 신이 되었다고 한다. 로물루스가 죽으면서 신이 되었는데(묘하게도 퀴리누스와 동일시되었다), 그녀도 뒤따라 죽어 '호라 퀴리니'라는 여신으로 불리게 되었다는 것이다. 이 이야기는 그녀에 대한 예배나 신전 기록이 없어 오비디우스의 창작이라고 보기도 한다.

남성적 접근법으로는 불가능했을 해법

현대 여성이라면 페미니스트가 아니더라도 그녀의 이야기가 불편할 것이다. 그녀 덕분에 여성들이 얻었다는 여러 가지 특권도, 페미니즘 측면에서 보면 빛 좋은 개살구일 뿐이다. 여성은 연약하고 남성의 보호와 양보가 필요한 존재라고 각인시키는 이야기라 여길 수도 있다.

애초에 그녀가 마주한 상황은 **로마법**10-3과 관습에 있어 두 가지 원칙이 충돌했다. 여자는 아버지에게 절대 복종해야 하며, 결혼하면 남편에게 절대 순종해야 한다. 그런데 아버지와 남편이 싸운다면 어찌해야 하는가? "싸우지 마세요. 차라리 나를 벌하세요!"라고 호소하는 게 정답이었다. 이 가부장적인 정답을 말하게 하게끔, 헤르실리아는 여느 건국 국모와 달리 '대사와 행동을 얻었다'. 하지만 지나치게 불편해하지는 말자. 가부장제와 남성중심주의를 인정하고 옹호할지언정, 그녀의 행동은 평화를 가져왔다. 세계에 군림할 로마의 싹을 보전했다. 그것은 어찌 보면 남성적 접근법으로는 불가능했을 해법이었을지도 모른다.

3-2 루크레티아

남성 권력의 희생자, 나라를 바꾸다

형제자매와 아버지를 죽이고 왕좌에 오른 부부

로마는 성폭력을 계기로 기반을 다졌고, 성폭력으로 체제를 변혁했다. 둘 다 역사적 사실인지는 의문이지만 말이다. **로물루스**1-1를 여섯 명의 왕이 계승했으며, 그 마지막은 기원전 535년 즉위했다는 루키우스 타르퀴니우스 수페르부스였다. 그는 에트루리아계였으며, 같은 에트루리아계 왕인 세르비우스 툴루스의 맏딸과 결혼했다. 그의 동생인 아룬스도 왕의 둘째딸과 결혼했다. 그러나 이는 묘한 커플 매칭이었다. 타르퀴니우스와 그의 제수인 툴리아는 음험하고 야심만만했던 반면, 아룬스와 타르퀴니우스의 부인은 온화하고 성실했다. 타르퀴니우스는 툴리아와 합심해 서로의 배우자를 암살하고는 짝을 바꿔 결혼했다.

형제자매의 피를 쏟으면서까지 짝을 바꾼 커플이 아버지이자 장인인 세르비우스 왕을 내버려둘 리 없었다. 그들은 툴루스가 평민을 우대하는 정책으로 **원로원**9-2의 불만을 사고 있음을 이용해 동조자를 모아 그를 암살한다. 그리고 그 시체를 길바닥에 내던졌는데, 툴리아는 전차를 타고 로마 시내를 돌며 '타르퀴니우스가 새 왕이 되었다!'라고 외치고 다녔다. 그러다가 길바닥에 널브러진 아버지의 시체에 이르렀는데, 전차몰이가 벌벌 떠는데도 그녀는 계속 달리라고 재촉해 시체를 짓뭉개며 달려갔다고 한다.

왕실 젊은이들의 아내를 건 내기

도무지 믿기 어려운 패륜을 저지르고도 타르퀴니우스의 왕권이 자리 잡았을지 의문이다. 게다가 그는 원로원의 지지를 업고 쿠데타를 일으켰음에도 다수의 원로원 의원을 '세르비우스파'로 몰아 숙청하고, 인원을 보충하지 않아 원로원을 약화시켰다. 그리고 통상적인 원로원의 권한을 무시하고 중요한 국사를 제멋대로 처리했다. 그리하여 나라 안팎으로 그에 대한 불만이 치솟는 가운데, 결정적 파국의 계기는 그의 집안에서 불거져 나왔다.

어느 날 로마시 외곽에서 '망나니 그룹'으로 통하던 왕실 젊은이들의 모임이 열렸다. 늦은 밤까지 왁자하게 먹고 마시던 중 화제는 '누구의 아내가 가장 정숙할까?'로 옮아갔다. 대화는 '여자는 다 그래'와 '내 거는 안 그래' 사이의 다툼으로 고조되었는데, 그때 한 사람이 이렇게 제의했다.

> "그러지들 말고, 과연 누구의 부인이 정숙하고 누구는 아닌지 우리 눈으로 직접 확인해보는 게 어떤가? 우린 지금 모두 외박을 하기로 하고 나온 참이니, 지금 빨리 돌아가 보면 아내들이 자유로운 밤을 어떻게 보내고 있는지 알 수 있을 걸세!"

그는 콜라티누스로 왕비 툴리아에게 살해된 아룬스의 아들, 말하자면 타르퀴니우스 왕의 조카였다. 그 말에 모두 찬성하여 젊은이들은 로마의 자택들을 돌아다니며 아내들이 뭘 하고 있는지 보았다.

빌렘 드 푸터의 〈루크레티아〉(1633).
다른 아내들이 자유를 즐기는 동안 그녀만 정숙하게 베를 짜고 있었다.

그 결과, 모두가 술판을 벌이고 놀고 있거나 그보다 더한 짓을 벌이고 있었다. 단 한 사람, 이야기를 꺼낸 장본인인 콜라티누스의 부인 루크레티아Lucretia만이 조용히 앉아 길쌈을 하는 중이었다. 결국 콜라티누스는 친구들의 가정을 위기에 빠트리고 팔불출이 된 셈인데, 함께 있던 왕족 패거리 중 타르퀴니우스의 왕자인 섹스투스 타르퀴니우스가 루크레티아에게 욕정을 품어버렸다. 악녀를 사랑한 아버지와 달리 정숙한 여성에게 끌렸던 것일까. 그는 기회를 틈타 루크레티아를 찾아가 사랑을 고백하며 잠자리를 요구했다. 하지만 그녀는 완강히 저항했으며, 섹스투스가 말을 안 들으면 죽여버리겠다고 위협해도 끄덕하지 않았다. 하지만 섹스투스는 포기를 몰랐다. 재빨리 머리를 굴린 그는 이렇게 협박했다. "그러면 당신을 죽이고, 이 집의 남자 하인도 죽여서 시체를 겹쳐놓겠소! 그리고 두 사람이 간통하는 현장을 잡아서 찔러 죽인 거라고 하면, 당신은 목숨도 잃고 정숙한 여성이라는 평판도 잃고 말 거요!"

루크레티아는 그 말에 저항할 힘을 잃고 섹스투스의 욕구를 받아들였다. 하지만 그가 의기양양해서 돌아간 다음 날 아침, 루크레티아는 남편을 비롯한 집안 남자들을 모두 모아놓고 자초지종을 고백했다. 그리고 '당신의 잘못이 아니다'라며 달래는 그들을 뿌리치고, "내가 죄가 없다고 해도 나는 이 죄를 용납할 수 없어요. 앞으로 모든 여성이 루크레티아를 본보기 삼아 굴욕적으로 살지 않기를 바라요!"라고 외치고는 칼을 꺼내 스스로의 심장을 찔렀다.

남자들은 기가 막혔다. **루키우스 유니우스 브루투스**1-2가 루크레티아의 심장에서 칼을 뽑았다. 그리고 이렇게 소리쳤다. "이 칼에 맹세합니다. 결코 이런 폭정이 더 이상 이어지지 않도록 목숨 바쳐 싸울 것입니다!" 그가 쳐든 칼 아래 아내를 잃은 콜라티누스와 일가친척이 모이고, 타르퀴니우스의 폭정에 넌덜머리가 나 있던 로마 시민이 모였다. 그리하여 폭군은 내쫓기고, 로마는 왕정을 마감하고 **공화정 시대**10-5로 나아가게 되었다.

정숙의 화신이 아닌 존엄한 여성의 상징

이는 너무도 극적인 이야기라 어디까지가 사실일지 의문이다. 성폭행 가해 당사자가 아니라 정권이 보복 대상이 됐다니 이상하다. 루크레티아의 남편이 타르퀴니우스와 툴리아에게 희생된 아룬스의 아들이라는 걸 보면, 권력자 그룹 안에서의 아귀다툼이 타르퀴니우스의 집권에서 몰락까지 계속 이어졌다는 게 이야기의 본질일 수도 있다. '권력자가 무고한 여성을 성폭행한 결과 정권을 잃는다'는 이야기는 이뿐 아니라 여러 시대, 여러 나라에서 찾을 수 있다.

루크레티아의 행동 또한 이해하기 어려울 수 있다. 어째서 성폭행 피해자가 목숨까지 버려야 하나? 그녀를 둘러싼 남편과 남성 친족들이 입으로는 '당신 잘못이 아니다'라고 했지만, 두고두고 그녀를 홀대하며 정조를 잃은 여인이라고 멸시할 것이 뻔했기에 그런 선택을 했던 것은 아닐까?

하지만 그녀가 죽음의 순간 남겼다는 말에 주목하자. '모든 여성이 굴욕적으로 살지 않기를!' 로마는 철저히 남성 중심적이었다. 여성은 겉으로라도 정숙해야 존중받을 수 있었다. 그 정숙함을 짓밟고도 모자라 비열한 음모로 그녀에게 영원한 누명을 씌우려는 남자, 그에게 할 수 있는 최대로 반격하려면 자신의 목숨을 내던지는 수밖에 없지 않았을까. 루크레티아는 정숙의 화신이라기보다 존엄한 여성의 상징이라고 여겨져야 한다.

위대한 어머니의 상징이 되다

아버지의 보은으로 아내가 된 아이

'현모양처'라는 말이 있다. 한때는 여학생들의 '장래희망'이기도 했지만, 이제는 흘러간 시대의 낡은 사상을 담은 말로 여겨 잘 쓰지 않는다. 흘러간 시대의 모습은 어디나 비슷할 테지만, 앞에서 보았다시피 로마만큼 현모양처를 여성의 이상으로 떠받든 아니 강요한 나라는 보기 드물다. 앞서 등장한 **헤르실리아**3-1와 **루크레티아**3-2가 '양처'로서 훗날 **리비아**3-4를 비롯한 로마 황후들에게까지 모범으로 남았다면, '현모'의 대표 주자는 코르넬리아다.

코르넬리아Cornelia는 기원전 2세기 초, 190년쯤 태어났다. 로마에서도 으뜸가는 명문가 스키피오 가문에서, 그 가운데서도 가장 유명한 인물인 **포에니 전쟁**5-2의 영웅 **대 스키피오 아프리카누스**1-4의 둘째 딸로 태어났다. 그녀가 태어날 때 스키피오는 40대 후반이었으며, 마그네시아에서 생애 최후의 원정을 벌이고 있었다. 그러나 그가 로마로 돌아오자 **카토**1-5를 비롯한 **원로원**9-2 의원들이 그를 몰아세우기 시작했다. 다만 **호민관**9-3이던 셈프로니우스 그라쿠스가 그의 편을 들어 스키피오의 탄핵을 막아주었다.

스키피오는 고마움의 표시로 다섯 살 정도밖에 안 된 딸 코르넬리아를 그에게 시집보낸다. 당시 35세이던 셈프로니우스 그라쿠스는 아내를 얻었다기보다 딸을 입양한 기분이었겠지만, 코르넬리아는 15년 뒤에 첫 자식인 딸 셈프로니아를 낳는다. 다시 5년 뒤에는 첫아들을 낳는데, 그가 **티베리우스 그라쿠스**[1-6]다. 막내 **가이우스**[1-6]는 그로부터 10년 뒤에 태어났다(이 셋 말고도 자식이 9명이나 더 있었으나, 모두 영유아 때 사망했다고도 한다). 그리고 가이우스가 태어나던 해, 60대 후반이던 셈프로니우스 그라쿠스는 숨을 거뒀다.

서른 살이나 많은 남편, 한창 나이가 되었을 때 그녀는 늙은 남편의 병수발과 육아에 바빠 젊음을 즐길 틈이 없었다. 그런데 그 남편은 또 한 아기를 그녀에게 안겨주고는 먼저 세상을 떴다.

자식을 보석으로 삼은 현모의 대명사

아직 코르넬리아는 30대였고, 상당한 미인이었던 모양이다. 그래서 구혼자가 줄을 섰고, 그 가운데는 이집트의 왕 프톨레마이오스 8세도 있었다. 그러나 그녀는 모두 거절했는데, '아이들을 키우는 데 전념하고 싶다'는 이유였다. 이로써 '코르넬리아는 현모'라는 전설이 시작된다. 그녀는 매일을 자식 교육과 양육에 쏟느라 화장도 하지 않고 옷도 대충 걸치고 다녔는데, 로마의 귀부인 하나가 "당신은 그만한 신분에 재산도 상당하면서 왜 흔한 보석 귀걸이 하나 안 하느냐?"고 묻자 "아이들이 제 보석이랍니다!"라고 대답했다는 일화는 유명하다.

코르넬리아는 로마에 와 있던 그리스인들에게 철학과 수사학을 열심히 배웠다. 반은 스스로의 즐거움이었고, 반은 아이들을 가르치기 위해서였다. 그녀의 문장은 상당히 뛰어났다고 하는데, 아들 티베리우스와 가이우스가 명 연설가가 되고, 주요 정치인으로 발돋움한 것은 그녀의 도움이 컸다고

노엘 할레의 〈코르넬리아, 그라쿠스 형제의 어머니〉(1779).
코르넬리아가 "이 아이들이 나의 보석"이라고 말하는 유명한 장면을 묘사했다.

여겨진다. 그녀가 썼다는 편지 일부가 전해지는데, 그 진위는 확실하지 않지만 뛰어난 문장임은 분명하다.

그러나 그녀의 두 '보석'은 그녀의 기대를 저버렸을지도 모른다. 대대로 명문 귀족인 그들은 보수파의 총아가 되어야 했지만, 평민의 입장에 서서 로마의 전통과 귀족의 이익을 향해 칼을 들었기 때문이다. 더구나 외가인 스키피오가의 핏줄인 '스키피오 나시카', 스키피오가에 입양되어 아프리카누스라는 **아그노멘**9-7을 얻었고 누이 셈프로니아와 결혼해 이중으로 인척이 된 '소 스키피오' 등이 그라쿠스 형제들과 맹렬히 대립하게 된 것이다. 여기서 코르넬리아가 어떤 입장을 취했는지는 분명치 않다. 그녀가 썼다는 편지 가운데 하나는 아들들을 나무라며 명문 귀족의 본분을 지키라고 촉구하는 내용이다. 하지만 이는 후대의 위작일 가능성이 꽤 크다. 한편 플루타르코스는 반대로 그녀가 '요즘 거리에 나가 보면 나보고 그라쿠스의 어머니라고 부르는 사람들이 없다. 너희는 왜 그렇게 미적거리는 것이냐?'라며 형제들에게 더 가열차게 개혁을 추진하라고 독려했다고 한다. 또한 개혁 법안에 거부권을 행사하던 호민관 옥타비우스, 오피미우스 등을 없애라고 재촉하는 등 아들들의 정치에 훈수까지 두었다고 한다.

어쨌든 그녀의 보석들은 모두 깨졌다. 티베리우스가 기원전 133년 살해되고, 가이우스마저 기원전 121년 살해 직전에 자살한 것이다. 그녀의 친정인 스키피오가 사람들은 그들의 죽음에 주도적이거나 후원적인 입장이었는데, 스키피오 나시카는 티베리우스에게 제일 먼저 무기를 들이댔으며 소스키피오는 티베리우스를 탄핵하려던 전날 밤 의문사했다. 코르넬리아의 사주를 받은 부인 셈프로니아의 독살이라는 설이 있는데 불분명하다.

많은 문헌이 그녀가 애지중지했던 아들들의 죽음 뒤 비탄과 광란에 빠지지 않았다고, 오히려 태연하게 행동했으며 조의를 표하려 찾아온 손님들에게 신화 속 영웅 이야기를 들려주듯 아들들의 훌륭함을 담담하게 들려주었다고 전한다. 아들들이 자기 뜻을 어기고 반귀족적 행동을 했기 때문일까? 정의를 위해 싸우다 장렬히 죽었으니 자랑스러워했기 때문일까? 아무튼 그녀의 이러한 태도는 명성을 또 한번 로마에 떨치게 했다.

현모양처를 넘어, '여성 지식인'으로의 삶

가이우스의 죽음 직후, 그녀는 로마시를 떠나 지금의 나폴리 근방인 미세눔에 은거했다. 그곳은 그녀가 후원하는 그리스 철학자와 문인들이 모여 학문과 예술을 토론하는 곳이 되었다.

그렇게 6년을 보내고, 그녀는 세상을 떠났다. 그리고 로마인들은 그녀에게 매우 특별한 영광을 주어 그녀를 애도했다. 그녀의 대리석 석상을 로마에 세운 것이다. 여신이 아닌 실존 인물, 그것도 당대의 여성이 석상으로 세워진 것은 로마 사상 최초였다. 이후에도 황후나 태후의 상은 간혹 세워졌지만, 민간 여성의 상은 1천 년 로마사에서 코르넬리아가 유일하다.

과연 그녀의 대리석 석상은 로마인들에게 어떤 의미였을까? 숭고한 모성에 대한 경의? 평민파의 울분을 달래는 한편 귀족파의 입장도 살릴 수 있는 방법? '위대한 남성상'은 숱하게 기념하고 찬미했으니, '위대한 여성상'도 만들어서, 로마 여성들에게 '너는 코르넬리아처럼 살아야 해!'라고 훈계할 목적(실제로 그랬다. 새로운 로마의 미덕을 북돋으려 했던 **아우구스투스** 2-1도 그중 하나였는데, 그는 코르넬리아 청동상을 따로 만들어서 자신의 여동생과 딸에게 본받도록 했다)?

코르넬리아는 영웅의 딸이고 영웅의 어머니였다. 그러나 그들 때문에 그녀의 진짜 인생은 잘 드러나지 않았다. 아버지의 '감사 선물'이 되어 삼촌뻘 아저씨와 결혼하고, 남편의 뒷바라지로 청춘을 다 보냈으며, 남편이 죽은 뒤에는 오직 아들들을 위해 산 셈이다. 그녀가 걸어간 '삼종지도'는 과연 그녀가 진정으로 원하던 길이었을까? 당시로서는 여성이 세상에서 빛을 낼 수 있는 방법이 거의 없었고, 현모양처는 그 유일한 방법처럼 여겨졌다. 그러나 그녀는 사실 다른 방법도 썼다. 공부와 교육이 그것이다! 그리하여 오늘날에는 그녀를 '위대한 어머니'라기보다 '문예와 교육에 재능을 발휘한 고대의 여성 지식인'으로 평가하는 사람이 적지 않다.

정숙한 국모이자 권력의 막후로 살다

황제가 죽을 때까지 사랑한 한 명의 여성

결혼 상대자로서 리비아 드루실라Livia Drusilla는 **아우구스투스**2-1가 네 번째로 맞이한 여성이다. 그는 본래 세르빌리아라는 여성과 약혼했으나 안토니우스와의 동맹 관계를 튼튼히 하려고 세르빌리아와 파혼하고 안토니우스의 의붓딸 풀비아와 결혼했다. 하지만 만나자마자 다툼이 벌어져서 신혼 첫날밤도 치르지 않은 채 이혼했다고 한다. 딸이 있는 이혼녀인 스크리보니아와 재혼했지만, '그녀의 잔소리가 견딜 수 없어서' 또 이혼했다.

그리고 리비아와 결혼했는데, 일종의 스캔들이었다. 그녀는 다른 사람의 아내였으며 임신까지 한 상태였으니까. 그의 적으로 돌아선 안토니우스는 '공개된 자리에서, 옥타비아누스가 다짜고짜로 리비아를 침실로 끌고 갔다. 돌아온 그녀는 머리가 헝클어지고 얼굴이 빨갛게 물들어 있었다'며 비방했는데 사실이었을지는 의문이다. 아무튼 침착하고 신중해 보였던 아우구스투스가 사생활에서는 거칠고 충동적이었던 모양인데, 리비아와의 결혼은 평생 이어진다.

수에토니우스에 따르면 '리비아는 그가 죽을 때까지 사랑한, 단 한 명의 여성'이었다. 수에토니우스는 이 글을 쓰면서 사랑과 쾌락은 별개라고 생각했을 것이다. 아우구스투스는 황제가 되기 전이나 후나 성적 편력이 심했고, 그것으로 정치와 전쟁이 주는 스트레스를 해소하려 했기 때문이다. 리비아는 여기에 대해 질투하지 않았을뿐더러, 그에게 여성을 소개해주기까지 했다고 한다! 현대의 시선이 아니더라도 파렴치하며 굴욕적인 일인데, 한편으로 생각하면 남편의 상대를 점검하고 통제함으로써 정치적으로 그가 암살 등을 당하지 않도록 하고, 개인적으로는 자신 이외의 여성과 진지한 관계를 맺지 않도록 하려는 뜻이 있었을지도 모른다.

또는 더 내밀한 비밀이 있었을지 모른다. 그녀는 52년 동안이나 아우구스투스의 아내였다. 하지만 끝내 자식이 없었다. 만약 그녀에게 문제가 있었다면 전남편 티베리우스 네로의 아이인 티베리우스와 드루수스를 낳지 못했을 것이다. 한편 아우구스투스는 전처 스크리보니아에게서 딸 율리아를 얻었는데, 그토록 많은 여성과 어울렸던 그이지만 알려진 자식은 그녀 하나뿐이다. 아우구스투스에게 문제가 있었거나(율리아는 친자식이 아니었을 수도 있다), 그가 리비아를 '사랑'하고 신뢰했지만 잠자리 상대로는 기피했던 것인지도 모른다.

권력을 숨긴 로마의 귀부인

리비아의 '관리 능력'은 여기에만 머무르지 않았다. 수에토니우스는 아우구스투스가 중요한 국사를 그녀와 상의했으며, 특히 외국 대사를 접견하고 황제에게 올라오는 탄원서를 사전 검토하는 등 외교와 법무, 그리고 첩보 분야에서 상당 부분 황제를 대행하기까지 했다고 한다. 타키투스는 더 나아가 리비아가 아우구스투스가 자리를 비울 때면 옥새를 맡았다가 대신 결재를 했고, **공화정**10-5 때는 조영관에게 주어졌던 건축, 공공 건물 유지 관리 등의 업무를 전담했다고 한다. 그렇다면 팽창을 지양하고 제국의 관리에 힘쓴 아우구스투스의 국가 전략도, 그가 '대리석의 로마를 만들었다'고 자랑했던 건축 사업도 리비아의 공로가 컸던 셈이다.

하지만 그녀는 '이중적 모습'을 해야 했다. 겉으로는 '정숙하고 다소곳하며 집안일에만 전념하는 로마 귀부인'으로 행세했던 것이다. 그것은 본인의 뜻이라기보다 아우구스투스의 강요 때문이었다. 소박하고 청렴한 이미지를 과시했던 그는 집안의 여성도 요조숙녀의 전형으로 알려지기를 바랐다. 그래서 **헤르실리아**3-1나 **루크레티아**3-2처럼 리비아는 황후의 신분이면서도 늘 검소하게 입고, 공식 만찬에 나가지 않으며, 남편과 가족이 입을 옷을 손수 짜야만 했다. 황후가 국정에 관여하고 있음을 아는 사람은 다 알았으나, 어디까지나 '바깥일은 바깥사람에게만 맡기는' '로마 여인의 미덕'에 따라 막후에서만 권력을 행사해야 했다. 비선 실세의 자리에 만족해야 했다는 것이다. 이러한 이미지메이킹 덕에 '올백' 스타일로 머리를 넘겨 묶고 드러난 이마는 베일로 가리는 리비아의 헤어스타일은 대중에게 오랫동안 '정숙한 로마 여성'의 상징으로 유행했다.

아우구스투스는 말년에 후계자 문제로 가장 고심했는데, 여기에는 리비아가 얽혀 있었다. 그러나 얼마나 얽혀 있었는지는 불확실하다. 리비아로서는 자신이 한때 아우구스투스의 군사들에게서 목숨을 걸고 지켰던(전남편 티베리우스 네로가 안토니우스 편에 섰기 때문이었다) 혈육인 티베리우스를 후계자로 삼기를 바랐을 것이다. 그러나 아우구스투스는 생각이 달랐다. 그의 '하나뿐인 혈육'인 율리아를 여황제로 앉힐 수는 없으니, 그녀와 연결된 남자에게 제위를 물려주려고 했다.

처음에는 율리아의 남편 마르켈루스를 후계자로 정했으나 얼마 뒤 죽고 말았다. 그래서 율리아를 자신의 오른팔이던 아그리파와 혼인시켰다(아그리파는 유부남이며 자식까지 있었지만 황제의 명에 따라 이혼해야 했다). 그러나 아그리파마저 세상을 뜨고 말았다! 결국 아우구스투스는 율리아를 다시 리비아의 아들 티베리우스와 맺어줌으로써, 자기 핏줄에 대한 집념과 안정적인 후계자 낙점의 필요성을 절충하려 했다. 그러나 이 역시 무리였다. 티베리우스는 빕시니아와 행복한 결혼생활을 유지하고 있었기 때문이다. 수에토니우스 등은 티베리우스가 이 강제적인 이혼을 두고두고 한스러워했고 빕사니아를 잊지 못해 괴로워했다고 한다.

그러나 후계자 문제는 여기서 끝이 아니었다. 아우구스투스가 예상 외로 오래 살면서 3세대도 후계자 물망에 올랐다. 율리아와 아그리파 사이에서 태어난 가이우스, 루키우스, 아그리파 포스트무스가 그랬고, 무리한 정략결혼 등으로 아우구스투스와 리비아에게 반항적인 모습을 보인 티베리우스와는 다른 순종적인 동생인 드루수스와 그의 아들인 게르마니쿠스가 그랬다. 이들은 한때 티베리우스를 제치고 로마 제2대 황제가 될 가능성을 보였다. 그러나 대부분 일찍 죽었고 포스트무스는 추문에 시달리다 추방당해서 실각했다. 이 과정에서 딸인 율리아와 그녀의 딸이자 자신의 친손녀인 소율리아까지 추방시켜야 했던 아우구스투스는 번민에 몸서리쳤다.

그런데 이러한 일련의 죽음과 추방, 그에 따른 티베리우스의 후계자 낙점(아우구스투스는 달갑지 않았을) 뒤에는 리비아가 있다는 소문이 로마를 휘감았다. 적어도 타키투스를 비롯한 역사가는 이를 기정사실로 여겼다. 자신의 장남이 차기 황제가 되게끔, 그리하여 자신이 실질적인 여황제로서 아우구스투스 이후의 로마를 쥐락펴락할 수 있게끔, 리비아가 여러 후계자 후보를 암살하고 중상모략하여 실각시켰다는 것이다. 아그리파와 율리아의 딸이자 게르마니쿠스의 부인이던 아그리피나도 그런 의혹을 의심 없이 받아들였고, 평생 리비아를 증오했다. 일부에서는 심지어 그런 야심의 최대 걸림돌이자 자신을 '평생 사랑한' 반려이면서 자신의 역할과 운명을 마음대로 하려 했던

아들인 티베리우스 황제와 나란히 모셔진 리비아의 상. ⓒ Miguel Hermoso Cuesta

난폭자, 즉 아우구스투스마저 그녀의 음모로 독살된 것이라고까지 한다.

로마제국 최초로 국모의 호칭을 부여받다

이는 결국 제2대 황제가 된 티베리우스가 스스로는 낮추면서 리비아의 권위와 권력을 한껏 높여주었다는 사실이 뒷받침하는 듯도 하다. 하지만 그것은 한편으로 개인적 리더십이 부족했고, 위대한 인물의 후계자로서 명망이 부족했던 그가 그 인물의 반려이자 존경받던 원로의 권위에 기대려 한 결과였을지도 모른다. 그런 티베리우스도 권력을 확실히 장악한 뒤로는 친어머니에게 박정했다. 리비아가 누리던 특권을 차례차례 박탈했고, 그녀가 기원후 29년에 86세로 사망하자 '아우구스타' 즉 국모의 호칭을 부여하자는

원로원9-2의 결의에 거부권을 행사했다. 그녀는 로마제국 최초로 아우구스타로 불린 여성으로 기록되지만, 그것이 실현된 것은 손자뻘인 클라우디우스가 집권한 다음이었다.

리비아는 순종적이기만 한 여성은 아니었고 모략에 뛰어났다. 권력욕도 있었다. 그것은 동시대인인 시인 오비디우스가 그녀를 '여자 프린켑스'라고, **칼리굴라**2-2가 '여자 오디세우스(모략에 뛰어나다는 의미다)'라고 불렀던 점에서도 알 수 있다. 하지만 그녀가 과연 숱한 피붙이들을 죽이고 음해하면서까지 권력을 추구했을까?

그랬을지도 모른다. 그것은 그녀가 뛰어난 기량에도 불구하고 막후의 실세 이상으로 인정받지 못한 설움과 한으로 어느 정도 변명이 된다. 그러나 '로마의 전통적 여성상과 많은 차이가 있었던' 리비아에 대해 편견을 지녔음 직한 귀족 역사가들이 남긴 두 가지 에피소드는 살펴볼 만하다.

> 황후인 그녀 앞에서 공개적으로 알몸을 드러낸 한 남자가 있었다. 헤르실리아 이래 여성에게 무례한 남성은 엄한 처분을 받게 되어 있었다. 그러나 그녀는 '사형에 처해야 마땅하다!'는 진언에 대해 이렇게 말했다. "글쎄요. 진정 정숙한 로마의 여성이라면, 남성의 알몸이라고 해봐야 조각상 이상의 의미가 없답니다." 그래서 그는 사면되었다고 한다.

> 아우구스투스는 숨이 넘어가던 순간 안간힘을 쓰며 이렇게 말했다.
> "리비아…! 우리가 함께했던 세월, 그때를 추억하며 살아줘요. 그러기를 바라요. 그럼… 안녕!"

정변과 추문의 중심에 서다

어머니처럼 외딴 섬에 유배된 큰딸

기원후 29년, **리비아**3-4가 죽었다.

"드디어 그 사악한 계집이 죽었어!"

아우구스투스2-1의 외손녀이자 아그리파와 율리아의 딸, 그래서 아버지의 이름을 받아 아그리피나라는 이름을 갖게 된 아그리피나 게르마니키(게르마니쿠스의 아내인 아그리피나)가 이렇게 부르짖었다. 그녀는 남편인 게르마니쿠스를 살해하고(그녀는 그렇게 믿었다) 자신은 외딴 섬으로 유배 보낸 리비아를 사무치도록 증오했다.

그러나 그녀의 처지도 좋을 것이 없었다. 그녀는 한쪽 눈으로만 볼 수 있었다. 본래 그랬던 것이 아니라 판다테리아 섬에 갇혀 살면서 그녀를 감시하던 병사에게 얻어맞아 한쪽 눈을 잃은 것이다. 대체 어떤 대접을 받고 살았던 것일까? 그녀는 리비아의 죽음을 기뻐하고도 4년이 지나서까지 그 섬에서 못 벗어난 채로 굶어 죽었다고 한다. 한때 로마 최고의 귀부인이던 그녀를 사람 취급도 하지 않던 감시병들이 굶겨서인지, 스스로 음식을 거부하고 죽음을 선택해서인지는 확실하지 않다.

그녀의 오랜 고통과 모욕, 비참한 죽음을 누구보다 뼈저리게 절감한, 그리고 나름의 교훈을 얻은 이는 그녀의 이름을 물려받은 그녀의 맏딸, 율리아 아그리피나Julia Agrippina였다. 로마인들은 딸의 이름을 아버지의 이름(씨족명인 **노멘**9-7)에 따라 붙이는데 딸이 여럿일 경우에는 '율리아 프리마(첫째)', '율리아 세쿤다(둘째)'와 같은 식으로 구분하기도 했다. 그런데 게르마니쿠스와 아그리피나는 딸들에게 율리아 아그리피나, 율리아 드루실라, 율리아 리빌라라고 이름 붙였다. 아그리피나가 어머니의 이름을 받은 것은 맏딸이라서이기도 했지만, 어머니와 가장 닮았기 때문이기도 했다. 장차 어머니보다 유명해지면서 구분을 위해 '소 아그리피나'로 불리며, 비참하게 죽어간 어머니를 '대 아그리피나'로 불리게 만들 그녀는 어려서부터 어머니의 말벗이자 동료였다. 막냇동생 리빌라가 태어날 때는 레스보스섬으로 어머니와 단둘이 가서 출산, 산후 조리, 육아를 돕기도 했다.

그러나 어머니가 유배된 뒤 그녀는 형제자매들과 함께 로마에서 살아야 했다. 어머니가 독사처럼 여기는 리비아를 필두로 하는 티베리우스 황실 가족의 일원으로 조심스럽게 반쯤 갇힌 삶을 살았다. 결혼도 했다. 리비아가 죽기 1년 전인 28년, 아직 13세였던 그녀는 황족의 일원이며(아우구스투스의 5촌 조카에 해당되었다) 40대 중반이었던 그나이우스 도미티우스 아헤노바르부스의 반려가 되었다. 수에토니우스는 그를 "모든 면에서 형편없는 인간"으로 묘사하고 있다.

37년, 아그리피나는 모든 면에서 형편없던 인간의 아이를 낳았다. 루키우스 도미티우스 아헤노바르부스, 장차 **네로**2-3 황제가 될 남자아이였다. 그러나 아버지인 그나이우스는 손사래를 쳤다. "내 아이가 맞아?" 당시는 아그리피나의 오빠이며 게르마니쿠스가 남긴 유일한 남성 혈육인 **칼리굴**

라2-2가 황제로 군림하던 때였다. 반쯤 미친 데다 동방의 황실 신비주의를 따르던 칼리굴라는 누이들과 잠자리를 가졌고, 아그리피나도 예외는 아니었다. 비록 그가 가장 사랑한 누이는 그녀가 아니라 둘째 드루실라였고, 아그리피나는 오빠의 남색 상대였던 레피두스와 짜고 오빠를 암살하려 했다는 혐의를 받고 폰치아네 제도로 유배당했지만, 네로가 난잡한 근친상간의 결과물이 아닌가 하는 그나이우스의 의심은 수그러들지 않았다. 결국 남편에게, 오빠에게, 로마 전체에게 외면당한 채, 자신의 남은 운명은 어머니처럼 외딴 섬에서 쓸쓸하고 비참하게 죽는 것밖에 남지 않았나 싶을 때, 아그리피나는 칼리굴라의 암살과 클라우디우스의 즉위 소식을 들었다. 41년이었다.

자신이 왕으로 만든 아들과의 갈등

클라우디우스는 그녀의 유배를 풀어주었고, 그녀는 로마로 가서 아들 네로와 만났다. 하지만 권력의 부침에 따라 부평초처럼 흔들리는 삶을 다시는 살기 싫었던 26세의 아그리피나는 일생일대의 결단을 내렸다. 아저씨뻘인 클라우디우스를 유혹한 것이다. 로마사를 통틀어 클레오파트라의 안토니우스 유혹 다음으로 대담하면서 역사적 파장이 컸던 이 유혹은 성공했다. 48년, 아그리피나의 연적이자 정적이며 음란의 대명사처럼 알려졌던 황후 **메살리나**3-6를 처형한 클라우디우스는 이듬해 아그리피나를 다음 황후로 맞이했다.

마침내 성공한 아그리피나. 그러나 아직도 불안했다. 메살리나가 내쳐졌듯 자신도 총애를 잃은 뒤 섬으로 유배될지 모르잖은가? 게다가 클라우디우스가 메살리나와의 사이에서 얻은 브리타니쿠스가 마음에 걸렸다. 다행히 클라우디우스는 그를 그리 귀여워하지 않았고, 자신의 아들 네로를 양자로 받아들였다. 하지만 그래도 친아들이잖은가? 브리타니쿠스가 다음 황제가 된다면 자신의 권세는 물론 생명까지 위험해질 수 있을 터였다. 그래서 그녀는 자신의 오랜 결심을 실행에 옮기기로 했다. "어머니처럼 되지는 않을 거야. 리비아처럼 될 거야."

클라우디우스는 버섯을 무척 좋아했다고 한다. 54년 어느 날, 그는 버섯요리를 게걸스럽게 먹은 뒤 저세상 사람이 되었다. 황실의 깊숙한 곳에서 벌어진 일을 분명히 알 수는 없지만, 아그리피나가 버섯에 독을 넣었다는 이야기를 많은 역사가가 전하고 있다. 그리고 그녀의 아들 네로가 제위에 올랐다. 네로는 아직 미성년이었고 정치에 대해서도 잘 몰랐기에 국정은 사실상 아그리피나가 좌우하게 되었다.

아그리피나는 장막 뒤에서 국정을 잘 운영했다. 네로 집권 초기에 안보, 사회, 경제가 안정되면서 여러 가지 친서민적인 개혁이 이루어진 점은 아그리피나의 공이 컸다고 볼 수 있다. 사실 다소 모자란 사람이라고 소문이 났던 클라우디우스가 의외로 선정을 펼치며 칼리굴라 암살 직후 불안했던 제정을 안정시킨 데도 그녀의 도움이 컸다는 분석이 있다. 또한 그녀는 탁월한 철학자인 세네카를 네로의 가정교사 겸 고문으로 삼아 네로가 정치인으로 성장하는 데 큰 도움을 주었다.

동시에 그녀는 정치의 어두운 면에서도 능란했으며, 그런 점에서 대정치가답다고도 볼만했다. 클라우디우스 생전에는 클라우디우스와 메살리나의 딸이며 네로에게는 의동생이던 클라우디아 옥타비아를 네로와 혼인시켜 후계자 지위를 강화하고, 옥타비아와 약혼했던 실라누스를 모함해서 죽게 만들었다. 클라우디우스의 죽음 직후에는 재빠르게 궁정을 장악하고 병사들을 뇌물로 움직여 네로를 차기 황제로 추대하도록 했다. 그리고 얼마 뒤, 네로의 가장 큰 라이벌이 된 브리타니쿠스를 암살하도록 했다.

아그리피나가 아들 네로에게 월계관을 씌워주는 모습을 표현한 입상.
ⓒ Carlos Delgado

그러나 아그리피나의 '작품'이던 외아들 네로는 그런 어머니의 냉혹하고 비열한 모습에 넌더리를 내기 시작했다. 좋은 뜻으로 스승을 삼아준 세네카가 옆에서 "태후마마처럼 하시면 안 됩니다!"라고 충동질하기도 했다. 그리하여 모자관계는 점점 소원해졌는데, 네로는 55년에 아그리피나의 오른팔이던 팔라스를 축출함으로써 어머니와 정치적으로 갈라설 것을 분명히 했다.

여기에 연애 문제까지 끼어들었다. 네로가 옥타비아와의 정략결혼 관계에 염증을 느끼면서 포파이아 사비나라는 유부녀와 사랑을 불태우게 된 것이다. 옥타비아는 클라우디우스는 물론 아우구스투스까지 올라가는 황실 혈통의 직계였고, 로마 시민들에게 좋은 평판을 얻고 있었다. 그래서 아그

영웅
황제
여성
건축
전쟁
기술
책
신
제도
유산

리피나는 무리수를 두면서까지 그녀를 아들의 배필로 맺어준 것인데, 이제 그 아들이 딴짓을 하고 있으니 속이 타지 않을 수 없었다. 모자지간에 마주치기만 하면 고성이 오가고 삿대질이 벌어지는 일이 궁정의 일상이 되어버렸다.

수에토니우스 등은 여기서 아그리피나가 차가워진 아들이자 황제의 마음을 돌리기 위해 '비상수단'을 썼다고 한다. 아직 매력이 넘치던 자신의 육체를 무기로 삼아 아들을 금단의 관계로 이끌었다는 것이다. 사실일까? 당시 로마의 최고 엘리트층에서 근친상간은 상상도 할 수 없는 일은 아니었다. 그녀는 한때 오빠 칼리굴라의 욕정의 대상이기도 했고, 실라누스를 탄핵할 때 '자기 누이와 근친상간을 했다'고 밀어붙이기도(모함이었을 듯하나) 했다. 따라서 모자상간 가능성도 배제할 수 없지만, 이 이야기를 기록한 수에토니우스 등이 네로를 극도로 싫어했으며, '아우구스투스 때까지만 해도 근엄하고 절도 있던 황실이 점점 난장판이 되어갔다. 그 배후에는 바로 아그리피나나 메살리나 같은 악녀들이 있었다!'라고 강력하게 주장하는 입장이었음을 감안하면, 날조일 가능성 또한 있다.

피하지 못한 비극적 운명

아무튼 파국은 어쩔 수 없었다. 부자 사이에도 권력은 나눌 수 없다는데, 모자 사이에도 그랬다. 실제인지 헛소문인지 아그리피나가 자신을 암살할 준비를 하고 있다는 소식을 들은 네로는 결단을 내렸다. 그리하여 59년, 그는 어머니를 뱃놀이에 초대했다. 그리고 흥청거리는 분위기를 틈타 자신만 몰래 빠져나오고는 그 배를 침몰시켰다. 하지만 아그리피나는 놀랍게도 헤엄을 쳐서 살아 나왔다. 네로는 이 소식에 소스라치게 놀랐으며, 되도록 자연스러운 죽음을 연출하려던 생각을 접고 근위병들을 그녀의 저택으로 보내 찔러 죽이도록 했다고 한다.

"여기다! 여기서 네로가 나왔다! 여길 찔러라!" 최후의 순간, 아그리피나는 병사들에게 자신의 배를 가리키며 악을 썼다고 한다. 무참하게 난자된 그녀의 시신을 본 네로는(그만큼 준비했던 암살이 한 차례 실패했기에 직접 확인하려는 것이었을까?) "그래도 한때는 예쁜 여자였는데!"라고 혼잣말을 했다고 한다. 그런데 이런 이야기들은 너무도 극단적이라, 어디까지 사실일지 의심스럽다.

네로는 암살 과정에서 벌벌 떨며 방에 틀어박혀 꼼짝도 하지 않았다는 설도 있다. 더구나 암살 자체가 네로의 뜻이라기보다는 황제파와 태후파로 나뉜 궁정에서 황제파가 기획하고 실행한 것이라는 추측도 있다. 칼리굴라라면 모를까, 온화한 성품이며 피를 보는 일을 죽도록 싫어했던 네로가 자기 어머니의 시체를 보며 그렇게 말했을 것 같지는 않다. "한때는 내게 얼마나 아름답고 훌륭한 분이셨는지!" 이 정도의 탄식과 회한의 독백 정도가 아니었을까.

엄마처럼 되고 싶지 않았던 여자, 율리아 아그리피나. 그녀는 어떤 점에서는 성공했지만 끝내 비극적 운명을 피하지는 못했다. 그것은 남성우월주의적인 로마제국 초기의 어지러운 정국 속에서 살아남기 위한 어쩔 수 없는 선택이자, 어쩔 수 없는 한계였을지 모른다.

욕망의 신화가 되다

방탕함의 대명사가 된 황후

'메살리나 콤플렉스'라는 말이 있다. '오이디푸스 콤플렉스'나 '엘렉트라 콤플렉스' 등이 그리스의 신화적 인물을 소재로 만들어진 심리학 용어라면, 메살리나 콤플렉스는 로마의 실존 인물을 소재로 했다는 점에서 특별하다. 이는 '정신질환이라 여겨질 정도로 성욕이 과다한 여성의 상태'를 뜻한다. 오늘날까지 이탈리아에서는 성적으로 문란한 여성을 일러 '메살리나'라고 부른다고 한다.

메살리나Valeria Messalina의 정식 이름은 발레리아다. 발레리우스가 **노멘**9-7인 아버지의 딸이었는데, '발레리아 메살리나'가 된 것을 보면 여러 딸 가운데 한 명이었던 모양이다. '모양이다'라고 말할 수밖에 없는 것은 그녀의 초기 생애에 대해 남은 정보가 거의 없어서인데, 그것은 이 여성이 로마사에서도 보기 드물게 '그녀에 대한 모든 기록을 없애버릴 것'이라는 처분을 받은 결과다.

개인 기록은 없앴지만 역사까지 없앨 수는 없었기에 그녀의 이름은 기원후 38년, 그녀의 인척이며 훗날 황제가 되는 클라우디우스와 결혼함으로써 비로소 등장한다. 당시 클라우디우스는 47세였으며 그녀는 16세였던 것으로 알려져 있다. 코르넬리아만큼이나 나이 차이가 많이 나는 남편을 맞이한 셈인데, 그녀가 걸을 길과 남길 이름은 코르넬리아와 너무도 차이가 컸다.

메살리나의 상. ⓒ Caroline Léna Becker
아들 브리타니쿠스를 안은 모습이 마치 성모상처럼 보이며, 실제로 후대의 성모상들이 이를 본뜬 것으로 보인다.

결혼 3년 만에 **칼리굴라**2-2가 암살되고 클라우디우스가 즉위하며 황후 자리에 앉은 메살리나는 이제 겨우 스무 살을 넘긴 나이가 믿기지 않을 만큼 권력 다툼에 앞장섰다고 한다. 가장 문제가 되는 건 칼리굴라의 여동생들이었다. **율리아 아그리피나**3-5, 율리아 리빌라. 이들은 얼핏 보면 칼리굴라 패거리로서 '적폐'였지만, 칼리굴라에 의해 유배되었다가 그의 암살 이후 풀려나 로마로 돌아와 있었다. 그리고 아직도 로마 시민들 사이에서 인기가 높은 게르마니쿠스의 딸들이었다. 메살리나는 무엇보다도 자신이 클라우디우스와의 사이에서 낳은 아들 브리타니쿠스보다 아그리피나의 아들 **네로**2-3의 대중적 인기가 더 높은 점을 불안해했다고 한다.

생각해보면 네로와 메살리나는 비교적 가까운 핏줄이었다. 네로의 아버지인 그나이우스 도미티우스 아헤노바르부스는 그녀 어머니의 형제였고, 따라서 네로는 자신의 외사촌 동생이었기 때문이다. 결국 **아우구스투스**2-1의 뒤를 잇는 과정에서 율리우스와 클라우디우스 가문의 단추가 잘 맞춰지지 않고 뒤틀렸으며, 그 때문에 여러 정변과 스캔들, 골육상잔이 빚어졌다고 할 수 있다.

41년, 메살리나는 율리아 리빌라를 추방하고, 1년 뒤에는 처형토록 함으로써 이 싸움에서 웬만큼 승기를 잡았다. 그리고 그 처벌의 명분이 '세네카와의 간통'이었기에 세네카도 함께 추방했는데, 그는 훗날 돌아와 자연스럽게 아그리피나 진영에 서게 된다. 그리고 이로써 '자신의 승리가 확실해졌고, 늙은 남편 클라우디우스는 자신의 꼭두각시가 되었다고 판단한' 메살리나는 본격적으로 방탕한 생활에 뛰어들었다고, 수에토니우스와 타키투스는 말한다.

> 남편이 잠들기를 기다린다. 남편이 잠들고 나면 그녀는 몰래 침대에서 빠져나와 옷을 입고 모자가 달린 외투를 걸친다. 노예 한 명을 동행한 채 집 밖으로 슬그머니 나가 대경기장 주위에 모여 있는 매음굴로 향한다. 목표지점에 거의 다 도착할 무렵, 검은색 곱슬머리를 모두 덮을 수 있도록 얼른 금발의 가발을 꺼내 머리에 쓴다. 허름한 커튼을 옆으로 밀어젖히고 자신을 위해 마련된 방 안으로 들어간다. 그을음을 내며 타오르는 오일 램프가 희미하게 비추는 작고 답답한 공간이 그녀가 밤에 일하는 직장이다.

카를 빌헬름 베버는《로마의 밤문화》에서 메살리나의 추문에 대한 기록들을 근거로 이렇게 당시의 장면을 그려보았다. 제국의 안주인이, 단순히 간통을 일삼은 정도가 아니라(물론 그렇기도 했다고 한다. 마음에 드는 **원로원**9-2 의원이나 귀족들에게 유혹의 손길을 뻗쳤고, 끝내 거부하는 사람은 누명을 씌워 죽이기도 했다고 한다)

직접 매음굴에 뛰어들어 창녀 노릇을 했다는 것이다. 그녀는 '리키스카'라는 예명으로 활동했으며, 남자를 즐겁게 하는 방법에 훤했으므로 인기 만점이었다고 한다. 또한 플리니우스는 그녀가 '로마 최고의 음란녀'라는 타이틀을 탐낸 나머지 가장 색정적인 궁녀와 귀부인 들을 모아서 '섹스 경연대회'까지 벌였다고 적었다. 그 결과, 메살리나는 24시간 동안 자지도 먹지도 않으며 25명과 잠자리를 치러냄으로써 자타가 공인하는 챔피언임을 입증했다는 것이다.

메살리나는 여자 칼리굴라?

사실일까? 승자가 쓰는 역사는 패자의 잘못을 지나치게 부풀려 자신의 승리를 정당화하는 경향이 있다. 더불어 로마는 여성의 자유에 대해 관대하지 않았던 나라이기도 했다. 하지만 그토록 많은 사람이 일치하는 기록을 남겼다면, 그에 가까운 일이 있었다고 보는 게 적절하다. 과장은 많이 되었을지라도 말이다.

그렇지만 실제로 그녀가 그랬다면 무모하다고밖에 말할 수가 없다. 그녀는 확고부동한 권력을 거머쥔 입장이 아니었기 때문이다. 리빌라와 세네카를 제거했다지만 가장 중요한 정적인 아그리피나와 네로는 건재했다. 클라우디우스의 총애도 그녀의 추문이 알려진다면 언제 분노로 바뀔지 몰랐다. 게다가 제정 자체가 아직 뿌리 깊지 않았다. 그녀의 추문은 그녀 스스로의 정치적 입지뿐만 아니라 클라우디우스까지, 나아가 제정까지 위태롭게 만들 수 있는 위험천만한 행동이었다.

여기서 그런 무모하고 과도하며 위세를 부리는 정도를 넘어 스스로 비천한 지경에 떨어지면서 전통과 도덕률 자체를 비웃는 듯한 일탈 행각은 한 사람을 떠올리게 만든다. 바로 칼리굴라다! 두 사람은 성별이 다를 뿐, 매우 젊었고, 정치지도자 수업을 거의 받지 못한 채 얼결에 권력자가 되었으며, 권력 다툼 속에서 가까스로 최고 권력을 잡았음에도 전능한 신이라도 된 듯 과도하게 사치와 향락에 빠졌다. 그러므로 이 두 사람의 과도함은 무지와 불안의 합작품이었을지도 모른다. 그래서 그렇게 신랄하게 매도되고, 철저하게 부정되었을지도 모른다.

결국 라이벌이 먼저 장군을 불렀다. 아그리피나가 클라우디우스를 유혹한 것이다. 유일한 뒷배가 위태로워진 메살리나는 그제야 정신을 차렸지만, 황제의 마음을 되돌리기보다 음모를 택했다. 간통자 가운데 하나였던 원로원 의원 가이우스 실리우스와 함께 클라우디우스를 암살하기로 모의한 것이다. 그러나 음모는 새어나갔고 클라우디우스는 그녀를 폐위하고 유폐시켰다가 처형했다(처형을 주저하는 사이에 클라우디우스의 측근들이 자의로 그녀를 습격해 죽였다고도 한다). 48년, 그녀는 아직도 20대 중반의 나이였다.

메살리나는 오랫동안 악녀이자 음녀의 대명사로 불렸고, 여성이 정치에 목소리를 낼 때마다 거론되는 역사 인물로 소환되기도 했다. 그러나 근대 이후로는 '자유로운 영혼'으로서의 이미지로도 많이 등장하고 있다. 어느 쪽이든 메살리나라는 신화만으로 남아 있는 발레리아의 진짜 삶과 모습은 역사와 정치의 어두운 지평 건너에 숨겨져 있다.

기독교 제국을 키워내다

훌륭한 어머니이자 성녀라는 평판

아우구스타(태후), 황제의 어머니. **리비아**3-4나 **아그리피나**3-5의 예처럼 그녀들은 대체로 막후의 실권자로서 황제를 좌우하려 하는 야심가 내지 모사꾼으로, 또는 패륜과 암살 등을 일삼는 악녀로 그려지는 일이 많았다. 그러나 태후로서 **코르넬리아**3-3 같은 훌륭한 어머니라는 존경을 받고, 더 나아가 성녀의 반열에 오른 사람이 있다. **콘스탄티누스**2-8의 모후인 헬레나Helena다.

헬레나라는 이름은 어디서 들어본 듯한 감이 있다. 바로 헬레네! 지상 최고의 미녀로 메넬라오스의 아내였으나 파리스가 황금사과를 준 대가로 베누스가 그녀를 파리스에게 가도록 했고, 그리하여 트로이 전쟁이 일어나게 되었다는 신화의 주인공이다.

이름에서 보듯 헬레나는 그리스인이었음이 대체로 확실하다. 다만 정확히 어디 출신인지는 모호하다(소아시아의 드레파논이라는 작은 도시가 그녀의 사후 헬레노폴리스로 개명되었기에 가장 유력하다고 하지만, 헬레노폴리스로 개명된 도시는 그곳뿐이 아니었다). 타고난 신분은 그리 뛰어나지 않았다. 그런데 중세에 그녀를 떠받드는 분위기에 따라 '브리튼 왕의 공주였다'라는 전설이 생겼고, 그에 따라 백

콘스탄티누스(왼쪽)와 함께한 헬레나. ⓒ Brosen
불가리아 정교회의 성상이다.

수십 곳의 영국 성당들이 그녀에게 봉헌되기도 했다. 실제로는 여관을 운영하는 평민의 딸이었으며, 아버지의 여관에서 일을 돕기도 했다고 한다.

그리스 신화의 헬레네만큼은 아니어도 상당한 미인이었던 모양이다. 율리아누스 황제가 신임하는 장군으로 동방의 제노비아를 정벌하러 가던 콘스탄티우스가 소아시아에서 그녀를 우연히 만났고, 변변찮은 출신에도 불구하고 아내로 맞이했으니 말이다. 이 점을 두고 그녀가 그의 첩이었다는 소문이 제법 돌았다. 훗날 그녀의 아들 콘스탄티누스와 대적하게 되는 막센티우스는 이 소문을 근거로 "비천한 첩년의 자식!"이라고 콘스탄티누스를 비방했다. 하지만 콘스탄티우스에게 따로 부인이 있었다는 기록은 어디에도 없다. 그리고 첫 만남 당시 두 사람 다 20대 초반이었으며, 헬레나의 나이가 조금 더 많았다. 그러고 보면 두 젊은이가 불꽃같은 사랑에 휩싸였다고 보지 않을 까닭이 없다. 또 콘스탄티우스도 당시 지위는 높았다 하더라도 출신은 평민이라(귀족의 후예라고 포장되기는 했으나, 콘스탄티누스에 의한 윤색이었을 것으로 여겨진다) 그녀와의 정식 결혼이 상식 밖의 일은 아니었다.

불안을 이겨낼 힘을 준 아들과 종교

그러나 사랑은 움직이는 것이었다. 293년, 콘스탄티우스는 동방 황제 디오클레티아누스의 양자가 되는 한편 서방 황제 막시미아누스에게서 카이사르(부제) 지위를 받았다. 디오클레티아누스의 사분체제 구상에 따라 동방에서 선임된 부제 갈레리우스까지 해서 4인의 황제 중 하나로, 로마제국의 4분의 1을 실질적으로 독자 통치하게 된 것이다. 그런데 황제들 간의 유대관계를 더 튼튼히 하고자, 콘스탄티우스는 헬레나와 이혼하고 막시미아누스의 딸 플라비아 테오도라와 재혼한다. 그래서 헬레나는 훗날 태후는 되지만 황후의 자격은 얻지 못한 채, 20세가 된 아들 콘스탄티누스와 함께 디오클레티아누스의 니코메디아 궁정에 손님(볼모)으로 보내져 살아가게 된다.

궁정에서 산다지만 군식구일 따름이고 언제 외딴 섬으로 추방될지 모르는 상황이었다. 헬레나는 이 불안과 불만의 세월을 두 가지에 전념하며 견뎌냈다. 하나뿐인 자식 콘스탄티누스, 그리고 **기독교**[10-4]였다. 아버지를 닮아 우악스러운 성정의 아들을 헬레나는 열심히 타이르고 어르며 궁정의 학자들에게 최상의 지성을 배우도록 했다. 자식 교육에 열성인 어머니의 행동이면서, 그 모자의 운명을 좌우할 힘이 있는 디오클레티아누스에게 잘 보이게 하려는 안간힘이었다. 그리고 아들을 기독교로 인도하려 했다. 그녀 자신이 언제 기독교도가 되었는지는 확실하지 않은데, 제국 서방에 비해 기독교 교세가 컸던 동방에 살 때부터였을 수도 있고, 니코메디아에 와서 기독교도 학자인 락탄티우스의 감화를 받은 이후일 수도 있다. 이는 늘 몸조심을 했던 이들 모자에게는 역설적으로 모험일 수도 있었다. 디오클레티아누스가 기독교를 별로 좋게 보지 않은 데다 303년에는 대규모 박해를 재개했기 때문이다. 그래서인지 콘스탄티누스는 기독교에 많은 호감을 가지면서도 정식 교도가 되는 일은 매우 꺼렸다.

306년, 마침내 운명의 반전이 일어났다. 브리튼 원정 도중 콘스탄티우스가 사망하고, 그 사이에 아버지의 곁으로 와 있던 콘스탄티누스가 병사들의 추대로 카이사르가 된 것이다. 그는 모후를 니코메디아의 궁정에서 모셔와 태후 자리에 앉혔다. 그것은 그때까지 황후였던 플라비아 테오도라를, 그리고 그녀가 콘스탄티우스와의 사이에서 낳은 여섯 명의 자녀들을 하루아침에 따돌리는 조치였고, 따라서 막시미아누스 및 그의 아들 막센티우스와의 불화를 불러일으키는 실마리였지만, 콘스탄티누스는 추호의 망설임도 없었다.

325년, 콘스탄티누스가 막센티우스를 비롯한 경쟁자들을 모두 무찌르고 명실공히 로마의 유일한 황제가 된 이듬해, 헬레나는 아우구스타 칭호를 받음과 함께 당당하게 세례를 받는 의식을 치렀다. 기독교에 귀의한 지는 오래였으나 그동안 공공연히 티를 낼 수 없었던 신앙을 비로소 드러낼 수 있게 된 것이다. 감격과 영광이 아닐 수 없었다. 그러나 헬레나의 감격과 영광의 이야기는 더 남아 있었다.

이듬해, 그녀는 황제인 아들의 전폭적인 지원 아래 '성지순례'에 나선다. 2년 동안 이루어진 팔레스타인으로의 성지순례는 '팔자 좋은 유람'으로 여겨질 수도 있겠지만, 당시 그녀의 나이가 80대였음을 생각하면, 그리고 현대와는 판이한 당시의 여행 조건을 생각하면 결코 쉬운 길이 아니었다. 성지에서 그녀는 베들레헴과 올리브산에 성당을 세웠고, 예루살렘에서는 예수가 매장되었다는 곳 근처의 베누스 신전을 헐고 '성묘 성당'을 세웠다. 그리고 그 과정에서 "예수가 못 박힌 바로 그 십자가를 발견했다".

사실일까? 처형에 사용된 지 300년이나 지난 나무토막들이 썩지도 부서지지도 않고 고스란히 보존되어 있었다는 것이나, 로마제국의 태후가 찾아왔을 때 기다렸다는 듯 발견되었다는 것이나, 그때까지 300년 동안 누구에게도 발견되지 않았다는 것이나 모두 믿기 힘든 이야기다. 그러나 그래야만 기적이 된다.

기적을 이야기하는 전설에는 이때 그녀가 성십자가 외에도 예수를 못 박았다는 쇠못들, 그가 최후의 날에 입었다는 로브, 그의 옆구리를 찔렀다는 로마 병사의 창 등도 발견했다는 내용이 있다. 하지만 역사 기록과 일치하는 것은 성십자가뿐이며, 그것은 장차 동로마, 페르시아, 이슬람으로 이어지는 항쟁 속에서 이리저리 옮겨지며 역사에 계속 등장하게 된다. 또한 헬레나는 로마로 돌아오는 길에 키프로스에 들렀으며, 이집트에서 몰아온 고양이 떼를 풀어서 뱀이 득실거리는 이교 사원을 정화하고 그 자리에 성당을 세웠다고도 한다. 키프로스는 신화에서 **베누스**8-3의 탄생지로 여겨졌으며, 그녀가 성묘 성당을 세울 때도 베누스 사원을 허물었다고 하는 걸 보면, 이 기독교-로마의 헬레네는 그녀와 이름이 같은 신화 속의 헬레네의 운명을 농락한 베누스에게 복수했다고도 할 수 있겠다.

그녀는 현실정치에서도 또 다른 '베누스'를 배격하는 행동을 했다. 바로 며느리뻘인 콘스탄티누스의 황후 파우스타가 음란하고 음모꾼이라 해서 폐위하고 나아가 처형하는 데 적극적 역할을 한 것이다. 파우스타가 의붓아들 크리스푸스를 죽음으로 몬 일에 대한 앙갚음이었다(그녀는 맏손자인 그를 무척 사랑했다고 한다)는 말이 있다. 이는 그만큼 콘스탄티누스에 대한 그녀의 영향력이 끝까지 변함 없었다는 뜻이기도 하고, 그녀 역시 '시어머니와 며느리' 사이에서 벌어진 궁중의 암투에서 자유롭지 않았다는 뜻이기도 하다.

길이 남은 성녀 전설

330년, 헬레나는 콘스탄티노플 궁정에서 사망했다. 그녀의 아들인 황제의 손을 꼭 붙잡은 채였다. 그녀는 사후에 더 유명해졌다. 성 헬레나로 시성되어 로마 황실의 여성 중 최초로 성녀의 반열에 올랐고, 중세의 여러 전설과 문학 작품에서 주인공이 되었는데 가령 9세기 영국의 시인 키네울프의 《엘레네》에서 그녀는 '콘스탄티누스가 전투에서 본 십자가의 환영, 그 실체를 찾기 위해' 온갖 위험이 도사리고 있는 팔레스타인으로 모험을 떠난다. 모험에서 그녀는 유대인들의 음모와 공격에 시달리지만 유다라는 유대인을 개종시키고, 그에게서 성십자가가 숨겨진 곳을 알아낸다. 더불어 그녀는 성유물을 찾아냈을 뿐 아니라 온 팔레스타인을 기독교로 개종시키고 로마로 돌아간다. 한편 14세기에 제프리 초서가 지은 《캔터베리 이야기》의 콘스탄스는 로마의 공주로 이슬람의 왕비가 되는데, 이름도 시대도 다르고 성십자가도 나오지 않지만 '동방의 이교도들을 개종시키고' '남편의 외면으로 추방되었다가 아들의 힘으로 영광을 되찾는' 점에서 헬레나를 모티브로 삼았다고 여겨진다.

심지어 그녀에 대한 숭배는 국제적이다. 그녀는 콘스탄티노플에서 죽었으나 그녀의 유골(이라 여겨지는 것) 중 일부는 로마에, 일부는 독일과 프랑스에 있다. 필리핀에서는 지금도 5월이면 그녀를 기리는 축제를 연다. 에티오피아에서도 9월에 비슷한 축제를 벌인다.

지금 우리는 한 여성, 헬레나에 대해서는 그리 많이 모르며, 그녀가 두르고 있는 화려한 신화와 전설은 많이 안다. 금은보화에 묻힌 오래된 유골처럼. 아무튼 그녀의 품에서 로마를 기독교 제국으로 탈바꿈시키는 계기가 태어났고, 그녀는 어머니로서만이 아니라 탐험가로서 먼 나라를 찾아, 그 기독교 제국의 상징 정치를 빛낼 계기 또한 마련했다.

3-8 타이스

창녀이자 성녀로서 전설로 남다

창녀의 삶에서 성녀의 삶으로

로마의 유명한 여성이라면 대개 현모양처 아니면 요부로 나뉘고는 했다. 그러나 **기독교 시대**10-4가 되면서 또 한 유형이 늘었다. 바로 '성녀'다. 하녀로서 기록상 최초의 여성 순교자(126년)인 성 세라피아를 시작으로, 귀족 출신으로 음악에 뛰어났다며 음악의 수호 성녀로 남은 성 세실리아, 젖가슴을 도려내는 고문을 받았다는 성 아가타, 훗날 잔 다르크에게 나타나 오를레앙을 구하라는 사명을 전했다는 성 마르게리타 등등 숱한 성녀가 등장했다.

이 가운데 4세기경 이집트에서 활동한 '알렉산드리아의 타이스St. Thaïs'는 성녀 가운데 그렇게까지 영향력 있는 존재는 아니다. 순교한 것도 아니고, 기적과 연관되어 있지도 않다. 그러나 독특한 이력 때문에 시대를 뛰어넘어 문학과 예술에서 가장 주목받는 성녀가 되었다.

그녀의 생애는 분명치 않다. 그녀가 죽은 지 수십 년이 지나 씌어진 《비타 타이시스(타이스의 생애)》와 12세기에 나온 성인 열전을 털어봐도 간단한 이야기만 나오며, 그나마 서로 모순되는 부분이 있다. 이를 보면, 타이스는 알렉산드리아에서 태어났으며 부모의 영향으로 어릴 때 기독교인이 되었다. 그러나 성장한 그녀는 무희 혹은 창녀가 되어 기독교적이지 않은 삶을 살았다.

그 분야에서 그녀의 명성은 매우 높았다. 그래서 그녀를 설득하여 개종시키는 일이 큰 의미가 있다고 여긴 성 파프누티우스(다른 기록으로는 성 베사리온, 또는 성 세라피온)는 손님을 가장해 그녀를 찾아갔다. 그런데 신비한 힘을 느낀 그는 "당신은 이미 신앙을 가진 적이 있군요!"라고 말해 타이스의 비밀을 밝혔으며, 이에 크게 놀라 두려워진 타이스는 회개하고 신을 섬기는 삶을 살기로 결심한다. 그리하여 막대한 가치가 있는 금은보석과 비단옷 등을 불태우고, 파프누티우스를 따라 사막의 은둔지에서 수도 생활을 한다.

성심으로 지난날의 죄를 참회하며 청빈과 봉사의 삶에 매진하던 그녀는 마침내 수녀로 인정받고 착복식을 한다. 그러나 불과 15일이 지나 그녀는 세상을 떠난다. 세속적 인기를 미련 없이 버리고 진심으로 참회한 그녀를 기리고자, 교회는 훗날 그녀를 '통회자 타이스'라 부르며 성녀로 시성했다.

예술 작품에서 계속해서 소환되는 성녀

타락한 여성의 대명사인 창녀에서 가장 순결하고 고상한 여성인 수녀 혹은 성녀로 변신한 이야기는 또 다른 성서적 인물과 겹친다. '일곱 귀신이 들렸다가' 회개하고 예수를 따른 막달라 마리아다. 하지만 그녀가 과연 창녀였는지는 《성서》에 분명히 나와 있지 않다. 그러기에 중세 이래 타이스는 막달라 마리아를 대신하여 '가장 타락한 여인도 용서하신 놀라운 신의 은총'을 상징하며 종교문학이나 예술의 소재가 되고는 했다.

그러나 근대 이후 문학과 예술은 그녀를 통해 다른 주제를 이야기하기 시작했다. 대표적으로, 프랑스의 작가 아나톨 프랑스가 1890년에 쓴 《무희

타이스》에서 타이스는 알렉산드리아를 넘어 온 로마에 평판이 자자한 슈퍼스타 무희다. 절세의 미모와 천재적인 예능 실력으로 뭇 남자들의 영혼을 사로잡는 인물이다. 평생 금욕과 수도의 길을 걸어온 파프누티우스(프랑스어로 파흐뉘스)는 그런 그녀를 개종시켜 신의 영광을 떨치는 게 자신의 사명이라고 믿는다. 그리하여 귀족 친구 니키아스의 도움으로 그녀와 만난다.

본래의 성인전과는 달리 기독교를 전혀 모르던 타이스는 꾀죄죄하고 거친 파흐뉘스를 처음에는 비웃지만, 자신이 몸담은 세계와는 전혀 다른 세계의 열정을 내뿜는 파흐뉘스의 설교에 점점 매료된다. 그리고 마침내 모든 것을 버리고 사막으로 갈 결심을 한다. 그녀를 사랑했지만 감히 어쩌지 못했던 니키아스는 "당신은 정말 대단한 여자야. 이쪽 세계에서 전설이 되더니, 이제는 다른 세계에서도 전설이 되려 하는군!" 하며 그녀를 보내준다.

'사명'을 완수한 파흐뉘스는 다시 사막의 은둔처로 돌아온다. 그런데 이상하다. 전처럼 평온한 마음으로 수도에 임할 수 없던 그는 당황과 고민 끝에 기둥 위로 올라가 고행하는 등 다양한 방법을 다 쓰며 평온을 되찾으려 하나 실패한다. 그리고 자신도 모르게 타이스에게 남자로서 사로잡히고 말았음을 깨닫는다.

수십 년의 공든탑이 무너졌음을 알고 번민하던 그에게 '타이스가 위독하다'는 소식이 전해진다. 그는 한달음에 타이스가 의탁하던 수녀원으로 달려간다. 그리고 막 숨이 넘어가던 타이스 앞에 엎드려 눈물로 호소한다.

> "타이스! 내가 당신을 속였어. 들어봐. 하나님은 없어. 적어도 하나님의 사랑이란 없어. 태어나서 힘겹게 살다가 병들고 죽어가는 우리 사람들만이 있어. 그러면서도 서로를 아끼고 사랑하는 사람들만이! 타이스, 당신을 사랑해. 날 봐줘! 그리고 사랑한다고 말해줘!"

그러나 죽음의 문턱에서 황홀경에 빠져 있던 타이스에게 그의 말은 들리지 않는다.

"보세요! 저기 영원한 장미꽃이 있어요. 봐요! 저 빛을 봐요! 하늘이 열리고 있네요! 뭇 천사들에 둘러싸인 그분의 옥좌! 하나님이 보여요! 제게 어서 오라고 하세요!"

그리고 숨이 끊어지는 타이스. 감정에 복받친 파흐뉘스는 그녀의 시신을 끌어안는다. 주위 사람들이 달려들어 억지로 그를 떼어냈는데, 그들은 어느새 추악한 흡혈귀처럼 변한 파흐뉘스의 얼굴을 본다.

당대의 화제작이 된 이 소설을 바탕으로 쥘 마스네는 1898년에 오페라 〈타이스〉를 썼고, 그 가운데 아타나엘(마스네는 파흐뉘스 대신 이런 이름을 썼다)의 훈계를 듣고 방탕한 자신의 생활을 반성하는 〈명상곡〉은 오랜 세월 많은 사랑을 받는 클래식 곡이 되었다. 이 밖에도 타이스 이야기는 연극, 영화, 발레 등으로 만들어졌다. 물론 근대적으로 재해석된, 허구의 타이스다.

알렉산드리아의 타이스와 알렉산드로스의 타이스

하지만 고대의 타이스 자체가 실존 인물이 아닌 허구 아니 '전설'일지도 모른다. 그녀의 생애에 대한 자료가 워낙 적은데다, 그녀보다 약 800년 전에 살았다는 '타이스'가 그녀와 묘하게 겹쳐 보이기 때문이다. 그 타이스도 유명한 창녀였다. 그런데 알렉산드로스의 동방 원정에 동행했고 그의 사랑을 받기도 했다. 페르시아를 정복한 알렉산드로스는 페르시아 문명을 잘 보전하여 그리스 문명과 융합시킬 계획이었으나, 아테네 출신으로 옛날 페르시아가 아테네를 불태운 일에 복수하려던 타이스는 알렉산드로스에게 술을 먹이고 끈질기게 부추긴다. 그래서 페르시아의 수도 페르세폴리스를 불태우도록 하고 환호한다.

그런데 이 타이스조차 실존 인물인지는 불확실하다. 권위 있는 문헌에서는 페르세폴리스를 태운 것은 알렉산드로스의 진지한 결정(페르시아인들이 마음의 구심점을 잃고 자신에게 복종토록 하려는)이었다고 하며, 타이스는 이름조차 찾아볼 수 없다. 아무튼 알렉산드로스가 죽고 그녀는 알렉산드리아가 수도인 프톨레마이오스 왕조의 왕비가 되었다고 한다. 성녀 타이스의 무대는 알렉산드리아다. 우연일까?

알렉산드로스의 타이스는 그리스가 오리엔트를 정복했음을 나타낸다. 알렉산드리아의 타이스는 기독교가 로마를 정복했음을 나타낸다. **헤르실리아**3-1나 **루크레티아**3-2가 그 개인의 실제 삶, 또는 역사적 사실을 떠나 로마 자체 또는 로마 **공화정**10-5 수립을 위해 '이용'된 전설적 캐릭터라면, 두 타이스 또한 그랬던 게 아닐까?

그렇다면 프랑스의 타이스, 유혹당했으나 자신도 모르게 유혹자가 되어버린 타이스 또한 그런 캐릭터로서 역할하고 있다고 할 수 있다. 프랑스 대혁명과 종교 개혁, 산업혁명을 거치며 개인적 욕망의 소중함과 동시에 불안함을 새기며 살아가는 사람들을 매혹시키는 타이스. 어쩌면 모든 타이스들은 로마를 연출하고 있을지도 모른다. 검소하고 금욕적인 정신으로 오리엔트를 정복했지만, 오리엔트의 사치와 안일에 정복당한 로마. 그리고 다시 오리엔트에서 온 검소와 금욕의 기독교에 정복당한 로마를. 창녀 또는 성녀, '무희'는 어떤 캐릭터라도 연기해낼 수 있다.

배우에서 황후로, '공동황제'가 되다

꿈도 꿀 수 없던 결혼이 현실이 되다

테오도라Theodora는 로마의 역대 황후 가운데 가장 비천한 집안 출신이다. 그녀는 원형극장에서 일하던 사육사의 딸이었는데, 아버지가 일찍 죽어 어릴 때부터 돈벌이에 나서야만 했다. 돈벌이란 곧 노래와 춤으로 관객들을 즐겁게 하는 일이었는데, 프로코피우스에 따르면 그녀는 그런 재능이 없었다. 하지만 용모는 "얼굴이 작고 어여뻤으며 우아한 인상이었다. 얼굴은 좀 창백했지만 두 눈은 불타오르듯 빛났다"고 표현할 만큼 뛰어났기 때문에, 좋게 말해서 여배우라지만, 실제로는 음란한 공연을 하고 몸을 파는 일을 했다. 프로코피우스는 그녀가 거리낌 없이 알몸을 내보였으며 일종의 포르노 쇼까지 했다고 하는데, **유스티니아누스**2-9와 그녀에게 시중에 떠도는 온갖 악담을 거르지 않고 퍼부었던 그이기에 걸러서 들어야 할 것이다. 그래도 그녀가 귀한 집 자제와 결혼할 꿈을 꿀 수 없는 신세임은 틀림없었다. 하지만 꿈도 꿀 수 없는 일은 현실이 되었다.

유스티니아누스와 그녀가 처음 만났을 때 그는 42세, 그녀는 23세 정도였을 것으로 보인다. 적지 않은 나이 차였지만 두 사람 모두 이전에 결혼했다는 기록은 없었다. 그는 그녀에게 매혹되었고 결혼을 결심했다. 하지만 순탄치 않았다. 유스티누스 황제의 황후 유페미아를 비롯해 여러 사람이 '이건 결혼이 아니라 추문!'이라며 맹렬히 반대했고, '**원로원**9-2 의원 이상의 신분을 가진 사람은 천민과 결혼할 수 없다'는 법률도 있었기 때문이다. 그러나 유스티니아누스는 굽힐 줄 몰랐고, 유페미아가 죽자 유스티누스 황제의 칙령을 받아내 법을 고쳐서 결혼했다. 525년이었다. 그리고 2년 뒤, 유스티누스가 죽으며 이 커플은 제국의 통치자가 된다.

사상 최대의 권력을 지닌 황후

그리고 테오도라는 역대 황후 가운데 가장 강한 권력을 지니게 된다. 남성중심적이던 로마인들은 여성이 정치에 관여하는 일을 조선시대 선비들 이상으로 혐오했다. **리비아**3-4나 **아그리피나**3-5, **헬레나**3-7처럼 상당한 실권을 쥐었던 여성들도 어디까지나 장막 뒤에서 비공식적으로만 권력을 쓸 수 있었다. 그러나 테오도라는 '배알하는 사람은 그 누구든, 그 앞에 꿇어 엎드려서 양발에 입을 맞춰야 하는' 의례를 유스티니아누스와 동등하게 받았다. 뿐만 아니라 모든 칙령은 유스티니아누스와 그녀의 서명이 둘 다 들어가 있지 않으면 효력이 없었다. 그녀는 **벨리사리우스**1-10를 비롯해 그 누구든 마음대로 죽이고 살릴 수 있었으며, 그 누구도 그녀의 어두운 과거에 대해 말할 수 없었는데 '제국의 구석구석까지 그녀가 보낸 첩자들이 있어, 술자리에서라도 잘못 입을 놀렸다가는 쥐도 새도 모르게 끌려가 죽을 수 있었'기 때문이다. 그녀는 콘스탄티노플 총주교 자리를 두고 로마 교황과 직접 교섭했으며, 페르시아와의 전쟁 중 강화 쪽으로 페르시아의 입장이 움직이게끔 막후 공작을 하기도 했다. 그야말로 공동황제나 다름없었다. 역대 로마 황제들은 종종 이름뿐인 공동황제를 두었지만, 그녀는 실제로 권력을 공유했던 것이다.

그녀가 전대미문의 권력을 누릴 수 있었던 것은 황제의 아낌없는 애정의 대상이기 때문만은 아니었다. 그는 그녀를 신뢰했다. 532년, 유스티니아누스는 재위 중 최대 위기이자 유일한 위기를 맞는다. 동로마를 둘로 나누던 청색파와 녹색파의 대립이 **전차 경주**10-7에서의 승부 시비를 계기로 폭발했고, 광기에 휩싸인 무리가 황제고 뭐고 가리지 않고 습격했던 것이다. 이성을 잃은 유스티니아누스는 수도를 버리고 달아나려 했다. 그때 테오도라는 그의 팔을 붙들고 이렇게 외쳤다.

> "당신은 황제입니다. 황제가 목숨이 아까워 달아난다고요? 네, 바로 앞이 바다이고 배들이 널려 있으니 달아나는 거야 뭐가 어렵겠어요? 하지만 그다음부터가 지옥일걸요? 황제의 존엄과 영광을 모두 잃고 도망자로 사는 삶, 그 굴욕, 그 고난을 견디신다고요? 절대 그럴 수 없을 겁니다! 당신은 들어보지 못하셨나요? 황족의 금빛 어의는 최고의 수의라는 말을? 우리는 어차피 모두 죽습니다. 황제라면 황제답게 살고, 황제답게 죽어야 하지 않겠어요?"

이 말에 정신이 든 유스티니아누스는 수도 사수를 결심했다. 그리고 멀리 있던 벨리사리우스에게 연락해 상황을 역전시키고 반란자들을 소탕한다. 이 '니카의 반란' 이후 테오도라의 권력은 확고해졌다.

그리고 황제는 황후를 인간적으로만 신뢰했던 게 아니다. 테오도라는 정책에 있어 독자적인 입장이었으며, 그것은 때로 유스티니아누스의 입장과 충돌하기도 했다. 가령 유스티니아누스는 삼위일체를 받드는 정통파 기독교로 제국을 통일하려 했으나, 테오도라는 단성론파(예수에게는 신성과 인성 중 하나만 존재한다는 입장)를 지지하고 비호했다. 프로코피우스는 이를 '위장 쇼'로

폄하한다. 사실은 둘이 한통속이면서, 짐짓 입장이 다른 체하며 사람들을 속였다는 것이다. 그러나 매사 악의적으로 보려는 사람이 아니면, 그렇게 위장해 얻을 실익이 있었을까 싶을 것이다. 두 사람은 정책이 같지 않았을 뿐더러 정치 스타일도 달랐다. 그리고 '맡은 분야'도 달랐던 것 같다. 황제는 사람인가 싶을 정도로 적게 먹고 적게 마셨다. 그러나 황후는 사치스럽고 여유 넘치는 생활을 과시했다. 유스티니아누스는 누구의 알현이든 받아주며 무슨 말에든 귀를 기울였다. 테오도라는 좀처럼 알현을 허락하지 않았고, 상대가 애가 탈 때까지 기다렸다 만나주었다. 이것을 성격 차이로만 해석하면 안 된다. 황제는 인자하고 소박한 이미지를 심고, 황후는 황실이 어렵고 존엄한 존재임을 일깨웠다. 황후의 엄격함에 스트레스를 받던 사람은 황제 앞에서는 마음 놓고 하고 싶은 말을 다 풀어놓았다. 반대로 황제에게는 잡다한 정보가 뒤섞여 전달되는 반면 황후는 알짜 정보만 얻어낼 수 있었다. 제국 구석구석까지 '첩자'를 두어 관리했음은 테오도라가 자신에 대한 입소문에 민감했을 뿐만 아니라, 정권 유지와 강화를 위한 첩보 활동을 총괄하고 있었음을 알려준다.

한마디로 황제는 태양이고, 황후는 달이었다. 해와 달은 서로 사랑하고 신뢰하며, 각자의 영역에서 세상을 이끌어갔다. 그래서 유스티니아누스의 재정복 사업으로 이탈리아의 동로마 거점이 된 라벤나에 들어선 산 비탈레 성당에는 두 사람을 동등하면서도 다르게 묘사한 유명한 **모자이크 벽화**6-9 가 그려져 있다.

최고 권력자의 불멸의 사랑

테오도라는 제국 경영과는 별개로 자신만의 정책 비전을 갖고 실행하기도 했다. 바로 '매춘부 갱생 사업'이다. 콘스탄티노플 등의 대도시에서 매춘을 금지하고, 일자리를 잃은 매춘부들을 한 곳에 모아 최상급 복지를 제공하는 한편 새로운 일을 배울 기회를 마련해주었다. 사업에는 부작용도 있었다. 금지된 매춘을 몰래 하느라 매춘부가 전보다 더한 악조건에 빠지거나, 수용소 생활을 참지 못해 탈출하려다 죽는 경우도 있었다. 그러나 자신의 아픈 과거, 그 암울한 길을 밟는 여성이 두 번 다시 없도록 하려던 그녀의 진정성은 좋게 평가될 만하지 않을까.

테오도라는 548년 사망했다. 유스티니아누스는 그 뒤 17년을 더 살았지만, 새 황후를 맞지 않고 쓸쓸히 지냈다. 두 사람 사이에는 아이가 없었으므로 제위는 먼 친척에게 계승되었다. 황제의 그런 행동은 어떤 정치적 계산으로도 풀이할 수 없다. 사랑으로만 풀이할 수 있다. 프로코피우스는 테오도라가 그토록 막강한 힘을 가질 수 있었던 것은 그녀가 마법으로 유스티니아누스를 미혹했기 때문이라고 해석한다. 그러나 시술자가 죽은 지 17년 동안이나 풀리지 않는 마법이 있을까. 세계 최고의 권력을 가진 남자의 불멸의 사랑을 받았다는 그 하나만으로도, 테오도라는 성공한 인생을 살았다고 할 수 있다.

동로마 최고의 악녀로 남다

황실이라는 주식회사, '여인천하'를 부추기다

4세기에 **콘스탄티누스**2-8는 황제를 **공화정**10-5의 틀을 초월할뿐더러 제정일치적 권위까지 지닌 전제군주로 끌어올렸다. 6세기에 **유스티니아누스**2-9는 황제와 황후가 공동으로 협력하고, 때로는 상호 견제하며 군림하는 모습을 보여주었다.

이후 동로마의 황제 체제는 기묘하게 발전했다. 황제가 주인공은 주인공이되, 실질적인 권력, 나아가 생명은 '황실'이라 불리는 '주식회사'의 역학관계에 따라야 하고, 황실 주식회사는 외부 세력과의 외교 안보 관계와 종교 관계로 두루 민심을 얻어야 유지되었다. 이 과정에서 동로마의 황후와 태후 들은 예전 로마제국에서보다는 훨씬 적극적인 정치적 역할을 맡게 되었다.

'적극적인 정치적 역할'에는 여러 방식이 있었다. **테오도라**3-9처럼 황후로서 공동황제처럼 국권을 일부 장악하는 것, 엘레나(콘스탄티누스 7세의 황후)처럼 남편을 충동질해 쿠데타를 일으켜 황후가 되는 것, 이레네(콘스탄티누스 6세의 태후)처럼 대놓고 여성 황제로 버티고 앉아 천하를 내려다보는 것. 어떤 역할이든 집권에 성공한 여성도 있고 실패한 여성도 있지만, 대략 6세기에서 12세기에 이르기까지 동로마 황실 여성들은 정치적으로 약삭빠르지 않으면 그 자리에 오래 머무를 수 없었다. 폐위되어 심하면 처형되거나 신체를 절단당하고, 덜하면 평생 수녀원에 갇히는 운명이니, 이것이 싫다면 어떻게든 정치 무대에서 주동자로 나서야만 했다.

천하 제일의 미녀이자 동로마 제일의 악녀

테오파노Theophano는 10세기 중엽의 인물로 '천하 제일의 미인'이었는데 '숨이 막힐 정도로 아름다웠다'고 한다. 그래서인지 여관 주인의 딸이던 그녀는 동로마 황제 로마누스 2세의 눈에 들어 황후가 되었다. 그러나 이후 그녀는 로마누스 2세를 포함해 두 황제를 시해하고, 최소한 한 차례 간통을 저질렀다. 그래서 '동로마 제일의 악녀'라는 오명을 쓰게 된다. 과연 그녀는 최악의 악녀였을까?

958년, 18세의 나이로 로마누스 2세의 황후가 된 그녀는 대규모 숙청을 감행했다. 헬레나 태후와 황제의 다섯 누이, 전 황후인 베르타가 낳은 공주들은 모두 황궁에 유폐되거나 수녀원에 보내졌으며 다수의 원로 대신들도 쫓겨났다. 그녀는 황실 여성들이 수녀가 되기 위해 눈물을 흘리며 머리를 깎는 현장을 끝까지 지켜보았다고 한다.

당시 동로마는 국력이 충실했으며, 니케포루스 포카스라는 유능한 장군도 있었다. 그는 아바스 왕조의 쇠퇴를 틈타 크레타와 알레포를 오랜만에 탈환했고, 제국에서 가장 인기 있는 남자가 되었다. 그런데 동로마에서 장군이 인기가 높다면 그는 싫든 좋든 차기 황제로 주목받는다. 이를 염두에 둔 테오파노는 '니케포루스를 유혹했고', '로마노스 황제를 독살했다'. 니케포루스는 963년 황제를 선언하고 콘스탄티노플에 입성했다. 그리고 로마누스와 테오파노의 어린 두 아들인 바실리우스, 콘스탄티노스를 공동황제로 선포하고, 테오파노를 황후로 맞이했다. 그 직후 '니케포루스 가문은 구 황실 자녀의 대부 역할을 한 적이 있고, 그렇다면 교회법상 두 사람의 결혼은 무효'라는 지적이 나왔지만, 황제 부처는 '법이 잘못된 거지 우리 결혼이 잘못된 게 아니다'라며 깔아뭉갰다.

그러나 새 황제의 영광은 오래 가지 않았다. 니케포루스는 뼛속까지 군인이었고, 군사에 대한 것 말고는 재능이 없었다. 그는 군인들만 우대하고 불필요한 전쟁을 자꾸 일으켰다. 그 때문에 국고가 바닥나자 시민들에게 무거운 세금을 물렸다. 콘스탄티노플에서 그의 인기는 갈수록 떨어졌으며, 폭동이 일어나 그의 행차를 습격하는 일까지 벌어졌다.

테오파노는 다시 수를 썼다. 니케포루스의 동지였으나 좌천되었던 요한네스 치미스케스에게 접근한 것이다. 두 사람은 연인이 되었고 음모를 꾸몄다. 마침내 969년, 테오파노가 몰래 내려뜨려 둔 밧줄을 타고 치미스케스 일당은 황궁에 침입했다. 그리고 자고 있던 니케포루스를 도륙하고, 시체는 창밖으로 내던졌다.

이제 테오파노는 세 번째로 황후가 될 준비를 했으나, 그녀의 운은 거기까지였다. 전부터 그녀를 혐오하던 콘스탄티노플 총주교 폴리에우크토스가 '그녀를 버리지 않으면 죽어도 대관식을 집행하지 않겠다'고 하자, 치미스케스는 선선히 승낙했다. 그리고 테오파노를 마르마라해의 외딴 섬 프로티로 영구 추방했다. 그녀는 그곳에서 빠져나오지 못하고 죽었으나, 그녀의 두 아들 중 **바실리우스**[2-10]는 동생과 함께 공동황제의 지위를 보전했으며 치미스케스 사후에 황제가 되었다.

테오파노가 치미스케스와 공모해 니케포루스 황제를 시해하는 내용을 묘사한 삽화.
여기서는 전해지는 기록과 달리 그녀가 니케포루스에게 독약을 먹이는 것으로 나온다.

시대가 만든 악녀인가, 희생양인가

이것이 '동로마 제일의 악녀' 이야기다. 하지만 의문점이 많다. 그녀가 로마누스를 독살했다는 설은 그녀를 "역사상 그녀보다 요부라는 말에 더 어울리는 인물은 없다"라고 폄하한 존 줄리어스 노리치조차 의심한다. 변변찮은 집안 출신인 그녀의 지위는 로마누스가 만들어준 것이었기에, 그의 죽음이 그녀에게 유리할 리 없었기 때문이다. 니케포루스가 그녀를 황후로 맞이하고 그녀의 두 아들을 공동황제로 삼은 것도 황실에서 자신의 입지를 굳히기 위한 포석일 뿐, 그녀에게 빠졌기 때문이 아닐 수도 있다. 사실 그는 평생 여자를 가까이하지 않겠다고 맹세한 사람이었으며, 그의 최후의 밤에서처럼 테오파노와 늘 다른 침실을 썼다. 그런 상황에서 아직 20대 초반이었던 테오파노가 다른 남자에게 눈길이 가는 건 무리도 아닐 것이다. 요한네스 치미스케스는 미남에다 당대의 바람둥이였다. 두 사람의 관계에서 유혹한 쪽은 테오파노가 아니라 치미스케스였을지도 모른다. 그녀가 니케포루스의 암살에서 중요한 역할을 했는지 또한 불확실하나, 그랬다고 해도 "우리 관계를 그가 알게 되면 어찌 될 것 같소? 당신은 물론 당신의 아이들도 무사하지 못해요!"라는 치미스케스의 말에 그만 눈을 감아버린 것이었을지도 모른다.

고대와 중세에 걸쳐 로마는 위대하고 주체적인 여성상을 용납하지 못했다. 권력을 가진 여성은 현모양처가 아니면 악녀라는 식의 과도한 이분법적 해석에 희생되었다. 특히 정변이나 내란 등 최고 권력에 부정적인 영향을 미치는 사태가 발생하면, '이 배후에 여자가 있다'는 둥 마녀사냥식의 해석이 불거지고는 했다. 어쩌면 테오파노의 진짜 과오는 황후 자리에 있으면서 황제가 고집을 꺾고 민심을 어루만지게끔 설득하지 못한 점, 그리하여 황실에 연이은 비극이 닥치게끔 방치한 점에 있으리라.

오늘날 눈으로 확인할 수 있는 로마의 영광은 웅장하고 아름다운 건축물들에서 찾을 수 있다. 중국이나 페르시아 등 다른 고대 제국들의 건축물이 별로 남지 않은 반면, 콜로세움, 퐁뒤가르, 판테온 등 로마의 위대한 건축물들은 아직도 많이 남아서 세계 사람들의 눈을 사로잡고 있다. 로마인들은 돌로 건물을 세웠을 뿐 아니라 시멘트 콘크리트를 발명하면서 더 견고하게 지었고, 당대의 수학과 건축기술, 조형미술을 최대한 발휘하여 견고함과 우아함, 실용성과 심미성을 모두 충족하는 걸작들을 로마시와 그 정복지들에 두루 남겼다. 그것은 훌륭한 공공건물을 지어 시민에게 바치는 일이 공화정의 지도자들이나 제정 황제들의 중요한 책임이었기 때문이다.

한편 특별히 아름답거나 웅장하지 않지만 길이 이름을 남긴 건축물들도 있다. 아피아 가도, 하드리아누스 방벽, 테오도시우스 성벽 등은 로마의 성장과 번영의 역사를, 그리고 위기가 닥쳤을 때도 모두가 힘을 합쳐 로마를 지키려던 역사를 간직하고 있다. 로마의 유명한 건축물들은 그러한 역사와 인간성의 기념물이며, 황제나 시민들의 의지와 노력을 침묵 속에 들려주기에, 오랫동안 후세 사람들의 존중과 감탄의 대상이 될 수 있었다.

4부

로마의 건축

모든 길은 로마로 통한다

길게 쭉 뻗은 돌길의 위엄

오늘날 남아 있는 로마의 토목건축 유적 가운데 **공화정 시대**10-5에 일군 것은 이후 제국 시대에 비하면 그리 많지 않다. 연대가 더 오래되어서 그렇기도 하겠지만, 실용성에 치중하면서 화려하고 웅장하며 과시적인 면은 경계했던 공화정 건축의 정신 때문이기도 할 것이다. 그 가운데 매우 오래전에 만들었고, 매우 오래 사용되어 심지어 최근까지 '현역'이던 토목건축적 위업이 있다. 비아 아피아Via Appia(아피아 가도)다.

"아피아의 길고 긴 길이여, 모든 가도의 여왕이여!"

1세기 시인 스타티우스가 노래한 대로 아피아 가도는 최초로 돌을 써서 직선으로 닦인 길이며, 훗날 그와 비슷한 길이 로마 곳곳에 들어섰을 때도 사람들의 감탄과 칭송을 누렸다.

에그나티이아에 있는 트라이아나 가도. ⓒ Travus
베네벤툼에서 갈라지는 아피아 가도의 연장 도로이다. 처음 수백 년 동안은 사람만 걷는 길로 쓰였으나, 이후 다양한 용도로 쓰이면서 수레바퀴 등의 흔적이 생겼다.

실용 정신에 입각한 도로의 개척

길의 본래 용도는 군사적인 것이었다. 그리고 국가의 존망을 논하는 절박한 지경까지는 아니었지만, 전쟁이 벌어지는 가운데 로마인들은 길을 1천 년이 넘도록 쓰일 만큼 탄탄하게 닦아나갔다. 이탈리아 중부의 패권을 놓고 삼니움인들과 벌이던 전쟁 중에 '병력과 보급 물자를 신속하게 이동할 필요가 있다'는 의견이 퍼지자, 기원전 312년 당시 **켄소르**[9-3]이던 아피우스 클라디우스 카이쿠스가 길을 닦기로 결정했다. 그 직전에 그가 로마시 최초로 착공한 수로에는 그의 이름이 붙어 '아피아 수로'가 되었으며, 이제 새로 닦는 길도 '아피아 가도'가 될 것이었다.

이때 도로를 닦은 방법은 그 뒤 로마의 다른 도로에도 쓰였다. 먼저 도랑을 깊이 1.2미터 정도로 판 다음 모래와 자갈, 돌덩어리로 채운다. 이때는 마구 쏟아붓는 게 아니고, 돌들이 서로 맞물리며 단단하게 유지되게끔 정교하게 배치해야 한다. 또한 빗물이 도로에 고이지 않게 도로 가운데 부분을 약간 두텁게 설계해야 한다. 매우 세심한 작업이었을 것이다. 그리고 **시멘트**6-2(로마 특유의 발명품인)를 발라서 마무리한다. 완공된 길은 폭 8미터, 길이 200킬로미터로 로마에서 카푸아까지 연결했으며, 제정기에 연장되어 이탈리아 남단의 브린디시움까지 이어졌는데 총 543킬로미터에 이르렀다. 416킬로미터인 경부고속도로보다 훨씬 길다.

로마 전후에도 고대 세계에 수백 킬로미터 길이의 도로는 있었다. 고대 페르시아나 중국 등에서는 왕의 행차를 위한 도로로 닦았다. 하지만 대부분 흙길이었고, 산이나 언덕을 만나면 돌아갔으므로 구불구불했다. 그런데 로마인들은 돌길로 아피아 가도를 만들었을 뿐 아니라 직선으로 만들었다! 산이나 언덕이 나오면? 터널을 뚫었다! **트라야누스**2-5 때 아피아 가도를 연장하느라 산에 뚫은 터널은 3.6킬로미터였다. 로마인들처럼 공사에 진심이던 민족은 찾아보기 어려울 듯하다. 돌과 시멘트를 써서 단단한 포장도로를 내고, 막히면 돌아가면 될 것을 산을 뚫고 굴을 파서 직선 도로를 관철했으니!

그런데 진시황이 만든 치도馳道의 폭이 67미터라는 것과 비교하면 아피아 가도는 길이는 길지만 폭은 좁았다. 치도는 황제의 길이라 거창한 행렬이 진행할 수 있을 만큼 넓어야 했지만, 아피아 가도는 실용 도로였다는 점이 이유 가운데 하나다. 그리고 중요한 이유가 또 있다. 아피아 가도는 사람이 걸어다니기 위한 길이었기 때문이다. 말이나 전차는 길 옆을 따라 이동해야 했다. 그것은 로마인이 '보행자 우선주의'에 투철했기 때문이 아니고, 당시 말편자가 없었기 때문이다. 생 말발굽은 돌길을 걷고 뛰다 보면 찢어지고 만다. 따라서 포장도로를 이용할 수 없었다. 1천 년이 넘도록 끄떡없는 도로를 만들고, 건물을 지었던 기술력을 지닌 로마인들이 말편자를 만들

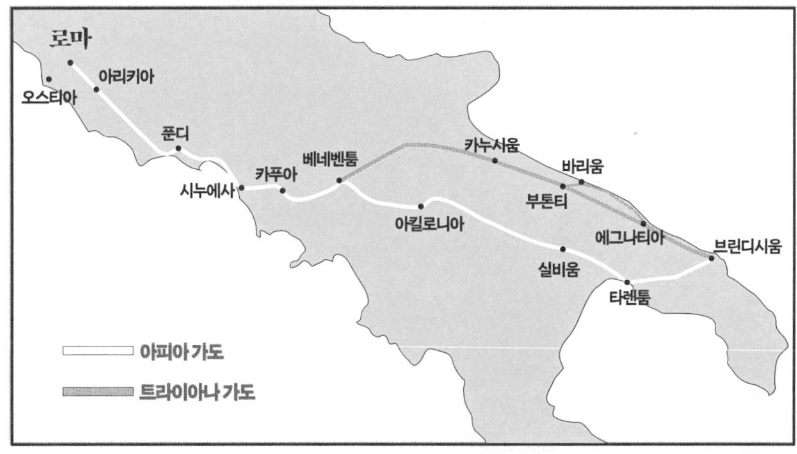

아피아 가도와 트라이아나 가도를 나타낸 지도.
원래는 로마에서 카푸아까지 건설된 도로였지만, 트리야누스 황제 이후 연장되어 브린디시움까지 뻗어나갔다.

생각은 못했으니 아이러니하다.

아피아 가도와 연장 가도를 시작으로 로마의 발길이 닿는 곳에는 사방팔방으로 도로가 놓였으며, '모든 길은 로마로 통하게' 되었다. 군용으로 시작한 길은 상업용으로도 쓰이게 됐고, 이집트의 향료, 카르타고의 포도주, 소아시아의 올리브, 멀리 중국에서 건너온 비단 등등이 브린디시움 항구에 선적되면 아피아 가도를 따라 로마로 운송되었다. 사람들의 왕래가 많아지니 역참도 생기고 요새도 곳곳에 지어졌다.

박해의 역사를 간직한 공간

그러한 아피아 가도는 로마의 잔혹함과 어둠을 보여주는 역사 또한 간직하고 있다. 기원전 71년, **스파르타쿠스 반란**[5-5]을 진압한 크라수스가 포로로 잡은 노예군 6천 명을 아피아 가도 양쪽으로 십자가에 못 박은 일이 대표적이다. 반란의 진원지가 카푸아였기에, 카푸아에서 로마로 이어지는 아피아 가도에 그 참혹한 광경을 연출하여 '다시는 로마(주인)에 대들지 말라!'라고 겁을 준 것이다.

《쿠오 바디스》라는 소설로 더 유명해진, **네로**2-3 시절 기독교 박해를 다룬 이야기에도 아피아 가도가 나온다. 전설에 따르면 사도 베드로가 로마에서 기독교를 전파하다 박해를 당해 피신했는데, 아피아 가도를 걷던 중 반대쪽에서 걸어오는 예수의 환영을 보게 된다. 놀라 떨며, "쿠오바디스, 도미네(주여, 어디로 가십니까)?"라고 베드로가 묻자. "네가 버린 로마로 간다"라고 그 환영은 대답했다. 그래서 베드로는 가던 길을 되짚어 로마로 돌아가 순교하고, 훗날 '제1대 교황'으로 여겨지게 되었다는 것이다.

이것은 전설이지만, 초기 기독교인들의 애환은 아피아 가도에 실제로 녹아 있다. 로마는 일찍부터 도시 경내에 무덤을 만들지 못하도록 했는데, 기원전 5세기 '12표법'에도 그 조항이 들어 있다. 그래서 교외에 장지를 마련했는데, 무덤을 만들고 보수하거나 성묘하기에는 길가가 적합했다. 그래서 아피아 가도 양쪽으로 숱한 묘비가 들어섰으며 그 일부는 지금도 볼 수 있다. 그런데 제국 초기, 로마시에서는 늘어나는 무덤을 수용할 장소가 부족했다. 결국 가난하고 힘없는 사람들은 자연 동굴이 아니면 지하에 굴을 파고 집단으로 매장할 수밖에 없었는데, 이것을 '카타콤'이라고 불렀다. 그런데 기독교인은 순교자들을 제대로 매장하기 어려워 카타콤에 안치했으며, 박해와 눈총을 피하기 편하다 싶어 카타콤에 모여 예배하는 일도 많았다. 그리하여 오늘날 로마 아피아 가도의 시작점 부근에는 성 세바스티아누스, 성 카탈리나, 도미틸라, 프레텍스타투스 등의 카타콤이 모여 있으며, 그 옆으로는 '도미네 쿠오바디스' 성당이 서 있다. 기독교가 공인된 4세기 초 이후, 교황이 처음으로 성역화한 카타콤 지역이다.

그런데 18세기 말, 이와는 성격이 다르면서 카타콤보다 훨씬 먼저 조성된 묘역이 이 구역에서 발굴되었다. 스키피오 가문의 묘역이었다. **스키피오 아프리카누스**1-4의 증조할아버지인 스키피오 바르바투스는 기원전 298년 **콘술**9-1을 지내며 에트루리아와의 전쟁에서 대승을 거뒀는데, 자신의 무덤과 함께한 전우들의 묘역을 이곳에 조성했다. 이후 그의 후손 여럿도 이곳에 묻혔다(가장 유명한 후손인 스키피오 아프리카누스는 이곳에 매장되기를 거부했다). 그가 굳이 이곳에 묘역을 만든 까닭은 바다(그리스) 쪽에서 들어오는 선진 문물을 환영하고, 그에 따른 로마의 번영을 축원하려는 뜻이었다고 한다. 이후 그 아피아 가도를 따라 들어온 동방의 종교 때문에 많은 말썽이 일어나고, 끝내 로마를 정복하는 모습을 지켜보며 스키피오 조상들의 혼은 뭐라고 생각했을까.

20세기에도 역사적 사건의 무대가 되다

아피아 가도는 현대에도 두 차례 역사적 사건의 무대가 되었다. 한 번은 1943년, 이탈리아의 독재자 무솔리니와 그를 지원하는 독일군에 맞서 연합군이 로마를 점령하려는 전투가 이곳에서 벌어졌다. 두 세력은 아피아 가도를 따라 밀고 밀리며 4개월이나 치열히 싸우다, 결국 우회하여 기습한 연합군이 로마를 빼앗는 데 성공한다. 다른 한 번은 1960년, 로마가 제17회 하계 올림픽의 개최지가 되었을 때다. 당시 아피아 가도는 마라톤의 마지막 코스가 되었고, 에티오피아의 아베베가 이 길을 맨발로 뛰어 금메달을 목에 걸었다.

제국 통합의 상징이 되다

통합의 상징으로 수도교를 세우다

퐁뒤가르Pont du Gard는 프랑스어로 '가르강의 다리'라는 뜻이다. 라틴어가 아닌 프랑스어로 불리는 까닭은 오늘날 남부 프랑스에 위치하기 때문이다.

> "우리는 한때 갈리아인의 포로가 되었소. (…) 그러나 지금은 평화와 우호만 있을 뿐이오. 갈리아인은 이미 로마의 관습을 따르고, 로마의 학술을 익히고, 로마인과 혼인하면서 우리와 완전히 동화된 것이오…."

47년, 갈리아의 루그두눔(지금의 리옹)에서 출생한(출생지가 그곳일 뿐, 클라우디우스는 로마 대표 명문가의 피를 이었다) 제4대 황제 클라우디우스는 갈리아 출신도 **원로원**9-2에 들여보내주자는 취지의 연설을 했다. 로마 초창기 가장 참담했던 기억은 기원전 387년 갈리아인의 침공이었으나, 로마가 **공화정**10-5에서 제정으로 바뀌고, 그리스인과 페니키아인들이 개척한 기존의 지중해 세계에서 더욱 뻗어나가게 된 중심에는 **카이사르**1-8의 갈리아 정복(기원전 58~51년)이 있었다. 그로부터 100여 년이 지나며 갈리아는 로마가 되었다. **아우구**

스투스2-1의 치세인 기원전 19년 퐁뒤가르가 세워졌다고 알려졌으나, 현대 학자들은 이 다리가 실제로는 기원후 40~60년에 지어졌음을 밝혀냈다. 클라우디우스가 갈리아를 로마로 통합하려 애쓰던 시기다.

세계의 경이, 삼단 아치의 다리

퐁뒤가르는 수도교인데, 일반적인 기능을 하는 다리에 수도교 기능이 덧붙여진 것이라고 할 수 있다. 가르강을 가로질러 님과 우제스를 잇는데, 니메스(로마제국 당시의 님)가 번영하면서 종전처럼 네마우수스 샘물로 용수를 충당할 수 없자 우제스까지 50킬로미터 정도의 수도관을 건설했다. 그런데 대부분은 지하수로와 군데군데 소규모로 지은 수도교로 통했고, 가르강 지역만 대규모 수도교를 지었다. 두 도시 사이의 교통을 원활히 할 필요가 있어 다리도 놓고 수도도 놓은 셈이다. 퐁뒤가르가 보존이 잘 된 까닭도 거기에 있었다. 로마가 멸망하고 수도교를 쓰지 않게 된 뒤에도, 다리로서 훌륭히 기능했기 때문이다.

그래서 길이는 360미터(지금은 275미터만 남아 있다)로, 132킬로미터나 되는 카르타고의 수도교를 비롯해 수십 킬로미터짜리가 많은 로마 수도교 가운데는 짧은 편이다. 하지만 높이는 수도교들 가운데 가장 높아서, 거의 50미터에 이른다. 3층으로 이루어져 있는데, 맨 아래층은 약 22미터, 2층은 20미터, 3층은 7미터다. 맨 아래층이 제일 높지만 일부가 물에 잠겨 있는데다 **아치**6-1를 적게 사용하여(6개), 약간 낮은 2층(11개)이 훨씬 높아 보인다. 사람과 차가 오가는 다리 역할은 아래층만으로 충분하며, 그 위로 올려진 2층은 3층 수도관층을 떠받치고 있다.

각 층의 높이와 아치 크기와 숫자의 변주가 주는 미적 효과는 퐁뒤가르를 찾는 사람을 감탄하게 했다. 18세기 프랑스의 사상가 장 자크 루소는 다음과 같은 말을 남겼다.

> 나는 조심스레 그 다리 위로 발을 옮겼다. 경외심에 가득 찬 나머지, 저절로 이렇게 중얼거렸다. '아, 나는 왜 로마시대에 로마 시민으로 태어나지 못했을까?'

21세기인 지금도 퐁뒤가르는 처음 보는 사람들에게 경외감을 가져다준다. 그것은 미적인 면에서만이 아니다. 동력을 쓰지 않고 중력만으로 물을 멀리 끌어오고 구석구석 전달하는 로마의 **수리공학**6-3은 놀라울 따름이지만, 퐁뒤가르는 그 극한을 보여준다. 전체 수도관은 50킬로미터를 뻗어가는 동안 시작점과 종착점 사이의 높이 차가 겨우 12미터뿐인 초정밀 경사 구조다. 1킬로미터당 평균 0.24밀리미터씩 서서히 낮아져 물이 저절로 흘러내리게 만든 것이다. 산악지대를 뚫고 돌아가며 그런 초정밀 구조를 완성했으니, 대단하다고밖에 할 수 없다. 석회암을 잘라 지었는데, 로마인들은 필요한 부분에만 **시멘트**6-2를 쓰고 대부분 석재 자체의 무게로 지탱했다. 그런데도 1,600여 년을 버티고 있으니 더욱 놀랍다. 1958년에 일어난 가르강의 대홍수로 현대에 지은 다리들이 무너지고 쓸려나갈 때도 퐁뒤가르는 끄떡없었다.

실용과 화합을 이끈 로마 정신의 기념비

가르강은 물살이 거세다. 특히 범람할 때는 강물이 무시무시하게 휩쓸고 내려간다. 그러므로 높고 튼튼한 다리를 지어, 사람도 차량도 생활용수도 안

프랑스 남부의 님에 남아 있는 물탱크의 유적.
퐁뒤가르를 거쳐 이곳으로 물이 들어와 저장되고, 시민들이 이용할 수 있었다.

전하게 통행할 수 있게 만드는 일은 참으로 대담한 과업이었다. 기원후 5세기, 로마인들이 그 과업을 이뤄낸 것을 보며 현지 갈리아인들은 얼마나 감격했을까? 로마제국에 대한 존경심과 충성심이 절로 우러나지 않았을까?

로마제국이 무너지기 전까지 퐁뒤가르는 매일 40톤의 물을 시민들에게 공급했고, 그 뒤에도 무너지지 않는 다리로서 현지인들에게 혜택을 주었다. 19세기 말, 퐁뒤가르를 보고 루소만큼이나 감탄했던 미국 소설가 헨리 제임스는 "내가 본 어떤 건물보다 더 로마적인 건물이다!"라고 외쳤다. 그가 말한 '로마적인' 것은 무엇이었을까? 정복당한 주민들도 정복자에게 점차 마음을 열고, 감사와 소속감을 갖도록 하는, 그리하여 여러 종족과 국민들이 하나로 뭉치게 하는 문명의 혜택이 아닐까? 실용과 화합이라는 로마 정신의 산 증거로, 퐁뒤가르는 서 있다.

로마 시민을 즐겁게 하라!

만약 콜로세움이 무너진다면?

'콜로세움'이 서 있는 한, 로마 또한 서 있으리라.
'콜로세움'이 무너지면, 로마 또한 무너지리라.
로마가 무너지면, 이 세상 또한 무너지리라.

'로마가 무너진 뒤'인 8세기에 브리튼의 학자 베다가 로마를 보고 남긴 말이다. 신학과 역사학 등 다방면에서 비범한 업적을 남겨 '존경스러운 베다(베다 베네라빌리스)'라는 별명으로 불리던 그도 수백 년의 세월을 넘어 우뚝 서 있는 로마의 위대한 유적을 보고는 이처럼 예언자 같은, 아니 관광 가이드 같은 말을 남기고 싶었나 보다. 덕분에 오랜 세월 동안, 로마의 관광 가이드들은 콜로세움 앞에서 이 말을 늘어놓았다.

그런데 이 이야기에는 오류가 있다. 베다가 찬탄한 대상이 우리가 아는 '콜로세움Colosseum'이 아닌 것 같기 때문이다. 그것은 콜로세움 옆에 서 있던, 68년에 완공된 '콜로수스'를 가리키는 말이었을 것이다. 콜로수스란 거대한 동상을 가리키는 말인데, 당시는 **네로**2-3의 치세였고 네로는 자신의 모습을 한 35미터 정도 높이의 거상을 황금궁전 옆에 세우도록 했다. 그가 몰락하고 일대 혼란기를 거쳐 **베스파시아누스**2-4가 즉위했을 때, 네로의 거상을 무너뜨릴 법했지만 그러지 않았다. 역대급 '짠돌이 황제'로 소문날 만큼 물자 절약에 진심이던 베스파시아누스이기도 했고, 아무리 네로라지만 황제의 거상을 쓰러트려 부수는 일은 꺼림칙했기 때문이다. 그래서 그는 거상의 얼굴 부분만 좀 뜯어고친 뒤, 태양신 아폴로의 상으로 받들도록 했다. 그리고 '이제 황실은 로마 시민의 착취자가 아니라 봉사자이다!'라는 이미지를 심고자, 폐허가 된 네로의 궁전 자리에 대규모 원형극장을 짓도록 했다. 아들 티투스 때에 완성된 이 극장의 정식 이름은 '암피테아트룸 플라비움Amphitheatrum Flavium(플라비우스 황조의 원형극장)'이었지만, 바로 옆에 서 있는 콜로수스와 연관지어 '콜로세움'이라고 부르게 된다.

그런 점에서 '콜로세움이라는 이름이 그 자체로 거대하다는 뜻에서 나왔으며, 그 규모는 보는 이의 눈을 의심할 만큼 당시로는 상상을 초월할 정도로 대규모였다'라는 또 하나의 속설도 틀렸다. 콜로세움의 수용 인원은 5만 명, 입석까지 합하면 최대 8만 명이었다. 그러나 콜로세움에서 남서쪽으로 몇 킬로미터 떨어진 곳에 있던 키르쿠스 막시무스(대경기장)는 25만 명을 수용할 수 있었다. 설립 연대도 콜로세움보다 훨씬 일러 로마 왕정 때부터 있었으며 25만 명으로 수용 규모가 확장된 것은 **카이사르**1-8 때였다. 물론 키르쿠스 막시무스는 원형이 아닌 길쭉한 타원형(콜로세움도 완전한 원형은 아니다. 남북 직경은 188미터, 동서로는 156미터다)으로 **전차 경주**10-7를 비롯한 육상경기 트랙이 핵심인 시설이었다. 그러므로 원형경기장만 보면 콜로세움이 최대라고 할 수도 있으나, 당시 사람들이 그 규모만 보고 입이 딱 벌어졌을 것 같지는 않다.

건축에 깃든 만민 평등의 정신

그러면 콜로세움은 어째서 로마나 로마 건축을 대표하는 상징물로 남게 되었을까? 먼저 그 편리함이다. 키르쿠스 막시무스나 다른 경기장, 극장들은 지정 좌석이 없었다. 그렇다 보니 좌석을 차지하려 밀고 당기다, 때로는 인명 피해까지 일어났다. 하지만 콜로세움은 입장권을 구입하면(돈은 받지 않았다) 지정 좌석에 앉을 수 있었다. 더구나 콜로세움의 경우 치우침이 거의 없는 원형이었고, 출입문은 80개나 되었다. 출입문마다 I, II, III 식으로 라틴 숫자가 새겨져 있는데, 그것은 오늘날 대형 주차장과 마찬가지로 구역 식별 표시였다. 그러므로 입장객은 자신의 입장권에 쓰여 있는 좌석 번호대로 찾아가 앉으면 되었다. 그러니 출입구에 줄을 잔뜩 서거나, 자리를 찾아서 헤맬 필요가 없어, 5만 명이 입장해서 착석하기까지 30분도 걸리지 않았다고 한다.

또한 원형이라서 어느 자리에서든 큰 차이 없이 공연을 보고 즐길 수 있었고, 비가 내리면 천장에 설치된 차양을 쳐 전천후 관람이 가능했다. 이런 콜로세움의 구조는 **공화정**10-5을 극복한 제정의 정치 이념을 반영하기도 했다. 콜로세움의 객석은 4단으로 되어 있는데, 제일 아랫단에는 황제와 **베스타 무녀**8-5들을 위한 특별석이 자리하고, 그 외에는 **원로원**9-2 의원들이 앉았다고 한다. 그리고 그 윗단이 기사 계급의 자리이고, 그 위는 평민 자리, 꼭대기는 평민 가운데 특별히 가난하거나 신분이 더 낮은 사람들(여성과 노예도 포함되었다)을 위한 자리였다고 한다.

그런데 이런 설명은 의문을 남긴다. 콜로세움의 규모로 볼 때 가장 좌석 수가 적은 맨 아랫단이라 해도 몇천 석은 된다. 그렇다면 당시 원로원 의원이 한 명도 빠짐없이 착석해도 다 채우기가 어렵다. 그런데 황제가 앉은 아래쪽 좌석이 듬성듬성하면 모양이 좋지 않다. 게다가 서로 얼굴을 빤히 볼 수 있는 구조니 원로원 의원들 중 누가 안 나왔는지 드러나므로, 정치적으로도 껄끄럽다.

그래서 그런 구분이 없이 황제 등의 극소수 VIP만 제외하고는 자유좌석제가 아니었을까 싶기도 하지만, 그럴 경우 원로원 의원과 노예가, 처음 보는 남성과 여성이 나란히 자리할 수도 있으니 그 또한 어색하다. 아마도 순차적으로 좌석을 채우는 방식이 아니었을까 싶다. 제일 아래쪽 좌석부터 표를 나눠주되, 원로원 의원들부터 표를 받는 것이다. 아래쪽 자리에 원로원 참석자들이 다 앉으면 남은 자리는 기사 계급이 채우고, 남은 자리는 다시 평민이 채우는 식이라면 매번 만석이 되는 장관을 연출하면서도 불편하지 않을 수 있다.

아무튼 귀족 전용 극장은 아니고, 귀족과 평민이 따로 입장하는 것도 아니었다. 기본적으로 모든 로마 시민이 한데 어우러지며 황제만이 특별한 자리를 차지하는 시스템. 그것은 '세상에서는 황제만이 귀하다, 다른 인민은 빈부, 귀천에 관계없이 평등하다'는 제국의 이념을 그대로 반영했다. 콜로세움이 입추의 여지없이 들어찬 뒤, 볼거리가 시작되기 전 사람들의 이목은 자연스레 특별석에 앉은 황제에게로 쏠렸다. 그러면 그는 자리에서 일어나 관객인 로마 시민들에게 손을 흔들었고, 시민들은 우레와 같은 박수와 함성으로 황제를 칭송했다. 이것이 제국 정치의 스펙터클이었다.

그리고 드디어 볼거리인데, 여기서 또 한 가지, 콜로세움에 대한 오해가 있다. 연극과 서커스, 모의 해전(바닥은 방수 처리가 되어 물을 가득 채우면 배를 띄우는 인공 호수로 변했다)만이 아니라 검투사 시합이나 맹수들끼리의 격투를 포함한 피 튀기는 **경기**[10-7]가 콜로세움에서 벌어진 것은 맞다. 그러나 〈쿼바디스〉(1951) 같은 영화에서 보듯, 배교를 거부한 **기독교인**[10-4]들을 콜로세움에 끌어내 사자 밥이 되도록 하는 일은 (아마도) 없었다. 그런 일은 콜로세움이 세워진 지 수백 년이 지나서였으며, 여러 문헌을 살펴볼 때 그런 일이 콜로

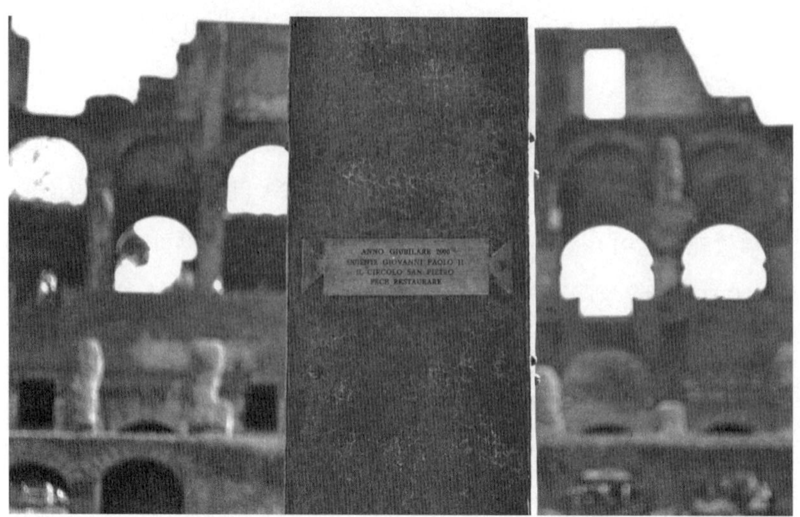

콜로세움 경내에 세워진 기독교 순교자 위령비. ⓒ ProtoplasmaKid
2000년 교황 요한 바오로 2세의 지시로 세워졌다. 그러나 콜로세움에서 그런 일은 발생하지 않았으리라는 게 역사학계의 분석이다.

세움에서 (적어도 일반적으로) 벌어지지는 않았다. 로마제국이 멸망하고 오랜 시간이 지난 뒤 콜로세움이야말로 세계 최대의 기독교 순교터였다는 전설이 생기고, 그것이 교황청에서도 받아들여져 오늘날에도 그들을 기리는 기념비가 콜로세움에 남아 있다. 고대 로마에는 중세 유럽처럼 잔인한 처형을 일상적 볼거리로 삼는 문화는 없었다. 잔인한 시합은 즐겼지만 말이다.

콜로세움이 무너지는 날?

갈채, 환호, 비명, 탄식. 2만 4천 제곱미터에 이르는 동그라미 속에서 날마다 들려오던 사람과 짐승들의 소리도 사라지고, 고대 로마가 먼 옛날이 되자, 콜로세움도 유적이 되었다. 지금처럼 상당 부분이 부서진 채로 있게 된 것은 교회 등의 건물에 쓰려고 석재를 빼갔기 때문이며, 이를 공장으로 개조하거나 아예 부수고 집터로 만들자는 계획도 한때 있었다. 아이러니하게도 그렇게 되지 않은 건 기독교 순교터라는 잘못된 전설이 한몫 했기 때문일 것이다.

그러나 여기서 콜로세움이 그처럼 유명해진 마지막 이유가 제몫을 했다. 바로 아름다움이다. 르네상스는 로마 유적의 미와 건축 기술을 재발견하며 본격화되었는데, 그 가운데 가장 찬탄을 불러일으킨 유적이 바로 콜로세움이었다.

"아치 중의 아치!" 18세기 영국의 시인 바이런이 이렇게 찬탄한 것처럼, 근대 서구인들이 본받으려 한 로마 유적의 전형은 콜로세움이고, 콜로세움의 3단 **아치**6-1였다. 벽돌로 쌓아 올린 아치 사이로 기둥이 서 있는데, 기둥의 높이와 굵기는 층별로 조금씩 다르며 1층에는 도리아식, 2층에는 이오니아식, 3층에는 코린트식 주두를 사용해 서양 고전건축 양식의 전시장을 방불케 한다. 아래는 굳건하고 올라갈수록 우아해지다가, 대형 아치가 없는 4층 다락 부분에는 원통형이 아닌 사각형의, 벽에 묻힌 기둥들이 뻗어 있다.

장대하면서도 화려하고, 단순 명쾌한 듯하면서도 복잡하고, 기교로운 건축적 조화가 마음껏 구비되어 있기에 콜로세움은 로마제국이 가장 번영하던 시대의 기념비와도 같으며, 외형 면에서나 기능 면에서나 제국의 정신을 한껏 구현했고, 오랜 시간 서구인들의 미적 모델이자 로마를 향하는 동경의 상징이 되어온 것이다.

베다가 노래한 콜로수스는 중세 시대에 무너져 내렸다. 그러나 로마는 무너지지 않았고, 세계도 그대로다. 그것은 많이 부서지고 벗겨지고, 엉뚱한 오해를 받기도 했던 콜로세움이 세계인들의 머리와 가슴에 아직 당당히 서 있기 때문이 아닐까. 콜로세움조차 지켜낼 수 없다면, 콜로세움이 무너지든 말든 아무도 신경 쓰지 않는 세상이 된다면, 이미 세계는 무너진 것이리라.

영원히 무너지지 않는 다리

트라야누스가 세운 두 개의 다리

알칸타라Alcantara 다리는 지금의 스페인 엑스테라마두라의 타구스강을 가로지르며 서 있다. 길이는 182미터 정도고, 강 수면에서의 높이는 45미터이며, 다리 전체의 높이는 72미터다. 다리 너비는 8.6미터로 고대에는 두 대의 전차가 반대 방향으로 가로지를 수 있었고, 지금도 2차선 도로를 잇기에는 넉넉하다.

"저 강을 가로지르게 다리를 세워라."

98년 **트라야누스**2-5 황제는 명령했다. 그는 그런 명령을 이미 여러 차례 했다. 사상 최대의 강역에 이르렀던 시기의 황제인 만큼, 그가 세운 토목건축 업적에는 길을 내고, 터널을 뚫고, 다리를 지은 사례가 많다. 현존하는 다리 가운데 타구스강에 세워진 다리인 알코네타르 다리, 스페인 메리다강을 건너기 위한 알바레가스 다리와 로마 다리, 포르투갈 샤베스의 로마 다리, 이탈리아 파두아의 코르보 다리, 독일의 모젤강에 세워진 로마 다리, 터키의 펜칼레스 다리, 시리아 님레의 님레 다리, 튀니지 베자강의 티베리우스 다리가 그의 작품으로 알려졌고, 그 밖에도 건립 연대가 불확실한 여러 다리가 그의 치세에 세워졌다.

그러나 당대에 그가 세운 다리 가운데 가장 유명했던 다리는 알칸타라 다리가 아닌, '트라야누스 다리'라 통칭되는 다뉴브강의 다리다. 이 다리는 105년에 지어졌는데, 시공에서 완공까지 1년도 걸리지 않았다. 알칸타라 다리가 2년, **퐁뒤가르**[4-2]가 20년 걸려 완공된 것에 비하면 놀랄 정도로 빠르다. 그것은 이 다리가 군사 목적으로 지어졌기 때문이다. 그곳은 지금은 루마니아와 세르비아를 잇지만, 당시에는 로마와 다키아를 잇는 지점이었다. 트라야누스는 당시 다키아와 평화협정을 맺은 상태였으나 다키아가 불온한 움직임을 보여 군대를 이끌고 다뉴브강을 건너가기 위해 이 다리를 놓은 것이다. 언제 다키아인들이 이빨을 드러내고 덤벼들지 모르므로 최대한 빨리 지어야 했다. 설계는 트라야누스 시대를 빛낸 천재 건축가 아폴로도로스가 했지만, 작업은 병사들이 맡아서 했다. 교각만 돌로 짓고, 그 위에는 목조로 교량을 만들어 올렸다.

완공된 트라야누스 다리는 길이 1,135미터, 높이 19미터에 이르렀다. 당시 세계에서 제일 긴 다리였으며, 그 기록은 328년 '콘스탄티누스 다리'가 지어지기 전까지 깨지지 않았다. 또한 특이하게 윗부분에 평평한 **아치**[6-1]로 교각을 세워 교각 사이의 거리를 넓게 잡았기에, 그 밑으로 선박이 다닐 여유도 있었다. 이 다리를 본 다키아의 지도자 데케발루스는 로마의 강대함을 느끼고 간담이 서늘해졌다고 한다(로마에 대한 도발을 포기할 정도는 아니었지만). 수십 년 뒤 이 다리를 처음 본 로마 역사가 디오 카시우스도 "트라야누스의 건축 업적은 찬란하지만, 그 가운데서 이것이 단연 으뜸이다!"라고 외쳤다고 한다. 다리가 완공되고 얼마 되지 않아 트라야누스는 그 다리를 건너 다키아로 쳐들어갔다. 그리고 데케발루스를 끝장내고 다키아를 정복했다.

한번에 무너진 다리와 거듭 재건되는 다리

하지만 온전한 석조 건축물이 아니다 보니 트라야누스 다리는 오늘날 볼 수 없게 되었다. 트라야누스의 후임자 **하드리아누스**[2-6]는 다키아 운영을 포기하고, 이 다리가 거꾸로 로마 침략에 쓰이지 않도록 목조 교량부 대부분을 제거했다. 그래도 최소한의 교량은 남겨 대군이 아닌 소규모 군대의 통행은 가능했으나, 그나마도 화재로 사라졌다. 그렇게 수백 년이 흐르며 석조 교각마저 무너지거나 강물 밑으로 모습을 감췄다가, 19세기 말 극심한 가뭄으로 다뉴브강의 수위가 내려가면서 다시 나타났다. 하지만 배의 항해에 방해가 된다는 이유로 20세기 초 일부가 파괴되었고, 1967년 댐 공사로 다시 수몰될 상황에 처하자 해체해 다른 지역으로 옮겼다.

반면 스페인의 알칸타라 다리는 오늘날에도 처음 지어질 때의 모습과 크게 다르지 않은 모습으로 당당히 서 있다. 심지어 아직도 다리로 활용된다. '알칸타라'는 이 땅을 이슬람 세력이 지배했을 때 붙여진 이름으로 '개선문'을 의미한다. 다리의 중간부에 교각에서 높이 솟아오른 개선문 모양의 구조물이 있기 때문이다. 스페인 출신으로 첫 로마 황제가 된 트라야누스의 영광을 기리기 위한 구조물인 듯하다. 이것은 다리를 미적으로 빼어나게 만드는 동시에 구조적 안정성을 더한다. 개선문에는 두 가지 명문이 새겨져 있는데, 하나는 트라야누스가 이 다리를 세우는 데 힘을 보탠 루시타니아 주민들에게 감사한다는 내용이며, 다른 하나는 '라케르의 설계로 지어진 이 다리의 수명은 이 세상과 같으리라'라는 내용이다. 이 다리야말로 영원히 무너지지 않으리라는 것이다.

실제로 이 다리는 그 뒤 1천 년이 넘도록 잦은 풍파를 겪었지만 견뎌냈다. 홍수나 태풍에도 끄떡없었다. 그것은 이 다리가 구조적으로 완벽한 안정성을 띠도록 설계된 한편, 교량 부분은 **시멘트**[6-2]를 최소화함으로써 비바

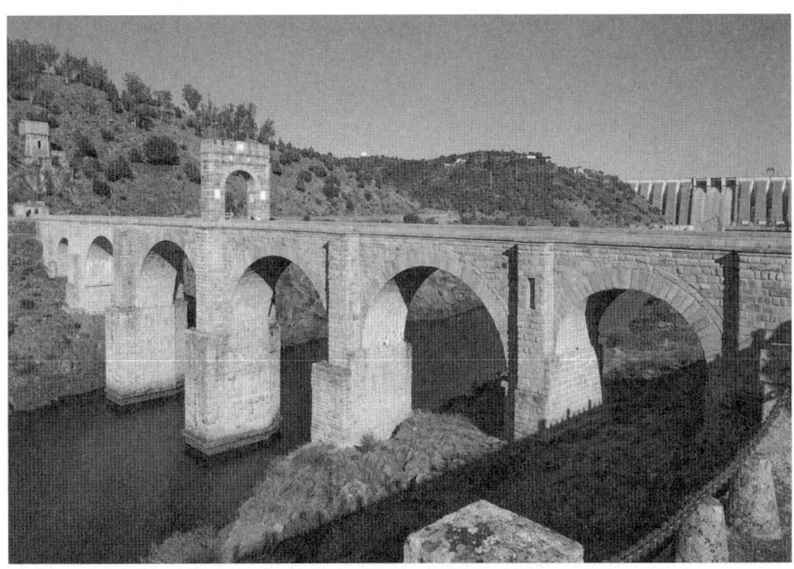

오늘날에도 건재한 알칸타라 다리. ⓒAlonso de Mendoza

람이나 급류의 충격을 자연스럽게 흘려버릴 수 있도록 했고, 교각에는 철근을 집어넣어 강도를 높이는 등 탁월한 공법을 쓴 덕분이었다.

이처럼 자연의 공격에는 완벽했지만 사람에 의한 파괴는 치명적이었다. 이 다리가 전쟁에 사용될 때를 우려한 자들이 몇 차례에 걸쳐 이 다리를 무너뜨리려 했으며, 한두 번은 실제로 일부가 무너졌다. 특히 1836년, 스페인의 과격 왕당파인 카를로스파는 이 다리의 일부를 끊어서 통행이 불가능하게 만들었다.

지역사회 협력의 징표

그러나 트라야누스 다리가 한 번 무너진 뒤로 빠르게 잊힌 것과 달리, 알칸타라 다리는 완전히 파괴되지도 않았고 부분적으로 파괴될 때마다 얼마 안 가 재건되었다. 그 비밀은 다리에 새겨진 또 하나의 명문에 있다. "이 다리를 세우는 데 힘을 보탠 루시타니아 주민들." 건립 당시부터 이 다리는 지역민들의 최고 편의시설이면서 자랑이었다. 여러 마을(12개 마을이 힘을 모았다고 한다)이 단합하면 대단한 일을 해낼 수 있다는 징표이기도 했다. 그래서 이 다리를 완전히 부수려는 자들을 결사적으로 가로막고, 일부가 부서지면 다시 세웠던 것이다.

트라야누스가 세운 두 개의 다리 가운데 더 웅대하고 더 유명했던 다리는 그의 치세가 끝나기가 무섭게 쇠퇴해갔다. 그러나 다른 다리는 트라야누스도 로마도 사라진 먼 훗날까지 사람들의 애정 속에서 유지되었다. 트라야누스가 이룩한 제국의 최고 판도가 한때의 영광에 그치고, 그가 로마 속주들의 생활 수준을 끌어올린 정책은 오래 칭송을 받은 것처럼 말이다. 알칸타라 다리는 협력을 통해 유익하면서 자랑스러운 일을 해내려 하는 사람들의 마음이 없어지지 않는 한 이어질 것이다.

영웅 황제 여성 건축 전쟁 기술 책 신 제도 유산

로마,
여기서 발을 멈추다

석재에 철심을 박아 지은 방벽

트라야누스2-5에 비해 '양'에는 미치지 못하지만, '질'로 보면 오늘날까지 사람들의 찬탄을 듣는 빼어난 건축물을 **하드리아누스**2-6는 여럿 세웠다. 재건한 **판테온**4-6을 비롯해 역대 로마 교황의 대피소로 개조된 하드리아누스 영묘(산탄젤로성), '로마의 베르사유 궁전'으로 불리는 별궁 하드리아누스 빌라…. 그러나 또 하나의 투박한, 건축미는 논할 필요 없지만 역사적 의미는 무엇보다 큰 건축물도 그가 건설했다. 하드리아누스 방벽Hadrian's Wall이다.

122년에 세우기 시작해서 4년 만에 완공한 이 장벽은 그레이트브리튼 섬을 가로질러 동쪽 해안의 코리아(코브리지)에서 서쪽 해안의 루구발리움(칼라일)까지 118킬로미터를 달려간다. 높이는 평균 5미터, 두께는 2.3미터이다. 1.4~6킬로미터 간격으로 보루가 설치되어 있는데, 보루에는 옹성을 쌓아 500~1천 명의 주둔지로 삼았다.

고대 그리스-로마인들은 본래 성벽을 경시했다. 전사라면 칼, 창, 방패로 맞붙어 싸워야지, 성벽 뒤에 숨어 활 같은 장거리 무기로 맞서는 일은 용맹스럽지 못하다고 여겼다. 그래서 로마도 처음에는 목책 정도로만 도시를 방비하다가, 기원전 387년 갈리아인들에게 도시를 유린당한 뒤에야 돌로 성벽을 쌓았다고 한다. 게르만인들과의 싸움이 잦은 제국 시대에는 리메스라는 장벽을 경계 지대에 쌓았고, 그 가운데는 584킬로미터(하드리아누스가 최종 완공했다)에 이르는 것도 있어 길이로는 영국의 하드리아누스 방벽을 뛰어넘었다. 그러나 하드리아누스 방벽이 더 돋보였던 이유는 따로 있다. 게르만을 상대로 하는 리메스는 목책이나 토성 정도였지만, 하드리아누스 방벽은 대부분 석벽이며(서쪽 일부분은 석재를 좀처럼 구하기 어려워 토성으로 대신했다) 석재에 철심을 박아넣을 만큼 견고하게 지었기 때문이다.

바깥만이 아닌, 안으로도 멈춤의 경계

왜 견고하게 지었을까? 이 장벽이 마주 보는 브리튼 북방의 픽트족에게는 공성 도구라 할 만한 것도 없으니, 격파를 피하려 애쓸 필요도 없는데 말이다. 그것은 '한 번 지어 오래 보존할 수 있도록' 하려는 의도였다. 즉 '바깥'에서 적이 함부로 들어오지 못할 뿐 아니라, '안'에서도 바깥으로 쉽게 나가지 못하도록 영구적인 금을 긋는 것이다. 반면 목책이나 토벽은 쉽게 옮기거나 놔두고 새로 지을 수 있었다.

로마는 기적과 같은 확장을 거듭했다. 이탈리아의 작은 도시국가에서 이탈리아반도의 통일국가로, 지중해 세계의 패자로, 갈리아와 그 너머, 메소포타미아와 그 너머까지 제압함으로써 끝없는 팽창을 거듭하는 듯했다. 하지만 뭐든 한계는 있으며, 그 한계를 넘어 욕심을 부리다가는 파멸하게 된다. '중용'을 중시하는 그리스 철학에 정통한 한편 양부이자 선제 트라야누스의 원정 길을 따라다니며 영광 저변에 드리운 그림자를 목격했던 하드리아누스는 굳은 결심을 했다. '여기까지다. 더 이상은 말고, 여기까지의 로마

오늘날의 하드리아누스 방벽. ⓒ Velella
'여기까지가 로마다!'를 여전히 외치고 있는 듯하다.

를 충실히 지켜나가자!'

지중해의 밝고 맑음에 익숙한 로마인들에게 궂은날이 갠 날보다 많을 정도로 음울한 브리타니아의 기상 조건은 맞지 않았다. **카이사르**[1-8] 이래 로마의 브리튼 정복과 경영의 역사를 보면, 브리타니아는 갈리아, 아시아나 아프리카처럼 로마를 확장하고 풍요롭게 하기 위해 점령하려 했다기보다는, 그곳의 '야만족'이 침입하지 못하게 공세적 방어를 펼치기 위해 점령하려 했음을 알 수 있다. 그래서 하드리아누스는 넓다고도 할 수 없는 이 섬을 완전히 병탄하기보다, 적당히 금을 긋고 '여기까지만 로마 땅으로 삼고, 열심히 지키자'는 결정을 내린 것이다.

물론 역사적으로 볼 때 한 사람의 구상에 충실하게만 움직이는 일은 적었으니, 방벽의 북쪽과 남쪽에서 '선을 넘는' 일도 있었다. 138년 하드리아누스에 이어 즉위한 안토니누스 피우스는 142년 방벽을 넘어 브리튼 북쪽을 공략했다. 공략은 성공했고, 110킬로미터쯤 떨어진 북쪽에 새로운 '안토니누스 장벽'을 세울 수 있었다. 그러나 20년 만에 로마군은 새 장벽을 포기하고 다시 하드리아누스 방벽을 지키기 위해 돌아갔다. 3세기에는 브리타니아 총독이던 클로디우스 알비누스가 황제가 되려는 야심을 품고 대부분의 병력을 몰아 갈리아로 건너갔는데, 그 틈을 노린 픽트족이 하드리아누스 방벽을 넘어 로마령 브리타니아를 유린했다. 그렇지만 208년, 알비누스를 쓰러트리고 황제가 된 세베루스가 바다를 건너와 그들을 방벽 너머로 쫓아냈다. 세베루스는 하드리아누스 방벽을 보강했고(일부 흙으로 쌓았던 부분도 석벽으로 바꿨다. 이 때문인지, 이 방벽은 오랫동안 하드리아누스가 아니라 세베루스가 세운 것으로 알려져 있었다), 이후 하드리아누스 방벽은 로마의 최전선으로 기능했다. 410년 전후로, 로마의 브리튼 지배 자체가 무너질 때까지.

언젠가, 다시 한 번 경계가 될까?

그 뒤에도 하드리아누스 방벽은 한동안 남북을 가르는 경계 역할을 했다. 스코틀랜드와 잉글랜드가 여기서 나뉘었다. 다만 로마 때와는 달리 다수의 병력을 상주시키며 경계를 세우지는 않았다. 그럴 만한 병력을 동원할 왕국도 없었고, 그럴 필요도 없었기 때문이다. 군사시설이 아닌 지리적 경계선으로 남게 된 하드리아누스 방벽은 무너져갔고, 18세기 무렵에는 사라질 지경에 이르렀다. 다행히 존 클레이튼이라는 개인이 전 재산을 들여 방벽을 보수한 뒤, 발굴 작업으로 찾아낸 고대 로마의 유물을 전시하는 박물관을 세우자 사회적으로 관심을 받았다. 그 덕에 국가 차원에서 방벽 보수와 복원에 나선 결과, 오늘날 세계문화유산으로 등재될 수준까지 본모습을 되찾았다.

오늘날 '영국(로마)의 만리장성'은 역사 유적 및 관광 자원일 뿐이다. 역사 유적으로는 주변에서 종종 발굴되는 로마시대의 유물이 학계의 관심을 모으며, 관광 자원으로는 중국 만리장성처럼 웅대한 맛은 적지만 고요한 언덕과 언덕을 이으며 굽이도는 옛 석조물의 고즈넉함이 묘한 정취를 자아낸다. 한편 '여기서 발을 멈추자'고 했던 아득한 옛날 세계 제국 지배자의 결단은 되새길 만하다. 또한 끊임없는 스코틀랜드의 분리독립 투표는 언젠가는 이 방벽이 경계의 기능을 하게 될지도 모른다고 짐작하게 된다. 그런 생각으로 화려하지 않으나 묵묵히 존재감을 드러내는 이 건축물을 돌아보면 어떨까.

제국의 신들을 한 지붕 아래 두다

건축에 깃든 제국의 비전, 그리고 숭고한 아름다움

로마 판테온Pantheon은 한때 동아시아에 '만신전萬神殿'이라는 번역어로 알려졌다. 말 그대로 '모든 신을 위한 신전'이다. 본래 **아우구스투스**2-1 때 그의 오른팔 아그리파의 지휘로 세워졌으나, 이후 벼락을 맞고 불타 무너진 것을 **하드리아누스**2-6가 재건해 125년 완성했다. 그래서 건물 정면에는 원래의 건물에 경의를 표하는 뜻에서 '아그리파가 세웠다'는 명문을 표기해놓았다. 판테온은 오늘날 남은 고대 로마의 건축물 가운데 드물게, 밖에서보다 안에서 볼 때 그 아름다움에 감탄하게 되는 건물이다. 그것은 여러 이유로 다양한 시대에 걸쳐 이 건물이 존중받고 보전되었기 때문인데, 그 이유를 두 가지로 풀어보자.

먼저 건축사적으로 큰 의미가 있다. 돔 양식을 사용한 것으로는 알려진 건축물 중 가장 오래된 건물이며, 지름 43.3미터의 돔은 아야소피아를 포함한 고전고대 어느 건물의 돔보다 크다. 1437년, 지름 45.5미터의 돔을 갖춘 산타마리아 델 피오레 대성당이 피렌체에 세워지고서야 판테온 돔의 크기를 제칠 수 있었다. 돔 자체가 로마 토목건축 기술의 발명품이되, 그토록 옛날에 그토록 거대한 돔을 세우고, 1,900년이 넘은 아직도 끄떡없이 버틸 수 있게 한 비결은 돔의 내부 표면에 베풀어진 '격간'에 있다. 격간이란 천장이나 벽 표면에 움푹 들어간 격자 모양 공간인데, 판테온 내부 천장은 위쪽으로 작게 난 격간이 아래쪽으로 내려올수록 커지는 구조다. 이 덕분에 육중한 지붕의 무게가 아래쪽으로 분산되면서 안정될 수 있었다. 여기에 더하여 천장 중앙부, 건물의 꼭대기 부분에는 8.2미터 지름의 둥근 구멍이 뚫려 있어 바깥과 통한다. 이 역시 지붕의 무게를 더는 역할을 한다. 그리고 꼭대기부터 바닥까지의 높이는 돔 지름과 똑같은 43.3미터인데, 지름 43.3미터의 구를 만든다면 판테온 내부에 꼭 맞게 들어갈 수 있다. 이는 특별한 역학적 안정성과 기하학적 조형미를 보여준다.

신전의 주랑 현관(포르티코)은 그리스풍인데, 이곳의 기둥들도 특별하다. 주신 11.6미터, 주두까지 합쳐 14.2미터인 14개의 기둥은 각각 54톤이며, 화강암 덩어리를 통째로 깎아 만들었다. 보통은 여러 개의 돌덩어리를 깎아서 조립해 기둥을 세우는데, 이건 바위를 기둥 모양으로 깎아낸 것이다. 그리고 그 주두 부분만 대리석으로 따로 깎아서 붙였다. 이렇게 대담하고 호사스러운 건축 기법은 전례가 없었으며, 지금보다 훨씬 빛나던 당시(본래는 건물 전체가 흰 대리석 외벽으로 꾸며졌는데, 지금은 그 외벽이 떨어져 나갔다)는 물론 지금까지도 많은 건축가와 예술가에게 감동을 준다. 판테온을 보고 "새로운 나라의 건축은 모두 이를 본받아야 해!"라고 외쳤다는 미국의 제3대 대통령 토머스 제퍼슨도 그중에 있었다.

세상 모든 신을 담아낸, 로마 문명의 집대성

또한 그 정치적·종교적 의미도 크다. 애초에 아우구스투스가 판테온을 세우려 한 결정에는 '이제 로마는 세계 모든 민족을, 문화를, 종교를 담는 그릇이어야 한다'는 이념을 나타내려는 뜻이 담겨 있었다. 건물 1층에는 로마의 '고유' 신들(본래 여러 이민족의 신이 로마에 들어오고 융합된 것이지만) 외에도 페르시아의 미트라, 이집트의 **이시스**[8-9], 그리고 유대인의 야훼까지 모셔져 있었다. '개방-확장형 다신교'로서의 로마 종교 특성을 활용해 로마가 칼로 굴복시킨 수없이 많은 이민족의 종교가 로마 안에서 하나됨을 보여줌으로써 로마에 진심으로 동화되도록 하려 했던 것이다. 그 중심점에 있는 존재가 바로 '**폰티펙스 막시무스**[9-4]'로서의 황제일 것이었다.

그리고 현군이면서 뛰어난 예술적 재능의 소유자이기도 했던 하드리아누스는 이런 아우구스투스의 비전을 갈무리하는 한편, 종교 이상의 차원에서의 융합 비전을, 그리고 발전과 승화의 상징까지 이 건물에 담고자 했다. 누가 봐도 그리스 신전처럼 보이는 주랑 현관 기둥의 화강암 주신은 이집트에서, 대리석 주두는 그리스에서 가져온 것이다. 건물 재료에서부터 로마가 하나로 만든 세계의 두 문명을 상징하고 있는 것이다. 로마보다 앞서 두 문명을 하나로 만든 제국이 있었다. 알렉산드로스와 그를 이은 헬레니즘 제국들이다. 이런 의미가 담긴 주랑 현관을 지나 안으로 들어가면 그곳에는 로마에서만 가능한 거대한 돔이 있다. 그 돔 아래 세상의 모든 신들이 늘어서 있다. 그것은 곧 세계가 그리스-헬레니즘 문명으로 시작해서, 로마 문명으로 집대성된다는 뜻이다.

판테온 중앙에 서서 고대의 관점에서는 기적과도 같았던 돔 천장을 올려다보자. '눈'이라는 뜻의 둥근 구멍, 오쿨루스는 무게를 줄이기 위한 공학적 의미만 있는 게 아니다. 낮에는 찬란한 햇빛이 이를 통해 판테온에 비쳐 들어오고, 밤에는 달빛과 별빛이 비치는데 지금은 사라진 격간 천장의 금장식들도 별처럼 빛나 플라네타리움(천체투영관)과 같은 장관을 연출한다. 비가 올 때는 황금 비로 변해 다나에를 잉태시켰다는 **유피테르**[8-1]를 연상케 한다.

실내조명 덕에 금빛으로 빛나는 빗줄기는 바닥으로 떨어져, 22군데의 잘 감춰진 배수구로 흘러 나간다. 판테온(로마)은 신들(자연)에 의해 그 아름다움과 숭고함이 완성된다.

후대의 모범으로 남다

이처럼 절묘하고 경탄스러운 건물이었으므로, 로마를 '접수'한 세력들은 이를 파괴하거나 방치하지 않고 보전하며 자신들을 위해 활용했다. 로마교회는 로마의 수많은 신전 중 이 판테온을 가장 먼저 넘겨받고 다른 여러 신전은 허물면서, 판테온은 '모든 순교자를 위한 성모 마리아 교회'로 바꿔 '모든 신의 전당' 대신 '하나의 신과 모든 순교자의 성소'로 만들었다. 중세에는 주랑 현관 양쪽으로 종탑을 덧붙여 세워 더 교회당답게 했다(근대에 철거되어 지금은 볼 수 없다). 19세기에는 이탈리아를 통일하여 초대 국왕이 된 비토리오 에마누엘레 2세의 무덤이 이곳에 쓰였다. 판테온이 갖는 통일과 초월적 신성의 이미지를 새 국가의 이미지에 활용하려는, 더불어 옛 로마와 근대 이탈리아를 연결 지으려는 정치적 의도였다. 그다음 대 왕인 움베르토 1세도 이곳에 묻혔다.

판테온의 이미지를 본떠 세워지거나 세워질 뻔한 건물들도 있었다. 1790년 완공된 파리 팡테옹은 루이 15세가 생 쥐느비에브 성당으로 봉헌했다가 혁명 이후 위인을 모시는 국립묘원으로 바뀌었는데, 돔은 르네상스 양식이지만 주랑 현관은 누가 봐도 로마 판테온을 보고 베낀 듯하다. 그래서 이름도 팡테옹으로 바꾼다. 판테온 예찬자였던 제퍼슨이 1819년 설계한 버지니아대학교 본관도, 1897년 완공된 뉴욕 컬럼비아대학교 중앙도서관도 판테온을 본떠 지어졌다. 그리고 1940년대, 지금의 베를린을 '게르마니아'라는 이름으로 바꾸고 그 중심에 무려 290미터 높이로 세워질 예정이던 '국민대회당'도 판테온이 모델이었는데, 히틀러가 직접 디자인했다.

그리스풍 주랑 현관에 돔을 얹은 본관을 잇는다는, 어찌 보면 단순한 구도였기에 본뜨기도 어렵지 않았으리라. 그러나 판테온의 정수는 오쿨루스다. 건물 내부와 외부를 완전히 단절하지 않고, 신과 인간이 자연스럽게 만나도록 한 포인트를 살리지 못했다면, 건축적으로나 상징정치적으로나 판테온의 아류를 넘어서지 못하리라. 미국 워싱턴 국립미술관(1937년), 독일 베를린 알테스무제움(1830년) 등은 판테온의 외부가 아닌 내부를 아류 수준으로 모방했는데, 오쿨루스는 만들지 않았다.

로마의 휴일은 목욕탕에서

목욕, 로마인들의 삶의 기쁨이자 자존심

카라칼라 욕장Terme di Caracalla은 옛 로마의 남쪽, 도심지라 할 수 있는 일곱 개의 언덕 지구 아래쪽에 떨어져 있다. 카라칼라 황제가 212년경 짓기 시작해 216년경 완공했다고 하는데, 시공은 그 선대인 세베루스가 시작했을 수도 있다. 그 일대는 세베루스 때부터 여러 건물을 지으며 신흥 중심지로 개발한 곳이었다. 로마판 강남 내지 신도시였던 셈인데, 카라칼라 욕장은 그 백미로 당시 사상 최대 규모로 지어졌다.

로마인들에게 목욕은 삶의 기쁨이고, 테르메(욕장)는 문명의 상징이었다. 그러므로 최신 설비와 각종 부대시설을 갖춘 욕장을 거대하고 아름답게 지어 귀족과 평민, 남녀를 통틀어서 로마 시민이면 누구나 자유롭게 이용할 수 있도록(무료였다) 선물한다는 건, 황제로서 찬사와 지지를 얻는 최선의 방법이었다.

올림픽 주경기장 넓이의 카라칼라 욕장

카라칼라 욕장의 넓이는 약 10만 제곱미터였는데, 서울 잠실의 올림픽 주경기장 넓이와 비슷하다. 올림픽 경기를 치르고 관람할 수 있을 만한 크기의 공간이 온통 목욕탕이라니! 당시의 최고급 욕장은 냉탕과 온탕, 증기탕이 잘 갖춰져 있을 뿐 아니라 욕장 내부에서 목욕하다가, 한가롭게 거닐다가, 이야기하다가, 먹고 마시다가, 운동하다가, 흘린 땀을 씻으려 다시 욕탕에 들어갈 수 있도록 '원마운트'가 가능해야 했다. 카라칼라 욕장에는 욕장 외에 운동경기장, 수영장, 헬스장(팔라이스트라), 파티 장소, 정원 등 유락시설이 있었으며 도서관과 미술관, 강의실 및 교습실, 심지어 정치집회장 등 공공 문화시설도 있었다. 옛날 아리스토텔레스는 학생들과 아카데미의 정원을 산책하며 토론하고 교육했으므로 그를 따르는 무리를 '소요학파'라고 불렀다 하고, 로마제국 사람이되 좀 더 앞선 시대의 세네카는 철학과 정치에 골몰하다 지친 몸과 마음을 위로하려 욕장을 찾았다고 한다. 그렇다면 욕장에 교육과 연구를 위한 시설을 갖추면 어떨까? 이런 아이디어에 따라 카라칼라 욕장은 여흥만을 위한 공간이 아니게 된 것이다.

카라칼라 욕장은 동시에 1,600명이 입장할 수 있었고, 하루에 들르는 사람은 6천~8천 명 정도였다고 한다. 비슷한 넓이인 올림픽 주경기장은 스타디움 외에 6만 9,950명이 앉아서 관람할 수 있음을 감안하면 적은 숫자처럼 느껴질 것이다. 하지만 당시 로마시의 인구가 50~70만 명 수준이었음을 감안하면 결코 적은 수는 아니었다. 평일에 로마시 거주자 100명 중 한 명 꼴로 카라칼라 욕장에 몸을 담갔고, 로마에는 이 말고도 욕장이 많았음을 생각하면, 목욕에, 그리고 그에 딸린 서비스에 로마인들이 얼마나 빠져 있었는지 짐작할 수 있다.

카라칼라 욕장은 252개의 기둥으로 이루어진 직사각형 주랑 안에 경기장과 정원 등 야외 공간이 있고, 그 안쪽에 직사각형 건물이 있었으며 그 내부는 중앙 복도를 따라 좌우로 각종 시설이 배치된 구조였다. 그런 내부 구조는 이용하기 편리할 뿐 아니라 웅장함이 느껴졌으며, 그 웅장한 구조에 **모자이크**6-9가 베풀어진 벽과 바닥, 금박 주두를 갖춘 대리석 기둥, 곳곳에 들어선 조각품과 분수 등등이 화려함을 더했다. 건축학적으로 감탄을 자아내는 부분은 건물 한쪽 면에 돌출하듯 지어진 칼다리움(열탕)으로, 원기둥 모양에 돔 지붕을 얹었는데 그 규모는 **판테온**4-6과 거의 같았다. 카라칼라 욕장에 입장한 사람은 정원을 지나서 먼저 수영장을 만나고, 직진하면 냉탕, 온탕을 거쳐 열탕까지 가게 된다. 냉, 온, 열 순서로 목욕에 집중할 것인지, 열탕에서 땀을 뺀 뒤 수영장에서 노는 것으로 마무리할지, 탕 가운데 한두 개만 이용하고 그 양옆에 늘어선 여러 시설을 이용할지, 이는 이용자 마음대로였다.

이만큼 화려하고 각종 편의시설이 갖춰진 건물을 군주 전용으로 지은 문명은 많다. 하지만 땡전 한 푼 없는 빈민을 포함한 모두를 위해 지은 경우는 로마가 유일하다. 무료라는 점에서 '모든 시민'을 위한 시설인 셈인데, 돈을 받아내려고 오만가지 서비스를 제공하는 현대의 복합쇼핑몰 등과도 다르다. 카라칼라는 현군이라기보다 폭군 성격이 두드러진 인물이었지만, 모든 로마인에게 시민권을 부여했고 이 욕장을 건설했다는 두 가지 이유 덕분에 당대나 후대의 험한 평가를 면할 수 있었다. 그래서 훗날 '로마를 다시 위대하게!'라는 비전을 내건 디오클레티아누스 황제는 카라칼라 욕장보다 더 큰 사상 최대의 욕장을 지었다. 하지만 복합 욕장의 아이디어와 건축적 독창성은 카라칼라 욕장에게 한 수 뒤진다. 그래서 당시 사람들은 '로마의 7대 불가사의' 가운데 하나로 이 카라칼라 욕장만을 꼽았다.

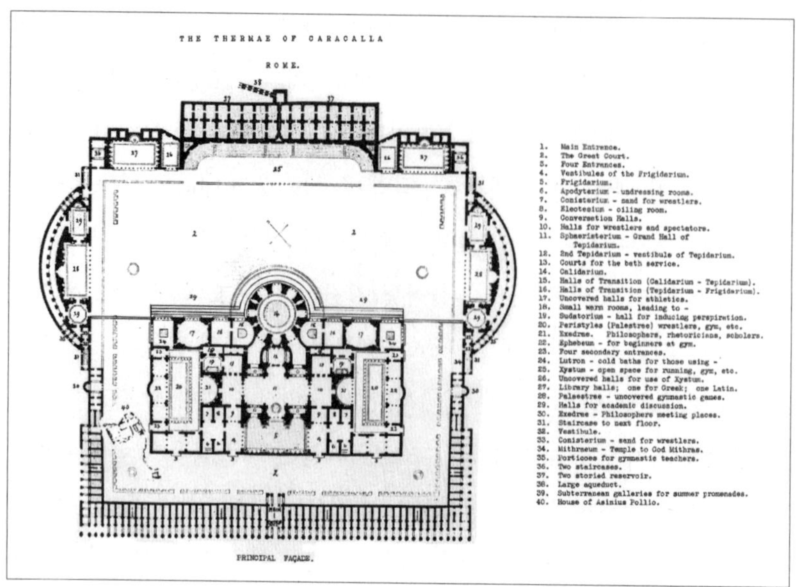

카라칼라 욕장의 조감도. ⓒ Thermae of Caracalla, Rome. Wellcome Collection.
중앙의 둥근 부분이 칼다리움이며 이를 포함한 직사각형 건물을 넓은 정원이 둘러싸고 있었다.

로마와 함께 기울어가다

다른 모든 것처럼, 로마가 기울면서 카라칼라 욕장의 영화도 기울어갔다. 기독교인들은 로마인의 목욕 문화를 사치스럽고 음란하다며 배격했다. 결정적으로 537년, **벨리사리우스**1-10가 이끄는 동로마군과 사투를 벌이던 동고트는 로마의 급수 체계를 파괴했고, 이후 카라칼라 욕장은 기능을 멈췄다. 그래도 넓은 면적에 멋진 건물이 있었기에, 이곳은 오랫동안 교회, 관청, 말먹이장, 묘지 등으로 활용되었다. 하지만 9세기에 덮친 지진이 건물을 크게 파괴했고, 그 자재를 가져다 새 건물을 짓는 일이 반복되면서 원형을 찾아볼 수 없는 폐허가 되어갔다. 하지만 19세기 초부터 발굴과 복원이 진행된 덕분에 오늘날에는 옛날의 웅장함과 화려함은 찾을 길이 없지만, 그 윤

곽 정도는 그려볼 만큼이 되어 관광객을 끌어들이고 있다.

카라칼라 욕장에서 발견된 명품 조각상이나 벽화 등은 16세기 초에 지어 지금은 프랑스 대사관으로 쓰이는 파르네세 궁전을 장식하고 있다. 또 그 건축 스타일은 미국 뉴욕의 펜실베이니아 역사, 시카고의 유니언 역사, 캐나다 상원 건물 등에 응용되었다.

영광과 쇠퇴를 동시에 기념하다

황제에게 바치는 공화정다운 선물

로마시에 남아 있는 콘스탄티누스 개선문Arch of Constantine은 312년, **콘스탄티누스**2-8 황제가 밀비우스 다리 전투에서 막센티우스를 무찌르고 로마시를 장악한 일을 기념하고자, 원로원의 발의에 따라 세워지기 시작했다. 이는 315년에 완공되어 오늘에 이른다.

밀비우스 다리 전투는 콘스탄티누스가 로마 전체의 황제로 군림하는 결정적 계기였다. 또한 로마가 기독교화되고, **공화정**10-5의 잔재를 털고 전제적 제국으로 거듭나는 계기이기도 했다. 따라서 이 개선문은 매우 중요한 역사적 기념물이라고도 할 수 있다.

다만 당시에는 다분히 공화정에 어울리는 형식으로 이 개선문이 세워졌다. 원로원은 밀비우스 다리 전투의 승리뿐 아니라 콘스탄티누스의 재위 10주년을 기념하는 의미도 담아 이 개선문을 황제에게 봉헌했기 때문이다. 초대 황제 **아우구스투스**2-1는 공화정의 최고사령관을 의미했던 **임페라토르**9-5의 지위를 '10년만 갖고 있겠다'고 공언했다. '나라가 평화를 되찾으면 이런 특별하고 막강한 지위가 필요 없을 것이므로.' 하지만 그 넓은 로마

남쪽에서 바라본 개선문 정면. ⓒ Alexander Z

가 언제 완벽하게 평화로워지겠는가? 임페라토르-황제의 지위는 10년마다 갱신되었고, 결국 모든 황제가 죽을 때까지 그 지위를 유지했다. 하지만 10년마다 갱신하는 의식 절차는 이루어졌고, 이를 기념하여 '데케니아'라는 축제, 검투사 경기와 전차 경기, 서커스 등등 '로마판 올림픽'이 거창하게 치러지기도 했다. 요식행위일망정 그것은 황제가 공화정의 원칙을 존중한다는 의미였고, 애초에 개선문이라는 것이 공화정 시절 원로원의 판단에 따라 개선장군을 축하하기 위해 '하사'하는 것이었다. 사실 콘스탄티누스가 서로마의 부제(카이사르)로서 등극한 때는 306년이라, 재위 10년이 되려면 시간이 좀 더 필요했지만 억지로 개선식에 데케니아를 덧붙인 것이다.

화려함 이면에 숨겨진 조잡함

개선문은 높이 21미터, 너비 25.7미터이며, 문의 앞에서 뒤까지의 길이는 7.4미터다. 흰 대리석을 조합해 만들었고, 12미터 높이의 중앙 대문 양옆에 7미터 높이의 소문이 나 있는 '삼문 형식'이다. 문은 코린토스 양식의 네 개의 기둥으로 구획되며, 그 기둥은 3미터 높이의 다락을 받치고 있다. 개선문의 남쪽 다락 중앙에는 다음과 같은 명문이 새겨져 있다.

> 임페라토르 카이사르 플라비우스 콘스탄티누스 막시무스께, 신실하고 축복받은 아우구스투스께 이 문을 바칩니다. 신이 내린 영감과 그 스스로의 위대한 정신에 의해, 폭군을 한쪽에서 제거하시고 동시에 모든 곳에서 없애버리셨기 때문입니다. 그의 군대로 그는 복수하셨고, 정의로운 팔로 공화국을 지키셨으니, **원로원과 로마 인민**SPQR 9-2은 이 문을 바쳐 그의 위업을 기념합니다.

이 명문을 봐도 'SPQR', '공화국'이라는 표현을 통해 공화정의 원칙이 제정에서도 지켜지고 있음을 주장하려는 안간힘이 느껴진다. 또 '신이 내린 영감'이라는 표현은 좀 미묘한데, 콘스탄티누스가 전투에 앞서 십자가와 '너는 이것으로 이기리라'라는 글귀를 보았다는 이야기를 가리키는지도 모르기 때문이다. 하지만 이 개선문의 외벽에 베풀어진 부조 가운데에는 콘스탄티누스가 전쟁에서 이긴 역대 로마 황제의 관습대로 **유피테르**8-1, **마르스**8-2 등 로마의 고유 신들에게 제사를 올리는 장면 묘사도 있다.

부조들은 다락의 명문 외에는 모든 외벽에 남김없이 들어차 있어, 화려하다 못해 요란할 정도다. 지금이야 낡고 그을리고 때가 묻었지만, 처음 낙성했을 당시에는 유백색 대리석과 정교한 조각이 내뿜는 광휘가 찬란했을 것이다. 하지만 그 화려함의 이면에는 그림자가 있다.

먼저 이 개선문의 모양새 자체가 203년에 세워진 세베루스 개선문의 '아류'이다. 또한 지나치게 화려하기만 해서, 개선문이라면 응당 지녀야 할 고고함과 웅장함이 없다. 82년에 세워진 티투스 개선문에 비해 건축미학적으로 많이 떨어진다는 평가다. 그런데 왜 이 개선문이 로마 개선문의 대명사처럼 여겨지느냐 하면, 티투스나 세베루스보다 콘스탄티누스가 훨씬 높은 지명도를 갖기 때문이다. 또한 그 위치가 고대 로마의 심장부였던 포로 로마노라, 다른 유적을 보러 온 관광객들이 기둥과 외벽만 조금 남은 폐허에 실망하고는 비교적 멀쩡한 콘스탄티누스 개선문을 배경으로 그림이나 사진을 남기고는 했기 때문이다.

그리고 그 조각들도 상당수가 '오리지널'이 아니다. 탁월한 조각 실력을 지닌 조각가가 당시 로마에는 거의 남아 있지 않았다. 그래서 트라야누스, 하드리아누스, 아우렐리우스 등 제국 전성기 황제들의 기념물 조각을 여기저기서 떼어 와 조립했다. 특히 문의 소문 위쪽을 지나 문 전체를 띠처럼 두르고 있는 부조는 아우렐리우스의 생애를 표현한 부조를 콘스탄티누스의 생애에 맞도록 순서를 바꿔 놓은 뒤 황제의 얼굴만 콘스탄티누스의 얼굴로 뜯어고쳐 붙여놓은 것이다. 혼란했던 제국을 안정시키고 재통합했던 콘스탄티누스였지만, 이미 로마의 쇠퇴는 피할 수 없는 흐름이었음을 이러한 건축의 흔적들이 보여준다. 약 10년 뒤, 그가 제2의 로마로서 콘스탄티노플을 야심 차게 세우기 시작했을 때도, 당대의 조각 수준이 신통치 않아서 로마 각지에 남은 그리스와 로마의 조각들을 가져다 장식해야 했다.

역사적 아이러니의 기념물

화려함 뒤에 숨은 그림자, 쇠퇴를 증명하는 예술, 공화정과 로마의 영원함에 대한 꿈을 간직했지만 두 가지 모두 결정적으로 소멸할 것이라는 역사적 아이러니를 간직한 기념물이 콘스탄티누스 개선문이다. 그것은 현존하는 최후의 로마 개선문이기도 하다. 기독교 황제이자 전제군주가 된 후대 황제들은 개선문을 거의 세우지 않았고, 그나마 완전히 파괴되었다.

아이러니는 로마가 멸망한 한참 뒤에도 이어진다. 1800년, 나폴레옹은 콘스탄티누스가 했던 그대로 알프스를 넘어 로마로 쳐들어갔다. 그리고 그 전리품의 하나로 콘스탄티누스 개선문을 해체해 파리로 가져가기로 했다. 그러나 워낙 오래된 건물이다 보니 당시 기술로는 해체했다가 다시 세우는 과정에서 조각품이 대다수 손상될 우려가 있었다. 결국 나폴레옹은 포기하고, 대신 파리에 그와 비슷한 모양과 크기의 개선문을 세웠다. 이 카루셀 개선문은 지붕 위에 승리의 여신의 전차가 올라타고 있다는 점이 콘스탄티누스 개선문과 다른데, 그런 스타일은 1791년에 베를린에 세워진 브란덴부르크 개선문에서 따온 것이다. 그러나 나폴레옹 스스로의 미학으로는 보다 심플하면서 웅장한 티투스 개선문의 형태가 더 나았던 것 같다. 그래서 그가 황제의 자리에 올라 파리에서 로마, 베를린에 이르는 서유럽을 무릎 꿇린 기념으로 파리 한복판에 거대한 에투알 개선문을 세웠을 때, 그 모양새는 티투스 개선문을 기본으로 했다. 문 외벽을 장식하는 부조는 콘스탄티누스 개선문을 참조했지만 말이다.

천 년 동안 불패의 신화를 쓰다

황제가 세우라 하고, 시민이 다시 세운 성벽

열 번 찍어 안 넘어가는 나무 없듯, 무너뜨릴 수 없는 성벽도 없다고 한다. 그러나 그 가까운 것이 있었다. 5세기에 세워져 15세기까지 막강한 적들을 견뎌내지 못한 적이 없는 콘스탄티노플의 테오도시우스 성벽Theodosius walls 이다.

삼각형 모양의 반도에 세워진 콘스탄티노플은 4세기에 '콘스탄티누스 성벽'이라 불린 2.8킬로미터 정도의 간단한 성벽으로만 보호되고 있었다. 두 개 면은 바다가 천연 성벽이 되어주니, 육지로 연결되는 부분만 보호하면 되었던 것이다. 하지만 6세기쯤 되니 도시가 한껏 커져 기존의 성벽 바깥으로 뻗어 나갔고, 사방에서 침략자들이 꼬리를 물어 더 길고 더 튼튼한 성벽을 세울 필요가 있었다.

413년 이 성벽을 건설하기로 결정할 당시 동로마 황제는 테오도시우스 2세였기에, 테오도시우스 성벽이라고 불린다. 건설을 결심한 직접적 계기는 흉포하기가 지옥의 악귀 같다고 알려진 훈족이 다가오고 있다는 첩보였다. 447년 성벽 앞까지 들이닥친 아틸라는 군이 힘들여 싸울 필요가 없겠다 싫었는지, 공물만 받고 물러갔다. 그러나 아틸라는 얼마 뒤 더 큰 병력을 일으켜 다시 서방을 침공했는데, 뜻밖의 일이 벌어졌다. 마침 대지진이 일어나 성벽이 무너진 것이다.

그러나 1만 6천 명의 콘스탄티노플 주민들은 공포에 사로잡혀 피난길에 나서지 않았다. 대신 귀족에서 천민까지 팔을 걷어붙이고, 구슬땀을 흘리며 돌을 나르고 쌓았다. 여자도 노인도 어린아이도 모조리 성벽에 달라붙어 자신이 할 수 있는 일을 했다. 실로 기적적으로, 무너져 내렸던 성벽이 두 달 만에 복구되었을 뿐 아니라 훨씬 복잡하고 입체적인 모습을 하게 되었다.

삼중의 성벽, 1천 년을 버틸 수 있게 해준 시민의 힘

성벽의 주재료는 큰 흰색 석회암이지만, 부분마다 붉은색 벽돌을 집어넣어 큰 충격을 받더라도 그 에너지가 벽 전체로 분산됨으로써 충격받은 부분이 파괴되지 않도록 했다. 또한 도시의 가장 바깥쪽에는 너비 20미터의 해자가 있었고, 해자를 건너면 2미터 정도 높이의 '외벽'이 서 있어 해자에 부교 같은 것을 걸치거나 해자를 메우더라도 곧바로 돌격하기 어려웠다.

이를 넘어 10미터쯤 전진하면 '외성'이 나왔다. 최대 5미터의 두께라 파괴하기 쉽지 않았다. 그리고 망루들이 촘촘히 설치되어 그들이 성벽을 부술 틈을 주지 않고 사격을 퍼붓게 되어 있었다. 이를 넘어 외성을 돌파한다 해도, 또다시 20미터 앞에 더 높고 두터운 성벽인 '내성'이 그들을 막았다. 외성과 내성 사이의 공간에도 병사들이 배치되어 힘들게 벽을 넘어온 적들에게 달려들었다. 침입자들이 그 수비병마저 전멸시켰을 때는 내성에서 '**그리스인의 불**[6-10]'을 발사해 성벽 사이의 공간을 불바다로 만들게 되어 있었다. 전근대 세계에 유례가 없는 삼중의 성벽이며, 적의 동선과 행동을 철저히 예상해 입체적으로 철두철미한 요격을 할 수 있는 방어 시스템이었다.

아틸라는 성벽 이야기만 들어도 질렸던지 가까이 와 보지도 않고 말머리를 돌렸다. 559년에는 훈족의 지파로 알려진 쿠트리구르족이 처음으로 성벽에 도전했으나 보기 좋게 실패하고 물러갔다. 이후 6세기 말과 7세기 초의 아바르족, 7세기 초의 페르시아 제국, 9세기 초와 10세기 초의 불가르족, 9세기 말과 10세기 초의 루스족, 7세기와 8세기의 이슬람 제국, 11세기 초의 반역자 레오 토르니코스가 모두 20회가 넘게 테오도시우스 성벽에 도전했으나 그 누구도 돌파하지 못했다.

그런 놀라운 힘은 성벽의 힘만이 아니라, 시민의 힘이었다. 도시 주민들의 단합된 힘은 처음 성벽을 쌓을 때만 발휘되지 않았다. 주민 전원이 성벽 보수공사에 참여할 의무를 기꺼이 짊어졌다. 시의 재정이 아무리 나빠도 성벽 유지보수 경비는 어김없이 지출되었다. 전투가 벌어지면 생업을 내던지고 성벽으로 모여들어, 싸우거나 무기를 나르거나 공격으로 무너진 벽을 다시 쌓거나, 부상자를 돌봤다. 사제단도 성상(이콘)을 받쳐 들고 성벽 주위를 돌며 소리 높이 기도함으로써 '참전'했다. 성벽을 넘어 날아든 적의 화살에 몇몇 사제들이 쓰러져도 걸음을 멈추지 않았다.

그렇지만 1203년, 콘스탄티노플은 **콘스탄티누스**[2-8]가 세운 지 860여 년 만에 결국 적에게 함락되는 경험을 한다. 이집트를 정벌한다며 출발했던 제4차 십자군이 동로마의 황위 계승 다툼을 이용하여 느닷없이 공격함으로써 황도를 함락시킨 것이다. 그러나 그것은 해안으로부터의 침공에 따른 것이어서, 테오도시우스 성벽은 불패의 신화를 지킬 수 있었다. 그들이 황제를 내쫓고 세운 '라틴제국' 역시 테오도시우스 성벽을 이용해 동로마 복고를 외치던 세력들의 침공을 막아냈다. 그러나 1261년, 성벽 수비대가 근무를 태만히 하고 있을 때 예전에 만든 비밀 통로를 잘 알고 있던 복고 세력이 성벽을 침투해 들어왔고, 이로써 라틴제국은 무너지고 동로마가 부활하게 된다. 이것으로 테오도시우스 성벽은 세워진 지 800여 년 만에 처음으로 적의 통과를 허용했다. 그리고 그것은 종전의 교훈, 즉 아무리 잘 만들어진 성벽이라도 그 성벽을 지키는 사람들의 뜻과 정성이 부족하면 무의미하며, 언제 정보가 샐지 모르니 비밀 통로 따위는 만드는 것이 아니라는 교훈을 확인시켜주었다.

이후 테오도시우스 성벽은 콘스탄티노플 시민의 위대한 국방 의지를 상징하며 굳건히 서 있었다. 그러나 약 200년이 더 지나 마침내 신화에 종지부를 찍을 최후의 적이 밀려왔다. 메흐메트 2세가 이끄는 오스만제국이었다.

그는 부왕 무라드 2세가 압도적인 군사력과 경제력, 그리고 신형 대포를 앞세운 기술력까지 갖추고도 테오도시우스 성벽 앞에서 또 물러나고 만 일을 잊지 않았다. 그리고 콘스탄티노플을 정복하는 일에, 테오도시우스 성벽을 무너뜨리는 일에 사활을 걸었다.

1452년부터 시작된 공성전에서 오스만의 최신식 대포는 일찍이 없던 파괴력을 보였다. 그래도 역시 테오도시우스 성벽인지라 한 발 맞고 바로 무너져 내리지는 않았는데, 메흐메트 2세는 "작은 대포들은 한 지점을 빙 둘러가며 사격하고, 대형 대포는 그 가운데를 쏴라!"라고 지시했다. 그러면 큰 구멍이 뚫릴 수밖에 없었다.

그러나 역시 불패의 성벽! 동로마인들은 평소 연습한 대로 진흙과 목책으로 빠르게 구멍을 메웠다. 그곳에 다시 한번 포탄이 떨어지면, 석벽과는 달리 부드러운 진흙벽은 포탄에 움푹 패일 뿐 부서지지 않았다. 결국 메흐메트의 회심의 무기였던 대포는 그것만으로 신화를 부수기에는 역부족임을 증명했다. 1453년 3~4월이 지나고 5월이 되어도 도시는, 성벽은 꿋꿋이 버텼다. 외성은 벌집이 되고 내성에도 큰 구멍이 몇 개씩 뚫렸지만, 콘스탄티노플 시민들은 부상당한 자신이나 자식의 몸을 치료하듯 악착같이 복구하고 또 복구했으니, 이것은 돌과 벽돌이 아니라 사람이 성벽이 된 셈이었다.

그러나 바닥이 차차 드러났다. 8천 명으로 시작한 병력은 두어달 만에 4천 명까지 줄었다. 남녀노소 구분 없이 성벽을 자신의 몸처럼 복구하던 시민들도 계속해서 죽어갔다. 이렇게 되니 자연히 가장 급한 곳부터 막고, 허술한 부분을 남겨둔 채 싸울 수밖에 없었다. 완벽했던 방어체계도 구멍이 나고 금이 갔다. 그러나 저항은 계속되었다. 콘스탄티누스 황제마저 자지도 먹지도 않으며 직접 칼을 들고 싸웠다.

인간의 힘이 다해가자, 시민들은 마지막으로 신의 힘을 빌었다. 모든 사제가 나와 수백 년 동안 이 도시를 지켜왔다고 믿는 성모 성상을 앞세우고 궂은 비가 쏟아지는 성벽 주위를 돌았다. 그러나 돌연 '알 수 없는 힘에 끌려' 성모 성상이 공손히 받들던 사람들의 손에서 떨어져 진창에 처박혔다. 사람들이 아무리 일으켜 세우려 해도 성상은 몇 번이나 쓰러지며 진흙탕 속에 뒹굴었다고 한다.

1453년 5월 27일, 오스만군은 최후의 공세에 돌입했다. 메흐메트는 그동안 쓰지 않던 대포를 모조리 끌고 나와 포신이 부서지든 말든 포탄이 떨어질 때까지 쏘라고 명령했다. 포격은 이틀 동안 이어졌다. "하늘이 보이지 않을 정도의" 화살도, 투석기의 돌들도 끊임없이 성벽을 넘어 콘스탄티노플에 떨어졌다.

그리고 5월 29일. 새벽부터 오스만군은 성벽으로 돌진하기 시작했다. 그래도 성벽은 버텼다. 쉴 틈 없이 몰아치는 파상 공세를 진작에 한계를 넘은 돌과 벽돌, 사람은 몇 번이고 막아냈다. 신은 도시를 버렸지만, 모두 끝났음을 알았지만, 그래도 그들은 싸우고 또 싸웠다. 그러나 반대편 독재자의 집념도 한계를 초월했다. 그는 자신의 주위를 지키던 호위대까지 모두 나가서 싸우라고, 저 빌어먹을 성벽을 뚫어버리라고 지시했다.

그리고 뚫렸다. 용병 한 사람이 전선을 바쁘게 오가다 깜빡 잊고 열어둔

테오도시우스 성벽의 카리시우스 문. ⓒ Carole Raddato
도시가 함락된 뒤 메흐메트 2세는 이 성문을 지나 콘스탄티노플에 입성했다.

샛문으로 오스만군이 쳐들어왔다는 이야기가 있는데, 진위는 의심스럽다. 아무튼 어떻게 했는지 망루 한 곳에 오스만의 깃발이 올랐다. 그것을 본 병사들과 시민들은 초인적으로 끌어냈던 사기를 잃고 말았다. 성벽의 구멍은 더 이상 메워지지 않았다. 수비병들은 자신의 자리에서 떠났다. 오스만군의 공성전이 시작된 지 두 달 만에, 성벽이 세워진 지 약 1천 년 만에, 신화는 무너졌다.

시민의 연대가 일으킨 기적의 증거로 남다

콘스탄티노플의 주인이 된 메흐메트는 **아야소피아**4-10를 비롯한 주요 건물을 모두 유지하고 개축해서 자신을 위한 건물로 만들었다. 하지만 테오도시우스 성벽만은 만신창이가 된 그대로 두도록 했다. 자신의 위대한 업적을 길이 자랑하기 위해서였으리라. 그리고 유럽에 발을 디딘 오스만제국이 계속해서 서쪽으로 치고 올라가 끝내 동로마에 구원병을 보내주지 않은 기독교 형제 국가들을 정복해나갔으므로, 성벽이 보강되어 다시 그 힘을 발휘할 기회는 없었다. 수백 년 동안 콘스탄티노플, 아니 이제는 이스탄불에 평화가 이어지고 그 경계도 성벽을 넘어서 확장됨에 따라 남아 있던 성벽은 공공이나 민간 건물의 자재로 사용되며 차차 허물어져갔다. 근대화가 되며 도로를 늘리기 위해 또 여러 군데가 파괴되었다. 1980년대에 유네스코의 지원으로 복원 작업이 이루어졌지만, 지금도 성벽 곳곳에는 민가나 술집이 들어서 있거나, 성벽 잔해가 주차장의 벽으로 활용되기도 한다. 그래도 신화의 마지막 자존심은 1999년에 지켜졌다. 이스탄불을 덮친 대지진에 복원된 성벽은 여지없이 무너졌지만, 1천 년이 넘은 옛 성벽은 끄떡없었던 것이다.

로마는 시민들의 힘으로 나라를 키우고 세상을 정복했다. 그 시민의 힘이 가물어지고 독재자의 신민으로 전락했음을 많은 지식인이 한탄했다. 그러나 시민성은 도시 차원에서 절망적인 위기를 함께 극복하면서도 형성된다. 그리하여 제국에서도, 심지어 망해가는 제국에서도 시민은 연대할 수 있고, 결국 기적을 일으킬 수 있다는 역사의 증거로, 오늘도 테오도시우스 성벽(의 잔해)은 서 있다.

영웅 황제 여성 건축 전쟁 기술 책 신 제도 유산

솔로몬의 성전을 능가하다

새로운 세계 불가사의가 서다

동로마 콘스탄티노플이 단합된 시민성의 상징으로 자랑스러워할 건물이 **테오도시우스 성벽**4-9이라면, 아름다움과 건축기술의 뛰어남을 자랑할 만한 건물은 아야소피아Aya Sofia다. 그리고 이는 《대법전》과 함께 **유스티니아누스**2-9 황제가 길이 자랑할 만한 2대 업적이기도 하다.

그리스어로 '성스러운 지식'을 의미하는 아야소피아는 537년 세워진(일단은) 건물이지만, 그 자리에는 약 200년 전부터 성당이 서 있었다. 당시의 이름은 '마그나 에클레시아', **라틴어**로 '대성당'이었다. 마그나 에클레시아를 누가 처음 세웠는지는 불확실한데 콘스탄티노플을 수도로 삼은 **콘스탄티누스**2-8가 황궁 옆에 직접 지었다는 설이 있다. 다만 당시에는 목조 지붕을 얹은 그리 크지 않은 규모여서 계승자인 콘스탄티우스 2세가 다시 확대해 지었다는데, 콘스탄티우스가 처음 짓기 시작했다는 설도 있다.

아무튼 마그나 에클레시아는 404년에 일어난 폭동 중에 불탔고, 이후 테오도시우스 2세 황제가 다시 대성당을 지어 415년에 완공했다. 이때부터 그리스어 명칭인 아야소피아가 쓰이기 시작했던 것 같다. 그러나 이 새로운 대성당 역시 532년에 불탔다. 유스티니아누스의 최대 위기였던 니카의 반란 때였다.

니카의 반란을 진압하고 제국을 장악한 유스티니아누스는 그 기념물을 남기고 싶었다. 그리하여 역대 그 어떤 성당보다 웅장하고 미려한 성당을 대성당의 폐허에 지을 결심을 했고, 반란이 끝난 직후인 532년 초부터 공사에 들어갔다.

공사의 책임자는 트랄레스의 안테미오스, 밀레토스의 이시도로스였다. 안테미오스는 수학의 천재로 아야소피아에 이제까지 상상도 못했던 구조를 부여했고, 이시도로스 역시 수학자이자 건축 실무에 밝아 건설 과정을 직접 뛰어다니며 감독하고 조정했다. 한 번은 건설 도중 수학적 계산으로는 예상치 못했던 결함으로 지붕 일부가 붕괴했는데, 이를 다시 탁월한 실무 감각에 따라 조정함으로써 안정성을 얻게 되었다. 추상적인 설계 능력과 실무적인 조정 능력이 잘 어우러져 훗날 '새로운 세계 불가사의'로까지 불리게 될 건축 구조를 낳은 셈이다.

눈으로 보아도 믿기지 않는 아름다움

'상상도 못했던 구조'란 높이 솟은(56.2미터) 중앙의 거대한 돔(지름 31미터)을 네 개의 큰 **아치**6-1가 떠받치면서, 기둥 없이(교묘히 감춰져 있지만) 원 위에 원을 얹은 듯한 모양을 연출한 것이었다. 그 놀라운 광경은 내부로 들어가야만 실감할 수 있다. 중앙 돔을 두른 창들과 네 아치의 창에서 햇빛이 쏟아져 들어오고, 아낌없이 사용된 금과 은, 보석 등이 빛나는 형형색색의 **모자이크**6-9와 장식물이 눈을 사로잡는다.

537년, 낙성식 때 내부를 처음 본 역사가 프로코피우스는 입을 다물 줄 몰랐다.

"몸서리가 쳐질 만큼 아름다웠다…. 하지만 두려움이 밀려들기도 했다. 아무 받침도 없이 하늘에 두둥실 떠 있는 듯 보이는 거대한 천장이 당장이라도 무너져 내릴까 봐!"

1453년, 불굴의 집념으로 콘스탄티노플을 함락시키고 처음으로 아야소피아에 들어온 오스만의 술탄 메흐메트도 기적 같은 천장을 올려다보며 자리를 떠나지 못했다.

"…알라 아크바르(신은 위대하시도다)!"

2013년, 메흐메트 이래 개조되면서 금도 은도 사라지고, 화려했던 모자이크도 대부분 가려져 관람자들의 눈을 끄는 장관은 칙칙한 벽들 위로 높이 솟아오른 검은 천장의 창문들에서 쏟아져 내리는 햇빛뿐이었지만, 한국에서 온 어느 예능 프로그램 출연자들은 그것만으로도 감동에 젖었다. 누군가는 자기도 모르게 눈물을 쏟을 정도였다.

다시 537년, 프로코피우스와 함께 낙성식에 참석한 유스티니아누스는 자신의 의도와 상상을 훨씬 뛰어넘어 완공된 성당의 장관에 감격해 두 팔을 들고 소리쳤다.

"솔로몬이여, 내가 그대를 이겼도다!"

《성서》에 역사상 가장 아름다운 건축물이라고 묘사된 솔로몬의 예루살렘 성전. 그것이 파괴된 뒤 전력을 다해 웅장하고 화려하게 재건해낸 헤롯의 성전. 그 성전마저 파괴한 로마의 황제. 그 황제의 계승자인 자신이 헤롯의 성전보다도 솔로몬의 성전보다도 더 아름다운 성전을 지었다는, 득의와 감개무량에 젖은 외침이었다. 그가 의식했는지는 몰라도, 그것은 **하드리아누스**2-6의 **판테온**4-6을 이긴 것이기도 했다. 크고 육중한 돔 천장이 갖는 숭고함에 꼭대기 중앙의 오쿨루스 하나로 신비함을 더하는 판테온에 비해, 아야소피아의 천장은 더 크고 더 높으며, 더 많고 더 다채로운 햇빛으로, 위를 올려다보는 모든 사람의 숨을 일순 멎게 하기 때문이다. 전 세계의 성당 가운데 빛의 효과를 이만큼이나 감동적으로 구현해내는 건물은 스페인의 사그라다 파밀리아 정도 외에는 달리 없다.

그런 구조는 보기에만 아름다울 뿐 아니라, 유스티니아누스와 그의 신학자들이 고안한 정치적·철학적 상징을 구현하는 것이었다. 파르테논 신전의 강건한 기둥들이 아테네 민주주의의 정신을 나타내고, **퐁뒤가르**4-2나 **콜로세움**4-3의 우아한 **아치**6-1들이 로마 공화정의 정신을 나타낸다면, '기둥에 의지하지 않고' 하늘에 붕 떠올라 세상을 내려다보는 듯한 거대한 돔 지붕은 천하만물에 군림하면서 그 어디에도 의지하거나 구애되지 않는 동로마의 황제권을 상징하고 있었다.

'또 다른 불가사의'인 아야소피아는 여러 변화를 겪었다. 1453년, 동로마 멸망과 함께 이슬람 사원으로 바뀌고, 사원 두 귀퉁이에 모스크의 상징물과도 같은 광탑(미나렛)이 세워졌다. 그 가운데 한 기는 지진으로 무너지고, 16세기 중반 오스만의 천재 건축가 시난이 세 기의 광탑을 새로 세워 아야소피아의 네 귀퉁이마다 광탑이 있도록 하는 한편 외부 중앙 돔 네 귀퉁이에는 보조 돔들을 덧붙였다. 이 돔들은 셀림 2세 등 술탄들과 왕자들의 영묘다.

뿐만 아니다. 아야소피아의 내부 또한 뜯어고쳐 금은보석의 장식물을 제거했고, 예수나 마리아 등을 표현한 모자이크도 이슬람 사원에는 용납될 수

옴팔리온. ⓒfusion-of-horizons
'배꼽'을 의미하는 아야소피아의 이 장소에서 역대 동로마 황제들이 대관식을 치렀다.

없으므로 회칠로 가렸다. 지금 내부 벽들에 장식된 8개의 초대형 아랍 문자 메달리온은 19세기에 덧붙여진 것들로, 각각 알라, 무함마드, 4명의 정통 칼리프, 무함마드의 손자인 알 하산과 알 후사인의 이름들을 당대 최고 서예가의 필체로 구현하고 있다.

운명의 굴절, 그래도 본체는 바뀌지 않는다

1934년, 덮여 있던 모자이크의 일부가 다시 모습을 드러냈다. 술탄을 퇴위시키고 튀르키예 공화국을 세운 케말 아타튀르크 대통령이 '정교분리'를 선언하며, 그 상징적인 조치의 하나로 아야소피아를 박물관으로 개조한 것이다. 그리하여 이슬람을 상징하는 메달리온들과 기독교를 나타내는 모자이크들이 공존하는, 묘한 공간으로 변모했다.

그러나 변화는 끝나지 않았다. 2020년, 아야소피아 박물관을 다시 이슬람 사원으로 복원한다는 결정이 내려졌다. 정교분리 원칙을 깨고 이슬람 국가를 지향하는 에르도안 대통령의 뜻이 반영된 조치였으며, 이로써 모자이크 벽화들은 다시 모습을 감추게 되었다. 내부도 자유롭게 드나들 수 없고, 단정한 복장에 신발을 벗은 채 줄 지어 입장하여 조용히 관람하게 되었다.

놀라운 건축미와 건축 기술의 결정체이면서 이념적 상징물로 존재해온 아야소피아. 그렇기에 탄생에서 지금에 이르기까지 주위를 둘러싼 정치 세력들의 변화에 따라 바뀌고 고쳐지는 운명을 피할 수 없었다. 그러나 그 본체는 바뀌지 않는다. 어떤 종교나 이념의 소유자든, 그 내부를 한번 보면 감동을 억누르지 못한다. 그것이 이 위대한 유산이 가진, 인류를 하나로 만드는 귀중한 능력이다.

로마는 전쟁으로 세워지고, 전쟁으로 자랐다. 고대국가라면 당연하다고 할지 모르겠으나, 로마처럼 수 세기에 걸쳐 끝없는 전쟁을 겪으며 도시국가에서 세계제국까지 올라선 나라는 없다. 동시에 여러 곳에서 전쟁을 치르는 일도 흔했다. 여기서 꼽고 있는 로마 내전, 미트리다테스 전쟁, 스파르타쿠스 반란은 동시에 진행되었다. 전쟁의 주된 성격도 수 세기를 지나면서 변해, 삼니움 전쟁처럼 도시국가 로마가 살아남기 위한 전쟁부터 포에니 전쟁처럼 '정복할 것인가, 정복당할 것인가'의 전쟁, 그리고 갈리아 전쟁, 유대 전쟁처럼 제국을 넓히기 위한 정복전쟁, 나아가 로마-이란 전쟁이라는 두 세계제국 사이의 힘겨루기를 거쳐 어떻게든 살아남기 위해 동로마가 막강한 도전자들과 치른 전쟁으로 넘어가게 된다.

'전쟁의 문명'이다 보니 그 사회와 문화도 전쟁을 둘러싸고 발달했다. 시대를 초월해 영향을 미치고 있는 로마법과 로마 공화정은 전쟁의 와중에 귀족과 평민 사이의 대립을 해결하는 과정에서 기초가 다져졌다. 로마자와 라틴어도 여러 지역에서 온 병사들에 정확한 군율을 제시하고 명령이 잘못 이해되는 일이 없도록 하려다 보니 널리 지중해 세계에서 보편화되었으며, 그것이 지금의 세계에까지 영향을 미치게 되었다. 건축기술과 의료기술의 발달도 전쟁의 필요성에 따라 이루어진 것이었다.

5부

로마의 전쟁

이탈리아의 패자로 올라서다

입지 조건이 불리했던 초창기 로마

기원전 4세기 이전의 로마를 지도에서 찾아보면 눈물겹다는 말이 나올 만하다. 이탈리아 중부 라티움 지방 일부를 차지하고 있는데, 북부에는 에트루리아와 움브리아, 동부에는 삼니움이 있었고 남부에는 에트루리아의 지배 아래 있던 캄파니아와 그리스계의 지배를 받던 마그나 그레시아가 버티고 있었다. 그리고 모든 나라가 로마보다 몇 배나 많은 인구와 영토를 갖고 있었다.

게다가 로마 일대 땅이 딱히 기름지거나 방위에 적합한 것도 아니어서, 로마인들조차 훗날 '우리 조상들은 대체 무슨 생각으로 여기에 나라를 세웠을까?'하고 궁금해했을 정도다. 당시 로마가 대제국은커녕 이탈리아의 패자가 될 거라고 누군가 예언했다면 웃음거리가 되었으리라. 하지만 로마는 두 가지 전략을 잘 운용하여 힘을 키웠다.

하나는 이탈리아 북부 나라들과 남부 나라들의 매개자 역할을 하며 그 문화와 기술, 그리고 인력까지 열심히 받아들인 것이다. 기번에서 시오노 나나미에 이르는 작가들은 로마의 성공 이유를 '위대한 포용력'에서 찾았는데, 실제로 쓸 만하다면 유랑민이든 도둑떼든 다 받아들였으며, 그들이 가져온 건 기술에서 종교까지 뭐든 수용했다. 심지어 에트루리아에서 흘러온 이민자들을 왕으로 받들기까지 했다. 유서 깊고 자국 문화에 대한 자긍심이 높은 나라로서는 실행하기 쉽지 않은 전략이었다.

두 번째는 '나눠서 지배하라'였다. 로마를 둘러싼 나라들의 알력을 교묘히 이용해 때로는 이리 붙고 다음에는 저리 붙으며 반로마 동맹을 예방하고, 실익을 챙긴 것이다. 한국사에서도 삼국 중 제일 약했던 신라가 이 같은 전략을 채택해 강성해진 사례가 있다.

로마는 이런 방식으로 라티움 지방의 도시국가들을 하나둘 병합해나가며, 기원전 4세기 초까지 그 지방을 통일했다. 그래도 에트루리아나 마그나 그레시아에 비할 정도는 못 되었는데, 기원전 354년 동쪽의 삼니움과 동맹을 맺으며 남북의 강대국들과 대치하는 모양새를 이루었다. 그러나 기원전 343년, 삼니움인들이 시디키니라는 작은 도시국가를 공격한다. 이 나라는 캄파니아와 라티움이 만나는 지역에 있었기에 로마로서는 민감하게 반응할 수 밖에 없었다. 시디키니를 지키려 싸우던 캄파니아가 삼니움을 당해내지 못하고 로마에 구원을 요청했는데, 로마는 캄파니아와의 동맹이 더 유리하다고 여겨 이를 받아들이고 삼니움을 공격하게 된다.

거듭된 패배로 절치부심하다

삼니움은 로마와 대조적인 나라였다. 산악 지역이 본거지였기에, 그리스 스타일의 중장보병대(팔랑크스) 위주였으며, 들판 싸움에 능한 로마와 달리 투창을 주무기로 쓰는 산악 전투에 능했다. 따라서 로마군이 전력으로 밀어붙이더라도, 삼니움인들이 산악지대로 물러나면 그들을 쫓아가 분쇄하기 어려웠다. 게다가 기원전 342년에는 '**평민의 철수**9-3'가 다시 발생해, 게누키우스 법에 따라 **콘술**9-1 중 한 사람을 반드시 평민 출신으로 삼음을 법제화하고서야 분란이 마무리되는 등 로마는 내부적으로도 시끄러웠다. 그렇게 삼니움과의 전쟁 의지를 잃은 로마는 결국 기원전 341년, 삼니움과 강화조약을 맺고 시디키니를 삼니움의 영토로 인정했다.

하지만 이는 '로마인들은 믿을 수가 없다'는 인식을 널리 퍼뜨리는 사건이었다. 그래서 캄파니아가 동맹을 깼을 뿐 아니라, 라티움에서도 로마의 종주권을 받아들였던 도시들이 반란을 일으켰다. 이를 '라티움 전쟁'이라 하며, 로마는 기원전 338년에 겨우 진압에 성공한다.

같은 해에 로마는 라티움에서 남진을 시도했고, 삼니움의 위협 아래 있던 카푸아와 동맹을 맺었다. 이것이 삼니움의 심기를 건드리면서 두 나라 사이에 긴장이 고조되더니, 기원전 328년에 로마가 캄파니아의 프레겔라이를 차지하는 것을 계기로 제2차 삼니움 전쟁이 발발한다. 나름대로 준비를 해온 로마는 1차전 때의 쟁점이던 시디키니를 손에 넣으며 앞서가는 듯했다. 그러나 기원전 321년, 아펜니노 산맥을 넘어 삼니움의 본거지를 치려던 로마군은 '카우디움 분기점'에서 삼니움군의 기습을 당한다. 결과는 로마의 참패였다. 살아남은 로마군(두 명의 콘술 포함)은 속옷만 남기고 발가벗겨진 채, 세 개의 창을 엮어서 만든 '멍에문' 밑을 기어서 지나가는 치욕을 겪었다. 그것은 당시 완전한 패배와 무조건적인 굴복을 의미하는 의식이었다. 그 직후, 로마는 프레겔라이를 포함해 로마가 라티움 밖에서 얻은 모든 땅을 삼니움에게 넘기는 굴욕적 평화협정을 맺었다.

삼니움은 이쯤 되면 로마가 다시는 까불지 못할 거라고 짐작했을 것이다. 그러나 어림도 없었다. 로마는 삼니움에 설욕하기 위해 세 가지 면에서 노력을 기울였다. 첫째, 평원 전투에 적합한 장창 중장보병대에 산악 전투에 특화된 투창 경장보병대를 결합해 운용하는 전술을 개발했다. 둘째, 삼니움

기원전 4세기의 무덤 벽화에 묘사된 삼니움 전사들.

진영에서는 작전하면서 현지의 보급을 받기 어렵다는 점을 간파하고, 로마에서 보급 물자와 지원 병력을 빠르게 들여올 수 있는 도로 건설에 착수했다. 셋째, 외교술을 최대한 발휘해 캄파니아 등에서 반삼니움 분위기가 형성되게끔 했다.

그리하여 기원전 316년, 로마는 평화조약을 파기했고 두 나라는 다시 격돌했다. 삼니움은 먼저 로마에 붙은 인근 도시국가들을 공격해 점령했으나 카푸아가 삼니움에 반기를 들면서 궁지에 몰린다. 그 사이 로마는 프레겔라이 등을 다시 빼앗았고, **아피아 가도**[4-1]가 기원전 312년에 개통된 뒤로는 로마 편의 승세가 두드러졌다. 그래서 기원전 304년, 17년 전과는 정반대의 조건에서 평화조약이 맺어졌다.

이탈리아의 도시국가에서 지중해의 강대국으로

이후 로마의 세력이 일취월장하고 있음은 삼니움만이 아니라 움브리아, 에트루리아 등에게도 초미의 관심사가 되었다. 전쟁이 시작될 무렵 삼니움군은 로마군의 두 배가 넘는 규모였으나(인구 기준), 전쟁이 끝날 때는 반대로 로마군이 삼니움군의 두 배였다. 로마 이외의 세력들은 공동 전선을 펴기로 하고, 갈리아까지 끌어들여 기원전 298년에 제3차 삼니움 전쟁을 일으켰다.

그러나 로마는 그들의 예상보다 더 강했으며, 기원전 295년의 센티눔 전투에서 로마는 삼니움—갈리아—움브리아 연합군과 부딪쳤다. 적의 세력이 대단해 한동안 로마군은 고전했으나, 콘술 데키우스 무스가 "나의 목숨을 신에게 바친다!"라고 외친 뒤 적진에 단독으로 돌격해 전사하는 모습을 보이자 사기가 한꺼번에 올라 연합군을 밀어붙였다. 결국 로마군은 대승했고, 카우디움 분기점의 치욕을 말끔히 씻었다. 이후 동맹군들이 떨어져 나간 상태로 삼니움만 끈질기게 대항했으나, 결국 기원전 290년에 항복했다. 로마는 삼니움을 속령으로 삼았고, 이로써 이탈리아 중부를 통일했다.

삼니움 전쟁은 로마가 이탈리아를 통일하기까지 치른 여러 전쟁 가운데 하나일 뿐이다. 그러나 그 가운데 가장 결정적인 전쟁이었다. 이를 통해 로마는 이탈리아의 패자가 될 힘이 있음을 보여주었고, 한 차례 크게 실패하고서도 굴하지 않고 끝내 승리자가 되는 끈기와 용기, 외교력과 기술력을 지중해 세계에 과시했다. 삼니움을 딛고, 로마는 이탈리아의 도시국가에서 지중해의 강대국으로 발돋움했다.

지중해의 패자로 올라서다

우호 관계를 이어오던 두 나라

삼니움과 '산전'을 겪으며 이탈리아의 패자로 올라선 로마는 이제 '수전'을 겪어야 했다. 바로 카르타고와 싸우게 된 것이다. 기원전 4세기 중엽, 알렉산드로스 대왕이 활약하던 시절만 해도 두 나라가 존망을 걸고 격돌할 가능성은 크지 않아 보였다. 로마가 이탈리아에서 내륙 강국의 모양을 갖추는 동안 지금의 튀니지를 기반으로 하는 카르타고는 페니키아의 식민지로 출발했지만 독립된 나라로 성장했고, 지중해의 해양대국이 되었기 때문이다. 게다가 두 나라는 오랜 우호 관계를 이어왔다.

기원전 509년 카르타고는 로마와 상호불가침과 우호 관계를 약속하는 조약을 맺었다. 이 조약에서 로마는 이탈리아와 카르타고 사이의 큰 섬인 시칠리아를 카르타고령으로 인정하는 한편 카르타고 근해는 로마 배들이 진입하지 못하되 카르타고의 선박은 어느 바다에나 자유롭게 다니게 하여, 자국이 카르타고보다 약소국임을 드러냈다. 기원전 279년에는 그리스의 강자인 에피루스의 피로스가 로마를 공격하자 카르타고가 로마를 도와 싸우기도 했다.

승리를 향한 끊임없는 도전

그러나 피로스를 물리친 로마가 이탈리아를 완전히 장악했고, 시칠리아를 코앞에 두게 되자, 두 강대국 사이에는 긴장이 고조되었다. 결국 기원전 264년, 시칠리아에 머물던 라틴 계열 용병대와 그곳의 왕국 시라쿠사의 히에론 2세가 충돌했는데 그 사건이 전운을 불러왔다. 용병대는 같은 라틴계인 로마에 구원을 요청했으며, 로마는 고민 끝에 요청을 받아들여 시라쿠사에 파병했다. 이에 히에론도 카르타고에 구원을 요청하고, 로마가 조약을 위반했다고 판단한 카르타고에서도 시칠리아에 파병해 제1차 포에니 전쟁이 벌어지게 된다.

카르타고는 로마보다 일찍 세워졌고 강국이 된 역사도 길었지만, 군사 제도 면에서는 로마와 다른 점이 많았다. **마르스**8-2와 **로물루스**1-1의 나라답게 로마는 평상시 **콘술**9-1을 중심으로 하는 정무관들과 생업에 종사하는 시민

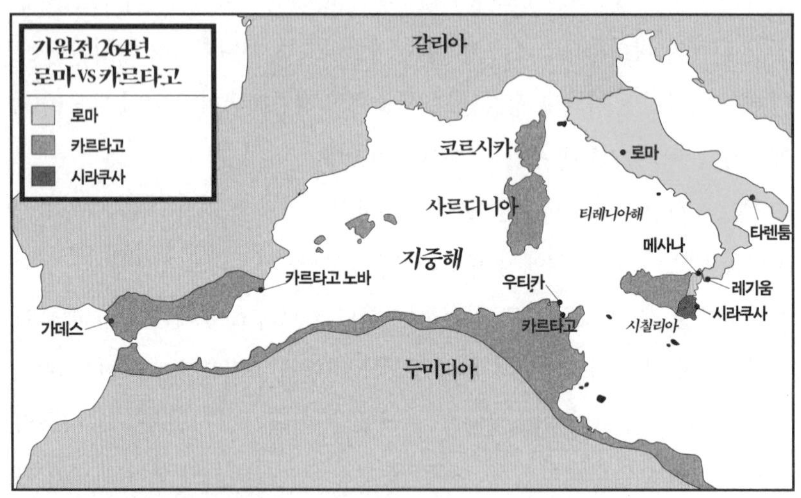

제1차 포에니 전쟁 직전의 지중해 세력도.
로마와 카르타고 사이에 낀 시칠리아의 향배가 전쟁의 도화선이 되었다.

들의 나라였다가 전시가 되면 콘술은 최고지휘관으로, 시민은 군인으로 탈바꿈해 일사불란하게 전쟁에 임했다. 반면 바다의 신이자 상업의 신인 멜카르트를 중시하는 카르타고는 전쟁이 아닌 상업의 나라였으며, 행정은 **원로원**9-2이 맡고 군사는 직업군인인 장군이 지휘하는 이원 체제인 데다 해군 일부를 제외하면 시민이 직접 병력의 주축을 맡지 않았다. 대신 막대한 부를 이용해 용병을 고용했으며, 그것도 모자라면 지배 지역에 병력 차출을 요구했다. 하지만 카르타고와 그 식민도시들의 결합은 로마에 비하면 훨씬 느슨하고 한가로웠다.

그리하여 전쟁은 한동안 교착상태에 빠졌다. 사기나 지휘 체계의 정연함에서 로마군에 미치지 못하던 카르타고 육군이 로마군을 제압하지 못한 한편, 카르타고 해군을 신출내기 로마 해군이 쉽게 무찌를 수도 없었기 때문이다. 로마는 산전에 앞선 삼니움을 따라잡으려 애썼듯 수전에서도 카르타고를 따라잡으려 애를 썼다. 나포한 카르타고 선박을 정밀 분석하여 자신들의 군함을 개량했고, 선원들이 육지에서 노 젓는 훈련을 거듭한 뒤 일정 수준이 되었다 싶으면 배에 태웠다.

그러나 판세가 결정적으로 기운 건 로마 쪽에서 새로운 발상을 한 결과였다. 해군을 따라잡으려 애쓰기보다 육군으로서 바다에서도 싸운다는 것이었다. 코르부스corvus라 불리는 간이식 구름다리를 군함에 설치한 뒤, 카르타고 배에 근접하면 이를 내려서 적함을 움직이지 못하게 붙든 다음, 로마 군단이 적함에 뛰어들어 백병전을 벌이도록 했던 것이다. 그 효과는 결정적이었다. 기원전 256년의 엔코무스 해전에서 카르타고 해군은 거의 전멸하고 말았다. 로마는 여세를 몰아 카르타고의 본거지인 북아프리카에 상륙했다. 카르타고는 이 공세를 어찌어찌 격퇴했지만 판세를 뒤집지는 못했다. 기원전 241년의 아에가테스 해전에서 다시 한번 대패한 카르타고는 강화를 요청한다.

강화 조건은 시칠리아를 로마가 갖고(이로써 로마는 시칠리아를 최초의 '속주9-6'로 삼게 된다), 카르타고 배는 로마 근해에 진입할 수 없으며(이는 종전의 조약에서 세운 조건을 뒤집은 것이다. 단, 이제는 시칠리아 등까지 로마령에 해당했으므로, 카르타고는 서지중해에서 사실상 꼼짝도 못하게 되었다), 카르타고는 3,200달란트라는 거액의 보상금을 지불한다는 등이었다.

이렇게 굴욕적인 강화는 많은 카르타고인의 울분을 자아냈으며, 그런 사람 가운데 하나가 하밀카르 바르카였다. 대대로 장군을 역임한 가문의 후계자인 그는 기원전 237년 에스파냐로 넘어가 로마에 대항할 힘을 기르기로 했다. 그 직전 하밀카르는 자신의 아들을 신전으로 데려가 맹세를 시켰다. "평생 로마의 적이 되어, 로마와 싸우겠나이다!" 그가 한니발이었다.

하밀카르는 에스파냐에서 세력을 확충하는 데 대성공을 거뒀고, 그곳의 왕처럼 군림했다. 하지만 기원전 228년 하밀카르가 전사했고, 뒤를 이은 그의 매부 하스드루발은 카르타고 본국과 로마 사이에서 중립 왕국으로 존립하고자 했다. 그래서 기원전 226년에 로마와 에브로 조약을 맺어 에스파냐의 북동부를 흐르는 에브로강을 경계선으로 삼고, 그 아래쪽에 있는 사군툼은 로마의 세력권으로 인정한다는 데 합의했다. 이는 소년 시절의 맹세를 잊지 않았을뿐더러 외삼촌이 왕노릇하는 게 달갑지도 않았던 한니발에게는 거슬릴 수밖에 없었다. 마침내 기원전 221년, 하스드루발은 암살되고, 26세의 한니발은 군대의 전폭적 지지 아래 새로운 지도자가 되었다.

한니발은 반로마 노선을 분명히 했다. 기원전 220년, 에브로 조약을 파기하고 사군툼을 공격했다. 이에 로마는 카르타고 본국에 항의했으나, 카르타고는 '에브로 조약은 하스드루발이 멋대로 맺은 것이며, 우리는 책임이 없다'는 입장이었다. 이제 전쟁은 불가피했다. 한니발이 시작하고, 한니발이 주도했으며, 마무리 역시 한니발이 담당했기에 리비우스는 이 제2차 포에니 전쟁을 "한니발 전쟁"이라고 기록했다.

로마 건국 이래 최대의 공포

사군툼을 손에 넣은 한니발은 상당 기간의 준비 끝에 약 6만 명의 병력으로 피레네 산맥을 넘어 지금의 남프랑스로 진출했다. 그것은 카르타고와는 바다에서만 싸우면 된다고 여겼던 로마의 의표를 찌르는 작전이었다고 하나, 한니발이 그 아버지 때부터 에스파냐에서 힘을 기르고 있었음을 생각하면 로마가 예상하지 못했을까 싶기도 하다. 하지만 '이미 카르타고와도 거리를 둔 독립 왕국과 같아졌는데 굳이 로마를 상대로 전쟁을 벌일까?', '한니발이 반로마라고 해도 피레네 산맥, 알프스 산맥을 넘고 론강을 건너는 대장정을 시도할까? 그런다 해도 이탈리아에 이르면 기진맥진해 있을 텐데, 설마 육전에서는 무적인 로마군의 상대가 될까?' 이런 안일한 생각이었을지도 모른다.

그러나 한니발은 설마가 사람 잡는다는 걸 똑똑히 보여주었다. 기원전 218년 가을 론강을 건너고, 겨울이 시작될 무렵 알프스를 넘었다. 모두가 천신만고였고 마침내 이탈리아에 발을 디뎠을 때는 6만 명이던 병력이 2만 6천 명으로 줄어 있었다. 그러나 한니발은 그 사이에 비범한 용기와 투지, 리더십을 여실히 보여주었다. 그는 언제나 가장 위험한 위치에 섰고, 가장 오래 가장 치열하게 칼을 휘둘렀으며, 진격은 맨 앞에서, 퇴각은 맨 마지막에 했다. 병사들과 함께 먹고 함께 굶주리며, 똑같이 자고 똑같이 일했다. 그랬기에 상상을 초월한 대장정 끝에 살아남은 병사들은 단련된 강철처럼 강한 군대가 되었다. 지휘관을 누구보다 신뢰하고, 명령에는 철저히 따르며, 상대의 수가 많든 적든 두려움 없이 덤벼드는 일당백의 전사집단이었다.

기원전 218년 12월, 마침내 로마는 건국 이래 최대의 공포를 맞이했다. 인근 갈리아인들을 포섭해서 세를 불린 한니발군과 로마군 사이의 첫 전투는 티키누스 강변에서 벌어졌다. 한니발은 로마 기병대가 꿈도 못 꾸던 역량을 가진 기병대를 활용하여 로마군을 격파했으며, 적장 스키피오(스키피오 아프리카누스의 아버지)는 중상을 입은 채 간신히 목숨을 건져 달아났다. 한니발은 계속해서 진격했고, 계속해서 이겼다. 매번 수적으로 뒤졌지만, 매번 전멸에 가까운 참패를 겪는 쪽은 로마군이었다. 한니발의 천재적인 전술, 기병대 전력의 우위, 갈리아의 협력으로 로마군보다 우위에 서게 된 현지 지형 정보력, 단련된 병사들의 투지가 낳은 놀라운 결과였다.

한니발의 전성시대는 기원전 216년의 칸나에 전투에서 정점에 달했다. '이중 포위 전술'의 교과서로 알려지게 된 이 전투에서 로마군은 약 2천 년 뒤 제1차 세계대전에서야 비로소 깨지게 될 기록적인 대살육(하루 동안 약 5만 명이 전사)을 겪었고, 이후 파비우스의 지연 전술에만 의존해 한니발을 직접 상대하지 않고 거점 방어에만 주력하는 소극적인 전쟁을 하게 되었다.

하지만 정작 한니발은 초조했다. 전투에서는 연승하고 있었어도 전쟁에서는 이기지 못하고 있었기 때문이다. 아무리 강군이라고 해도 그의 병력만으로 로마를 멸망시킬 수는 없었다. 한니발도 그러려고 대장정을 벌인 건 아니었다. 로마가 이탈리아를 장악한 지 오래지 않았으나, 그가 이탈리아를 흔들어놓으면 여러 동맹시들이 로마에 반기를 들게 될 것이다. 그러면 로마도 백기를 들고 강화를 요청해 오리라, 또는 동맹시들과 힘을 합쳐 로마를 무찌를 수도 있으리라! 그의 의도는 이랬다. 그러나 아무리 그가 로마군을 쳐부수고 다녀도 그에게 합세하는 이탈리아 도시는 없었다. 그가 가장 크게 기대를 걸었던 삼니움을 비롯한 소수는 반로마 봉기를 했다. 그렇지만 한니발에게 합세하지는 않았으며, 그나마 얼마 못 가 수그러들었다.

같은 편이 없다 보니 전술적으로도 어려워졌다. 카르타고 본국은 기본이나 몰라라였고, 원군을 보내려 해도 제해권을 로마에 빼앗긴 터라 어려웠다. 최후의 희망은 에스파냐에서의 원군이었는데, 기원전 207년 한니발의 동생 하스드루발이 메타우로강 전투에서 패배하고 전사함으로써 허사로 돌아갔다.

그러는 사이 로마가 다시 공세로 전환했다. '아프리카누스'로 불리게 될 **스키피오**[1-4]. 한니발이 알프스를 넘어서 로마의 뒤통수를 쳤듯, 그도 한니발을 이탈리아에 놔둔 채 그의 본거지인 에스파냐를 맹공했다. 마침내 에스파냐가 그의 손에 넘어가고, 북아프리카의 카르타고 본토까지 위험에 직면하자 카르타고는 한니발에게 구원을 요청했다. 한니발은 결국 기원전 203년 말, 그토록 고생하며 다다르고 악착같이 싸웠던 이탈리아를 떠나 뱃길을 통해 카르타고로 갔다.

36년 만에 카르타고로 돌아간 한니발은 이제 카르타고를 지키는 싸움을 준비해야 했다. 그러나 이탈리아에서 그가 가장 든든히 여겼던 누미디아 기병대(에스파냐 공략 이후 스키피오가 누미디아를 자기 편으로 만들었기에)를 비롯한 그의 정예 병력은 거의 그의 곁에 없었으며, 북아프리카에서 끌어모은 약 5만 명의 병력은 로마를 벌벌 떨게 했던 수준에는 상대도 안 될 오합지졸이었다.

기원전 202년, 북아프리카의 자마에서 한니발에 맞선 스키피오는 한니발이 칸나에에서 펼쳐보인 전술을 본받아 "스승"을 상대했다. 칸나에에서처럼 기병을 활용할 수 없었던 한니발은 코끼리 부대의 돌파력에 일말의 기대를 걸었으나, 코끼리의 습성을 숙지하고 있던 스키피오는 코끼리들을 놀라게 해 오히려 카르타고 진영으로 뒤돌아가 짓밟고 다니게 만들었다. 썩어도 준치라고, 한니발은 몇 차례나 승기를 잡을 뻔했으나, 결국 간발의 차이로 승리는 스키피오의 것이 되었다.

마르스의 승리

이로써 제2차 포에니 전쟁도 로마의 승리로 끝나며, 카르타고는 로마의 속국 수준으로 떨어지고, 한니발은 망명길에 나선다. 이후 한니발은 로마의 표적이 되는 한편 조국에게도 외면당한 채 동지중해 세계를 떠돌다 기원전 181년경 자결로 파란의 삶을 마친다. 그로부터 약 30여 년 뒤, 로마는 속 빈 강정과 다름없던 카르타고에 온갖 트집을 잡다가 결국 참지 못한 카르타고인들이 항의하자 이를 빌미로 공격해 나라를 멸망시켰다. 아무리 속 빈 강정일지라도 화근은 뿌리째 뽑아야만 한다는 **카토**1-5를 비롯한 매파의 목소리가 받아들여져, 스키피오의 양손자인 스키피오 아이밀리아누스, 이른바 '소 스키피오'가 카르타고의 숨통을 끊은 것이다. 그는 그 도시의 사람과 짐승들을 철저히 절멸시키고, 심지어 소금을 대량으로 뿌려 그 땅까지도 못 쓰게 만들어버렸다고 한다. 훗날 제국 시대에 이 땅은 다시 번성하는 로마의 도시가 되므로 '땅까지 죽였다'는 말은 과장 같지만, 카르타고라는 나라의 명맥은 말끔히 지워진 채였다.

카르타고는 왜 늦게 일어난 로마에게 거듭 패하고, 파멸할 수밖에 없었을까? 상업 제국이었던 국가의 성격에 근본적인 문제가 있었을지 모른다. 로마는 시민군과 정군이 일치하는 **공화정**10-5의 힘으로 이탈리아를 차지했고, 카르타고에게도 이겼다. 그러나 카르타고는 나라를 지키든 외국을 정복하든 하나로 뭉쳐서 싸우는 모습을 보여주지 못했다. 앞서는 용병에게 기대다 패배했고, 뒤에는 한니발만 믿다가 패배했다. '자기 가족과 고향을 자기 힘으로 지킨다!' 나아가서는 '이방을 침략해서 빼앗은 재물과 노예로 부와 명예를 누린다!' 이런 '로만 드림'이 카르타고에는 없었다. 그리하여 마르스가 승리하고, 멜카르트는 패배한 것이다.

영웅들의 격돌, 공화국의 몰락

로마 영웅들의 힘과 지혜 겨루기

사전적 의미의 '내전', 즉 외부 세력이 아니라 내부 세력끼리 갈등을 빚고 대규모 무력 충돌까지 일어난 경우를 모두 내전이라고 한다면 '로마 내전'은 기원전 3세기 이전부터 기원후 14세기까지 무수히 많이 일어났다. 하지만 이 장에서 말하는 로마 내전은 기원전 83년부터 2년여 동안 이어진 **마리우스**1-7와 술라의 제1차 로마 내전과 기원전 49~45년 **카이사르**1-8와 폼페이우스의 제2차 로마 내전, 그리고 기원전 32~30년의 **옥타비아누스**2-1와 안토니우스의 내전을 통틀어서 보는 개념으로 쓰겠다.

약 반세기 동안의 내전으로 로마는 **공화정**10-5에서 제정으로 바뀌었다. 그리고 우리가 '로마' 하면 떠오르는 유명한 영웅들이 이때 자신의 힘과 지혜를 겨루고, 대부분 목숨을 잃었다.

이 가운데 제1차 로마 내전은 앞의 '마리우스' 장에서 이야기했고, 전술적인 면에서 눈여겨볼 만한 대목은 없으므로 넘어가기로 하자. 다만 군대를 끌고 로마시에 들어와서는 안 된다는 법을 무시한 술라나, 오스티아를 봉쇄해 로마 시민을 굶주림에 빠트린 마리우스나 권력과 전쟁의 규칙을 로마의 법과 전통, 그리고 상식보다 우선했음에 주목해야 한다. 로마 내전은 그런 전쟁이었고, 공화정의 살과 피는 이 야심가들의 칼로 찢어지고 흩뿌려졌다.

주사위는 던져졌다

> 카이사르의 통보를 받고도, 두 콘술은 호민관들의 강력한 항의가 있고서야 마지못해 원로원에서 통보 내용을 공개했다. 그러고 나서도 그 내용을 무시한 채 다른 의제로 토론을 시작했다.

갈리아 전쟁5-6에서처럼 폼페이우스와의 전쟁에 대해서도《내전기》를 써 주인공이면서 작가의 입장을 내세운 **카이사르**1-8는 제2차 로마 내전의 시작 원인을 이렇게 말하고 있다. 그러나 갈리아에서와는 달리 로마에서는 그 말고도 이 내전을 기록한 사람이 많기 때문에, 우리는 그의 시각에서만 내전을 들여다보지 않아도 된다.

그러면 카이사르의 통보는 무엇을 말하는 걸까? 기원전 49년 1월, 로마 정계는 둘로 갈라져 있었다. 새로 **콘술**9-1이 된 마르켈루스와 렌툴루스, 스키피오가의 피를 이은 멘텔루스 스키피오, **카토**1-5의 증손자 마르쿠스 카토(소 카토) 등은 폼페이우스를 지지하는 입장이었고, 전임 콘술 아이밀리우스, **호민관**9-3 쿠리오, 카일리우스, 안토니우스 등은 카이사르 편이었다. 이때 카이사르를 평민파, 폼페이우스를 **원로원**9-2파의 대표로 여겨 마리우스와 술라의 싸움이 재현된 것으로 보기도 하나, 꼭 그렇다고 볼 수는 없었다. 카이사르는(마리우스나 그라쿠스도 그랬지만) 귀족 출신이었고, 폼페이우스는 평민 출신이었다. 그런데 크라수스의 죽음으로 삼두정이 깨지고 양대 군벌이 서로 으르렁거리자, 공화정의 전통과 힘을 되살리려 애쓰던 소 카토나 키케로 같은 '원로원파'가 폼페이우스를 돕기로 했을 뿐이었다. 평민 출신으로 한때 카이사르의 오른팔이던 라비에누스는 폼페이우스에게 회유되었고, 쿠리오는 그 아버지가 카이사르와 견원지간이었음에도 가장 열정적인 카이사르 지지자가 되었을 만큼 이합집산이 심해 진영이 깔끔하게 나뉘지 않았다.

카이사르가 루비콘강을 건넜음을 알리는 표석.
ⓒGeorges Jansoone
카이사르 스스로가 세웠다고 전해졌으나, 지금은 훨씬 후대의 것으로 여겨지고 있다.

아무튼 당시 카이사르는 갈리아 전쟁을 끝내고 원칙대로라면 반환해야 할 **프로콘술**9-6 명령권을 갖고 있으면서, 군단과 속주에 대한 통제를 계속하고 있었다. 그 원칙은 삼두정이 잘 될 때 폼페이우스에 의해 유보된 것이었으나, 두 사람이 대립하면서 폼페이우스는 다시 법을 바꿔 카이사르에게 예상보다 빨리 명령권을 반납하도록 밀어붙인 것이었다. 카이사르는 억울하다는 입장이었지만, 상식에 어긋난 특권을 누려온 터라 딱히 억울할 것도 없었다. 카이사르는 고심 끝에 폼페이우스와 자신이 동시에 군권을 내려놓고 폼페이우스는 자신의 속주인 에스파냐로 돌아가도록 하자는 타협안을 냈다. 그래서 그 '통보'를 했지만, 폼페이우스파가 장악한 원로원은 이를 거부하고, 카이사르가 당장 명령권을 반납하지 않으면 국가의 적으로 간주한다는 비상결의를 내린 것이다. 이 소식에 카이사르는 "주사위는 던져졌다"는 말과 함께 루비콘강을 건넜다. 이로써 내전은 시작되고, 카이사르는 로마의 지배자가 되거나 역적이 되는 일생 최대의 승부수에 나섰다.

주위에 병력이 없었던 폼페이우스가 로마시를 탈출하고, 카이사르가 폼페이우스를 지지하던 도시(로마는 두 사람을 따르는 진영이 양분되어 있었다) 코르피니움을 점령한 첫 단계에서는 카이사르가 유리해 보였다. 카푸아로 물러나 있던 폼페이우스도 코르피니움 함락 소식에 놀란 나머지 이탈리아를 떠나 그리스까지 달아났다. 본거지라 할 수 있는 에스파냐로 가는 게 더 나았겠지만, 카이사르가 북서쪽에서 달려오고 있는 상황이라 그럴 수는 없었다.

그다음 국면에서도 카이사르가 앞서갔다. 그는 폼페이우스를 내버려두고 에스파냐부터 공략했는데, 자칫 양쪽에서 협공당할 위험을 막기 위해서였다. 에스파냐에는 더 막강한 적이 있고, 그 적의 수뇌는 그리스에 있는 상황에서 섣불리 수뇌부터 노리다가 강한 적이 후미를 치고 들어오는 상황을 막아야 한다고 본 것이다. 그는 원정길에서 고전하기도 했으나, 에스파냐를 지키던 폼페이우스군의 항복으로 원정에 성공했다.

이제 남은 것은 그리스로 건너가 폼페이우스와 맞대결을 벌이는 것이었다. 그러나 이번에는 그가 허를 찔리고 말았다. 기원전 48년 1월, 그리스에 상륙한 그는 비불루스가 이끄는 함대에게 보급선이 끊기면서 낯선 땅에서 물자와 병력 보급도 받지 못하며 싸워야 하는 처지에 놓였다. 폼페이우스는 카이사르가 에스파냐에서 싸우는 동안 아시아의 병력을 끌어모았고, 일찍이 지중해의 해적들을 쓸어버린 경력이 있는 최강의 해군은 카이사르를 독 안에 든 쥐로 만들었던 것이다. 게다가 전염병까지 돌면서 카이사르는 더욱 힘겨워졌다.

이때 폼페이우스가 초전의 카이사르처럼 움직였다면, 다시 말해 카이사르를 내버려두고 이탈리아로 쳐들어가서 카이사르가 수립해놓은 체제를 뒤엎고 이탈리아를 장악했더라면 카이사르는 꼼짝 못하고 그리스에서 죽었을 것이다. 그러나 폼페이우스는 수뇌부터 잡는 행마를 했다.

기원전 48년 8월, 그리스의 파르살루스 평원에서 역사상 손꼽히는 대결이 벌어졌다. 카이사르의 병력은 2만 2천 명, 폼페이우스의 병력은 4만 7천 명이었다. 게다가 평원에서 펄펄 나는 기병대가 카이사르는 1천 명 정도인데 폼페이우스는 무려 7천 명이었다! 도박 같은 게 있었다면 너도 나도 폼페이우스에게 걸었을 것이다.

그러나 폼페이우스는 자신했던 전투에서 자신했던 전력이 패하며 허무하게 무너졌다. 카이사르의 오른팔 출신이자 변절자 라비에누스가 기병대를 이끌고 카이사르군의 우익을 기습했다. 그쪽의 병력이 가장 취약하다고 판단했기 때문이다. 그러나 카이사르는 이를 미리 내다보고 우익을 보강했을 뿐 아니라 변칙적인 작전으로 상대했다. 돌진하는 기병을 막기 위해 보병은 투창을 던지는 게 상식인데, 카이사르군은 기병대가 덤벼드는 걸 기다렸다가 긴 창을 들고 가까이 육박해서 찔러댔던 것이다. 기병대가 노련하고 수준급이었다면 자살 공격을 하는 것이나 마찬가지였으나, 폼페이우스는 사방팔방에서 기병들을 모아 대부대를 만들었던지라 전투력이 떨어졌다. 그래서 뜻밖의 공격을 받아치지 못하고 당황하는 사이에 부대 일각이 무너지자 일제히 후퇴했다. 주력인 기병대가 허무하게 무너지는 모습은 폼페이우스군 진영의 사기를 떨어트렸고, 반대로 카이사르군은 신명이 나서 수적으로 우세한 적들에게 덤볐다. 결과는 폼페이우스의 참패였다. 그는 전장에서 달아났으며, 다시는 재기하지 못한 채 망명지인 이집트에서 암살된다.

이렇게 카이사르는 '로마의 일인자'로 올라설 수 있었지만, 유서 깊은 공화정을 제정으로 바꾸는 과정에는 반발이 생길 수밖에 없었다. 여러 전쟁터에서 절망적인 순간을 견뎌온 그이건만 암살자들이 휘두르는 칼에는 견디지 못하고 쓰러진다. 그때가 기원전 43년 3월. 하지만 이미 제정으로 가는 길은 누구도 막지 못할 흐름이었다. 남은 것은 카이사르의 자리를 누가 대신하느냐였고, 이에 따라 제3차 로마 내전이 발발하게 된다.

안토니우스의 야망과 함께 공화정도 침몰하다

가장 유력한 후계자는 마르쿠스 안토니우스였다. 그는 제2차 로마 내전의 시작과 끝을 함께했다. 또한 카이사르가 원로원에서 탄핵되는 과정에 끝까지 저항했고, 카이사르가 그리스에서 꼼짝 못하고 있을 때 이탈리아에서 만난을 무릅쓰고 증원군을 이끌고 와, 새로운 반전의 기회를 마련했다. 그가 카이사르의 정치적 후계자였다면 사적인 후계자는 카이사르의 양자 옥타비아누스였는데,《내전기》에 그 이름이 한 번도 언급되지 않음에서도 알 수 있듯 그의 명성과 경력은 안토니우스에 비할 바가 못 되었다.

안토니우스는 죽은 카이사르를 신격화하는 과정을 밟고 있었고, 그러려면 그의 사적인 후계자를 홀대할 수 없었기에 그와 또 다른 군벌인 레피두스와 함께 제2차 삼두정을 구성한다. 제1차 삼두정처럼, 이들은 카이사르 암살자들인 카시우스와 브루투스 등을 무찌르는 과정에서는 손발이 잘 맞았다. 그러나 그들을 분쇄하고 나자, 역시 제1차 삼두정처럼 서로에게 칼끝을 들이댔다.

가장 앞서 있던 안토니우스가 옥타비아누스에게 추월당한 것은 클레오파트라에게 매혹됐기 때문일까? 그렇기도 하고 아니기도 하다. 안토니우스가 이집트로 가 그녀를 만난 것은 로마를 셋으로 분할하고 안토니우스가 동방을 맡기로 했기 때문이다. 안토니우스가 개인적으로 그녀를 열애한 점은 사실이지만, 이는 동시에 상상을 초월하는 이집트의 부를 토대로 삼두정에서 우위에 서자는 계산도 작용했다. 나아가 그는 일찍이 크라수스의 야심과 생명을 날려버린 파르티아를 정복해 카이사르의 갈리아 정복 이상의 정치적 기반을 다지려 했으나 실패했다. 그 사이 로마 서부를 맡은 옥타비아누스는 폼페이우스의 아들이 일으킨 반란을 평정하고, 이탈리아에서 명망과 위신을 세웠다. 그리고 로마시에서 정치인들을 움직여 '안토니우스는 로마인임을 잊고 동방의 군주가 되었다!'며 탄핵하도록 했다. 제2차 로마 내전을 격발시킨 폼페이우스파의 카이사르 탄핵과 흡사한 그림이었는데, 이번에는 빠르게 움직인 쪽이 옥타비아누스였다. 기원전 32년, 안토니우스의 콘술직을 박탈한 그는 곧바로 전쟁을 준비했다. 한편 안토니우스는 그리스에서 전쟁을 치르려 클레오파트라와 함께 배를 타고 가다가 악티움에서 옥타비아누스의 군대와 격돌했다.

기원전 31년의 악티움 해전도 세계사의 중요한 전투 중 하나였는데 파르살로스 전투처럼 안토니우스군이 어이없이 무너졌다. 가장 우수한 해군사령관인 옥타비아누스의 아그리파와 그가 단련시킨 노련한 병사들, 그에 맞서 수는 많지만 경험은 적으며 단합도 되지 않은 병사(로마군 가운데는 이집트와 함께하는 일을 납득하지 못하는 경우가 많았다)들이 부딪힌 결과였다. 무슨 이유에서인지 싸움이 시작되자마자 클레오파트라를 태운 배가 전선에서 이탈하고, 그 뒤를 쫓듯 안토니우스의 배가 이탈한 점도 승패를 가른 주 요인이었다. 일찍이 이집트에 망명했다가 암살된 폼페이우스처럼, 안토니우스도 이집트로 도망갔다가 그곳에서 클레오파트라와 동반 자살했다.

세상이 어지럽고 기존의 질서가 의심을 받게 되면, '탁월한 영웅에게 모든 것을 맡기자'라며 그의 구원을 기다리자는 일종의 유사종교가 판을 치게 된다. 로마 내전과 공화정에서 제정으로의 전환은 바로 그 전형적 사례였다. 그리고 일시적인 유불리를 떠나 끝까지 침착하게, 배짱과 도량과 지혜를 유감없이 보여준 인물이야말로 병사와 시민들의 희망을 한데 끌어모을 수 있었고, 전쟁에서도 정치에서도 이길 수 있었다.

중동의 절반을 차지하다

로마 동방 정복의 최후·최대 도전자

기원전 214~205년의 제1차 마케도니아 전쟁.

기원전 200~197년의 제2차 마케도니아 전쟁.

기원전 192~188년의 로마-셀레우코스 전쟁.

기원전 171~168년의 제3차 마케도니아 전쟁.

기원전 150~148년의 제4차 마케도니아 전쟁.

포에니 전쟁5-2 전후, 로마는 그리스 헬레니즘 세력 일부와 손을 잡고 그리스 세계를 침략해 들어가는 전쟁을 잇따라 치렀다. 알렉산드로스 정복 이래 이루어진 그리스 헬레니즘 세계에서 로마는 처음에 수세였지만(기원전 280년, 에페이로스의 피로스가 이탈리아 침공), 기원전 3세기 말에서 기원전 2세기 중엽에 이르는 수십 년 동안 공세로 전환했다. 처음에는 마케도니아를 깨트리고 발칸반도의 상당 부분을 차지했으며 다음에는 셀레우코스를 깨트리고 소아시아의 남부를 차지한 것이다.

그러나 소아시아 북부에는 강력한 로마의 도전자가 남아 있었다. 폰토스 왕국을 다스리는 미트리다테스 6세. 그는 피로스나 한니발만큼 힘과 패기가 있었으며, 로마의 동진을 저지할 뿐 아니라 이탈리아로 밀고 들어가겠다는 야심에 불타고 있었다. 그리고 이 '동방의 최후이자 최대 도전자'와 세 번에 걸친 싸움 끝에, 로마는 헬레니즘 세계를 최종 재패할 뿐 아니라 유서 깊은 오리엔트 세계에서도 패자로(절반의 패자였지만) 떠오르게 된다.

셀레우코스나 프톨레마이오스 왕국과 달리, 폰토스는 알렉산드로스의 정복으로 탄생한 나라가 아니다. 페르시아 제국이 소아시아를 지배하던 기원전 4세기에 키우스의 미트리다테스(그의 이름은 페르시아식인데, 본래 페르시아계가 아니라면 개명 가능성이 있다. 훗날 미트리다테스 6세는 페르시아 왕가의 자손을 자처했다)가 소아시아 북서부의 그리스계가 많이 사는 지역의 태수로 임명되었다. 다른 변방 태수들처럼 그는 사실상 그 지역의 군주로 독자적인 통치를 했고, 자기 핏줄에게 그 지위를 세습시켰다. 그리고 몇십 년 뒤 알렉산드로스가 페르시아를 휩쓸고 지나갈 때, 폰토스는 적극적으로 협력함으로써 이후에도 독립 왕국을 유지하도록 허가받았다. 흑해와 카프카스 산맥에 면한 폰토스는 그다지 풍요로운 땅도 전략적 요충지도 아니어서, 이후 헬레니즘 오리엔트가 이합집산을 거듭하는 가운데 독립을 유지할 수 있었다. 그리고 기원전 120년, 미트리다테스 6세가 즉위하였다.

'로마인을 위험에 빠트린 용감한 왕'

미트리다테스 6세는 즉위 당시 15세였고, 부왕의 독살로 모후 라오디케와 공동 통치(말은 그렇지만 라오디케 혼자 나라를 다스렸다)를 하게 되었다. 라오디케는 셀레우코스 왕국의 공주 출신이라 나라를 그쪽에 넘기려는 뜻이 다분했고, 이에 반대하는 미트리다테스보다 동생인 미트리다테스 크레스투스를 편애

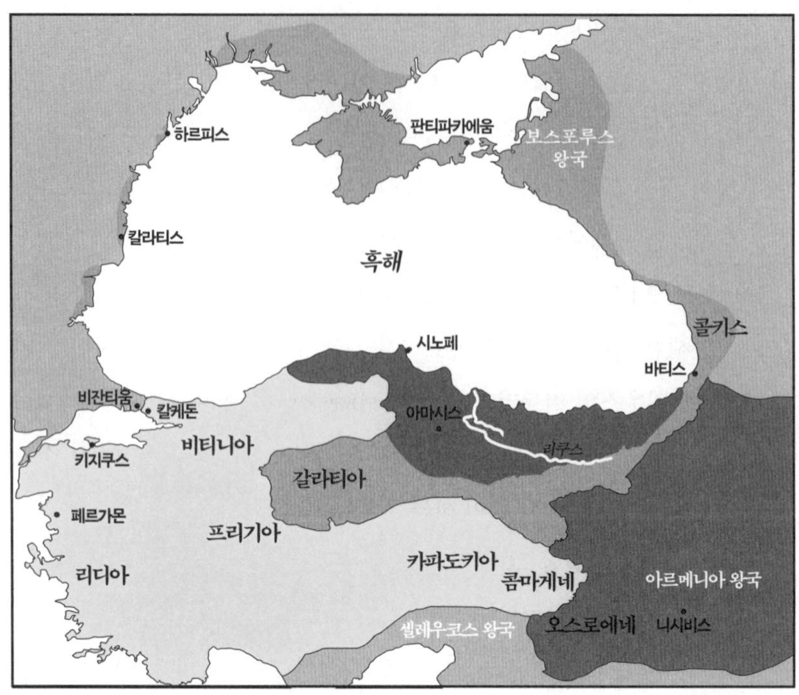

폰토스 왕국의 영토.
■의 영토가 미트리다테스 6세 즉위 당시의 판도이고, ■색이 그가 즉위 후 침략한 지역, □색이 제1차 미트리다테스 전쟁 때 점령했던 영토이다.

했다. 결국 어머니와 동생이 자신을 제거하려 꾸민 음모미리 알아차린 미트리다테스는 달아나 몸을 숨겼다.

그러나 기원전 115년 전후, 미트리다테스는 역습을 가해 어머니와 동생을 내쫓고 폰토스를 명실공히 단독으로 지배하게 되었다. 그리고 페르시아 왕가의 관습대로 여동생인 라오디케를 왕비로 맞이했다. 성년이 된 미트리다테스는 화살을 쏘면 180미터나 날아갈 만큼 초인적인 체력과 25개 언어를 유창하게 구사할 정도의 지적 능력을 겸비했다고 한다. 상당히 과장된 이야기이겠지만, 그가 비범한 인물이었음은 사실 같다. 자만심이 넘칠만 했던 그는 '정복왕'의 야망을 불태우며, 이웃 나라 콜키스 정복을 시작으로 흑해 연안과 소아시아 일대를 계속해서 병합했다. 기원전 90년 무렵, 폰토스 땅은 미트리다테스 6세의 즉위 이전보다 네 배 이상 불어나 있었고, 흑해를 '호수'화하여 대부분을 세력권으로 삼고 있었다.

하지만 폰토스의 급부상은 주변국에 큰 파장을 일으켰다. 비티니아, 보스포루스 등 소아시아 중부 국가들은 서쪽의 로마와 동쪽의 폰토스 사이에서 눈치를 보다가 결국 로마 편으로 돌아서서 폰토스와 맞섰다. 한편 소아시아 남부의 카파도키아, 그리스의 아테네처럼 로마의 구속에서 벗어나려고 폰토스에 은밀히 다가가는 경우도 있었다.

기원전 88년, 마침내 두 마리의 호랑이가 서로에게 덤벼들었다. 미트리다테스 6세는 그리스계이자 자신이 가장 신임하는 장군 아르켈라오스에게 병력을 주고 발칸반도를 침공하게 했다. 아르켈라오스는 아테네의 협력에 힘입어 현지 로마군을 잇달아 격파하고 '이탈리아 야만인들에게서 그리스를 해방한다!'며 기세를 떨쳤다. 미트리다테스는 로마의 영향 아래 있던 비티니아, 이오니아, 카파도키아 등 소아시아 왕국들을 잇달아 짓밟고는 그곳에 거주하던 로마인들을 학살했다. 플루타르코스에 따르면 그 숫자가 15만 명에 이르렀다고 하며, 다른 자료에 따르면 8만 명 정도였다고 한다. **원로원**9-2은 전쟁을 선포하고 술라에게 총지휘권을 맡겼다. 그러나 그의 라이벌 **마리우스**1-7가 부린 꼼수에 격노한 술라가 출정했던 군대를 되돌려 로마를 습격함으로써 **로마 내전**5-3이 터지게 된다.

술라는 이듬해에 다시 그리스로 건너가 미트리다테스 전쟁에 임했다. 기원전 86년, 카이로네이아 전투에서 아르켈라오스를 격파하고, 아테네를 공략해 항복을 받아냈다. 아테네인들은 일찍이(기원전 338년) 카이로네이아에서 마케도니아에게 패배해 독립을 빼앗겼는데, 이제 다시 그곳에서의 싸움으로 독립의 희망을 잃고 말았다.

기원전 85년, 전열을 정비한 아르켈라오스가 그리스 중부의 오르코메노스에서 술라를 공격해 패배 직전까지 몰고 갔다. 그러나 술라가 달아나는 병사들에게 "잘 가거라! 부디 살아서 나는 오르코메노스에서 배신한 대가로 살아 있노라고 전하거라!"라고 소리치자 다시 용기를 얻은 병사들의 분전으로 전세가 역전됐고, 술라의 승리로 끝났다. 이에 미트리다테스 6세는 전쟁 수행 의지가 꺾였다. 발칸에서의 패배는 분명한데다, 소아시아에서도 점령한 국가들이 끈질긴 저항을 벌이고 있어 잘못하면 본전도 못 찾을 수 있다고 여겼기 때문이다. 그리하여 술라와 미트리다테스 6세가 회담을 갖고, 기원전 84년 다르다노스 조약을 맺었다. 폰토스의 점령지를 모두 로마에 반환하고 카파도키아와 비티니아를 원상회복한다. 다시 말해 전쟁 이전 상태로 돌아간다는 내용이었다. 이로써 제1차 미트리다테스 전쟁이 끝났다.

이듬해 제2차 미트리다테스 전쟁은 일종의 해프닝이었다. 술라가 로마로 돌아가면서 사후 처리를 맡긴 루키우스 무레나가 '미트리다테스가 로마령 소아시아를 공격하려 준비 중이다'라는 헛소문을 사실로 믿고는 폰토스에 '선제공격'을 가한 것이다. 그러나 기원전 82년의 할리스강 전투에서 미트리다테스 6세는 로마군을 격파했으며, 술라가 로마에서 '싸움을 그만두고 폰토스와 화해하라'는 지시를 내림으로써 마무리되었다.

전쟁은 8년 뒤인 기원전 74년에 재개되었다. 비티니아의 니코메데스 4세가 사망하고, '그의 유언에 따라' 그 나라는 로마에 귀속되었다. 그것은 로마가 이방 왕국을 장악하다 끝내 삼켜버리는 전형적인 과정이었다. 그러나 이 소식을 들은 미트리다테스 6세가 격분해 소아시아 일대에서 로마군을 공격하며 제3차 미트리다테스 전쟁이 시작되었다. 로마에서는 두 명의 콘술인 마르쿠스 코타, 루키우스 루쿨루스가 병력을 이끌고 소아시아로 갔다. 기원전 73년, 비티니아의 항구 칼케돈 가까이에서 벌어진 해전에서 코타가 이끌던 로마 해군은 참패한다. 그러나 루쿨루스의 군대가 그 직후 도착해, 미트리다테스군의 진격을 막아냈다. 이어지는 린다코스 강변 전투에서는 폰토스군을 효과적으로 기습해 대승을 거두었고, 이를 기점으로 전쟁은 폰토스가 밀리는 형세로 반전되었다. 루쿨루스는 미트리다테스가 직접 키지코스를 공략 중임을 알고 그 보급로를 차단했다. 시신을 먹을 정도로 굶주리던 미트리다테스군은 할 수 없이 도주했고, 루쿨루스는 그 배후를 사정없이 공격했다. 폰토스군은 대파되었고, 미트리다테스 자신도 물에 빠져 죽을 뻔하다 겨우 구조되었다.

기원전 72년에는 루쿨루스가 폰토스 본거지까지 쳐들어갔다. 그러나 폰토스군의 강력한 기병대에 밀려 대치 중이었는데, 본거지 뒤쪽의 계곡지대를 점령해 보급로를 끊었다. 미트리다테스는 기병대를 보내 이를 해결하려 했지만 계곡 지형에서는 기병대도 별 수 없음을 알고, 자기 땅을 버린 뒤 사위인 티그라네스 2세가 다스리는 아르메니아로 피신했다.

폰토스를 점령한 루쿨루스는 미트리다테스를 끝장내고자 2년 뒤 아르메니아로 진군했는데, 그 수가 상당히 적었다. 루쿨루스와 로마군을 많이 상대했던 미트리다테스는 티그라네스에게 '적의 보급로부터 끊어라'라고 조언했으나, 티그라네스는 로마군이 소수이고 기병대의 강점을 살릴 수 있다며 듣지 않았다. 그리고 바트만수 강변에서 결전이 벌어졌는데, 루쿨루스는 적을 분산시키고 기병대에 맞서 개발한 전술(기수보다 말을 집중 공격하기)을 발휘해 대승을 거두었다. 루쿨루스는 계속 아르메니아를 밀어붙여 미트리다테스와 티그라네스가 카프카스 산악지대로 도주하게 만들었다.

그러나 루쿨루스의 무운도 거기까지였다. 두 왕을 추격하려는 루쿨루스에게 병사들이 반발하고 나선 것이다. 그들은 험한 산속에서 고생하기보다 아르메니아에서 약탈을 벌이고 싶어했다. 루쿨루스가 그들을 휘어잡지 못해 쩔쩔매는 사이, 미트리다테스가 폰토스를 급습해 허를 찔린 현지 로마군을 쓸어버리고 예전의 왕권을 회복했다. 놀란 루쿨루스는 폰토스로 가려 했으나, 병사들은 말을 들으려 하지 않았다. 그 사이에 티그라네스까지 잃었던 아르메니아 땅을 되찾았고, 루쿨루스는 퇴각하지 않을 수 없었다. 그동안 쌓아올린 빛나는 전과에도 불구하고, 패전해 돌아온 그를 로마 원로원은 횡령죄로 고발했다. 그리고 미트리다테스 전쟁의 총지휘권을 폼페이우스에게 넘겼다. 절망한 루쿨루스는 다시는 공직을 맡으려 하지 않았고 동방에서 쓸어 온('이 전쟁에서 이득을 보는 건 당신뿐이다!'라고 한 병사들의 분통이 이해가 된다) 엄청난 재물을 바탕으로 최대한의 향락을 누리며 여생을 보냈다. 사치에 빠진 사람을 보고 '루쿨루스스럽다'고 하는 말이 생길 정도였다.

그러나 미트리다테스의 운도 얼마 남지 않았다. 기원전 66년, 티그라네스 2세가 미트리다테스를 배반하고 로마에 항복해 폼페이우스에게서 로마에 충성하는 변방국으로 인정받았다. 폼페이우스는 계속해서 리쿠스 전투에서 폰토스군을 대파해 사실상 미트리다테스 전쟁의 결판을 냈다.

이듬해에는 폼페이우스가 북상하여 카프카스의 이오니아 등을 정복했다. 이오니아에서는 여성들까지 모조리 나와 저항했지만 소용이 없었고, 이로써 로마는 처음으로 카프카스 일대를 손에 넣게 되었다. 그 와중에 미트리다테스가 아끼던 왕비 스트라토니체가 로마군에 항복했다. 미트리다테스는 그 보복으로 그녀의 아들이자 자신의 아들인 키파레스를 살해하고, 그 시체를 매장하지 않고 버렸다. 그러나 종막은 다가와 있었다.

기원전 64년, 폼페이우스가 보스포로스 지역을 마지막으로 정복하면서 폰토스를 완전히 멸망시켰다. 미트리다테스는 다시 달아났다. 달아났다가 재기하는 일은 즉위 이전부터 그의 장기였지만, 이번만은 그러지 못했다. 믿었던 아들인 파르나케스가 모반했기 때문이다. 그는 절망에 빠져 자결했다. 선왕이 독살된 이래 조금씩 독을 마셔 독살되지 않는 몸을 만들어놓았던 탓에, 자결이 매우 어렵고 고통스러웠다는 전설이 있다. 폼페이우스는 폰토스의 일부를 로마령에 편입하고 일부는 파르나케스를 꼭두각시로 앉힌 자치왕국으로 삼았다.

그런데 폼페이우스는 거기서 멈추지 않았다. 다시 남하하여, 동지중해 지역을 점령해 들어갔다. 한때 로마의 적수였다가 지금은 많이 쇠퇴했지만 미트리다테스 전쟁의 배후에서 골치 아프게 했던 셀레우코스 왕국을 끝장내려는 것이었다. 기원전 63년, 그는 셀레우코스를 멸망시키고 시리아와 팔레스타인까지 병합해 그 일대에 '데카폴리스'라는 10개의 도시를 수립했다. 이로써 로마는 소아시아만이 아니라 카프카스, 시리아, 팔레스타인까지 차지하여 오리엔트 세계의 절반을 얻고, 지중해를 호수로 삼게 되었다.

헬레니즘 오리엔트 세계의 종말

"로마인이 공격한 왕들 가운데서 오로지 미트리다테스만이 용감하게 방어하고, 나아가 로마인을 위험에 빠트렸다." 프랑스의 계몽사상가 몽테스키외가 《로마인의 흥망성쇠 원인론》에서 남긴 이 말은 미트리다테스를 좀 과도하게 추어준 듯하다. 그는 지나치게 공격적으로 전쟁을 도발하거나, 끝까지 '용감하게 방어'하지 않고 싸움을 포기함으로써 불리함을 자초했다. 한니발과 달리 믿었던 사람들에게서 계속 배반을 당했는데 그의 인덕이 모자랐던 듯하다. 아무튼 그런 몽테스키외의 평가에 공명하는 근대 서구인들이 적지 않아서 라신이 《미트리다테》라는 비극을 쓰고, 모차르트가 이를 대본 삼아 〈폰토의 왕 미트리다테〉라는 오페라를 작곡하는 등 그를 비운의 영웅으로 추앙하기도 했다.

아무튼 이 전쟁은 헬레니즘 오리엔트 세계의 종말을 가져왔을 뿐 아니라, 로마에도 내외적으로 큰 변화를 가져왔다. 루쿨루스의 좌절은 병사들을 돈으로 만족시켜야만 부릴 수 있음을 보여주었다. 폼페이우스의 지나칠 만한 위업이 원로원을 긴장시켰고, 이를 무마할 만한 정치력이 없었던 폼페이우스는 삼두정치 구도를 만들어 **카이사르**1-8에게 기회를 주었다. 이 모두가 군벌 체제의 수립과 공화정 몰락을 재촉했다. 그리고 대외적으로 이제 로마의 주요 관심은 아시아에 쏠렸고, 오리엔트의 나머지 반을 차지한 파르티아—페르시아와의 대결이, 그리고 자신들이 정복한 그리스와 유데아(유대)에서의 영향력이 로마를 점차 좌우하게 되었다.

세계의 중심에서 인간임을 외치다

노예들, 전쟁에 나서다

기원전 73년, **미트리다테스 전쟁**5-4이 진행 중이었고 **로마 내전**5-3은 기원전 86년 마리우스의 죽음과 기원전 78년 술라의 죽음으로 1막을 내렸을 무렵, 또 하나의 전쟁이 로마 본거지인 이탈리아에서 일어났다. 전쟁을 일으킨 주체는 국가가 아니라 개인들이었다. 로마에서 가장 비참한 대우를 받고 있던 **노예**9-9들이 일으킨 반란이었다. 대규모 노예 반란은 처음도 아니었으며, 기원전 135년에 에우누스가, 기원전 104년에 아테니온과 트리폰이 이끌던 반란이 있었다. 그래서 이 반란을 '제3차 노예 전쟁'이라고도 부른다. 그러나 그 주도자의 이름을 따서 '스파르타쿠스 반란(전쟁)'이라고 많이들 부르는데, 2년이라는 비교적 짧은 기간 동안 이어졌고 로마에 결정적인 위협도 되지 않았다 하여 전쟁사에서는 낮게 평가되는 경우가 있다. 하지만 스파르타쿠스야말로 무력과는 다른 힘으로 로마를 뒤흔들었으며, 그런 점에서 한니발이나 미트리다테스보다 더 위협적인 존재였다. 그리고 시대를 뛰어넘어 수많은 사람의 가슴을 뛰게 한 사람도 한니발보다는 스파르타쿠스였다.

헤르만 보겔의 〈스파르타쿠스의 최후〉(1882).

인간 이하인 노예들, 인간이 되고자 하다

스파르타쿠스의 생애는 확실하지 않다. 왕족이라고도 하고 천민 출신이라고도 하는데, 트라키아 태생이라는 점에는 이견이 없다. 그는 로마군에 소속되었다가 탈영했는데, 그 때문에 노예가 되었다. 그리고 무예에 뛰어났기에 검투사가 되어 카푸아 근교 검투사 양성소에서 지내게 된다. 플루타르코스는 스파르타쿠스가 여느 노예들과는 달리 유식했으며, 냉철하고 신중했다고 전한다.

에트루리아에서 가벼운 여흥으로 행해지던 **검투사 경기**10-7가 로마에 들어와 본격화되어 양성소까지 생긴 것은 **포에니 전쟁**5-2 이후, 로마가 사치와 오락 풍조에 물들고 자극적인 볼거리를 찾는 부자들이 늘어난 뒤였다. 제국 시대에 들어 황제들이 적극적인 후원자이자 팬이 된 뒤(심지어 콤모두스는 자기가 선수로 나서기까지 하면서) '프로 스포츠'로 자리 잡은 다음에는 자유민들도 선수로 많이 나섰다. 보수는 많고 연간 1~2회 정도만 경기를 했기 때문에 인기가 많은 일자리였다. 하지만 경기장에서 죽을 가능성이 항상 있었고, 검투사가 되려면 "나는 기꺼이 채찍으로 맞고, 불에 태워지고, 칼에 찔려 죽겠습니다"라고 맹세해야 했다. 더군다나 제국 시대 이전의 스파르타쿠스 당시에는 시합도 잦았고 대우도 거칠었다. 그리고 대부분 보수도 없었다. 잘 싸워야 하므로 잘 먹여줬는데, 그게 유일한 장점이었다. 그래서 노예나 이민족들이 주로 검투사가 되었다.

"우리도 인간이다! 투견이나 싸움닭 따위가 아니란 말이다!"

스파르타쿠스는 약 70명의 검투사를 규합해 봉기했고, 양성소에서 탈출했다. 스파르타쿠스는 그대로 뿔뿔이 흩어져 달아나는 대신 "전쟁"을 선택했다. 카푸아 일대를 누비며 검투사들뿐 아니라 다른 노예들에게도 합류를 권유했고, 그래서 7만 명에 이르는 병력을 이루었다.

로마에서는 이 소식을 듣고도 시큰둥했다. "노예 따위가 뭐" 이랬으리라. 그래서 지방총독 클라우디우스 글라베르가 이끄는 3천 명의 병력을 진압군으로 보냈다. 하지만 스파르타쿠스군은 그들의 야영지를 야습했고, 진압군은 전투도 제대로 못 해보고 전멸한다. 로마는 다시 법무관 푸블리우스 바리니우스에게 1만 2천 명의 병력을 맡겨 파병했다. 이들은 노예군의 꼬리를 잡았고 마침 노예군은 식량이 떨어진 참이라 불리했다. 그러나 스파르타쿠스는 밤에 화톳불을 피워놓고, 말뚝에 시체 등을 걸쳐두어 병사들처럼 보이게 하고는 몰래 빠져나갔다. 뒤통수를 맞은 바리니우스는 '노예들 따위가' 전술에 능하다는 점과 그들이 만든 야영지가 정규 로마군이 만든 것에 비해 손색이 없음에 놀랐다고 한다. 결국 그 역시 스파르타쿠스에게 격파되고 만다. 이후 사태가 심상치 않음을 알게 된 로마는 콘술들을 보내기 시작했다. 그럼에도 스파르타쿠스는 세 차례의 큰 전투에서 연승하며 3년 동안 이탈리아를 휩쓸고 다녔다.

어떻게 "인간 이하인" 노예들의 군대가 세계 최강의 로마군을 연거푸 쓰러뜨릴 수 있었을까? 당시 로마군의 정예·주력이 이탈리아 밖에 있었음이 큰 영향을 미쳤다. 폼페이우스는 세르토리우스의 반란을 진압하느라 에스파냐에 가 있었고, 동쪽에서는 루쿨루스가 미트리다테스 전쟁을 수행하고 있었다. 하지만 인간 이하의 취급을 받으며 쌓이고 쌓인 원한과 울분, 노예로 살기보다 전사로서 죽겠다는 결의, 그런 정신에 불타고 있던 이 노예군단이 발휘했던 필사의 용맹, 그 용맹을 제대로 떨칠 수 있게 도와준 스파르타쿠스의 전술과 지도력, 이것을 주된 원인으로 보아도 무리는 없으리라.

그러나 한니발처럼, 스파르타쿠스는 로마군을 거듭 물리쳤으나 로마를 정복하지도, 로마 밖으로 탈출하지도 못한 채 이탈리아반도를 오르락내리락했다. 왜 그랬는지는 역사의 수수께끼인데, 한 가지 추정은 그가 당시 로마의 패권을 위협하던 다른 세 세력, 즉 미트리다테스, 세르토리우스(에스파냐에서 반란을 일으켰다), 그리고 지중해의 해적들과 연계해 움직이려고 머뭇거렸다는 것이다. 이 네 개 세력은 어느 정도 연결되어 있었으며, 특히 해적들은 노예군단에게 물자를 공급해주고 있었다. 네 개 세력이 연합전선을 이루어 소아시아, 에스파냐, 지중해, 그리고 이탈리아에서 서로 도와 로마를 공격했다면 로마는 정말로 무너졌을지도 모른다. 그러나 느슨한 연결 이상의 성과는 없었다.

다른 추정은, 첫 번째 추정처럼 네 개 세력의 연계를 추진하는 한편, 과거 한니발처럼 그의 맹위를 보고 용기를 얻은 로마 각지의 노예들이 봉기하기를 기다리고 부추겼다는 것이다. 이 역시 실현되었다면 로마 체제를 뒤집기에 충분했다. 그러나 역시 불발이었다. **로마 노예**9-9들은 한결같은 입장이 아니었기 때문이다. 검투사나 농장, 광산에서 일하던 노예들은 가혹한 대우와 환경에 진절머리를 내며 무기를 잡았다. 하지만 훨씬 많은 수의 노예들은 주인의 지배 아래 안주했으며, 말을 잘 듣다 보면 언젠가는 해방되어 자유민 신분이 되리라는 희망을 품고 있었다. 그래봤자 법적으로 인간 이하인 존재였건만, 전체 판을 뒤집기보다는 개인의 노력과 행운으로 처지를 개선하려는 생각에 이끌린 노예들이 많았던 것이다.

기원전 71년, 결국 스파르타쿠스는 남부로 가서 배편을 이용해 이탈리아를 탈출하기로 한다. 그러나 이때 믿었던 해적들이 뒤통수를 쳤다. 많은 돈을 주겠다는 로마의 유혹에 넘어갔다고 한다. 발이 묶인 그들을 향해 새로운 로마군이 다가오고 있었다. 크라수스가 이끄는 군단이었다.

크라수스는 여러 가지로 스파르타쿠스와 대조적인 인물이었다. 명문 귀족 태생이며 부동산 투기와 소방대 활동 등으로 엄청난 부를 쌓았다. 고대 로마에는 공공 소방대가 없었던 반면 화재가 잦았다. 그런데 크라수스는 자기 노예들로 사설 소방대를 조직하고는 불이 나면 고액을 지불해야 불을 꺼주고, 불타 살 수 없게 된 집터를 헐값에 사들여 새 집을 지어 비싸게 파는 식으로 남의 불행을 이용해 돈을 벌었다. 그런데 그는 부 말고도 권력을 몹시 탐했는데, 그런 식으로 돈을 벌어왔으니 평판이 좋을 리가 없었다. 그래서 정치판 바깥에서 맴돌다가 이 노예 반란을 기회로 삼은 것이다.

크라수스는 사설병에다 패잔병들까지 흡수해 10개 군단에 이르는 대군으로 스파르타쿠스를 공격했다. 그러나 초전에는 패배했다. 이 소식에 도저히 안 되겠다고 본 **원로원**[9-2]은 폼페이우스와 루쿨루스에게 '당장 돌아오라'고 급보했다. 그러나 크라수스는 이를 악물었다. 패주한 병사들을 일렬로 세우고는 열 번째 줄에 서 있는 병사들을 처형하는 본보기를 보여주자, 그의 군대는 공포감 때문에 열심히 싸우는 군대로 거듭났다.

이후 크라수스에게 계속 패하며 패색이 짙어진 스파르타쿠스는 실라루스 강가에서 크라수스를 맞아 최후의 전투를 치렀다. 스파르타쿠스의 시체는 확인되지 않았다. 그러나 플루타르코스는 "마지막 순간 그는 혼자서 황금빛 독수리의 깃발을 향해, 사령관의 표식을 향해 달려들었다. 수십 명의 로마 병사가 그를 둘러쌌다. 그는 마지막까지 용감하게 싸웠다"라고 적고 있다. 이렇게 해서 인간을 돈으로 사는 일을 혐오하여 일어섰던 자가, 돈으로 가장 많은 인간을 살 수 있었던 자에게 패했다.

한편 3천 명 정도의 패잔병들이 달아났는데, 이때 이탈리아에 도착한 폼페이우스가 그들을 공격해 전멸시켰다. 그리하여 별 힘도 들이지 않고 공을 나눠먹는 걸 보며, 분통이 터진 크라수스는 자신이 잡은 포로들에게 분풀이를 했다. 반란의 시작지인 카푸아에서 로마에 이르는 **아피아 가도**4-1 양쪽으로 줄줄이 십자가에 매달았던 것이다. 노예들은 극심한 고통 끝에 숨지고, 시체는 독수리의 밥이 되었다. 무려 6천 명이, 인간이 되고자 한 죄로 그렇게 죽어갔다.

인간의 자유와 존엄성을 위해 싸우다

고전고대의 모든 사상에 '인간 평등'이란 없었다. 플라톤과 아리스토텔레스는 '날 때부터 노예에 적합한 본성의 인간이 있다'고 했다. 이후 고대를 마감시키는 **기독교**10-4는 평등을 말하지만 그것은 신 앞의 평등이었고, 노예가 된 것도 신의 뜻이므로 불평하거나 반항하지 말라고 가르쳤다. 그러나 스파르타쿠스의 외침은 비로소 이 모든 가르침에 거대한 이의를 던졌다. 인간은 인간이라는 이유 하나만으로 존중받을 가치가 있지 않느냐고 말이다.

스파르타쿠스에 대한 기억은 더 오래 살아남았다. 18세기 말 아이티 독립운동을 이끌었던 노예 출신 투생 루베르튀르는 '검은 스파르타쿠스'라고 불렸고, 20세기 초 독일에서는 리프크네히트, 로자 룩셈부르크 등의 혁명가들이 '스파르타쿠스단'이라는 단체를 만들었다. 칼 마르크스와 체 게바라는 가장 존경하는 인물로 스파르타쿠스를 꼽았다.

> 어떤 면에서는 역사상 최강의 군대다. 가장 단순하고 소박한 의미에서, 자유를 위해 싸우는 군대다. 지금까지 수도 없이 많은 군대가 있었다. 그 군대들은 국가, 도시, 부, 전리품, 권력 또는 어느 지역에 대한 통제권을 놓고 싸웠다. 그러나 여기 인간의 자유와 존엄성을 위해 싸우는 군대가 있다.

1950년, 미국의 작가 하워드 패스트는 매카시즘의 광풍에 휘말려 사상범으로 갇혀 있던 감옥에서 쓴 소설《스파르타쿠스》를 통해 이렇게 말했다. 역사는 승자의 기록이며, 스파르타쿠스의 말은 한마디도 남아 있지 않다. 그러나 길게 볼 때 누가 과연 역사의 승자일까?

카이사르의 영광, 서유럽의 확장

전무후무한 로마의 판도를 완성한 전쟁

유럽·지중해 사상 전무후무한 로마의 판도를 완성한 전쟁이 있다. 기원전 1세기, 약 8년여 남짓 전개된 정복 전쟁인 갈리아 전쟁이다. 그런데 이 전쟁은 이제까지의 로마 전쟁과 성격이 사뭇 달랐다. 삼니움, 카르타고, 파르티아 등등 이민족과의 도전과 응전의 결과물이 아니었다. 로마 정치권에서 **율리우스 카이사르**1-8의 정치적 입지와 크게 관련이 있었으며, 갈리아 전쟁 이전과 그 이후에 전개되는 두 차례의 **로마 내전**5-3을 이어주는 연결고리라고 할 수 있었다.

여러 부족이 할거하는 갈리아는 지금의 프랑스에 해당되는 지역의 통칭인데, 로마에 최초의 악몽을 심어준 이민족의 고장이었다. 기원전 387년 로마를 침입해 쑥대밭으로 만들고 돌아갔기 때문이다. 그러나 로마는 점점 강해졌고 갈리아인들을 몰아붙였다. 기원전 3세기에 이탈리아 북부의 갈리아인들을 정복하고 '갈리아 키살피나(알프스 이쪽의 갈리아)'라는 속주를 설치했으며, 다시 기원전 2세기에는 알프스를 넘어 지금의 프랑스 남부에 해당하는 '갈리아 트란살피나(알프스 저쪽의 갈리아)'의 일부까지 점령하여 속주를 설치했다.

이후 로마는 급속한 팽창의 후유증에 휩싸였고, 공화정의 토대가 흔들리면서 군벌이 나타났다. 그 군벌들이 쟁패전을 벌인 게 로마 내전이었고, 제1차 로마 내전 이후 군사력, 자금력, 정치력이 하나로 뭉쳐 로마를 좌지우지하게 된 것이 제1차 삼두정치였다.

폼페이우스와 크라수스의 비호 아래 카이사르는 콘술이 되고, 개혁으로 인기를 모을 수 있었다. 그러나 카이사르는 아직도 배가 고팠다. 정치적 인기 하나만으로는 폼페이우스나 크라수스에게 맞설 힘이 부족했으며, 평민파의 지지란 원로원파의 증오를 담보할 수밖에 없었다. 카이사르는 사전 약속에 따라 두 동지들에게 콘술직을 넘겨주기 전에, 독자적인 정치적 지반을 구축할 길을 찾았다.

기원전 59년, 삼두정의 성공으로 들떠 있던 폼페이우스와 크라수스를 움직여, 카이사르는 갈리아 총독이 되었다. 그리하여 막 임지로 출발하려는 때, 북방에서 '헬베티족(갈리아인의 일부이며, 지금의 스위스에 해당되는 지역에 살고 있던 민족)이 이동을 시작했다'는 보고가 날아들었다.

게르만부터 벨가이까지 수십만 대군과 격돌하다

헬베티족의 이동에 관해 카이사르는 《갈리아 전기》에서 좁은 영지에 만족하지 못한 헬베티족이 서쪽 땅을 욕심낸 것이 원인이라고 했다. 그러나 그들이 영토에 대한 욕심 때문에 이동했다고만 보기는 어렵다. '옛 땅에 돌아오려는 미련을 스스로 없애기 위해(카이사르에 따르면)' 자신들의 12개 도시와 400개 마을, 그리고 밭을 깡그리 불사른 다음 30일분의 양식만 갖고 길을 떠났기 때문이다. 배수진도 정도가 있지, 필승의 결의를 다지는 의식치고는 지나치게 비장하지 않은가. 실제로는 게르만의 공세에 못 이겨 쫓겨난 것으로 보이며, 그것은 게르만의 수장 아리오비스투스와 친밀했던 카이사르의 사주를 받은 결과였을지 모른다.

아무튼 게나바(지금의 제네바)에 도착한 카이사르에게 헬베티족은 "로마에는 절대 피해를 입히지 않을 테니 이동을 허용해달라"고 청했다. 그러자 카이사르는 "생각해보겠다"며 사절을 돌려보내고는 그 사이에 자신이 이끌던 제10군단과 갈리아 키살피나에서 서둘러 모은 병력을 총동원해 레마누스호수(레만호)에서 이우라 산까지 약 28킬로미터에 걸쳐 목책 및 해자를 건설하도록 했다. 그것은 로마군 특유의 잘 정비된 명령체계가 가진 힘이었으며, 동시에 공사 과정에서 군기가 몸에 배고 낯선 동료들과 팀워크를 다질 수 있는 기회를 갖는다는 의미도 있었다. 제10군단은 물론 태어나서 카이사르를 처음 보는 속주 병사들도 방책 공사 과정에서 사령관의 명령에 따라 일사불란하게 움직이는 전쟁 기계로 다듬어졌다.

그리고 헬베티족의 사절이 약속대로 재협상을 위해 나타나자, 카이사르는 "로마의 관습과 전례에 비추어 절대로 허용할 수 없다"고 잘라 말했다. 관습과 전례가 문제라면 왜 십여 일이나 답변을 미루었는가? 분노한 헬베티족은 몇 차례나 방책을 강행 돌파하려다 실패하자 단념하고는 다른 길, 즉 이우라 산과 레누스강(라인강) 사이에 길게 나 있던 협곡을 통과하는 길을 택했다. 그쪽에는 로마와 동맹 관계에 있던 하이두이족이 있었는데, 카이사르는 곧바로 "우리 동맹인 하이두이족을 보호할 책임에 따라 출정하지 않을 수 없다"며 출정해 헬베티족을 공격한다.

마침내 헬베티족의 항복을 받아낸 카이사르는 그들에게 고향으로 돌아가라고 명령했는데, 그들이 애초에 고향에서 이동한 까닭은 게르만인의 압박 때문이 아니었던가. 이제 와서 상당한 타격을 입은 상태로 되돌아갈 수 있을까? '게르만인이라면 내게 맡겨라'라는 카이사르의 약속이 있었으리라 짐작할 수 있다. 실제로 헬베티족이 항복하자 카이사르는 아리오비스투스에게 사절을 보내 버거운 요구를 했고, 분격한 아리오비스투스는 로마와의 동맹을 깼다.

라인강을 넘어온 12만 명에 달하는 게르만인에 비해 로마군은 4만 명 정도로 열세였지만, 카이사르는 선제공격에 나섰다. 베손티오 입구에 있던 게르만군을 향해 전군을 이끌고 돌격한 것이다. 짜임새 있는 진형과 지형을 활용했고, 사기가 낮았던 게르만군은 처참하게 유린당했다. 아리오비스투스는 소수의 동료들과 간신히 라인강까지 도망쳐서 배를 타고 달아났다가 고향에서 처단되었다. 이 전투로 갈리아에 대한 게르만의 야심은 저지되었으며, 수백 년 뒤까지 로마와 게르만의 경계가 라인강으로 정해진다.

기원전 57년, 카이사르는 갈리아 깊숙한 곳에 병력을 들여보냈다. 이는 지금의 벨기에에 해당되는 영역에 살던 벨가이족을 자극했고, 벨로바키족, 수에시오네스족, 네르비족, 아투아투키족 등으로 흩어져 있던 그들은 하나로 뭉쳐 30만 명이 넘는 병력으로 카이사르에 도전해 왔다. 두 개 군단을 보강했다고 한들 여섯 배가량 차이가 나는 상대였다. 내부 분열을 유도하는 것이 정석이었다. 카이사르는 수에시오네스족과 사이가 나빴던 레미족을 회유해 한편으로 삼고, 별동대를 파견해 벨가이의 변방인 대서양에 면한 해안 지대의 소규모 부족들을 복속시켰다.

그다음은 '성동격서'로 다시 벨가이의 연합 진영을 뒤흔들었다. 그리고 허를 찔린 벨가이족들이 각자의 본거지로 돌아간 틈을 노려 각개 격파에 들어갔다. 수에시오네스족부터 집중 공격하여 항복을 받아내고, 다음으로 벨로바키, 그다음으로 알비아니족을 잡았다.

문제는 다음 차례였던 네르비족이었다. 그들은 수는 비교적 적었으나 뛰어난 전사들이었다. "사치품은 용맹함을 흐리게 된다며 일체 배격하니, 상인들도 네르비족에게는 가까이 가지 않는다"고 할 정도였다. 카이사르는 거짓 정보를 흘려 그들을 엉뚱한 곳으로 유인해 급습했다.

그러나 네르비족은 이제까지의 적들과 달랐다. 갈리아인과 게르만인은 대부분 방진을 짜서 기병과 함께 공격했지만, 네르비족은 기병이 없었고 경보병대가 광기에 차서 막무가내로 덤벼들었다. 적의 진형에 맞추어 진형을 변형시키며 싸우는 데 익숙하던 로마군은 오히려 혼란에 빠졌다. 로마를 돕던 갈리아의 트레베리족은 기가 질려 전장에서 탈출하고, 본거지로 돌아가 "로마인이 싹 다 죽어버렸다"는 말을 퍼뜨릴 정도였다.

카이사르는 상황을 수습하려 온 힘을 다했다. 이제껏 유능한 관리자로서 싸움에 임했지, 알렉산드로스나 폼페이우스처럼 직접 칼을 들고 선두에 선 적이 없었는데, 이제는 그럴 때가 아니었다. 한 손으로 방패를 들고 적의 투창을 막고, 다른 손으로 달려드는 네르비족을 넘어뜨리며 목청이 터져라 독전을 했다. 그러한 분투와 그의 오른팔 격이던 라비에누스의 기민한 판단과 각 부대장 및 병사들의 '지휘 없이도 자기 몫을 해낼 수 있는 능력'이 합쳐져 가까스로 파멸의 위기를 넘겼다.

결국 '무식한' 돌진은 수지가 맞지 않았고, 이 싸움으로 병력을 소진한 네르비족은 전선에서 이탈했다. 그다음으로는 강력한 요새를 믿고 버티던 아투아투키족을 무찌르고, 벨가이 토벌을 마무리했다.

브리타니아를 넘어, 갈리아 원정의 마지막 전투

기원전 56년을 앞두고, 카이사르는 로마에 개선하여 유례없는 '15일 동안의 감사 제전'을 선물로 받았다. 폼페이우스가 오리엔트 원정에서 돌아왔을 때도 12일의 제전이었던 것을 보면, 카이사르의 갈리아 원정이 얼마나 대단한 평가를 받았는지 짐작할 수 있다. 그리고 카이사르가 로마에 머물며 정치에 바쁜 사이에 그의 부장들은 지금의 프랑스 남부인 아퀴타니까지 평정해 갈리아 전역을 로마령으로 만들었다. 그리고 기원전 56년부터는 지금의 브르타뉴 지방에 살던 갈리아인(베네티족)과의 '물싸움'이 벌어졌고, 로마가 육지에서는 강할지 몰라도 물에서까지 잘 싸울까 싶던 그들의 선입견을 깨트려주었다. 베네티족의 동맹 세력 중에는 바다 건너 브리타니아의 부족들도 포함되어 있었다. 이 때문에 로마인이 장래의 영국 땅에 발을 디디게 된다. 그것은 기원전 55년, 게르만족에 대한 응징 작전의 마무리 여흥처럼 이루어졌다. 전과가 신통치 않았지만, 로마는 20일간의 감사제를 바쳐 기존 카이사르의 신기록이던 15일간의 감사제를 경신하게 해주었다.

기원전 54년, 카이사르는 다시 한번 브리타니아 원정에 나섰다. 이번에는 충분히 대비했기에 승승장구했지만, 그래도 게릴라전으로 나서는 브리튼인들을 굴복시키기란 어려웠다. 브리튼에서 발목을 잡힌 사이 로마에서 정변이 일어날 수도 있었다. 결국 카이사르는 명목적인 항복만을 받고 돌아와야 했다. 그리고 쉬지도 못한 채 갈리아인의 반란을 처리해야 했다. 겨울이 코앞인데도 갈리아인들의 소요가 그치지 않았고 게르만인들의 동태도 심상치 않아, 카이사르는 봄과 여름에 전쟁을 치르고 갈리아 키살피나로 돌아가고는 하던 전례를 깨고 병사들과 갈리아에서 겨울을 보내야 했다.

갈리아인들의 반란이 계속 한쪽을 틀어막으면 다른 쪽에서 터지는 식으로 진행되었다면 카이사르도 지쳤을 것이고, 갈리아 정복의 영광도 빛바랜 가운데 그가 쌓아 올린 정치적 자산도 파탄에 이르렀을 것이다. 그러나 묘하게도 갈리아인 가운데 '민족 영웅'이 나옴으로써 카이사르는 문제를 단번에 해결할 수 있었다. 갈리아 원정으로 이탈리아와 직결되는 통상로가 확보되고 나서 기회를 잡은 자들은 부자가 되었으나, 몰락해서 대대로 살던 땅을 버리고 유랑하는 자들도 많아졌다. 아르베르니족의 베르킨게토릭스는 그런 불만 세력들을 규합하고, 부족들의 독립심을 부추김으로써 갈리아가 한 덩어리로 로마에 맞서도록 만들었다. 그리하여 프랑스 민족주의자들에게는 프랑스의 건국 영웅으로 추앙되기도 하는 베르킨게토릭스이지만, 카이사르에게 이는 위기이자 기회였다.

초전에 카이사르는 부진했으며, 가장 믿을 만하다고 여겨 보급로를 책임졌던 하이두이족까지 배반해 보급이 끊기는 상황에 부딪쳤다. 그러나 한 번의 반격으로 베르킨게토릭스의 대군이 패배하자, 별안간 전세가 뒤집어졌다. 회심의 일격이 실패하자 당황했던지 베르킨게토릭스는 재공격을 시도하지 않고(그랬다면 결국 전반적으로 열세였던 로마군이 무너졌을 수 있다) 전면 후퇴하여 알레시아의 요새로 들어갔다. 반면 카이사르는 기회를 놓치지 않고 병사들을 다그쳐 베르킨게토릭스의 뒤를 쫓았다.

기원전 52년 9월, 갈리아 원정의 클라이막스라고 할 수 있는 알레시아 전투가 벌어졌다. 알레시아 요새는 험준한 고지에 수축되었고, 8만 명이 한 달을 버틸 수 있는 식량을 저장하고 있었다. 그러나 카이사르는 전 병력으로 요새를 포위하는 동시에 빙 둘러 보루를 지었다. 한 달여가 지나고, 알레시아의 갈리아인들은 한계에 이르렀다. 항복할 것인가? 최후의 싸움을 시도할 것인가? 주전파 가운데 크리토그나투스는 결연히 말했다. “누가 항복이라고 했소? 굴종을 잘못 말했겠지! 로마가 전쟁을 건 대상자들을 어떻게 대했는지 모르오? 속주가 된 갈리아 땅을 보시오. 관습도 법률도 뜯어고쳐지고, 로마인의 도끼를 올려다보며 굴종하며 살고 있는 동포들을!”

갈리아인은 최후의 공세에 모든 것을 걸기로 했다. 요새 북쪽에는 지형상의 이유로 보루가 덜 튼튼히 지어진 곳이 있었는데, 이곳으로 전력을 다한 야습이 가해졌다. “자유를 위해, 동포를 위해 싸워라!” 북부 보루가 함락되기 직전, 카이사르가 급히 파견한 브루투스와 라비에누스가 도착했다. 게르만 기병대도 흙바람을 일으키며 달려와 갈리아인들을 뒤에서 찔렀고, 얼마 뒤 카이사르 본인까지 칼을 빼 들고 달려왔다. 그의 붉은 망토가 눈에 띄자

라이오넬 로이어의 〈베르킨게토릭스의 항복〉(1899).
베르킨게토릭스를 영웅으로 해석하는 이 작품에서 그는 카이사르 앞에서도 당당한 자세를 취하고 있다.

격투 중이던 로마군은 환호성을 질렀다. "지난 몇 년 동안의 노력이 이 전투에 달려 있다! 모두 조금만 더 힘을 내라!" 로마인과 갈리아인의 모든 기백, 용력, 지혜, 천운이 남김없이 퍼부어진 이 야간 전투의 끝은 갈리아의 패배였다.

한 사람의 야망이 서유럽을 낳다

이제 결판은 났다. 한 달 동안 굳게 닫혀 있던 알레시아 요새의 문이 열리고, 베르킨게토릭스가 나타났다. 《갈리아 전기》에 따르면 그는 줄에 묶인 채 카이사르 앞에 끌려 나왔다고 한다. 그러나 플루타르코스는 그가 말을 타고 당당한 자세로 카이사르 앞으로 가서는, 말에서 내려 자신의 무장을 해제한 다음 말없이 땅바닥에 앉았다고 서술하고 있다.

카이사르는 기원전 52년, 알레시아 함락으로 갈리아 원정을 끝냈다. 이제 그의 관심은 갈리아보다 로마에 카이사르와 대결한다는 입장을 분명히 하던 폼페이우스에 있었다. 그리하여 내전이 시작되고, 6년 만에 최후의 승리자가 된 카이사르는 그때까지 감옥에 갇혀 있던 베르킨게토릭스를 처형했다.

율리우스 카이사르가 로마의 일인자가 되기 위해 일으킨 전쟁, 갈리아인의 입장에서는 100만 명 이상이 죽고 수십만 명 이상이 노예가 된 전쟁으로 로마에 편입된 땅은 오랫동안 유럽사, 그리고 세계사의 주요 국가로 남게 된다. 한 사람의 야망이 전쟁을 낳고, 전쟁은 제국을, 그리고 서유럽을 낳은 것이다.

예루살렘의 파괴, 헤브라이즘의 시작

유대인의 땅을 점령한 로마

유대인의 땅, 유데아. 팔레스티나 또는 팔레스타인이라고도 불리는 이 땅은 동지중해에 면해 있는 넓지도 기름지지도 않은 땅이다. 그러나 소아시아―시리아에서 이집트로 이어지는 지정학적 중요성 때문에, 오래전부터 강대국들의 각축장이 되었다. 기원전 1274년경에는 이집트와 히타이트가 이 땅에서 맞붙었는데, 이 '카데시 전쟁'은 역사상 최초의 평화조약을 남겼을 정도로 중대한 전쟁이었다. 그러고 나서 바빌로니아, 아시리아, 페르시아, 알렉산드로스, 셀레우코스 등 많은 강자가 밀물처럼 차올라 이 땅을 유린했고, 얼마 뒤에는 썰물처럼 무너지며 물러갔다.

그리고 기원전 66년, **미트리다테스 전쟁**5-4의 마무리 과정에서 폼페이우스가 이끄는 로마군이 유데아 쪽으로 내려왔다. 그는 기원전 64년에 셀레우코스 왕국을 멸망시켜 유데아를 해방시켜주나 싶더니, 군대로 예루살렘을 들이쳐 성전을 파괴하고 만여 명을 학살하고는 친로마 정권을 세우고 돌아갔다.

이후 친로마적인 안티파트로스 왕조는 헤롯 왕 시절 부서지고 낡은 성전을 장대하게 다시 세우는 등 얼마간 평화와 번영을 누렸다. 하지만 늘 로마의 눈치만 보는 이방인(아랍의 피가 섞여 있었다) 왕조를 못마땅하게 여기며, 완전한 해방과 순수한 율법적 통치를 추구하는 사람들도 많았다. 그들 중 과격파는 젤롯이었다. '열심당'이라 불렸는데, 그들의 목소리는 로마가 예루살렘에 유피테르 신전을 짓거나 성전에 로마를 상징하는 독수리상이나 황제 동상을 세우려 할 때마다 극에 달했다. 또한 시카리(단검)파도 나왔는데, 단검을 가지고 다니며 불순하다 여겨지는 자들을 찔렀기에 그런 이름이 붙었다. 예수를 배반한 제자 유다도 시카리파였다.

예수가 태어나던 무렵인 기원전 4년에 헤롯이 죽고, 그 아들들이 왕권 다툼을 일으켰다. 로마는 이를 기회로 헤롯의 몇 아들들에게 유데아 일부를 나눠주고 예루살렘을 포함한 나머지 땅은 속주로 삼아 직접 지배하기 시작했다. 기원후 6년, 유데아 초대 총독으로 코포니우스가 부임했다.

거대한 로마제국에 맞서 싸운 유대인

이후 60년, 로마 황제들과의 친분에 기대 다시 왕이 들어설 때도 있었으나 로마의 지배력이 없어지지는 않았고, 총독—행정장관 체제는 유지되었다. 이에 대한 분노와 불만은 마침내 둑을 넘었다. 66년 초, 로마군 지휘부가 있던 카이사레아에서 그리스계와 시리아계 주민이 희생제사를 지내자 이를 저지하려는 유대인들과 로마인들 사이에 다툼이 일어났다. 행정장관이던 플로루스는 잔인한 진압으로 로마 시민권이 있는 유대인들을 포함하여 닥치는 대로 학살했으며, 이는 유대 반란의 도화선이 되었다.

헤롯 아그리파 왕 같은 온건파들도 설득에서 강경파에 밀려 예루살렘에서 떠났으며, 대세를 장악한 과격파(젤롯과 시카리)는 로마 황제에 대한 충성의 표시로 지내던 제례를 폐지했다. 그리고 로마 수비대만이 아니라 온건파 유대인, 일반 민중까지 가리지 않는 대학살을 펼쳤다. 그 후유증으로 시카리파가 축출되자 그들은 헤롯 왕이 건설했던 마사다 요새로 들어가 농성했다. 가을이 되어 시리아 총독 갈루스가 이끄는 로마군이 도착했지만, 그들은 "로마군의 질서 정연함을 뛰어넘는 열정과 광기의 힘으로" 맞서는 유대인들을 당하지 못하고 수천 명의 전사자를 낸 뒤 퇴각했다.

66년 말, **네로**2-3 황제는 **베스파시아누스**2-4에게 6만 명의 병력을 주어서 진압하도록 했다. 그는 갈릴리를 점령하고 반란군을 연거푸 패퇴시켰는데, 그 사이 요세푸스라는 유대인의 항복을 받았다. 그는 한때 과격파의 일원으로 고함을 치며 예루살렘을 휩쓸고 다녔으나, 상식이 없으며 조금만 견해가 달라도 칼부터 휘두르고, 형세가 불리하면 후퇴하기보다 집단 자살을 선택하는 동료들의 모습에 기가 질렸다. 그래서 베스파시아누스에게 항복한 그는 '당신과 당신의 아들이 다음 황제가 될 것'이라고 예언했다고 한다. 믿기지 않는 이야기지만, 베스파시아누스가 그를 후대했고 전쟁이 끝난 뒤에는 더욱 극진히 대접했음은 사실이다. 그래서 그는 훗날 자신이 보고 들은 것을 바탕으로《유대 전쟁사》를 썼으며, 덕분에 우리는 이 전쟁의 전말을 알 수 있게 됐다.

68년, 네로가 죽고 로마는 혼란에 빠졌다. 베스파시아누스는 병사들의 추대를 받고 황제가 되기 위해 유데아를 떠나 로마로 갔다. 유대 전쟁의 책임은 그의 아들 티투스에게 맡겼다. 그러는 사이 예루살렘은 내분으로 흉흉해지고 있었다. 요한이 이끄는 젤롯 출신들과 시몬이 이끄는 그 외의 과격파들은 '서로 원수처럼 싸우고, 양민을 괴롭힐 때는 동지처럼 협력했다'. 게다가 그들이 세력을 불리려 끌어들인 아랍계 유대인들, 이두메인들은 8,500명의 주민을 학살하고 도시를 철저히 약탈한 뒤 물러갔다.

이런 참상과 만행은 대부분 요세푸스의《유대 전쟁사》에 근거하는데, 과연 진실일까? 유대인으로서 로마군에 항복해 호의호식한 자신의 입장을 변명하기 위한 과장이 아닐까? 그러나 다른 로마의 기록들을 보더라도 당시의 유대인(과격파)들은 믿을 수 없을 만큼 극단적이며 호전적이었다고 한다.

69년, 마침내 티투스가 예루살렘에 육박했다. 그는 예루살렘의 3중 성벽이 이전의 진압군이 패배한 주된 원인이라 보고, 성벽보다 높은 망루를 세우고 성벽을 부수는 공성 망치를 제작해 공략하도록 했다. 유대인들은 매섭게 저항했지만 결국 첫 번째, 두 번째 성벽이 차례로 뚫렸다. 요세푸스는 티투스가 직접 최전선에서 화살을 무릅쓰고 싸울 만큼 용감한 한편 되도록 불필요한 피해를 줄이려 애쓰고 항복한 사람들을 용서하는 관대함도 겸비했다고 하는데, 아부성 과장이 섞여 있을 가능성이 크다. 티투스는 요세푸스에게 세 번째 성벽 주위를 돌며 성내의 주민들을 설득하는 임무를 맡겼다. 민족주의적 시각에서 그가 외쳐댄 내용을 보면 다소 불편한데, '우리 유대인들이 무력에 굴복해 이방인들의 노예가 된 게 어디 한두 번이냐? 아시리아에도 숙였고 셀레우코스에게도 숙여서 생존을 이어온 게 우리 아니냐. 그러니 로마인들에게 다시 한번 숙이지 못할 이유가 뭐냐!'는 식이었다. 성내에서는 화살과 돌팔매로 그에 대답했지만, 불안은 물밑에서 고조되고 있었다. 몰래 성을 빠져나와 로마군에 항복하는 민간인들이 줄을 이었다. 그러나 관대하다는 티투스는 사로잡은 포로들을 십자가에 못 박아 성안에서 볼 수 있도록 줄줄이 세워두게 했다. '공포감을 주어서 항복을 유도하기 위해'라지만, 예루살렘의 과격파들은 그 시체들이 포로가 아닌 투항한 민간인이라며 '저걸 봐라! 항복은 곧 죽음이다! 최후의 일인까지 싸우자!'라고 선동하는 수단으로 썼다.

유대인들은 결사대를 조직해 로마군 진영에 뛰어들어 그들이 세운 공성 기기를 불사르는 등 분전했다. 하지만 봉쇄된 성안의 굶주림은 날로 심각해졌다. "굶어 죽은 가족의 시체를 매장하려고 시체를 들어올리다가, 그 위로

유대 전쟁의 승리를 기념해 세워진 티투스 개선문의 부조. ⓒSteerpike
로마군이 예루살렘 성전에서 성물과 보물을 약탈해 나오는 장면을 묘사하고 있다.

쓰러져 자신도 시체가 되곤 했다." 자기 자식을 죽여서 먹은 어머니도 있었다. 죽을 힘을 다해 로마군 진영으로 탈주해온 유대인들이 허약한 몸에 허겁지겁 음식을 먹다가 죽는 일도 있었다.

결국 최후의 성벽도 뚫리고, 성내로 진입한 로마군을 반란군은 성전에 의지하여 맞싸웠다. 티투스는 성전까지 파괴할 마음은 없었다는데, '우릴 이렇게 애먹인 유대인들의 자존심을 뭉개주자!'는 악의와 '성전 안에 금은보화가 넘친다더라!'는 헛소문에 따른 탐욕이 합쳐져, 로마 병사들은 반란군과 성전을 산산이 부숴버렸다. 69년 8월 말이었다.

이를 두고 요세푸스는《유대 전쟁사》에서 '가장 비참한 도시'라 한탄하며, '네 주민의 불경함을 벌하고자 신이 로마인을 보냈고, 그들이 준 고통으로 너는 신의 도읍에서 거대한 표지가 되었다'고 서술한다.

사라진 약속의 땅, 시작된 디아스포라

로마로 돌아간 티투스는 새로운 황제인 아버지의 영광을 높이고자 이 전쟁의 개선식을 성대하게 꾸몄고, 개선 행렬에는 줄에 묶인 반군 지도자들과 성전에서 약탈한 언약궤와 황금 제기들이 따랐다. 유대 전쟁은 그로부터 4년 뒤, 시카리파가 농성하던 마사다 요새가 함락되면서 마무리되지만, 이것으로 예루살렘에는 더 이상 유대인 왕도, 성전도 없게 되었다. 절망한 유대인들은 고향을 떠나 세계 각지로 흩어졌다. '싸움을 계속하다 성전이 파괴되면 어떡하느냐'는 온건파들의 설득에 '신은 어디나 계시다! 온 세상이 바로 성전이다!'라고 외쳤던 과격파 지도자들의 말을 곱씹으며.

유대 전쟁은 로마의 입장에서 그리 중요하지 않은 전쟁처럼 보였다. 그러나 이로써 유대인들의 '약속의 땅'이 사라지고, 그들이 '디아스포라'를 시작하면서 로마제국과 유럽 각지에서 유대인과 그들의 관습을 볼 수 있게 되었다. 유대인 중 상당수는 신흥 종교인 **기독교**[10-4]를 믿고 있었다. 그리하여 티투스의 병사들이 예루살렘을 파괴할 때는 상상도 못했던 일, 그 폐허에서 빠져나온 '헤브라이즘'이 그리스—로마 문명, '헬레니즘'을 점차 잠식하고 끝내는 정복하게 되는 일이 머지않아 현실이 된다.

5-8 로마-이란 전쟁

서양과 동양, 문명이 충돌하다

두 제국의 패권 대결

17세기 영국의 문호 존 밀턴은 《실락원》에서 아담과 이브의 죄로 인류가 낙원을 잃어버린 이야기를 하고, 《복락원》에서는 예수의 희생으로 낙원을 되찾았다고 이야기했다. 《복락원》에는 악마가 예수를 광야에서 유혹하는 장면이 나오는데, 《성서》에도 나오는 세 가지 유혹 가운데 마지막은 '내게 절하면 온 세상을 준다'였다. 밀턴은 이를 좀 더 상세히 묘사하면서 악마가 높은 산에서 예수에게 세상의 가장 위대하고 강력한 두 제국을 보여주었다고 한다. 하나는 로마이고, 다른 하나는 파르티아이다. 그리고 '절만 해라. 두 제국 가운데 원하는 나라의 황제로 만들어주겠다'고 유혹했다고 한다.

실제로 예수의 시대에 두 초강대국은 20세기 냉전기의 미국과 소련처럼 맞섰으며, 중국 등이 잘 알려져 있지 않던 당시의 서양인들에게 두 나라는 동과 서의 대표주자로 한쪽이 다른 한쪽을 멸망시킨다면 곧 세계를 정복하는 것이라 여겼다. 기원전 4세기에 알렉산드로스가 유럽과 중동, 아프리카의 주요 지역 대부분을 정복하여 하나의 헬레니즘 세계로 만들었다. 이후 로마는 그 변두리인 이탈리아에서 출발해 지중해 제국을 만들고, 발칸반도, 소아시아, 시리아 등 헬레니즘 세계의 서부도 정복해 그 제국에 통합했다. 파르티아는 변두리인 이란 고원에서 일어나서 헬레니즘 왕국들인 박트리아와 셀레우코스를 쓰러트리고 헬레니즘 세계의 동부를 장악했다. 따라서 이들은 필연적으로 자웅을 겨룰 운명이었다.

로마는 이란의 수도를, 이란은 로마의 황제를 능멸하다

두 세력이 의미 있는 접촉을 시작한 때는 기원전 92년, 발칸에서 전쟁을 치르고 있던 술라가 파르티아의 사절과 만나 '유프라테스강을 두 나라의 경계로 삼는다'고 합의했을 때였다. 그리고 첫 충돌은 기원전 54년이었는데, 파르티아의 내분에 로마가 개입한 것이었다. "드디어 나도 폼페이우스나 **카이사르**[1-8]처럼 빛나는 군사 업적을 쌓을 때가 왔다"며 신이 나서 출정했던 크라수스. 로마 사상 가장 악명 높은 슈퍼리치이자 **스파르티쿠스**[5-5]들의 꿈을 짓밟았던 그는 그러나 카르헤 전투에서 참패하고 말았다. 파르티아인들은 "여기 파르티아에서도 네놈은 유명해. 금이라면 그저 사족을 못 쓴다며? 어디 실컷 맛보시지!" 하며 녹인 금을 크라수스의 목구멍에 부으며 희롱했다고 한다.

이렇게 시작된 로마와 파르티아의 전쟁은 기원후 217년까지 약 270년 동안 이어졌다. 2세기 초에 **트라야누스**[2-5]가 2세기 말에 세베루스가 직접 파르티아로 쳐들어가 나라를 거의 멸망 직전까지 몰아넣는 맹위를 떨치며 크라수스의 치욕을 씻었지만, 보통은 그때마다 로마 내부의 문제에 걸려 알렉산드로스의 위업을 재현한다는 야망은 불발되었다. 아르메니아, 조지아 등 카프카스 국가들과 시리아, 팔레스타인 등 동지중해 연안국들의 종주권을 둘러싸고 전란이 반복되었다. 217년에는 기세 좋게 원정을 나갔던 카라칼라가 적지에서 암살되는 바람에 로마가 파르티아에 크게 양보하는 협약으로 서둘러 전쟁을 끝내야 했다. 그러나 그새 힘을 기른 사산조 페르시아에 의해 파르티아는 7년 뒤 패망한다. 그리고 로마와 이란의 대결은 파르티아에서 페르시아로 바톤이 넘어가며 재개된다.

231년 시작된 로마-페르시아 전쟁은 다시 400년을 끌어, 630년까지 이어졌다. 이번에는 유럽과 아시아의 대립만이 아니었다. 그 사이 로마는 **기독교 국가**10-4로 탈바꿈했고, 사산조 페르시아도 조로아스터교를 강력히 신봉하는 나라였기에 두 일신교끼리의 종교전쟁 양상마저 띠었다. 중세시대 약 200년 동안 벌어진 십자군 전쟁은 상대도 되지 않는 규모의 대전이었던 셈이다. 물론 십자군 전쟁이 200년 내내 싸움만 했던 게 아닌 것처럼, 로마-파르티아 대립 270년, 로마-페르시아 대립 400년도 내내 전투로만 흘러간 것은 아니다. 여러 차례 평화협정이 맺어졌고, 그 가운데는 50년 기한, 100년 기한, 그리고 '영원한 평화의 약속'도 있었다. 그중 100년 협정만 약 80년 갔을 뿐, 50년 기한은 10년, 영구평화조약은 8년밖에 지켜지지 못했다.

전쟁의 양상은 얼마간 일방적이었는데, 어떤 면에서 보느냐에 따라 달랐다. 로마는 물론 동쪽 수도 콘스탄티노플도 이란군에게 점령당한 적이 없고, 이란군이 콘스탄티노플 근처라도 가본 것은 전쟁 말기에 이르러 두 차례가 전부였다. 반면 로마군은 파르티아—페르시아의 수도 크테시폰을 네 차례나 유린했다. 하지만 이란의 황제가 전사한 일은 없었고, 116년 크테시폰을 점령한 트라야누스가 파르티아의 오스로 1세를 처형하고 그 왕자인 파르타마스파테스를 꼭두각시 황제로 세운 게 유일했다. 그러나 로마 황제는 이 전쟁에서 두 명이 전사하고(카루스, 율리아누스), 세 명이 진중에서 병사 또는 암살당했으며(트라야누스, 카라칼라, 요비아누스) 한 명이 사로잡혔다(발레리아누스). 제정 이전의 크라수스까지 포함하면 로마군 총사령관(**임페라토르**9-5)이

페르시아의 샤푸르 1세가 로마의 발레리아누스 황제를 사로잡는 장면. ⓒGinolerhino
이란의 나크시-에 로스탐에 있다.

이란과 싸우다가 명을 달리한 일이 상당히 많은 셈이다. 특히 260년에 사로잡힌 발레리아누스를 페르시아의 샤푸르 1세는 죽이는 대신 노예로 삼아, 말을 타고 내릴 때 꿇어 엎드리는 인간 디딤대 노릇도 시키고 다리 쌓는 노동자로도 삼으며 최고의 굴욕을 안겼다고 한다.

그런데 이 상반된 양상은 하나로 풀이된다. 전쟁이 유럽이 아니라 아시아에서 주로 벌어졌으며, 로마군은 황제가 직접 원정군을 지휘하는 일이 많았다는 것이다. 황제가 직접 나선 이상 가장 막강한 정예 병력이 따르기 마련이고, 장교와 병사들은 황제의 눈에 들어 출세하려, 또는 겁쟁이라고 낙인찍힐까 두려워, 열심히 싸우기 마련이었다. 반면 이란의 황제들은 궁전에 가만히 앉아서 장군들을 보내는 게 보통이었는데, 그 군대도 급히 징집한 것이라 사기가 높지 않은 오합지졸일 경우가 많았다. 이란 장군들 가운데는 멀리 떨어진 데서 내리는 황제의 비현실적인 작전 명령에 질린 나머지 로마군에 항복하거나, 쿠데타를 일으켜 스스로 황제를 칭하는 경우도 있었다. 전쟁사가 빅터 데이비스 핸슨은 《살육과 문명》에서 이를 '서구 문명 대 비서구 문명'이라는 큰 틀로 확대해서 본다. 그리스—로마에서 근현대 유럽에 이르는 서구권의 군대는 실용적 군사훈련과 합리적인 전략전술로 단련되었으며 병사들의 권리는 법으로 보호받았다. 반면 비서구권의 병사는 대부분 강제로 동원된 농민들이었고, 장교들은 정치놀음에 얽매여 있었다. 나아가 로마(서구)의 지배는 그 예속민들에게 법과 질서를 가져다주었기에 피정복민들의 지지와 충성을 받을 수 있었다는 것이다. 다소 불편한, 오리엔탈리즘에 가까운 주장이지만 적어도 로마와 이란의 전쟁사를 보자면 그의 분석에 일리가 없지 않다.

반전을 거듭하는 전쟁

그러다가 7세기, 이 오랜 전쟁의 막바지에 반전이 일어난다. 이때 로마는 서쪽 터전을 잃고 동로마로 축소되었으며, 아바르, 불가르, 루스, 훈족 등 여러 세력의 잇따른 침입에 시달리는 처지였다. 반면 페르시아에서는 야심도 역량도 특출났던 호스로 2세가 즉위해 착실하게 전쟁 준비를 해나갔다. 마침내 그는 로마에서 벌어진 정변을 빌미로 동로마령 중동을 전면 공격했다. 파죽지세였다. 시리아, 팔레스타인, 이집트가 속속 페르시아군에게 떨어졌으며 마침내 콘스탄티노플 점령까지 눈앞에 두었다. 호스로 2세는 알렉산드로스 이래 1천 년 동안 이어진 서구인의 중동 지배를 일소하고, 아케메네스조 페르시아의 영광을 되살릴 꿈에 부풀었다.

그러나 다시 반전. 동로마의 헤라클리우스 황제는 한때 수도를 버리고 키프로스로 피신할 결심까지 했으나, 세르기우스 총주교의 설득으로 다시 전의를 불태웠다. 그리고 불가르족의 지배자 쿠브라트를 기독교로 개종시켜 한편으로 삼고, 아바르족의 침략도 무마하며, 튀르크에게는 페르시아의 배

피에로 델라 프란체스카의 〈거룩한 십자가의 전설〉(1452) 중 일부. ⓒ The Yorck Project
헤라클리우스가 이끄는 동로마군이 호스로 2세의 페르시아군과 격돌하는 장면이다.

후를 치도록 유도하는 등 외교적 승리를 발판으로 반격에 착수한다.

622년, 약 1천 년 전 알렉산드로스가 페르시아를 꺾었던 이수스에서 대승을 거둔 헤라클리우스는 소아시아를 시작으로 잃어버린 땅을 하나씩 되찾아갔다. 627년에는 큰 부상을 입고도 이를 악물며 싸우는 투혼을 발휘해 페르시아군의 본진을 크테시폰으로 퇴각시켰다. 승기를 잡았다고 본 그는 호스로 2세에게 평화협정을 제의했으나, 호스로가 거부하자 그 신하들이 들고 일어나 그를 시해하고는 왕자 고버드를 대신 세웠다. 고버드는 무조건 항복이나 다름없는 조건으로 헤라클리우스와 화해했으며, 헤라클리우스는 되찾은 땅 가운데 예루살렘에서 예수가 매달렸다고 전해지는 성십자가(일찍이 **헬레나**3-7가 발견했다고 하며, 페르시아가 빼앗았다가 돌려보낸 것이다)를 몸소 지고 골고다 언덕을 오르는 퍼포먼스를 보이며 위대한 승리를 자축했다. 한편 페르시아는 정변이 계속되며 쇠망의 길로 접어든다.

그러나 마지막 반전이 또 있었다. 두 초강대국이 혈투를 벌이는 사이, 아무도 주목하지 않았던 땅에서 제3세력이 무섭게 성장한 것이다. 바로 신의 예언자라는 무함마드가 이끄는 이슬람교의 아랍이었다. 신생 세력이 역사상 그처럼 빠르게 기존의 제국과 왕국들을 무너뜨리며 대정복에 성공한 예는 없었다. 그것은 그들이 어부지리로 역사상 가장 큰 기회를 잡을 수 있었기 때문이다. 누더기가 되어 있던 페르시아는 신앙심에 불타는 아랍 병사들을 막을 힘이 없었고, 637년에 크테시폰이 함락되면서 조로아스터교를 받들던 이란인의 제국은 영원히 멸망했다. 그 기세로 이슬람군은 동로마에도 덤벼들었고, 지칠 대로 지쳐 있기는 동로마도 마찬가지여서 애써 되찾은 중동 땅을 차례로 빼앗겨야 했다. 그리고 마침내 동로마 자신의 존망을 걸고 또다시 아시아의 일신교 제국과 사투를 벌이게 된다.

'신의 이름으로' 공격해온 전사들

유럽 대 중동의 새로운 국면

로마가 쓰러지자 이슬람이 일어났다.

데이비드 리버링 루이스는《신의 용광로》에서 이렇게 서술했다. 대서양에서 페르시아만까지, 지중해를 둘러싸고 번성한 로마제국. 그 놀라운 판도가 조각조각 갈라지고 스러진 뒤에 지중해 세계의 절반을 감싸는 새로운 제국은 이슬람교도들이 세웠다. 그리고 로마가 차지하지 못한 아라비아반도와 이란을 포괄함으로써 로마보다 페르시아 제국과 더 가까운, 아시아 제국으로서의 정체성을 짙게 띠고 있었고, 그런 점에서 유럽의 기독교 국가들과 대립각을 세웠다. 그리고 그 융성의 과정은 시작에서 한계까지 동로마와의 대결이 핵심을 차지했다.

동로마와 이슬람의 대결은 기원후 629년, 이슬람교를 창시한 지 19년이 된 무함마드가 동로마 황제 헤라클리우스에게 보낸 한 통의 편지에서 시작되었다. 표현은 공손했으나 '이슬람교에 귀의하라, 그러지 않으면 천벌을 받을 것이다'라는 내용이었다. 황제는 코웃음만 쳤다. 사산조 페르시아와의 숙명적인 대결에 승리한 직후로 영광에 들떠 있던 그였다. 그런데 사막의 웬 야만족이 보낸 횡설수설에 귀를 기울일 필요가 있겠는가.

황제가 무시하자 예언자는 분노했다. 그래서 그해 9월, 1천 명 가량의 병력을 오늘날의 시리아 남부와 요르단에 걸쳐 있던 동로마 위성국인 가산 왕조로 보냈다. 이슬람 병사들은 용감하게 싸웠으나, 전쟁 경험과 수에서 상대가 되지 않았던 가산군에게 참패했으며, 무함마드의 수양아들이던 사령관 자이드 이븐 하리타까지 전사하고 말았다. 그 뒤로 한동안 무함마드는 아라비아반도의 통일에만 힘쓰며 동로마와 맞서려 하지 않았다. 그러나 이 하찮아 보이던 싸움은 그 후 약 120년, 아니 어쩌면 1,400년이 지난 오늘날까지도 이어지고 있는 이슬람교와 기독교 세력 사이의 첫 싸움이었다. 또한 그것은 페르시아 전쟁에서부터 알렉산드로스 전쟁, 로마-이란 전쟁으로 이어져온 유럽 대 중동 대결의 새로운 시작이기도 했다.

페르시아에서 동로마로, 이슬람의 무서운 기세

헤라클리우스는 자기도 모르게 이슬람 발흥의 길을 열어주었다. 사산조 페르시아에 치명적인 타격을 가함으로써, 지방 장악력이 무너져 혼란에 빠져 있던 페르시아의 중동 영토를 이슬람이 비교적 쉽게 점령할 수 있었던 것이다. 물론 그것은 632년 무함마드가 죽은 뒤에도 아부 바크르와 우마르로 이어지며 강력한 리더십을 발휘한 이슬람의 최고 지도부와 할리드 이븐 알 왈리드Khalid ibn al-Walid라는 불세출의 명장이 있었기에 가능했다. 또한 '신 아래 모두는 평등하다'는 교리에 따라 기존의 계급질서에 따른 모순을 공략하고, 적은 세금(지즈야)만 내면 기존의 종교를 믿어도 좋으며, 개종하면 기존 이슬람인과 차별 없이 성전(지하드)에 참여해 부와 명예를 얻을 수 있었던 이슬람의 성격에도 근거했다. 로마가 지중해 세계로 무섭게 확장할 때처럼, 이슬람은 강한 힘과 편리한 체제로 피정복민들을 복속시켰다. 633년의 살라시르 전투에서 왈리드가 이끄는 이슬람군은 병력에서 압도적이던 페르시아군을 참패시켰다. 그리고 여섯 번을 내리 이기며 메소포타미아의 중부와 남부를 모조리 손에 넣었다.

메디나의 칼리프조차 깜짝 놀랄 만큼 무서운 기세로 동쪽에서 사산조를 연파하고 있던 이슬람군은 다시 서쪽에서 동로마와의 전쟁을 시작했다. 아부 우바이다가 이끄는 이슬람군이 634년에 시리아를 침공해 동로마군 및 가산 왕조군과 맞섰는데, 여기서는 이슬람군의 기세가 동쪽만 못했다. 그러자 메소포타미아를 정복하던 왈리드가 급히 차출되어 시리아 방면군을 돕게 되었다. 왈리드는 8천 명의 정예부대를 이끌고 출발해 세계 역사상 손을 꼽을 정도의 극적인 행군으로 아라비아—시리아 사막을 횡단(낙타에게 양껏 물을 먹인 다음 출발해, 휴대하던 물이 떨어지면 낙타를 죽여 체내에 저장된 물을 마시며 행군했다고 한다)해 시리아 동부를 급습했다. 그는 시리아의 주요 거점인 팔미라를 점령하고, 아부 우바이다군을 구하면서 가산 왕조를 멸망시켰다.

다시 전열을 정비한 양 진영은 예루살렘 남쪽 인근의 아즈나다인에서 대접전을 벌였다. 왈리드가 지휘하는 1만 5천여 명의 이슬람군은 에메사 총독이 이끄는 8천여 명의 동로마군과 격전 끝에 대파시키는 데 성공했다. 동로마군이 예루살렘과 기타 도시로 도주하자 이슬람군은 그들을 추격해 팔레스타인 대부분을 손에 넣었다. 몇 년 전 자신이 페르시아에서 빼앗아 와 몸소 짊어지고 예루살렘 성전에 봉헌한 성십자가(**헬레나**3-7 태후가 찾아냈다는 바로 그 십자가)마저 이슬람의 손에 들어갔다는 소식을 들은 헤라클리우스 황제는 비로소 자신이 이 사막의 이교도들을 과소평가했음을 깨달았다고 한다. 《이슬람의 세계사》를 쓴 아이라 라피두스는 아즈나다인 전투를 이렇게 평가했다.

이 전투에서 아랍인은 최초로 단순한 무장단체가 아니라 체계적인 군대로 편성되었다. (…) 아랍군은 더 이상 전리품을 노리고 시리아 땅을 쳐들어가는 침입자가 아니라, 정착민 제국의 지배를 꿈꾸는 경쟁자였다. 아라비아반도의 정치적 통합을 이루기 위해 시작된 부족 간 충돌이 비잔틴과 사산조 페르시아라는 두 제국에 대항하는 전면전으로 발전했던 것이다.

그런데 명장 왈리드도 **아에티우스**1-9나 **벨리사리우스**1-10와 비슷한 운명이었다. 그가 마침내 다마스쿠스까지 점령하여 시리아에서 동로마를 완전히 몰아내자, 칼리프는 그의 지휘권을 박탈하고 좀 더 아끼던 아부 우바이다에게 넘겨주었다. 헤라클리우스는 이 틈을 노려 10만 명에 이르는 병력을 긁어모아 시리아 재탈환을 노렸다. 하지만 635년의 야르무크 전투에서 왈리드를 앞세운(총사령관이 아닌 돌격대장으로서) 이슬람군은 다시 한번 동로마에 통렬한 일격을 가했다. 동로마군은 중장보병으로 이슬람군을 밀어붙였지만, 기병의 기동력과 파괴력에서 훨씬 앞서는 이슬람군을 당해내지 못했으며, 전술에서도 사기에서도(병력을 긁어모으다 보니 상당수가 돈만 보고 싸움에 참여한 용병대여서) 상대가 되지 못했다.

"잘 있거라. 시리아여, 적들에게 너는 얼마나 좋은 땅이겠느냐!"

결국 패배를 인정하고 중동을 떠나며, 늙고 병든 황제 헤라클리우스는 이렇게 탄식했다고 한다. 이후에도 이슬람의 동로마 정복전은 멈추지 않아, 637년에 팔레스타인을 완전히 손에 넣고, 643년까지 이집트를, 647년까지 북아프리카와 소아시아 동부를, 650년까지 키프로스와 에게해의 여러 섬을 정복했다. 이로써 동로마의 영토는 소아시아 서부와 발칸반도로 오므라들었으며, 세입의 3분의 2 이상을 얻어온 이집트를 잃음으로써 재정도 급속도로 궁색해졌다. 아니, 동로마 자체가 바람 앞의 촛불인 듯 보였다.

무너지지 않은 동로마의 성벽

그러나 이렇게 찬란했던 이슬람의 기세도 7세기 후반 들어 수그러든다. 예수처럼 '곧 세상이 끝나고, 믿는 자들만이 구원받게 된다!'는 믿음으로 신도들의 혼을 불태웠던 무함마드가 죽은 지 수십 년이었다. 그의 뒤를 '임시로' 이어받은 칼리프들과 신자들의 선거와 합의에 따라 선출되던 '정통 칼리프' 네 사람이 죽은 뒤, 칼리프가 된 무아위야가 우마이야 '왕조'를 세우면서 순수한 종교적 열정은 퇴락하고 여느 전근대 제국과 비슷해진 데 원인이 있었다. 또한 그 사이에 이슬람 안에서도 내분과 분파가 발생했는데, 제4대 칼리프 알리까지만을 인정하며 우마이야 왕조를 인정하지 않는 시아파와 이에 반대하는 수니파의 (아직까지도 이어지는) 대립 등으로 전처럼 정복 성전에 전력을 기울일 수 없기 때문이기도 했다. 그리하여 이후의 동로마-아랍 전쟁은 동로마를 완전히 흡수하고 동유럽으로 진출하려는 이슬람 왕조와 이에 맞서는 동로마의 대결로 이루어지게 된다.

무아위야는 칼리프가 되기 1년 전인 660년에 콘스탄티노플 정복전을 시작했다. 그러나 내부의 정치 변동에 대응하느라 결정적인 공세는 하지 못한 채 회군했고, 다시 674년에 대규모 원정군을 보냈다. 676년부터는 차기 칼리프가 될 야지드를 총사령관으로 삼고 끝장을 보겠다는 각오를 다졌다. 그러나 콘스탄티노플이 자랑하는 난공불락의 방벽인 **테오도시우스 성벽**4-9이 그들을 가로막았다. 게다가 동로마군은 '**그리스인의 불**6-10'까지 동원했다. 물처럼 분사되어 흩뿌려진 곳을 불태우고, 물을 부어도 꺼지지 않는 그리스인의 불은 이슬람 함대를 효과적으로 공략했다. 이슬람군은 677년까지 끈질기게 버티며 공격을 되풀이했으나 성벽은 뚫리지 않았고, 마르마라해에서 벌어진 대규모 해전에서 그리스인의 불을 앞세운 동로마 해군이 이슬람군을 참패시킴으로써 결국 패배를 인정해야 했다. 679년, 양측은 30년 동안의 평화를 약속하는 조약을 맺었다.

그리고 30년이 지난 717년, 당시 우마이야의 칼리프는 술레이만이었는데, 그는 무함마드의 예언에서 '예언자 중 하나의 이름을 가진 사람이 콘스탄티노플을 함락시킬 것'이라고 했으며, 그가 바로 자신이 틀림없다(술레이만=솔로몬)면서 사상 최대의 공략전을 준비했다. 그는 아우인 마슬라마에게 육해군 20만 명, 전함 2,600척을 주고 기필코 그 도시를 함락시키라 했다. 마슬라마는 시리아에 머물며 육로로 이븐 무아드, 해로로 우마르 이븐 후바이라를 파견했다. 이븐 무아드는 쿠데타로 동로마의 정정이 불안하다는 점을 이용하려 했으며, 아나톨리콘 총독 레오가 새 황제 테오도시우스 3세에 반대함을 알고 회유했다. 레오는 이를 승낙했는데, 아나톨리콘으로 이슬람군이 진입하자 싸우는 척할 뿐 진지하게 상대하지 않았다. 그러나 이븐 무아드에게 항복하지도 않았다! 그래서 군량이 떨어진 이븐 무아드가 철수하자 테오도시우스를 쿠데타로 몰아내고 레오 3세로 즉위했다.

초조해진 마슬라마는 이븐 무아드, 이븐 후바이라를 불러들여 하나된 전력으로 콘스탄티노플에 육박했다. 그러나 금각만에 쳐놓은 쇠사슬과 테오도시우스 성벽은 그 진가를 다시금 발휘했으며, 그리스인의 불도 맹활약했다. 동로마는 내부 정변으로 어수선했지만 전쟁 준비만큼은 꾸준하고 착실히 진행했기에 수비는 물샐 틈이 없었고, 버틸 식량도 충분했다. 반면 이슬람군은 기세만 높을 뿐, 장비도 식량도 충분하지 않은 상태였다. 게다가 그해 겨울은 사상 최고라 할만큼 혹독했다. '석 달 동안 앞이 보이지 않을 만큼 눈이 내렸고, 피가 얼어붙을 정도로 추웠다.' 동상자가 속출하는 가운데 식량이 떨어지자 이슬람 병사들은 군마와 낙타를 잡아먹고, 급기야 동료의 시체까지 먹었다. 일찍이 이슬람이 불길처럼 동로마의 중동 영토를 침략할 때는 사막의 더위와 모래폭풍이 그들을 도왔는데, 이제 동로마의 수도를 공략하자니 추위와 폭설이 그들을 가로막는 것이었다.

무승부로 끝난 동서대전

그 사이 다마스쿠스에서는 콘스탄티노플 함락 소식만 기다리던 칼리프 술레이만이 병으로 숨졌다. 후계자인 우마르 2세는 술레이만의 뜻을 잇기로 하고, 718년 봄에 원군을 보냈다. 이집트와 북아프리카에서 출발한 함대는 소아시아 동단에 정박해서 재정비한 다음 콘스탄티노플로 향하려 했으나, 정박하자마자 대부분 기독교도였던 노잡이들이 반란을 일으키고 떠나는 바람에 오도 가도 못 하게 되었다. 그 소식을 들은 동로마 해군이 득달같이 달려와 그리스인의 불로 이슬람 함대를 태워버리고 말았으니 마슬라마는 그 소식을 듣고 넋이 나갔다.

우마이야는 외교에도 서툴렀다. 일찍이 사산조 페르시아는 콘스탄티노플을 칠 때 발칸반도 북방의 아바르족과 제휴하여 양쪽에서 공격을 퍼부었다. 그러나 이번에는 반대로 동로마가 불가르족과 손을 잡았고, 불가르족은 빈사 상태에 있던 이슬람 원정군을 습격해 마음껏 짓밟았다. 이제 일은 틀렸다고 판단한 우마르 2세는 마슬라마에게 퇴각을 지시할 수밖에 없었다. 718년 8월이었다. 그 뒤 아랍은 '콘스탄티노플 공략을 포기하고, 동로마와는 공물을 매년 받는 공존 관계를 유지한다'는 노선을 세우게 된다. 9세기 초, 우마이야를 이은 아바스 왕조의 하룬 알 라시드가 동로마의 납공 거부로 오랜만에 침공을 재개해 그리스의 상당 부분까지 점령하며 기세를 올렸으나, 동로마가 머리를 숙이자 곧바로 무기를 거두고 점령지 또한 반환하기도 했다. 당시 이슬람은 전 세계를 칼과 코란으로 평정한다는 신념을 잊은 지 오래였고, 기존의 땅조차 다스리기가 버거워 변방 지역은 그 태수를 사실상 독립 왕국의 군주로 삼고는 '네 마음대로 하되 중앙을 넘보지만 말라'던 상황이었다. 그러니 큰 이득도 없고 비용만 많이 드는 동로마 공략은 계륵에 불과했던 것이다.

이전의 **로마-이란 전쟁**5-8이 비교적 대등한 세력들의 격돌이었으며 로마 쪽이 공세를 많이 취한 반면, 동로마-아랍 전쟁은 초기부터 아랍 이슬람의 일방적인 공세로 진행되었다. 그리고 얼마 되지 않아 동로마의 수비와 이슬람의 공략으로 이어지다, 일종의 '무승부'로 끝났다. 그런 점에서 이슬람은 '제2의 로마'처럼 열정과 유연한 체제의 힘을 써 '선배 로마'를 몰아붙였지만, 콘스탄티노플에 집약되어 있던 로마의 유산을 집어삼킬 만큼은 로마를 본받지 못한 셈이다. 결국 무함마드의 예언 성취는 아랍이 아닌 튀르크 이슬람을 기다려야만 했다.

로마, 마침내 멸망하다

기병대를 앞세운 유목 제국의 전술

고대에서 중세에 이르는 세계사를 읽다 보면 의문점 하나가 떠오른다. '유목민족·북방민족들은 동아시아, 유럽과 중동, 인도 등에서 농경 제국과 대립했고, 종종 제국을 무너뜨리고 정복 왕조를 이뤄냈다. 하지만 이들은 인구가 상대도 안 될 만큼 적었다. 기술 발달 수준도 훨씬 떨어졌다. 그런데 어째서 그처럼 대립이, 나아가서 정복이 가능했을까?'

이유는 크게 두 가지로 정리할 수 있다. 첫째, 농경 제국은 기병에서 유목민족에게 대체로 열세였다. 쓸 만한 땅이 있으면 우선 농경지로 삼아야 했기에, 전쟁이 아니라면 크게 쓸 데가 없는 말을 키울 목초지가 빠듯했다. 그래서 고대 로마의 경우 전마를 구비할 수 있는 사람이 '기사'로서 귀족 다음가는 계급으로 대접받기도 했던 것이다.

도시국가끼리의 전쟁은 중무장 보병들로 충분했다. 그러다가 기병이 달려와서 부딪치면 보병 전열이 탱크를 만난 진지처럼 분쇄되는 상황을 겪고 나니, 자체 기병대를 키우거나 유목민족 기병대를 발탁해서 어떻게든 보완했다. 그래도 어릴 때부터 자연스레 말을 몰면서 '식사도 말 위에서, 잠도 말 위에서' 했다는 북방 유목민족에게는 상대가 될 수 없었다.

그리고 유목민의 기술 수준이 전반적으로 떨어진다지만 적어도 한 가지, '등자'라는 기술은 그리스—로마에 앞서 있었다. 등자는 말을 타고 앉아 안정적으로 두 발을 디딜 수 있게 해주는 물건으로, 말을 달리며 자유자재로 활을 쏘는 일도 가능하게 해주었다. 그러니 이제 유목민족의 기병대는 수적으로 앞섰고, 기마술에서 상대가 안 됐으며, 탱크처럼 부딪쳐 올 뿐 아니라 사방팔방으로 화살까지 날리는 위력으로 덤벼 왔다. 때문에 한동안 무적이었던 로마의 **레기온**9-8도 훈족 제국 앞에 패배를 거듭했던 것이다.

하지만 기술만 가지고 한쪽이 다른 쪽을 전쟁에서 압도한다고는 볼 수 없다. 그랬다면 세계는 진작에 유목민의 천하가 되었을 것이다. 앞서 말한 두 번째 이유로 정치적 요인이 있어야 유목민은 비로소 농경 제국에 위협이 되었다. 그것은 바로 여러 부족을 단결시켜 뭉치게 하는 지도자였다. 정해진 땅이 없는 유목 부족은 이리저리 옮겨 다니며 살았기에 중앙집권과 거리가 멀었다. 그래서 아틸라나 칭기즈칸 같은 걸출한 지도자가 나와야 하나로 뭉칠 수 있었다. 물론 그런 지도자들이 뛰어나다고 해서 여러 부족을 계속 뭉치게 하긴 어렵다. 외부의 적에 대한 싸움, 보복이나 약탈을 내세운 침략을 이끄는 일은 유목 제국의 결과이면서 원인이었다.

로마는 **포에니 전쟁**5-2에서 베르베르 유목민으로 이루어진 누미디아 기병대를 만나면서 처음 기병의 위력을 접했는데, 그들은 등자를 쓰지 않았고 투창과 칼로 싸웠지만 로마군에게 막대한 위협이 되었다. 그래서 **스키피오**1-4가 그들을 회유해 로마 편으로 돌아서게 만든 것이 포에니 전쟁 승리의 중요한 계기가 될 정도였다. 이후 아시아에서 싸우며 스키타이, 훈족과 부딪쳤고, 동로마의 시대에는 아바르족이 용병이 되거나 적이 되기도 했다.

아랍인들도 초기에는 사막의 유목민인 베두인족이 주축을 이룬 기병대를 활용해 동로마를 중동에서 몰아붙이는 데 큰 역할을 했다. 그러나 그들이 정주민화되고 이슬람 초기의 열정이 식으면서 동로마는 소아시아를 그럭저럭 유지하며 동방의 침입을 버텨낼 수 있었는데, 11세기가 되면서 새로운 유목민—이슬람 왕조가 나타나 콘스탄티노플을 긴장시킨다.

셀주크제국의 탄생과 십자군 전쟁의 시작

셀주크 튀르크는 태고적부터 중앙아시아 일대에서 활동하던 튀르크족의 일파인데, 10세기 중반부터 독립 세력을 이루었다가 수장 셀주크의 사후 넷으로 갈라졌다. 이들은 각각 흩어져 여러 세력들과 항쟁했는데 일부는 일찍 스러졌고 일부는 오래 남으며 갈수록 강성해졌다. 그 가운데 투으룰 베이Tuğrul Bey가 이끄는 세력이 11세기 초에 당시 쇠약해져 있던 아바스 왕조의 이슬람 중동으로 쳐들어갔다. 이들은 1060년에 서쪽에서 일어나 세력을 뻗쳐온 파티마 왕조를 축출하고, 바그다드를 점령하면서 아바스 왕조의 칼리프를 꼭두각시로 하는 '술탄 체제'를 세웠다.

이로써 '제국'이 된 셀주크는 유목민의 전술적 장점과 이슬람교의 열정, 아랍—페르시아 왕조의 체계성까지 한데 갖추고 있었다. 제2대 술탄 알프아르슬란이 제국 내부의 호전적 부족들이 서로 싸우는 일을 막고자 서쪽으로의 원정을 장려하면서, 소아시아의 동로마와 부딪치지 않을 수 없게 되었다.

1071년, 두 군대는 지금의 아르메니아에 있는 만지케르트에서 격돌했다. 결과는 동로마 사상 최악의 패배였고, 로마 역사를 통틀어서도 손꼽힐 정도의 패배였다. 8천 여 명이 전사하고 4천 여 명이 포로로 잡혔는데, 포로에는 로마노스 4세 황제도 포함되어 있었다. 260년 발레리아누스 황제가 사산조 페르시아에 사로잡혔던 악몽이 재현된 것이다. 이로써 동로마는 소아시아를 빼앗겼고, 셀주크의 장군인 쉴레이만이 룸 셀주크라는 독립국을 세워 그 땅을 지배함으로써 동로마는 수도 콘스탄티노플까지 위험한 지경에 처한다.

서유럽에서는 이에 '강 건너 불구경'이었다. 그러나 1077년에 셀주크가 예루살렘까지 점령하고, 그동안 이곳에 오는 기독교 순례자들을 건드리지 않았던 이슬람 왕조의 관행을 깨고 탄압하자, '성지를 이슬람에게서 탈환해야 한다'는 주장이 일어났다. 그리하여 1081년 새로 즉위한 알렉시우스 콤네누스가 구원병을 요청하고, 우르바노 교황이 이에 적극 호응하여 서유럽 봉건영주들을 부추김으로써, 1096년에 제1차 십자군 원정이 시작된다.

서유럽 각지에서 출발한 원정군은 콘스탄티노플에 도착해 융숭한 대접을 받았다. 그러나 동로마에서는 얼마 지나지 않아 '이게 아닌데?'라는 생각이 들었다. 십자군은 성지 탈환에만, 나아가 그곳을 차지하고 귀중한 성유물과 금은보화를 움켜쥐고, 성지의 왕이 될 생각에만 골몰했을 뿐, 동로마의 방어에는 무관심했던 것이다. 게다가 일자무식인 변두리 영주나 하급 귀족이 많던 십자군들은 거칠고 무례했다. 동서 교회 사이의 교리상 대립도 불거졌다. 더욱이 그 사이에 셀주크는 자기들끼리의 내분과 갈등으로 제풀에 약화되고 있었다. 결국 동로마는 십자군이 셀주크의 주의를 분산시켜 준 데 만족하며 자력으로 소아시아에서 잃은 땅을 회복했다. 그리고 셀주크 제국은 12세기 중반 소멸하고 말았다. 애초에 중앙집권을 기피하는 유목민 특유의 원심력이 강했던 나라라 뛰어난 군주가 없는 상황에서는 오래 유지되지 못했다.

하지만 룸 셀주크를 비롯한 튀르크계 국가들은 여전히 중동에서 활동했으며, 특히 룸 셀주크는 12세기 후반에 다시 역습에 나서 소아시아에서 동로마를 밀어붙였다. 동쪽이 이렇게 소란스러운 한편 서쪽도 편안하지는 않았다. 제1차 십자군 원정의 주역 중 하나이던 보에몽이 동로마와의 마찰 끝에 동로마를 공격했고, 예루살렘 일대에 세워진 십자군 왕국들이 이슬람과 손잡고 동로마에 맞서거나, 반대로 동로마가 이슬람과 제휴해 십자군 왕국들을 공격하는 일이 이어졌다. 12세기 말, 동로마는 십자군 왕국들에게 발칸반도 남부와 크레타를 빼앗기고, 룸 셀주크에게 소아시아의 상당 부분을 빼앗겨 일찍이 바실리우스 2세가 다스렸던 강역에 비하면 4분의 1 이하로 줄어든 땅을 겨우 붙들고 있었다.

십자군-서방 기독교 세력과 최고의 악연은 1202년의 제4차 십자군 원정이었다. 이들은 십자군이라는 명분을 내세웠지만 동로마의 권력 승계 분쟁과 어우러지면서 목표를 동로마로 변경해 콘스탄티노플을 뒤엎고 '라틴제국'을 세웠다. 야만스러운 살육과 약탈도 있었다. 게르만족이나 반달족이 로마시를 휩쓸 듯 제2의 로마를 휩쓴 서유럽인들 가운데 가장 두드러진 세력은 베네치아였으며, 이때 **콘스탄티누스**2-8가 조성한 콘스탄티노플의 황금마차상들을 비롯한 수많은 동로마의 보화가 베네치아로 뜯겨져 나가 그 도시를 호화롭게 치장하는 데 쓰였다.

오스만제국의 탄생과 동로마의 쇠락

라틴제국은 1261년에 무너지고 콘스탄티노플은 다시 동로마의 수도가 되었으나, 그곳에 로마라는 이름에 걸맞은 위엄과 영향력은 없었다. 13세기 말, 새로운 동로마는 소아시아에 영토를 갖지 못한 채 발칸반도 북부만 겨우 유지했으며, 소아시아는 무려 18개 소국들이 할거하는 장이 되어 있었다. 그 가운데 소아시아 북서부, 옛날 미트리다테스의 본거지를 차지한 튀르크계의 나라인 오스만 튀르크가 새로운 제국을 향해 발돋움하기 시작했다.

오스만은 룸 셀주크가 몽골제국의 강타를 받고 속국화된 뒤 여기서 떨어져 나와 독립한 수많은 소아시아 튀르크 소국들 가운데 하나였으며, 황실의 기원은 중앙아시아라고 한다. 건국자 오스만 1세의 이름을 딴 이 나라는 14세기 내내 팽창을 거듭했고, 몽골계 일한국이 무너진 뒤로는 한편으로 중동을, 한편으로 콘스탄티노플을 우회해 발칸반도를 공략 대상으로 삼으며 승승장구했다. 한편 그 사이에 동로마는 일한국–룸 셀주크와 불가리아, 세르비아의 끊임없는 침략에 내부 분란까지 겹치며 계속 영토가 쪼그라들어, 콘스탄티노플과 테살로니카 말고는 거의 영토라고 할 게 없는 '도시국가' 차원으로 전락해 있었다.

1389년에는 오스만제국에 걸출한 정복군주가 나타났다. 바예지드 1세였다. 그는 발칸반도의 대부분을 손에 넣는 한편 소아시아도 대부분 재패했다. 이를 막아야 한다는 동로마 마누엘 2세의 필사적인 외교 행보의 성과로 신성로마제국을 주축으로 하는 '십자군'이 꾸려졌으나, 바예지드는 1396년에 그마저 격파해버렸다. 테살로니카도 오스만의 손에 넘어갔다. 이제 동로마의 최후는 임박했다고, 모두들 생각했다.

그래도 예상을 뛰어넘어 동로마가 15세기까지 명맥을 이을 수 있었던 까닭은 첫째, 로마제국의 후계자이자 기독교 국가들의 중심이라는 자존심을 내버린 동로마의 오스만에 대한 굴종(신하라 자처하며 매년 조공을 바쳤다), 둘째, 전설의 철벽 **테오도시우스 성벽**4-9의 위력, 셋째, 동방에서 홀연히 나타난 티무르제국의 행동에 있었다. 이 중 가장 중요한 요인인 티무르제국은 1402년의 앙카라 전투에서 오스만을 분쇄하고 바예지드를 사로잡았으며, 뜻밖의 구원을 받은 동로마와 기독교 유럽은 그를 동방에서 기독교 왕국을 다스리고 있다는 전설의 '프레스터 존'이라고 믿었다. 정작 티무르는 몽골의 핏줄이라 자처하는 이슬람교도였지만 말이다.

하지만 예상 밖의 타격에도 오스만은 멸망하지 않았다. 그것은 아틸라에게 의지했던 훈족 제국이나 옛 셀주크처럼 오스만은 걸출한 지도자 하나에 의지하는 유목 제국을 벗어나 있었기 때문이다. 바예지드의 아들인 메흐메트 1세에서 무라드 2세, 메흐메트 2세로 이어지는 3대는 내우를 해소하고 외환을 극복하며 오스만제국의 국력을 다시 한껏 신장시켰다.

"짐에게 올릴 선물은 하나, 콘스탄티노플뿐"

그리고 1453년, 메흐메트는 오랫동안 갖은 노력과 준비를 마치고, 화룡점정을 해내려 붓을 들었다. 콘스탄티노플을 지도에서 지우고, 중동에서 발칸에 이르는 제국의 유일한 공백을 메우려는 붓질이었다. 그는 이 목표를 이루기 위해 오랫동안 마음껏 먹지도 자지도 않으며 고심했고, 술탄에게 바치는 의례적 선물을 보며 '짐에게 올릴 선물은 단 하나뿐이오. 콘스탄티노플을 주시오'라고 말할 정도로 광기에 가까운 집념을 보였다. 그리고 그리스에서 넘어온 기술자들을 포함해 쓸 만하다 싶은 수단은 모조리 다 썼다.

쇠약해질 대로 쇠약해진 도시국가였지만, 동로마 1천 년, 또는 로마 2천 년의 저력이랄까, 수백 년을 버텨온 테오도시우스 성벽의 힘이랄까, 로마 최후의 거점은 좀처럼 함락되지 않았다. 만약 로마 최후의 황제 콘스탄티누스 11세(묘하게도 콘스탄티노플을 세운 황제와 같은 이름이다)가 애면글면 기대했던 서유럽에서의 자원군이 도착했다면 종말은 좀 더 늦춰졌을지도 모른다. 하지만 끝내, 개인 차원의 소소한 지원자들 외에 구원은 없었다. 그리고 인간의 노력에도 한계가 있었다. 1453년 5월 29일, 테오도시우스 성벽은 약 두 달 동안의 기적적인 항전을 마감하고 튀르크의 깃발을 통과시켰다. 이렇게 로마는 끝이 났다.

메흐메트는 왜 그토록 콘스탄티노플을 손에 넣고 싶어했을까? 개인적 야망이라고만 볼 수는 없다. 자유분방한 유목국가에서 중앙집권적인 전제 관료제 국가로 탈바꿈한 듯한 오스만이었으나, 그래도 '끊임없이 정복해야 한다. 그러지 않으면 분열되고, 정복당한다'는 유목국가의 숙명에서 벗어나지 못했던 것이다. 그래서 로마를 끝장낸 다음에도 정복은 이어졌으며, 유럽의 중간점에서 그것이 마침내 저지된 이래로, 제국은 서서히 사그라들어갔다. 셀주크보다는 훨씬 느린 쇠망이었지만, 팍스 로마나와 그 쇠망 과정에서 보여준 비전과 성과에 비길 만한 것은 없었다.

젠틸레 벨리니의 〈술탄 메흐메트 2세〉(1480).
그는 콘스탄티노플 정복 후
자신을 '카이사르이자 칼리프'라고 부르게 했다.

그리고 로마라는 이름의 아우라는 한편으로 로마 교황청에, 다른 한편으로 제3의 로마를 자처한 러시아 차르 제국에 이어진다. 그리고 한때 지중해 주변 세계와 그 밖의 세계로 나뉘었던 서양은, 이제 서유럽과 그 동쪽의 세계로 나뉘어 자리매김해간다.

1980년대에 책으로, 다큐멘터리로 전 세계 사람들을 사로잡았던 미국 천문학자 칼 세이건의 《코스모스》. 그 중에는 '만약 그리스 문명이 로마에 멸망당하지 않았다면 어떻게 되었을까?'라는 가상의 문답도 나온다. 그리스 문자가 새겨진 채로 아득한 우주를 누비는 광자로켓! 현대 인류에겐 아직 꿈일 뿐인 신세계의 과학문명을 그리스인들은 진작 이룩했으리라는 게, 칼 세이건의 탄식 섞인 상상이었다.

그만큼 그리스인들의 과학 정신과 성과는 독보적이었다는 말이다. 그 '인류의 꿈'을 중단시킨 악역으로 몰린 로마인들은 입맛이 썼을지 모른다. 그러나 칼 세이건의 상상은 좀 지나친 데가 있다. 아무리 위대한 과학적 발견이라도 실용적 기술로 연결되지 못하면 발전하기 어렵고, 기술의 발전은 물질적 이익과 쾌락을 우선하는 문명이 뒷받침해줘야 한껏 속도를 낸다는 게 세계사의 교훈이기 때문이다. 로마는 그런 면에서 기술문명이 발달할 여건이 충분했다. 초창기부터 실용적 문화가 지배했고, 제국으로 발돋움한 뒤에는 시민, 귀족, 황제의 욕망이 기술 발전을 채찍질했다. 그리하여 시멘트 콘크리트와 실용적 기하학이 결합된 빼어난 건축물들, 수리과학과 건축기술이 결합된 상수도 문화, 전쟁에서의 필요성이 추동한 야금술이나 의료기술 등이 로마가 고대에도 근대를 방불케 할 만한 기술문명을 누리도록 해주었다.

하지만 그리스와 마찬가지로, 로마는 고대의 벽을 넘어 '현대'에 이르지는 못했다. 노예라 불리는 살아 있는 동력, 금욕의 미덕이 아니면 사치와 안일의 악덕밖에 모르던 정신문화, 전제적 황권과 군벌의 독재권에 의한 지배, 이런 걸림돌 때문에 '창조적 파괴'나 '기업가 정신'은 꽃필 수 없었다.

6부

로마의 기술

피라미드에도, 파르테논에도, 앙코르와트에도 없는 것

단순하면서도 아름다운 구조

앙코르와트는 12세기에 세워진 캄보디아의 자랑이다. 그곳을 처음 탐방했을 때, 같이 갔던 사람은 그 웅장함과 독특한 건축미에 찬탄하면서도 한마디 덧붙였다. “그런데 이렇게 위대한 건물을 세울 수 있었는데도, 그건 없군.”

그것은 로마를 학예 분야에서 압도한다고 자신하는 고대 아테네의 대표 유적인 파르테논 신전에도 없다. 세계에서 유일하게 남아 있는 고대 7대 불가사의인 피라미드에도 없다. 로마가 처음 만든 건 아닐지언정(중동과 발칸반도에서 일부 보이는데, 건축의 주요 요소로 쓰지는 않았다. 로마에는 에트루리아를 통해 들어온 것으로 보인다) 로마야말로 이 건축 기술을 제대로 꽃피우고, 다양하게 활용하고, 세계 건축의 대표 요소 가운데 하나로 자리매김하게 했다. 바로 아치다.

석조 아치의 기본 개념은 단순하면서도 아름답다. 양쪽으로 똑같은 직육면체형 돌을 기둥처럼 쌓아 올린다. 일정한 지점에서 위아래 변은 직선, 옆변은 곡선으로 깎고 좌우의 높이를 조금 다르게 만든 돌을 양쪽에 쌓기 시작한다. 이렇게 해서 두 기둥 위로 반원형 구름다리 모양이 생기면, 마지막

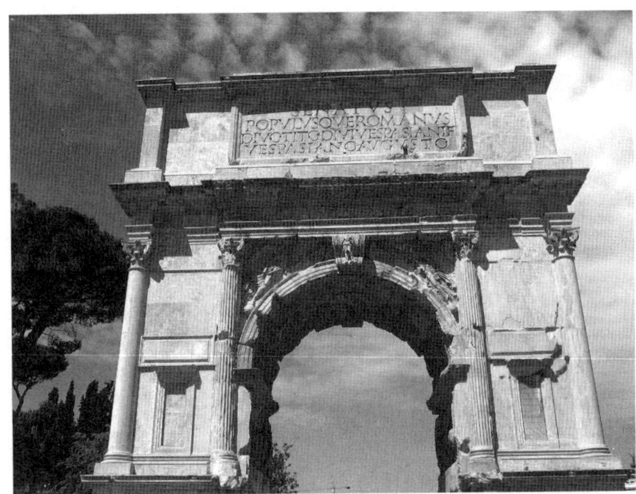

로마시의 티투스 개선문. ⓒ Anthony M.
단아한 아치의 전형이며, 나폴레옹의 에트알 개선문의 모델이 되었다.

으로 특별히 크고 무거운 돌(마룻돌)을 점점 구부러지며 올라온 두 돌덩어리들 중앙에 끼워 넣는다! 이렇게 하면 양쪽 돌들의 아래로 무너지려는 힘이 마룻돌의 중력과 맞물리고, 반원형 구조 전체도 서로 맞물린 돌들이 작용하는 힘에 따라 균형을 이룬 채 무너지지 않게 된다. 이렇게 완성된 아치 위에 다른 석재를 쌓아서 문을 만들거나 교각을 만든다! 이처럼 **시멘트**6-2나 못 따위를 쓰지 않고, 석재들 사이의 역학구조만으로 완성하는 것이 로마의 아치다. 이런 반원형의 아치는 중력의 분산이 완벽하게 이루어지기 때문에 직선 지붕과 기둥으로만 건물을 지었을 때보다 더 튼튼하다.

로마 공화정의 정신을 상징하다

후대에 가서는 시멘트 콘크리트를 많이 쓰게 되면서 역학구조에만 의존하지 않고 아치를 만들게 되고, 그에 따라 마룻돌은 사용하지 않거나 장식적으로 사용하게 되었으나, 고대의 이런 아치 건축법은 '로마의 정신'이라고까지 할 만한 의미를 담고 있었다.

일단 정확함과 합리성을 근본으로 하는 '기술자 정신'이 있다. 전체 모양을 정확히 구상하고, 설계도에 맞춰 돌을 정교하게 깎아야 한다. 설계나 돌 가공에 조금이라도 오차가 있다면 아예 아치가 세워지지 않거나, 세워졌어도 얼마 못 가 무너지고 말리라. 그런 정확성과 합리성은 과학 정신이라고도 부를 만하지만, 로마는 추상적인 원리를 캐기보다 현실에서 당장 쓸모 있는 물건을 만드는 데 집중했으므로 기술자 정신이라고 불러야 할 것이다.

그리고 '협동 정신'이 있다. 아치를 지을 석재가 완벽하게 마련되었다고 해도, 단순 작업으로 지을 수는 없다. 양쪽 기둥에 해당하는 부분이라면 혼자서도 완성할 수 있겠지만, 하나씩 돌을 올리며 구름다리 모양을 만들 때는 여럿이 협력하지 않으면 안 된다. 마지막에 마룻돌을 끼워 넣는 과정도 구름다리를 만드는 과정과 동시에 진행하며 적절한 타이밍을 놓치지 않도록 해야 한다. 또한 이 전체 과정을 멀리서 바라보며 감독하고 지시하는 사람도 필요하다. 모두 맡은 역할에 충실함으로써, 아치라는 놀랍고 아름다운 조형물이 만들어진다. 이것은 힘들지만 보람찬 과정이었을 것이다.

그리고 이 모든 것이 하나의 상징을 내포하고 있다. 바로 '**로마 공화정** 10-5
정신'의 상징이다. 석재들을 생각해보자. 주춧돌을 놓고 그 위로 차곡차곡 쌓아 올려 만든 돌기둥, 이것은 평민이다. 이들이 전체를 받쳐주지 않는다면 국가는 버텨낼 수 없다. 그러나 아치를 이루고 훨씬 큰 무게를 견뎌낼 수 있게 하려면 직선과 곡선, 높은 것과 낮은 것을 균형 있게 다룰 수 있는 지혜의 요소가 필요한데 그것이 바로 귀족이다. 하지만 귀족과 평민만 있다면 국가는 곧 무너지고 만다. 이들 모두가 하나로 맞물려 각자의 역할을 다할 수 있도록, 중간에서 균형을 잡아나가며 국가가 오래 존속될 수 있도록 해주는 존재가 바로 마룻돌, 즉 **콘술**9-1을 비롯한 정무관들이다.

수많은 백성을 동원해 거대한 돌덩어리를 사각뿔 모양으로 쌓아 올리게 할 수 있었던 이집트의 군주정, 견실하고 당당한 기둥을 세우고 지붕을 떠받쳐 올리게 했던 아테네의 민주정. 로마 공화정은 그런 요소들을 종합해, 한 차원 위의 체제인 '혼합정체'를 이룩했던 것이다.

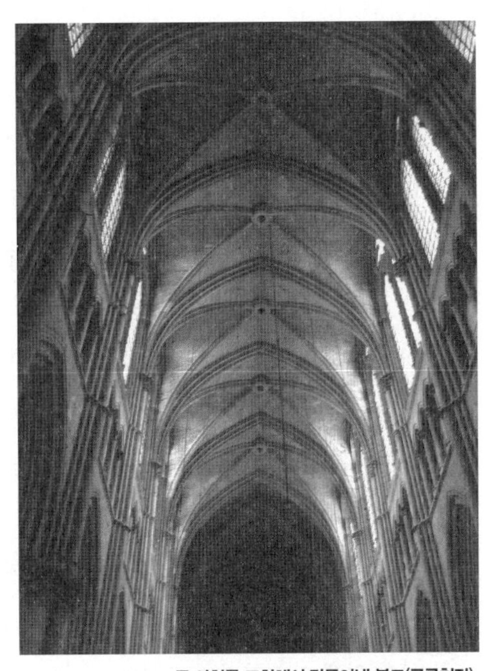

두 아치를 교차해서 만들어낸 볼트(궁륭천장).
ⓒ Magnus Manske
프랑스 랭스 성당의 지붕이다.

시멘트 콘크리트를 활발히 쓰게 되면서 이런 공화정의 상징성도 저물어갔다. 또한 아치를 다른 차원으로 발전시키는 일도 이루어졌다. 아치 하나를 한 바퀴 돌린다고 해보자. 그렇게 돌리는 대로 아치를 계속 만들어 붙인다고 해보자. 뭐가 나오는가? 바로 돔이다. 돔은 로마가 세계 최초로 만들어낸 건축 형태인데, 그것은 바로 아치를 도자기물레 돌리듯 해보면 어떨까 하는 발상에서 나왔다.

돔은 제정 시대의 산물이다. 대표적인 것이 로마시의 **판테온**4-6이다. 아치가 기둥과 궁륭과 마룻돌의 조합으로 이루어지며 공화정의 정신을 나타냈다면, 돔은 온 천하 만민이 황제를 정점으로 하는 세계에서 원만하게 융합되고 보살핌을 받고 있음을 나타낸다.

다양한 문명에서 다양한 방식으로 변주되다

아치와 돔이 로마 공화정과 제정을 상징한다면, 그 뒤에 온 세계 역시 그 정신을 나타내기 위해 아치와 돔을 변형했다고 할 수 있다. 중세 유럽의 성당에 가보면 목이 부러져라 올려다봐야 할 만큼 기둥을 높이 세우고, 기둥들을 X 자 형태로 엮은 모양의 지붕이 그 위에 덮여 있다. 이 X 자 형태는 두 개의 아치를 교차시킨 것이며, 볼트(궁륭천장)라고 한다. 세상 만물 위에 존재하는 신의 지고함과 거룩함을 나타내고자 높은 기둥과 높은 천장을, 그리고 십자가 형태의 볼트가 이를 하나로 묶어주는 모습을 연출했던 것이다. 한편 그리스정교국이 된 동로마와 이슬람 세계에서는 위가 뾰족한 아치와 돔을 만들었다. 마룻돌이나 돔의 정점 부분이 존재하지 않는 모양을 하고 있다. 그것 역시 이 세계 질서는 그 위의 존재에, 세계를 초월해 존재하는 전지전능한 신에 의해 다스려짐을 표현하고 있다.

모두가 아치로부터 나왔지만, 아치의 본질을 크게 변형시킨 건축 디자인이라고 할 수 있다. 그런 점에서 르네상스가 오고, **콜로세움**4-3이나 **퐁뒤가르**4-2, 개선문 등에 남아 있는 로마식 아치와 판테온 등의 돔이 새롭게 주목받으며 이후 현대에 이르기까지 '서양 신고전 건축'의 바탕이 된 것은 로마 공화정(및 제정)의 정신을 재조명하고 계승하려는 의지의 표현일지도 모른다.

고대 로마에도 아파트촌이 있었다

토목건축에 혁명을 가져온 기술

고대 로마인들은 석재들 사이의 역학구조만으로 **아치**6-1를 만들고 수도교를 만들었다. 그러나 그들은 이와는 다른 성격의, 석재들을 인위적으로 접합시키는 기술도 가지고 있었다. 바로 시멘트 콘크리트다.

석회석을 주 재료로 하고 진흙과 규석 등을 보조 재료로 해 7 대 3 정도 비율로 섞어 구워내면 탄산칼슘에서 탄소 성분이 빠지며 산화칼슘으로 바뀐다. 이 산화칼슘 덩어리를 빻아 시멘트를 만든다. 시멘트는 물과 섞어두면 딱딱하게 굳으므로 토목건축에 활용할 수 있다. 시멘트에 모래나 자갈을 섞으면 강도가 올라가는데, 이것이 콘크리트다.

시멘트는 석기시대부터 발견되는데, 이집트와 중국에서도 토목건축에 일부 사용했다. 그러나 본격적으로 사용한 사람은 로마인이었다. 로마인들은 석회석에 모래와 조개껍질을 섞어 시멘트를 제조했는데, 강도가 떨어진다 하여 이탈리아 남부를 손에 넣은 기원전 3세기부터는 그곳의 포졸라나, 즉 화산회를 섞어서 만들었다. 로마의 시멘트는 곧 콘크리트였으며, 그만큼 특별했다. 이 기술이 한 단계 더 발전한 때는 십수 세기가 지난 1867년인데, 프랑스에서 콘크리트에 철근을 넣어 강도를 더욱 높인 철근 콘크리트가 만들어졌다.

빈민을 위한 다세대 주거 건물

시멘트 콘크리트는 다양한 모양으로 틀을 잡은 뒤 그 모양대로 보존할 수 있다. 돌을 깎아서 원하는 모양대로 맞추는 수고를 덜어주므로 더 빠르고 쉽게 건물을 지을 수 있다(그 덕에 임금도 줄어서 건축비도 싸다). 그리고 돌이나 나무를 끼워 맞춰 만든 구조물보다 튼튼하다. 이런 까닭에 그 사용은 토목건축에 혁명적인 변화를 가져왔다. 오늘날 고대의 어떤 문명보다, 그리스, 중국, 인도 등등 어느 나라보다 로마의 유적이 많이 살아남은 이유도 시멘트 덕분이다. **아피아 가도**4-1도, **콜로세움**4-3도, **판테온**4-6도, **카라칼라 욕장**4-7도 시멘트가 없었다면 불가능했을 것이다.

정복한 땅에, 심지어 허허벌판에 '마법처럼' 단시일 내에 도시를 세울 수 있었던 것도 시멘트 덕분이었다. 로마인들은 웅장한 건축이나 대규모 토목공사 외에 일반 생활용 건축에도 시멘트를 활용했다. 그런 생활용 건물의 하나로 '아파트'가 있었다. 다른 고대 문명권에도 대도시는 있었지만, 고층(당시에는 10층 정도가 한계였다) 다세대 주거 건물을 세웠던 문명은 로마뿐이었다.

하지만 '로마의 강남은 어디였을까?', '그때도 억 소리 나게 아파트 값이 뛰었을까?'라는 의문이 든다면, 번지수가 한참 틀렸다. 로마 아파트는 도시 빈민을 위한 주거였기 때문이다. '인술라Insula'라고 불린 이 아파트는 **공화정**10-5후기, 도처에서 사람들이 몰려들자 그들을 수용하기 위해 도시 외곽에 세워졌다. 1층에는 상점과 작업장이 있었고, 외부 계단을 통해 드나들었다.

문제점은 많았다. 부실 자재를 써서 건물에 금이 가거나 붕괴할 우려가 있었고, 화재가 나면 고층 주민은 피할 길이 없었다(그래서 아예 집안에서 조리를 하지 않고, 음식을 사먹는 게 보통이었다). 냉난방 시설도 따로 없었다. 가장 큰 문제는 1층까지만 수도관이 연결되었다는 것이다! 따라서 마시거나 세탁할 물은 1층까지 내려가서 길어 와야 했고, 오물은 모아 두었다가 1층까지 가지고 내려와 버려야 했다. 그 더러움과 번거로움을 참을 수 없으면, 몰래 창문으로 쏟아버렸다! 따라서 밤에 아파트 주변을 걸어 다니는 일은 위험천만했다. 로마의 기술력이라면 고층부터 물을 대고 각 층에 두루 내려가도록 설계할 수도 있었을 것이다. 그러나 빈민들에게 굳이 그런 수고를 들일 의무는 없었다.

층이 높을수록 값이 쌌는데, 집 수요에 비해 공급이 많지 않았으므로 여러 채의 인술라를 소유한 사람들(그들 자신은 고급 주택지의 널찍한 단층 저택에서 살았다)이 집값을 자꾸 올려, 서민들의 시름을 더해주었다. 이 점만큼은 요즘과 비슷하다고나 할까.

생각해보면 현대의 아파트도 같은 개념이다. 집 구하는 사람은 많은데 주거용지는 부족하다 보니 한 동에 여러 채를 엮어 넣고, 고층으로 올린 것이다. 한국은 1960년대만 해도 부자나 중산층은 단독주택에서 살고, 서민들이 아파트에서 살았다. 1970년대에는 와우아파트 붕괴 참사 같은 일이 일어나기도 했다. 아래층에서 물을 많이 쓰면 위층까지 물이 올라오지 않는 일이 최근까지도 있었다. 하지만 좁은 지역에 사람이 많이 살다 보면 상권이 형성된다. 경제 수준이 발달하면 교통, 교육, 문화 인프라도 향상된다. 그래서 작은 집들이 붙어 있는 '달동네'보다는 아파트촌의 집값에 프리미엄이 붙게 되고, 급기야 투기의 대상이 되는 것이다.

물리적 결합에만 그친 시멘트

로마의 아파트인 인술라가 허름함과 비참함에서 벗어나지 못했던 것은 시대의 한계 때문이었다. 로마는 수천 년 전에 고도의 도시화와 상업 발전을 이뤘다. 그러나 자본주의적 발전 단계에는 이를 수 없었던 것이다. 그것은 신분제가 유지된 로마 시민사회 발달의 한계와도 맞물렸다.

제임스 E. 매클렐란 3세와 해럴드 도른은 《과학과 기술로 본 세계사 강의》에서 다음과 같이 말했다. "보잘것없어 보이지만, 로마 문명의 어느 구성요소 못지 않게 중요한 것이 시멘트의 발명이었다. 로마인들이 개발한 결정적인 신기술인 시멘트 덕분에 석조 건물을 훨씬 더 저렴하고 쉽게 만들었으며, 이는 확장된 로마제국을 말 그대로 시멘트답게 공고히 다지는 역할을 했다." 맞는 말이다. 하지만 그 시멘트는 물리적 결합에 충실했으되, 제국의 여러 구성원을 화학적으로 결합시키는 데는 미치지 못했다.

오스티아에 남아 있는 2세기 인술라의 유적. ⓒiessi

물을 자유롭게 쓸 수 있어야 문명이다

로마인들의 목욕 사랑

로마인들은 **아치**6-1와 **시멘트**6-2 기술로 무엇을 했을까? 많은 것을 했지만, 그 가운데서도 수도교를 만드는 일에 열심이었다.

2세기 초에 활동한 아풀레이우스의 《황금 당나귀》에는 "테살리아를 보니 어떠냐? 신전, 목욕탕, 그밖의 다른 건축물들이 다른 도시들에 빠지지 않지? 필요한 다른 것들도 모두 갖추었어. 가령 철학자는 자유가 보장되고, 상인들은 로마와 똑같은 기회가 보장되고 있거든"이라는 말이 나온다. 그리스의 도시 테살리아에 가서 그곳의 친척에게 들은 자랑이다. 도시의 수준을 나타내는 기준으로 건축물이 얼마나 훌륭한가를 먼저 꼽는데, 고대인이라면 언제나 앞세워야 마땅했던 신전과 더불어 목욕탕의 훌륭함이 자랑거리로 지목된다.

로마인은 전쟁, 법률, 건축, 그리고 목욕에 진심인 민족이었다. 로마시에는 한때 900곳이 넘는 테르메(공중목욕탕)가 있었다. **카라칼라 욕장**4-7이나 도미티니아누스 욕장 같은 초대형 복합 목욕탕에는 각종 목욕시설은 물론 없는 게 없었고, 소규모 욕장이라 해도 여러 편의시설을 겸하고 있었기에 현

고대 로마의 청동제 수도꼭지. © Le plombier du désert

대인이 공원이나 쇼핑몰에서 시간을 보내는 것 이상으로 고대 로마인들은 욕장에서 삶의 여유를 즐겼다. 로마제국 전성기를 기준으로 총 1,400만 명 이상이 매일 욕장에서 서너 시간을 보냈으며, 종일 살다시피 하는 사람도 드물지 않았다고 한다.

동력을 쓰지 않는 기적의 시스템

그렇게 많이들 목욕을 했으니, 물이 많이 필요했다. 마실 물, 음식을 만들고 식기를 씻을 물 등도 절실히 필요했다. 일부 농지에서는 농업용수도 써야 했다. 그래서 로마인들은 도시를 세우면 먼저 수도교를 짓고, 수로에 상하수 배관을 연결하는 일부터 했다. 기원전 4세기에 **아피아 가도**[4-1]를 만든 **켄소르**[9-3] 아피우스는 그에 앞서서 로마 최초의 수로 '아쿠아 아피아'도 지었으며, 이후 8개의 수도교—수로가 더 지어졌다.

그런데 왜 수도교가 필요할까? 수로가 지나는 길목에 지형이 솟아올랐거나 꺼진 곳이 있는 경우를 감안해서이기도 하겠지만, 그보다 수로에는 '높이'가 필요했기 때문이다. 수원지에서 목표 지점까지 물은 어떤 인위적 동력에도 의존하지 않고 중력에 의해서 흘러간다. 그만큼 정교하게 지대를 측량하고, 수로의 높이를 조절하고, 물이 오염되지 않도록 납으로 관을 설비했으며(예상 밖의 부작용으로 로마인들이 납중독에 걸렸으리라는 추정도 있다), 가뭄이 들거나 폭우가 쏟아져 수원지의 물이 넘치거나 부족해질 때를 대비한 저수지도 곳곳에 만들었으니, 수천 년 전의 사람들이 이처럼 복잡하고 섬세한 '기적의 정역학 시스템'을 어떻게 실현할 수 있었는지는 아직도 과학기술사의 수수께끼로 남아 있다.

수로의 물이 모두에게 평등하게 공급되지는 않았다. 1세기를 기준으로 물의 10퍼센트는 황궁에, 40퍼센트는 부유한 시민들의 집에, 나머지 50퍼센트는 욕탕이나 화장실 등 공용시설에 분배했다. 가난한 서민들에게는 다세대 주택인 인술라 1층에 한 줄기 설치해준 것을 제외하면 단 1퍼센트도 분배하지 않았다. 그러나 이것이 꼭 고대의 특권층 위주의 시스템이었다고만은 볼 수 없다. 수로를 건설하고 유지하는 비용은 황제와 해당 지역이 절반씩 부담하게 되어 있었다. 황제는 50퍼센트를 내고도 10퍼센트만 가져간 셈이다. 건설·유지비로는 40퍼센트를 차지하는 부유층이 내는 수도세가 사용되었다. 그리고 50퍼센트의 공용시설은 원칙적으로 계층 구분이 없이 이용할 수 있었다. 서민들은 돈 한 푼 안 내고 상당한 복지 혜택을 누린 셈이다.

그러나 몸을 씻는 일을 비롯해 물이 필요한 일의 상당수는 공용시설에서 해결할 수 있다고 해도, 생활에 필요한 모든 물을 그렇게 조달할 수는 없었다. 우물이나 개천, 어쩌면 물장사 등에 의존했을 것이며, 따라서 로마인들이 수로 시스템에만 의존해 생활했다고 보기는 어렵다는 분석도 있다.

물을 자유롭게 쓸 수 있어야 문명이다

아무튼 고대와 중세를 통틀어 로마인들만큼 물을 풍요롭게 쓴 민족은 흔치 않다. 오늘날에도 물이 부족해 몇 킬로미터를 걸어서 오염된 우물물을 떠다 써야 하는 건조지대의 주민들이 있다. 물론 당시에도 그런 사례는 비일비재했다.

기원후 100년, **트라야누스**[2-5]는 지금의 알제리 동부 사막지대에 타무가디라는 도시를 신설했다. 로마인들이 땅을 파고 돌을 나르고 한참을 뚝딱거리는 것을 의심과 호기심의 눈초리로 지켜보던 원주민들은 말 그대로 나자빠졌다. 평생 물 걱정에 시달려온 그들은 수원을 찾고, 수도교를 세우고, 목욕탕을 건설하여 정복자와 피정복자를 가리지 않고 마음껏 물을 즐기도록 하는 로마인들이 신이나 천사로 보였으리라. 그들은 로마의 칼에 마지못해 무릎 꿇었지만, 로마의 문명에 진심으로 엎드렸다. 그 문명의 장점에는 목욕 문화 말고도 아풀레이우스가 테살리아에서 들은 '사상의 자유와 상업의 기회가 공평하게 보장된다'는 점도 있었다.

버지니아 스미스는《클린》을 통해 "청결함, 그것은 로마의 '문명화 과정'에서 필수불가결한 일부였고, 극도로 깨끗하고 말쑥하게 단장한 육체는 시민의 훈장이요, 상징이었다"고 말한다. 로마가 멸망하고, 이 문명의 기술과 흔적은 빠르게 사라졌다. 보기 드물게 그 기술을 계승하고 더욱 발전시킨 사례도 있었고(이베리아반도의 코르도바 우마이야 왕조 때는 13세기에 알함브라 궁전을 지으면서 로마식 수로를 건설해 궁전에 물을 공급했다), 로마 수도교가 남은 곳에서는 수도교를 이용해 물을 공급받았지만, 파괴된 곳에서는 우물과 개울물에만 의존해야 했다. 목욕 같은 것은 꿈도 꿀 수 없었다. 서유럽 대부분 지역에서 나온 이런 아쉬움은 1,400여 년이 지난 19세기에 증기 터빈으로 물을 끌어올려 배수하는 기술이 나오고 나서야 비로소 해소될 수 있었다.

놋쇠 화폐에서 주철까지

청동 판자에서 황동 동전으로

로마를 포함한 중부 유럽은 기원전 2000년 전후에 청동기에 진입했다. 이보다 수천 년 앞섰던 중동 등에 비하면 매우 늦다. 더욱이 로마가 자리한 이탈리아 중부는 광물 생산지가 적었던 곳이라, 로마의 금속시대는 후진적일 수밖에 없었다.

때문에 기원전 3세기경 경쟁국이던 에트루리아를 병합하고, 뒤이어 **포에니 전쟁**5-2에서도 이긴 로마는 갈리아, 이베리아, 북아프리카 등 광물이 풍부한 지역을, 에트루리아의 선진 기술을, 넓어진 조국에서의 경제적·행정적인 안정성을 확보할 필요성을 갖게 되었다.

그것은 청동으로 주조한 로마 최초의 화폐, 철제 검을 비롯한 무기들로 처음 나타났다. 최초의 화폐는 '아에스 시그나툼(서명이 있는 청동)'이라 불리는 투박하고 넓적한 판자 같은 것이었고, 기원전 3세기가 끝날 무렵에는 활발해진 교역을 반영하여 동방을 본뜬 둥근 주화, 그리고 '서명'으로 표시되는 표준과는 별개로 그 자체의 재질이 가치를 띠는 귀금속(금은) 주화가 나왔다. 그리고 청동 주화는 놋쇠(황동) 주화로 바뀌었는데, 청동을 능아연석

아에스 시그나툼. © LmK
로마 최초의 주화로,
기원전 5세기에 나왔다.

과 함께 녹이면 기화되는 아연의 일부가 청동에 스며들어 놋쇠라는 합금이 되는 기술을 발견한 덕분이었다. 굳이 청동을 황동으로 만든 까닭은, 그렇게 하면 황금빛이 나면서 부드러워져 '가짜 금'으로서 보기에 좋고 가공이 쉬웠기 때문이다. 하지만 기화되는 아연의 일부밖에 잡아둘 수가 없어서 효율은 떨어졌는데(보통 3퍼센트 배합됨), 30퍼센트 이상 아연을 배합할 수 있는 기술은 서양에서는 18세기에 이르러 나타난다.

화폐 개혁과 강철 무기

카이사르1-8는 로마의 일인자가 된 뒤 나라의 기틀을 다시 잡기 위해 여러 개혁을 밀어붙였는데, 그 가운데는 화폐 개혁도 있었다. 여러 재질과 모양의 화폐가 혼용되던 상황을 정리하여, 금화(아우레우스), 은화(데나리우스), 동화(세스테르티우스) 체제로 만들었던 것이다. 뿐만 아니라 최초로 주화 표면에 살아 있는 사람, 즉 자신의 얼굴을 새겨 넣었다. 동방의 습관을 모방한 이 조치는 오늘날까지 서구 주화의 전통으로 남는데, **《신약성서》**7-6에서 예수가 로마에 세금을 바쳐야 하느냐는 논쟁에 대해 '이 동전에 새겨진 얼굴이 누구의 것이냐? 카이사르라고? 그렇다면 카이사르의 것은 카이사르에게 돌려라' 하고 말한 것은 그 정치적·경제적 의미를 생생하게 전해준다.

한편 강철 무기는 기원전 3세기 이후 로마군의 표준 장비로 사용된 글라디우스가 대표적이다. 그때까지 지중해권 유럽인들의 전투 방식은 한 손에 방패, 다른 손에 긴 창을 들고 밀집대형(팔랑크스)을 짜서 전진하여 적을 밀고 찌르는 것이었다. 그러나 **삼니움 전쟁**5-1 등을 거치며 이 방식이 평야가 아닌 산악 지형 등에서는 불리하며, 기동력이 떨어진다고 판단했다. 그래서 에스파냐의 켈트인들이 쓰던 검을 본따 만든 글라디우스를 사용하게 되었다. 이 검은 길이가 70센티미터 정도에 무게는 1킬로그램도 되지 않아(최초의 화폐인 아에스 시그나툼보다 가벼웠다!) 한 손으로 들고 기민하게 휘두를 수 있었다. 짧은 무기로 싸우면 더 불리할 것 같지만, 로마군은 적에게 먼저 투창을 던져 적진의 대열을 엉성하게 만든 다음 글라디우스를 꽉 잡고 맹렬히 달려들어 적을 찌르는 전법을 구사했다. 고된 **돌격 훈련**9-8과 글라디우스의 견고함이 이렇게 무모해 보이는 전술의 효과를 극대화했다. 글라디우스는 에트루리아에서 배운 주철 제조법을 개량했는데, 침탄으로 철을 다시 달구고 계속 담금질해 철의 순수성을 높임으로써 '강철'을 만들어낸 로마 대장장이들의 성공에서 비롯되었다. 이 대장장이들은 거기에 그치지 않고 철판을 여러 겹으로 덧붙여 다시 주조함으로써 강도를 극대화하는 '접쇠 기법'까지 구사해 철검의 강도를 높였는데, 훗날 '다마스쿠스 강'에서 그 정점에 오르는 이 기법 덕분에 글라디우스는 적들의 갑옷과 방패를 쉽게 꿰뚫고 치명적인 상처를 입힐 수 있었다.

로마는 납 때문에 멸망했다?

로마 강철은 갑옷에도 사용되었으며, 건축물을 단단히 고정시키는 쇠못이나 철근에도 쓰였다. 로마의 **농기구**6-6가 이전 시대보다 비약적인 생산력을 보여준 까닭도 강철 부품을 달았기 때문이라 생각된다. 다만 당시 기술자들은 대형 용광로까지는 만들어내지 못했는데, 고대 중국이 이르렀던 강철 제조 수준에 이르지 못해서 이처럼 접쇠 기법 등으로 강도를 높였던 듯하다.

로마인들은 또한 납을 많이 사용했다. 대표적인 것이 수도관인데, 라틴어로 납을 뜻하는 '플룸붐plumbum'이 영어로 배관공을 의미하는 '플럼버plumber'의 어원이 되었을 만큼 수도관은 으레 납으로 만들었다. 구하기 쉽고, 부드러운 편이라 가공하기 쉬운 데다, 잘 녹슬지 않았기 때문이다. 그런데 납은 인체에 매우 유해하다. 그래서 로마제국이 쇠퇴하고 끝내 멸망한 이유가 수돗물에 녹아든 납 성분 때문이라는 말이 오래 전해지고 있다. 이에 대해 오늘날에는 대체로 부정적인 견해가 많다. 유럽의 물은 석회 성분이 많았고 그것이 수도관에 침전되어 자연 코팅재가 되었다는 추정이 있다. 어쨌든 물을 많이 쓴 로마인들이라는 사실을 감안해볼 때 있는 그대로 납 성분에 노출되었다면 몇 세대 만에 멸종되었을 것이다. 로마인들은 또한 이 납에다 주석을 배합해 백랍을 만들어 그릇이나 장식물 등에 썼다.

보석을 만들어내는 연금술

유리 불기, 1세기의 첨단기술

사전에서는 '유리'를 '석영, 석회암, 탄산 소다 등을 섞어 고온에서 녹인 다음 급하게 냉각한 물질'이라고 정의한다. 매우 투명하고 매끄러우며 썩거나 녹슬지 않지만, 깨지기 쉽다는 특징이 있다. 인류가 유리를 사용하기 시작한 것은 신석기시대 때부터로, 화산 활동 등에 따라 자연히 생겨난 유리를 얻은 결과였다. 직접 생산한 것은 5천~6천 년 전, 이집트와 메소포타미아로 추정된다. 로마는 기원전 1세기쯤 중동으로부터 유리 제조법 및 가공술을 배웠다.

다른 여러 기술과 같이 유리 가공술도 로마에서 발명한 것은 아니다. 하지만 다른 기술에서 보듯 로마에서 놀랄 만큼 발전을 이뤄냈다.

공작 재료로서 유리의 중요한 특징은 원하는 대로 모양을 만들고, 그 모양을 영구 보존할 수 있다는 점이다. 그런 점에서 **시멘트**6-2와 비슷하지만, 시멘트와 달리 쉽게 부서진다. 그래서 시멘트는 건물이나 수로 등 생활의 필수 기반을 만드는 데 쓰인 반면, 유리는 사치품과 생활용품을 만드는 데 쓰였다. 그런데 기원후 1세기 초, '원하는 대로 모양을 만드는' 핵심 유리 가

공술인 유리 불기 기법이 로마에서, 정확하게는 당시 로마제국의 지배를 받고 있던 시리아에서 처음 개발되었다. 뜨거운 액체 상태의 유리(1천 도에 이른다)를 금속 대롱에 묻힌 다음 입으로 불어 구형을 비롯한 다양한 모양으로 가공하는 것인데, 이는 기존의 틀에 찍어내는 방식에 비해 자유롭고, 빠르고, 균질한 유리 제품을 만들어낼 수 있었다. 이 기술로 만든 유리 제품은 제국 전체에 선풍을 일으켰다. 그때까지 귀족의 전유물이던 유리 제품이 일반 가정에서도 쓸 수 있게 대중화됐을 뿐 아니라 로마가 외국에 수출하는 제품 생산량 가운데 상위를 차지할 정도였다. 1세기 세계의 첨단 상업 기술이었던 셈이다.

불가사의에 가까운 고대 공예의 걸작

로마는 유리 불기 말고도 유리 산업에 중요한 기술적 기여를 했다. 유리를 만들 때는 형성 요소, 유용 요소, 안정화 요소 세 가지가 재료 속에 있어야 하는데, 로마인들은 근대 화학을 몰랐지만 오랜 시행착오를 거듭하여 이 세 가지 요소가 모두 적절하게 배분된 제조 레시피를 찾아냈다. 또한 그들은 유리 제품의 미적 가치도 극대화했다. 유리를 부는 도중 유리조각을 덧붙여 무늬를 낸다거나, 유리판에 금박 그림을 올리고 그 위에 다시 유리를 씌워 유리판 안에서 황금 그림이 빛나게 하는 등등 다양한 기법을 개발했다. 이런 유리 제품들은 보석처럼 빛나고 아름다웠으니, 로마의 유리 가공술은 모래를 보석으로 만드는 연금술을 구현했다고 할 수 있다.

로마 유리 가공술의 상당 부분은 오늘날까지 사용되며 현대 유리 가공업의 기반을 이루고 있다. 그 가운데서도 두 개의 고대 로마 유리 제품이 가장 크게 빛을 떨쳤다.

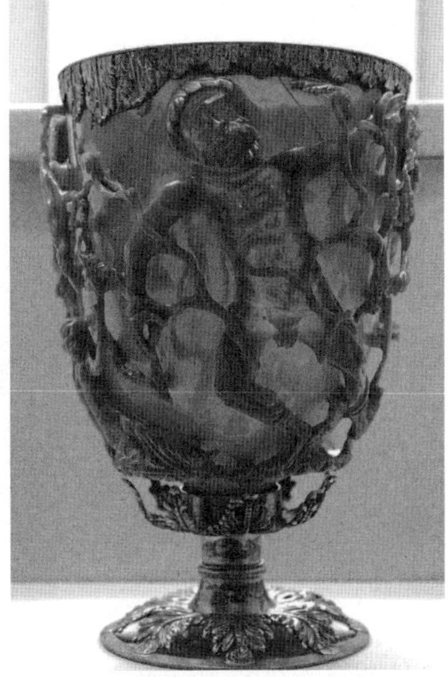

고대 로마 유리공예의 두 걸작, 포틀랜드 꽃병(왼쪽)**과 리쿠르고스 컵**(오른쪽).
각각 © Jastrow, © Marie-Lan Nguyen

하나는 포틀랜드 꽃병인데, 1세기에 만들어진 것으로 추정되며 세베루스 알렉산데르 황제의 영묘에 부장품으로 있었다고 한다. 발굴된 뒤 여러 주인을 거치다가 1626년부터 이탈리아의 명문가인 바르베리니 가문의 소장품이 되었고(그래서 바르베리니 꽃병이라 불리기도 한다), 1778년에 나폴리 왕국 대사이자 고대 유물 수집가이기도 했던 영국의 윌리엄 해밀턴 경(포틀랜드 공작)에게 돌아갔다. 그는 자신의 수집품을 런던으로 가져와 자랑했는데, 이 꽃병은 그중에서 단연 시선을 끌었다. 감청색의 유리병 표면에 흰색 유리 카메오가 베풀어져 있는데, 유리병에 유리를 덧씌운 뒤 도안에 따라 깎아내는 고난도 기법을 사용했다. 천수백 년 전에 그런 정교한 기술을 구사했다니 놀랍다. 그렇게 해서 연출된 꽃병의 우아함과 클래식한 품격은 당시 유럽의 공예미술가들 모두가 고개를 숙일 정도였다. 그런데 1845년 한 술주정꾼 때문에 병이 산산조각 났는데, 이를 어떻게든 수리하려는, 그리고 재현하려는 과정에서 수많은 기술적·예술적 발전이 이루어졌으며, 특히 웨지우드사의 신고전풍 도자기에 직접적인 영향을 주었다.

다른 하나는 리쿠르고스 컵이다. 4세기에 만들어진 것으로 보이는데, 교회에 보관되어 있다가 프랑스 대혁명 당시 교회가 약탈되면서 세상에 나왔다. 원형은 위가 넓고 아래가 좁은 전형적인 물컵 모양의 유리잔인데, 19세기 초 금박 청동으로 테두리와 받침대가 덧붙여져 성배 형태가 되었다. 이는 세계 굴지의 부호 로스차일드의 소유가 되었다가, 1958년 대영박물관이 그에게서 사들여 오늘에 이르고 있다. 리쿠르고스 컵은 표면에 베풀어진 유리 부조(리쿠루고스 왕의 죽음을 나타내고 있어 컵의 이름이 되었다)는 포틀랜드 꽃병에 비해 투박한 편이나, 무려 330개의 조각을 하나로 융합하고 금과 은까지 써서 만들었으며 그에 따라 빛을 앞쪽에서 비치면 녹색, 뒤쪽에서 비치면 붉은색으로 보이는 신비로운 모습이기에 그토록 유명해졌다. 19세기 이래 수많은 과학자들과 유리 가공 기술자들이 이 컵의 비밀을 밝히기 위해 애썼는데, 1990년에 금과 은 입자가 나노 수준으로 컵에 퍼져 있어 그런 신비 효과를 일으킨다는 정도가 밝혀졌다. 그러나 이는 고도의 레이저 커팅 기술을 써야 재현이 가능하기에, 고대 로마인들이 대체 어떻게 이런 초정밀 공예품을 만들어낼 수 있었는지는 불가사의로 남아 있다.

로마가 플라스틱을 만들었다?

생각할수록 놀라운 로마의 유리 가공 기술력에는 또 하나의 불가사의 이야기가 있다. 1세기, 티베리우스 황제를 어떤 장인이 알현하고는 유리잔 하나를 바쳤다. 황제가 별생각 없이 유리잔을 장인에게 돌려주자, 장인은 갑자기 그 잔을 궁전 바닥에 힘껏 내던졌다. 그런데 산산조각이 나지 않고 멀쩡한 게 아닌가. 자세히 보니 잔은 놋쇠잔인 듯 한쪽이 우그러져 있을 뿐이었다. 장인은 망치를 꺼내 우그러진 부분을 순식간에 다듬었고, 잔은 본래의 모습 그대로였다. '깨지지 않는 유리잔'의 등장이었다.

그러나 예상 밖의 발명품에 대한 티베리우스 황제의 대응은 더욱 예상 밖이었다. 그는 그 장인을 처치하고, 이 기술이 영원히 봉인되도록 했다고 한다. 그 까닭은 알 수 없는데, 귀금속이나 보석 못지 않게 아름다우면서 오래 가고, 대량생산할 수 있는 물건이 나오면 시장이 대혼란을 빚을 것을 우려했다고도 추정한다. 하지만 그런 물건이라면 군사나 건축 기술 등에도 응용할 수 있었을 텐데, 과연 구더기가 무서워서 장을 포기했을까? 과장과 왜곡이 섞인 일화일지도 모른다. 하지만 그것이 실제로 있었던 일이며, 그 수수께끼의 유리잔이 일부 현대 학자들의 추정대로 '플라스틱'의 원조였다면, 티베리우스는 인류 문명이 몇 세기 정도 빠르게 발전할 기회를 놓친 것인지도 모른다.

산업혁명 이전까지 사용된 농경기술

로마 농업은 지속가능하지 않았다?

한동안 역사학계의 정설로 받아들여지다 최근에 와서 반박되는 설의 하나로 '로마의 농업은 지속 가능하지 않았다'는 게 있다. 로마인들은 자기들 땅에 올리브와 포도나무를 재배했으며 이는 토질을 빠르게 악화시켰다. 그러나 당시에는 화학비료가 없어 토질을 개선할 수 없었다. 그 결과 본래 비옥했던 북아프리카, 지중해 동부 등의 사막화가 심해졌고, 이것이 장기적으로 인구 감소와 제국의 멸망으로까지 이어졌다는 것이다.

로마제국 시대에 지중해 연안의 삼림 면적이 크게 감소된 것은 사실이다. 그러나 그것은 그 지역에서 인구가 급증한 데 따른 결과이며, 지력의 고갈이 원인으로 보이지는 않는다는 게 최근의 분석이다. 그리고 인구가 크게 늘었다는 것은 농업 생산량이 크게 늘었다는 뜻이 아닌가. 4세기를 기준으로 로마령 브리튼의 인구는 로마 멸망 뒤 지속적으로 감소해 14세기에 이르러서야 4세기 수준을 회복했다고 한다. 팔레스타인이나 에스파냐 등에서도 비슷한 양상을 보였다.

자동화까지 이른 로마 농업

실제로 농업혁명까지는 아니라도 '기술의 로마'는 전반적인 농업 생산량 향상을 이끌어냈다. 무엇보다 수리 기술에 능하던 로마인은 사막으로 둘러싸인 고장에서도 물을 찾아내고, 댐을 건설하고, 배수체계를 구축해 식수와 생활용수는 물론 농업용수도 조달해 식량 재배 면적을 넓혔다.

또 로마인들은 자체적으로 개량한 강철 쟁기날을 켈트인들에게서 배운 바퀴 차량에 붙여 더 효과적으로 밭을 일굴 수 있었다. 축력을 이용해 단단한 쇠날로 땅을 파헤치므로 종전에는 농지로 부적합하다 여겨졌던 굳고 마른 땅도 일구는 게 가능했다.

또한 로마는 갈리아에서 '자동 수확 기기'를 도입했다. '발루스vallus'라고 불리던 이 기기는 곡식이 여물었을 때 밭을 죽죽 밀고 다니면 자동으로 이삭을 베어내고, 떨어진 이삭을 주워 모았다. 이렇게 말하면 복잡하고 신통한 기계인 것 같지만, 실제 모습은 손수레의 앞면에 쇠톱날을 달고 소나 노새의 목에 수레 손잡이를 붙여놓은 식이었던 듯하다. 이 상태로 가축을 전진시키면 적당한 위치에 있던 톱날에 이삭이 잘려 손수레 안으로 떨어진다.

다만 이를 **《박물지》**[7-7]에서 소개하고 있는 플리니우스는 "값이 비싸고 다루기가 어렵다…. 그래서 그리 널리 보급되어 있지 않다"고 언급한다. 값은 그렇다 치고, 소 같은 가축은 물건을 끄는 데는 익숙해도 미는 데는 불편을 느끼기 쉬워, 멈추거나 엇나가거나 했을 것이다. 여기에 베낸 이삭이 깔끔하게 거둬지지 않아 옆에 사람이 한두 명 이상 붙어 가축을 달래고, 땅에 떨어진 이삭을 주워 담아야만 했기에 다루기가 편하지는 않았을 것이다. 당초 이 기기는 경작 면적에 비해 수확에 투입할 노동력이 적었던 갈리아에서 고안된 것이다. 노예의 수급이 원활했던 시기의 로마에서는 굳이 이런 기기를 쓸 필요성이 크지 않았을 것이다.

고대 경제의 한계

하지만 정복 전쟁이 줄어들고 노예 수급이 어려워진 반면 대토지 소유자들은 늘고 있던 로마제국 후기에는 사정이 달랐을 수 있다. 4세기의 팔라티우스는《농경론》에서 "한 사람과 소 한 마리만 있으면 넓은 밭을 하루에 수확할 수 있다"면서 이 발루스에 대해 자세히 소개하고 있다. 플리니우스가 다루기가 어렵다고 보았던 1세기 때보다는 좀 더 개량된 형태였을 것이다.

발루스도 로마의 여러 기술과 함께 서로마 멸망 뒤에 사라져갔다. 그러나 '적은 인력으로 빠르게 작업할 수 있다'는 장점은 근세 유럽에서 재조명되었고, 18세기 말에서 19세기 초까지 영국, 미국, 프랑스 등에서 발루스의 원리에 근거한 신식 수확 기기들이 발명되었다. 물론 천수백 년 전 로마에서 쓰던 그대로는 아니었다. 동력을 높이기 위해 두 마리의 말이나 소가 밀도록 했다. 또한 이삭이 땅에 흩어져 떨어지지 않도록 페달로 연결되어 구동 바퀴와 함께 돌아가는 회전식 갈퀴를 덧붙여서 자동적으로 이삭을 모아들이는 구조를 추가했다. 하지만 로마의 발루스와 기본 원리는 같았다. 그리고 이 구도에 산업혁명 이후의 동력을 덧붙이면, 오늘날의 콤바인과 비슷한 시스템이 된다.

로마의 실용주의와 '합리성'은 농업기술 부문에서도 빛을 냈다. 하지만 노예제라는 시스템이 있었기 때문에, 근대 수준의 자동화까지 이르기는 어려웠다고 보아야 할 것이다.

전쟁터에서 가정까지 활약한 의사들

디오스코리데스 선서의 주인공

로마는 과학 문명보다 기술 문명에서 돋보였다. 로마 의학도 기존의 고대 서양 의학을 망라해 정리했다고 하지만 신기원을 이룩하지는 못했다. 병이 들고 몸이 아픈 일을 신의 벌이나 주술사의 저주라 이해하는 시각이 오랫동안 지배적이기도 했다.

하지만 로마 의학에도 위대한 사람들이 있다. 가령 디오스코리데스Pedanius Dioscorides는 1세기에 군의관으로 활동하면서, 치료에 도움이 되는 풀, 돌, 벌레 등을 꼼꼼하게 채집하고 분류했다. 그리하여 총 600종이 넘는 약용 동식물과 광물의 형태, 채집법, 용법, 효과 및 부작용을 정리한 《약물론De Materia Medica》을 남겼다. '뽑을 때 생명을 없애는 소리를 지르므로, 개에게 뽑도록 해야 하는 만드라고라' 같은 황당무계한 내용도 일부 있으나, 이후 1,400여 년 동안 서양 본초학의 성서로 남았다. 의사가 되려는 사람이 '히포크라테스 선서'를 하듯, 약사의 길에 들어설 때 '디오스코리데스 선서'를 할 정도로 약학계에서는 대단한 사람이다.

로마를 넘어 중세를 지배한 갈레노스 의학

그리고 갈레노스Claudius Galenus가 있다. 서양의 중세 의학은 그를 빼놓고 논할 수 없다. 그는 2세기에 태어나 어려서부터 그리스의 철학과 의학을 섭렵했다. 검투사들을 위한 의사로 활동하면서 명성이 점차 높아진 끝에 **아우렐리우스**2-7 등 황제의 주치의가 되었다. 이후 자신의 임상 경험과 책에서 얻은 의학 지식을 융합하며 무수히 많은 책을 써냈는데, 이는 훗날《의학 전집Opera Omnia》으로 편집되었다.

갈레노스는 히포크라테스의 '4체액설'을 계승하는 한편, 이를 발전시킨 '4기질설'을 체계화했다. 체내의 4체액 중 황담즙과 불의 기운이 강하면 '담즙질'의 사람이 되고, 점액과 물의 기운이 강하면 '점액질'의 사람이 된다. 흑담즙과 흙의 기운은 '우울질', 혈액과 공기는 '다혈질'의 사람을 만든다. 이는 혈액형 성격론처럼 사람의 성격을 네 가지로 구분하는 한편, 그 성질에 맞는 생활 환경이 건강에 중요하며 그것이 부적합하면 병에 걸린다고 본다. 잘못된 생활 환경을 바로잡음으로써 병을 낫게 할 수 있다고 본 것이다.

이는 과학적 의학이 아니었다. 하지만 질병은 신령의 소행이라는 로마인들의 통념을 반박하고, 생활의 균형이 건강에 중요하며 병은 의료 처방으로 치료될 수 있다는 원칙을 세웠다는 점에서 매우 중요했다. 그는 또한 음식이 몸에 들어가서 각 장기를 거치며 특정한 영기(프네우마)를 띠게 되어 그 영기가 곧 생명을 지탱한다는 설을 세웠고, 이는 '영혼이 생명의 근원이며, 영혼이 육체를 지배한다'는 기독교의 믿음과 맞아떨어졌다. 그래서 갈레노스의 의학은 로마를 넘어 중세를 지배하게 된다.

갈레노스는 해부학에도 상당한 기여를 했는데, 검투사 전담 의사를 하면서 많은 부상과 시체를 본 덕분이었다. 하지만 시체 해부는 금지되어 있었으므로 그는 동물 해부로 지식의 틈을 채웠는데, 그러다 보니 인간의 간도 돼지처럼 4엽으로 이루어져 있다고 쓰기도 했다. 그는 혈액이 골수가 아니라 간에서 만들어진다고도 생각했다. 이처럼 근본적·지엽적으로 많은 결함을 안고 있음에도 그의 의학은 오랫동안 범접할 수 없을 정도로 높은 위치에 있었고, 흑사병이 휩쓴 13세기 이후(갈레노스의 책에는 도무지 나오지 않는 질병이었기에) 그의 지식이 비로소 의심받기 시작했다. 그로부터 200~300년이 지나서야 그의 권위는 완전히 사라졌다.

수많은 임상 경험으로 발전한 로마 의술

하지만 디오스코리데스나 갈레노스가 '로마 의학'을 대표한다고 볼 수 없다는 지적은 꾸준하다. 둘 다 그리스 태생이며, 그리스 의학을 근거로 했기 때문이다. 하지만 당시에는 독립된 그리스란 존재하지 않았으며, 그들이 명성과 업적을 쌓은 주된 무대는 어디까지나 로마였다. 따라서 이들을 로마의 의학자로 보는 데는 큰 무리가 없을 듯하다.

한편 로마 의학은 '의술'로서 더 돋보였으며, 임상의학에서 더 로마다운 기술 발전의 영역을 찾을 수 있다. 그리고 그것은 '무력으로 세운 제국'이라는 로마다운 환경의 산물이었다. 디오스코리데스와 갈레노스가 전장 또는 **검투사 시합**10-7의 싸움터를 다니며 임상 지식을 얻은 데서 볼 수 있듯, 로마는 세계 최초로 군의관과 **야전 병원**10-8을 도입해 운용했다. 당연히 외과 기술의 수요가 높았고, 이에 부응하여 구리 합금으로 된 각종 외과 기구도 개발해냈다. 수술 전에 부위를 살펴보는 탐침, 크고 작은 수술용 칼, 수술 도중 핏줄이나 힘줄을 당기는 갈고리, 뼈 자르는 톱, 화살촉이나 뼛조각 등을 빼내기 위한 족집게, 지혈대나 혈관 자르는 가위 등은 오늘날에도 거의 비슷한 모습으로 사용하고 있다.

이런 외과 기구 가운데는 산과용 겸자, 질강경도 있었다. 로마 의술에서 부상당한 전사들에 버금가는 관심을 받은 사람은 임산부였는데, 임산부의 인권을 중시해서라기보다는 되도록 많은 아기를 낳는 일이 국가적 관심사였기 때문이다. 아기는 자라나 노동자나 병사로 국가의 힘이 된다. 따라서 일단 많이 낳고 봐야 했다. 그래서 순산을 돕는 약재나 기술도 개발되었지만, 난산 끝에 어머니의 죽음이 예상되는 상황에서는 아기라도 구하기 위해 수술에 돌입했다. 바로 제왕절개술인데, 영어에서 이를 'caesarean section'이라 부르며 카이사르의 이름을 붙이는 까닭은(이를 19세기에 한자로 번역한 일본인은 카이사르가 고유명사가 아닌 군주의 칭호라고 오해해서 '제왕'절개라고 표현했다) 라틴어 'ab utero caeso' 즉 '그 어머니의 자궁을 자르고 나온'의 카에소caeso가 카이사르로 와전된 것이라 한다(그런데 플리니우스는 **《박물지》**7-7에서 '카이사르의 조상이 이런 방법으로 세상에 태어났기 때문에 카이사르라는 **코그노멘**9-7이 생겼다'고 적음으로써 이런 와전을 부추겼다. 사실 카이사르는 '머리 숱이 많은'이라는 뜻에서 나왔다). 아무튼 제왕절개술이 로마에서만 행해진 의술은 아니지만, 그 영어 표현에서도 알 수 있듯, 적어도 서구세계에서는 로마의 기술을 이어받아 제왕절개를 했다.

보형물에서 임플란트까지

로마인들의 치아 관리

고대에는 칫솔과 치약이 없었다. 그래서 로마인들은 달걀껍질 가루나 동물의 뼛가루를 나뭇조각에 묻혀 이를 닦았는데, 닦는다기보다 갈아내는 셈이므로 나이가 들면 이가 약해졌다. 또한 구석구석까지 닦기가 어렵고, 잇몸에 상처가 나기 쉬워 이가 안 좋은 사람이 많았다. 당연히 입냄새도 심했으므로 잿가루를 물에 타 가글을 했다고 하며, 가글액의 재료로는 동물의 피, 심지어 사람의 오줌도 있었다고 한다. 동물 피는 치통을 가라앉히는 데, 오줌은 미백 효과를 내는 데 쓰였다는데 오줌의 암모니아 성분이 미백에는 도움이 되었을 것이다.

아무튼 로마가 풍요로워지며 귀족에서 중산층까지 먹고 마시는 일로 삶의 기쁨을 누렸지만, 필연적으로 치통과 치주염이 따랐으니, 로마인들로서는 '먹을 것이냐, 아픔을 피할 것이냐'라는 고민을 안고 살았을 것이다. 하지만 한편으로 로마 의학 발달에 장애가 되었던 '질병은 신의 형벌, 고칠 수 없고 고쳐서도 안 된다'라는 관념이 치과 질병에는 적용되지 않기도 했다. 사실 그리스-로마 신화 어디를 뒤져봐도 신이나 영웅이 치통으로 고생했다거나, 신이 불경한 인간을 치통으로 벌했다는 이야기는 없다. 그러므로 병을 병 자체로 보고 치료할 수 있었다.

"치통이야말로 최고의 고통이다"

치과 보형물은 초기 로마 때 일반화되었다. 의치를 만드는 기술은 에트루리아에서 전해졌다. 로마인들은 그 기술을 더 발전시켜 상아나 황금으로 의치를 만들거나 금니를 박는 임플란트 시술도 했다. 물론 부유층을 노린 마케팅의 성과였다. 기원전 5세기 로마 최초의 성문법인 12표법에는 "사망자를 금은보화와 함께 매장해서는 안 된다. 단, 금니만은 제외한다"라는 조항이 있었다. 플리니우스의 **《박물지》**[7-7]에 따르면 이가 완전히 망가진 다음에 꾸미는 기술 대신 망가지지 않게 하거나 망가져가는 것을 고치는 치과 기술은 기원전 3세기에 그리스에서 온 아르카가투스가 시작했다고 하는데, 그는 쇠와 불을 사용해 거침없이 썩은 이를 뽑아버렸으므로 '백정'이라는 별명을 얻었다고 한다. 하지만 그를 시작으로 그리스와 오리엔트의 치과 기술이 수입되고 개량되어 켈수스 같은 학자도 나오게 되었다.

> 치통이야말로 인간이 겪을 수 있는 최고의 고통 중 하나다.

치통을 겪어본 사람이라면 대개 힘차게 고개를 끄덕일 이 말은 1세기경 활동한 아울루스 켈수스Aulus Cornelius Celsus가 남긴 《의학에 대하여De Medicina》에 나온다. 켈수스는 두 가지 점에서 갈레노스나 데오스코리데스의 명성에 미치지 못했다. 하나는 그가 철저히 임상의술을 전문으로 하여 생리학이나 본초학의 이론체계를 세울 생각을 하지 않았기 때문이고, 두 번째는 그가 황제의 시의나 엘리트 귀족들의 주치의가 아니었기 때문에 명성을 떨칠 기회가 적었기 때문이다. 그래서 《의학에 대하여》는 수백 년 동안 잊혔다가 15세기에 이르러서야 발견되고, 인쇄술의 힘을 빌어 뒤늦게 빛을 볼 수 있었다.

에트루리아에서 발전하여 로마에서 활용된 의치.
© Science Museum, London

임상의술의 대가로서 그는 의학에서 치의 부문을 독립시켰을 만큼 치통과 치주질환에 대해 박식했으며, 놀랄 만큼 다양하고 정교한 기술을 개발했다. 그가 설명하는 발치법은 현대에서도 대부분 통용될 정도다. 또한 치통이 있는 사람은 포도주를 절대 마시지 말라고 경고했으며, 치주농양은 달군 쇠나 끓는 기름에 적신 솜으로 지져버리라고, 발치한 뒤에는 빼낸 이 주변의 치근과 뼈까지 제거하라고 지시했다. 이는 그가 알코올이 염증을 덧나게 한다거나, 세균에 의한 감염의 위험을 예방해야 한다거나 하는 의학적 사실을 알고 있어서가 아니었다. 수없이 많은 시술을 통한 시행착오와 개선을 통해 얻어낸 지혜이자 요령이었다. 시술 대상자가 많아야 하고, 완성되기 전에는 어떤 치명적 부작용이 있을지 모르는 시술을 했으니 황족이나 대귀족이 그의 환자인 경우는 많지 않았을 것이다. 또한 그는 치과라기보다 구강외과에 해당했지만, 로마인이 미신을 갖고 치료를 방해했던 유일한 부문에 새로운 길을 내기도 했다. 당시 구개열(언청이)은 신의 저주를 나타낸다 여겨졌고 그렇게 태어난 아기들은 곧바로 죽이곤 했는데, 이를 치료하는 방법을 개발해 기록했던 것이다.

치과 전문의의 탄생

켈수스와 동시대의 의학계 거물들도 치의학에 기여했다. 갈레노스는 치통의 발생 기전을 밝혀냈고, 디오스코리데스는 와동(발치한 뒤 감염되었거나 그럴 위험이 있는 조직을 제거한 구멍)을 메우는 재료, 치아를 느슨하게 해서 발치를 쉽게 만드는 약재 등의 제조법을 남겼다. 또 약 1세기 뒤의 아르키게네스는 관상톱으로 치수에 구멍을 뚫어서 병든 조직을 뽑아내는 수술법을 개발했다. 로마인들이 치과와 구강외과 수술을 위해 사용한 도구에는 이밖에 치과용 드릴, 정, 집게 등등이 있었다. 그리고 언제부터인지 불확실하나 수술 때 마취도 했다고 한다.

로마제국 중반에 이르러 풍요로운 사회를 반영하여 의학 수요가 크게 늘었다. 이에 비례해서 의사들도 늘어났다. 그러나 쇠퇴기에 들어서자 공급이 수요에 못 미치는 현상이 나타났고, 이에 대응하고자 팔방미인이 아닌 특정 분야를 전공하는 전문의들이 탄생했다. 특별한 힘과 기술을 필요로 하는 치과 전문의들도 이때 나타나서 활약했으리라 본다.

실용주의적 시각예술

로마를 대표하는 미적 기술

'모자이크'의 의미를 모르는 사람은 거의 없을 것이다. 붓이나 펜으로 여러 번 선을 그려 작품을 만드는 게 아니라, 채색된 조각(로마에서는 '테세라'라고 불렀다)을 일정한 구도에 따라 붙여 작품을 완성해내는 기법이다. 모자이크는 몇 가지 면에서 다른 '실용적' 기술과 나란히 로마를 대표하는 '미적' 기술이라고 볼 수 있다.

첫째, 다른 기술과 마찬가지로 이 기술도 로마가 직접 창안해낸 건 아니나 본격적으로 발전시키고 널리, 다채롭게, 심도 있게 구사하였다. '조각을 이어 붙여 면을 구성하기'는 기원전 3000년경 메소포타미아에서 발견된다. 하지만 장식미술 차원에서 모자이크를 처음 남긴 자들은 그리스인들인데, 기원전 4세기에서 3세기 전후, 헬레니즘 시대 왕조의 궁전 유적에서 주로 발견된다.

그러나 그리스인들은 바닥 장식을 위해서만 모자이크화를 그린 반면, 로마는 바닥, 벽, 천장에까지 두루 모자이크를 사용하였다. 또한 그리스인들은 기하학적 패턴을 많이 표현하고, 색채도 비교적 단조로웠다(그러는 게 만들

국립 로마 박물관에 있는 기원전 1세기의 로마 모자이크.
ⓒ Marie-Lan Nguyen

기가 쉬웠다). 하지만 로마 모자이크는 신이나 인간들이 뛰고, 춤추고, 사냥과 전쟁을 벌이는 장면들을 역동적으로 묘사했으며, 그림 조각의 색채 및 질감 또한 훨씬 다양했다. 자갈, 조개껍질, 나무 조각, 유리, 심지어 금과 은까지 사용되었다.

다만 지금의 튀르키예 땅인 제우크마에서 발견된 기원전 3세기경의 모자이크화들은 로마 모자이크화와 구별되지 않을 만큼 화려하고 생동감 있는 모습을 띠고 있다. 그런데 이때는 로마가 세력을 뻗치고 있었으며 그림 중 일부는 그리스가 아닌 로마의 신들을 표현하고 있는 점을 보면, 이것이 로마의 기술을 역수입해 그려졌거나 이 지역에서만 발달된 모자이크 기술을 로마가 가져다 썼을 가능성이 있다.

모자이크 작업의 편의성

둘째, 모자이크가 그만큼 널리 활용된 것이야말로 '로마적'이다. 바닥에 큰 그림을 그리는 일은 비교적 쉽다(다만 밟고 다니게 되므로, 시간이 지나면 훼손되어 지저분해진다. 그리스에서 바닥에 모자이크를 쓴 것은 미적인 고려보다는 이 점을 따진 결과일지 모른다. 모자이크는 충격에 더 오래 견딜 수 있기 때문이다. 로마도 도로포장을 할 때는 모자이크의 이런 장점을 활용했다). 그러나 벽에는 나아가 천장에는 그리기가 어렵다. 물감이 흘러내리거나, 변색되거나, 잘못 칠한 부분이 생기기 쉬우며 특히 천장은 그리는 사람에게 엄청난 중노동을 요구하기 때문이다. 르네상스 시대에 시스티나 성당 천장화를 그리던 미켈란젤로가 얼마나 고생했는지는 관련 기록들을 읽어보면 알 수 있다.

그러나 모자이크는 그렇지 않다. 화가가 미리 구도를 잡고, 배색을 결정해서, 그에 따라 벽이나 천장에 표시해두면 그다음은 노동자들의 단순 작업만으로 끝난다. 시간이 훨씬 적게 들고, 깔끔하며, 우수한 예술가를 여럿 동원해야 할 필요도 없다. 1930년대 초 멕시코 출신의 화가 디에고 리베라가 뉴욕의 록펠러 센터 벽화를 의뢰받아 그렸다. 완성된 그림을 보고 많은 사람들이 '이렇게 큰 벽화를 이렇게 빨리 그리다니! 이 사람은 귀신이야! 아니, 잠도 거의 자지 않으며 그렸을 게 분명해!'라고 놀라워했다. 그러나 사실 리베라는 모자이크 방식을 응용해 벽화를 그렸다. 벽면을 촘촘하게 격자화하고, 네모칸 하나마다 색깔을 배정해서는 일꾼들에게 맡겼다. 그리고 자신은 그림이 완성되는 걸 편하게 앉아서 감상했던 것이다.

이것은 작품 하나하나에 혼을 담아 직접 손질해야 직성이 풀리는 '장인정신'과는 다르다. 그보다는 하나의 산업으로 전환하기 쉬운 실용주의다. 그리고 이런 실용주의야말로 장대하면서도 아름다운 건물을 빠르게 지어 올리고, 적은 수와 모자라는 신체 조건을 가지고도 질서 정연한 편제와 전술을 활용해서 적들을 무찔렀던 로마의 본령이라고 할 수 있다.

동로마와 이슬람 문명에 계승된 모자이크

마지막으로 로마에서 꽃핀 모자이크 기법은 로마의 두 계승자, 동로마와 이슬람 문명에 계승되며 응용을 거쳐 지중해 세계의 특유한 시각예술로 이어졌다. 동로마의 경우, 궁정과 성당의 천장에 모자이크를 주로 사용했는데 그것은 앞에서와 같은 모자이크의 편리함도 고려했겠지만, 먼 거리에서 보는 사람들에게 엄숙하면서도 숭고한 인상을 주기 위해서였다. 모자이크란 가까이서 보면 거칠고 묘사력이 떨어져 보이고, 멀리서 보면 정적이면서도 신비로워 보이기 때문이다. 한편 이슬람에서는 주로 타일을 사용하여 천장과 벽을 장식했으며, 로마식 모자이크보다 큰 조각을 썼다. 이슬람은 사람과 동물 등을 묘사하지 못하는 금기를 적용했고 이 때문에 기하학적 무늬와 식물 문양이 주로 표현되었다

포르투갈에 가면 한때 로마의, 그리고 이슬람 제국의 일부였던 이 나라에 두 문화권의 모자이크 예술이 잘 보존·계승되고 있음을 확인할 수 있다. 바닥에는 로마식 '모자이크 포석'이 깔려 있고, 벽과 장식품에는 이슬람식 타일 모자이크 도안이 베풀어져 있다.

하지만 근대 르네상스 이후, 정작 로마시를 중심으로 하는 옛 로마의 본거지에서는 그런 계승이 단절됐다. 앞에서 보았듯 '예술가를 갈아 넣는' 프레스코 벽화와 천장화가 유행했기 때문이다. 그것은 모자이크는 아무리 정교하게 만들어도 생동감이 떨어지며, 명암 표현에 한계가 있어서였다. 그리하여 한 사람의 예술가의 손으로 각자의 개성을 담아 격정적인 스펙터클을 표현하면서, '근대 서구의 역동성'을 예술에도 반영함으로써 고대적인 숭고미와 신비주의를 대신하게 된 것이다.

동로마를 지킨 첨단무기

로마인의 불? 그리스인의 불!

전쟁으로 일어서고 전쟁으로 번영한 로마는 전쟁 기술도 많이 발전시켰다. 투석기, 충차, 공성탑 등의 공성 병기들은 로마에서 발명한 것이 아니지만 로마군에게서 더 효율적이고 강력하게 개선되어 활용되었다. 로마군이 육지에서는 강하지만 바다에서는 힘을 못 쓴다는 점이 **포에니 전쟁**5-2에서 밝혀지자, 카르타고를 모방해 오단노선을 건조하고 코르부스라는 획기적인 무기를 장착해 카르타고를 바다에서도 압도했다.

그러나 로마가 개발한 가장 독보적이면서도 위력적이었던 무기는 '그리스인의 불'이었다. 그 이름이 '로마인의 불'이 아닌 까닭은 고대 그리스 도시국가에서 그 원형을 찾을 수 있다고 하며, '그리스인의 로마'인 동로마제국에서 이를 본격적이고 안정적으로 쓸 수 있도록 개량·확립해 널리 썼기 때문이다.

수도를 지켜내는 가장 믿음직한 수단

투키디데스의《펠로폰네소스 전쟁사》에는 기원전 424년에 테베인들이 아테네인들에게 석탄, 유황, 역청 등을 넣고 불을 붙인 가마솥을 던져 공격했다고 적혀 있다. 이후에도 그리스–로마 고전 세계에서 비슷한 화공의 기록이 간간이 보이지만, 무기체계라기보다는 임기응변의 수단에 가까웠다. 그러다가 515년, 동로마제국에 반기를 든 비탈리아누스가 콘스탄티노플을 급습하여 위기에 처했을 때, 이런 화공 수단을 대규모로 사용해서 비탈리아누스의 함대를 불사르는 일이 있었다. 이후 동로마에서는 이 화공 수단을 적극적으로 배치하고 개량했다.

7세기, 콘스탄티노플의 공학자 칼리니코스가 마침내 무기 차원의 '그리스인의 불'을 개발해냈다. 재료는 기존의 유황, 역청 등에다 주석과 수지, 그리고 암염 등을 섞었는데 자세한 내용은 동로마의 특급 비밀이었으므로 알 수 없다. 하지만 이 신무기는 액체 상태로 있다가 아무 때나 불붙지 않고 자극을 주면 순식간에 불타올랐으며, 물을 끼얹어도 꺼지지 않고 바닷물 위에서도 불길이 거셌다. 이런 묘사를 미루어보면 '칼리니코스가 인화칼슘을 합성해낸 것이 아닐까?' 하고 현대 화학자들이 추정하기도 한다. 인화칼슘은 평소에는 안정적이다가 물과 반응하면 폭발적으로 발화한다. 하지만 발화와 함께 유독가스도 배출하는데, 그리스인의 불이 그런 효과를 냈다는 말이 없는 걸 보면 지나친 추정일 수도 있다.

그리스인의 불을 적에게 투발하는 방법은 투석기나 기중기로 그리스인의 불이 담긴 항아리를 적에게 던지거나 물대포처럼 직접 그 액체를 발사하는 것이었다. 콘스탄티노플을 지키는 동로마 군함들에는 이런 장비가 장착되어 있었고, 이를 써서 678년에 이슬람 제국의 전력을 다한 공격을 격퇴했을 뿐 아니라, 821년 슬라브족 출신 토마스의 반란과 941년 루스인들

'그리스인의 불'을 써서 토마스의 반란군을 격퇴하는 장면을 그린 12세기 작품.

의 기습 또한 막아낼 수 있었다. 그리스인의 불이야말로 **테오도시우스 성벽**[4-9]과 함께 동로마가 수도 콘스탄티노플을 지켜내는 데 가장 믿음직한 수단이었다. 그 테오도시우스 성벽 내에도 그리스인의 불이 설치되어 적들의 성벽 돌파를 좌절시키는 중요한 역할을 했다.

심리적 효과가 큰 방어용 무기

그러나 비밀이란 그토록 오래 지켜질 수 없는 것이, 몇 번이고 그리스인의 불 때문에 좌절을 겪은 이슬람군은 마침내 그 제조 비밀을 훔쳐내 자신들도 사용하기 시작했다. 그래서 1099년에 제1차 십자군이 예루살렘을 공략할 때, 도시를 지키던 이슬람군이 그리스인의 불로 대항하는 바람에 애를 먹기도 했다.

하지만 이 무기가 만능은 아니었다. 이슬람군이 제조 기술을 확보하고도 콘스탄티노플 공략에 돌파구를 얻지 못했음에서 알 수 있듯, 이 무기는 방어용이지 공격용이 아니었다. 또한 사정거리가 길지 않았고, 짧은 시간 안에 불이 많이 번져야 효과가 컸기 때문에 많은 배들이 한꺼번에 몰려들 경우에만 결정적인 역할을 할 수 있었다. 나중에 개발된 전함용 화포처럼 배와 배가 정면 대결을 벌이는 데 쓸 만한 무기는 아니었다는 것이다. 게다가 바람이 아군 쪽으로 강하게 불거나 풍랑이 거칠다면 스스로를 태워버릴 수가 있어서, 특정한 기상 조건에서만 사용이 가능했다. 결국 그리스인의 불은 화포가 일반화된 뒤부터는 전선에서 사라졌고, 튀르크와의 항쟁에서 콘스탄티노플은 그리스인의 불에 기대지 않고 싸워야 했다.

그렇지만 동서남북으로 끊임없이 몰려드는 적들에 맞서 로마가 또 한 번의 1천 년을 버틸 수 있었던 데 이 그리스인의 불이 세운 공로는 아무리 강조해도 지나치지 않다. 그것은 '괜히 쳐들어갔다가 통구이가 되고 싶지는 않다!'는 심리적 질병을 적군들 사이에 퍼뜨린 점도 포함하는 것이었다. 병사의 입장에서 생각하면 날아오는 바윗덩어리는 어찌어찌 피할 수 있을 것 같다. 적선이 우리 배에 부딪쳐 오고, 적군이 벌떼처럼 우리 갑판으로 타고 올라도, 동료들과 함께 어떻게든 맞서 싸울 수 있으리라. 그러나 저 멀리서 불덩어리가 날아와 잠깐 사이 배 전체가 불덩어리가 되어버린다면? 배를 버리고 바다에 뛰어들어도 사방이 불바다라, 꼼짝없이 죽음을 맞이하게 된다면? 사기가 크게 떨어질 수밖에 없다! 전근대의 전쟁에서는 무기의 실제 위력보다 사기를 떨어트리는 효과가 더 중요할 수도 있었다. 카르타고군의 코끼리, 임진왜란 당시 왜군의 조총이 그랬던 것처럼! 결국 만능 무기란 없다. 언제까지나 변치 않는 위력을 떨치는 무기도 없다. 그러나 동로마가 고안해낸 이 무기는 무려 수백 년 동안이나 기대 이상의 효과를 거두었다.

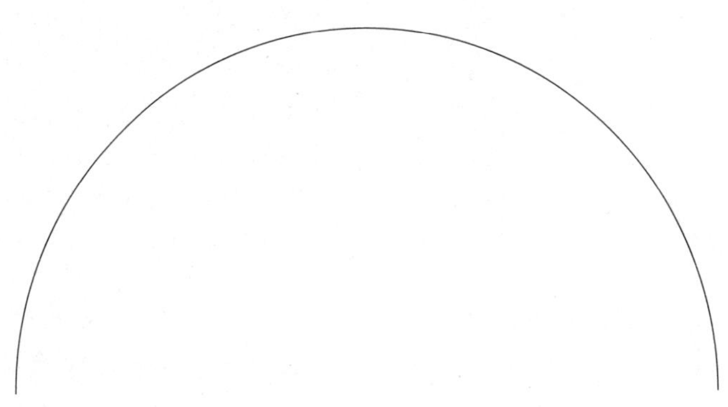

Roma non uno die aedificata est.

로마는 하루아침에 이루어지지 않았다.

_미겔 데 세르반테스

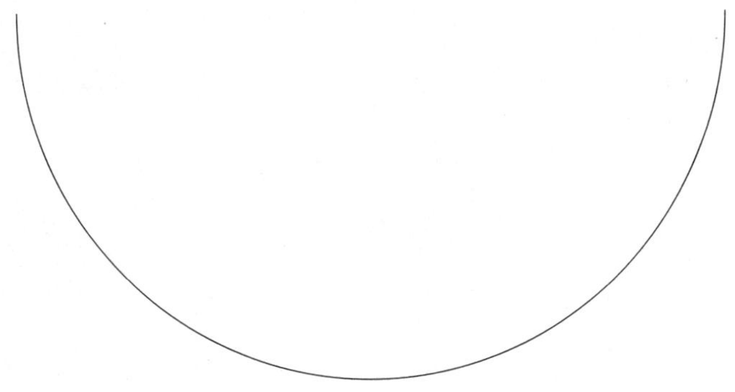

위대한 문명은 반드시 위대한 책을 남기기 마련이다. 물론 이때 '위대함'의 기준은 제각기 다를 수 있다. 그 책이 아니라면 전해질 수 없던, 소중한 정보를 담고 있는 인류의 보물로서의 위대함인가? 당대는 물론 수십 세기를 넘어서 오늘날까지 꾸준히 읽히는, 그만큼 수많은 사람의 심금을 울리고 영향을 미쳐온 스테디·베스트셀러로서의 위대함인가?

여기서는 두 가지 기준을 모두 고려해 열 권의 책을 뽑았다. 《건축론》, 《로마사》 등은 독보적인 자료라는 점에서, 《신약성서》, 《명상록》 등은 오랫동안 많이 읽혔다는 점에서, 《박물지》는 두 가지 특성 모두에서 뛰어나다고 할 수 있다. 《로마사》가 없었다면 현대의 우리는 로마 역사의 많은 부분에 대해 깜깜할 것이다. 《아이네이스》가 없었다면 라틴어가 그만큼 오랜 영향을 미치기 어려웠을 것이다. 《신약성서》를 빼놓고 서구 문명을 이야기할 수 없다. 그런 점에서 이 책들의 위대함은 공통성을 지닌다. 바로 인간 영혼의 위대함을 반영한다는 것이며, 인류 문명의 영혼을 구성한다는 것이다.

열 권 말고도 로마의 유명한 책들은 많다. 그리스-로마 신화를 정리한 오비디우스의 《변신》, 바울에 버금가는 기독교의 대사상가 아우구스티누스가 남긴 《신국》, 《명상록》과 함께 스콜라 철학의 고전인 에픽테토스의 《어록》, 로마 법학 체계를 수립한 가이우스의 《법학제요》, 유대 전쟁의 독보적인 기록인 요세푸스의 《유대전쟁사》, 세계 최초의 요리서인 아피키우스의 《요리론》, '세계 최초의 소설'이라는 타이틀을 놓고 다투는 페트로니우스의 《사티리콘》과 아풀레이우스의 《황금 당나귀》…. 그러나 위에서 말한 두 가지 기준, 그리고 영혼의 위대함이라는 세 번째의 기준을 두루 생각할 때, 여기서 뽑은 열 권을 우선시해야 한다고 생각한다.

한편 이 열 권 중 다섯 권은 비슷한 시대, 기원전을 전후한 100년 동안에 나온 책들이다. 그만큼 카이사르와 아우구스투스의 시대가 문화적으로 역동적이고 풍요로운 시대였음을 증명한다.

7부

로마의 책

로마 과학과 기술문명의 구조

'비트루비우스적 인간'의 의미

레오나르도 다빈치가 그린 유명한 그림에는 뭐가 있을까? 〈모나리자〉? 〈최후의 만찬〉? 그런데 그보다는 지명도가 약간 덜할지 몰라도, 누구나 한 번은 보았을 법한 그림이 있다. 원과 사각형이 맞물려 있고, 그 안에 벌거벗은 남자 하나가 바로 서서 양팔을 벌린 T자형 자세와 팔을 들고 다리를 벌린 X자형 자세를 동시에 취하고 있는 모습이다. 본격적인 회화라기보다 삽화 같은 이 그림을 '인체균형도'라고 많이 번역하는데, 원래 작품명은 〈비트루비우스적 인간〉이다.

1490년쯤 다빈치가 그린 이 그림에 왜 기원전 1세기 사람인 비트루비우스의 이름이 붙어 있는가는 이 그림에 대해 다빈치가 덧붙여 쓴 글에서 잘 드러난다.

> 비트루비우스는 말한다. 손가락 네 개의 길이가 손바닥의 길이이며, 손바닥 네 개의 길이가 발바닥의 길이이고, 손바닥 여섯 개의 길이는 1완척(큐빗), 4완척이 사람의 신장이다. 양 팔을 벌린 길이는 신장과 같으며, 머리 꼭대기

에서 턱까지의 길이는 신장의 10분의 1이다.

이것은 비트루비우스Pollio Marcus Vitruvius가 쓴《건축론》의 내용을 다빈치가 풀이하고 있는 글이다. 건축과 사람의 신체 길이가 무슨 상관일까? 그리고 사람의 신체 길이는 개인별로 다양한데, 비트루비우스는 왜 저렇게 딱 잘라서 말하고 있는 것일까?

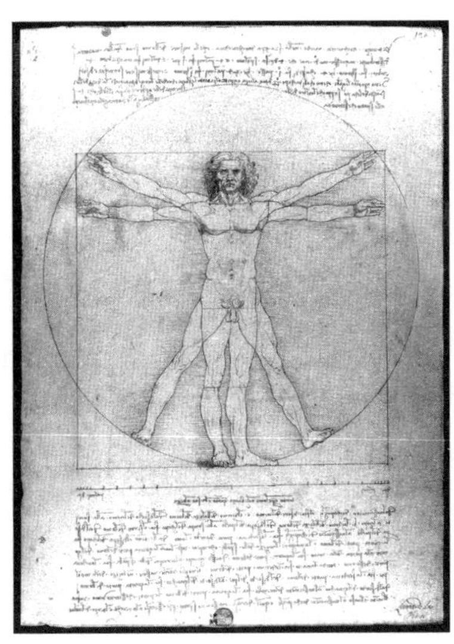
레오나르도 다빈치의 〈비트루비우스적 인간〉(1492?).
ⓒ Luc Viatour

모든 것에는 이상적인 비례가 존재한다

그것은 "딱딱 나누어지는, 수적인 비례야말로 아름다움이다"라고 비트루비우스는 생각했기 때문이다. '팔등신 미인'이라는 말에서 알 수 있듯, 모든 것에는 가장 이상적인 비례가 존재한다. 물론 실제 사람의 신체가 자로 재듯 일정하게 이루어져 있을 리는 없다. 하지만 그런 이상적 비례에 가까운 사람도 있고, 이상과 거리가 먼 비례의 사람도 있으리라. 그리고 우리는 그 이상적 비례에 가까울수록 아름다운 사람이라고 느끼고 그렇게 부른다. 그것은 비트루비우스의 독창적 생각은 아니며, 일찍이 피타고라스와 플라톤이 생각했던 미학이론이다.

그들은 그 이론을 건축에 적용하지는 않았다. 그렇지만 사람이 태어나면서 갖고 나온 비례는 어쩔 수 없다 해도, 인공의 건축물이라면 얼마든지 이상적으로 만들 수 있다. 한 건물의 높이에 비례한 이상적인 너비는 얼마인가? 기둥은 모두 몇 개가 얼마만큼의 간격으로 늘어서 있어야 하는가? 기둥 전체 길이에서 주두는 몇 퍼센트를 차지해야 적절한가? 건물 내부 구도는 정비례 대칭을 많이 가져가는 게 좋은가, 반비례 대칭을 적당히 넣어야 하는가? 이런 문제를 건축가들이 고민하고, 실용성을 넘어서는 건축미를 구현할 수 있도록 그 사상과 방법을 담아낸 책자는 비트루비우스의《건축론》이 처음이었다. 그리하여 **콜로세움**4-3에서 **판테온**4-6 등에 이르는, 오늘날까지 명성이 자자한 로마 건축들이 이 책의 지침에 따라 만들어졌고, 먼 훗날 기베르티, 알베르티, 그리고 레오나르도 다빈치에게 재발견되어 르네상스 미술과 건축을 꽃피운 것이다. 타타르키비츠는 이에 대해 "이 이론을 유럽 미학의 대이론great theory으로 불러도 되리라. 유럽 문화의 어떤 분야에서도 그렇게 오랫동안 지탱된, 그토록 광범위한 인식을 요구한 이론은 없었다"라고《여섯 가지 개념의 역사》에서 밝혔다.

건축의 모든 것을 담은 책

총 10권으로 이루어져 있어서 '건축10서'라고도 불리는 비트루비우스의《건축론》은 건물의 미학에 대해서만 논한 책이 아니며, 건축물의 실용성과 견고성, 건축 재료의 선택, **시멘트**6-2와 콘크리트의 제조법, 기중기 등 건축에 필요한 기계들의 제작법, 자연환경에 맞는 건축의 특성, 도시계획에 이르기까지 그야말로 건축의 모든 것을 담고 있다. 건축에 사용되었던 당시의 수학과 화학, 기술 역시 세세히 설명하고 있으므로 그야말로 서양 고대 문명의 과학기술적인 내용을 담은 독보적인 책이다. 특히 그의 도시계획은 군사학과 연결되어 있으며, 성벽을 어떻게 세우고 어디에 망루를 지어야 효과적으로 적을 물리칠 수 있느냐가 기하학적으로 산출되어 있으므로 화기의 성능이 크게 발전하기 전까지 유럽인들은 이를 모델로 해서 요새 도시를 짓기도 했다.

또한 비트루비우스는 건축과 환경에서도 조화가 이루어져야 한다는 생각에 이탈리아, 그리스 등 당시 지중해 세계의 풍토에 대해 서술했고 이는 지리서의 성격도 갖는다. 그는 소아시아의 할리카르나소스라는 도시에 있는 살마키스 샘물의 전설에 대해서 '과학적'인 해석을 남기기도 했다. 그 샘물을 마신 사람은 누구나 성병에 걸리게 된다는 전설이 있었다. 그러나 비트루비우스는 그 도시 사람들이 그리스의 퇴폐적이고 향락적인 생활 방식을 받아들인 결과 성병이 번지게 된 것이며, 샘물은 아무 관계없다고 단언했다. 이는 '과학적'일 뿐 아니라 사회문화적이며, 민족에 대한 편견도 서려 있는 통찰이다. 그의 건축 이론은 대부분 그리스 학문에서 비롯된 것이지만, 그의 삶의 방식은 전통적인 그것 즉 로마의 '소박하고 견실한 것'이 마땅하다는 신념을 따랐음도 알 수 있다.

무엇보다 《건축론》의 역사적 영향력은 타타르키비츠가 '대이론'이라고 부른 '적절한 비례야말로 미의 본질'이라는 이론에서 나온다. 그렇지만 우리는 꼭 절묘한 대칭을 이루어야만 아름답다고 생각하지 않는다. 불규칙한 아름다움도 있다. 제 눈의 안경이라고, 아름다움은 개인적 취향과 관련된다고 여기기도 한다. 하지만 화장에서 피트니스, 성형수술까지 '더 아름다워지기 위하여' 공을 들이는 것이 우리의 모습이기도 하다. 무엇은 무엇보다 낫다, 아니 우월하다고 여기는 주관적인 판단, 그것의 객관적인 아니 구체적인 근거를 찾으려는 노력은 모두 비트루비우스의 대이론과 연결되어 있다. 그런 점에서 《건축론》은 아직도 인류에게 의미가 적지 않다.

우리는 행복하기 위해서만 살지 않는다

말로는 못 당할 사람

마르쿠스 툴리우스 키케로Marcus Tullius Cicero에 대한 평가는 비슷하면서도 엇갈린다. 루돌프 골트슈미트 옌트너는《7가지 역사적 대결》에서 "그는 비현실적 이데올로기를 내세웠다. 아마추어와 둔한 자에게는 가장 위험한 영역인 현실정치로 뛰어든 작가, 그뿐이었다"고 평했다. 반면 데이비드 권은《로마 공화정》에서 "그에게는 결점이 많았다. 일관성 없는 모습을 보여주기도 했다. 그러나 이상주의자이고 원칙주의자이며 용감한 인물이었다. 그는 무너져가는 **공화정**10-5을 부질없이 수호하느라 자신의 인생을 바쳤다"고 평했다.

'정치는 현실이다'라는 데 방점을 찍고 보면, 그는 언변에 능한 '샌님'이었을 뿐이다. 그러나 '정치란 더 나은 세상을 꿈꾸는 것이다'라고 보면, 그는 공자처럼 '안 될 것을 알면서도, 가야만 하는 길을 걸은 사람'이라 여겨진다.

그도 **카토**1-5나 **마리우스**1-7처럼 '호모 노부스'였는데, 그 두 사람보다 훨씬 불리했던 것은 군사적 재능이나 업적이 없었다는 것이다. 그렇지만 로마

사상 최고로 꼽힐 정도의 웅변 천재였으며(스스로 제일가는 웅변가라 여겼던 **카이사르**1-8가 그의 웅변을 들으며 기가 질려서 들고 있던 서류를 떨어트렸다는 일화가 있다), 라틴어 산문을 혼자서 개척하고 혼자서 완성했다는 평가를 받았다. 한마디로 '말로는 못 당할 사람'이었던 셈이다. 그 능력에 힘입어 조영관, 법무관, 콘술에 이르는 출세 가도를 거침없이 내달릴 수 있었다.

현실 참여는 지식인의 의무다

하지만 키케로는 스스로를 웅변가나 문필가, 정치가이기에 앞서 철학자로 여겼다. 그는 일찍이 그리스에서 유학하여 철학과 문학을 깊고 넓게 배웠다. 그 가운데 플라톤의 철학은 그의 영혼을 뒤흔들었으며, 플라톤을 '신과 같은 존재'로 떠받들며 살게 된다. 하지만 실용적이고 절충적인 로마인답게, 그는 하나의 학파에 집중하여 그 계보를 이으려 하지 않았다. 당시 여러 철학의 분파들 가운데 그는 플라톤의 아카데미아 학파를 자처하면서도 스토아 학파의 말과 생각을 가장 많이 사용했고, 아리스토텔레스를 잇는 소요학파와도 가까웠다. 그가 적대한 철학은 에피쿠로스 학파였는데, 에피쿠로스는 개인의 쾌락과 행복을 최선으로 여기며, 정치나 사회 문제는 외면했기 때문이다. 키케로가 보기에 그것은 얼마간 공감이 가는 생활 태도다. 철학의 바다에 푹 빠져 현실을 잊는 삶이야말로 가장 행복하기 때문이다. 그러나 사람은, 적어도 로마 시민은 개인적 행복만을 위해서 살면 안 된다는 게 그의 신념이었다.

> 천부적으로 공직 수행의 능력을 가진 사람이라면 모두 선뜻 정무관이 되고 국정을 살펴야 한다. 그렇지 않으면 국가 질서가 유지될 수도, 정신의 위대

함이 보전될 수도 없기 때문이다.

일찍이 플라톤도 '철학에 빠져서 행복한 사적 삶을 누리느냐, 정치에 참여하여 힘든 공적 삶을 사느냐'의 문제를 고민했다. 그리고 '철학자는 자신보다 열등한 자의 지배를 받는 것을 참지 못하므로' 정치에 나선다는 알쏭달쏭한 해답을 내놓았는데, 키케로는 한발짝 더 나간 것이다. '현실 참여, 그것은 지식인의 의무다.'

그런데 도덕의 중심에 의무를 놓는 것은 서양 윤리학에서 매우 획기적인 일이었다. 소크라테스를 비롯해 그리스 철학자들은 도덕의 기초를 인간 본성에서 비롯되는 행복에서 찾았다. 인간은 본래 도덕적으로 행동해야 진정으로 행복한 존재다. 그런데 선행에 부담을 느끼고 악행으로 쾌락을 느낀다면 그것은 자신의 본성을 잘 모르기 때문이다. 따라서 올바른 앎이 곧 도덕적 행동으로 이어진다는 것이었다. 그러나 키케로는 여기에 '행복하지 않더라도 도덕적으로 행동해야 할 때가 있다. 그것은 도덕적 의무를 지키는 것이다'라고 함으로써 철학의 새로운 계기를 마련했다. 이는 훗날 기독교나 칸트의 의무론과 연결되는데, 그런 의무론이 보편적인 입장을 취하는 반면 키케로는 차등적 의무론을 말했다. 우리는 의무를 가져야 될 대상에게만 의무를 가지며, 대상에 따라 의무의 정도가 다르다. 그러면 가장 큰 의무의 대상은? 국가와 부모patria et parentes다! 이들이 나를 낳았기 때문이다. 그는 나아가서 국가가 위기에 처했을 때 목숨을 걸고 지키려 나서는 것이 최고로 도덕적인 행동이며, 거기에는 공화정이 독재정으로 바뀔 위험을 막아내는 것도 포함된다고 보았다.

그래서 키케로는 기원전 63년, 자신이 콘술로 있으면서 카틸리나의 반역음모를 저지한 일이야말로 '그 어떤 전쟁에서 승리한 것보다 위대한 공헌'이라고 자부하였다. 당시 많은 이들도 그리 생각했던지, 그에게 훗날 황제들의 별칭이 되는 '조국의 아버지'라는 칭호가 부여되었다.

하지만 그 영광은 그에게 양날의 칼이었다. 카틸리나 일당을 뿌리 뽑는 과정에서 크라수스와 카이사르가 연루되었는데, 키케로는 그들도 처단하려 했으나 그들은 간신히 모면했다. 이후 키케로와 척을 진 그들은 삼두정치를 가동하면서 키케로를 탄압한다. 로마 시민인 카틸리나에게 재판 과정 없이 사형을 선고한 것은 중대한 불법이라며 그의 재산을 몰수하고 로마에서 추방해버렸다. 키케로로서는 억울한 것이, 당시 **원로원**9-2 비상결의가 나왔으며 그것은 앞서 **그라쿠스**1-6를 때려죽일 때도 쓰였으므로 키케로의 행동에는 충분한 정당성이 있었기 때문이다. 아무튼 그는 카토의 고향인 투스쿨룸에 칩거하며《국가론》,《법률론》,《의무론》 등을 저술하는 기회로 삼았다. 그리고 그의 친구들 덕에 다시 로마에 복귀했지만, 이미 삼두정치가 대세인 상황에서 그는 다시 칩거하든지 삼두정에 편승하든지를 선택해야 했다.

여기서 그는 다시 '의무'를 선택했으며, 카이사르보다는 원로원의 입장을 존중하는 폼페이우스가 낫다 싶어서 그를 편든다. 그러나 이는 결국 카이사르의 최종 승리 이후 그의 주홍글씨가 되며, 기원전 43년 옥타비아누스, 안토니우스, 레피두스의 제2차 삼두정에 의해 키케로는 암살되고 만다.

현실정치에서 철학을 실현하기

웅변가이자 문필가로서 키케로의 평가는 최상이지만, 정치가로서는 당시 넓어지고 복잡해진 로마를 이끌어가는 데 있어 기존 체제의 한계점을 무시하고 옛 공화정의 정신만 들먹이면서 토지 문제나 빈부격차 문제, 병역 문제 등 실용적인 과제에 대해 아무 대안도 내놓지 못했다는 비판을 받는다.

철학자로서도 독창성이 부족하며 여러 그리스 철학을 절충적으로 받아들였을 뿐이라고 한다.

그러나 《의무론》은 로마시대를 넘어 서양 사상에 중대한 영향을 미쳤다. 볼테르는 '윤리학에 대하여 이보다 더 잘 쓸 수는 없다'고 평가했으며, 프리드리히 2세도 '역사상 최고, 최상의 윤리학 책이다'라고 격찬했다. 장 자크 루소나 토머스 제퍼슨 등의 계몽사상에도 큰 영향을 주었으며, 칸트는 '나는 플라톤에게는 별로 배운 게 없다. 고대 철학에서 《의무론》을 비롯한 키케로의 책들만이 나의 지표가 되었다'고 말했다. 그것은 《의무론》에 담긴 철학이 정교하고 통렬해서라기보다는, 짜임새와 설득력을 갖춘 그의 문장의 힘이 탁월했기 때문이다. '나는 철학과 웅변을 하나로 본다. 현실정치에서 철학을 실현하는 자, 철인왕이 나의 이상이다'라고 했던 키케로. 그의 이상은 당대에 현실이 되지 못했지만, 책을 통하여 후대의 사람들에게 비전으로 남았다.

영웅 황제 여성 건축 전쟁 기술 책 신 제도 유산

라틴의 일리어드-오디세이

약속의 땅을 찾아 떠나는 이야기

나는 전쟁과 전사를 노래하리니,
그 옛날, 해변의 도시 트로이에서
운명에 이끌려 그는 이탈리아로 오게 되었네.
우리의 라비니움의 서쪽 기슭에 (…)
하나의 도시를 세우고 본향을 마련하여
그의 신들을 라티움에, 라틴인들의 땅에 모시도록.
알바의 도시들이여, 로마의 높은 성벽이여,
그리된 이유를 말해주시오, 오 무사 여신이여!

훗날 단테가 "라틴의 영광"이라고 부른 사람, 로마 최고의 문호 베르길리우스Publius Vergilius Maro는 그의 대서사시《아이네이스》를 이렇게 시작한다.

'전사'가 누구인지는 분명한데, 바로 아이네아스다. 호메로스의《일리아스》에 등장하는 트로이의 장군으로, 헥토르 다음가는 용사로 묘사되었던 사람이다. 그러면 '전쟁'은? 묘하게도 이 방대한 서사시에서 전쟁 장면은 그

베르길리우스. ⓒArmando Mancini
그는 로마 문학의 최고봉에 이르렀다고 평가된다.

다지 많이 나오지 않는다. 이야기의 시작 부분에서 카르타고의 디도 여왕에게 아이네아스가 회상을 들려주는 방식으로 트로이 전쟁의 후반부가 서술된다. 왜 후반부냐 하면, 호메로스는 아킬레스가 친구 파트로클로스의 복수를 위해 헥토르와 싸우고, 헥토르의 시신을 가지고 온갖 모욕을 다 주다가 위험을 무릅쓰고 찾아온 헥토르의 아버지이자 트로이의 대표인 프리아모스 왕에게 감동하여 헥토르의 시신을 돌려주고, 파트로클로스의 장례를 지내는 장면에서 《일리아스》를 끝내고 있기 때문이다. 베르길리우스는 아이네아스의 입을 통해 그 뒤에 전쟁이 어떻게 이어지고, 끝났는지를 이야기한다. 유명한 '트로이의 목마'도 여기서 등장하며, 그 흉계를 꿰뚫어보고 목마를 불태워야 한다던 라오콘이 두 아들과 함께 신이 보낸 뱀에게 죽어가는 장면도 《일리아스》가 아니라 《아이네이스》에서 찾을 수 있다.

그러고는 내용의 거의 3분의 2가량이 트로이를 탈출한 아이네아스가 '약속의 땅'을 찾아 이리저리 떠도는 이야기로 채워진다. 트로이 전쟁 후반을 서술하는 점에서는 《일리아스》의 속편 격이었지만, 이제는 방랑과 모험의 이야기인 《오디세이아》와 비슷한 전개가 되는 것이다. 실제로 베르길리우스는 오디세우스를 위협했던 폴리페모스나 스퀼라 등 《오디세이아》의 캐릭터들을 끌어와서 아이네아스의 모험 상대로 삼는다.

평화를 당연한 것이 되도록 하라

《아이네이스》가 《오디세이아》와 결정적으로 다른 점이 있다. 《오디세이아》가 고향으로 돌아가는 이야기라면, 《아이네이스》는 신들이 가라고 명령한 '약속의 땅'으로 가는 이야기이다. 이것은 단순한 피난 이야기가 아니다. 아이네아스와 그 동료들은 몇 번이나 정착할 만한 땅을 발견한다. 사람이 살지 않는 낙원 같은 땅, 디도가 사랑과 풍요로움으로 아이네아스를 껴안아줄 카르타고, 심지어 다른 트로이 난민들이 미리 정착해서 평화롭게 살고 있는 땅도 있다. 그런 곳들 가운데 하나에 닻을 내리는 게 타당해 보이지만, 신들이 개입해서 아이네아스에게 '네가 살 땅은 이곳이 아니다! 당장 떠나라!'고 질책한다. 하다못해 그곳이 어디라고 구체적으로 말해주면 좋으련만, 처음에는 그저 떠나라고만 하고, 좀 지나서는 헤스페리아라는 모호한 지명을 댄다. 애가 타는 아이네아스 일행은 몇 번이나 신탁을 듣고, 나중에는 저승에까지 내려가서 여행 중에 죽은 아이네아스의 아버지인 앙키세스에게까지 그 땅이 어디냐고 묻지만 최후의 순간까지 정확한 좌표는 알지 못한 채 유랑을 계속해야 한다. 이는 《오디세이아》보다 신의 뜻에 따라 온갖 고초를 겪으며 정확히 어딘지도 모를 땅을 찾아가는 이야기인 《성서》의 출애굽 이야기와 많이 닮았다.

그런 유사성은 대여행의 주인공이며 지도자인 모세가 약속의 땅을 눈앞에 두고 죽은 것처럼, 아이네아스도 마침내 찾은 라티움의 땅에서 살지 못하고, 시체조차 거두지 못하는 비참한 죽음을 맞이하는 점에서도 나타난다. 그것은 이 서사시의 막바지에 겨우 다시 등장하는 전쟁의 결과다. 그래서 이탈리아에 알바 롱가라는 나라를 세우고, 로마의 기원이 되도록 하는 일은 그의 아들인 아스카니우스의 몫이 되었다.

그러면 아이네아스는 불쌍하지 않은가? 베르길리우스는 그것이 디도를 매몰차게 배신한 응보라고 한다(나아가 먼 훗날 벌어지게 될, 로마와 카르타고의 숙명의 대결인 **포에니 전쟁**5-2까지도 응보의 연장이라고 한다). 하지만 왜 배신했던가? 신들이 부추기고 윽박질러서가 아니었던가. 아이네아스가 목숨을 잃는 전쟁도 그렇다. 본래 라틴인들은 그와 그 동료들을 친절히 맞이하고, 공주와 혼인시켜 자신들의 새 왕으로 받들려 했다(낯선 이방인을 그리 우대하는 것이야말로 비현실이겠지만). 그러나 신들이 음모를 꾸미고 그들의 마음을 움직여 결국 전쟁이 벌어지게 했던 것이다.

이렇게 보면 아이네아스의 고난은 그에게 악감정을 품은 유노의 탓만이 아니다. 운명을 관장하는 **포르투나**8-7에서부터 최고신 **유피테르**8-1, 심지어 아이네아스의 친어머니인 **베누스**8-3마저 아이네아스를 고통으로만 몰아넣는 것 같다. 영웅과 모험은 신들의 여흥이나 변덕의 산물일 뿐이란 말인가. 신의 처사가 선량해 보이지 않음은 《아이네이스》에서 가장 불쌍한 인물일 팔리누루스 이야기를 봐도 뚜렷하다. 그는 아이네아스가 탄 배의 키잡이였는데, 아이네아스를 좀 더 고생시켜야겠다고 여긴 유피테르가 메르쿠리우스를 보내 팔리누루스를 유혹한다. '한밤중이다. 마침 바람도 없고 잔잔하니, 그만 좀 쉬고 눈을 붙여라.' 그러나 팔리누루스는 자신의 손에 모두의 생사가 달렸다며 끈질기게 키를 놓지 않는다. 결국 신은 그를 키째로 뜯어내 바다에 빠트리고, 키를 잃은 배는 방황하게 된다. 팔리누루스의 성실함은 아무 성과도 얻지 못했고, 개죽음만이 그에게 주어진 보상이었다.

이런 의문에 대한 답은, 아이네아스가 저승에 내려가 앙키세스에게서 듣는 예언을 통해 짐작할 수 있을 것이다.

로마인들이여! 명심하라, 이것이 그대들의 예술이 되리라.

권위로써 여러 민족을 다스려라. 평화를 당연한 것이 되도록 하라.

패자에게는 관대하고, 거만한 자들은 무력으로 억누르는 일이 그대들의 과업이니라.

"평화를 당연한 것이 되도록 하라."《일리아스》의 당대 독자에게, 도시가 도시를, 민족이 민족을 침략하고, 복수하며, 평화는 잠깐의 환상이고 살육, 방화, 약탈, 성폭행이 밤낮으로 벌어지는 일이 당연한 인간 세상의 모습이라고 학습한 사람에게, 이는 의아하면서도 벅찬 메시지가 아니었을까? 대체 왜 트로이는 멸망해야 했는가? 왜 아킬레스가 분노하고, 친구를 헥토르에게 잃고, 그 헥토르를 죽이고, 자신도 파리스에게 죽는 일이 되풀이되어야 했는가? 그것은 신의 뜻을 빙자한 인간의 욕심과 공포 때문이리라. 그렇다면 궁극적인 해결책은? 트로이도 그리스도 카르타고도 이탈리아도 모두 하나의 나라로 합쳐서, 법과 이성에 따라 다스려지도록 하는 것이 아닐까?

그것이 아이네아스가 쉬운 안식을 허락받지 못한 까닭일 것이다. 그것이 트로이인들이 전쟁과 전쟁 사이에서 방황하며 고통받아야 했던 까닭일 것

루카 조르다노의 〈아이네아스와 투르누스〉(17세기).
'마지막 싸움'에서 투르누스를 쓰러트리는 아이네아스의 모습이다.

이다. 세계제국을 건설하여, 모든 지역 단위의 불화와 갈등, 빈곤과 재난이 더 큰 차원에서 해소될 수 있도록, 다시는 그리스인과 트로이인이 서로에게 칼을 겨누지 않아도 되게끔 하는 일이야말로!

운명을 사랑하라

베르길리우스는 기원전 79년에 태어나 기원전 19년에 죽었다. 그의 생애는 곧 로마 공화정의 몰락, 로마 내전, 그리고 카이사르를 옥타비아누스가 계승하여 제국을 수립하는 시기와 겹쳐 있었다. 그는 자신이 어릴 때 당연히 여기도록 배운 세상이 멸망하는 것을 보았다. 그러나 키케로나 소 카토처럼 그 멸망에 절망할 만큼 옛 세상과 친하지는 않았다. 그리고 그의 재능을 알아보고 후원해준 새로운 절대권력 아우구스투스는 그의 눈에 매력적이면서, 무시무시한 존재였다.

베르길리우스는 개인적 야심에서 호메로스에게 도전하고자, 개인적 보신을 위해 아우구스투스에게 아부하고자(아이네아스처럼 고결한 영웅이 생애를 걸고 모든 이를 위한 평화의 터전을 세운다는 테마를 현실의 아우구스투스에게 그대로 적용할 수 있었으므로), 그리고 부조리와 불행이 가득한 인생이련만, 그래도 그 가운데 희망과 섭리의 빛을 보고 세상에 널리 전하고자 이 책을 썼다. 그런 점에서 이 책은 하나의 변신론辯神論이다. 신의 뜻이란, 세상의 흐름이란 도무지 앞뒤가 맞지 않고 모순에 찬 듯 보이지만, 길게 보면 결국 선으로 나아가는 법이다. 그러니 우리는 체념도 푸념도 말고, 우리의 운명을 사랑해야(아모르 파티amor fati)마땅하다. 나중에 로마제국 역시 신들의 장난에서 자유로울 수 없음이 확실해질 때, 그래도 아모르 파티를 이어가려면 마르쿠스 아우렐리우스의 **《명상록》**7-10이나 **《성서》**7-6, 아우구스티누스의 《신국》에 의존해야 했다.

영원한 도시가 나아온 길

모든 힘을 기울여 쓴 한 권의 책

평생 한 권의 책만을 썼으나, 그 책으로 당대의 전설이 되고 세계사의 신화가 된 사람들이 더러 있다. 《사기》를 쓴 사마천, 《바람과 함께 사라지다》를 쓴 마거릿 미첼, 《앵무새 죽이기》를 쓴 넬 하퍼 리, 그리고 《로마사》를 쓴 티투스 리비우스 등이다.

리비우스Titus Livius는 북부 이탈리아의 파타비움, 오늘날의 파두아 출신이다. 기원전 59년 태어났을 것으로 보인다. **아우구스투스**[2-1]가 되는 옥타비아누스보다는 3~4년 정도 연하이며, 사망 연도도 그보다 3년 뒤이다. 로마사와 세계사를 새로 쓴 문제적 인물인 옥타비아누스와 생애를 함께했던 사람이다. 개인적 친분도 있었다. 그러나 그는 정치에는 전혀 발을 담그지 않았다. 그리고 모든 힘을 기울여서 한 권의 책 《로마사》를 썼다.

독보적인 인기를 얻은 로마 역사서

총 142권으로 이루어진 《로마사Ab Urbe Condita》(원제는 '로마라는 도시가 세워졌을 때부터'라는 뜻이다)는 아이네아스가 이탈리아에 도착한 시점부터 시작하여 아우구스투스 시대에서 그의 양자이자 후계자로 여겨졌던 드루수스 게르마니쿠스가 죽는 기원전 9년까지 약 700년의 역사를 다룬다. 드루수스의 죽음이 이 방대한 저작의 마지막이 되는 것은 다소 뜬금없으며, 《로마사》는 미완성작이고 리비우스가 좀 더 살았더라면 아우구스투스의 죽음까지 다루면서 이야기를 더 끌고 나갔을 것이라는 시각이 있다. 한편 후계자 1순위가 젊은 나이에 죽었음은 모든 것을 손에 쥔 아우구스투스의 상처이자 제정의 앞날에 그림자를 드리우는 사건으로 특별히 취급했을 법도 하다(드루수스는 리비우스의 먼 친척이기도 하다).

그러나 지금 남아 있는 것은 1~10권과 21~45권, 그리고 11권과 91권의 일부분이다. 그래서 우리는 리비우스가 드루수스의 죽음을 쓰면서 종지부를 찍는 듯 썼는지, 글이 더 남아 있는 듯 썼는지 모른다. 그리고 로마 역사에서 한니발의 제2차 포에니 전쟁보다는 제1차와 제3차 포에니 전쟁에 대해 자세히 알 수 없고, **그라쿠스**1-6와 마르쿠스 드루수스의 개혁 및 좌절에 대해, **로마 내전**5-3의 전개와 공화정의 몰락에 대해 리비우스가 어떻게 묘사했는지 모른다. 《로마사》의 부분 유실이 그만큼 의미심장한 까닭은 《로마사》가 나오자 그야말로 인기가 폭발해서, 리비우스가 참조했을 이전 사료들의 대부분이 존재감에서 밀려나 사라졌기 때문이다.

그러면 왜 그토록 《로마사》의 인기가 높았을까? 그 원인은 무엇보다 유려한 문장에 있다. 리비우스는 키케로를 사사했으며, 그로부터 수사학과 문장에 대해 많은 것을 배웠다. 연설만으로도 리비우스는 당대 으뜸이었다고 하는데, 문장에 있어서는 베르길리우스, 호라티우스, 오비디우스와 함께 아우구스투스 시대 라틴 문학의 황금기를 이루며, 산문에서는 단연 독보적이었다. 유명한 수사학자였던 퀸틸리아누스는 "크림빛이 도는 풍요로움"이라며 리비우스의 문체를 극찬했는데, **라틴어**10-2에 정통하지 않은 이상 어째서 그토록 훌륭한 문장인지 자세히 알기는 어렵지만, 리비우스의 문장이 뛰어남은 그 누구도 부정한 적이 없다. 그래서 중세 이후 그의 책은 학생들의 라틴어 교본으로 널리 쓰였으며, 지금도 리비우스는 베르길리우스와 함께 라틴 문학을 성취한 사람으로 꼽히는 데 부족함이 없다.

또한《로마사》는 로마 건국자와 공화정 건설자들의 미덕을 찬양하면서, 이제는 '돌이킬 수 없을 정도로' 미덕이 상실된 세태를 한탄한다. 이는 보수적인 로마 귀족들의 입맛에 맞았으며, '평민의 권익이 무시되지 않던 시절'이라고 초기 로마를 상상할 수 있었기에 서민들도 싫어하지 않았다. 이처럼 '지금은 미덕이 타락한 말세'라는 메시지는 앞선 시절에는 키케로에게서, 후대에는 타키투스나 플리니우스에게서 적극적인 공명을 얻는다.

> 나는 생각한다. 우리나라보다 더 위대하거나 순수한 나라는 세상에 없었다고. 또한 시민들의 덕성을, 그들이 이뤄낸 업적의 숭고함을 생각할 때, 어떤 나라도 우리에게 범접할 수 없었다고! 일찍이 어느 나라도 이토록 오랫동안 탐욕과 사치에 물들지 않고 버티지 못했다. 검소한 삶을, 순박한 정신을 그토록 높이 받들어오지 못했다. 그처럼 청빈했고, 적은 것으로 만족했던 사람들이 로마인이었다. 그러나 요즘, 우리는 재물에 눈이 어두워져 탐욕스럽게 변했다. 정복은 우리를 거만하게 만들었다. 그래서 주체할 수 없는 욕망과 만용으로, 사람들을 무수히 죽이고 학대하는 일이 당연시되는 세상이 되어 버렸다.

하이켈하임은 리비우스의 이런 메시지가 아우구스투스의 '보다 경건한

영웅
황제
여성
건축
전쟁
기술
책
신
제도
유산

로마'라는 사회 개혁 모토를 정당화하는 것으로 의심하면서도, "리비우스는 로마인들이 보고 싶어한 대로 로마의 역사와 성격을 그려 세계에 전달하는 데 성공했다"고 평가했다.

역사가 허구보다 재미있을 수 있는 이유

하지만 이 책은 기본적으로 역사서다. 역사서란 아름다운 문장과 심금을 울리는 주장보다 사실의 정확한 전달을 우선해야 하지 않을까? 그런 점에서 리비우스의《로마사》는 흠이 많다는 주장이 근대 이후 계속해서 나왔다. 건국 신화부터 이야기를 시작하는 것은 고대 역사서로서 어쩔 수 없다고 하더라도, 그의 선배이며 보다 건조한 문장으로 인기가 덜했던 폴리비오스의《히스토리아》보다 고증이 부정확하고 상상에 근거해 썼다는 것이다. 그래서 이폴리트 텐처럼 '역사는 과학처럼 객관적 사실에만 전념해야 한다'고 믿던 19세기 실증주의 역사가들은 '《로마사》는 역사책이 아니다. 문학 작품일 뿐'이라고 폄하하기도 했다.

그러나 서로 대립되는 주장이 담긴 사료들이 있을 때, 리비우스는 어느 한쪽을 선택하기보다 사료들을 모두 제시하고 독자의 판단에 맡기는 경우가 많았다. 가령 베르길리우스는 아이네아스가 라티움에 상륙해서 그곳 왕의 환대를 받고 나라를 양도받았다고 썼지만, 리비우스는 '전쟁이 벌어지고, 라티움 왕을 제압했다'와 '처음에는 전투가 있었으나, 이후 외교적 타협으로 마무리되었다'는 설을 나란히 실었다. 그리고 상식적으로 도저히 받아들일 수 없는 이야기는 '사료에 따르면 이렇지만, 결코 믿을 수 없다'고 밝히기도 했다. 리비우스는 역사의 아버지라는 헤로도토스와 흔히 비교되는데, 헤로도토스가 "인도인은 피부가 검듯 피도 검은색이다"라는 등 뜬소문과 사료를 구별하지 않고 사실인 듯 적은 것에 비교하면 리비우스는 그래도 제법 객관적이다.

리비우스의 《로마사》는 역사서의 곁다리로 치기에는 너무도 소중한 정치·사상적 교훈들을 담고 있고 그것만으로도 영속적 가치를 갖는다. 대표적으로 르네상스 시대의 마키아벨리는 《로마사》 중 1~10권을 꼼꼼히 읽고 쓴 《로마사 논고》에서 '리비우스는 왜 이 점을 강조할까?', '리비우스는 왜 여기에 대해서는 아무 말도 안 할까?' 등의 물음을 거듭하며, 로마 공화정을 근대 유럽에서 복원한다는 자신의 프로젝트의 본바탕으로 삼았다.

리비우스는 역사적 사실을 두고 '알렉산드로스가 동쪽이 아닌 서쪽으로 원정하여, 로마와 부딪쳤다면 어떻게 되었을까?'라는 흥미로운 가상의 질문을 던지기도 한다. 결과는 '처음에는 알렉산드로스가 이기더라도, 결국 최종 승리자는 로마였을 것'이라고 한다. 아무리 천재적인 군지휘관이라고 해도 실수할 때가 있고, 모든 것을 혼자 판단하고 결정해 나간다면 장기적으로 그런 실수란 커지기 마련이다. 그러나 로마는 독재관이나 콘술을 계속해서 선출하여 전쟁에 내보내기에, 한 사람 한 사람은 알렉산드로스에 떨어질지라도 장기적으로는 우위에 설 수 있다는 것이다. 그것이 바로 리비우스가 믿었던 공화정의 힘이었다.

또한 그는 **킨키나투스**[1-3]처럼 '조국이 필요로 할 때는 주저 없이 권력을 잡고, 더 이상 필요가 없을 때는 미련 없이 권력을 내려놓는' 사람을 가장 본받아야 할 영웅으로 제시했다. 카이사르, 폼페이우스 등 영웅이 제도와 전통을 멋대로 바꾸는 시대를 살고, 또 하나의 영웅이 천하를 평정하고서도 권력을 내려놓지 않고 왕조를 만드는 모습을 지켜본 리비우스의 결론은 그랬다. 그러고 보면 그가 과연 아우구스투스의 집권에 대해 뭐라고 썼을지가 더욱 궁금해진다!

역사는 허구보다 재미있다고 한다. 그러나 전문적인 역사책이나 논문에는 좀처럼 손이 가지 않는 게 사실이다. 너무 무미건조하고, 막대한 정보만 들어 있어서 뭐가 뭔지 모를 지경이라서 그렇다. 그런 점에서 읽기 쉽고, 재미있으며, 절절한 교훈까지 담고 있던 리비우스의 《로마사》는 오늘날의 역사교양서나 교훈서에 가까울지 모른다. 그것은 텐의 말처럼 역사서로서 실격일까? 그러나 역사를 보다 많은 사람이 읽고, 알고, 생각하게 만들었다는 점에서는 실격이라고 보기 어려우리라.

사랑과 성에 대한 불멸의 조언들

사랑도 기술을 배우고 익혀야 한다

《사랑의 기술Ars Amatoria》이라는 제목으로 많이 번역된 책 첫머리에서 오비디우스Publius Ovidius Naso는 이렇게 말한다.

사랑의 기술이 서투른 사람이여! 이 책으로 사랑의 달인이 되기를.

그에 따르면 배는 돛과 노만 있으면 움직일 수 있다. 마차도 말만 잡아매면 달릴 수 있다. 그러나 그런 능력만 있다고 '잘' 움직일 수 있는 게 아니다. 배를 잘 저어가고 마차를 잘 몰려면 기술을 갖춰야 한다. 그와 같이 사랑도 욕망과 육체만으로 충분하지 않다. 기술을 배우고 익혀야 한다!

그럴싸하다. 그런데 이 책을 읽어보면 그 '사랑'이란 범위가 좀 좁다고나 할까. '모든 것을 감싸고, 변함없이 믿으며, 희망을 버리지 않는' 사랑은 아니다. 짧은 봄날 아지랑이 같은 사랑, 〈가을동화〉나 〈겨울연가〉의 사랑도 아니다. 동물적 본능이 육욕의 불꽃으로 타오르는, 큐피드가 날고 **베누스**[8-3]가 뛰는 그런 사랑의 기술을 오비디우스는 독자에게 가르치려고 한다.

연애란 곧 전쟁이다

- 그녀가 음식을 집으면 뭐든 함께 집어서, 자연스레 손끼리 스치도록 하라.
- 그녀 앞에서 눈물을 보여주라. 그녀 때문에 가슴 아파 울고 있다고 여기게 하라. 눈물이 나오지 않으면 몰래 침을 눈에 찍어 바르라.
- 그녀가 뙤약볕에 외출하면 냉큼 양산을 펼쳐 받쳐주어라. 날씨가 춥다면 그녀의 언 손을 가슴에 집어넣어 따스하게 녹여주어라.
- 그녀가 웃으면 따라 웃고, 울면 따라 울어라. 주사위놀이를 할 때는 일부러 져주라. 그녀가 벌칙을 받게 되었어도 대신 받아라. 체스든 뭐든 결코 그녀가 지게 만들지 마라.

이런 '작업 요령'들은 이른바 '손발이 오글거리기는' 하지만, 오늘날에도 제법 통할 정도라 하겠다. 그런데 이렇게 해서 그녀의 사랑을 얻기 위한 목적은 오직 하나다. 섹스! 오비디우스에게 '플라토닉'은 결코 '로마적(로맨틱)'이지 않다.

> 새들은 짝지어 날고, 암컷 물고기도 헤엄쳐서 수컷에게로 간다. 암사슴은 수사슴을 쫓아 달린다. 뱀들은 서로를 단단히 휘감는다. 수캐는 암캐를 올라타고, 암양도 숫양의 덤벼듦을 기뻐한다. 암소는 수소를 보면 좋아서 코를 벌름대고, 암염소도 더럽고 냄새나는 숫염소라고 마다하지 않는다. 발정난 암말은 아무리 멀어도, 강물이 가로막고 있어도 기필코 수말에게 간다.

오비디우스에게 섹스는 사랑의 목적이자 사랑 그 자체이며, 삶의 기쁨이자 본질, 자연의 이치인 것이다. 다만 이 책에는 《카마수트라》나 《소녀경》과 같이 자세한 성기교는 나와 있지 않다. 섹스를 할 때 한쪽만 앞서가

지 말라거나, 상대의 쾌락에서 스스로도 쾌락을 얻으라는 등의 조언만 할 뿐이다. 그런 점에서 지침서라기보다 문학이다. 또한 나이가 든 뒤에는 정력과 성적 매력이 시들 수밖에 없으니, 다정함과 교양으로 상대를 계속 사로잡으라고도 한다.

그리고 그 연애의 대상은 미혼과 기혼을 가리지 않는다. 심지어 "유부녀와 편하게 연애하기 위해서 그 남편과 친해지는 게 좋다"는, 야비해 보이는 요령까지 전한다. 더 나아가, 오비디우스는 성폭행마저 권한다. "여자는 강제로 당하기를 은근히 바란다. 그녀의 저항에 물러서지 마라. 그렇게 한다면 오히려 경멸받을 것이다"라는, 이른바 '강간신화'까지 주장한다.

이쯤 되면 '옛날 사람들이란!', '남자들이란!' 할지도 모르겠는데, 하나 더 있다. 오비디우스가 권하는 온갖 '작업 요령'들, 그것은 남자들만을 위한 것인가? 꼭 그렇지는 않다. 그는 아마도 '부록'으로 보이는(왜 여자용 지침은 없느냐는 항의 때문이 아니었을까? 부록처럼 보이는 게, 남자가 사랑을 찾는 법, 이루는 법, 지키는 법을 서술하고는 '이것으로 나의 노래는 모두 끝난다'라고 적고 있다) 여성용 사랑법도 이야기한다. 하지만 일단 분량부터 짧고, 화장 잘 하는 법(오비디우스는 화장술에 대한 책도 썼다), 남자 마음 애태우는 법, 교양 있게 보이는 법(그래서 여자도 시나 음악 등을 배워야 한다는데, 남자들처럼 그 자체의 가치를 위해서가 아니라 남자에게 매력 있게 보이기 위한 과시용으로다) 등등 남자들의 사랑에 어떻게 보조를 맞추느냐가 그 내용이다. 오비디우스에게 사랑이란 남자는 능동적이고, 여자는 수동적인 것이다. 남성은 정복하고, 여성은 정복당하는 것이다. 이어지는 '두 번째 부록'은 '사랑의 아픔에서 벗어나는 법'인데, 이것 또한 순전히 남성을 대상으로 한다. '떠나간 여성 때문에 괴롭다면 다른 여성을 품어서 잊어라', '사귀는 여성이 싫증 났다면 양다리를 걸치고, 일부러 들통이 나서 그녀가 제풀에 물러나도록 하라'는 식이다.

'이렇게 쾌락 지향적이고, 남성 우월적이고, 요즘 기준에는(당시 기준에도?)

범죄가 될 일을 버젓이 권하고 있는 책을 왜 우리가 아직도 읽어야 하는가?'

이런 질문이 나올 법하다. 그것은 첫째, 잘 들여다보면 이 책에 로마인의 사고방식이 깃들어 있기 때문이다. 철저한 실용주의자인 데다 현세주의자이자 매사를 전쟁의 구도로 바라보는 로마인들. 사랑의 경우에도 멋진 상대를 만날 법한 곳을 찾고(지형을 살피고), 상대가 특히 좋아하는 점을 찾아내 마음에 들도록 하고(적의 약점을 찾아내 집중 공략하고), 나이가 들어 상대를 성적으로 만족시키기 어려우면 교양과 다정함으로 붙잡아두고(병력의 열세를 아군의 강점으로 상쇄시키고), 돌격할 때와 후퇴할 때를 잘 구별하고…. 오비디우스의 연애란 곧 전쟁이다.

사랑도 전쟁이다. 안일하면 패배한다. 군기만 봐도 식겁하는 자는 용사가 될 수 없다. 고독한 밤, 변덕스러운 날씨, 끝없는 행군, 가슴을 후벼 파는 아픔. 모두가 전쟁의 속성이다. 전쟁을 하려면 억수 같은 비를 맞을 때가 많다. 맨땅에서 웅크린 채 덜덜 떨며 자야 할 때도 많다. (…) 사랑이 이어지기를 바란다면 자존심을 버려라. 안전하고 편한 길만 갈 수는 없다.

그래서 뭐냐고? 그게 우리 현대인들에게 무슨 소용이냐고? 현대인들이 좋아하는 '사업'을 '전쟁' 아니 '사랑'에 대입해보라. 이 책이 순식간에 경제경영 자기계발서가 되지 않는가? 하나 더 있다.

옛 사람들은 단순하고 소박했다. 하지만 지금 우리는 황금시대를 살고 있다. 정복한 나라들의 보물이란 주체할 수 없을 정도다. 카피톨리노 유피테르 신전을 보라. 초라한 옛 신전과 지금의 신전! 마치 유피테르가 다른 신으로 바뀐 듯하지 않은가? (…)

그러고 싶은 사람은 고대를 찬양하라. 그러나 나는 이 시대에 태어남을 축복

윌리엄 터너의 〈로마에서 쫓겨나는 오비디우스〉(1838).

이라 여긴다. 지금 시대가 내게는 맞다.

당대의 키케로나 리비우스가 공화정의 몰락을 아쉬워하며 로마인들이 과거의 질박함을 버리고 사치 향락에 물들어 있음을 개탄했던 것과 정반대로, 오비디우스는 그런 변화에 열렬한 박수를 보낸다. 그리스 문화에 흠뻑 빠져 있었고 《변신》, 《축제》 등에서 그리스 신화를 로마 신화에 정교하게 접합한 장본인임에도, 오비디우스는 그리스 신화를 공부하기 위해 탐독했을 《신통기》의 헤시오도스(그는 인류가 처음 등장해 순진무구했을 때가 황금시대였으며 가면 갈수록 도덕이 타락하여 말세가 되었다고 했다)와는 정반대로 현세를 황금시대라 단언한다. 또한 그리스인들이 이성애보다 고상하다 여긴 소년과의 동성애를 부정한다. '사랑이란 서로가 기쁨을 느껴야 하는데 동성 섹스에서는 한쪽만 그럴 뿐이며' '새로운 생명을 낳지 않기 때문'이다. 결국 오비디우스는 사랑이 넘치는 세상, 신이든 아우구스투스든 강력한 힘에 의해 내내 평화와 풍요를 누리는 가운데 남과 여가 적나라한 알몸으로 시시덕거리고 새롱거리고, 거리낌 없는 성적 결합으로 최고의 쾌락을 만끽하는 한편 다음 세대를 '생육하고 번성하는' 세상을 유토피아라 여겼다. 그것은 곧, '에덴동산'의 모습이었다.

현대에도 이 책이 '불멸'인 까닭

그러나 오비디우스는 그 에덴동산에서 쫓겨날 운명이었다. 바로 이 책 때문에! 황금시대를 열었다고 그가 더없이 존경했던 아우구스투스는 사치 향락과 성 개방 풍조를 못마땅하게 보았다. 그래서 법제를 몇 개씩 만들어서 기혼자의 연애나 음란한 성행동을 뿌리 뽑으려 했는데, 하필 자신의 외동딸 율리아가 대놓고 바람을 피우면서 무절제한 성에 탐닉했다! 아우구스투스는 분노했지만 차마 자기 딸을 처형할 수는 없어서 외딴 섬으로 유배 보낸다. 그리고 '이따위 책 때문에 이런 일이 벌어진 것이다!'라며《사랑의 기술》을 불사르고, 오비디우스를 멀리 추방하라고 명령한다. 하루아침에 낙원에서 연옥으로 떨어진 오비디우스는 슬픔의 말년을 보냈다. 그의 마지막 문학 작품은《따오기》인데, 은유법을 써서 자신을 저버린 황제를 원망하고 자신은 죄 없이 처벌받고 있다는 내용이다. 그는 자신이 찬양한 세상을 정확히 몰랐던 것이다. 세속적 쾌락에 과감히 취하는 듯해도, 겉치레도 중시하는 시대임을. 독재자의 변덕에 휘말리면 그 누구라도 순식간에 운명이 바뀌는 세상이라는 것을.

이렇든 저렇든《사랑의 기술》에 나오는 수법은 지금도 수많은 남녀가 애용하고 있다(이 책을 읽고 배워서 그렇다고는 못하지만). 그래서 이 책은 '불멸'이다. 그것은 우리 시대가 오비디우스가 찬양한 시대와 비슷한 점이 많음을 의미할지도 모른다. 과연, 우리는 황금시대를 살고 있을까?

세계종교를 탄생시킨 편지글들

역사상 가장 많이 읽힌 로마의 책

《성서》는 한 사람이 쓴 책이 아니며, 크게 유대교와 기독교에서 믿는 《구약》과 기독교도들만이 믿는 《신약》으로 나뉜다. 기독교에서는 모세의 율법과 창세신화나 유대 민족의 역사를 중심으로 하는 《구약》보다 《신약》의 가치를 더 중시한다. 그리고 《신약》 또한 한 사람이 쓰지 않았지만 한 사람(예수)의 생애와 가르침, 그에 대한 해석을 담아낸 책이며, 다수의 내용(27권 가운데 13권)을 한 사람(바울)이 썼다. 바울의 저작을 포함해 27권 중 21권이 '사도들'이 신도들에게 보낸 편지글이며, 나머지는 일종의 역사서(4복음서와 사도행전)와 예언서(요한계시록)로 되어 있다. 그리고 《신약》의 대상이 되는 시기와 그 모든 작성 시기(일부는 더 후대의 것으로도 보지만)는 로마시대다. 따라서 《신약》을 '로마의 책' 가운데 하나로 봐도 무리가 없으며, 그렇다면 역사상 가장 많이 읽힌 로마의 책은 바로 이 책이 된다.

'4복음서'는 기원전에서 기원후로 넘어가는 시기, 로마의 지배 아래 있던 유데아에서 벌어진 일을 예수의 네 제자(아마도)가 각각 기록한 내용이다. 네 복음의 내용이 조금씩 다른 점, 예수의 유년기에서 본격적인 활동

시기까지 수십 년이 공백으로 남은 점, '동정녀에게서 태어나' '죽은 자 가운데서 사흘 만에 부활하고 승천한' 등등 믿기 어려운 내용이 많은 점, 로마나 기타 비기독교 문헌에 예수에 대한 뚜렷한 언급이 없는 점 등의 이유로 예부터 신학, 고고학, 역사학 등의 학문 분야에서부터 소설과 영화 등의 픽션에 이르기까지 숱한 논란이 있어왔다. 예수는 존재하지 않았으며 고대 중동의 여러 신화와 전설을 편집한 신화적 인물이라는 설, 예수가 인도에 다녀와 불교의 깊은 영향을 받고 복음을 전파했다는 설, 예수가 십자가에서 죽지 않고 도망쳐 막달라 마리아와 결혼해 자식까지 낳고 살았다는 설 등등이 그치지 않고 나온다. 복음서들도 훨씬 후대에 쓰여진 위작이라는 의심이 있는데, 실제로 지금의 《신약》은 수많은 글의 여러 버전에서 추려내 27권으로 정리한 것이며, 개신교에서는 부정하나 가톨릭에서는 긍정하는 27권 외의 《외경》도 있다. 하지만 예수라는 사람이 실존했다는 것과 《신약》에 포함된 편지글이 대체로 당대에 이루어진 진작임은 아직까지 통설로 인정되고 있다.

로마의 유대 지배를 계기로 서양 세계를 잠식해 들어간 '헤브라이즘'은 로마의 기존 종교관에 대해 다음과 같은 종교관을 강력히 내세웠다.

로마인: 신은 여럿이다. 세상에는 사랑이 있다. 그렇다면 사랑을 주재하는 신이 있을 것이다. 세상에는 전쟁도 있다. 따라서 전쟁을 주재하는 신도 있으리라.

유대인: 아니다. 신은 하나다. 사랑도 전쟁도 모든 것도 하나의 세계에 속한다. 그렇다고 세계가 곧 신은 아니며, 신은 세계를 창조하고 주재하는 자다.

로마인: 신은 사람의 행동에 대체로 무관심하다. 다만 신을 모욕하면 벌을 내리며, 신에게 제물을 바치면 그 정성에 따라 복을 준다.

유대인: 아니다. 신은 인간의 모든 행동을 남김없이 살핀다. 신은 질투심이 아주 세어서 신에게 불경함은 물론 무관심해도 당사자는 물론 후손까지 벌을 내린다. 그러나 그보다 사람을 사랑하는 마음이 앞서기에, 회개하고 신에게 헌신하면 다시 평화와 번영을 준다.

로마인: 신은 인간에게 어떻게 살라는 특별한 지침을 내리지 않았다. 그 사제들과 교단 사람들이 지켜야 할 계율이 있을 뿐이다.

유대인: 아니다. 신은 인간 행동 하나하나를 규제하는 율법을 내리셨다. 율법에 따라 살아야 신의 벌을 받지 않고, 평화롭게 살 수 있다.

로마인들이 보기에는 상당히 당혹스러운 내용들이 아닐 수 없었다. 그래서 외국의 종교에 대체로 관대했던 로마인들도 유대교, 뒤를 이은 기독교에 대해서는 경계하는 태도를 보였다. 그렇다고 곧바로 박해한 건 아니었지만.

사랑의 위대함을 전하는 서한

하지만 '오직 하나의 신을 믿으며, 매 순간을 신의 가르침대로 산다'는 종교적 특성만으로는 세계종교, 즉 여러 지역과 문화에 걸쳐 두루 신봉되는 종교가 되기에는 부족했다. 그것을 가능하게 한 것이 사도 바울과 그가 쓴 편지글들이었다.

바울, 파울루스Paulus는 본래 사울이라는 이름으로 기독교인을 박해하는 유대인의 선봉이었다고 한다. 그러나 다마스쿠스로 가던 중 예수의 환영을 목격하고, 입장을 180도 바꾸어 예수의 사도, 바울이 된다. 악명 높던 그를 기독교인들의 공동체도 꺼리는 입장이었으나, 예수의 친형제인 야고보의 결단으로 받아들여진다. 그러나 예수의 가르침에 대한 그의 해석이 너무도 비약적인 것이었기에 야고보도 다시 그를 반대하게 되는데, 그것은 이렇게 정리된다.

로마·유대인: 야훼 하느님은 유대인만을 위한 신이다.

바울·기독인: 아니다. 그는 모든 인간을 위한 신이다. 유대인이든 로마인이든 페르시아인이든 신 앞에서는 모두 똑같다.

로마·유대인: 유대인을 이민족의 지배에서 해방시키는 지도자가 메시아인데, 예수는 해방의 근처에도 못 가보고 십자가에 달려 죽었으므로 실패한 메시아다.

바울·기독인: 아니다. 예수는 세속적인 해방이 아니라 영혼의 해방을 위한 메시아이며, 십자가에 달려 죽음으로써 그 사명을 이루었다.

로마·유대인: 신을 잘 믿고 덕행을 쌓으면 이 세상에서 평화와 번영을 누리게 된다.

바울·기독인: 아니다. 그보다는 내세에서의, 그리고 이 세상이 멸망한 뒤의 세상에서의 행복이 훨씬 중요하다. 예수를 믿기만 하면 그것이 보장되고, 믿지 않으면 아무리 덕행을 쌓아도 소용없다.

'삶의 모든 것을 오직 신에게'라는 유대교의 독트린에다 '유대인만이 아닌 모든 인류', '육체보다 영혼'이라는 관념을 덧붙인 독트린은 처음에는 로마인도 유대인도 손사래 치는 것이었다. 그러나 어느새 누구나 고개를 끄덕이고, 받아들이는 독트린이 되었다. 왜? 로마제국의 삶에서는 가진 자에게는 높은 수준의 쾌락을, 못 가진 자에게도 일정 수준의 생존을 보장했다. 그러나 그것만으로는 헛헛하다. 근본적으로는 인간의 삶이 그저 이런 것인가라는 허무함을 달래기 어렵고, 못 가진 자들의 질투와 울분을 삭여주지 못한다. 그 앞에 기독교는 '우리는 하나이고… 삶은 다른 곳에!'라는 메시지를

발랑탱 드 불로뉴의 〈서신을 집필하는 사도 바울〉(1620).

던져준 것이다.

로마가 최대로 번영하고 차차 쇠퇴해가던 시점을 잘 잡아챈 세계종교인 기독교. 그러나 바울 서한《신약성서》는 그것만으로 설명할 수 없는 가르침으로 모든 세대의 심금을 울린다. 가령, 각자의 초라한 삶과 그 안에서의 최대 이익 실현만을 골몰하던 사람들 앞에, 이 책은 사랑의 위대함을 전한다.

내가 모든 세상의 언어와 천사의 말을 할지라도,
사랑이 없다면, 단지 시끄러운 징이나 꽹과리와 같을 것입니다.
내가 예언의 능력을 받아 모든 비밀과 지식에 통달할지라도,
산을 들어서 옮길 만한 힘을 지녔다 할지라도,
사랑이 없다면,
아무것도 아닙니다. (…)
사랑은 자기의 이익에 구애받지 않습니다.
성내지 않습니다. 원한을 품지 않습니다. 불의를 기꺼워하지 않습니다.
모든 것을 감싸고, 변함없이 믿으며, 희망을 버리지 않고, 모든 것을 견딥니

다. 그것이 사랑입니다.

예언도 사라집니다. 언어도 그칩니다. 지식도 소멸합니다. 그러나 사랑만은 영원히 남습니다. (…)

그러므로 믿음, 소망, 사랑, 이 세 가지는 언제나 있을 것인데, 그중에 제일은 사랑입니다.

고린도전서(13:1~13)의 내용이다. 이는 세계사에서 새로운 메시지였고, 그야말로 '복음'이었다. '너희에게 새로운 계명을 준다. 서로 사랑하라. 서로를 네 자신과 같이 사랑하라! 그러면 천국은 바로 너희 가운데에 있을 것이다.' 복음서의 이런 메시지는 바울의 해석에 의해 찬연히 꽃피었다. 그것은 고전 고대의 온갖 뜻깊은 메시지를 초월하여, 공자도 석가모니도 말하지 않은 차원에서, 길이 인류의 가슴을 뛰게 할 수 있었다.

그러나 바울 서한이 감동적이고 평화로운 메시지만을 남긴 것은 아니다. 독재 정당화(로마서 13:1~7), 신분제 정당화(빌레몬서 1:10~18), 남성우월(고린도전서 11:1~13, 14:34~35, 디모데전서 2:11~15), 유대인 박해 및 인종차별(데살로니가전서 2:14~16) 등의 근거가 곳곳에 숨어 있다. 아직도 가톨릭에서 여성은 미사를 드릴 때 머리에 베일을 쓰며, 여성 사제가 인정되지 않는 것은 고린도전서의 내용에 근거한다. 과거 우리나라에서 독재에 대한 저항이 분분히 일어날 때, 독재정권은 기독교 지도자들을 불러 로마서의 내용을 인용하며 '정부에 순종하라'고 종용했다.

마지막까지 남을 사랑에 대한 믿음과 소망

그러나 신학적인 '성경무오설' 즉 성서의 내용은 한 글자도 잘못된 것이 없다는 설과 실천적인 '근본주의' 즉 성서에 씌어 있는 곧이곧대로 말하고 행동해야 한다는 주장은 여러 시대를 거치며 차차 가물어졌다. 《신약》의 내용과 《구약》의 내용은 충돌하는 부분이 많다(가령 돼지고기를 먹지 말라거나, 할례 관습을 반드시 지키라는 등). 《신약》의 메시지에 감동하면서 그 당혹스러운 내용을 흘려버릴 수 있어야 기독교는 계속 살아남을 수 있다. 그것은 바울 등의 최초 사도들이 순교할 즈음에 나왔던 의문, 그리고 기원후 1000년이, 또 1999년이 아무 일 없이 지나갔을 때의 의문, 즉 '예수께서는 그분이 가신지 얼마 되지 않아 세상이 끝나리라고 하셨다. 요한계시록에도 세상 종말이 이제 곧 있을 것처럼 나와 있다. 그런데 왜 아직도?'라는 의문을 기독교가 소화하면서 수행해낸 과제였다.

세상이 언제 끝날지는 아무도 모른다. 그러나 언젠가는 끝나리라는 것을 모두가 안다. 예언도 사라지고 언어도 그치고 지식도 소멸할 것이다. 그러나 인류가 남아 있는 한, 설령 《성서》가 어디에도 남아 있지 않게 될 때라도, 사랑에 대한 믿음과 소망은 마지막까지 있을 것이다.

세상의 모든 지식

'사실'에 대해서만 탐구하리라

> 우주, 아니면 우리가 하늘을 두고 말하는 뭔가, 우리 모두를 하나로 엮고 있는 궁륭형 천장, 거기서 우리는 신을 생각한다. 영원한 존재를, 무한한 존재를, 창조되지도 않고, 종속되지도 않으며, 시간을 초월하여, 소멸하지 않는 존재를. 그것은 인간의 인식 바깥의 존재이며, 인간이 관심을 두고 탐색해야 할 존재도 아니다….

가이우스 플리니우스 세쿤두스Gaius Plinius Secundus는 《박물지 Naturalis Historia》(말 그대로는 '자연사'라고 번역해야 할)를 열며 이렇게 말한다. 이른바 '초자연적인 것'에 대해서는 관심을 접고, 자연적인 것들에 대해서만 탐구하겠다니 로마인답게 보인다. 심지어 근대적으로도 보인다.

플리니우스는 기원후 23년 혹은 24년에 나서 79년에 숨진 사람으로, 먼저 법률을 공부해 변호사가 되었다가 다시 직업군인이 되었다. 군 장교로 게르마니아 등에서 복무했는데, 그때 만난 **베스파시아누스**2-4와 친구가 되었다. 천성적으로 호기심이 많고 기록하기를 좋아해서, 가는 곳마다 보고

들은 것을 꼼꼼히 기록하느라 늘 바빴다고 한다. **네로**2-3 즉위 뒤에는 자의 반 타의 반으로 공직을 맡지 않았고, 사방을 돌아다니며 꾸준히 자료 수집을 했다. 베스파시아누스가 황제가 된 뒤로는 에스파냐, 갈리아, 아프리카 등에서 프로쿠라토르로서 현지 총독을 보좌했으며, 이 역시 자료 수집에 도움이 되었다. 바수스가 미처 끝내지 못한 저작《게르만 전쟁사》를 이어서 씀으로써 역사가로 이름을 얻었는데, 그는 역사가나 철학자보다 로마에서는 아직 하나도 없던 '유서類書 작가'가 되고 싶었다.

그리하여《박물지》의 첫 권을 77년에 내놓으며 많은 주목을 받았지만, 79년에 베스파시아누스가 숨지고 그 넉 달 뒤, 플리니우스는 베수비우스 화산이 폭발했을 때 주민들을 구하려 현장에 달려갔다가 유독 가스에 질식해 죽었다(그래서《박물지》의 미출간 원고는 그의 양자, 소 플리니우스의 손질을 거쳐 사후 간행된다). 행정관으로서 숭고한 죽음이었지만, 한편 학자로서 이 특별한 자연현상을 가까이에서 관찰하고 싶다는 충동도 얼마간 작용하지 않았을까(적어도 수에토니우스는 그렇게 보았다).

자연과학의 탈을 쓴 인문학

《박물지》는 베스파시아누스의 아들이며 그 뒤를 이어 황제가 된 티투스에게 헌정되었으며, 전체 책의 구성을 소개한 제1권에서부터 천문과 지질을 다룬 제2권, 당시 알려져 있던 세계 각 지역들을 다룬 제3~6권, 인류에서 곤충에 이르는 동물학을 다룬 제7~11권, 목재로서의 식물에서 약재로서의 식물에 이르는 식물학을 다룬 제12~25권, 의학 지식을 담은 제26~30권, 바다(해양과 해양생물)를 주제로 한 제31~32권, 광물과 야금술 및 그에 따라 만들어진 유명한 동상들에 대한 제33~34권, 그림과 물감 재료에 대한 제

35권, 조각과 석재, 건축에 대한 제36권, 마지막으로 보석에 대한 제37권까지 서문 포함 37권, 거론되는 항목만 2만 가지가 넘는 대작이다.

이렇게 차례를 보면, 흥미로운 특징이 발견된다. 첫째, '초자연을 제외한 모든 것'을 다루겠다는 포부와는 걸맞지 않게, 인물, 역사, 전쟁, 법률 등 인문사회적인 내용은 없다(부분적으로 찾을 수는 있으나, 이런 주제를 세워 편집하지는 않았다). 중국 진나라의 장화張華가 쓴《박물지》(여기서 플리니우스 저작의 한자어 번역명이 나왔다)를 비롯한 각종 유서·백과사전들이 자연 관련 내용과 함께 인문 관련 내용도 반드시 포함하고 있음을 생각하면 이채롭다. 군인과 변호사라는 경력이 있고, 정치와 역사에도 관심이 많았던 플리니우스임에도 그런 독특함을 보이는 것이다.

인문 관련 내용을 다루려면 '초자연적인 것'을 건드리지 않을 수 없다고 여겼기 때문일까? 제국의 태동, 위기, 안정을 두루 지켜본 그로서는 몸조심을 해야 한다고 생각했을까? 아무튼 이는 인문 분야를 무시하고 오직 '실제 자연'에만 관심을 집중하는 서양 박물학, 크게 보아 지구과학의 전통 마련에 큰 영향을 주었다.

둘째, 그럼에도 불구하고 '인문적인 인식과 관심'이 책 전반을 꿰뚫고 있다. 가령 식물은 목재, 식재, 약재, 관상용 등 인간의 쓰임새에 따라 분류되고 기술된다. 암석도 조각의 재료로서, 건축의 자재로서, 그리고 보석으로서 조명된다. 근대적 박물학이라면 동식물을 그 자체의 질서에 따라 분류하고 접근했을 것이다. 지금 우리가 '광물'이라는 범주로 분류하는 암석과 금속을 다른 분류 계통에 넣은 것도《박물지》다운 특성이다. 그런데 또 반대로, 자연(재료)의 분류에 인문(인공물)이 따라가는 수도 있다. 오늘날이면 똑같이 '조각'으로 분류할 청동상과 대리석상이 각각 금속과 암석 분야로 나뉘는 것처럼!

이처럼 오늘날에 보기에는 '자연과학의 탈을 쓴 인문학'으로서의 성격을

《뉘른베르크 연대기》(1493)에 실린 키노케팔루스(개머리 인간) 그림.
플리니우스가 《박물지》에서 언급한 이 괴물에 대한 이야기가 후에 늑대인간 전설의 원형이 되었다는 견해가 있다.

지니다 보니, '믿거나 말거나' 식의 내용도 상당수 포함되어 있다. 가령 마케도니아인들은 '보나수스'라는 동물을 전쟁에 썼다고 한다. 소와 비슷한 이 동물은 달아날 때 적들을 따돌리려고 배설물을 내뿜는데, 그 '사정거리'는 무려 100미터에 이르렀으며 가연성이 매우 높아서 살아 있는 화염방사기 역할을 했다는 것이다. 또 리비아에 서식하는 바실리스크는 '모든 뱀의 왕'으로 바위도 녹여버릴 만큼 무시무시한 독을 내뿜으며, 심지어 쳐다보는 것만으로도 상대를 독살할 수 있다고 한다. 한편 크로코타나 만티코어는 사람의 얼굴을 갖고 사람의 말을 할 수 있는 맹수이며, 키노케팔루스는 반대로 개의 머리를 가진 인간으로 늑대인간 전설의 바탕이 된다. 하반신이 하나의 거대한 발인 인간(시크아포드), 입이 없으며 향기를 맡아서 생존하는 인간(아스토미) 등도 있다.

이게 과연 '초자연적인 것은 빼고 사실만을' 탐구하겠다고 한 사람의 책 내용이란 말인가? 플리니우스가 살아서 그런 비판을 듣는다면 아마 어깨를

으쓱할 것이다. '세계는 넓고, 생물은 다양하다. 알을 낳는 너구리도 있고, 암수 구분이 없는 생물도 있지 않은가? 당시로서는 그런 기묘한 인간이나 동물이 있대도 다만 희귀할 뿐, 초자연적이라고는 여기지 않았다.' 맞는 말이다. 하지만 그의 변명에는 그가 '사실'을 직접 관찰하고 해부나 실험으로 분석한 경우는 거의 없기에, 궁색함이 있다. 동식물을 직접 열심히 연구했다면 그런 식의 구조는 불가능함을 알았을 테니 말이다(그는 직물이나 광물 등에 대해서는 직접 경험으로 얻은 지식이 많았는데, 초기 로마시대의 한 왕의 망토가 수백 년 동안 제 모습을 유지했다는 전설에 '세상에 그런 천은 없다'고 단언한다. 또한 클레오파트라가 식초에 진주를 녹여 먹었다는 유명한 이야기에 '진주는 식초에 녹지 않는다. 그녀가 보여준 것은 일종의 쇼였을 것이고, 그녀는 신체의 자연스러운 기능에 따라 그 진주를 되찾았을 것이다'라고 한다). 그러나 천문학이나 동물학에 대해서는 대부분 그리스 학자들의 저작을 베끼고(그 과정에서 오역을 하는 바람에 한동안 많은 혼란을 주기도 했다), 지리학에서도 직접 가본 경험에 의존하되 현지에서 '들은 풍월'에 직접 본 것 이상으로 의존했기에 황당한 내용이 많이 들어갈 수밖에 없었다.

그리고 이 책은 비정치적인 것처럼 보이지만, 잘 들여다보면 일정한 정치적 견해가 행간 곳곳에서 묻어난다. 그것은 먼저 키케로, 리비우스, 타키투스 등에 의해 제시된 '소박하고 금욕적인 로마가 진짜 로마이며, 사치 향락에 물들고 허영에 들뜬 제정기의 로마는 썩어빠졌다'는 보수적 견해다. 그 가운데서도 그는 영광을 좇는 군주의 성향이나 호사스러운 취미를 통렬히 비판한다. 가령 이집트의 피라미드는 인류의 위대한 건축물이며, 오늘날에는 그것이 임금 노동으로 지어졌고 왕실의 일자리 창출 수단이기도 했다고 알려져 있지만, 플리니우스는 '아무짝에도 쓸모없는 돌덩어리들! 폭군이 자기 과시를 위해 민중을 착취한 사례'라고 폄하한다. **칼리굴라**2-2나 비텔리우스의 사치에 대해서도 매섭게 비평한다. 그러나 그가 가장 많이, 격렬히 비판하는 대상은 당대의 군주, **네로**2-3였다. '포파이아의 장례식에서 네로가 마구 써버린 향수와 유향은 아라비아에서 생산되는 1년치였다. 일찍이 이 귀한 재료를 이보다 더 헛되이 낭비한 사례는 없다.' '네로는 100만 세스테르티우스(약 70억 원)를 주고 형석 술잔 하나를 샀다. 대체 술 마시는 데 그렇게 비싼 물건이 왜 필요한가?' '네로는 발바닥에도 향수를 뿌리고 다녔다. 대체 누가 그런 부위에서까지 나는 향내를 맡을 수 있었을까?'

또한 군주가 아니더라도 과시욕에 의해 벌이는 무절제한 소비, 훗날 사회학자 소스타인 베블런이 '과시적 소비'라고 부른 행태에 대해서도 혐오한다. 가령 파이존이라는 이름의 노예는 미남이라 하여 5천 만 세스테르티우스라는 가격으로 경매되었는데, 플리니우스는 '그가 가진 아름다움의 가치가 아니라 구매자의 허영심이 가져온 터무니없는 가격'이라고 내쏘았다. 또 어느 콘술이 보유했던 형석 술잔은 원래 비싼 물건이었지만 그가 늘 애용하면서 술잔에 잇자국을 남겼고, 그게 진귀하다고 해서 경매장에서 값이 더 뛰었다. '누가 마시던 술잔, 그것도 더럽게 잇자국이 남아 있는 술잔이 오히려 좋다고 거금을 치르는 자들은 대체 어떤 정신인 것인가!' 타키투스는 분노한다. 근면 검소를 역설한, 자신의 사상의 대부격인 키케로조차 사적으로는 값비싼 물건에 돈을 썼다고 꼬집는다.

그렇다면 공화정이 제정으로 바뀐 일은 유감스러운 일인가? 키케로나 타키투스와는 달리, 플리니우스는 그렇지는 않다고 한다. 많이 보고, 많이 깨닫고, 지식과 기술을 극한까지 높이는 것이 인간의 타고난 목표다. 그런데 세상은 넓고 도적과 맹수도 많아서 두루 다니기 어렵다. 언어와 관습이 달라서 서로 이해하고 소통하기도 쉽지 않다. 그러다가 로마가 세계를 (거의) 통일함으로써 그런 장애가 없어졌고, 따라서 로마 시민이라면 누구나 전에 없던 수준까지 인간성을 계발할 수 있게 되었다는 것이다. 그것은 평화의 혜택, 다양한 사상과 문화가 하나로 모이고 도시국가 수준에서는 상상도 못했던 세계의 경이로움을 마음 놓고 만끽할 수 있게 된 혜택이다.

그러므로 우리의 과제는 제국의 혜택을 누리되 중용에 어긋나지는 말아야 하는 일, '즐거워하되 음란하지는 말아야 하는' 일이라고, 플리니우스는 노골적으로는 아니되 《박물지》의 행간에서 부르짖고 있는 것이다. 귀족이 아닌 기사 계급 출신이며, 네로를 보고 베스파시아누스를 본 사람인 그로서 할 수 있는 주장이었다.

로마판 실학 정신

모두가 알고 있듯, 불행히도 《박물지》의 그런 목소리는 거의 전해지지 못했다. 로마는 점점 더 일탈과 안일의 길로 갔다. 그러나 《박물지》는 당대는 물론 후대에도 보기 드문 '흥미 만점의' 책으로서, 중세 시대에 그 어떤 로마 책보다 꾸준히 필사되고 유통되었다. 그리하여 자연과학 발전에도 일정한 기여를 했을뿐 아니라, 역사학과 미술사학에도 크게 공헌했다. 그리스-로마를 다룬 정치사 위주의 역사책은 많으나, 우리는 《박물지》를 통해 그리스-로마의 사회문화사, 미시사를 제대로 들여다볼 수 있다. 그는 회화, 조각, 건축에 특히 많은 분량을 들여 기술하고, 미술 작품의 재료와 제작 기법까지 자세히 소개했다. 우리가 그리스-로마 미술에 대해 알고 있는 문헌적 지식은 《박물지》가 거의 전부라고 해도 될 정도다.

르네상스기, 1492년 니콜로 레오니노가 《플리니우스의 오류》를 낸 이래 《박물지》의 내용이 엄정한 사실이라고 보는 시각은 차차 사라졌으며, 오늘날에는 오히려 판타지의 소재집 정도로 여겨지기까지 한다. 그러나 단지 사실(그렇게 믿었던 것)에만 관심을 쏟고, 사물의 실용성에 집중하며, 그 정치적·인간적인 미덕을 구현하고자 애썼던 플리니우스의 정신은 '로마판 실학 정신'이라 불러도 부족함이 없을 것이다.

로마의 저편, 로마의 거울

게르만 정복자로 나선 황제들의 비극

《게르마니아》는 역사가 타키투스가 98년에 쓴 책으로 원제는 《게르만족의 기원과 현황De origine et situ Germanorum》이다.

푸블리우스 코르넬리우스 타키투스Publius Cornelius Tacitus는 기사 계급 출신이면서 원로원 의원이 되고, 콘술까지 오르며 정치 무대에서 순조롭게 출세했다. 그러나 10~20대에 **네로**2-3의 통치와 암살을 목격한 이후 어중이떠중이들이 번갈아 황제라고 하는 혼란기를 목격했다. **베스파시아누스**2-4 이후 좀 안정되는가 싶었으나 도미티아누스의 폭정이 다시 찾아왔다. 그리하여 그는 로마의 미래와 정치 현실에 매우 회의적인 입장이 되었으며, 비범했으나 군사 지향적인 **트라야누스**2-5 황제가 즉위해 해외 원정에 몰두하는 상황을 근심 어린 시선으로 바라보았다. 특히 라인강 너머 사는 '야만인들'인 게르만족에 대해서는 일찍이 **아우구스투스**2-1 시절 토이토부르크의 참패를 겪고, 이후 게르만을 공략하지 않을뿐더러 로마제국의 판도를 넓히기보다 유지하는 쪽으로 국가적 전략이 정해졌다. 그런데 이 야심만만한 황제는 다시 정복자의 길로 나서고 있지 않은가? 그러면 토이토부르크의 악몽이 재현될지도 모른다는 생각에 타키투스는 부랴부랴 《게르마니아》를 쓰게 된다. 그리고 현실정치에서 물러나 역사가로서 정치인들에게 교훈을 주고자 《로마사》, 《연대기》 등의 역작을 쓰고 또 쓰다가 트라야누스가 사망하던 117년 즈음에 숨을 거둔다.

게르만족을 전문으로 다룬 유일한 책

이 책은 모두 46장으로 이루어졌는데, 그 가운데 1~27장은 게르만족의 기원, 지역 특성, 제도, 생활 방식 등을 다루며, 나머지 28~46장은 각 부족의 현황을 서술하고 있다. 그 문체를 보면 《게르마니아》의 모델이 되었으리라 보이는 **카이사르**[1-8]의 《갈리아 전쟁기》나 서양 역사학의 초기 거장인 투키디데스의 《펠로폰네소스 전쟁사》 등에 비해 세부 묘사가 적으면서도 주관적인 진술이 많다. 오히려 투키디데스와 흔히 비교되는 《역사》의 헤로도토스와 비슷하다. 그것은 그의 글쓰기 스타일 때문이기도 하겠지만, 《갈리아 전쟁기》나 《펠로폰네소스 전쟁사》가 저자가 직접 보고 들은 내용을 바탕으로 쓴 책임에 비해 《게르마니아》는 《역사》와 마찬가지로 해당 지역을 가보지도 현지인을 만나보지도 않은 상태에서 쓴 책이기 때문이기도 하다. 그래서 이 책의 내용을 얼마만큼 신뢰할 수 있을지에 대해서는 일찍부터 의문이 있었다. 지금의 독일 지역은 물론 브리튼, 스칸디나비아, 동유럽에 이르는 광활한 지역의 여러 민족을 '게르만족'이라고 억지로 한데 묶어서 제시한 점이나, 그들의 경제, 사회, 문화에 대한 분석이 엉성하고 때로는 서로 어긋나기까지 하는 점 등은 사료로서 이 책의 가치를 떨어트린다.

그러나 《갈리아 전쟁기》 등에서 드문드문 다룬 것 외에, 로마 역사를 통틀어 게르만족을 전문으로 다룬 책은 《게르마니아》 한 권뿐이다. 게르만족 스스로는 아무 기록도 남기지 않았다. 따라서 고대 게르만을 연구하려면 《게르마니아》부터 살펴볼 수밖에 없고, 그 사료적 가치는 결코 낮지 않다.

이 책의 더 큰 의미는 타키투스가 게르만에 대한 묘사를 통해 로마 정치를 비판하고 각성을 촉구한 점에서 찾을 수 있을 것이다. 타키투스는 "황량하고 기후가 나쁜 곳, 살기 힘들고 보기만 해도 암울한 땅"이라고 게르마니아의 환경을 깎아내린다. 더욱이 그곳에는 금이나 은도 없다. 그런데 "신께서 그들에게 귀금속을 주시지 않은 것이 저주인지, 축복인지 모를 일이다"라고 덧붙인다. 덕분에 그곳 사람들은 돈의 노예로 살지 않으며, 소박하고 건강한 생활 방식을 유지하고 있다. 잉여생산물이 많지 않다 보니 계층 분화도, 빈부격차도 거의 없다. 주민 개개인은 자유로우며, 살고 싶은 대로 살기를 원한다. 그래서 로마인들이 문명인다운 삶의 기본 조건이라 여기는 도시 같은 게 없을뿐더러, 집과 집 사이를 한참 떨어트려 둔다. 정치도 복잡하지 않다. 왕은 대표자일 뿐이며, 사소한 일은 공직자들의 판단으로, 중대한 일은 모두의 참여로 결정한다. 화려한 말솜씨로 대중을 선동하여 자기 배를 불리는 선동정치가도 없고, 로마인이 무엇보다 믿고 따르는 '법'조차도 특별히 없다. 그러나 게르만의 사회는 무질서하지 않다. 법으로 해결하지 않으면 안 될 복잡한 이해관계도 없고, 법 없이도 살 만큼 훌륭한 관습을 저마다 따르기 때문이다. 사람들은 순수하여 신과 정령에 대한 믿음을 간직하고 있으며, 양심을 더럽히며 욕망에 몸을 내던지지 않는다.

그러나 게르만인들이 마냥 순박하지만 않은 점이 하나 있다. 바로 전사로서의 기질이다. 로마인에 비해 체구도 크고 힘도 셀뿐더러, 칼을 다룰 줄 알 때 비로소 성인이라 인정되며 결혼 예물에도 무기가 포함될 만큼 상무정신이 투철한 민족이 게르만이다. 싸움에서 물러남은 수치이며, 물욕이 없는 만큼 명예욕은 강한데 겁쟁이나 배신자 소리를 듣는 게 죽음보다 더 두려운 일이다. 심지어 여성과 노인조차 전투에 능숙하다.

게르만의 일족인 마르코마니족과 싸우는 로마군. ⓒ Barosaurus Lentus
마르쿠스 아우렐리우스 기념주 부조의 일부분이다.

이런 타키투스의 설명이 얼마나 사실에 부합하지는 몰라도, 그 내용을 믿고 이해하는 사람은 두 가지 정치적 교훈을 얻게 된다. 첫째는 게르만과의 전쟁은 피해야 한다는 것이다. 일단 정복할 만한 실익이 없는 땅이다. 그리고 정복하기도 쉽지 않다! 죽음을 두려워하지 않는 전사집단들로 가득하기 때문이다! 따라서 트라야누스와 그 후계자들은 아우구스투스의 좌절과 지침을 명심하여, 게르만의 땅으로 로마군을 들여보내지 말아야 할 것이다.

둘째는 로마가 초창기에 지녔던 여러 미덕이 게르만에게는 아직 남아 있다는 것이다. 사치를 경멸하고 검소함을 숭상하고, 개인의 자유를 중시하면서도 공동체를 위해 목숨을 던질 줄 알며, 신을 두려워하되 독재자나 선동가를 용납하지 않던 사람들. 그들이 옛 로마인이 아닌가. 타키투스는 로마가 아시아와 아프리카의 풍요로운 땅을 차지한 뒤로 고귀한 미덕을 잃고 나태와 타락에 빠졌다 여기면서, 도덕성 회복에 힘쓰지 않는다면 보다 가난하고 야만적인 게르만보다 못한 민족으로 남으리라고, 아니 그들에 의해 정복당하고 말리라고 경고하는 것이다. 그것은 공화정을 잡아먹고 세워진 제정에 대한 근본적 문제 제기도 포함한다. 물론 아우구스투스나 트라야누스처럼 위대한 황제들도 있다. 그러나 네로는 어떤가? 비텔리우스나 갈바는? 도미티아누스는? 타키투스는 도미티아누스가 게르만을 상대로 거의 아무 전과도 못 얻었으면서 로마에서 허위로 성대한 개선식을 올린 이야기를 하며, 악덕에 찌든 독재정치와 그 시녀 노릇에 만족하는 원로원을 비판한다.

한 권의 책이 역사에 미친 영향

하지만 타키투스의 고언을 새겨듣고, 실천에 옮긴 황제나 정치인은 드물었다. 제국은 계속 혼란스러워졌다. 그리고 "로마를 사랑하도록 만들거나 자기들끼리 싸우느라 정신없게끔 하지 않는다면, 언젠가 게르만족은 우리의 가장 큰 위협이 되리라"는 타키투스의 예측대로, 게르만의 대이동에 의해 고대 로마는 붕괴했다.

타키투스는 정치적인 조언에서 실패한 셈이다. 그러나 《게르마니아》는 로마사를 뛰어넘어 역사에 중요한 영향을 미쳤다. 18세기 계몽시대에 이 책은 '고귀한 야만인noble savage'에 대한 관념을 발전시켰다. 물질문명의 수준이 높다 한들 정신문화가 병들어 있으면 훌륭하다고 할 수 없고, 오히려 야만인들이 그런 점에서 문명인보다 우월하다는 것이었다. 따라서 우리는 '자연으로 돌아가야' 하며, 절대왕정이나 기독교회가 강제하는 허위의 질서에서 과감히 이탈해야 한다! 그것이 볼테르나 루소를 비롯한 계몽주의자들이 로마의 타락을 한탄했던 타키투스와 나눈 공명이었다.

그것만이 아니었다. 타키투스가 사실적 근거도 없이 "모든 게르만족은 하나의 혈통이다"라고 단언한 점이 게르만족의 기원에 집착하던 19세기 말, 20세기 초의 일부 지식인과 정치인들에게 큰 영감을 주었다. 그들은 '혈통적 순수성을 유지할수록 그 정신은 고귀해진다. 따라서 순수한 게르만의 혈통을 남기고, 다른 피를 일체 거부해야 한다!'는 이상한 결론에 이르렀다. 그리고 우생학, 인종차별, 나치즘과 홀로코스트를 가져왔다.

'한 권의 책밖에 읽지 않은 사람은 위험하다'고 한다. 그런데 《게르마니아》는 고대 게르만에 대한 한 권뿐인 책이었다. 따라서 그 책을 숙독한 사람들이 어떤 대담한 생각에 사로잡힐지, 어떤 위험한 행동을 할지, 타키투스는 보다 신중히 생각했어야 할 것이다.

그리스-로마를 이끌어간 사람들에 대하여

역사와 전설을 골라 인물사를 쓰다

> 내가 합리적인 잣대로 이들의 전설을 정리하여, 이들의 이야기를 역사로 담아내는 데 부디 성공하기를 바란다.

한때《플루타르크 영웅전》이라는 제목의 청소년 필독서로 꼽혔던,《고귀한 그리스인과 로마인의 삶의 대비》줄여서《대비열전Parallel Lives》의 첫머리에서, 플루타르코스Plutarch는 이렇게 말한다. 옛날의 유명한 사람들에 대해서는 전설이 많고, 황당무계해서 믿을 수 없거나 서로 모순되는 전설도 있다. 저자는 그런 전설들을 비교하고 분석해 서술을 '역사'의 수준까지 끌어올리려 하는 듯하다. 하지만 책의 중반 이후, 저자는 이런 말도 한다.

> 이들의 특별한 일들을 꼼꼼히 적기보다 대략 풀어내려 한다. 이에 독자들이 양해해주기를 바라는데, 나는 역사를 쓰는 게 아니라 고귀한 사람들의 삶을 이야기하고 있기 때문이다.

앞서는 역사를 목표로 한다더니 이제는 역사는 자신의 목표가 아니라고 한다. 무슨 말인가?

앞서의 언급은 아테네의 건국자 테세우스와 로마의 건국자 **로물루스**[1-1]를 비교하는 장 앞에 쓴 것이다. 절반 이상 신화적 인물들이라 믿을 만한 사실이 많지 않다. 그러나 믿을 수 없는 것들을 잘 들여다보면 진실이 보인다. 전설 사이에서 역사를 골라낸다. 반면 뒤의 언급은 알렉산드로스와 **카이사르**[1-8]를 비교하는 장 앞에 나온다. 이들에 대해서는 사료가 넘칠 만큼 많다. 이번에는 그런 역사 사이에서 전설을 골라낸다. 그리하여 '전설로 남을 만한 사람들의 역사'를 모으며, 그런 작업을 위해 영웅들을 짝지어 비교하기도 하는 것이다. 한 사람이 자기 시대에 얼마나 영향을 미쳤는지 알기 위해서는, 다른 시대와 장소에서 비슷한 일을 한 사람의 경우와 비교해보면 얻는 것이 많기 때문이다.

역사서라기보다는 정치서이자 자기계발서

이 '역사에 남을 인물전'을 쓰기 전, 플루타르코스는 《역대 황제전》을 썼다(그러나 7명의 황제 가운데 두 명, 그것도 아주 짧게 황제를 지낸 오토와 갈바의 것만 남았다). 《황제전》을 쓰기 전에는 철학자이자 종교인이자 행정가로 살았다. 그리스의 델피 신전에서 사제로 근무하며 카이로네이아의 행정 사무도 맡아보았다. 철학적 서적으로(그러나 인물과 역사에 관한 내용이 많다) 《도덕론Moralia》을 썼으며, 유력 인사들에게 철학을 가르쳤다.

소년기에 이집트를 여행하고, 청년기에 아테네에서 배웠으며, 장년기에 로마를 방문해 제국 전체의 명성을 얻게 되었다. 태어난 곳은 카이로네이아. **미트리다테스**[5-4] 전쟁에서 그리스가 로마에 맞서 마지막 저항을 했던 곳이다.

《영웅전》을 쓰게 된 것은 로마 방문이 중요한 계기였던 것으로 보인다. 그곳에서 로마 인물들에 대한 사료를 수집했고, 당대 로마 명사들과 만나 교류하며《영웅전》 작업에 대한 후원을 받았다. 그렇지만 근본적으로 그리스인이었던 플루타르코스(그의 이름도 순전히 그리스식이다)는 그리스어로《영웅전》을 썼다. '라틴어를 잘 몰라서'라고 변명하고 있는데, 여러 정황으로 미루어 아예 읽고 쓰고를 못하는 수준은 결코 아니었던 것 같다. 하지만 가장 잘 쓸 수 있다고 자신하는 말이자, 이제 정치적으로는 로마의 한 지방이 되어버렸지만 자신의 몸과 마음의 고향인 그리스의 말로 그리스와 로마의 영웅들을 비교하는 책을 쓴 것이다.

그러나 약 50명 정도(원작은 필사본으로 전해지는 동안 일부 내용이 유실된 듯하며, 르네상스 이후 번역·인쇄본이 나오면서 인물이 더 늘거나 빠지거나 했기에 처음에 정확히 몇 명이었는지는 불확실하다)의 등장 영웅들은 일정한 부류다. 다시 말해 여성은 포함되지 않았다. 그리스인도 로마인도 아닌 사람도 빠졌다(그래서 한니발이나 키루스 같은 인물은 이 책에서 간접적으로만 모습을 볼 수 있다). 또한 문화 예술 부문의 뛰어난 인물들을 뺐다(소크라테스도 플라톤도 아리스토텔레스도 나오지 않는다. 솔론과 키케로가 들어갔지만, 솔론은 정치개혁자로서 푸블리콜라와, 키케로는 연설가로서 데모스테네스와 짝을 이루며, 철학자로 다뤄지지는 않는다).

이런 편집 원칙은 확실히 로마적이다. 추상적인 이론이나 격조 높은 미를 창조한 사람들보다, 현실정치와 군사 부문에서 영향을 미친 인물들에 집중하는 일! 그런 인물들이 새로운 질서를 세우고, 지켜내고, 무너뜨리며 역사를 만들어온 것이다. 어째서 그들이 그렇게 할 수 있었을까? 그들의 비르투(미덕)가 가진 힘 때문이었다. 그런 비르투는 각자 처한 환경과 받은 교육에 따라, 그들의 개인적 체험과 성향에 따라 크기와 높낮이가 달라지며, 침체되거나 상실되기도 한다. 따라서 각 인물의 개성에 대해 찬찬히 살펴보아야만 그들의 비르투를 파악할 수 있고, 이를 통해 우리 모두가 비르투를 어떻게 키우고, 유지하고, 변화하는지를 배워야 영웅이 될 수 있다! 그러면 새로운 시대의 위대한 역사가 우리의 손으로 만들어지게 되는 것이다!

> 나는 다른 사람들의 요구에 부응하려 이 책을 쓰기 시작했다. 그러나 고귀한 사람들의 행적을 짚어가며 그들의 미덕을 배우고, 그들의 미덕을 거울 삼아 나 스스로의 미덕을 기르게 되니, 어느 사이에 이 책은 나 자신을 위한 책이 되어 있었다.

그러므로 이 책은 리비우스 **《로마사》**7-4 이상으로 역사책이라기보다 정치학 책이며, 근대인의 눈으로 본다면 자기계발서에 가까울 수도 있다. 인쇄술과 번역의 힘으로 각국에서 탐독의 대상이 된《영웅전》은 근대 서구 문명 발전에 적지 않은 영향을 주었다. 마키아벨리는 자신의 정치사상을 이룰 근원을 리비우스와 플루타르코스에게서 찾았다. 셰익스피어는《영웅전》의 내용을 바탕으로《줄리어스 시저》 등의 희곡을 썼으며, 드라이든은《영웅전》을 영어로 번역하면서 스스로의 보수적 정치이념과《지상의 사랑》 등의 문학 작품의 원천을 얻었다. 토머스 칼라일은《영웅전》에서 받은 감명을 토대로 1841년《영웅숭배론》을 써서 '영웅이란 인류의 가장 훌륭한 점을 현실에서 나타내는 존재이며, 영웅과 그를 따르는 사람들에 의해 역사가 만들어진다'고 주장했다. 20세기 초, 에밀 루트비히는 플루타르코스의 방식을 본받아《나폴레옹전》,《비스마르크전》,《예수전》 등을 써내 현대 평전 문학의 초석을 놓았다.

시대는 영웅을, 영웅은 역사를 만든다

오늘날 우리는 탁월한 개인이 역사를 만드는 데는 한계가 있음을 알고 있다. 영웅이 시대를 만드는 이상으로 시대가 영웅을 만든다고, 정치적·사회적·경제적·문화적인 조건이 개인의 행동과 결단보다 더 큰 작용을 한다고 믿고 있다. 영웅이든 누구든 미덕만으로 풀이할 수 없을 뿐 아니라, 영웅을 본받는다고 해서 누구나 영웅이 되지는 못함 역시 잘 알고 있다.

그렇지만 플루타르코스가 '묻지 마 영웅론' 같은 것을 역설한 것은 아니다. 그가 제시한 영웅들을 보면 한때 대변혁을 선도하면서 신과 같은 추앙을 받았던 사람이라도, 최고의 자리에 오래 머물다 보면 뒤끝이 좋지 않게 되는 것을 알 수 있다. 테세우스는 자신이 세운 아테네의 시민들에게 추방당했고, 로물루스는 플루타르코스가 승천설을 포함해 여러 설을 제시하지만 '독재에 지친 시민들의 손에 암살당했다'는 설을 은근히 '역사적 사실'로 밀고 있다. 알렉산드로스는 술과 오만에 사로잡혀 일찍 죽었으며, 카이사르는 공화정을 안정시켰지만 공화정을 뛰어넘는 전제군주의 꿈을 꾼 탓에 암살된다. 그것은 '영웅이 역사를 만들지만' 역사가 만들어진 뒤에는 적당한 시점에 사라져야만 스스로에게나 국가에나 득이 된다는 생각을 플루타르코스가 갖고 있었음을 보여준다.

하지만 도널드 트럼프나 스티브 잡스 같은 특별한 개인이, 좋은 쪽으로든 반대로든, 역사의 흐름을 바꿔놓는 모양새를 보고 있는 오늘날에도, 위인전과 자기계발서, 리더십 관련서는 힘을 잃지 않았다. 그리고 이 모든 것은 알게 모르게 플루타르코스의 《영웅전》에 빚지고 있다. 사람을 완전히 믿지 못해 시스템과 법률 제도를 정교히 구축했던 문명이 로마이고, 서구이련만, 그래도 사람이 중요하다는 것을, 사람을 믿어야 할 필요를, 위대한 사람을 키워나가야 할 필요를, 오늘날에도 이 책은 우리에게 알려준다.

세계 최고 권력자의 고독한 명상

'나는 행복한 사람'이라는 독백

나는 베루스 할아버지에게서 선량함과 온화함의 표본을 보고 배웠다.

로마 황제가 쓴 유일한 철학책, 로마 황제가 쓴 책 가운데 가장 많이 알려지고 읽힌 책, 로마시대에 나온 책 가운데 가장 많이 알려지고 읽힌 책(《신약성서》를 제외하면). 여러 타이틀을 가진 로마 제16대 황제 **마르쿠스 아우렐리우스**2-7의 저서 《명상록》은 이런 감사 인사로 시작된다.

감사는 할아버지로 그치지 않고 아버지, 어머니, 가정교사 등등 이어져서 16명에 이르는데, 마지막으로 자신의 양아버지이자 선황인 안토니누스 피우스의 온갖 미덕에 대한 찬사와 감사가 압도적으로 길게 이어진다. 그리고 자신이 보살펴야 하는 사람들, 황후인 파우스티나와 누이, 의동생, 자녀를 언급한 뒤 '그들이 모두 유덕하며 건강하니, 나는 행복한 사람이다'라며 긴 '서문'을 마치고 있다.

세계에서 가장 큰 권력을 가진 사람이며, 오만과 방종에 휩쓸리기 쉬운 자리에 있는 사람이 이처럼 지겨울 정도로 다른 이들에 대한 감사와 애정을 밝히고 있는 점에서부터, 이 책은 특별하다.

특별한 점은 엇비슷한 내용이 반복되고 있음에서 다시 나타난다. 책을 들고 아무 곳이나 펴본다. 그리고 다시 아무 곳이나 펴본다. 그런데 내용이 무리 없이 이어진다. 스토아 학파 특유의, 그리고 에피쿠로스 학파나 소요학파 등 당대 로마에서 연구되던 거의 대부분의 철학 학파의 주장을 융합한, 금욕주의, 목적론, 변신론辯神論, 그리고 '낙관적 허무주의' 등을 담은 금언과 조언이 어느 장, 어느 절에나 반복된다.

이러고 보면 '아니, 황제면 다인가, 왜 이렇게 독자에 대한 배려가 없는 책을 썼지?' '왜 이런 책이 그토록 베스트셀러인 거지?' 이런 의문이 들 법도 하다. 하지만 사실 아우렐리우스는 독자를 배려할 필요가 없었다. 그 스스로가 필자이면서 독자였기 때문이다. 'OO 해라!' '왜 OO 하지 않느냐?'며 계속 독자를 책망하는 듯한 그의 글은 자기 자신을 채찍질하려는 용도였다. 때로는 전쟁터에서, 때로는 텅 빈 궁정의 내실에서, 그는 스스로의 마음을 달래고, 다시 분발시키기 위해 비슷한 내용의 글을 쓰고 또 썼던 것이다.

그리하여, 172년에서 180년까지 두서없이 써놓은 이 '자신과의 대화록'은 그냥 묻힐 뻔하다가 누군가(딸 코르니피키아라는 설이 있다)가 편집해 세상에 선보였다. 그리고 애초에 없었던 제목도 언젠가 붙어《명상록》으로 사람들에게 읽히게 된 것이다.

낙관적 허무주의, 비참 속에서의 희망

《명상록》에 적힌 황제의 자기 성찰은 어떤 내용인가? 먼저 고대 그리스-로마 철학을 관통하는 '목적론적 세계관'이 있다. 세상 만물은 각각 어떤 목적을 띠고 있으며, 그 목적을 위해 살다가 목적을 이루고 죽는 게 행복이라는 것이다.

> 첫째, 아무런 목적도 없는 행동을 하지 마라. 둘째, 공동체의 유익을 유일한 목적으로 삼아라.

개인이 살아가는 목적이 공동체에 보탬이 되기 위해서라고? 지나친 집단주의, 파시즘이 아닌가? 아니다. 그는 로마인으로서 조국에 지켜야 할 의무도 말하지만, 그가 말하는 공동체는 더 큰 규모다.

> 이성은 우리가 공통으로 가진 것이다. 이성에 따라 어떤 일을 하고, 하지 않도록 분별하는 것도 공통이다. 즉 법도 공통이다. 우리는 모두 평등한 시민이다. 동일한 공동체의 구성원들이다. 그 공동체는 바로 우주 자연이다.

일찍이 키케로가 조심스럽게 제시했던 자연법 개념을, 아우렐리우스는 온전히 받아들이고 있다. 온 우주는 어떤 섭리에 따라 짜여진 공동체이며, 그 안에서 들꽃도 꿀벌도, 로마인도 페르시아인도 제각기 주어진 삶의 목적이 있다. 본능적으로, 또는 이성에 따라 그 목적에 맞게 살아가는 것이 모든 살아 있는 존재의 운명이자, 의무인 것이다.

그런데 동물은 몰라도, 사람은 그런 의무가 반드시 달갑지만은 않다. 의무를 다하려고 갖은 애를 써도 결국 실패하기도 한다. 성공만을 거듭했다 해도, 그가 살아생전에 성취한 것은 단지 한 줌에 지나지 않는다. 조금만 지나면 사라지고 잊힐 한 줌. 그것이 인간의 삶의 의미라면 너무 허무하지 않은가?

기억하는 자여, 덧없다. 기억되는 자여, 덧없다.

잠시 후면 너는 모든 것을 잊으리라. 잠시 후면, 너는 모든 것에서 잊히리라.

그러나 아우렐리우스는 선불리 체념하지 말라고 한다. 우주 자연의 섭리가 인간에게 오직 수고하고 환멸에 빠지게 하려고 운명이나 목적을 배정했을까? 아닐 것이다. 우주는 선량하고, 섭리는 자애롭다. 따라서 의무를 다함이 괴롭더라도, 헛되다 여겨지더라도 삶의 마지막 순간까지 최선을 다한다면, 그는 분명 행복한 사람, 참된 의미의 행복을 찾은 사람이 된다.

이것은 세상에는 많은 고통과 부조리가 있는 듯하나 신은 인간을 사랑하며, 결국 우리를 단련시키고 더 유덕하게 만들기 위해 그런 것이니 신을 원망치 말고 최선을 다해 살아야 한다는 기독교적 변신론과 흡사하다. 그러나 아우렐리우스는 더 혹독하다. 왜냐하면 최선을 다한 신자가 천국의 안식을 희망할 수 있던 반면, 아우렐리우스는 데모크리토스의 철학에 따라 우리는 원자가 한때 모여 이뤄진 존재일 뿐이며, 죽으면 원자는 다시 흩어지고, 내세 따위는 없다고 여겼기 때문이다.

이 모든 것이 자신을 다그치려는 목적으로 쓰였음을 기억한다면, 아우렐리우스가 개인적으로 처했던 고통과 번민이야말로 그에게 이런 글을 반복적으로 쓰게 만들었을지 모른다고 추정하게 된다. 그는 황제로서 다스리기보다 철학자로서 명상하기를 즐거워했다. 군사지도자의 역량도 없고 할 마음도 없었으나, 천지 사방을 다니며 제국을 침략하는 이민족과 싸워야 했다. 살생을 무엇보다 싫어했지만 제국을 유지하기 위해 기독교도를 잔혹하게 처형해야 했다. '모두 유덕하니 다행'이라고 했지만, 그의 아내는 부정했다. 의동생은 사치 향락에 빠져 도움이 되지 않았다. 후계자로 삼기에 난감했던 아들은 아버지의 고뇌와 수고를 조금도 동정하지 않았으며, 자신이 그 권력을 잡아 폭군의 길을 달려갈 기회만 노리고 있었다. 이런 마음의 병, 실망과 분노에 겹쳐 육체도 병들었다. 그러나 그는 다만 얼마라도 편히 요양할 틈이 없었다. 전쟁터에서 돌아오면 다음 전쟁터로 나가야 한다는 보고만이 그를 반겼다.

이런 틈바구니에서, 이 가엾은 황제는 영혼까지 떨리는 기침을 억누르며, 자꾸만 떨리는 손을 애써 가누며, 적병의 고함이나, 가족들의 항의나, 기독교도들의 저주를 들으며, 써내려갔던 것이다.

> 잘못한 자라도 사랑하라. 그것이 인간의 의무이다. 그들도 너의 동포가 아니냐. 잠시 뒤에는 다 같이 사라질 존재들이 아니냐. 그리고 그들이 네게 해를 끼쳤다지만, 너의 이성과 긍지에는 털끝만큼도 해를 끼치지 못했다. 그것을 기억하고, 용서하라.

> 신들을 탓하지 마라. 신들이 하는 일에는 뭔가 이유가 있기 때문이다. 사람들을 탓하지 마라. 사람들은 자신의 행동이 갖는 의미를 모르기 때문이다. 그러니 아무도 탓하지 마라.

시대를 뛰어넘는 감명

이렇게 기본적으로 독백이며, 사적인 기록이고, 아름답게 편집되지도 않았지만, 이 책은 시대를 뛰어넘어 사람들의 마음을 울리는 힘이 있었다. 프리드리히 2세도 이 책을 읽고 감동한 사람이었다. 그 역시 철학과 문학을 좋아했으나 전쟁터를 누벼야 했고, 자신의 의무를 다하면서도 그것을 이해하고 응원해주는 사람을 찾을 수 없는 경험을 하고 있었기 때문이다. "나는 그를 이해한다. 나를 그를 동정한다!" 18세기 프로이센의 왕은 이렇게 외치며, 2세기 로마의 황제를 생각하며 눈물을 흘렸다고 한다. 윈스턴 처칠도, 우드로 윌슨도, 빌 클린턴도 그랬다.

정치지도자만이 이 책에 공감한 것은 아니었다. 많은 기독교 사상가들이 그의 철저한 금욕주의와 변신론에 감동해 박해자의 책임에도《명상록》을 열독했다. 비어트리스 웹처럼 노동운동에 몸바쳤던 사회개혁가도《명상록》을 탐독했다. '모두가 동포이며 서로 도와야 할 존재'라는 내용에 감명받았기 때문이다.

그리고 우리가 있다. 꼼꼼히 읽다 보면 지루하거나 지나치게 교훈적이라 느낄지도 모르나, "당한 대로 행동하지 않는 게 최고의 복수다" "너의 내면에는 샘이 있다. 선한 샘물이 솟구치도록, 끝없이 그 샘을 파헤쳐라" "등불을 보라. 꺼지는 마지막까지 환히 빛난다. 네가 아직 죽으려면 멀었는데, 네 미덕이 벌써 빛나지 않는다면 되겠느냐" "내일이 생의 마지막인 것처럼 살아라. 그러면서도 초조함도, 환멸도, 가식도 없다면, 너는 성공한 것이다" 등등의 말은 현대인에게도 먹혀들 만하다. 그래서 이 책을 '사상 최초의 베스트셀러 자기계발서'라고도 한다. 그리고 아마도 우리 모두 마음속에 뭔가가 맺힌 채, 그럼에도 어떻게든 잘 살아 보려고 애쓰는 존재이기에, 이 책이 2천 년의 세월을 넘어, 문화의 벽과 신분의 차이를 넘어 우리 심금을 울리는 점이 있으리라.

그러므로 이 로마 황제는 오래 읽히고 사랑받는 책을 쓰려면 어떻게 써야 하는가를 여실히 보여준 셈이다. 심지어 그에게는 그런 의도가 없었는데도.

로마인들의 종교는 그다지 체계적이지 않았다. 초기에는 마치 일본인들처럼 보이고 느끼는 것마다 다 신이 있다고 생각했던 모양이다. 게다가 하나의 자연현상에 여러 신이 붙기도 하고, 반대로 하나의 신에 여러 자연현상이 딸리기도 했다. 이렇게 유연하다 보니 외국의 신들도 잘 받아들였다. 사비니, 에트루리아 등 이탈리아 나라들과 교류하고 차차 병합해 나가면서 퀴리누스, 미네르바, 플로라 같은 그들의 신도 받아들였고, 이어서 그리스, 이집트, 유대의 신도 로마에 상륙했다.

심지어 같은 신이라도 지역마다 다른 의미를 부여하고 계층에 따라서도 해석이 다르다 보니, 로마인들이 진지하게 철학과 과학을 생각하게 된 공화정 후기부터는 종교라기보다 상징체계에 가까운 형태로 로마 종교는 바뀌어갔다. 이런 상징체계는 제국 초기, 황제의 권위를 높이고 신성을 부여하기 위해 주로 동원되었다.

그러나 인간은 상징만으로 마음의 불안을 달래기 어렵다. 철학의 위안으로 삶의 고단함을 잊는 일도 아무나 할 수 없다. 그래서 보다 진지하게 신을 믿는 일, 여러 자연현상이나 관념의 상징이 아니라 천지만물을 주재하며 무엇보다 사람의 괴로움을 달래주는 자비로운 신을 찾으려는 태도가 제국 중기부터, 스토아 철학의 섭리론이나 민간의 이시스 신앙에서 나타나기 시작했다. 그리고 마침내 기독교의 신에서 그 결실이 이루어졌다. 그러나 기독교-일신교는 기존의 다신교가 채워주지 못한 마음의 가난을 채워주는 한편, 다신교의 관용과 유연함이 없었다. 결국 기독교 로마는 조상 대대로 믿어온 신들을 하나하나 버리게 된다.

그러나 로마의 신들은 멸망하지 않았다. 종교의 대상은 못 되어도 신화의 대상으로 살아남았고, 오늘날까지 수많은 문학과 예술작품 속에서, 요일과 천체의 이름에서, 동화와 영화, 게임과 애니메이션 속에서 끝없이 재등장, 재창조되고 있다. 상징으로서의 신들과 그들의 이야기는 시대를 초월해 인간에게 매력적일 수밖에 없으며, 로마 신화는 필수적 교양의 하나로 인문학에서 빼놓을 수 없기 때문이다.

8부

로마의 신

하늘의 지배자

신들의 왕, 유피테르

유피테르Jupiter는 로마의 신들 가운데 단연 으뜸으로, 기독교가 로마를 점령할 때까지 1천 년 동안 최고신으로 군림했다. 그렇지만 그 유래는 불분명하다. 이름의 어원을 볼 때 주스djous(원형 이탈리아어로 '하늘')와 파테르patēr('아버지')가 합쳐져 '하늘의 아버지'를 뜻한다고 여겨지나, 로마 발생기부터 있었던 신임에도 독자적인 신화가 남아 있지 않다. 그래서 그리스 신화의 이식이 이루어지면서 자연히 최고신이자 천상의 군림자인 제우스(주스와 같은 어원이다)와 동일시되고, 그 신화를 따르게 되었다.

유피테르는 최고신이자 하늘 신이지만 만물을 두루 관장하지는 않는다. 공동체가 있으면 대표자가 있기 마련이라, 한 사회가 모시는 수많은 신들의 공동체에도 누군가 대표자가 있어야 되겠다 여긴 생각이 어쩌면 제우스나 유피테르로 구현되었을 수 있다. 하지만 특별히 유피테르가 직접 주관한다고 여겨진 부문도 있었다.

그리스－로마 신화와 아무 상관이 없는 우리의 전통 관념에도 '나쁜 짓을 일삼으면 벼락 맞는다'는 말이 있다. 그렇듯 벼락을 무기로 삼는 제우스나 유피테르는 사악한 인간에게 벼락을 떨어트려 응징한다고 여겨졌고, 그리스에서는 '제우스의 정의'라는 말이 나올 만큼 선악의 궁극적인 판단자라는 관념이 있었다. 로마의 유피테르는 그 정도는 아니었지만, 중요한 맹세를 할 때면 유피테르의 이름으로 하는 것이 관례였다. '내가 이 맹세를 어긴다면 유피테르의 벼락을 맞을 것이다!' 그런 맹세는 '로마 원로원과 시민을 위해 공명정대하게 직무에 헌신하겠다'고 콘술을 비롯한 고위행정관들이 취임 때 하는 선서에도 포함되었다. 리비우스에 따르면 로마 평민들이 최초의 '평민의 철수'를 하고 나서 로마로 돌아왔을 때, 유피테르 신전 앞에서 **로마 공화정**10-5레스 푸블리카Res Publica Romana에 충성하겠다고 맹세했다 한다.

또한 전쟁도 유피테르가 중시되는 부문이었다. 장군들은 전쟁의 신 **마르스**8-2와 함께 유피테르에게 무운을 빌었으며, 승전 이후 감사제도 마르스와 유피테르에게 올렸다. 로마 군단(**레기온**9-8)은 본래 다섯 가지 상징을 군기에 표시했는데, 늑대, 독수리, 소, 말, 멧돼지였다. 늑대는 늑대 젖을 먹고 자랐다는 로마 창건자 **로물루스**1-1의 상징이고, 말과 멧돼지는 마르스의 상징이며, 독수리(변신하여 가니메데스를 납치했던), 소(변신하여 에우로파를 납치했던)는 유피테르의 상징이다. 그런데 **마리우스**1-7의 군제 개혁 때 다른 상징은 없애고 독수리로 통일했다. 이후 독수리는 유피테르의 상징이자 로마군의 상징이면서 그 총사령관(**임페라토르**9-5)인 황제의 상징으로 사용되었다. 이 독수리 상징은 나중에 러시아의 차르에게, 그리고 나폴레옹에게 로마제국을 계승한다는 의미로 차용된다.

그리고 '접대'가 있었다. 크게는 황제나 군벌의 대향연에서부터 작게는 가정집에 손님을 초대해 식사를 나누는 일에까지, 접대의 주역은 별 탈 없이 자리를 마칠 수 있게, 두루 즐겁고 편한 자리가 되도록 도와달라고 유피테르에게 기원했다. 여기서 한 발 더 나갔더라면 주신主神이면서 주신酒神이기도 했던 북유럽의 오딘과 비슷해졌겠지만, 유피테르는 정의에서 유스티티아, 전쟁에서 마르스를 앞세웠듯 술자리에서는 **바쿠스**8-4를 앞세우며 스스로는 연회의 원만한 진행을 감독하고 보호하는 역할만 맡았다.

로마 공화정의 영락을 반영한 유피테르 신전

로마 중앙부 카피톨리노 언덕의 유피테르 신전은 로마에서 가장 신성한 곳이며 로마의 중심 중의 중심이었다. 기원전 509년에 완공되어 봉헌되었다고 한다. 리비우스 등은 그때가 바로 왕정에서 공화정으로 바뀐 직후이며, 신전의 기공은 왕이 했으나 완공과 봉헌은 공화정에서 하게 되었다고 한다. 이때 봉헌 의식을 집전하는 일을 놓고 당시 로마인들은 제비를 뽑았다. 그랬더니 마침 당시의 콘술 중 한 사람인 마르쿠스 호라티우스 푸블리우스가 뽑혔다고 한다. 실제로는 공화정 원년에 콘술이라는 직책은 아직 없었다고 보며, 시기적으로도 공교롭기 때문에 이는 아마 전설일 것이다. 하지만 대제사장과 같이 종교 업무를 주재하는 담당자가 따로 있음에도 로마인들이 '제비를 뽑았다'는 것은, 공화정은 모든 시민이 기본적으로 평등하게 대우받고, 참여하는 시스템이라는 정신을 나타내려는 뜻이 있었다(실제로든 리비우스의 펜 끝에서든)고 추정된다.

이 신전은 기원전 83년, **로마 내전**5-3의 여파로 일어난 화재 때문에 불타고 만다. 이때 고대의 예언자 시빌이 로마의 미래에 대해 예언한 비밀 문서도 함께 타버렸다고 한다. 이 막심한 손실로 따가운 눈총을 받을 수밖에 없던 술라는 **미트리다테스 전쟁**5-4으로 점령한 아테네에서 '우연찮게 제우스 신전에서 쓰인 거대한 기둥을 찾았다'며 그것을 로마로 운반해 왔다. 그리고 이를 중심으로 새로운 유피테르 신전을 중건했는데, 기원전 69년에 더욱 크고 화려하게 낙성되었다. 공화정의 정신을 무너뜨린 것이 바로 로마 내전이기에, 이때 본래의 유피테르 신전이 소멸되고 술라가 그리스에서 가져온 유물(아마도 조작일 듯하지만)을 토대로 다시 세워진 사실은 근엄하고 질박했던 공화정 로마가 동방에 물들어 화려하고 향락적인 제국 로마로 바뀌는 일을 묘하게 상징하고 있다.

가부장적 아버지에서 전지전능한 아버지로

그 로마제국도 평화롭지만은 않아서, 새 신전은 기원후 69년, 80년에 계속 소실되고 그때마다 재건되었는데, 도미티아누스가 82년에 재건한 신전이 가장 사치스러웠다고 한다. 그에 앞서 **예루살렘 성전을 파괴**5-7하며 약탈해 온 금은보화를 비롯한 보물을 아낌없이 썼기 때문이다. 그러나 이 신전도 결국 로마의 기독교화 앞에 무릎을 꿇었다. 392년에 테오도시우스 황제가 '이교 사원의 유지보수 예산을 전액 삭감하라'고 지시한 뒤, 신전은 아무도 찾지 않는 곳이 된 채 조금씩 무너져갔다. 로마의 새 성당이나 저택을 짓는 데 그 자재가 대부분 사용되었고, 오늘날에는 여기저기 박물관에 남은 잔해 말고는 흔적도 없이 사라진 상태다.

맹세를 엄숙하게 지키는 일, 전쟁을 수행하는 일, 연회에서 훌륭하게 접대하는 일. 모두가 로마인들이 생각한 '유덕한 남성이자 아버지'의 일이다. 유피테르는 가부장적 미덕을 숭상하는 로마 세계를 먼 하늘에서 굽어보는 하늘의 아버지였다. 그러나 시대는 바뀌고, 사람들은 '하늘에 계신 우리 아버지'가 단지 훌륭히 주재할 뿐만 아니라 '우리에게 일용할 양식을' 내리는 일과 '우리 죄를 사하는' 일까지 포괄하는 위대하면서도 자애로운 아버지이기를 바라게 되었다.

로마의 수호자

마르스의 역사는 로마의 역사다

로마의 주신은 **유피테르**[8-1]이지만, 가장 존중받던 신, 수호신 내지 조상신은 마르스Mars다. 건국군주 **로물루스**[1-1]가 그와 **베스타 무녀**[8-5] 레아 실비아 사이에서 태어났으며, 로물루스가 삶을 마감하자 유피테르의 허락을 받고 그를 하늘로 데려와, 퀴리누스 신과 하나가 되게끔 만들었다고 하기 때문이다. 그런데 이는 마르스를 그리스 신화의 아레스와 동일시하는 것과 마찬가지로, 비교적 후대에 만들어진 신화로 보인다. 초기 로마 시절 마르스는 농작물을 보호하는 신이었다. 그런데 매우 엉뚱하게도 전쟁의 신이 되어버린 것은 로마가 농경 위주의 작은 국가에서 전쟁으로 먹고사는 큰 국가로 나아간 역사를 반영하고 있을지 모른다.

그래도 농작물을 보호하던 신으로서의 성품은 남아 있었던지, 수호신의 품격과 체통을 배려해서인지, 마르스는 그리스 신화의 아레스와 같으면서도 달랐다. 아레스가 그야말로 전쟁의 폭력과 광기를 나타낸다면, 아테나는 용기, 지혜, 관용 등 전쟁의 미덕을 나타냈다. 호메로스의 《일리아스》에서 아테나는 그리스 전사 디오메데스를 도와서 트로이 편에 선 아레스를 패배시킨다. 아무리 신의 도움을 받았다고 해도 일개 인간에게 신이, 그것도 전쟁의 신이 참패하다니 여간 수모가 아니다. 그리고 같은 전쟁의 신이지만 아테나의 힘이 아레스보다 훨씬 우월하게 그려져 있다. 전쟁은 애들 싸움의 확대판이라기보다 하나의 예술이며, 여포보다는 제갈량이 더 강력한 존재라는 뜻일까.

하지만 로마의 마르스는 야만스럽지 않고, 용감하면서 지혜롭고, 엄격하면서 자비로운 이상적인 전사상을 나타내는 존재로 그려졌다. 어쩌면 여성이 돋보이는 자리에 오르는 걸 꺼린 로마인들의 생각도 반영된 것일까? 벨로나는 라틴 고유의 여신으로, 마르스가 전쟁신이 되기 전까지는 전쟁의 여신으로서 아테나와 비슷한 위치였는데, 그 뒤에는 마르스의 전차를 모는 신세로 전락한다. 또한 그리스 신화의 아레스는 헤파이스토스의 아내인 아프로디테와 간통을 하는데, 마르스는 **베누스**8-3와 어엿한 부부 관계이다.

로물루스가 만들었다는 전설이 있는 로마 초기 달력에서 첫 번째 달은 마르스에게 바쳐져, '마르티우스Martius'라고 불렸다. 다만 이는 지금의 3월March이다. 이때를 1년의 첫 달로 삼은 까닭은 비로소 춥고 지겨웠던 겨울이 가고 생명이 태동하는 때이기 때문인데, 농작물을 지키는 신으로든 전쟁을 대표하는 신으로든 이때가 곧 새로운 시작을 준비하는 때였다. 3월의 매서운 바람이 군대가 빠르게 질주하는 것처럼 여겨졌기 때문이라는 설도 있다. 그래서일까, 영어의 'March'는 3월이라는 뜻과 행진이라는 뜻이 있는데, 모두 마르스 – 마르티우스에게서 나왔다.

마르스의 가호를 비는 로마인들

마르스는 대체로 투구를 쓰고 창과 방패를 들었지만 그 외에는 완전 나체로, 그리고 수염이 없는 모습으로 묘사되었다. 투구와 방패는 갖추고서 갑옷을 입지 않은 모습은 좀 어이없기도 하나, 투구·방패·창은 그가 전쟁의 신임을 나타내고자, 수염 없는 나체는 영원한 젊음과 힘을 나타내고자 그랬던 듯하다. 마르스의 창이 옛 로마 왕들의 궁전 건물에 보관되어 있었으며, 로마에 위급한 일이 생기면 창이 저절로 웅웅 울며 떨었다는 전설도 있다. **카이사르**1-8가 암살될 때도 그렇게 경고했다고 한다.

로마의 중심에는 아라 마르티스(마르스의 제단)가 있었고, 외곽에는 캄푸스 마르티우스(마르스의 들판)가 있었다. 아라 마르티스는 **공화정 시대**10-5에 아에데스 마르티스(마르스의 사원)로 확충되었고, 제국 시대가 되면서 **아우구스투스**2-1가 성대하게 다시 지어 봉헌했다. 캄푸스 마르티우스는 연병장으로 오래 쓰이다가, 제국 시대에 로마가 확장되면서 신시가지가 되어 각광을 받았다.

로마의 장군들은 출정하면서 반드시 마르스의 신전에 봉헌하며 무운을 빌었고, 승리하면 개선길에 또 마르스에게 감사의 봉헌을 했다. 그것은 로마의 수호신에게 비는 것이면서, 전쟁에 임해 담대하고 용감할 수 있기를, 지혜와 노력을 다 기울였을 때 신의 가호까지 힘입어 억센 적을 무찌를 수 있기를 바라는 마음이었다.

군인 말고도 마르스의 비호를 바라는 사람들이 있었다. 일단 감찰관이자 인구조사관을 맡은 **켄소르**9-3. 그는 집무실과 마르스 제단이 이어지는 유일한 정무관이었고, 새로 취임하면 마르스 제단 앞에 의자를 갖다 놓고 취임식을 했다. 그리고 임무가 끝날 때도 그 의자에 앉아 퇴임식을 했다. 켄소르가 수행하는 인구조사는 무엇보다 전쟁에 필요한 인적 자원을 점검하는 성격이 강했기 때문에, 또한 그의 또 다른 임무인 풍기 단속은 마르스가 갖는 로마 국가의 정체성과 엄격한 미덕에 힘입어야 했기 때문일 것이다. 켄소르 가운데 가장 유명했던 **카토**1-5는 《농경론》에서 농작물의 보호자로서의 마르스의 성격까지 되살리면서, 그에게 바치는 기도문을 수록했다. "오 마르스 실바누스(숲의 마르스)여, 우리의 제물을 받아주소서. 우리가 가꾸는 곡식이 무르익게 해주시고, 온갖 해충과 서리의 피해를 당하지 않게 지켜 주소서."

이렇게 농민들도 마르스의 가호를 빌었고, 또 특이하게는 무장강도들도 마르스를 수호신으로 여겼다. 사실 그들의 일도 힘, 배짱, 그리고 무운이 있어야 할 수 있는 일이었기 때문이다. 아풀레이우스의 《황금 당나귀》에서는 강도들이 "마르스께서 나와 함께 계시니, 나는 천하무적이다!" "이제 끝이구나. 마르스여, 나의 영혼을 지켜주소서" 등등의 말을 입버릇처럼 하는 것을 볼 수 있다.

달아난 황소, 마르스의 몰락

황제들도 마르스를 숭배했다. 로마 사상 마지막으로 황제가 마르스에게 제물을 바쳤던 때는 기원후 363년이었다. 당시 페르시아와 전쟁을 치르던 '배교자' 율리아누스는 **콘스탄티누스**[2-8] 이래 폐지된 로마 전통 종교를 되살렸고, 이제는 적의 수도 크테시폰을 공략하기에 앞서 무운을 빌고자 마르스 울토르(복수자 마르스)에게 황소 열 마리를 바쳤다. 그러나 제례가 끝날 무렵, 마지막 열 번째 황소가 달아나버렸다. 이것은 흉조로 여겨질 수밖에 없었고, 아니나 다를까, 율리아누스는 얼마 뒤 전사하고 말았다. 그의 죽음으로 로마는 다시 기독교 제국이 되었으며, 마르스가 공식적으로 숭배되는 일은 다시는 없었다.

'남자는 마르스(화성)에서, 여자는 베누스(금성)에서 왔다'는 말이 유행한 적이 있다. 남성과 여성은 그만큼 근본적인 차이가 있다는 이야기다. 어느 정도 맞는 말이다. 하지만 차이가 차별의 근거가 되어서는 안 된다. 그것은 현대인이 '미덕(비르투)은 남성성(비르)에게 국한된다'고 여기며 마르스를 그런 비르투의 표본으로 내세웠던 로마인들을 반면교사 삼아야 할 한 가지이다.

8-3 베누스

세상의 주인

육체적 사랑의 지배자

1950년대 미국에서는 로마시대를 배경으로 기독교를 찬양하는 '복음 사극' 영화가 많이 나왔다. 그 가운데 하나에서는, 기독교인 여성과 그녀에게 반한 로마 군인 사이에 이런 대화가 오간다.

군인: 우리는 사랑이 세상을 지배한다고 믿죠.

여성: 우리도 그렇게 믿고 있어요.

군인: 하? 의외로군요. 당신들은 매우 금욕적이라고 들었는데! 이제 보니 당신네 기독교인들은 겉과 속이 다른 사람들이네요.

여성: 아뇨. 우리가 말하는 사랑은 당신이 이야기하는 사랑과 달라요. 더 크고, 참된 사랑이죠.

고대 로마인들, 기독교화 이전의 로마인들은 사랑이 세상을 지배한다고 믿었다. 다만 그것은 에로틱한 사랑, 성적 욕망을 중심으로 하는 사랑이었고, 기독교에서의 아가페적 사랑, 인류애적 사랑은 아니었다.

육체적 사랑을 지배하는 존재는 바로 베누스Venus였다. 베누스란 '달아오른'을 의미하는 '베노스'에서 나왔으며, 성적인 열정을 신격화한 존재로 로마인들에게 일찍부터 받들어졌다. 그러다가 그리스 신들이 도입되면서 아프로디테와 동일시되었으며, 아이네아스의 어머니라고 여겨져서 **로물루스**1-1의 아버지가 되는 **마르스**8-2와 함께 로마의 조상신이자 수호신이 되었다.

하지만 근엄함을 중시하고, 여신을 높이 받드는 일도 좋아하지 않았던 초기 공화정의 로마는 베누스를 **유피테르**8-1나 마르스에 비해 소홀히 대했다. 유피테르의 딸인데도 '카피톨리노 3대신'인 유피테르(부), 유노(모), 미네르바(자녀)에 들지 못했고, 심지어 그 최초의 신전은 '베누스 베르티코르디아Venus Verticordia' 즉 '마음을 돌리게 하는 베누스'에게 봉헌되었다. 베누스가 정욕을 관장한다면 정욕을 억제하는 힘도 있을 것라 여겨지면서 사람들이 잘못된 사랑에 빠지지 않고 체통을 지키도록 돕는 존재로서 베누스를 받든 것이다. 사랑으로 세상을 지배하기를 원하는 베누스라면 대단한 모욕이었던 셈이다.

로마제국과 함께한 베누스의 위상

하지만 로마가 강성해지고 풍요로워질수록 사치 향락의 풍조는 피할 수 없었고, 베누스의 중요성도 날로 더해갔다. **포에니 전쟁**5-2에서 이기고 손에 넣은 시칠리아에 세워진 베누스 신전은 로마 남성들이 사랑의 모험을 위해 찾는 곳이 되었다. 이곳에 와서 베누스에게 '사랑이 이뤄지게 해달라'고 제물을 바쳤고, 그 제물은 신전 주변에 몰려 있던 창녀들에게 던지는 화대도 포함되었다. 이것이 어쩌면 동방의 이슈타르테나 일부 아프로디테 신전에서 행해지던 '신전매춘'의 일종이었을 수도 있다.

로마가 제국으로 바뀌면서, 베누스의 위상은 더 높아졌다. **카이사르**1-8가 자신의 조상을 베누스에게 소급했기 때문이다. 그리하여 베누스는 로마의 어머니이자 로마제국의 어머니가 되었고 그러한 성격을 기리고자 '베누스 게네트릭스Venus Genetrix' 즉 '어머니 베누스' 신전이 로마에 웅장하게 지어졌다. '베누스 카엘레스티스' 즉 '하늘의 베누스', '마그나 마테르' 즉 '위대한 어머니', 혹은 '신들의 어머니'라는 칭호도 제국 초기에 생겨났다.

'사랑이 없다면 그 무엇도 생겨나지 않는다. 위대한 신들도 사랑에 빠지고, 가슴앓이를 한다. (…) 사랑은 모든 것을 이긴다Amor vincit omnia!'는 베르길리우스의 시구는 베누스를 어찌 보면 유피테르보다도 위대한 존재로 여긴 당시 로마인들의 생각을 반영하고 있었다. 오비디우스도 '자애로운 베누스여, 당신의 힘은 무한합니다!'라고 노래했다. 무한한 힘을 가졌다면 포르투나(운명)도 좌우할 수 있지 않을까? 이런 생각에서, 2세기 초 **하드리아누스**2-6 황제는 '베누스 펠릭스Venus Felix' 즉 '행운을 주는 베누스'의 신전을 봉헌했다.

향락에 질린 로마인들이 베누스를 밀어내다

하지만 달도 차면 기운다던가. 2세기 무렵 베누스는 동쪽에서 온 막강한 경쟁자를 만났다. 바로 이집트의 **이시스**8-9. 아풀레이우스는 《황금 당나귀》에서 "내가 바로 철학자들이 말하는 우주의 어머니이자 자연의 본원이고 만물의 근원이며 생명의 바람인 베누스다!"라는 대사를 베누스에게 말하도록 했다. 하지만 그것은 큐피드와 프시케 이야기, 즉 베누스가 골탕을 먹게 되는 이야기 중의 대사였다. 주인공 아풀레이우스는 이시스의 힘으로 저주에서 벗어나며, 이시스를 섬기는 사제가 된다. 저주에 걸린 까닭은 '베누스에게 홀려 잘못된 정사에 빠진 결과'라고 자책하며, 성적 금욕을 실천하는 이시스 교단에 들어간 것이다.

당시 로마는 사치 향락에 점점 질리고 있었다. 로마의 팽창이 멈추고 풍요가 줄어들면서, 황제와 부자들의 과도한 탐닉이 비판의 대상이 되자, '베누스에게 빠져 정신을 못 차리는 일은 문제가 아닐까'라는 생각이 지식인들에서부터 평민에 이르기까지 점점 고개를 들었던 것이다. 그래서 이시스가 베누스를 왕좌에서 밀어냈는데, 밀어내자마자 그 자신 또한 밀려나야 했다. 동방에서 온 신흥종교, 기독교의 사랑이 베누스의 사랑보다 '더 크고 참된 사랑'이라는 인식이 퍼져갔기 때문이다.

초기 기독교만큼 베누스와 상극인 정신문화도 없었다. 세상이 곧 멸망하리라 생각했던 기독교도들은 세상의 재물과 쾌락을 멀리하고 몸과 마음을 깨끗이 해야만 천국에서 받아들여지리라 생각했고, 바울 등의 **《신약성서》**[7-6]는 대놓고 성을 죄악시하며, 동정을 찬미했다(곧 멸망할 세상인데 자식을 낳을 필요가 있겠는가?). 기독교 박해 때 나온 여성 순교자들, 성녀들은 결혼하고서도 남편과의 잠자리를 거부한 끝에 처형된 경우가 많았다. '이제 곧 종말'이라는 인식이 뜸해진 뒤에도 테르툴리아누스나 암브로시우스, 그리고 아우구스티누스 등의 교부들은 '성교는 부부에게만 허용된다. 그러나 그것도 반드시 아이를 갖기 위한 성교여야만 한다. 만약 부부끼리라도 성욕을 풀려고 성교한다면, 그것은 간통이나 매매춘과 다를 바 없는 죄악이다!'라는 지침을 주어 중세 내내 모든 교회에서 이를 강조하도록 했다.

베누스의 재탄생

이렇게 베누스는 패배했다. 하지만 그 위상은 중세에도 다른 형태로 유지되었다. 《비너스, 마리아, 파티마》에서 에케하르트 로터와 게르노트 로터는 '하늘의 베누스', '위대한 신의 어머니'로서의 베누스상이 이시스상과 함께 성모 마리아에게로 옮겨졌다고, 또한 이슬람에서도 성녀 파티마(무함마드의 딸)에게 옮겨졌다고 분석했다. 베누스는 천체에서는 곧 금성인데, 중세에는 금성을 성모의 상징으로 여기게 된다. 하지만 금성을 베누스라 부르는 관행은 이어졌고, 따라서 '새벽의 금성'은 루시퍼, 곧 악마를 의미한다고 도식화되었다. 기독교 세계에서 베누스는 둘로 갈라져, 모성적인 면은 마리아에게, 욕망의 화신으로서의 면은 루시퍼에게 계승된 셈이다.

하지만 달은 기울어도 다시 차는 법. 르네상스는 유럽인들에게 그리스-로마의 학예와 욕망에 충실한 생활 방식을 재생시켰다. 그것은 곧 베누스의 재탄생이었다. 그러므로 세상에서 가장 유명한 그림 가운데 하나인 보티첼리의 〈비너스의 탄생〉은 베누스로 상징되는 로마적 사고와 행동이 다시 태어났음을 여실히 나타내준다.

오늘을 즐겨라

그리스에서 수입된 광란의 신

베르길리우스는 《아이네이스》7-3에서 바쿠스Bacchus를 로마가 건국되기도 훨씬 전부터 숭배되던 신처럼 소개한다. 아이네아스가 천신만고 끝에 '약속의 땅'인 이탈리아 중부에 이르고, 그곳 라티움인들에게 처음에는 환영받는다. 라티움 왕 라티누스는 그에게 땅과 딸(라비니아)을 주고, 공동통치자의 자격까지 준다고 한다. 그러자 왕비 아마타는 분격하는데, 이방인에게 친절한 것도 정도가 있지, 난생처음 보는 사람에게 모든 권력을 준다니 말이 되느냐고 남편을 설득한다. 하지만 남편이 듣지 않자 아마타는 짐승가죽을 입고, 횃불을 들고, 머리를 풀어 헤친 채 숲을 뛰어다니면서 고함을 질렀다. "바쿠스 만세! 바쿠스 만세! 그대만이 내 딸의 신랑 자격이 있어요!" 그녀를 따라 라티움의 귀부인들도 우르르 숲으로 몰려가 고함치고 춤을 추었다. 그녀들은 급기야 아이네아스가 정박해둔 배를 불태워버리기까지 했다.

하지만 바쿠스는 외부에서 유래한 신이며, 그것도 상당히 늦게, 상당한 거부 반응을 얻은 끝에 합류한 그리스계 신이다. 그리스의 주신인 디오니소스를 그대로 수입했는데, 디오니소스의 별명 중 하나이며 광란 상태를 의미하는 '바코스'가 라틴어식으로 바뀌어 바쿠스라는 이름으로 불린 것으로 추정된다. 로마 토착신 가운데 리베르Liber가 그와 동일시되기도 했는데, 리베르는 본래 농경신으로 그 이름이 갖는 의미인 '해방'은 농작물을 추수해 나무나 땅에서 해방시킴을 뜻했다. 그러나 술에 취하면 짓눌려 있던 마음이 해방되며 취중진담이, 나아가 주정에 주폭까지 나오게 된다는 점에서 '해방'의 의미가 재구성되었다.

왜 바쿠스는 로마에서 푸대접받았을까?

바쿠스 숭배 의식이 치러진 것은 기원전 3세기쯤부터인 듯하다. 하지만 한동안은 탄압을 받았다. 리비우스 등에 따르면 그 제례의 일환인 바쿠스 축제, '바카날리아'가 엽기적이고 무절제한 광란의 도가니였기 때문이라고 한다. 산 짐승을 갈가리 찢고, 그 찢어발긴 짐승을 날로 뜯어먹고, 벌거벗고 춤추고, 이성과 동성을 가리지 않고 공개 섹스를 했다니 그 광기를 짐작할 만하지만, 무엇보다 계급과 남녀 구별이 없이 어우러져서는 기성 정치와 사회제도를 거침없이 욕하기도 하고 국가 전복 모의까지 했다고 하니, 집권자들이 그대로 놔둘 리가 없었다. 리비우스는 첫 번째 바카날리아에 참여한 7천여 명이 체포되고 그 다수가 처형당했다고 기록했는데, 오늘날에는 이 수치가 상당한 과장일 것으로 본다. 그 뒤 약 1세기에 걸쳐 바쿠스 숭배와 바카날리아는 차차 기존 질서에 수용되면서 보다 온건한 형태가 되었고, 리베르를 기리는 축제이던 리베랄리아 축제와 통합되었다.

그런데 일단 로마에 받아들여진 뒤에도 바쿠스에 대한 대접은 다른 신들과는 좀 달랐다. 올림푸스 12신 중 하나로 큰 존중을 받아야 마땅하련만, 딱히 신전도, 공식 사제단도 없었다. 오늘날 남아 있는 로마시대 신전 가운데 바쿠스 신전은 하나뿐인데, 레바논 땅인 발벡에 있으며 기원후 2세기에 안토니누스 피우스 황제가 이곳에 여러 신들을 모시는 '신전복합단지'를 조성하고는 그중 하나로 세운 것이다.

왜 바쿠스는 푸대접받았을까? 사제와 신전이 운영되려면 신도들의 봉헌이 끊이지 않아야 하는데, 그 점에서 바쿠스는 '실격'이어서였다. 살다 보면 전쟁이나 선거전에서 승리를 빌고 싶을 때가 있다. 그래서 **유피테르**[8-1]나 **마르스**[8-2]에게 봉헌한다. 농사도 장사도 잘되어서 여유롭게 살았으면 싶을 때도 있다. 그래서 메르쿠리우스나 사투르누스, 데메테르에게 봉헌한다. 이런 식으로 사랑의 성취를 위해서는 **베누스**[8-3]에게, 공부가 잘되고 학예에서 명성이 높아지려면 아폴로나 미네르바에게 빌게 마련이지만 바쿠스에게는 뭘 빌 것인가? 술 잘 마실 수 있게 해달라고? 광기를 마음껏 폭발시키게 해달라고? 아무래도 그렇게 소소하고 하찮은 소원의 주인공을 위해서는 교단이 운영되기 어려웠다.

고단한 삶에서 해방되길 바라며

하지만 로마제국에서 바쿠스의 상징과 도안은 사방에서 볼 수 있었다. 신이면서도 마치 스핑크스나 키메라 같은 괴물처럼, 술집은 물론이고 가정집의 벽화로도, 가구나 식기의 도안으로도 바쿠스는 얼굴을 내밀었다. 그것은 우리가 술의 피해를 경계하면서도 꽉 짜인 일상에서 때로는 술을 마시고 해방감과 자유로움을 느낄 필요에 공감하는 까닭과 같다.

또 로마의 상류층과 하류층은 각각 다르게 바쿠스를 예배했다. **아우구스투스**[2-1]가 애용했다는 은 술잔을 비롯한 로마의 술잔들에는 호라티우스가 처음 썼다는 유명한 글귀가 새겨져 있다.

오늘을 즐겨라(카르페 디엠). 내일 일은 되도록 생각하지 마라.

찬란하고 풍요로운 로마제국. 그 가운데서도 엘리트라면 나날이 사치스러운 축제의 연속일 수 있다. 하지만 언제까지나 그럴 수 있을까? 언제 또 야만인들이 쳐들어오거나, 반란과 내전이 벌어지거나, 역병이나 지진 등이 들이닥쳐 희극을 순식간에 비극으로 바꿀지도 모른다. 그러지 않더라도, 세상은 그대로인데 나는 점점 늙어갈 것이다. 결국 모든 재산과 명예와 지위를 남겨두고 스러질 그날이 올 때까지, 이런 생각은 결코 떨쳐낼 수가 없다. 그러나 그 생각에 사로잡히면 살아갈 수가 없다. 빛나는 오늘을 즐길 수가 없다. 그러니 한 잔 마시자! 바쿠스의 힘으로! 오늘을 즐기고 내일 일은 잊어버리자!

하류층들의 관에는 한때 예외 없이 바쿠스가 새겨져 있었다. 그것은 오늘을 즐길 수 없는 사람들, 끝없는 고통인 이 세상을 이를 악물고 살아낸 사람들이 마지막 명복을 바쿠스에게 기원하려고 새겨둔 것이었다. 현세에서는 그리 의지가 안 되지만, 내세에서는 다르리라. 그것이 고단한 삶을 마감하면서 그들이 '해방자'에게 거는 기대였다.

영원한 순수

로마에서 유독 숭배되는 베스타

베스타Vesta는 그리스의 올림푸스 12신 중 하나인 헤스티아가 수입된 것으로 보인다. 다만 그 수입은 로마가 세워지기 전 그리스에서 온 사람들이 이탈리아 남부에 정착했을 때부터였을 듯하다. 헤스티아 혹은 베스타는 '가정의 여신'인데, 벽난로나 화덕에서 활활 타며 가정을 추위와 굶주림으로부터 지켜주는 불꽃의 화신이다. 그래서 그 이름의 어원에도 '불'이 들어간다.

옛날 우리네도 가정의 불꽃은 너무도 소중했으며, 아궁이의 불씨가 사라지지 않게 지극정성으로 살펴야 한다고 여기며 살았다. 그 불꽃을 지키는 조왕신竈王神이라는 존재까지 생각했다. 그처럼 로마의 베스타도 영원토록 꺼지지 않는 불꽃으로 소망되고 상상되었고, 그리하여 영원한 처녀성을 가진 여신들이 항상 불꽃을 타오르도록 지키는 신전 시스템을 갖춰야 한다는 생각에 이르게 되었다. 원조인 헤스티아도 제우스가 구애를 포기하면서 영원한 처녀성을 간직하게 되었지만, 그 외에는 별달리 관련 신화도 없고(연애 이야기가 배제된 드라마는 이뤄지기 어려워서일까?), 특별히 존숭받지 않은 데 비해 로마의 베스타는 그야말로 국가적인 숭배의 대상으로 중시되었다.

베스타 무녀, 구속되었으나 구속되지 않았던 여인들

'베스타 무녀'는 로마 이전부터 있었을지 모르는데, 건국 신화에서 **로물루스**1-1의 어머니 레아 실비아가 바로 베스타 무녀였기 때문이다. 그녀가 '아버지 없는 자식'을 낳자 산 채로 땅에 묻는 형벌에 처해졌다. 그만큼 '베스타 무녀의 처녀성은 국가의 존망과 관련되며, 목숨을 걸고 지켜야 한다'는 원칙은 로물루스, 또는 그다음 왕인 누마 때 확립되었다는 베스타 신전 시스템에서도 철저하게 적용됐다.

베스타 무녀는 귀족 가문에서 선발되었으며, 본래는 2명, 나중에는 6명이 정원이었다. 나이는 6~10세로 아직 철모르는 시절부터 교단에 입문해 제사장과 선배들의 가르침을 받으며 무녀로 성장했다. 델포이의 무녀 등 고대 그리스 도시국가들의 무녀는 중요한 국사를 놓고 예언을 담당하기도 했으나, 베스타 무녀들은 다만 신전을 지키며 베스타 여신 그 자체인 신전의 불꽃을 꺼지지 않게 돌보는 역할에 치중했다. 또한 중요한 국가적 행사마다

콘스탄틴 휠셔의 〈베스타 신전의 무녀들〉(1902).

참석하고, 특히 조약 체결장에 입회해야 했는데 그녀들이 대표하는 '영원한 순수함'이 조약이 계속 유지되는 데 도움이 되리라 여겼기 때문이다. 평생 무녀로 지내야만 했던 것은 아니며, 처음에는 5년 만에 환속해서 평범한 여성으로 결혼 등을 할 수 있었다. 그러나 나중에는 의무 봉사기간이 30년으로 크게 늘었으며, 그 기간을 마치고도 계속 봉사하기를 원하여 신전에 남는 경우가 많았는데, 환속해봤자 갈 만한 곳이 없었기 때문일 것이다.

의무 봉사기간이 30년으로 연장된 것은 무녀가 되려는 희망자가 많지 않았기 때문인데, 그것은 국가적으로 중요한 일을 맡고 있음에 비해 개인 차원에서 유익한 특권은 별로 없고, 제약은 커서였으리라. 베스타 무녀들은 두 가지 큰 죄를 저질렀을 때 사형에 처해질 수 있었다. 하나는 레아 실비아처럼 순결 서약을 깨트렸을 경우이며, 다른 하나는 '영원한 불'을 잘 돌보지 못해 꺼트렸을 경우였다. 기원전 483년 오피아라는 무녀가 그런 이유로 산 채로 묻힌 것을 최초로, 간간이 생매장형이나 화형을 당하는 무녀가 나왔다. 그 가운데 기원전 216년의 경우는 어쩌면 화풀이를 위해(칸나이 전투에서 로마가 한니발에게 기록적인 패배를 당한 직후였다) 죄를 뒤집어씌운 것일 수도 있었다.

그래도 베스타 무녀는 국가적으로 소중했던 만큼, 본인에게 죄가 있지 않는 한 우선적으로 보호되었다. 갈리아인이 로마를 약탈했을 때, 피난 가던 한 평민이 자신의 아내와 자식을 버리고 대신 베스타 무녀를 마차에 태워 피신시켰다는 이야기는 미담으로 오래 전해졌다.

그녀들의 손에 닿으면 아무리 중죄를 지은 사람이라도 면죄해주는 전통도 있었다. 기원전 86년 마리우스파가 술라파 사람들을 보이는 대로 죽일 때, 대제사장 퀸투스 무키우스 스카이볼라는 죽을 힘을 다해 달아나 무녀들과 접촉하려 했다. 그러나 베스타 신전의 입구에서 붙잡혀 죽었다. 또한 베스타 무녀는 로마에서 유일하게 아버지나 남편의 가부장권에 구속되지 않는 여성들이었다. 어쩌면 베스타 무녀를 자원했던 소녀 가운데는 가정 폭력에 진저리치던 경우도 있었으리라.

권력이라는 바람 앞에서 촛불처럼

이처럼 '신성불가침'으로 여겨졌다지만, 베스타 무녀들과 성적으로 어울렸다는 이야기들도 오랜 로마사 속에서 가끔 전해진다. 은밀한 예로는 공화정 말기에 반란을 일으켰던 루키우스 세르기우스 카틸리나, 그리고 폭군의 대명사 **네로**2-3로, 이들은 베스타 무녀와 놀아나는 것을 포함해 여러 불경한 짓을 저질렀다고 하는데, 사실인지 패자에게 찍힌 가짜뉴스의 낙인인지는 불확실하다. 또한 악덕 부자의 대명사 크라수스도 베스타 무녀와 은밀한 관계를 맺었다는 소문이 돌았다. 그녀는 그의 사촌이었기에 이 소문은 더더욱 수상한 냄새가 났는데, 플루타르코스는 그가 그녀를 좋아했다기보다 그녀 소유의 재산을 빼앗고자 그녀의 명예를 더럽히려 한 것이라 한다. 공식적인 예로는 3세기 초의 소년 황제이자 기인 황제 엘라가발루스로, 그는 스스로 자신이 태양신의 대사제라고 주장하며 베스타 무녀인 율리아 아퀼리아 세베라를 황비로 맞이했다. 위대한 신들의 사제끼리 결합하면 신과 같은 자식이 태어날 수 있다는 게 그가 내건 명분이었는데, 그들은 자식을 얻지 못한 채 암살되었다.

한편 보다 가정적인 신앙에서, 베스타는 결혼 및 농업과 관련지어졌다. 문지방은 그녀가 깃들어 있는 특별한 장소라 여겨져, 여성, 특히 새 신부는 문지방을 밟지 않도록 조심했다. 또한 베스타를 지모신(테라 마테르)과 동일시해 풍작을 기원하는 기도를 올리는 경우가 있었다.

아우구스투스2-1는 제국 체제를 짜면서 자신의 사택을 베스타 무녀들의 처소로 내놓았다. 포로 로마노의 베스타 신전 옆의 처소는 너무 좁고 낡았다는 이유였는데, 이를 계기로 '대제사장(**폰티펙스 막시무스**9-4)'으로서의 황제는 베스타 교단과 무녀들에게 강한 통제력을 발휘하게 되었다. 그래서 황제의 생일잔치 등 황실의 행사 등에도 불려 나가다 보니, 황제나 황족들과 추문이 벌어지는 경우도 늘어났다.

4세기 초 로마가 **기독교화**10-4되고, 전통 종교 예배가 금지되었을 때도 베스타 교단은 한동안 버텨냈다. 워낙 상징성이 컸기 때문이리라. 그러나 391년, 테오도시우스 황제는 베스타 신전의 불을 끄고, 신전을 폐쇄하라고 명령했다. 최후의 무녀이자 무녀들의 장(비르고 베스탈리스 막시마)이던 코엘리아 콘코르디아는 3년 더 그 직위로 불리며 유구한 교단의 역사를 정리하는 등의 뒤처리를 하다가 사임했고, 그 뒤에는 기독교로 개종해 여생을 보냈다. 이렇게 베스타 여신에 대한 예배는 사라졌다. 그것이 꺼지지 않는 한 로마도 무너지지 않으리라던 불꽃도 로마의 멸망 이전에 꺼져버렸다. 그러나 폰티펙스 막시무스가 교황으로서 새 국가종교의 틀에서 이어졌듯, 그 무녀들도 기독교 수녀라는 형태로 이어지게 될 터였다.

시작과 끝

기묘하면서 위대한 신

네가 어디서 무엇을 보든,
하늘에서든 바다에서든 구름에서든 땅에서든,
그것은 하나같이 내가 시작하게도 하고, 끝나게도 하는 것이다.
넓디넓은 우주가 제대로 운행하려면 내가 있어야만 하니
오직 나만이 그 행로를 움직여나갈 수 있기 때문이다.

기원전에서 기원후로, 공화정에서 제정으로 세상이 바뀌던 무렵에 활약한 오비디우스는 로마에서 1년 열두 달 날짜를 정해 벌이는 축제들의 유래와 의미에 대한 책,《축제》를 썼다. 그리고 그 첫 번째의 축제, 1월에 치러지던 아고날리아 축제의 주인공인 야누스Janus를 등장시켜 이렇게 자신을 소개하도록 했다. 그런데 오비디우스는 그의 더 유명한《변신》에서는 야누스를 몇 번 언급만 했을 뿐, 제대로 등장시키지 않았다.《변신》은 그리스 신화를 바탕으로 엮어낸 책인데, 야누스는 '**유피테르**8-1는 제우스, **베누스**8-3는 아프로디테' 식으로 그리스 신들과 대응되지 않는 로마 내지 이탈리아만의

두 얼굴을 가진 신, 야누스의 두상. © Marie-Lan Nguyen

신이었기 때문이다.

베르길리우스처럼 야누스를 아폴로(그 역시 로마에 대응할 만한 신이 없어서, '직수입'된 올림포스 신이다)의 아들이라고 본 경우도 있으며, 니기두스처럼 아폴로와 디아나가 합쳐진 존재로 낮과 밤의 모든 하늘을 표상한다(그래서 디아나의 남성형인 디아누스로 불리다가, 발음이 야누스로 바뀌었다는 것이다)고 풀이한 경우도 있다. 하지만 오비디우스는 특유의 상상력을 발휘해 '그리스의 카오스가 바로 야누스가 아닐까' 하는 추측을 내놓는다. 뭐든 앞과 뒤, 시작과 끝이 있어야 하는데 야누스는 앞과 뒤로 다 얼굴이 있으며, 따라서 뭐가 뭔지 알 수 없는 혼돈을 의미했으리라는 것이다.

그렇지만 앞과 뒤가 따로 없다 보니, 앞뒤를 모두 살필 수 있다. 오비디우스는 우리 곁에서 볼 수 있는 이런 존재를 '문'으로 본다. 문은 하나이면서 양면을 가진다. 열어서 새로운 세상을 만나게 해주고, 닫아서 하나의 세상을 종결한다. 그러므로 앞뒤가 없는 그 모양새는 언뜻 혼돈인 듯싶으나, 사실은 세상의 질서를 잡아주는 존재다.

누마 폼필리우스에서 시작한 야누스 숭배

이런 기묘하면서 위대한 신인 야누스를 로마의 가장 중요한 신 가운데 하나로 받든 사람은 로마 제2대 왕 누마 폼필리우스라고 한다. 그는 전쟁으로 로마를 일으킨 **로물루스**1-1를 이어 43년 동안 로마를 다스리며 많은 제도적·문화적 개혁을 이루었는데, 조선사로 비유하면 '태종 이후의 세종' 격인 전설적 군주다. 누마는 기원전 713년에 '야누스의 문'을 로마에 세우고, '전쟁이 일어나면 이 문을 열고, 평화가 찾아오면 닫아두라'고 지시했다고 한다. 전쟁을 치르러 나간 군인들이 무사히 돌아오도록 열어두다가, 전쟁이 끝나면 평화가 로마에서 떠나지 못하도록 닫아둔 것이었다는 해석이 나중에 덧붙었다. 그 문이 선 장소는 로물루스가 타티우스의 사비니인들과 싸우다가 화해한 곳이며, 야누스는 그때까지 로마 주변의 야니쿨룸 사람들이 받드는 신이었는데, 로마와 사비니의 화해를 보증하고 이후 양측의 분쟁을 중재하는 역할을 야니쿨룸이 맡게 되면서 로마에서 야누스를 기리게 되었다고도 한다. 다만 이 모든 이야기는 사실인지 알 수 없다.

또 한 가지 확신할 수 없는 이야기는 로마인들이 그때까지 1년을 10개월로, 마르티우스(3월)를 1월로 여기던 것을 누마가 개혁해 야누스를 기리는 야누아리우스와 속죄, 정화를 의미하는 '페부룸februum'에서 온 페브루아리우스Februarius를 덧붙여 1월, 2월로 삼는 12개월 체제를 만들었다는 이야기다. 이로써 야누스는 새해 첫 축제의 주인공이 되지만, 점점 그 중요성이 늘어나면서 '모든 변화, 모든 이행'을 관장하는 신으로 여겨졌다. 그래서 사계절이 시작될 때도 야누스를 기리고, 로마의 모든 축제에서 주인공인 신과 함께 언급되며, 퀴리누스와 동일시됨으로써 로물루스와도 동일시되거나, 유피테르와 동일시되어 최고신으로 숭배받기도 한다. 심지어는 집안의 수호신인 **게니우스**8-10와도 동일시되어, 로마인들이 아침에 일어나 야누스에게 기도하며 하루를 시작하는 습관까지 생겼다. 그때 야누스는 '아침의 아버지Matutine Pater'라 불렸으니, 훗날 기독교인들의 아침 기도 습관은 여기서 비롯했는지도 모른다. 또 한 항구에서 다른 항구에 이르는 항로를 주재하는 신으로도 여겨져서, 훗날 베네치아나 제노바 등 해상무역으로 번영한 이탈리아 도시국가들은 야누스를 도시의 상징에 집어넣었다.

야누스 신상은 앞뒤에 얼굴이 있고, 오른손에는 문을 열고 닫는 열쇠를, 왼손에는 길을 인도하는 지팡이를 가진 모습으로 만들어졌다. 또는 오른손에 300이라는 숫자를, 왼손에는 65라는 숫자를 들어서 합치면 365일(1년)을 표상하는 모습이었다. 로마인들은 야누스의 문 외에 '야누스 콰드리폰스Janus Quadrifrons' 신전을 지어 봉헌했는데, 완벽한 정사각형 건물로 사계절을 상징하는 네 개의 문과 12개월을 의미하는 12개의 창문이 있었다고 한다. 그런데 다른 신들과 달리 야누스에게만은 딸린 사제단이 없었는데, 대제사장(**폰티펙스 막시무스**9-4)이 직접 제례를 집전했기 때문이라고 하지만 의심스러운 점이 있다.

팍스 로마나의 상징

야누스의 문은 누마가 세운 다음 그가 집권할 때는 내내 닫혀 있었는데, 그 뒤로는 로마가 전쟁으로 이탈리아를, 지중해를 석권하는 역사가 이어지면서 좀처럼 닫힐 날이 없었다고 한다. 기원전 31년, 악티움 해전으로 **로마 내전**5-3이 끝나고 제정이 본격적으로 시작되면서 비로소 닫혔다고 하는데, 오비디우스는《축제》에서 마침내 평화를 이룩한 **아우구스투스**2-1를 찬양하는 한편 그 평화가 오래오래 이어지기를 기원한다.

야누스여, 평화가 영원하도록, 평화에 봉사하는 이들이 끊이지 않도록 하소서.
평화를 이룩한 그분과 그 후계자들이, 그 숭고한 책임에 소홀함이 없게 하소서.

그리스에서는 카오스에 불과했던 존재가 로마에서는 야누스로서 모든 시작과 끝의 주재자가 된다! 그것은 도시국가의 좁은 틀에 갇혀 있던 서양 문명이 로마의 칼에 의해 멀리까지 두루두루 길을 내었다는, 그 길을 따라 로마의 법과 그리스의 철학을 비롯한 문명이 온 세계에 퍼짐으로써 인류가 영광스러운 평화와 번영의 시대를 맞이했다는 의미로 해석될 수 있었다. 그런 점에서 야누스야말로 '팍스 로마나'의 상징이었고, 많은 이들은 그 평화가 영원하기를 빌었다.

그러나 **포르투나**[8-7]의 의견은 달랐다.

운명의 수레바퀴

운명 그 자체로서의 신

문을 통해서 길을 갈 수 있다면 그 길은 곧 문과 문, 시작과 끝 사이를 걸어가는 과정이다. 이미 시작과 끝이 있으므로 그 길은 곧 운명이다.

포르투나Fortuna는 운명의 여신으로, 운명을 관장한다기보다 운명 그 자체를 신으로 나타낸 존재다. **유피테르**8-1의 딸이지만, 유피테르조차 거역할 수 없는 힘의 소유자다. 그러나 그런 힘에 비하면 로마에서 그리 후한 대접을 받았다고 보기 어렵다. 고유한 신전이 있기는 했지만 '1등급 사제들'이 모시는 3대신(유피테르, **마르스**8-2, 퀴리누스)에 들지 못할 뿐 아니라 2등급 사제들이 모시는 12신에도, 기원전 1세기의 석학 마르쿠스 테렌티우스 바로가 분류한 '가장 중요한 20신'에도 들지 못했다.

바로에 따르면 포르투나는 본래 사비니인(그리고 에트루리아인)들이 섬기던 신 중 하나로, 로마가 이탈리아반도를 통합하던 과정에서 수입, 이식된 존재라고 한다. 하지만 퀴리누스나 미네르바, **플로라**8-8 등도 원래 사비니 계열인 것을 보면 그 이유만으로 대접이 험했다고는 볼 수 없다. 어쩌면 '정해진 운명 그 자체'에 빌어봤자 별 이득이 있겠느냐는, 천하의 실용주의자인 로마인들의 생각 때문이 아닐까도 싶다. '이번 로또 당첨자는 이미 정해져 있습니다'라고 하는데, '그 로또 당첨자가 제가 되도록 해주세요'라고 빌어봤자 의미 없지 않겠는가. 하지만 미래를 슬쩍 엿보고 싶은 것은 인간이라면 어쩔 수 없는 충동이다. 고대 로마인들도 전투나 중요한 행사를 앞두고서 새의 울음소리나 날아가는 모양 등을 따져 점괘를 내는 새점, 동물의 내장을 보는 내장점 등으로 길흉을 판단하곤 했다. 하지만 나쁜 결과가 나와도 좋게 바꿔달라고 포르투나에게 비는 일은 없었다. 가령 전쟁의 승리에 대해서는 마르스에게, 사랑의 성취에 대해서는 **베누스**[8-3]에게 빌면서 그 도움 덕분에 포르투나가 자신에게 미소를 보여주기를 바라는 게 보통이었다.

포르투나 여신상. ⓒDaderot
여기서는 풍요의 뿔을 들고, 사람들에게 행운을 베푸는 모습이다. 그러나 실제로는 '포르투나는 눈이 멀었다', '포르투나가 사람들을 가지고 논다'는 불평이 많았다. 살기 힘든 시대일수록 더욱 그랬다.

그런데 '유피테르조차 거역할 수 없는, 절대적인 운명'과 '좋아질 수도, 나빠질 수도 있는 운명'은 모순되지 않을까? 로마 공화정 후기, 로마인들은 합리적이면서도 진취적인 자세로 이 모순에 답을 냈다. 키케로는 "점을 치는 관습은 존중해야 한다. 인간은 자기 능력의 한계를 알고 겸손해야 하며, 신과 자연에 대한 존경심을 잊지 말아야 하기 때문이다. 그러나 그 결과에 너무 집착해서는 안 된다. 숙명론에 사로잡힌 인간처럼 나약하고 어리석은 인간은 없기 때문이다"라고 말했다. 또한 정치가이자 역사가 살루스티우스는 "미덕(비르투)이 부족하면 운도 나빠진다. 게으르고 제멋대로이며 오만한 인간은 미덕을 잃을 뿐 아니라 포르투나에게도 외면당한다"고 말했다. 간단히 말해서 로마인들은 운명이라는 개념을 받아들이긴 했지만, 운명에 구애되기보다 스스로 운을 개척해가는 게 옳다고 여겼다.

변덕스러움으로 각인된 잔인한 여신

고대 로마가 쇠퇴하면서 대부분의 고대 신들은 기독교에 밀려 사람들의 마음과 생활에서 사라졌지만, 포르투나만큼은 오히려 예전보다 훨씬 주목받게 된다. 끝없는 정쟁과 폭정, 내전, 이방인들의 침략, 무서운 전염병과 기근 등으로 화려했던 문명이 무너지고, 수많은 사람의 삶이 '불운'의 늪에 빠지는 일이 거듭되었기 때문이다. 로마 말기의 지식인들도 그런 암울함을 온몸으로 느꼈다. 《황금 당나귀》에서 아풀레이우스는 포르투나의 악의에 휘말려 당나귀로 변신한 채 온갖 고생을 겪는다. 한때 촉망받던 학자이자 정치가이던 보이티우스는 정쟁에 희생되어 옥에 갇히고, 죽음을 기다리면서 《철학의 위안》을 썼다. 그 내용에서 철학의 여신 소피아는 '변덕스러운 포르투나에게 기대한 네가 어리석다'고 꾸짖으면서, 이 세상의 헛된 영화에 연연하지 말고 철학과 정신의 가치에 의지해 살라고 조언한다.

그것은 '운명의 수레바퀴'를 굴리는 자, 사람을 한때는 드높이 올려주지만 잠시 뒤 사정없이 아래로 처박아버리는 잔인한 운명의 여신인 포르투나의 이미지를 사람들에게 각인시켰다. 마침내 고대 로마가 멸망하고 중세에 이르러서도 그 이미지는 생생했다. 이는 〈카르미나 부라나Carmina Burana〉라는 시가에 잘 드러나 있다.

오 포르투나여!
마치 저 하늘의 달처럼
변덕스러운 그대여.
한껏 차올랐다가
냉큼 이지러지는 그대.
우리네 암담한 삶
한때는 못 견디게
또 한때는 부드럽게
우리를 조롱하는구나.
많은 재산도
강력한 권력도
얼음 녹이듯 순식간에 없애는 그대.
잔인한 포르투나여.
무심한 포르투나여.
그대의 수레바퀴를 굴리는구나.

현대의 타로 카드에도 남은 포르투나의 수레바퀴는 한 치 앞도 내다보지 못하는 모든 인간에게 '이 또한 지나가리라'를 되뇌도록 한다. 세상만사 일장춘몽, 새옹지마. 그것은 체념을 일상에 새기는 전통 동양인의 태도와 통하는 것이었다.

재생의 시대에 운명을 대하는 법

그러나 포르투나의 심술로 서로마가 망하고, 끈질기게 버티던 동로마마저 멸망을 맞이하던 즈음, 서유럽을 향해 다시 이 변덕스러운 여신의 미소가 비치기 시작한다. 재생을 의미하는 르네상스. 그것은 고대 그리스-로마의 사상과 문화, 제도와 학술을 재생하면서 '서구의 시대'를 열어가는 첫머리이기도 했다. 그때 고대 로마 공화정과 그 실용주의를, 과감하면서도 합리적인 정신을 되살려 고국 피렌체와 이탈리아를 부흥시키려 애쓰던 니콜로 마키아벨리는 로마의 성공과 실패를 설명하면서 이렇게 말했다. "포르투나는 강력한 여신이다. 그러나 결국 여성일 따름이다. 우리가 강력한 비르투(남성성이라는 뜻도 갖고 있다)를 갖고 다가간다면 포르투나를 굴복시키고, 야망을 이룰 수 있다." 오늘날 여성들이 듣기에는 다소 불편한 말이다. 역시 로마는 '여성성에 대한 존중'과는 친하지 않은 듯하다. 하지만 그런 담대하고 과감한 비르투를 믿고 작고 초라한 도시에서 출발해 거대한 세계제국을 이룬 사람들, 영원히 남을 대리석과 화강암의 기념물을 세운 사람들의 경험에서 나온 지혜일진대, 오늘날에도 귀담아들을 부분이 있지 않을까. 포르투나의 사랑을 기대하지는 말되, 포르투나의 존경을 얻는 삶을 살자는 자세 말이다.

기쁜 우리 젊은 날

위대한 재생, 청춘의 시작

여신은 입을 열었네. 한 마디 한 마디 할 때마다 입술에서 봄 장미를 흩날리면서.

"나는 지금은 플로라이지만, 옛날에는 클로리스였답니다. (…) 엘뤼시온 들판의 님프였지요.

봄이 와서 들판을 거닐고 있는데, 나에게 반한 제피로스가 나를 쫓아 달려왔어요.

나는 도망쳤어요. 그러나 그는 나보다 빠르고, 나보다 억셌답니다. (…)

그래서 나는 꽃의 여왕이 되었던 거죠."

오비디우스가 《축제》에서 묘사하는 꽃의 여신, 플로라Flora의 탄생이다.

이 장면은 이탈리아의 화가 보티첼리가 1482년경에 그린 〈봄〉에서도 생생하게 묘사되어 있다. **베누스**8-3가 위풍당당하게 서 있는 그림 오른편으로 겁에 질려 쫓기고 있는 흰옷의 클로리스(흰색, 미성숙을 의미한다)가 보인다. 그러나 제피로스(샛바람, 봄에 불어오는 바람이다)가 그녀를 쫓아와 덮치고, 그 순간

클로리스의 입에서는 봄 장미 넝쿨이 흘러나오고, 그 장미는 느긋한 미소를 지으며 사뿐사뿐 걷는 귀부인 플로라(꽃)의 화려한 옷 장식이 된다.

이 '기이한 성폭행담(누가 로마 아니랄까 봐!)'은 이중적 우화다. 하나는 그리스 신화를 로마에 융합하면서 그리스의 클로리스를 로마의 플로라로 대응시킨 과정을 담고 있고, 다른 하나는 희고 무미건조했던 대지가 봄바람이 한바탕 불고 나면 푸르게 변하고, 꽃이 만발해 몰라보게 변한다는 위대한 재생, 청춘의 시작을 이야기한다.

순수와 방탕함 사이

가이아나 **유피테르**8-1의 친자식이 아님에서 보듯, 플로라가 로마 신들 사이에서 차지하는 위치는 그렇게 대단하지 않았다. 그것은 어쩌면 '청년'이 고대 로마 사회에서 그리 존중받지 못했던 현실을 반영한다. 하지만 플로라는 단순히 화사하게 피었다가 금세 져버리는 꽃만을 주재하지는 않으며, 대지와 농업의 여신 케레스, 풍요의 여신 페로니아, 곡식의 수호신 로비구스 등과 함께 생육과 번성을 관장한다고도 여겨졌다. 사과든 올리브든 콩이든 밀이든 일단 꽃이 피어야 열매를 맺기 때문이다. 마찬가지로 꽃이 있어야 꿀을 얻으므로, 꿀 역시 그녀 없이는 있을 수 없다고 보았다.

그것은 플로라에게 메마른 땅에서 꽃을 피워내듯 생명을 탄생시키는 힘이 있다는 생각으로 이어졌으며, 유피테르의 바람기에 분노한 유노가 자신의 힘만으로 **마르스**8-2를 낳았고(로마 신화의 특징이다. 그리스 신화에서는 제우스와 헤라 사이에서 아레스가 나온다), 이때 플로라의 힘을 빌렸다는 이야기도 나왔다. 그래서 마르스가 감사의 표시로 그녀를 로마의 국가 신 가운데 하나로 앉히고 그녀를 기리는 축제(플로랄리아)도 거행되도록 했다고 오비디우스는 노래했다.

산드로 보티첼리의 작품 〈봄〉(1482)의 부분도.
클로리스(가운데)가 서풍 제피로스(오른쪽)에게 잡히는 순간, 플로라(왼쪽)로 변신하고 있다.

그러나 미성숙한 흰빛은 곧 순수한 흰빛이기도 하다. 그 반대의 울긋불긋 꽃대궐은 성숙해진 만큼 농염해진, 성적 쾌락에 탐닉하는 모습을 나타내기도 한다. 프로이트도 말하지 않았던가? “꽃이 유난히 많이 나오는 꿈은 성적이다. 꽃이란 본래 성기인 것이다.” 플로랄리아 축제는 4월 28일에서 5월 3일까지 치러졌는데, 성적으로 자유분방한 분위기가 두드러졌다. 어떤 경우에는 초대형 남근상을 들고 행진하여 플로라 신전에 봉헌하기도 했으며, 매춘부들이 로마의 길거리에 쏟아져 나와 춤추고 노래하고, 알몸으로 **검투사 시합**[10-7]을 흉내 내는 등의 진기한 쇼도 벌였다. 베누스가 매춘부들의 수호신이지만, ‘꽃을 파는’ 플로라가 더 적합하다는 생각에서였다. 고대 로마가 사라지고 한참 뒤까지, 가령 15~16세기의 이탈리아 르네상스 시대까지도 ‘플로라’는 매춘부의 별칭이었다.

그래서 로마의 고위층은 플로랄리아 축제를 멸시하고 기피했다. 한때는 원로원에서 중단시켜버렸는데, 마침 기상이변으로 흉년이 심각하자 ‘플로라께서 노하신 결과’라 하여 재개하기도 했다. 엄숙한 사회 분위기를 지향했던 **아우구스투스**[2-1]는 플로랄리아 축제 중 이틀을 덜어내어 아폴로와 **베**

스타[8-5]를 기리는 날로 삼기도 했다. 오비디우스의 《축제》에는 후대에 가필된 것으로 보이는 구절이 있는데, "젊은이의 혈기와 방탕함은 우리를 타락으로 이끈다"며 플로랄리아를 경계하는 내용이다.

평민과 노예의 축제가 된 플로랄리아

결국 플로랄리아는 평민과 노예 위주의 축제가 되었다. 낮에는 '풍기문란'이라는 노인과 귀족들의 지적들이 많다 보니, 밤에 신분 낮은 사람들끼리, 젊은이들끼리 횃불을 들고 돌아다니며 어울려 노는 모습이 되었다. 오늘날의 콘서트장이나 클럽 같은 분위기였다고나 할까. 비천한, 하지만 자유로운, 야한, 그래서 흥겨운, 고단하고 엄격한 삶의 찌꺼기를 마음껏 털어버릴 수 있는 플로랄리아. 사람들은 플로라를 찬미하는 노래를 불렀다. 그것은 곧 '기쁜 우리 젊은 날'에 대한 찬미였다.

> 플로라는 근엄하지 않아요.
> 잘난 체하지도 않는답니다.
> 그녀는 어떤 신분의 사람이든 기꺼이 맞아준답니다.
> 그대여, 인생을 즐겨요.
> 꽃이 활짝 피어 있는 동안!
> _오비디우스, 《축제》

베일의 성모

이집트 신이 로마에서 등장하는 이유

신화에 대해 관심이 좀 있는 사람이라면 여기서 이시스가 등장하는 것에 고개를 갸우뚱할지 모른다. '이시스는 이집트 여신 아닌가?' 하고 말이다.

그렇다. 하지만 아폴로를 비롯한 그리스 신들이 로마에 수용되고, 유대의 야훼도 결국 로마에 자리잡았듯, 이집트에서 숭배하던 이시스의 신앙도 로마에 수용되었다. 그리고 고대 로마 후반기에 매우 열렬한 숭배가 이뤄졌고, 그 이후에도 영향을 미쳤으므로 여기서 다룬 것이다.

하지만 처음부터 그렇지는 않았다. 로마인들은 정복민들의 신앙체계를 받아들이면서 정복민을 융화시키는 방법을 써왔지만, 이집트 신앙만큼은 좀처럼 수용하지 않으려고 했다. 그 까닭은 '신은 인간의 상위 호환적 존재다. 즉 신도 인간의 모습과 성격을 가지며, 인간의 능력이 극에 이르면 곧 신이 되는 것이다. 그런데 인간보다 못한 존재, 짐승의 모습을 가진 신이라니?'라는 생각 때문이었다. 매(호루스), 고양이(바스테트), 들개(아누비스), 따오기(토트), 악어(소베크) 따위를 신이라 하고, 보고 만질 수 있는 가장 성스러운 대상으로 아피스라는 소를 떠받드는 이집트인들을 로마인들은 우습게 보았

로마에서 제작된 이시스의 상. ⓒ Carole Raddato

다. 그래서 이집트의 기술과 재력은 기쁘게 받아들였지만, 그 신들은 한사코 거부했던 것이다.

이시스Isis는 그중 사람의 모습을 한 신이라서 거부감이 덜했으련만, 이시스 신앙이 오랫동안 금기시된 또 하나의 까닭은 그 여신이 나타내는 '여성의 적극성과 높은 지위'에 있었을지 모른다. 놀랄 정도로 남성중심적, 가부장적이던 로마인들은 이제껏 본 것처럼 외국의 여신을 수용하면서도 남성 신에 앞서는 지위를 주지 않았다. 신들의 여왕 유노는 주피터의 동반자일 뿐이었고, 남성 위에 군림하며 여성만의 질서를 추구하던 아르테미스는 디아나가 되면서 그런 위세를 잃어버렸다. 미네르바 역시 아테나였을 때 가진 전쟁의 여신으로서의 성격을 많이 잃었다. **베누스**8-3는 '세상의 지배자'로 칭송되었지만, 그것은 남성이 여성과 여성이 주는 쾌락에 급급하기 때문에 갖는 지배력이며, 따라서 고귀하고 존엄하다고 보기 어렵다.

그런데 이시스는 유노, 베누스, 디아나를 모두 합친 존재로 볼 수 있었다.

이집트 신화에서 이시스는 주신이자 태양신 오시리스의 아내다. 그런데 폭풍과 어둠의 신 세트가 오시리스를 질투하여, 그를 살해하고 시체를 조각내어 나일강에 뿌려버렸다. 그러자 이시스는 온 이집트를 샅샅이 뒤져 남편의 시체 조각들을 찾아냈고, 이를 짜맞추었으나 성기 부분만은 물고기가 먹어버려 찾을 수 없었다. 하지만 이시스는 황금으로 그 부분을 만들어 붙이고, 남편이 되살아나게 했다. 그러나 시신이 온전하지 않았기에 오시리스는 죽은 자들의 세상에 머물며 그곳을 다스리게 된다. 또한 세트가 찬탈한 신들의 왕좌는 오시리스와 이시스의 아들인 호루스가 되찾는다.

이처럼 이시스는 신들의 여왕이며, 주신의 어머니이기도 하므로 위대한 모신으로도 여겨졌다. 그리고 그녀는 이미 숨진 오시리스에게 성기를 만들어주고 이로써 호루스를 잉태했다고 하며, 그것은 '시체조차 욕정하게 만드는' 사랑의 신의 힘으로도 이해되었던 것이다. 또한 오직 그녀의 줄기찬 노력과 지혜로 세상은 빛을 다시 찾았고, 암담한 운명은 방향을 바꾸었다. 그리하여 그녀는 세상의 질서를 보전하며, 악운을 없애는 힘도 가졌다고 평가받았다.

이만한 힘과 성격을 한 몸에 갖추었으니, 그녀가 여성적 위대함의 최고봉을 뜻하지 않을 수 없었다. 이시스가 신도들에게 '나는 남성과 여성을 동일한 힘을 가진 존재로 삼았다'고 말했다는 기록도 있다. 그래서일까, 고대 이집트는 적어도 고대 로마와 비교할 수 없을 정도로 여권이 신장된 사회였다.

여성적 위대함을 바탕으로 로마에 입성하다

그래서 기원전 2세기부터 알음알음 이시스 신앙이 퍼져갔지만 지도층에서는 불허 입장을 견지했다. 기원전 1세기에는 무허가로 세워졌던 로마의 이시스 신전이 철거되고, 그 신도들이 로마에서 추방되는 조치까지 있었다. 하지만《로마제국쇠망사》에서 기번이 말한 것처럼, "열성적 광신주의는 미지근한 종교 억압 정책을 언제나 눌러 이겼다. 추방당한 자들은 곧 귀국했고, 개종자들은 늘어났으며, 신전들은 더욱 화려하게 복원되었다". **아우구스투스**[2-1]와 티베리우스는 이시스 신앙을 탄압하지는 않되 로마에서 국가 차원으로 존중하지는 않는다는 입장을 세웠고, 기원후 1세기가 끝날 무렵에는 국가 차원에서도 이시스를 받아들이게 된다.

일단 로마에 자리잡은 이시스는 더 많은 힘과 속성을 가진 것으로 여겨졌다. 오시리스의 배우자이니 페르세포네처럼 저승에도 지분이 있는데, 그녀의 양육하는 힘이 더해지면서 '저승에서 명복을 빌려면 이시스에게 빌어야 한다'는 생각으로 이어졌다. 또한 먼 이집트에서 바다를 건너 로마에 왔으므로 항해의 수호신으로도 여겨지고, 아우구스투스가 악티움 해전에서 승리한 것이 그녀의 가호 때문이라는 말이 퍼지며 전쟁의 신으로도 여겨졌다. 이러다 보니 '하늘에도 바다에도 땅에도 이시스가 있다. 전쟁도 사랑도 탄생도 죽음도 이시스가 주재한다. 세상 만물 가운데 이시스가 다스리지 않는 것은 없다'는 신조로까지 발전되었다.

2세기 초 나온《황금 당나귀》에서 아풀레이우스는 **포르투나**8-7의 변덕으로 갖은 고생을 겪지만, '악운을 없애는 자' 이시스에 의해 구원받고 그녀의 신도가 된다. 그는 이시스의 입을 빌려 그녀를 이렇게 칭송한다.

> 나는 자연의 어머니, 모든 원소의 주인, 인류의 기원, 모든 영혼의 군주, 신들의 여왕, 최고신이다. 죽은 자, 죽어야 할 자, 죽지 않는 자들 모두가 나의 지배를 받는다. 하늘 모든 신들이 곧 나다. 나는 고개를 끄덕이는 것만으로도 높고 빛나는 하늘을 다스리고, 철썩이는 바닷물과 음침한 지하 세계도 움직인다.

다른 모습으로 이어지는 이시스 신앙

야훼는 '나 이외에 신은 없다'고 했는데, 이시스도 좀 다른 의미로 그렇게 말한 셈이다. 하지만 그 야훼가 맹렬하게 추격하고 있었다. **기독교**[10-4]가 로마 세계를 접수하면서, 그녀의 영광도 스러지게 된다. 그러나 이시스는 완전히 죽지 않았다. 유럽인들에게는 여신 신앙이 없는 유대·기독교의 전통이 달갑지 않았기에, '성모 마리아'를 사실상의 여신처럼 받들었는데 이때 베누스만이 아니라 이시스에게서 많은 것을 빌렸다. 이시스에게 바쳤던 칭호인 '하늘의 여왕', '바다의 별'은 마리아에게 그대로 쓰였다. 남편을 죽음에서 구하고 지고신인 아들을 지성으로 키워냈다는 모티프가 성모 신앙에 그대로 이어져, 명복은 예수보다도 마리아에게 비는 관습이 생겼다. '지옥의 절망 가운데 희망이 되어주는 여인'이라는 모티프는 단테의 《신곡》에 나오는 베아트리체, 괴테의 《파우스트》에 나오는 그레트헨으로도 이어진다.

한편 죽은 자를 되살리고 운명을 바꾸는 그녀의 힘은 마법과 비술의 전통에서 내내 존중되었다. 프리메이슨도 그 전통을 이었으며, 그 일원이던 모차르트가 프리메이슨 사상을 담아 만든 오페라 〈마술피리〉에서는 이시스와 오시리스('오시리스와 이시스'가 아니다)에게 바치는 송가가 나온다. 19세기의 대표적인 신비사상가인 헬레나 블라바츠키는 1877년에 오컬트의 성서처럼 두루 읽히게 될 책을 썼다. 그 제목은 《베일을 벗은 이시스》였다.

나의 작은 수호신

신이 죽기도 한다고?

게니우스는 로마의 다른 신들과 좀 다르다. 관련 신화도 없고, 신전도 따로 없다. 그리고 무엇보다도 불멸이 아니다! 그런데 신이라고 부를 수 있을까?

게니우스Genius는 대부분 원시 부족이 갖고 있던 애니미즘, 즉 모든 것에는 신령이 깃들어 있다는 믿음과 로마인들이 대대로 모셨던 조상신의 결합으로 태어났다. 애니미즘은 로마가 문명화되면서 다신교 신앙체계를 갖춤에 따라 수그러들고, 조상신도 실존하는 유명한 조상의 상을 집안에 두고 경배하는 풍습에 밀려났다. 그러나 이는 완전히 사라지지는 않고, 게니우스라는 신에 대한 믿음으로 나타난 것이다.

게니우스는 어떤 사람이 태어날 때 같이 태어난다. 그리고 그 사람이 죽을 때 같이 죽는다. 그가 살아 있는 동안 함께하면서 행운을 북돋워주고, 불운을 억눌러준다. 그래서 고대 로마인들은 저마다의 집에 게니우스의 작은 신상을 모셨으며, 중요한 일이 있을 때마다(전쟁에 나가는 참이든, 콘술 선거 투표가 시작될 때든) 게니우스에게 빌었다. 축제일이 따로 없고, 그가 태어난 날이 바로 축제일이었다. 그래서 생일마다 게니우스에게 포도주, 향, 케이크(이것이

어쩌면 생일 케이크의 기원일지도 모른다)라는, 신에게 바치는 제물의 기본을 바치며 남은 생에서의 다복을 축원하곤 했다.

그런데 게니우스는 사람의 일생에만 함께하지 않고, 애니미즘적 기원답게, 또는 존재 그 자체와 그 존재의 '의미'를 구분해서 생각하는 고대 서양인들답게, 특정한 장소나 집단 등등에도 존재한다고 여겨졌다. 바로 '게니우스 로키Genius Loci', 즉 '장소의 게니우스'다. 말하자면 **콜로세움**4-3의 게니우스도 있고, **아피아 가도**4-1의 게니우스도 있다. 로마시의 게니우스는 물론이고, 로마 시민이라는 집단적 인간의 게니우스도 존재한다(그렇지만 예외도 있는데, 바로 여성이다. 여성에게는 게니우스가 없고, 똑같은 역할을 유노가 한다고 여겨졌다. 역시 로마답다!).

제정 시대에도 게니우스에 대한 믿음은 변치 않았다. 다만 그러다 보니, '보통 사람보다 훨씬 강력한 사람', 즉 황제의 게니우스는 '보통의 게니우스보다 훨씬 강력하리라' 여겨지고, 그래서 **아우구스투스**2-1의 게니우스를 신상으로 만들고 거기에 복을 비는 일이 성행했다. 그런데 게니우스는 불멸이 아니잖은가. 아우구스투스가 아무리 초인적인 인간이라도 결국엔 죽는데, 그러면 그의 게니우스 또한 사라질 것이며, 그때까지 그에게 예약했던 온갖 바람은 일순간에 무효가 되지 않겠는가? 기복자들의 이런 조바심을 달래고자 '아우구스투스는 죽어서 신이 되었다. 그리고 신이란 곧 초인간이니, 신에게도 게니우스가 있다!'는 아이디어가 나왔다. 그리하여 '신의 수호신'으로서의 게니우스, 가령 **유피테르**8-1의 게니우스, **마르스**8-2의 게니우스가 등장하게 되었다. 로마인들은 유피테르에게 기도하는 한편으로 그의 게니우스에게도 기도하면서, 뭔가 이상하지만 괜찮다는 느낌을 가져야 했다.

기독교와 일상의 영역에도 자리한 게니우스

이렇게 우연과 그에 따른 대응이 중첩되면서 이어진 게니우스 신앙에 대해 **기독교**[10-4]도 뭔가 답을 주어야 했다. 그 일은 아우구스티누스가 해냈다. 그는 '참된 신앙에 대한 구체적인 계시는 예수 이전에는 유대인들에게만 주어졌다. 그러나 한편으로 은밀한, 비언어적인 계시 또한 모든 민족에게 주어졌다'는《신약성서》의 가르침을 변증하고자 '고대 그리스-로마의, 예수가 이 땅에 오기 훨씬 전에 살았던 사람들도 개중 지혜로운 사람은 신의 섭리를 어렴풋이 깨닫고 있었다'고《신국론》에서 주장했다. 그리하여 유피테르나 마르스, **베누스**[8-3] 등의 신성을 유일신의 여러 성향에 대한 제 나름의 이해로 푸는 한편, 기독교의 '영혼'에 해당하는 존재가 바로 게니우스라고 주장한 것이다.

게니우스는 깃든 존재와 생사를 같이한다지만, 영혼은 불멸한다. 게니우스는 **포르투나**[8-7]와 함께(그래서 '한 푼만 적선합쇼!'를 고대 로마식으로 옮기면 '당신의 게니우스와 포르투나의 환심을 사고 싶다면, 작게나마 선행을 하십쇼!'가 되었다) 개인의 길흉화복에 영향을 주는 영적인 힘이지만, 그 힘은 유일한 신인 기독교 야훼에 비하면 미미하다. 이것이 로마인들이 가지고 있던 상식의 적절성을 일부 인정하면서, '더 낫고 더 옳은' 신앙으로 돌아서기를 권유하던 아우구스티누스의 주장이었다.

현재의 우리도 '영혼'을 일상어에서 가끔 거론한다. '영끌해서 집을 샀다' '네 대답에는 영혼이 조금도 안 들어갔구나!' 말하자면 우리가 오감으로 인식하기 힘든 '물질적인' 존재의 심층에 있는 어떤 것, 그 존재의 숨겨진 본질이며, 물리 속성이나 시장 가치를 초월하는 존재의 의미, 그것을 우리 현대인들도 영혼이라고 부른다. 그리고 그 아이디어는 게니우스에서 많이 비롯했다.

게니우스 신상을 모시고 기도하는 관행은 일찌감치 없어졌지만, '영혼=게니우스' '존재의 의미=게니우스'라는 관념은 여러 문화권에 이어지며 현대에도 영향을 남겼다. 일단 '그가 가진 최고의 능력, 인간 능력의 정수를 보이는 사람'이라는 의미로서 '천재'가 게니우스(지니어스)로 불리게 되었다. 한 사람이 평생을 사는 동안 곁에서 지켜주는 존재인 게니우스는 서구에서 '수호천사' 관념으로 전환되었다. 유일신에는 상대도 안 될 정도로 열등한 신성을 가졌지만, 평범한 사람의 길흉화복에 영향을 줄 정도의 힘은 있다는 점에서 이슬람권에서 '진'이라는 존재로 상상되었다. 그 하나가 바로 알라딘 요술램프의 '지니'다.

폼페이 벽화에 묘사된 게니우스. ⓒ Jastrow

사람이 아닌 장소와 건축물 등에 깃들었다고 여겨진 '게니우스 로키genius loci'도 현대 건축에서 '지니어스 로사이', 즉 해당 장소나 건축물이 가지고 있는, 설계도로는 설명하기 어려운 어떤 정신적인 속성을 지칭하는 말이 되었다. 건축학 전문용어로 '지니어스 로사이를 존중해야 한다'는 말은 건축의 기법이나 합리성에 너무 치중하지 말고, 그 건물이 세워질 환경과의 조화에 힘쓰고, 그 환경의 특수성을 반영해야 한다는 말로 쓰인다. 그것은 어쩌면 놀랄 만큼 실용적이고 물질주의적이었던, 그래서 고대인보다 현대인과 비슷해 보였던 고대 로마인들이 오늘까지 남겨준 인문학적 아이디어의 작은 조각일 것이다.

에드워드 기번은 로마를 "인간의 위대한 정신이 만들어낸 단단한 구조물"이라고 표현했다. 단단한 구조물? 로마의 건축물을 가리키는 말은 아닐 것이다. 건축물로 비유되는, 굳건하면서도 체계적인 로마만의 제도를 이야기하는 것이리라.

로마가 법치국가였다는 주장이 있고, 당치도 않다는 주장이 있다. 로마 공화정이 오늘날에도 본받아야 할 최선의 정치체제라는 목소리도 있고, 그것은 오해일 뿐이라는 지적도 있다. 그렇지만 분명한 사실은, 다른 전근대 국가들이 기본적으로 '힘'으로 지배하고 '제도'는 그 힘을 뒷받침하기 위해 강제되었던 반면, 로마의 체제는 힘도 중요했지만 엘리트와 민중의 합의 및 기득권과 신진세력의 합의를 통해 조정해나가는 제도로 지탱되었다는 것이다. 강자들이 일방적으로 만든 제도는 시간이 지날수록 모순이 커지고, 그 제도를 바꿀 권한이 없던 세력들은 반란을 일으켰다. 그 반란을 억누를 기득권의 힘이 다하면 새로운 왕조가 들어서곤 했다. 그러나 로마는 대화와 타협으로 그러한 모순을 극복해나가려 했고, 도시국가를 훨씬 넘어서 대국에 이르기까지 놀라운 정치력과 합리주의를 지켜나가려 애썼다. 결국 그것만으로 현실을 극복할 수 없다 보니 제정으로 바뀌었지만, 그 제정도 오랫동안 공화정의 제도를 계승하고 조합하면서 유지되었다. 공화정 제도가 대부분 유명무실해지고, 제정의 힘마저 기울어 가던 4세기 말에까지 로마인들은 타국에 비해 법과 합리성이 살아 있는 로마 시민임을 자랑스러워했다.

그래서 로마의 제도는 오늘날까지 기억하고, 탐구하고, 응용할 가치가 있다. 다만 여기서는 콘술에서 프로콘술에 이르는 이제는 더 이상 통용되지 않는 제도들, 그리고 노예제나 매춘처럼 다른 문화권에도 있었으며 로마의 자랑이라기보다 한계일 수밖에 없는 제도들을 우선해 열 가지를 뽑았다. 아직도 명맥이 이어지는 제도는 그다음 부에서 보기로 하자.

9부

로마의 제도

나는 인간일 뿐이지만

왕 같지만, 결코 왕이어서는 안 되는 사람

'로마의 콘술.' 이 말을 듣기만 해도 가슴이 벅차오른다. 그 얼마나 위대하고, 권위 있는 자리였던가.

1830년에 프랑스의 소설가 스탕달이 쓴《적과 흑》에서, 주인공 쥘리앵 소렐은 이렇게 독백한다.

기원전 4세기, 그때 사전 지식 없이 로마를 방문한 사람이 있었다면 시민들 앞에서 연설하는 콘술Consul을 보고 "이 나라의 왕이 틀림없어"라고 말했으리라. 그만큼 당시의 콘술은 특별한 영예를 누리고 있었다. 생사여탈권을 상징하는 파스케스fasces(여기서 파시즘이라는 용어가 유래한다)를 든 열두 릭토르들이 엄숙하게 늘어선 가운데 자줏빛 토가를 두르고 상아로 만든 의자에 앉아 왼손에 홀을, 오른손에 월계수 나뭇가지를 들고 있었다. 그리고 그의 머리 위에는 왕관이 있었는데, 보통의 군주 왕관처럼 금과 보석으로 꾸민 것은 아니고 떡갈나무 월계관이었으되, 노예 아이가 그의 뒤에서 공식 행사가 끝날 때까지 왕관을 머리 위로 떠받치고 있었다. 분명 그 광경은 위대함과 권위의 극한처럼 보였으리라. 다만, 그 노예 아이에게는 왕관을 받쳐 드는 일 외에 또 하나의 임무가 있었다고 한다. 자신의 말 한 마디마다 열화와 같은 성원을 보내는 저 아래쪽의 군중을 내려다보는 콘술의 귓가에 이렇게 속삭이는 일 말이다.

"잊지 마세요, 당신은 그냥 인간일 뿐입니다."

왕과 비슷한 권위와 권력을 누리지만 결코 왕이어서는 안 되는 사람. 오늘날에는 대통령이 그와 비슷한 존재일 것이다. 기원전 6세기 초에 왕정을 마감하고 **공화정**10-5을 시작했을 때 콘술, 보통 '집정관'으로 번역되는 직책이 어떤 형태였고 어떻게 이루어졌는지에 대해서는 분명하지 않다. 여러 프라이토르, 또는 콘술라 트리뷴의 집단 지도체제로 시작했다고 보기도 하며, 반대로 기존의 왕의 권한에서 종교적 권한만 떼어낸 콘술이 '제1의 정무관'으로서 실질적 제1권력자로 통치했다고도 본다. 적어도 기원전 5세기쯤부터는 콘술 직위가 기본적으로 존재했고, 이후 여러 정변과 법제 개혁으로 때로는 콘술이 존재하지 않는 시기도 있었지만, 기원전 367년의 '리키니우스 법' 이후로는 콘술직이 로마 공화정의 마지막까지, 어쩌면 그 이후까지도 계속 내려왔다고 볼 수 있다.

공화정의 필연적 선택이자 필연적 갈등

행정부 수반이며 정치적으로 가장 주목받는 존재인 콘술을 오늘날의 대통령에 비한다면, 대통령직을 둘러싸고 벌어지는 정치적 갈등에는 무엇이 있을까? 먼저 그가 정말 군주처럼, 인간을 초월한 존재처럼 의회와 사법기구

위에 군림하며 독재권력을 떨칠 것에 대한 우려가 있을 수 있다. 한편 그런 우려가 대체로 **원로원**9-2이나 국회나, 그 사회의 이른바 '가진 자'들의 우려라고 할 때, '중요한 권력을 지닌 대통령직이 일부에게만 독점되고 있다'는 반발도 나올 수 있다. 즉 특정 계층, 특정 지역, 특정 학벌 출신이 대통령에 계속 선출될 때 소외되었다고 여기는 쪽에서 그런 불만을 내놓을 수 있다.

고대 로마에서도 그랬다. 로마 사회 기득권의 집합체라고도 볼 수 있던 원로원은 콘술의 권한 행사에 대해 항상 비판적이었으며, 법에 따라 그 권한을 제약하려 애썼다. 반면 평민들은 콘술직이 귀족들의 전유물이 될 가능성(그것은 어떤 때는 법에 따라서, 어떤 때는 정치 상황에 따라서 현실화되었다)을 염려하고, 항의했다. 그리고 그것은 로마가 도시국가에서 세계제국으로 발전해감에 따라 필연적으로 나타난 갈등이었다. 로마는 왕정을 무너뜨리고 보다 민주적인 정치를 도모했다. 그러나 나라는 점차 넓어졌고 그만큼 전쟁도 점점 더 많아졌다. 이런 상황에서 전쟁을 치르려면 의회에서 갑론을박을 벌이기보다 한 사람의 최고 통치권자가 결단하고, 명령하는 시스템이 절실했다. 이와 동시에 로마의 범위가 점점 넓어지고 기존 시민들과 새로 가입한 시민들 사이의 권한 문제가 불거지면서 귀족과 평민의 갈등이 계속 일어났고, 그에 따라 최고 통치권자인 콘술직을 누가 차지하느냐가 정치적 쟁점이 될 수밖에 없었다.

이상적인 로마 공화정 체제에서 콘술은 부득이하게 남보다 많은 권력을 쥐어준 사람이며, 따라서 그 권력은 독점과 남용이 빚어지지 않게끔 '하나가 아니라 두 사람의 콘술이 공동으로 재임한다', '콘술의 임기는 1년에 한한다', '한 번 콘술을 역임한 사람은 재임할 수 없다. 적어도 연임은 안 된다' 등의 조건들을 달고 있었다. 그러나 정치적·행정적 이유로 이런 원칙은 잘 지켜지기 어려웠다. 기원전 4세기에 콘술을 지낸 파피리우스만 해도 평생 다섯 차례나 그 자리를 차지했다(공화정기 사상 최다는 일곱 차례 콘술이 된 **가이우**

스 마리우스1-7였다). 연임 불가라는 원칙도 오래가지 못했다. 콘술은 로마군 총사령관(**임페라토르**9-5)일 경우가 많고, 총사령관의 직위는 쉽게 바뀌면 안 되는데, 임기 1년을 넘기면서 적과 치열하게 싸워야 하다 보니 '프로로가티오 임페리이(총사령관직에 한해 연장)', '**프로콘술**9-6(콘술직은 마치되 군 지휘권은 유지)' 등의 형태로 변통되다가, 결국 연임이 상례화되는 지경까지 이르게 되었다. '콘술은 두 사람이 공동으로 맡는다'는 원칙은 더 오래 이어졌으나, 기원전 2세기 이후 군벌의 시대에 유력한 콘술의 파트너는 그저 '무늬만 콘술'에 그치는 식이 되었다. 1년만이든 무늬만이든 콘술이라는 이름이 갖는 아우라는 대단해서, 공화정 내내 콘술을 역임한 사람이어야 정계에서 큰소리칠 수 있었고, 조상 중에 콘술 역임자가 있어야 정계에 고개라도 들이밀 수 있었다. 그래서 세 차례나 콘술직에 도전했으나 매번 실패하자 격분한 나머지 반란을 일으켰던 카틸리나 같은 사람까지 나왔다.

제정 이후, 콘술의 쇠락과 변형

제정으로 바뀐 뒤에도 콘술의 이름은 남았으나 그 실질적 의미는 약해졌다. **아우구스투스**2-1는 콘술을 선출할 권한을 켄투리아 민회에서 원로원으로 옮기고, 사실상 제 마음대로 '선거'를 움직여 계속 콘술을 겸직했다. 후계자를 낙점할 때 파트너 콘술직을 '수여'하기도 했다. 이런 추세는 원로원에 나가기조차 싫어서 콘술을 몇 차례 맡지 않은 **네로**2-3를 제외하면 대략 2세기 초 정도까지 이어졌다. 그러나 **하드리아누스**2-6부터 콘술직을 띄엄띄엄 맡기 시작하더니 나중에는 즉위 첫 해만 명목상 맡고 임기 내내 겸임하지 않는 게 관례가 되었다. 아무리 형식적이더라도 원로원을 상대하며 선거라는 절차를 거치는 게 싫어서였을 것이다. 이미 황제는 콘술이 가졌던 군통수권과 행정통수권을 마음껏 누리고 있었는데, 굳이 이름뿐인 직함에 연연할 필요가 없었다.

6세기 초 콘스탄티노플의 콘술 아나스타시우스 프로부스.
ⓒ Clio20
이때는 이미 콘술의 이름에 따르던 영광과 권력은 대부분 사라져 있었다.

콘술은 그래도 황제권에 기대서 오랫동안 명맥을 유지했다. 황제는 원로원 의원이나 장군들에게 콘술직을 주어서 총애를 표시했다. 그래서 정계에서 콘술 경력이 출세의 징표가 되는 것은 공화정 때나 비슷한 셈이 되었다. 그러나 4세기 초, **콘스탄티누스**[2-8]가 제정에서 공화정의 잔재를 걷어내면서 콘술의 의미도 더욱 격하된다. 원로원에 의한 선거라는 형식을 없애고 황제가 임명하는 시스템이 되면서 아무런 권한도 보수도 없는 명예직이 되었고, 로마와 콘스탄티노플의 시장도 콘술이라 불렸다. 그래도 이름만은 끈질기게 이어졌으나, 534년에 **유스티니아누스**[2-9]가 일반 콘술을 없애고 시장으로서의 콘술만 남겼다. 그나마 541년부터는 황제가 콘스탄티노플 콘술을 겸직했으며, 887년, 레온 6세가 이 직함을 없앰으로써 로마 콘술은 1,300여 년의 역사를 비로소 마감했다.

콘술이라는 이름은 프랑스 혁명기에 잠깐 되살아났다. 1799년, 나폴레옹이 총재정부를 뒤집고 집권하고는 '콘술(보통 통령으로 번역된다) 정부'를 내세웠기 때문이다. 이는 고대 로마의 공화정을 되살리려는 신호라 여겨졌고 베토벤과 같은 사람들의 많은 기대를 모았으나, 나폴레옹은 5년 만에 황제가 되면서 스스로 그 기대를 짓밟았다.

이제는 해외 자국민 관계 일을 하는 영사를 콘술이라고 하고, 또 컴퓨터 소프트웨어 하나에도 콘술이라는 이름이 붙어 있다. 그 외에는 현대와 아무 관련이 없을 것 같지만, '통령'이라는 콘술의 번역어에서 '대통령'이 나온 것만 봐도 알 수 있듯 특별히 막강한 힘을 가진 선출직 공무원은 아직도 우리 곁에 있다. 그가 '그냥 인간일 뿐'이고, 제왕으로 변신하거나 특정 집단에 독점되는 일이 없도록 해야 한다는 고민도 함께 실려 있다.

우리가 진짜 로마다

로마 공화정의 두 기반

SPQR. 로마시대 건축물이나 군인들의 방패, 화폐 등에서 흔히 볼 수 있는 이 네 글자, 로마를 상징하는 글자는 '로마의 원로원과 시민Senatus Populusque Romanus'을 뜻한다. 이는 곧 정치적인 로마, 로마라는 국가 자체를 뜻하며, **공화정 시대**10-5에는 군대가 출정할 때나 정치 연설을 할 때나 '로마의 원로원과 시민을 위하여!'라는 문구를 수없이 쓰곤 했다.

그것은 로마 공화정이 귀족과 평민이라는 두 기반을 갖고, 이들 사이의 견제와 균형, 조화와 협력을 통해 나라를 움직였다는 뜻이다.

그 가운데 귀족을 대표하는 세나투스Senatus, 원로원으로 번역되는 이 모임은 신화상으로는 **로물루스**1-1에 의해 만들어졌다고 하지만, 실제로는 로마가 부족국가 시절일 때부터 세넥스, 즉 원로들의 모임으로 존재했던 것 같다. 건국 신화에서는 유서 깊은 가문의 대표자 100명을 선발해 원로원을 이루었으며, 그 가문은 대대로 파트리키안, 즉 귀족이 되었다고 한다. 왕정에서 공화정으로 넘어가면서, 국가 제도로서의 원로원의 기능은 훨씬 중요해졌으며 인원도 약 300명 정도가 되었다.

원로원은 입법기관이 아니었다. 행정기관도 아니었다. 그러나 실질적으로 입법과 행정을 좌우하는 중요한 역할을 했다. 왕정 때나 공화정 때나 그 명목적 역할은 '자문'이었는데, 왕권이 살아 있을 때는 그야말로 자문기관에 불과했지만 공화정에서는 원로원에서 부정하는 법률안이나 국가정책은 통과될 수 없었으므로 로마의 최고 권력기관이라고 할 수 있었다. 그리하여 '세나투스 콘술툼Senatus Consultum(원로원 결의)'이라는 이름으로 발의된 내용은 말이 권고이지 사실상 법률과 같았고, '세나투스 콘술툼 울티뭄Senatus Consultum Ultimum(원로원 비상결의)'은 국가 비상사태를 맞이해 초법률적인 조치를 지시하는 것으로, **그라쿠스**1-6나 **카이사르**1-8 등 '포퓰리즘 독재자'로 의심받은 사람들을 향해 내려졌다.

이렇게 막강한 권력은 재력이나 군사력으로 뒷받침되지 않았다(적어도 원칙적으로). 아욱토리타스auctoritas, 즉 권위가 원로원 권력의 원천이었다. 그것은 명문가의 후광을 비롯해서 콘술 등의 정무직을 훌륭히 수행한 경력, 널리 존경받는 인품이나 덕행 등으로 이루어졌다. 따라서 원로원 의원들은 대대로 물려받은 토지에서 얻는 수입으로만 품위를 유지했으며, 상업이나 금융업 등에 손을 대서 재산을 불리는 일이 금지되었다. 품행 역시 엄정하고 후덕할 것이 요구되었다. 고대 로마는 개인의 평판을 매우 중시하는 사회였는데, 원로원 의원이라면 그 평판의 챔피언들이었고, 따라서 존경과 인망으로 정치적 영향력을 행사할 수 있었던 것이다.

입법과 사법을 담당한 권력, 코미티아

행정을 콘술을 비롯한 정무관들이 담당했다면, 입법과 사법은 누가 담당했을까? 바로 평민들의 모임, 코미티아Comitia(민회)가 했다. 다만 이 민회는 로마 역사에서 여러 개가 있었다. 이미 기원전 6세기, 왕정보다도 공화정보다도 먼저 있었던 민회는 '쿠리아 민회'인데, 각 부족들의 대표가 모여서 중요한 사안을 심의 결정하는 기구로, 로마가 부족연맹체 수준에 머물 때의 최고 권력기관이었다. 그러나 로마의 발전에 반비례해 그 의미는 퇴색되었으며, 왕정으로 넘어갈 무렵에는 왕과 켄투리아 민회에 실권을 대부분 넘겨주고 이름만 남아 있었다. '켄투리아 민회'는 전설대로라면 제6대 왕인 세르비우스 툴리우스 때 처음 만들어졌는데, 시민을 재산 등급별로 구분해 다섯 켄투리아(100인 모임)에 소속되도록 했다고 해서 그런 이름이 붙었다고 한다. 켄투리아는 개별적으로 모임을 갖고 중요 사안별로 표결을 했으며, 그 종합 결과를 켄투리아마다의 입장으로 모아서 국정에 반영했다. 공화정으로 넘어간 다음에도 켄투리아 민회의 권력은 오래 유지되었는데, 다만 로마가 확대되고 인구가 늘면서 말만 켄투리아이지, 재산 기준 상류층은 하나의 켄투리아에 수십 명, 하류층은 수천 명이 포함되게 되었다. 그래도 한 개 켄투리아별 대표권은 동일했으므로 상류층이 하류층보다 훨씬 많은 대표권을 갖는 셈이 되었다.

이처럼 상류층—귀족층의 국정 권한이 커지는 듯하자, 반동으로 평민의 평민에 의한 평민을 위한 코미티아도 탄생했다. 그것이 기원전 476년 발족했다는 '코미티아 플레비스 트리부스Comitia Plebis Tributa(평민회)'다. 이 민회는 **호민관**9-3을 선출하고, 켄투리아 민회의 힘을 상당수 빼앗으면서(그래도 콘술과 법무관 등을 선출하는 권한은 켄투리아 민회에 남았다) 원로원을 중심으로 모여든 상류층의 권력에 대항해 '없이 사는 사람들'의 목소리를 냈다.

로마 민회의 중심이 쿠리아, 켄투리아, 트리부스로 옮아가는 과정은 '백성이란 누구이며, 어떻게 대우해야 하는가?'라는 물음을 중심으로 고대 민주주의의 발전 과정을 보여준다. 처음에는 김씨네, 이씨네 식으로 혈통에 따른 부족끼리의 정체성 구별만 중요했다. 그러다가 사회가 발전하며 하나의 공동체 내에서 혈족보다 재산 소유에 따른 정체성이 더 뚜렷해지게 되자, '우리 부자들은 세금도 많이 내고 군 복무도 많이 하는데, 빈곤층과 동등한 권력을 누리는 일은 불공평하다!'는 생각에 따라 재산에 따른 국민의 차등적 체계화가 이루어졌다. 그러나 사회가 더 커지고, 소수의 부자와 다수의 빈자가 대립하는 구도가 뚜렷해지면서 '우리 가난뱅이들은 뭐냐? 시민이냐 노예냐? 우리의 권리를 주장하자!'는 목소리에 따라 민회는 곧 평민회를 의미하게 된 것이다.

견제와 균형의 묘, 소멸되어도 교훈은 남는다

그렇지만 원로원과 민회(평민회)가 늘 첨예한 대립 구도를 띠었던 것은 아니었다. 그것은 정치구도 이전에 세워진 사회구도, 즉 힘없는 계층은 힘 있는 계층 사람과 후견인—피후견인 관계를 맺어서 세상을 더 쉽게 살아가는 로마의 관행 때문이었다. 결국 법은 민회에서 만들지만 그 표결은 이미 원로원에 들어앉은 귀족 후견인들의 입김에 크게 좌우되기 마련이었고, 그나마 그런 벽을 뚫고 제출된 평민에게만 유리한 법안은 원로원의 거부로 좌초되었으므로 로마(공화정)는 결코 민주국가라고는 할 수 없는 체제로 남았다. 하지만 과두정치나 귀족정치라 보기에는 공식적 권력이 민회와 호민관 등에게 너무 크게 주어져 있었으며, 그런 공식적 균형체제와 현실적인 귀족 우위체제 사이의 모순은 그라쿠스, **마리우스**1-7, 카이사르 등의 평민파 영웅들의 활동을 거치며 제국 체제로 이어지게 된다.

그래서일지 아닐지, 제국은 먼저 민회의 힘부터 뺐다. **아우구스투스**2-1는 평민회를 유명무실하게 만들고, 껍데기만 남다시피 했던 쿠리아 민회와 켄투리아 민회의 권위를 이용해 자기 입맛대로 법률을 제정했다. 그러나 그가

체사레 마카리의 〈키케로의 카틸리나 탄핵〉(1889).
로마 원로원 회의의 모습을 상상하여 그린 것이다.

지나친 가부장권에 손을 대는 등 로마 고유의 전통을 개혁하려 하자, 이들 민회도 아우구스투스에게 맞섰다. 결국 다음 대인 티베리우스는 평민회를 비롯한 모든 코미티아를 폐지해버렸다. 코미티아에 있던 입법권과 사법권은 원로원에게 넘어갔다.

이후 한동안 황제는 원로원을 존중하면서 공존해나갔다. 형식적이지만 원로원은 황제를 선출하고 폐위할 권한도 있었다. 공화정이 원로원 우위의 균형 상태였다면, 초기 제국은 황제 우위의 균형 상태였다. 그러나 갈수록 원로원의 실권은 황제 쪽으로 스며나갔고, 2세기 중엽, 5현제 시대부터는 황제가 내리는 칙령의 법적 권위가 원로원의 입법권과 사법권을 능가했다.

"제국의 마지막 시기까지 원로원의 이름은 명예롭게 거론되었다"고 기번은 《로마제국쇠망사》에 썼다. 그러나 "궁중과 실제 정치로부터 단절된 로마 원로원은 카피톨리노 언덕에 내버려진 오래된 골동품에 불과했다"고 덧붙였다. **콘스탄티누스**2-8 이후로는 원로원 의원이 되려면 거액의 돈을 헌

납해야 했기 때문에 실권 없는 명예직을 위해 그런 부담을 지려는 사람이 차차 사라졌다.

동로마에서는 오히려 원로원의 힘이 조금 살아났는데, 《유스티니아누스 법전》에서 새로운 법안을 검토하고 황제에게 올릴 권한을 명시한 것과 동로마 황제들이 전쟁과 쿠데타, 암살로 자주 바뀌는 바람에 원로원 귀족들의 지지를 얻을 필요성이 높아졌기 때문이다. 하지만 9세기 중엽, 바실리우스 1세와 레오 6세의 법제 개혁에서 다시금 명예만 있고 권한은 없는 기관으로 전락했다. 14세기 중엽, 동로마가 쇠망의 길을 걷고 있던 와중에 마침내 원로원도 종적을 감추고 말았다.

민회는 약 500년, 원로원은 1천 년이 넘게 존속하다 마침내 사라졌지만, 이들이 서로 다른 정치적 이해관계를 대변하면서 견제와 균형, 설득과 타협을 거쳐 정치를 이끌어간 역사는 서구인들에게 오래 기억되었다. 그리하여 근대 민주공화국에서 SPQR, 원로원–민회 체제는 상원senate과 하원(영국은 House of Commons, 미국은 House of Representatives) 체제로 계승되었으며, 코미티아라는 이름은 '공적 업무를 처리하기 위해 관료 및 민간인들이 모여서 만든 협의체committee'에 흔적을 남기고 있다.

영웅 황제 여성 건축 전쟁 기술 책 신 제도 유산

정의를 위해 부릅뜬 눈

공화정을 감시하는 두 행정관

공화정10-5이라는 '아치'를 무너지지 않게 지탱해주는 마룻돌 역할을 하는 행정관들은 **콘술**9-1뿐이 아니었다. 처음에는 콘술에게 집중되어 있던 행정 권한들이 행정 업무의 확장에 따른 효율성 때문에, 또한 견제와 균형을 확보하려는 정치적 고려 때문에 여러 행정관에게 분할되었다. 그 가운데는 사법 분야를 맡는 법무관(프라이토르), 재무를 담당하는 재무관(콰이스토르), 도시 운영과 공공 건설을 맡은 조영관(아이딜리스) 등이 있었다.

'쿠르수스 호노룸Cursus Honorum' 즉 '영예로운 직책'이라 불리며 로마 공화정 정치의 꽃이던 이들 외에, 공화정의 정신이 훼손되지 않도록 감시하고 개입하는 역할을 맡기고자 창설된 행정관도 두 가지 있었다. 이들이 트리부누스 플레비스Tribunus Plebis(호민관)와 켄소르Censor(감찰관)다.

호민관, 못 가진 자들의 보호자

호민관은 기원전 494년, 리비우스에 따르면 로마 역사상 최초라는 '평민의 철수' 사건을 계기로 만들어졌다. 어느 평민 출신의 노인이 '군 복무를 했지만 돌아온 것은 빚더미뿐이고, 빚을 갚기 위해 노예가 되지 않을 수 없었다'고 한탄하자 격앙되어 있던 평민들이 마침 로마를 침공해온 볼스키인들에 맞서 정부가 낸 징집령을 거부한 것이다. 이에 우여곡절 끝에 로마가 분열로 멸망할 위기까지 이르자, 귀족과 평민 사이에 타협이 이루어져 채무노예제 폐지 등과 함께 호민관이라는 직책을 신설해 평민의 이익을 보호하기로 했다.

이 호민관은 오직 평민들 사이에서 선출되며(그러나 후기에는 조상이 평민인 귀족들도 호민관이 될 수 있었다. **그라쿠스** 1-6나 **마리우스** 1-7 등이 모두 그렇다), 처음에는 두 명, 나중에는 10명이 정원이 되었다. 호민관들은 법을 만들지도, 재판을 하지도, 행정 사무를 맡아보지도 않았다. 그러나 근무시간이면 로마 시내의 '호민관의 의자'에 앉아 있으면서 청원을 하러 온 평민들의 이야기를 들었고(심지어 퇴근 뒤에도 언제든 평민들의 호소를 들을 수 있도록 늘 집 대문을 열어놓아야 했다), 정부에서 평민의 이익에 반하는 법이나 정책이 이루어지고 있다고 판단되면 '거부권'을 행사할 수 있었다. 또 입법권 자체는 없지만 **원로원** 9-2처럼 법안을 제안할 수 있었다. 당연히 기득권자의 입장에서는 껄끄러운 존재였으므로 공격당할 위험이 컸고, 실제로 한 차례는 귀족들이 들고 일어나 호민관들을 내쫓고 귀족들이 그 자리를 대신하기도 했다. 그래서 평민 호민관제가 복원된 뒤에는 '호민관 재직 중에는 어떤 일이 있어도 위해를 당하지 않는다'는 면책특권도 갖게 되었다.

호민관의 존재를 껄끄럽게 여기는 시각이 반드시 기득권자의 탐욕에서 비롯한 것만은 아니었다. 거부권을 남발해 국정을 마비 상태로 만들거나,

포퓰리즘적이거나 비현실적인 법안을 밀어붙이는 일이 종종 있었기 때문이다. 그래서 술라는 **로마 내전**5-3에서 마리우스파를 꺾은 뒤 호민관의 법률안 제안권을 없애버리기도 했다. 또 공화정 중기 이후 호민관 재직 경험자가 콘술이 되거나 원로원에 들어가는 경우가 많아지면서, 귀족이 평민의 자식으로 일부러 입양되어 호민관이 되는 편법도 있었다. 키케로는《법률론》에서 호민관에 대해 대체로 마땅찮아 하는 시각을 보여주는데, 그 동생의 입을 빌려 '이 호민관이라는 직책은 민중의 소요에서 생겨났고, 소요를 선동하는 일이 본업이다!'며 호되게 비판한 다음, '자신'의 입으로는 '그렇지만 민중을 설득해서 소요를 무마하는 순기능도 있다'고 두둔한다. 그러나 공화정 체제에서 가장 아랫단에 놓인, 그런 만큼 가장 토대가 되기도 하는 셈인 평민의 권익을 보호하는 호민관은 키케로의 말처럼 공화정을 장기적으로 안정시키는 존재였으며, 더 크게 볼 때 '정의'가 '힘 있는 자들만의 정의'로 타락하지 않도록 막는 수호자이기도 했다. 그러므로 호민관이 가진 면책특권이 그라쿠스 형제들의 개혁 때 무시되고, 그 이후에도 계속 짓밟히는(가령 마르쿠스 드루수스는 그라쿠스에 반대했던 귀족의 아들로 그라쿠스처럼 평민 조상을 내세워 호민관이 되었는데, 그라쿠스보다 훨씬 온건했지만 역시 개혁을 추진하다가 암살되었다. 그는 죽어가며 "이제 누가 공화국을 구할 것인가?"라고 탄식했다고 한다) 상황이 되자, 위축된 호민관들이 여러 군벌(가령 카이사르, 폼페이우스)의 하수인으로 전락해 호민관끼리 '주인'을 위한 '개싸움'을 벌이게 된 모습은 곧 공화정이 몰락할 것임을 똑똑히 보여주었다.

켄소르, '로마다움'을 유지하기 위한 엄격함의 화신

한편 켄소르는 호민관보다도 특이한 위치에 있는 관직이었다. 보통 '감찰관'이라 번역되는데, 그것은 켄소르의 역할 중 일부에만 주목한 것이다. 그는 정부의 재정 감사 임무, 그리고 행정관이나 원로원 의원 등 고위공직자는 물론 일반 시민의 풍기를 단속하는 임무를 맡는 감찰관 역할을 한다. 하지만 그는 동시에 인구조사도 맡는다. 현대 행정에서는 전혀 동떨어진 분야의 업무를 한 사람이 맡은 까닭은, 켄소르가 '정치 사회가 막연히 잘 돌아가고 있거니 하다 보면 물밑에서 부패가 일어나 건잡을 수 없을 정도까지 되니, 늘 문제가 없는지 살피고 제때 바로잡는 사람이 필요하다'는 취지에서 신설된 관직이기 때문이다.

초기에는 재정 감사가 더 중요했던 것 같고, 재정 감사와 연관되어 재정 지출에까지 손을 댈 수 있는 모호한 행정관직이었던 듯하다. 그래서 **삼니움 전쟁**5-1 무렵 아피우스는 켄소르로서 아피아 수로와 **아피아 가도**4-1를 건설할 수 있었다. 하지만 차차 감찰관이자 인구조사관의 역할에 충실하게 된다. 그런데 풍기 단속 업무의 연장으로, 기사 계급 인물 중 공로와 덕망이 뛰어난 사람을 원로원 의원으로 앉히고, 반대로 원로원 의원 중 품행이 그릇된 사람을 탄핵해 내쫓는 역할도 수행했으니 켄소르의 실권은 호민관 못지않게 막강했다. 콘술, 법무관처럼 켄투리아 민회에서 선출되었으며, 따라서 귀족의 이해관계가 더 많이 반영될 소지가 있었다. 임기는 5년이지만 18개월로 제한된 업무 수행 기간 동안에만 실제로 활동했다. 호민관처럼 공개적인 곳에 좌석이 있었는데, 늘 앉아 있지는 않고 취임식, 퇴임식 등 중요 행사 때만 앉았다.

역대 호민관 가운데 가장 유명한 사람이 그라쿠스 형제라면, 가장 유명한 켄소르는 **카토**1-5라고 할 수 있다. 그는 **포에니 전쟁**5-2으로 태동하기 시작한 로마의 번영과 공화정의 쇠퇴라는 현상을 온몸으로 막아섰다. 포퓰리즘 군벌의 싹을 보인 **스키피오**1-4를 맹공격한 것도, 그리스 문화의 유행을 죄악시한 것도, 지나칠 정도로 원로원 의원들의 품행을 꼬치꼬치 물고 늘어진 것도 그런 맥락이었다. 그러나 결국 그가 국방을 위해 절실하다고 보았던 '카르타고는 반드시 멸망시켜야 한다'는 또 하나의 지론이 성취됨으로써, 군사적 흐름의 물꼬를 그 스스로 틔워준 아이러니를 안게 되었다.

이후 켄소르도 호민관처럼 **로마 내전**5-3과 공화정 몰락의 과정에서 힘을 잃었다. 술라는 호민관만이 아니라 켄소르의 권한도 대부분 박탈했다(폐지했다고 보기도 한다. 그가 집권한 전후로 인구조사가 한 번도 이뤄지지 않았다). 삼두정치 시대에 호민관과 켄소르의 권한이 복원되지만, 그것은 그 군벌들이 자신들의 도구로 쓰기 위한 조치였다. 기원전 22년 이후로는 켄소르 선출 기록이 전혀 나오지 않는다. 다만 **아우구스투스**2-1가 '장식용'으로 실권 없는 켄소르를 임명(선출이 아니라)했고, 그들이 명목상 로마 최후의 켄소르다. 황제가 겸직한 예로는 **베스파시아누스**2-4가 있는데, 그는 켄소르의 재정 감독권과 원로원 의원 추천권을 자기 정치에 활용하려고 했을 뿐이다.

그리고 시간이 한참 지난 3세기 중엽, 켄소르를 진지하게 부활시키려는 시도가 한 번 있었다. '군인 황제 시대'의 혼란기에 무력으로 황제가 되었지만 혼란을 수습할 사명감이 강했던 데키우스는 제국의 안정을 위해 여러 조치를 강구했는데, 그중 하나가 켄소르의 부활이었다. '공직 기강과 사회의 기풍을 바로잡아야 제국이 안정된다. 그러려면 켄소르 같은 존재가 필수적이다'는 생각이었다. 그래서 스스로 적임자를 임명하지 않고 원로원에서 추대하도록 했는데, 두루 덕망이 있던 발레리아누스가 뽑혔다(나중에 황제가 되고, 불행하게도 **로마-이란 전쟁**5-8에서 사산조 페르시아에 포로로 잡혀 굴욕을 겪은 그 사람이다). 그런데 발레리아누스는 '나는 자격이 없다'며 한사코 켄소르 취임을 거부했다. 카토의 예를 보듯 욕받이가 될 게 뻔한 직책이 달갑지 않았던 것이다. 그러는 사이에 전쟁이 일어나고, 데키우스가 출정했다가 전사함으로써 켄소르 부활은 해프닝으로 끝났다.

기번은 이를 두고 "켄소르의 일은 소극적이다. 이미 발생한 부패를 척결

할 뿐, 부패가 일어나지 않게 예방하지는 못한다. 그리고 이미 어쩔 수 없을 정도로 국가와 사회의 기강이 무너진 상황에서는 차라리 야만인들과 싸우는 게 쉽지, 그 누구라도 켄소르의 일을 수행할 수 없었을 것이다"고 평가한다. 사실 그것이 보수적인 접근법의 한계다. 한편 개혁 입법과 민중 선동을 무기로 삼는 호민관의 진보적 접근법은 대담한 동시에 위험하다는 한계가 있다.

현대에 호민관의 흔적은 정의를 판결하는 재판소tribunal, 일부 언론사가 '정치 사회의 악을 고발한다'는 취지로 붙인 트리뷴tribune이라는 이름에, 켄소르의 흔적은 검열censor과 인구조사census에 남아 있다. 하지만 그보다 공화정의 정신과 정의를 유지하기 위해 진보와 보수 진영에서 각각 제 나름의 제도적 대안을 냈으며, 그 제도들이 무너지면서 공화정도 정의도 무너졌음을 기억하고 교훈을 삼아야 하리라.

대제사장에서 교황까지

로마 초창기부터 지금까지 이어지는 직책

로마 초창기부터 있었던 행정직이면서, 콘술이나 호민관처럼 귀족과 평민 사이에 분쟁의 대상이 된 적은 없고, 한동안 실권이 없는 직책이었다가, 다시 한동안은 새로운 의미를 띠면서 중요성을 가졌다가, 그 뒤에는 전혀 다른 맥락으로 기능한 직책이 있다. 심지어 그 직책은 아직도 없어지지 않았다! 바로 폰티펙스 막시무스Pontifex Maximus, '대제사장' 또는 '최고신관'이라고 번역할 수 있는 직책이다.

초기에는 로마인들도 고대인들답게 종교나 미신을 많이 믿었다. 에트루리아인 등의 민족에게서 배운 대로 새점이나 내장점을 치고, 결과가 안 좋으면 전쟁을 미루는 등 공적 생활에서도 초자연적인 것을 중시했다. 대제사장과 그가 이끄는 국가 사제단은 공화정 초기까지는 민회에 참석해 전쟁 등 중요한 의결 사안에 대해 입장(앞으로 벌어질 일에 대한 점괘)을 제시하고, 12표법 등 법률의 구체적인 해석에도 관여하는 등 권한이 대단했다. 그러나 문명이 발달하면서 자연히 이런 점치기 행사 등은 상징적 의례 차원이 되어갔고, 사제 집단의 실권 또한 적어지게 되었다.

최초의 대제사장은 로마 제2대 왕 누마 폼필리우스가 임명한 누마 마르키우스라고 한다. 그리고 왕정이 끝날 때까지 다른 대제사장의 이름은 나오지 않는다. 대제사장이란 공화정 수립 이후 생긴 직책인데, 보다 유서 깊게 보이게끔 '로마 법제의 창설자' 누마 폼필리우스에게 기원을 돌린 전설이 아닐까 하는 추정이 있다.

공화정기에는 기원전 509년에 취임한 가이우스 파피리우스가 시작이었고, 기원전 254년에는 티베리우스 코룬카니우스가 최초의 평민 출신 대제사장이 되었다. **그라쿠스**[1-6] 살해에 앞장선 것으로 유명한 스키피오 나시카도 대제사장을 지냈는데, 그의 아버지가 사망하자 공석 상태에서 투표로 뽑혔다. 그러나 그라쿠스 사태로 그에 대한 평민들의 증오가 심상치 않자 이탈리아에서 달아나 다시는 돌아가지 않았고, 최초로 이탈리아 밖에서 죽은 대제사장으로 남았다. 실제로 살해당한 최초의 대제사장은 퀸투스 스카이볼라인데, 그는 기원전 82년 **마리우스**[1-7]가 벌인 학살을 피해 베스타 신전으로 달아나다가 신전 입구에서 난자당했다.

황제들이 탐내던 상징성

대제사장은 로마에서 특별한 공직이었다. 콘술이나 법무관, 호민관 등의 공직이 복수로 선출되는 반면 대제사장은 단독으로 뽑혔다. 겸직이 가능했으며, 임기가 따로 없이 종신제였다. 나아가 개인 집이 아니라 관저에서 살 수 있었다. 그래서 **카이사르**[1-8]가 최초의 선출 공직으로 대제사장이 된 것에 대해 시오노 나나미는 "젊은 엘리트가 빚까지 내며 노릴 자리로는 보이지 않는 명예직이나 (…) 이러한 여러 가지 장점을 따져보면 카이사르가 현명한 선택을 한 것"이라 평가하기도 했다. 그래서 카이사르도 죽을 때까지 대제사장 직함을 겸하여 갖고 있었는데, 결과적으로 스카이볼라에 이어서 살해된 두 번째 대제사장이 된 셈이었다.

카이사르 다음으로 제2차 삼두정의 일원인 레피두스가 기원전 13년까지 대제사장을 맡았다가 죽었다. 그리고 그다음 대제사장이 바로 **아우구스투스**[2-1]였다. 아우구스투스는 콘술이나 호민관직명은 가졌다가 말았다가 했지만 **임페라토르**[9-5]와 함께 폰티펙스 막시무스의 관직명은 죽을 때까지 놓지 않았고, 이는 이후의 모든(제국이 완전히 기울어지기 전까지의) 황제들이 따라했다. 그것은 대제사장의 종신직 성격에다, 제국의 유일무이한 지존으로서 사상과 종교 문제까지 독자 총괄하는 존재로서의 황제라는 권위를 내세우기 위함이었다. 초기 대제사장이 입법과 사법에 관여할 권한이 있었음도 고려했음 직하다.

대제사장직의 칭호를 겸하는 일은 심지어 **콘스탄티누스**[2-8] 이후의 기독교인 황제들에게서도 한동안 계속되었다. 이 칭호를 마침내 포기한 황제는 서로마의 그라티아누스였는데, 즉위 당시 16세로 두터운 신앙심 말고는 내세울 게 없는 사람이었다. 그가 383년에 그 신앙심의 증거로 제사장 칭호를 포기하고(베스타 무녀단도 이때 해산되었다) 그 직후 암살당한 뒤 즉위한 서로마 황제들은 대개 이름뿐인 황제들이라, 칭호에 연연할 틈이 없었다. 또한 동로마에서는 그라티아누스가 동로마 황제로 임명한 테오도시우스가 그라티아누스 못지않은 독실한 기독교도여서, 그라티아누스의 예를 따라 스스로를 '거짓된 이교의 대제사장'으로 내세우지 않았다. 이대로라면 로마 초기부터 내려온 폰티펙스 막시무스의 이름도 사라질 것처럼 보였다.

라파엘로의 〈레오 교황과 아틸라의 만남〉(1514).
로마 대주교 레오 1세가 훈족의 왕 아틸라를 물러나게 하는 장면을 묘사했다.

영웅 황제 여성 건축 전쟁 기술 책 신 제도 유산

교황을 칭하는 직함이 되다

그런데 서쪽에서 반전이 있었다. 멀리는 3세기 초, 아직 로마 황제가 폰티펙스 막시무스로 불리고 있을 때 기독교인들끼리 로마 대주교를 폰티펙스 막시무스라고 부르는 관행이 나타났다. 라틴어로 사제는 폰티펙스이고 로마 대주교는 사도 베드로의 계승자로서 가장 중요한 사제로 여겼기 때문이다. 한편 동방에서는 그리스어로 감독자를 뜻하는 '에피스코포스'라는 표현으로 주교를 호칭했다. 그리하여 황제가 대제사장 칭호를 버린 이후 로마 대주교는 수무스 폰티펙스(최고사제), 폰티펙스 인클리투스(대신관), 폰티펙스 막시무스 등으로 지칭되며 그 이름을 황궁이 아닌 교회에서 이어갔다. 그러다가 그 이름이 교회 밖에서도 널리 불리게 된 계기는 452년, 로마 대주교이던 레오 1세가 로마로 쳐들어오던 훈족의 왕 아틸라와 담판을 벌여, 그를 물러가게 만든 일이었다. 아틸라의 후퇴는 제 나름의 계산에 따른 것이었지만 잔혹 무도한 야만인들에게 유린되는 것만 떨면서 기다리던 로마 시민들에게는 기적과도 같은 일이었다. 그래서 자연스레 레오와 그를 잇는 로마 대주교를 폰티펙스 막시무스라고 부르게 되고, 로마 대주교는 평범한 사제가 아니라 기독교 세계를 총괄하는 신의 대리인, '교황'의 입지를 갖게 된다.

이는 그 호칭은 포기했을지라도 종교 문제까지 총괄하는 황제권은 포기하지 않았던 동로마 황제들로서는 껄끄러운 일이었으며, 따라서 동로마와 교류하는 서신 등에는 폰티펙스 막시무스의 호칭을 삼가는 일도 있었다. 하지만 그 동로마까지 무너지고 난 15세기 이후로는 너무도 자연스럽게 폰티펙스 막시무스는 교황의 공식 호칭이 되었다. 베드로부터 해서 제266대라는 지금의 교황, 프란치스코도 마찬가지다.

최고사령관에서 황제로

'황제', '제국' 명칭의 기원

'임페리움Imperium'에서 '임페라토르Imperator'가 나왔다. 임페라토르에서 '엠페러Emperor'가 나오고, 이 모두에서 '엠파이어Empire'가 나왔다.

임페리움이란 '명령권'이나 '지휘권'이라고 번역할 수 있다. 같은 상하관계를 표현하는 라틴어라도 아욱토리타스(미덕이나 업적 등에 의한 권위), 포테스타스 potestas(일정 행동을 할 수 있는 힘), 도미니움dominium(상대에 대한 소유적 지배권) 등과는 다르다. 말하자면 전쟁이나 재난 같은 비상사태에 상급관이 하급관들에게 일방적으로 지시를 내릴 수 있는 권한을 뜻하며, 콘술이나 독재관, 법무관 등이 군 최고사령관으로서 로마군을 이끌 때 이 임페리움을 보유한다고 여겨졌다.

말하자면 임페리움은 비상시에 임시로 부여받는 권력이었다. 따라서 독재관이라는 임시 직위와 비슷한데, 임페리움이 두 명의 콘술이나 여러 명의 법무관에게 동시에 부여될 때도 있었고, 여러 속주의 총독이 관할 구역에서만 통하는 임페리움을 갖기도 해 '임페리움 마이우스', 즉 여러 임페리움 중에서도 우선되는 권력을 가리키는 개념도 나왔다. 이쯤 되면, 독재관이 임페리움 마이우스를 가질 경우 그것은 왕권과 크게 다르지 않았다. 오직 '임시로'라는 단서가 그것을 왕권과 구별해주었다.

하지만 술라는 독재관으로서 임페리움 마이우스를 갖고 로마의 모든 것을 손 안에 쥐고 흔들었으며, 내전이 마무리되지 않았다는 이유로 그 권력을 계속 갖고 있었다. **카이사르**1-8도 그렇게 했다. 그리고 **옥타비아누스-아우구스투스**2-1는 카이사르의 본보기를 유념해 왕의 호칭도 독재관이라는 자리도 피했지만, 임페라토르의 자리는 유지했다. 그러다 보니 일찍이 없었던 '황제'의 직위가 곧 임페라토르로 굳어져버린 것이다. 아우구스투스는 경칭이고, 프린켑스도 그랬으므로 관직명으로서는 황제가 그 자리에 앉아 있는 동안 보유하고 있는 임페라토르야말로 적당할 수밖에 없었다. 그래도 임페라토르가 '임시'임은 요식 절차에 남아서, 아우구스투스부터 역대 황제들은 10년 주기로 임페리움을 거두고 즉시 다시 갖는 행사를 되풀이했다.

군통수권을 중심으로 제국의 모든 권력을 독점한 존재이다 보니 황제를 '아버지'로, '주님'으로 부르기도 했다. 공화정 때 '파테르 파트리아이Pater Patriae'는 비범한 노력으로 국가를 위기에서 구한 사람에게 바치는 칭호였는데, 키케로도 카틸리나 사건 해결의 공로로 받았던 이 칭호는 아우구스투스에게 바쳐진 뒤 황제에게 많이 올리는 칭호가 되었다. '도미누스Dominus'는 폭군적 성격이 짙었던 도미티아누스가 사용한 칭호라고 하는데, 그와 그를 전후한 일부 황제들이 그렇게 불렸지만 공식 칭호는 아니었던 듯하다. 기독교화 이후로는 신을 도미누스라고 불렀으므로 자연히 황제의 칭호로서는 사라졌다.

오비디우스는《변신》에서 "유피테르는 하늘을 다스리시며, 황제는 땅을 다스리시네. 두 분 모두 아버지이시고, 주님이시네"라고 말한다. 아우구스투스 때부터 죽으면 신으로 숭배될 정도로 카리스마의 극한에 이르러 있는 황제였지만, 그 권한들이 공화정 제도의 조합으로 만들어졌기에 오랫동안 공화정의 전통을 존중하는 태도를 지녔다. 특히 **원로원**9-2에 대해서는 실권은 주지 않아도 권위를 세워주려 했으며, 그렇지 않은 황제는 폭군으로 손가락질당했다. 하지만 **칼리굴라**2-2 암살 이후로 황제의 권좌를 위협하는 세력은 중앙정부보다 그 밖에서 나왔으므로, 원로원의 눈치를 보기보다 군대(**네로**2-3 이후부터 도미클레티아누스 이전까지 약 250년 동안은 황제를 호위하는 게 본분인 근위대가 황제의 존폐조차 좌우하는 권세를 떨쳤다)와 지방 총독들의 동향에 신경을 써야 했으며, 공화정의 전통도 서서히 스러져갔다.

황제, 유지하기에는 고단한 자리

황제 개인의 권좌는 귀족, 군인, 지방세력 등을 견제하며 튼튼히 해야 했지만, 제정이라는 체제 그 자체를 지키려면 로마 시민 및 백성들의 인기를 얻고 유지해야 했다. 황제 개인의 카리스마를 부풀리는 것만으로는 부족했기에, 황제들은 끊임없이 선심을 베풀고, 볼거리를 만들고, 위업을 이뤄냈다. 선심에는 제정기의 정석이 된 식량 무상 배급을 비롯하여 각종 기념일에 내리는 특별 은사금, 축제의 휴일 늘리기 등이 있었다. 말 그대로 황제가 지붕 위에서 동전을 사람들에게 뿌려대는 일도 드물지 않았다. 또한 귀족층과 명망 있는 인사를 궁궐로 불러 화려한 잔치를 베풀고 진귀한 선물을 안겼으며, 학자와 예술가를 우대했다. 아우구스투스는 거액의 도박판을 벌이고 일부러 져주는 식으로 손님들에게 후의를 베풀었다. 선심에 대해서는 티투스 황제의 일화가 가장 유명하다. 그가 어느 날 우울한 표정을 짓고 있기에 측근이 왜 그러느냐고 묻자, "여보게, 아직도 손님이나 백성에게 아무것도 베풀지 못했어. 오늘은 헛살았네 그려"라며 한숨을 쉬었다고 한다.

볼거리로는 **콜로세움**4-3과 키르쿠스 막시무스 등의 극장과 경기장에서 벌어지는 경기나 공연이 으뜸이었다. 황제들은 공화정 때에 비해 더 많은 극장을 더 크게 지었고, 눈이 번쩍 떠질 행사를 더 화려하게 더 자주 베풀었다. 지방 도시에서도 빠짐없이 극장과 공연이 있도록 주의를 기울였다. 콤모두스가 황제 신분으로 직접 **검투사 시합**10-7에 나선 일은 폭군다운 괴벽으로 여겨지지만, 그 나름대로 민중의 인기를 끌기 위한 작전이었을지도 모른다. 또한 그는 축제와 개선식을 거창하게 벌이며 잊을 만하면 일상에 지친 로마인들에게 희열을 선사했다.

그리고 건설 쪽에서는 황제마다 가장 큰 경기장, 가장 큰 욕장, 가장 큰 신전, 가장 큰 포룸 등을 지어 자신의 이름을 붙인 뒤 그곳에서 로마인들이 생활하고 즐기도록 했다. 한편 전쟁에서의 위업은 공화정 때부터 임페라토르들이 명성과 세력을 거머쥐는 최대 관건이었는데, 양날의 칼이었다. 한껏 팽창한 로마가 새로 정복할 땅에는 한계가 있었고, 자칫하면 패배해 심지어 전사하거나 사로잡히는 수가 있었으니 말이다. 그래도 로마 황제 대부분은 임페라토르답게 스스로 군대를 거느리고 적과 맞서곤 했다. 이보다는 빛나지 않던 위업이지만, **하드리아누스**2-6처럼 고대의 야만적인 제도를 고쳐 더 인도적인 세상을 만들거나, **아우렐리우스**2-7처럼 철학에 심취해 스스로 길이 남을 저술을 하는 등의 일도 당시 사람들에게 존경을 받았다.

제국이 쇠퇴기에 들고, 기독교가 힘을 얻으면서 황제들은 다른 식으로 정당성을 확보해야 했다. 아직도 임페라토르로서 전쟁을 지휘할 역량이 기대되었으나, 이제는 정복이 아니라 외적들의 침입을 격퇴하는 일, 즉 체제가 아니라 제국을 지키는 일이 급선무였다. 또한 재정 악화로 전처럼 펑펑 베풀기는커녕 불가피하게 세금을 무겁게 매겨야 하는 처지였기에, 황제들은 기독교적 아우라를 빌려 자신의 권좌를 뒷받침하려 했다. 4세기 말의 교부 암브로시우스가 그라티아누스 황제에게 보낸 편지에서 "가장 기독교적인 황제(크리스티아니스메 프린키피움)"라고 호칭한 이래 황제들은 아우구스투스나 나라의 아버지 등등보다 이 호칭을 중시했고, 이를 얻으려 교회에 아부하곤 했다. **콘스탄티누스**2-8는 스스로를 '열세 번째 사도'라 하며 신의 뜻을 받들어 세상을 다스리는 자임을 자부했고, 이는 역대 동로마 황제들에게 계승되었다. 그러나 이러다 보니 불가피하게 교회 내부의 교리 논쟁에 휘말릴 수밖에 없었다. 5세기 이래 동로마 황제는 교리 논쟁에서 한쪽 편을 잘못 들었다가 반대파의 반발로 쫓겨나거나 죽기도 했다. 또한 황제의 사생활이라 할 결혼과 이혼 문제에 대한 주교들의 간섭과 비판도 황제들의 골치를 아프게 했다.

콘스탄티누스 11세의 초상화.
콘스탄티노플을 사수하다 전사한 그는 로마제국 최후의 황제였다.

허울뿐인 옥좌, 그러나 여전한 매력

세계 최고의 권력자의 자리는 피곤한 한편 위험했다. 아우구스투스에서부터 서로마 최후의 황제 로물루스 아우구스투스(묘하게도 로마 건국자와 로마제국 건국자의 이름을 모두 갖고 있었다)까지 98명의 황제가 있었는데(이름뿐이던 공동황제나 참칭자로 여겨지는 황제까지 모두 포함해서), 자연사(병사와 사고사를 포함)한 황제는 34명뿐이다. 그나마 8명은 사실상 암살되었다는 의혹이 있으므로 26명, 즉 전체의 4분의 1 정도의 황제들만 누릴 걸 다 누리고 주위의 애도를 받으며 떠난 셈이다. 나머지는 암살되거나 반대파에 붙잡혀 처형된 황제가 47명(56명?), 자살한 황제가 7명, 전사한 황제가 10명이다. 서로마 멸망 이후의 동로마 황제들만 보면 자연사 57명(54명?), 암살 또는 처형 20명(23명?), 전사 3명이다. 동로마 황제들의 자연사 비율이 비교적 높은 까닭은 권력투쟁에서 패하고 수도승이 되거나, 종신 유폐된 경우가 많았기 때문이다. 그러나 패배한 동로마 황제들에 대한 처분은 이전보다 더 악랄하기도 했다. 보통 눈을 뽑고 손을 잘랐으며('신체가 온전한 자만이 황제가 될 수 있다'는 속설 때문이었다), 유폐가 아닌 처형을 할 때는 가두어 놓고 굶겨 죽였다.

병사한 황제들의 병명은 알려지지 않은 경우가 많은데, 기록된 사인 중에서 가장 많은 질병은 이질로, 6명의 황제의 목숨을 앗아갔다. 아무래도 고대다 보니 오염된 물을 잘못 마시는 경우가 종종 있었던 모양이다. 가장 특이하게 '자연사'한 경우로는 기원후 282년 10개월간 황제였던 마르쿠스 아우렐리우스 카루스를 들 수 있다. 그는 벼락에 맞아 죽었다. 가장 치욕스럽게 살해된 황제는 페트로니우스 막시무스일 것이다. 그는 455년에 로마를 침공해온 가이세리크의 반달족과 맞서 싸우기는커녕 자기 혼자 살겠다고 달아나다가 민중의 눈에 띄었고, '이따위 임페라토르가 어디 있느냐!'며 격분한 민중들은 그를 돌로 쳐서 죽였다. 또한 1205년에 죽은 알렉시오스 5세의 최후도 비참했다. 그는 알렉시오스 4세를 축출하고 황제가 되었으나, 이전 정권에서 약속했던 대금을 제4차 십자군에게 지급하지 않자 격분한 십자군이 콘스탄티노플을 점령하고 동로마를 일시 단절시키는 사태를 낳았다. 알렉시오스 5세는 앞서 4세가 축출했던 알렉시오스 3세에게 도망쳐서 힘을 합쳐 콘스탄티노플을 되찾으려 했으나, 장인이기도 했던 3세에게 배신당해 눈을 뽑혔다. 눈먼 거지가 되어 방황하던 5세는 십자군에게 붙잡혔고, 십자군은 그를 콘스탄티노플의 테오도시우스 기념주 꼭대기로 끌고 가서 떨어트려 죽였다. 이러한 로마 황제들의 최후를 두고 에드워드 기번은《로마제국쇠망사》에 이렇게 적었다. "로마 황제들은 어떻게 살았든 거의 비슷한 운명을 맞았다. 쾌락이든 미덕이든, 엄격함이든 온유함이든, 나태함이든 영광이든 그 무엇을 추구했건 그 결과는 하나같이 비명에 가는 것이었다. 거의 모든 황제의 치세는 반역과 살해의 혐오스러운 과정을 되풀이했다."

"황제의 옥좌? 그건 비단에 싸인 나무토막에 불과하다." 이 말을 남긴 나폴레옹도 스스로 서로마제국의 계승자라며 황제가 되었고 몰락했다. 아무리 뛰어나더라도 한 명의 사람일진대, 그렇게 많은 권력과 영광을 한 몸에 쥐고 있으려면 무리가 따를 수밖에 없다. 하물며 뛰어나지도 않은 사람이라면, 시대가 수상하다면 어떻겠는가. 그러나 오늘날의 우리는 '로마'라고 하면 공화국보다는 제국을 먼저 떠올린다. 민주주의 시대에 사는 사람들에게도, '오직 한 사람이, 부모처럼 주인처럼, 온 천하를 지배하고 세상 모두의 운명을 좌우하는 체제'는 끊임없는 매력을 발산한다. 비록 그것이 수많은 비극, 그리고 희극을 낳을 수밖에 없다고 해도.

제국의 변방에서

속주와 총독의 탄생

'프로콘술Proconsul'은 본래 '**콘술**9-1 대행자'라는 뜻이다. 왜 그런 명칭의 관직이 생겼을까? 전쟁이 터지면 보통 **임페라토르**9-5로서 콘술이 총사령관이 되는데 콘술은 임기가 1년뿐이다. 그래서 전쟁을 오래 하면 총사령관을 전쟁통에 교체해야 하는 경우가 생기고, 그것은 불리함을 자초하기도 한다. 따라서 전쟁 수행 중인 콘술의 임기가 다하면 **원로원**9-2 의결에 따라 그를 '프로콘술'로 임명해 당분간 임시 콘술로서 지휘권을 갖도록 했다(그를 콘술로 재신임하는 방법도 있었겠지만, 당시에는 로마에서 정식 선거전을 치르지 않으면 임명이 불가했다). 기원전 326년, 퀸투스 푸블리우스 필로가 그리스계의 팔라에오폴리스와의 전쟁 도중 첫 프로콘술이 되었다고 한다.

콘술은 전쟁 지휘만 하는 게 아니고 최고 정무직인데, 외지에서의 연속적인 전쟁 지휘가 필요해서 프로콘술을 둔 것이라 그는 지휘 임무만 맡고, 기타의 정무는 로마시에서 정상적으로 뽑힌 새 콘술이 보는 경우가 많았다(그러다 보니 전투에 앞서 점을 치는 콘술의 권한도 행사할 수 없어서, 자연스레 점술이 전장에서 사라지게 되었다). 이로써 프로콘술은 '외지에서 싸우는 임페라토르'로 받아들여지

존 트럼불의 〈아이밀리우스 파울루스의 죽음〉(1773).
제2차 포에니 전쟁 중 칸나에 전투를 묘사했다. 이 전투에서 한니발이 로마군을 무참하게 무찔렀다. 전쟁이 길어지면서 프로콘술들이 계속 나왔고, 전쟁의 결과 시칠리아 등을 속주로 삼으면서 그들이 그곳의 '총독'으로 통치하게 되었다.

게 된다. 그리고 로마가 차차 넓어지면서, 이는 전쟁이 끝난 뒤에도 현지에 머물며 정복지 주둔군을 지휘하고 피정복민을 관리하는 군정 총책임자의 의미로 이어진다. 바로 '총독'의 개념이다.

원격지 파견 근무에서 간섭 없는 자기만의 왕국으로

기원전 227년, 로마는 **포에니 전쟁**5-2의 결과로 얻은 시칠리아를 최초의 '속주(프로빈키아)'로 지정했으며, 뒤이어 사르디니아와 코르시카를 속주로 삼았다. 프로빈키아란 본래 '(정무관의) 업무 범위'라는 뜻이었는데, 바다를 건너가야 하는 이 땅들은 이탈리아반도의 다른 도시들과는 달리 접근이 쉽지 않았다. 따라서 자치를 인정해주고 두고 보자니 언제 카르타고나 다른 나라 편에 붙어서 포에니 전쟁 같은 사단을 일으킬지 모르고, 이들을 로마 시민으로 받아들이자니 먼 땅에 살고 별로 왕래도 없는 사람들을 '동료이자 운명공동체'로 삼을 수가 없었다(포에니 전쟁에서 로마 편에 서 싸웠던 이탈리아 도시들에게도 시민권을 주려 하지 않아서, '동맹시 전쟁'이 벌어지고 나서야 마지못해 시민권을 준 로마인들이 아닌가). 그래서 결국 그곳을 '로마의 일부는 아니지만 로마가 관할하는 구역' 즉 프로빈키아로 지정하고는 '콘술 대리'인 프로콘술이 전쟁을 치르고 나서 점령지역을 한시적으로 관리하는 군정의 우두머리로 그곳을 통치하게 된다(당연히 초기에는 콘술을 역임한 사람들만 속주에 부임했으나, 시간이 지나고 속주의 수가 점점 많아지자 덜 중요한 속주에는 법무관 출신을 보내게 된다. 그 경우에도 '프로콘술'이라는 직함을 사용했다). 즉 이탈리아 밖으로의 로마 확장은 본래 제국주의가 아니라 방어적 개념이었다.

그래서 처음에는 프로콘술로 부임할 때 낯선 곳에서 낯선 임무를 치러야 하기에 불편했겠지만, 얼마 지나지 않아 이런 점이 오히려 남부러울 것 없는 업무 환경으로 바뀌었다. 임페리움이 있으니 릭토르들이 파스케스를 들고 뒤따르도록 하고, 현지의 행정·입법·사법권을 한손에 쥐었으며, 업무를 볼 때나 생활할 때나 로마의 콘술보다 더한 사치와 위세를 부려도 뭐라고 할 사람이 없었다. 날이 갈수록 변경 지대의 속주를 안정시키는 일은 로마의 안보만이 아니라 번영에도 중요해졌다. 속주의 귀금속이며 곡물이 로마 경제에 상상도 못할 보탬이 되어줬기 때문이다. 그래서 총독들의 입지는 날로 강화됐고, 로마 시민이 아닌 백성을 다스리는 군정이라는 성격상 로마 본토에서처럼 정교한 법률 다툼이나 직무 감사가 없었다. 그 결과 뇌물과 불법적인 착취가 판을 쳤다. 이는 옛 공화국 기준으로는 용납할 수 없는 부패였으나 새로운 현실 앞에서 속주 행정에 대한 통제는 쉽지 않았는데, 기원전 70년 키케로가 시칠리아 총독 베레스를 부패 혐의로 고발한 일은 드문 사례였다. 그러나 그 키케로도 실리시아의 총독으로 부임했을 때 '왕이나 어울릴 법한 호사와 경배'에 정신을 못 차렸다고 한다. 어느 사이엔가 총독은 세습제가 되어, 옛 페르시아 제국의 사트라프처럼 준準독립적인 통치자가 되었다. 총독을 살아 있는 신으로 받들어 신전을 짓고 제례를 드리는 풍습도 나라의 군주들을 그렇게 모시는 관습이 있던 아시아에서 먼저 시작되었고, 이것이 황제의 신격화로 이어지기도 했다.

제국 시대가 되면서 총독들의 전횡에 빨간불이 켜졌다. **아우구스투스**2-1는 속주들을 **로마 내전**5-3 이전에 이루어진 '원로원 속주'와 그 이후에 이루어진 '황제 속주'로 구분하고, 황제의 권위가 더 크게 미치는 황제 속주들은 여러 개로 분리한 뒤 각각 '황제 대리인(레가투스 아우구스티)'을 파견해 총독을 유명무실하게 만들었다. 나중에 '주지사'로 번역되는 이 레가투스 아우구스티들은 처음에는 황제의 수족으로 충실히 기능했다. 하지만 시간이 지나면서 이들도 토착세력화해 황제권을 넘보는 입장으로 바뀌어갔다. 2세기 말에서 4세기 초까지 반란의 깃발을 올린 주지사가 100명이 넘었으며, 그 가운데 성공해 황제의 월계관을 쓴 경우도 적지 않았다. 이쯤 되니 근본적인 개혁이 필요하다는 데 이의를 가진 황제는 없었다. 디오클레티아누스는 이미 잘게 잘린 주지사의 프로빈키아를 더욱 분화해 속주 숫자를 50개까지 늘렸고, 속주 하나당 가용 병력이 1만 명 남짓하게 만들어서 한두 명의 야심 있는 주지사가 쿠데타를 꿈꾸기 어렵도록 했다. 나아가 **콘스탄티누스**2-8는 주지사에게서 행정권을 박탈하고, 황제가 파견한 행정관들이 속주 행정을 맡도록 했다.

관구 체제의 고안과 프로콘술의 소멸

하지만 이는 제국의 정치적 안정에는 보탬이 되었더라도, 국방력에는 치명적인 타격을 주었다. 또한 각 속주마다 상주하는 행정관이 많아짐에 따라 재정 부담도 심했다. 그뿐 아니라 다원화된 지방 행정관료제는 얼마 지나지 않아 황제와 중앙의 통제에서 벗어나 독자적 정체성을 띠었으므로, 황제는 각 지역의 행정이 어떻게 돌아가는지 과거보다 더 모르게 되었다.

결국 점점 거세지고 잦아지는 이민족의 침입에 대응하고자 '관구(디오케세)' 체제가 고안되었다. 군사적 필요에 따라 분화된 속주들을 다시 여러 개씩 묶었다. 다만 이때는 이탈리아든 이집트든 소아시아든 로마제국의 영토로서 별 차이가 없었다. 그래서 이탈리아를 2개 관구로 나누는 것을 포함해 총 12개 관구가 각각 제국을 수비하게 된다.

그리고 12개 관구에는 동서남북의 네 황제에게 각기 직속하는 황제 대리 사령관(비카리우스)을 두어 총괄토록 하고, 제국 행정은 프라에펙투스 프라에토리오(본래 근위대장을 부르는 말이었으나, 이제는 대략 총독에 해당했다)가 중국의 어사대처럼 속주 행정을 감독하고 필요할 때에는 주지사를 해임할 수도 있는 권한을 지니게 하였으며, 116개 속주의 주지사들이 실무 행정의 장이 되었다. 이 주지사 가운데 아시아, 아카이아, 아프리카의 주지사들은 '프로콘술'이라는 이름을 보유했으며, 나머지 주지사들은 콘술라, 코렉토르, 프레지덴트 등으로 불렸다.

이처럼 수백 년 전 처음 만들어질 때에 비해 많은 것이 바뀌고 복잡해진 환경에서 명맥을 유지하던, 지역 통수권자로서의 프로콘술이라는 직함은 동로마만의 시대로 접어들며 완전히 사라졌다. 5세기 이후의 동로마 지방 행정은 4개 광역구를 통할하는 프라에펙투스 프라에토리오 아래에 100여 개의 속주를 맡은 주지사들이 이끌어갔고, 군사적으로는 스트라티고스(절도 사라고 번역되기도 한다)가 이끄는 '테마' 즉 군관구가 중요했다. 스트라티고스는 **유스티니아누스**2-9 이래 효율성을 이유로 다시금 행정권과 군지휘권을 통합한 직책이 되고, 이 테마가 점점 성장하면서 위로는 광역구, 아래로는 속주를 잡아먹어 10세기에 이르러서는 오직 테마만이 지방 행정의 군사 단위가 된다.

종국에는 실종된 '프로콘술'이었건만, 중세에서 근세에 이르는 여러 나라에서 지방 장관을 프로콘술이라고 부르는 경우가 종종 있었다. 그리고 근대 제국주의 시대, 비서구 세계 각지에 서구 식민지가 세워졌을 때도, 그 총독을 프로콘술이라고 부르는 수가 있었다. 심지어 미국의 임시 군정장관을 프로콘술이라고 부르기도 했는데, 제2차 세계대전 이후 일본을 통치한 더글러스 맥아더, 2003년 이라크 전쟁 뒤 이라크를 관리 통치한 폴 브레머 등이 그 예다.

개인의 이름에서 가문들의 정치까지

로마인들의 작명법

"푸블리우스 코르넬리우스 렌툴루스 카우디누스", "스푸리우스 카르빌리우스 막시무스 루가".

로마인들의 이름을 보다 보면 '뭐가 이렇게 길까, 가운데 이름은 뭐고 성은 뭘까' 궁금해진다. 고대 로마인들은 이렇게 긴 이름을 빼놓지 않고 불렀을까? "어이, 루키우스 아이밀리우스 파푸스 아닌가? 반갑네." "아, 그나이우스 세르빌리우스 게미누스로군! 지난번 마르쿠스 클라우디우스 마르켈루스하고 티투스 퀸크티우스 크리스피누스네 집에서 본 뒤로 처음이네?"

당연히 그러지는 않았다. 지금 미국인들이 가령 토머스 알바 에디슨이라고 하면, "헤이, 토머스!" "안녕하세요, 에디슨 씨", 이런 식으로 친함의 정도에 따라 이름(퍼스트네임) 또는 성(라스트네임)을 부르고, 미들네임은 웬만하면 부르지 않듯, 로마인들도 가령 가이우스 율리우스 카이사르라고 하면 친한 이들끼리는 가이우스라고, 격식을 갖춰서는 율리우스 카이사르 또는 카이사르라고 불렀다.

그러면 '노멘nomen', 즉 로마인들의 이름 체계는 어떻게 되는지 살펴보

자. 맨 앞에 오는 '프라이노멘'은 개인의 고유한 이름이다. 그런데 종류가 많지 않아서 가이우스, 루키우스, 마르쿠스, 티투스 등 10여 가지 중에서 썼다. 게다가 맏아들은 아버지의 프라이노멘을 그대로 물려받았다. 둘째아들은 할아버지의 이름을 썼는데 '종손'의 경우라면 할아버지와 아버지의 이름이 같으니 형과 구분하려면 다른 남자 친척 이름을 구해다 써야 했다. 그다음으로 오는 이름은 '노멘'이라 일컫는데, 소속 종족의 이름, 즉 성씨를 '노멘'이라 불렀음은 고대 로마가 종족 정체성을 개인 정체성에 우선했다는 의미다. 이 노멘이 율리우스나 파비우스, 아이밀리우스 등 유서 깊은 '파트리키안'을 나타낸다면 어딜 가든 대접받고 존중받았으며, 별다른 공을 들이지 않고도 **원로원**9-2 의원이나 정무직에 앉을 수 있었다. 그렇지 못하다면 '플레비안'인 평민을 나타냈는데, 초기의 계급투쟁 결과 고위직이 평민에게도 개방된 뒤로 평민 출신이지만 콘술이나 법무관이 되어 큰 명성을 떨치는 경우가 나왔다. 그들도 **공화정**10-5 중기쯤에는 명문가로 인정받아, 종전의 파트리키안과 함께 '노빌레스'를 이루어 새로운 귀족의 범위를 정립했다.

거룩한 아버지의 이름으로

그런데 같은 노멘 가운데도 노빌레스로 인정되는 쪽과 그렇지 못한 쪽이 나뉘었고, 또 인구가 급증해 프라이노멘과 노멘으로만 개인을 구별하기가 힘들어진다. 그래서 공화정 중기부터는 노멘에 '코그노멘'이라는 파벌명을 덧붙여 부르게 되었다. 결국 가이우스 율리우스 카이사르라면, '율리우스 씨 카이사르파 가이우스'인 셈인데, 보통 그의 이름을 카이사르라고만 부른다. 반대로 전주 이씨 양녕대군파였던 이승만을 로마식으로 불러보면 '승만이 양녕대군'이다. '대한민국 초대 대통령은 양녕대군이다. 당시의 부통령은 백사공(경주 이씨 백사공파 이시영)이며, 양녕대군의 측근으로 나중에 부통령을 한 사람이 효령대군(전주 이씨 효령대군파 이기붕)이다.' 이렇게 서술한다면 무척 혼란스러우리라!

그러면 보통 세 개인 노멘에 하나 더 붙는 경우는 무엇일까? '아그노멘'이라고 하는 '별명'으로, 그의 위업을 기리거나 특성을 풍자하기 위해 주위에서 붙여준 노멘이다. 스키피오, 즉 푸블리우스 코르넬리우스 스키피오 아프리카누스에서 스키피오는 코그노멘, 아프리카누스는 그가 카르타고를 정복했음을 기려 붙인 아그노멘이다. 아그노멘이 노멘이나 코그노멘보다 더 일반적으로 통용되는 경우도 많다. 대표적인 게 황제의 이름인데, 아우구스투스(존엄자), 칼리굴라(작은 군화) 등이다. 로마 호칭대로 하면 초대 황제와 2대, 3대 황제까지 모두 '율리우스 카이사르'가 되기 때문이다. 2대인 티베리우스는 입양되었기 때문에 원래 아버지의 프라이노멘(티베리우스)을 갖고 있었는데, 그 프라이노멘으로 구분한다. 4대는 칼리굴라의 아저씨뻘로 클라우디우스 노멘인 티베리우스 클라우디우스 드루수스가 즉위했고, 그는 클라우디우스라고 불리되 이름 뒤에 카이사르를 붙여서 이후 카이사르가 '황제 전용 코그노멘'처럼 된다. 그다음 5대 역시 클라우디우스 카이사르일 수밖에 없지만, 아그노멘을 써서 '네로'로 통칭한다.

이제까지는 남자아이가 태어났을 때 어떻게 이름을 짓느냐를 따져본 셈이다. 그렇다면 여자아이는 어땠을까?

딸아이도 아버지의 이름을 물려받되, 프라이노멘이 아닌 노멘을 물려받고 여성형으로 변형시켜 썼다. 아버지가 가이우스 율리우스 카이사르라면 딸은 율리아가 된다. 둘째부터는? 마찬가지로 율리아다. 말하자면 가문의 성씨만 달아주고 개인의 이름을 짓지 않는 셈이다. 과거 우리나라에서 '사임당 신씨' '숙빈 최씨' 등처럼 여성 개인의 이름은 없거나 없는 셈 친 것과

어느 해방노예의 묘비명. ⓒ Kleuske

해방노예는 원칙적으로 자유민과 차별받지 않았으나, 이름을 표기할 때 원래 주인의 이름이 덧붙여짐으로써 끝내 완전히 '신분 세탁'을 할 수는 없었다. 이 묘비명에도 에파프로티투스라는 이름 옆에 '리비우스LIB'라는 이름이 덧붙여져, 본래 리비우스라는 사람의 노예였음이 표시되고 있다.

비슷하다. 그런데 첫째도 둘째도 셋째도 이름이 똑같다면 불편하지 않을까? '우리 율리아는 율리아하고 잘 지내면서 율리아랑은 맨날 싸워요.' 그래서 '율리아 프리마(첫째)', '율리아 세쿤다(둘째)' 식으로 구분하기도 했다지만, 애초에 그럴 걱정은 크지 않았다. 고대 로마에서 딸을 낳으면 많이들 내다 버리고, 잘 키우지 않았기 때문이다.

고대 로마의 개인은 아버지의 이름을 물려받으며 그에 종속되었음을 표시했고, 아버지의 이름은 곧 종족의 이름이므로 종족으로의 종속이 보다 근본적이었다. 가부장으로서 아버지는 자식을 팔거나 죽일 권리도 있었으며, 자기 종족의 영광은커녕 수치가 될 듯한 아이라면, 또는 자신의 말을 고분고분 듣지 않는 아이라면, 또는 그저 여자아이라면 실제로 그렇게 하기도 했다. 가부장의 권한은 상속을 무기 삼아 성인이 된 자녀에게까지 영향력을 가졌다. 아버지와 맏아들의 이름이 같은 점이 크게 문제될 일도 없었던 게, 아버지가 살아 있는 동안 '율리우스 카이사르'라면 으레 아버지를 의미하지, 아무리 장성한 맏아들이라도 그를 존중하지는 않았기 때문이다. 오죽하면 난리가 났을 때 가부장에게 가장 충성을 하는 사람은 아내이고, 그다음이 **해방노예**9-9이며, 노예는 그다지, 자식은 전혀 충성하지 않는다고 했을까. 아내는 그야말로 남편이 죽으면 당장 살아갈 일도 막막해지고, 해방노예는 여러 사업으로 전 주인과 얽혀 있는 반면 노예는 다른 주인에게 가면 그만이고, 자식은 아버지가 빨리 사라져주는 게 오히려 다행일 수도 있었기 때문이다.

세월이 지나면 이름체계도 바뀌어간다

고대 로마의 다른 여러 전통과 제도처럼, 이 '노멘 젠틸리쿰(이름 체계)'도 외국인이나 문화의 유입과 기독교화를 거치며 변형되었다. 2세기 무렵 플루타르코스나 갈레노스는 스스로 로마인이라고 여겼지만 그리스식 이름으로 행세했고, 자녀들에게도 그리스식으로 이름을 지어주었다. 유대인, 게르만인 등 제국의 다른 이민족 시민들도 그렇게들 하고 있었다. 4세기, **콘스탄티누스**2-8 시대에 '파트리키안'은 말 그대로의 귀족이 아니라 '당대에 한정되는, 황제가 수여하는 명예로운 호칭'에 불과했다. 그래도 콘스탄티누스는 전통적인 이름 체계를 따르고 있었으나, 이미 노멘으로 표시되는 종족은 실체가 없었다. 최후의 서로마 황제들은 '프라이노멘'만으로 호칭되고 있었다. 동로마에서는 5세기에 그리스식 이름의 황제(제논)가, 9세기에 성서에서 유래한 이름의 황제(미하일)가 처음 나타났다.

하지만 다른 전통과 제도처럼, 전통 이름 체계도 완전히 자취를 감추기까지는 오랜 시간이 걸렸다. 서로마 권역에서는 655년, 동로마 권역에서는 710년에 전통 이름 체계를 쓰던 마지막 사람이 죽었다고 한다. 오늘날, '노멘'은 영어를 비롯한 여러 서구 언어에서 '이름name'의 어원이 되는 한편 '노멘클라투라Nomenclatura'라는 시사용어에도 그림자를 남기고 있다. 라틴어로 '이름을 적은 명단'을 의미하는 이 용어는 특정 집단에서만 사용하는 언어를, 또는 구소련의 실질적 권력 엘리트처럼 '그들만의 리그에서 으스대는 특권층'을 지칭한다. 개인의 소속 집단을 폐쇄적으로 강조하던 옛 노멘 젠틸리쿰과 묘하게 통한다고나 할까.

로마 군단, 새벽부터 황혼까지

상황의 변화에 열심히 적응했던 병제

'레기온legion'은 '군단'으로 번역된다. 로마 군 편제의 가장 상위 단위로, 하나의 군단이 4천~ 6천 명 정도의 병력을 보유했다(로마 쇠퇴기에는 훨씬 줄어 1천 명 남짓까지 되지만).

〈문명〉이라는 전략 시뮬레이션 게임이 있다. 산업이나 학술 일을 하는 단위만이 아니라 전쟁을 위한 단위도 생산해서 공격 및 방어를 하는데, 레벨이 올라갈수록 더 등급이 높은 단위를 만들 수 있다. 전투병 단위로 '팔랑크스(밀집보병대)' 다음에 오는 한 단계 높은 단위가 '레기온'인데, 게임 제작자가 로마 군단의 변천과 특성을 잘 알고 있었기에 이런 설정이 가능했을 것이다(로마만이 아니라 모든 문명권, 가령 중국에서도 팔랑크스, 레기온 순서대로 양산하게 되어 있어 좀 어색하긴 하지만).

로마군도 처음에는 팔랑크스 형태를 취했다. 아니, 정확히 말하면 대형이고 뭐고 없이 무작정 싸우는 민병대였다가, 그리스인들의 공격에 몇 번 당하고 나서 이를 모방해 팔랑크스 체제를 만들었다. 중장갑을 입은 보병들이 큰 방패와 긴 창으로 무장하고, 서로 밀집해 방어하면서 천천히 전진, 공격한다.

그렇지만 로마가 다양한 종족과 더 많은 전쟁을 치르다 보니 그 문제점도 드러났다. 팔랑크스는 평야지대에서 비슷한 보병들과 싸우기에는 좋지만, 갈리아인이나 삼니움인처럼 구릉지대, 삼림지대에 살면서 기동력 있는 기습을 즐겨 쓰는 상대에게는 취약했던 것이다. 그래서 로마인들은 그리스-로마 세계에서 정석처럼 되어 있던 장창과 대형 방패를 버렸다. 그리고 창을 던져 적의 진형을 흐트러뜨린 다음, 짧은 검과 작은 방패로 무장한 병사들이 적진에 뛰어들어 백병전을 벌이는 전법을 쓰기 시작했다. 기동력과 유연한 대응력을 살린 이 전법은 우수한 강철 무기와 혹독한 훈련으로 파괴력까지 갖출 수 있었다. 이것이 로마가 제국 시대에 이르기까지 기본적으로 이어간 로마 레기온의 전법이 된다.

기원후 1세기의 부조에 묘사된 근위대 병사들.

지중해의 패자를 만든 군제 개혁들

로마군은 일정한 체제를 고집하지 않고, 기존 체제에 문제가 있다 싶으면 적극적인 개혁에 나섰다. 그래서 이탈리아의 소국에서 지중해의 패자로 올라선 것이겠지만, 로마사상 중요한 군제 개혁은 다음의 세 가지였다.

첫째, 기원전 6세기 무렵 세르비우스 왕이 했다고 전해지는 개혁. 이로써 로마인은 소유 재산에 따라 6등급으로 분류되고, 부유할수록 스스로 갖춰야 할 무장의 수준이 높았으며 최고인 1, 2등급이 팔랑크스의 주축이 되었다. 또한 3, 4등급은 보조 병력, 5등급은 사실상의 비무장 군무원, 6등급은 군역에서 제외되었다.

둘째, 기원전 4세기 초 카밀루스가 했다고 하는 개혁. 이로써 팔랑크스에서 투창–단검 전법으로 전환이 이뤄지고, 마니풀루스(중대)가 주축이 되어 싸우는 체제가 되었다. 다만 이 두 군제 개혁은 전거가 모호하며, 일시에 이루어졌다기보다 서서히 진행되었을 가능성이 높다.

셋째, 기원전 107년 무렵의 **마리우스**1-7 군제 개혁. 세르비우스 개혁에서 군대를 재산 등급에 따라 구분한 것을 폐지해 빈민도 입대할 수 있도록 했고, 카밀루스 개혁의 마니풀루스 중심주의를 코호르트(대대) 중심주의로 바꾸었다. 더 먼 땅에서 더 다양한 종족들과 싸울 때, 병력 부족 문제를 해결하고 전술의 대응 능력을 높이려는 조치였다.

이 밖에 내전기에 심해진 군벌의 사병화를 막고 국가의(황제의) 군대로 만들기 위해 실시한 **아우구스투스**2-1의 개혁, 황제와 정부를 지키는 '팔라티네스'와 변방을 지키는 '보르데레스'로 이원화한 **콘스탄티누스**2-8의 개혁(아시아의 방식을 모방한 이 개혁은 로마 쇠망의 중요한 계기 중 하나가 되었다는 비판을 받았다. 중앙군은 안일에 빠져, 변방군은 지원이 약해져 전체적으로 허약한 군대가 되었다는 것이다. 하지만 반대로 강력한 외적의 침입을 2단계로 방어하는 의미였다고 풀이하기도 한다) 등이 로마군 역사에서 중요한 분기점들이다.

고된 훈련과 가혹한 처벌

레기온이 군단을 의미한다면, 라틴어로 '군대'는 뭐였을까? 엑세르키투스exercitus인데, 훈련exercitium에서 파생된 말이었다. 군인이란 자나 깨나 훈련하는 사람이라는 의미다. 실제로 로마군은 매일같이 훈련을 했다. 신병은 말할 것도 없고, 고참병도 열외되지 않았다. 달리기, 헤엄치기, 말타기 등의 기초 훈련에서부터 검술 훈련, 창던지기 훈련 등이 있는데 검술 훈련은 통나무를 상대로 급소에 빠르고 정확하게 타격을 가하는 훈련을 반복한 뒤 대련으로 이어졌다. 팔랑크스에서 검투사 레기온으로 바뀐 뒤에 이 훈련은 더욱 철저하고 혹독히 실시되었으며, 그래서 실전에서도 병사들은 머리보다 몸이 먼저 움직이는 식으로 날렵하게 치명적 타격을 가할 수 있었다. 로마가 로마였던 한은 '훈련은 실전처럼, 실전은 훈련처럼'이라는 말이 지겨울 정도로 강조되어, 군사령관들, 나중에는 황제들도 가끔 군부대 시찰을 나와서 병사들과 달리기나 대련 등으로 훈련을 수행하는 행사를 갖기도 했다. 물론 황제를 상대로 죽일 듯 덤비는 병사야 없었겠지만, 황제라고 해도 동작이 굼뜨고 어설프면 당장에 평판이 땅으로 떨어졌다.

또한 행군도 필수 훈련 종목이었다. 기원전 2세기 이후 병사들은 '마리우스의 노새'라고 불리던 각종 군장을 짊어지고(30킬로그램이나 나갔다! 당시 병사들의 표준 체중을 생각하면 몸무게의 절반이 넘는 무게였다), 다섯 시간 안에 30킬로미터를 이동할 능력을 요구받았다. 게다가 주둔 시설을 비롯해 방책, 공성기기 등도 병사들의 손으로 빠르고 튼튼하게 만들어내야 했으므로 공병의 기술도 익혀야 했다. '군의 효율적 편제, 체계적인 군사 훈련, 엄격한 규율은 로마인들의 독특한 세계사적 발명의 하나'라는 기번의 말은 결코 과언이 아니다.

맹훈련에는 엄격한 군기가 따랐다. 훈련 도중 동작이 굼뜨면 여지없이 채찍이 날아왔다. 그나마 채찍은 정신 차리라는 의미가 컸으며, 진짜 체벌은 훨씬 가혹했다. 올리브나무 몽둥이로 두들겨 패는 것이다! 때리는 수가 정해져 있으면 나았다. 탈영이나 무기 분실, 보초 근무 중 잠들기 등의 행동을 하면 몽둥이로 '무한히' 때리도록 했다. 결국 숨이 끊어질 때까지 쉬지 않고 몽둥이로 내리치는 것이었다. 이 밖에 뙤약볕에 하루 종일 서 있게 하기, 여자로 분장하고 병영을 돌아다니며 놀림당하게 하기, 배식 열외, 벌금(가진 돈을 내는 건 아니고 봉급이 깎였다), 계급 강등, 강제 전역 등의 처벌이 있었다. 병사들이 올라갈 수 있는 가장 높은 자리이자 병사들에게 가장 두려운 존재인 백부장이 이런 처벌권을 갖고 있었고, 따라서 줄을 대거나 뇌물을 바치는 경우도 많았다. 뇌물은 빠른 승진을 위해서도 오갔다. 하지만 로마군이 돈과 연줄이면 다 된다거나, 백부장이 멋대로 '갑질'을 할 수 있는 곳은 아니었다. 엄격한 군기를 뒷받침하는 엄격한 기록 문화가 있었다. 하루도 빼지 않고 병영에서 벌어지는 모든 일에 대해 육하원칙을 갖춰 기록했다. 따라서 병영의 실태 파악이나 전략전술적 판단을 내리기 쉬웠을 뿐 아니라, 합리적인 상벌이 이루어질 수 있었다. 백부장이 뇌물 등으로 봐준다고 해도 그것은 규정상 해석의 여지가 있는 범위에서만이었다.

신병으로 입대해서 백부장까지 올라가려면 보통 15년 이상이 소요되었다. 복무기간은 예비군 5년을 포함해 25년이었다(제국 시대). 본래는 병과도 신분별로 다르고 백부장도 아무나 할 수 없었으나, 마리우스 개혁 이후 '흙수저'도 자원입대 후 장교까지 바라볼 수 있게 되었다. 하지만 로마군이 지원병만으로 이루어진 것은 아니었다. 그래서는 막대한 병사의 수요를 충당할 수 없었다. 그 결과 로마 초창기부터 유사시에 징집을 해서 병력을 꾸렸고, 제국 시대에도 징집병과 자원병이 함께 운용되었다.

자원병이 끊이지 않는다고 해서 병사들의 대우 수준이 좋았던 것은 아니었다. 그랬다면 애초에 징집이 따로 필요 없었으리라. 마리우스 개혁은 원칙적으로 무기 등 군장비를 군이 지급한다는 것이었으나, 전처럼 병사들이 직접 집에서 들고 올 필요가 없다는 것이지, 지금의 군대처럼 국가에서 무상으로 지급해준다는 말은 아니었다. 즉 병사들이 봉급을 받고, 그 봉급의 일부로 자기가 쓸 무기와 장비 일체를 구입해야 했다. 무상으로 지급하기에는 재정 수요가 감당할 수 없기 때문이기도 했고, 무상으로 나눠주면 병사들이 소홀히 다룰 수 있다는 염려 때문이기도 했다. 그러다 보니 무구의 질은 반드시 높다고 할 수 없었다. 가령 투구만 해도 그리스 도시국가들의 투구는 눈을 제외한 두부 전체를 보호했으나, 로마군의 투구는 머리만 가렸으며, 따라서 얼굴에 타격을 받는 일이 잦았다. 그렇다고 봉급이 많은 것도 아니어서, 기본적으로 봉급은 병영 생활을 할 수 있게 하는 정도의 비용 지원 개념이 컸다. 제국 시대에 들어 병사들의 불만을 달래려는 선심성 봉급 인상이 여러 차례 있었지만, 그래봤자 물가 상승률을 생각하면 병사들의 살림은 빠듯했다. 그래서 군인의 아내는 따로 부업을 해서 생계를 유지하는 경우가 많았는데, 그나마도 아우구스투스 때 군인의 결혼을 금지해버렸다! 이유는 처자식이 있으면 싸움터에서 겁을 내고 달아나기 쉽다는 것이었다. 일리가 있었지만 사람의 기본 욕구를 박탈하기란 쉽지가 않고 한창 때의 남성들이 아이를 갖지 못하면 국가 차원에서도 장기적으로 문제였으므로, 병사의 결혼은 알면서도 눈감아주는 '공공연한 불법'으로 이루어졌다. 결국 197년에 세베루스가 결혼 금지 규정을 없앴다.

박봉에, 고된 훈련과 가혹한 처벌이 일상이고, 처자식도 마음 놓고 얻지 못하는 군 생활에는 대체 무엇 하러 자원했을까? 당시에는 그만큼 '재워주고 먹여주고 돈도 주는' 안정적 일자리가 목말랐던 사람들이 많았다. 또한 퇴역하면 로마시민권이 부여되었으므로, 3세기 초 로마시민권이 일반화되기 전에는 시민권을 얻으려는 속주민들에게 이점이 있었다. 그리고 시대에 따라 달라졌지만 퇴역자에게 여러 특권을 주었다. 변경 근무자에게는 퇴역 후 일정한 토지를 주어 현지에 뿌리내려 살 수 있게 했고, 일반 퇴역병도 세금 가운데 공물세와 각종 공과금을 면제받았다. 퇴역 후 저지른 범죄에 대해서도 사형 등의 중대 처벌을 면했다. 마지막으로 봉급은 쥐꼬리만 해도 점령지를 약탈해서 전리품을 챙길 수 있었는데, 이것은 현지 민심을 나쁘게 할까 봐 원칙적으로는 금지된 행위였다. 하지만 고된 싸움 끝에 특별히 부유한 지역을 정복했는데도 빼앗은 재물이 국고로만 돌아간다면 병사들로서도 분격하지 않을 수 없었다. 실제로 **루쿨루스**5-4처럼 약탈을 금지한다고 병사들이 항명하는 사태를 겪기도 했다. 그래서 최고사령관은 약탈을 허용하는 재량권을 어느 정도 발휘했다. 원칙적으로 부당한 소득인 약탈물을 오래 가지고 있기가 꺼려졌기에 **경매**10-9가 로마 군인들에 의해 발명되기도 했다.

로마 쇠퇴기와 같은 궤도로 허물어진 로마군의 군기

이런 로마군 체제는 제국의 전성기인 5현제 시대 때 한계를 드러내기 시작했다. 기본적으로 땅은 넓고 적은 많은데 그에 비해 병력이 너무 적었다. '이민족 용병부대'는 **하드리아누스**2-6 때 처음 나타났다. **아우렐리우스**2-7는 병력 자원 모집을 위해 의도적으로 기독교를 박해했다. 이 밖에도 군인의 아들을 의무적으로 입대시킨다거나 부자들에게 할당량을 주어 징집을 떠맡기는 등의 각종 무리한 방안이 강구되었다. 그러다 보니 징집을 피하려고 의도적으로 손가락을 자르는 등 자기 신체를 훼손하는 사람들도 속출했는데(지금의 어느 나라처럼), 나중에는 '손가락 몇 개 없어도 입대시켜라!'라는 칙령이 내리기도 했다. 그래도 병역 기피와 탈영이 그치지 않자 4세기부터는 병역 기피자를 화형에 처하고, 입대와 함께 손바닥에 군인임을 표시하는 낙인을 찍어서 탈영을 방지하기도 했다.

로마군의 탁월한 특성, 맹훈련과 엄한 군기도 차차 허물어졌다. 세베루스는 쿠데타로 집권한 뒤 '원로원이고 민중이고 무시해도 좋다. 군대의 지지만 꼭 붙들어라'라고 스스로와 후계자 카라칼라에게 명심토록 했는데, 이들은 병사의 결혼을 허락했을 뿐 아니라 '마리우스의 노새'를 갖추고 행군 훈련을 하는 일도 면제해주었다. 진짜 행군 때도 인근 민간인들을 동원해 군장을 대신 지도록 했으며, 민간인 피해 방지와 불의의 기습 예방과 군기 유지를 위해 병력은 반드시 숙영지에서 머물도록 하던 제도를 없애고 민가에서 마음대로 묵도록 했다. 콘스탄티누스의 어머니가 되는 **헬레나**3-7가 콘스탄티우스를 만난 것도 그가 원정길 도중 여관에서 묵었기 때문이었다.

국고를 털어서 자꾸 상여금을 주고, 병사들이 적지를, 심지어 아군의 민가를 약탈하는 일도 내버려두었다. 피땀 흘리며 수없이 반복하던 검술 훈련도 폐지하고 활쏘기만 시켰다. 이쯤 되니 외부의 압력은 점점 세지는 데 비해 로마군의 힘은 점점 약해질 수밖에 없었다. 결국 이민족 용병대가 로마를 지키는 주력이 되었는데, 이들은 로마보다 로마를 침략하는 세력과 오히려 더 친근했다. 서로마를 멸망시킨 오도아케르도 그런 용병대장이었다.

공화정의 시민군은 강력한 적들의 침략을 막고 이탈리아를 제패했다. 제국 전반기의 레기온은 지중해를 호수로 삼고 알려진 세상의 절반 이상을 정복했다. 그러나 그 힘은 엄격하고 '근대적인' 편제·훈련·군기·관리에 기댔던 한편, 이에 모순되는 요소들(플라톤의 '수호자'처럼 가족도 갖지 않고 돈 욕심도 없이 국방에 매진하라고 하는 원칙을 배반하는 사실혼과 사적 약탈, 또한 뇌물과 부패)과의 묘한 긴장을 항상 내포하고 있었다. 그 모순이 황제들의 어느 정도는 필요한, 상당히는 무모한 조치들로 불거져 나오면서 로마군은, 그리고 로마는 황혼을 맞는다.

인간의 조건

인구의 3분의 1이 노예였던 시대

'세르부스servus'는 '봉사service하는 자'라는 뜻을 가진 말로, slave, serf, servant 등 영단어의 어원이 되는 라틴어 단어다. 로마시대에는 간단히 말해서 '노예'를 뜻했는데, '자신의 의지 없이(의지를 감추고), 지시하는 사람의 뜻에 복종해 도구처럼 봉사하는 사람'이라는 의미였다. 마르크스를 비롯한 많은 근대 사회과학자들은 고대를 '노예제 사회'라 보았다. 노예가 사회의 기반이 되고, 근본적인 부와 문화의 기본이 노예 노동으로 이루어졌다는 뜻이다. 오늘날에 그런 관점은 지나치다고 생각하겠지만, 노예가 오늘날의 컴퓨터, 휴대폰 등 전자기기처럼 생활에 밀접하게 자리했던 시대가 서양의 고전고대임은 틀림이 없다. 기원전 2세기~기원후 2세기의 로마는 인구의 3분의 1이 노예였던 것으로 보인다.

'노예' 하면 현대인들은 자동적으로 거부감이 든다. 천부인권에 대한 믿음이 있고, 영화나 소설에서처럼 몸에 쇠사슬이 채워져 채찍질을 당하며 짐승만도 못한 대우를 받는 사람들의 이미지가 떠오르기 때문일 것이다. 그런데 고대 그리스-로마의 노예가 그렇게 심한 대우를 받는 경우는 드물었다.

그렇게 악랄한 처분을 받는 나날이었다면 부상, 질병, 스트레스로 금방 죽어 노예주에게도 별 이익이 없었을 것이고, 인구의 3분의 1이나 되는 숫자가 사회를 뒤집지 않고서는 일상을 유지하지도 못했을 것이다. 물론 극단적인 사례는 있다. 주인에게 대들거나 안주인과 밀통한 노예를 맹수들의 밥으로 던지거나, 산 채로 태워 죽이거나, 십자가에 못 박은 로마 시민들의 기록이 많이 남아 있다. 평상시에도 광산 노예나 검투사 노예는 파리 목숨과도 같았고, 가내 노예들도 하루 종일 맷돌질만 해야 했던 여성 노예들은 고달프기 짝이 없었다. 그녀들은 대개 상반신을 벌거벗은 채였는데, 아무 때나 채찍질을 당하기 쉽도록 그리했다고 한다. 물론 남자 주인의 성적 노리개가 되는 경우도 많았다.

《불량직업잔혹사》에서 토니 로빈슨과 데이비드 윌콕은 질펀하기로 유명했던 로마의 연회장에서 바닥을 기며 봉사하던 노예들을 조명한다. 그들은 술과 음악에 취해 음식을 떨어트리거나 토하거나 하는 주인과 손님들이 어지럽힌 잔치 자리를 최대한 신속하게 깨끗이 한다는 임무를 띠고 있었다. 그래서 자유인들이 부어라 마셔라 하는 탁자 아래서 기어 다니며, 음식물이나 오물이 떨어지자마자 재빨리 치우고 닦았다. 그러다 보니 그들의 얼굴 위로 뜨거운 국물이 쏟아지기도 하고, 토사물 세례를 받기도 했다. 장난 삼아 노예 얼굴에 대고 토하거나, 발로 걷어차거나, 밟아 누르거나 하는 경우도 있었다. 그러나 노예들은 아무런 내색을 해선 안 되었고, 여흥을 망치지 않기 위해 '안 보이는 데서' 봉사한다는 임무에 끝까지 충실해야만 했다.

그러나 노예가 오히려 일반 시민보다 많이 교육받고, 큰 실권과 이권을 손에 쥐는 경우도 있었다. 그리스에서는 그런 일이 드물었는데, 로마에서는 일반적이었다. 로마는 근대 자본주의 사회에 가까울 정도로 발전했지만, 그래도 계약에 따른 임금 고용관계에 대한 믿음이 부족했으며, 사실상 직무로는 부하와 상사의 관계인데도 굳이 노예에 대한 주인의 권한으로 그 충성을 담보하려 했던 것이다. 그래서 제국을 관리하는 국가 공무원들조차도 초기에는 황제 개인에 속한 노예들이 그 역할을 담당했다. 상업이나 무역, 외교나 학문 연구 등에서도 노예 또는 해방노예들이 대부분의 업무를 도맡아 했다. 그러다 보니 노예 출신의 저명한 인물도 간간이 나왔다. 철학의 에픽테토스, 문학의 테렌티우스는 한때 노예였고, 로마 3대 시인의 하나인 호라티우스, 교황 칼릭스투스 1세, 그리고 황제 디오클레티아누스는 노예의 아들이었다. 또 다른 황제, **아우렐리우스**2-7는 노예 신분의 가정교사들에게 많은 것을 배웠다고 그의 **《명상록》**7-10에서 감사를 표시하고 있다. 불후의 명사는 아니어도 당대의 부호가 된 노예도 있었다. 클라우디우스 황제의 비서였던 나르키수스는 오늘날 억만장자라고 평가될, 로마 전체에서도 손꼽히는 부자가 되었다. 페트로니우스의 소설 《사티리콘》은 트리말키오라는 졸부가 앞에서 예로 든 것 같은 질펀하고 방탕한 연회를 베풀며 즐긴다는 내용인데, 트리말키오 자신도 한때 노예였다.

노예제도에 대한 의문

이처럼 노예가 '사람 탈을 쓴 짐승'이 아니라, 교육과 훈련을 받으면 보통 사람과 똑같거나 그 이상의 능력을 발휘할 수 있음이 분명한 이상 노예제도가 과연 정의로운지에 대한 의문이 생기지 않을 수 없었다. 한 가지 대답은 '그들의 선택에 따른 계약의 결과'라는 것이었다. 즉 노예가 생기는 두 가지 원천은 전쟁노예와 채무노예인데, 전쟁노예는 싸움에서 지고 포로가 된 사람이 죽임을 당하는 대신 노예가 되기로 약속한 경우이고, 채무노예는 빚을 지고 갚지 못하는 사람이 스스로의 몸으로 변제한 경우이다. 물론 오늘날에는 이런 '노예 계약'이 상황적 불리함을 악용한 강압적 계약이므로 원천적으로 부당하다고 보지만, 당시 사람들에게는 그럴 만하다고 고개를 끄덕일 만큼이었다.

그러나 노예 공급의 또 다른, 아니 더 중요한 원천인 '태생노예'는 그나마의 근거가 없었다. 자신은 아무 죄가 없지만, 노예의 자식으로 태어났기 때문에 태어나서 죽을 때까지 노예로 살아야 하는 경우다. 여기에 대해 아리스토텔레스 같은 철학자는 '노예근성을 가지고 태어나는 사람이 있다. 즉 스스로 뭔가를 결정하기보다 다른 사람이 결정해주기를 바라며, 시키는 대로 하는 데서 더 편안함을 느끼는 사람이다'라 하며, 그런 이들이 노예가 되는 것은 불행이 아닌 축복이라고 보았다. 그렇지만 태생노예가 다 그런가? 아리스토텔레스는 아니라고, 노예의 몸에 자유인의 영혼이 있거나, 그 반대인 경우도 있다고 대답했다. 그러면 그것을 바로잡아야 하지 않는가? 아리스토텔레스는 그에 대해서는 침묵했다.

하지만 로마는 그 초창기에서 절정기에 이르기까지 노예제를 유지했으며, 심지어 만민평등을 주장하는 **기독교**10-4가 들어온 다음에도 꾸준히 그렇게 했다(**《신약성서》**7-6에는 노예제는 지상의 법이며 지상의 법은 기본적으로 신의 승인을 받은 것이므로, 노예가 주인에게서 도망치는 일은 부당하다는 내용도 있다). 그것은 그렇게까지 극악한 나날을 보내야 했던 노예가 상대적으로 적었을 뿐 아니라, '해방'의 기회가 있었기 때문이다.

노예 해방, 간악한 희망

로마 노예들의 실질적 해방 기회가 얼마나 되었느냐는 오늘날 학자들의 논쟁점 중 하나다. 한쪽에서는 별 문제 없이 20년가량 노예로 봉직한 사람은 대부분 해방되었다고 본다. 말하자면 로마의 노예제란 '공공만이 아니라 민간에도 봉사하는 장기적인 군복무제도'와 비슷했다는 것이다. 반면 노예 해방이라는 기회는 늘 열려 있었지만, 현실화되는 일은 드물었다고 보기도 한다. 무엇이 맞는지는 알기 어렵고, 시대와 지역별 차이도 크다. 이와 관련해 사법제도에서 상반되는 두 가지 그림이 남아 있다. 하나는 주인이 이런저런 사정으로 노예를 해방해놓고, 얼마 지나서 '난 그런 적이 없다!'고 발뺌하는 경우다. 그것을 반박하지 못한다면 해방노예는 다시 노예가 되어야 했다. 물론 해방된 뒤 불린 모든 개인 재산을 가지고! 반면 주인이 자기 노예를 말도 안 되는 일로 고소하고는, 당연한 결과로 패소하자 그 노예를 껴안으며 축하하는 장면도 있다. 그것은 주인과의 소송에서 승리한 노예는 완전한 노예 해방을 이룬다는 법조항 때문이며, 그 주인은 노예에게 완전한 자유를 주고자 그런 소송을 걸었던 것이다. 한편 주인이 타산적인 이유에서 노예를 해방시키기도 했다. 법정 소송에서 지거나 한 경우가 아니라면 해방되었어도 전 주인의 영향권에서 벗어날 수 없었는데, 이를 이용해서 자유인 신분이 아니라면 할 수 없는 여러 업무를 '해방'노예에게 맡겼던 것이다.

어쨌거나 그리스와는 다르게, '언젠가, 참고 참으면, 부단히 노력하다 보면, 나도 자유인이다!'라는 희망이 모든 로마 노예들의 가슴속에 숨 쉬고 있었음은 틀림없다. 그리고 그것이 기원전 1세기의 **스파르타쿠스 반란**5-5이 실패한 주된 이유였다. 스파르타쿠스는 억압된 노예들이 대거 동참할 줄 알고 반란을 일으켰지만, 극악한 환경의 검투사 노예와 광산 노예 외에는 대부분 '견디지 못하게 힘든 것도 아니고, 참다 보면 언젠가 해방될 텐데, 내가 왜?' 하며 모르쇠하고 등을 돌렸던 것이다.

오늘날 노예란 먼 옛날의, 말도 안 되던 제도로만 여겨진다. 그런데 과연 그렇기만 할까? 아리스토텔레스가 말한 '노예근성의 소유자들', 즉 고용주든, 팬덤 대상인 정치인이든, AI든, 그저 누군가 시키는 대로만 하는 걸 더 편안해하는 사람들은 없을까? 해방의 희망을 보고 혁명에 동참하기를 거부한 로마 노예들처럼, 불공정하고 부조리한 체제에 순응하며 모든 불행을 그저 개인의 노력 부족으로 돌려버리는 사람들은 그 수가 얼마이던가?

개인의 권리에 민감했던 고대 로마인들, 그들이 로마법과 기독교를 겪으면서도 오래 유지했던 것이 노예제였다. 그렇다면 역설적으로 인간을 물건으로 대하는 노예의 아이디어가 '인간의 조건' 중 하나가 아닐지, 21세기에도 노예제의 그림자는 잠복해 있는 게 아닐지, 돌아볼 필요가 있다.

밤의 늑대들

성벽 아래에 자리한 로마의 집창촌

로마를 상징하는 동물은 본래 늑대였다. **로물루스**1-1와 레무스 형제가 암늑대의 젖을 먹고 자랐다는 신화 때문이다. 그러나 점차 **유피테르**8-1의 상징인 독수리로 교체되었는데, 정확한 이유는 알 수 없지만 암늑대를 뜻하는 '루파Lupa'가 창녀를 지칭하는 말이기도 했기 때문이 아닐까 싶다(그래서 로물루스도 진짜 늑대가 아니라 창녀의 손에 길러졌으리라고 보기도 한다. 그럴 법한 이야기다).

많은 고대 서양국가에서처럼, 로마에서 매춘은 합법이었다. 그러나 '저급하고 비천하다'라는 인식이 지배적이었으며, 그리스의 헤타이라나 동아시아의 기생처럼 예술가 내지 여성 지식인 반열에 오를 만한 창녀는 존재하지 않았다. 그렇지만 고단한 삶을 살아가는 데 위로가 필요하다(어디까지나 남성의 입장에서)는 필요성은 인정되어, 주로 돈과 명예가 넉넉지 않은 평민들과 노예들, 혈기왕성한 젊은이들을 대상으로 매춘업이 번성했다(개중에는 중산층 이상을 주로 상대하며 심지어는 궁정의 연회에도 불려가는 창녀들도 있었다. 아미카에라고 불리던 그녀들은 이 계통에서 상류층이라 할 만했지만, 역시 헤타이라 같은 예인藝人과는 달랐다). 로마시에는 '수브멤미움'이라는 구역이 이른바 집창촌으로 존재했는데, '성벽 아래'라는 뜻이다. 초기 로마시를 구획했던 세르비우스 성벽 근처에 있어서 그런 이름이 붙은 듯한데, 성문을 들고 나는 사람들이 고된 여정을 마치고, 또는 앞두고 회포를 풀고 싶은 욕망에 부응해서 그곳에 자리잡았을 것이다. 이런 로마 집창촌 가운데 특이한 것은 지금은 유적만 남은 소아시아의 에페소스에 있다. 로마 고대 건축의 걸작 중 하나인 에페소스 도서관이 있고(도서관이라고 책만 보는 곳은 아니고, 대학의 기능을 겸했다), 길 건너편에 바로 집창촌이 있었다! 도서관의 학생들 그리고 교수들이 주요 고객 자리를 차지했는데, 그래도 정문을 열고 남들 다 보는 데서 집창촌에 출입하기는 꺼려졌나 보다. 그래서 아예 지하도를 파 남들 눈을 피해 도서관과 집창촌을 오갈 수 있게 했다고 한다.

사회에 필수적이지만, 드러내면 안 될 요소

제국 시대에 들어 로마는 매춘업을 공인해주는 이상 세금을 거둬 마땅하다고 여겼다(기원후 40년, **칼리굴라** 2-2가 처음 이런 결정을 했다고 한다). 그래서 대부분의 집창촌을 국영화하고 창녀들의 화대에서 많은 몫을 가로채갔다. 그 결과 집창촌에는 주로 여자 노예(노예는 자체 생활비나 가족을 부양하는 비용이 많이 들지 않아 세금을 많이 뜯겨도 견딜 만했기 때문이다) 아니면 달리 먹고살 방법을 찾을 수 없던 이민족 출신만 남았다. 자유민 신분의 창녀들은 출장 전문의 아미카에가 되거나, 거리를 배회하며 붙잡은 남자와 뒷골목에서 일을 치를 기회를 찾거나, 술집, 목욕탕, 극장 등을 들락거리며 손님을 낚았다. 심지어 묘지를 '영업소'로 삼은 창녀도 많았다고 한다. 당연히 그만큼 위험이 따랐고, 돈도 못 받고 두들겨 맞거나 살해되는 경우도 비일비재했다. 그런 위험을 무릅쓰며 돈을 어느 정도 벌고는 여관이나 선술집을 차려, 암암리에 불법 매춘을 벌이는 포주로 전업하기도 했다.

한편 세금 등쌀에 시달렸지만 비교적 안전했던 집창촌의 노예 창녀들에게도 꿈이 있었다. 적은 돈이나마 꾸준히 모아서 자유민이 되는 것이었다. 그러려면 난폭한 손님들 못지않게 두려운 위험에 잘 대처해야 했다. 바로 임신이었다. 고대 로마에는 여러 가지 피임약이 알려져 있었지만, 임신의 메커니즘이 전혀 규명되지 않았던 때라서 효험이 없는 경우가 대다수였다. 그래서 집창촌 여자들은 손님을 흥분시키는 동시에 피임도 할 수 있는(그렇게 여겨진) 기법을 열심히 연마했다. 바로 여성상위를 주로 하고, 허리를 율동적으로 흔드는 것이었다. 그렇게 하면 사정된 정액이 제자리를 찾지 못해 임신이 잘 안 된다고 믿었기 때문이다.

폼페이 발굴은 당시 로마 사회의 여러 생활상과 함께 매춘의 규모와 방식에 대해서도 많은 자료를 제공했다. 그에 따르면 폼페이시 인구의 100분의 1이 매춘 종사자였다. 16세에서 29세 사이의 여성이 일반적으로 매춘에 적합한 연령대로 여겨졌는데, 그런 여성의 10~20퍼센트가 매춘으로 살아가고 있었다. 국가는 집창촌의 치안을 유지하고 세금을 뜯어가는 한편 창녀들에게 일정한 복장을 입도록 규제해 보통 여성들과 차별화되도록 했다. 창녀들은 본래 남성만의 의복인 토가를 걸치고, 금발 가발을 써야 했다(그래서 스스로 창녀 일을 즐겼다는 **메살리나**3-6는 언제나 금발 가발을 갖고 다녔다고 묘사된다). '여자이지만 여자 같지 않은 묘한 존재'이자 '로마인(흑발) 같지 않은 존재'라고 일종의 사회적 부정 내지 기피를 한 것일지 모르겠지만, 그런 차림새는 집창촌 밖의 창녀들에게도 적용되었다. 그리하여 사실상 불법인 그녀들의 영업은 대부분 묵인되었지만, '창녀가 창녀다운 차림을 하지 않고 일반 여성인 체했다'가 붙잡히면 곤욕을 치러야 했다.

극소수를 제외한 로마의 창녀들은 돈을 많이 못 벌었다. 게다가 천대받았다. 크고 작은 위험도 안고 살아야 했다. 그녀들의 고객도 주로 못 벌고, 힘들고 위험한 일을 하는 밑바닥의 사람들, 이를테면 남자 노예나 빈민, 날품팔이, 병사였다. 남자들은 한 푼 두 푼 모아서 밑바닥을 벗어나려는 꿈을 꾸지만, 삶이 너무도 힘들 때 도망치듯 창녀들을 찾았다. 창녀들은 그런 돈을 모아 밑바닥에서 벗어날 그날을 기다렸다. 약자가 약자를 착취하는, 또는 의지하는 구도였다. 이는 고상한 철학과 미덕을 논하면서 '매춘은 사회를 유지하기 위해 필요하다. 그러나 더럽고 부도덕한 것이다. 교양 있는 로마 시민은 이를 멀리해야 한다'며 늘어놓는 모순투성이의 담론으로 해결될 문제가 아니었다. 그래서 그들에게 **기독교**10-4가 새로운 희망이 되었으리라. 물론 그 기독교도 매춘을 뿌리 뽑지는 못했으며, 동로마에서 한 차례 벌인 그런 시도(**테오도라**3-9 황후에 의한)는 집창촌을 없애고 그에 소속되었던 창녀들을 모조리 거리의 여자로 만드는 효과밖에(결국 어려운 사람들을 더 어렵게 만드는 것밖에) 거두지 못했지만 말이다. 그것은 어쩌면 문명의 난제이며, 그 난제는 현대문명에도 여전히 있다.

폼페이 벽화에 묘사된 매춘부와 남성.
ⓒWolfgangRieger

역사는 그 자체로 재미있지만, '그래서 그런 걸 알아 뭐하는데?'라는 질문에는 '교훈을 얻고, 과거의 연장인 오늘날에 써먹기 위해'라고 대답하는 게 정석이다. 역사가 오늘날에도 교훈을 남기려면 어느 정도의 유산이 있어야 한다. 21세기의 세계, 로마라는 말을 한 번도 들어보지 못한 조상이 대부분인 한국에서도 이어지는 연속성이 있어야 한다. 다행히(?) 로마사에는 그런 유산이 아주 많다. 미처 인식하지 힘든 일상적인 것에서부터, 로마 때도 완성하지 못했던 일종의 이상을 오늘날 현실에서 도모해보는 것까지 말이다.

로마는 언어와 문자에서, 나날을 표기하는 달력에서, 우리와 함께 있다. 로마는 자유와 정의와 형평을 고민하는 법과 정치에서, 우리에게 논쟁거리를 준다. 로마는 병원과 경매, 일상의 스트레스를 풀고자 소비되는 대중오락, 점점 서구화되는 나날의 식사 습관에서 우리에게 '계승자'라고 부른다.

이 가운데 어떤 유산을 계속 가지고 가며 발전시킬 것인지, 또는 그만 마감하고 역사 속으로 돌려보낼 것인지, 그것은 우리와 우리 다음 세대를 위한 선택으로 남아 있다.

10부

로마의 유산

알파벳의 정립

로마자가 알파벳의 기본이 된 까닭

지금 세계에서 가장 많이 사용되는 언어는 무엇일까? 영어? 답은 중국어다. 13억 명 이상이 사용하고 있으며, 2위는 스페인어(약 4억 6천만 명), 3위는 영어(약 3억 8천만 명)로 이어진다. 그러나 가장 많이 사용되는 문자를 보면 한자가 아니고 알파벳, 구체적으로 '로마자'다. A로 시작해 Z로 끝나며(보통), 사용 언어에 따라 ě, ő, ε 같은 특수문자도 포함되는 로마 알파벳은 스페인어, 영어, 프랑스어, 독일어 등을 표기하는 데 쓰이고 따라서 남북아메리카 및 오세아니아 대륙 전체와 유럽의 대부분, 아프리카의 절반에서 사용되며, 아시아에서도 여러 나라에서 단독으로 쓰거나 다른 문자와 함께 쓰고 있다.

그토록 많이 쓰이고 중요한 문자에 '로마'라는 이름이 붙어 있음은 특별하지 않을 수 없다. 알파벳은 로마가 아니라 페니키아에서 비롯된 게 상식이다. 또한 이집트 문자나 페르시아 문자가 페니키아 문자 형성에 기여했다는 설도 있음을 감안하면, 알파벳은 고대 서양문명의 집합적 작품이라고 볼 수도 있다. 하지만 그 고대 서양문명을 통일하고 융합한 당사자가 바로 로마이기에, 로마에서 변형된 알파벳이 오늘날 알파벳의 기본이 되는 것이다.

로마자가 알파벳의 기본이 된 까닭은 로마의 힘에만 있지는 않다. 가장 직접적인 조상인 그리스 알파벳을 보면 알 수 있다. 그리스 문자의 α(알파)는 로마자의 a(아), β(베타)는 로마자의 b(베)에 해당될 만큼 체계, 발음, 문자 형태까지 매우 비슷하다. 정확하게는 옛 이탈리아를 식민지화한 그리스인들이 전해준 문자에서 에트루리아 문자를 비롯한 여러 라틴인의 문자가 생겼고, 거기서 로마자가 나왔다고 본다. 그러나 로마자는 단순한 직선과 곡선으로 이루어진 반면, 그리스 문자는 모양이 복잡하다. 일단 쓰기가 어렵고, 흘려 쓰거나 악필로 쓰거나 하면 못 알아볼 정도다. 그러므로 창의성은 그리스에 뒤지나 실용성은 뛰어났던 로마인의 성격이 문자에서도 그대로 나타나, 로마자가 널리 활용이 된 것이다.

실용성에 맞춘 로마자의 변주들

그런데 '쉽게 쓸 수 있어야 한다'와 '알아보기 쉬워야 한다'라는 문자의 두 요건이 충돌하는 경우도 있다. 바로 필기체를 쓸 때다. 글자를 하나하나, 또박또박 쓰면 귀찮기 때문에 단숨에 써내려간다. 그러면 글자들이 서로 이어지면서 원래의 형태와 다르게 보일 수밖에 없는데, 그러면 쓰기는 쉽게 썼지만, 나중에 다른 사람이 보면 대체 뭐라고 써놓은 건지 모르겠어서 당황할 수 있다. 고대 로마에서는 일찍부터 이 문제가 부각되어, 기원전 2세기에 희극 작가로 활약한 플라우투스는《거짓말쟁이》라는 희곡에서 당시의 필기체로 쓴 글을 도무지 알아볼 수 없어 소동이 벌어지는 장면을 묘사하기도 했다.

《거짓말쟁이》에서의 소동은 개인이 보낸 편지글의 해독이 어려워 생긴 것이지만, 공문서처럼 중요한 글을 읽을 수 없거나 엉뚱하게 읽었다간 큰일이다. 그래서 여러 기념물에 새기는 명문이나 공문서는 모두 알아보기 쉽도록 '대문자', '인쇄체'로 쓰는 일이 불문율이었지만, 빠르게 글을 쓸 때의 장점도 버리기 아까웠다. 더욱이 로마제국이 넓어지고 행정 수요도 늘어나자 공문서 등을 동판이나 석판에 일일이 새기는 일도 버거워지면서 대부분 양피지나 파피루스에 손으로 쓰게 되었다. 그렇다면 더더욱 글을 쉽게 적는 법이 아쉬워진다. 그리하여 기원후 2세기 무렵부터 새로운 필기체가 만들어지는데, 옛날 방식을 공들여 개선해 빠르게 쓰면서도 알아보기 쉽도록 했다. 이것이 중세 시대에 한층 개선되면서 오늘날 로마자를 쓰는 여러 언어권의 필기체를 이룬다.

로마자가 갈리아, 게르만, 슬라브 등 여러 민족에 퍼지고 그들의 언어를 로마자로 표현하게 되면서, 각각의 변형도 이루어졌다. 로마자 알파벳은 한자 등과는 다른 소리글자이기 때문이다. 라틴어를 표기하는 데는 기존의 23자로도 충분했지만, 로망어나 게르만어 등을 표기하려면 맞지 않는 발음을 표시해야 했던 것이다. 그래서 기존의 로마자에 특수기호를 붙여서 쓰거나, 새 글자를 만들거나 했다. 가장 큰 변형은 9세기에 이루어졌다. 동방의 슬라브인들을 기독교로 끌어들이기 위해 파견된 키릴루스 등의 선교사들이 현지인들에게 《성서》의 내용을 전하기 위해 '키릴 문자'를 만들어낸 것이다. 오늘날 러시아 문자를 비롯한 여러 동유럽 국가 문자의 기원이 된 이 키릴 문자는 언뜻 보면 로마자 같다. 그러나 영어의 H처럼 보이는 H(나스)가 사실 영어 N에 해당하고, 영어 N을 반대로 적은 것처럼 보이는 И(이)가 영어 I에 해당하는 등, 서유럽 알파벳에 익숙했던 사람들이 보면 어리둥절해진다. 그래서 '선교사들이 알파벳 하나하나를 나뭇조각으로 새겨 상자에 넣어서 슬라브인들에게 건네줬는데, 그만 그 상자를 떨어트려 조각들이 뒤섞여버렸다. 그래서 이게 아마 이거겠지? 하며 쓰다 보니 뒤죽박죽이 된 게 키릴 문자다'라는 우스개도 나왔지만, 사실은 키릴루스가 그리스화되어 있던 동로마의 승려였고, 그가 로마자가 아닌 그리스 문자를 기본으로 만들었기 때문에 그런 것이다. 변형이라기보다 이탈이랄까. 그리하여 원조 그리스 문자를 쓰는 그리스를 포함하는 오늘날 동유럽의 여러 나라들은 '로마자 문화권'에서 제외되었다.

로마는 세계를 세 번 정복했다

이처럼 서유럽에 고여 있던 로마자는 지리상의 대발견과 그에 따른 서유럽의 세계 식민지화가 이루어지며 세계로 퍼져나갔다. 이미 고유한 문자를 가지고 있던 비서구 문명권에서도 서구의 충격은 고유 문자에 대한 고민을 낳았다. 한편으로는 '누가 봐도 엄청난 발전을 이룬 서구 문명을 더 잘 배우고, 서구 중심 세계의 일원이 되기 위해', 다른 한편으로는 '기존의 지역 패권에 따라 쓸 수밖에 없었던 문자에서 벗어나, 민족적 독립을 이루기 위해' 로마자로 기존 문자를 대체할 것을 고민했다. 뜻글자인 한자, 기본적으로 '필기체밖에 없어서, 읽고 쓰기 어려운' 아랍 문자에 비해 로마자가 편리하다는 점도 고려되었다. 그래서 중국과 일본은 몇 차례나 한자 및 가나를 폐지하고 로마자를 쓰기 직전까지 갔으며, 한국에서도 가끔 그런 논의가 있었다. 20세기에 베트남은 한자에서 벗어나, 튀르키예는 아랍 문자에서 벗어나 로마자 알파벳으로 자국어를 표기하기 시작했다(유럽 쪽과 언어가 많이 다르다 보니 기존 로마자로 표현할 수 없는 발음도 많아서, 오늘날 베트남의 로마자는 로마자 문화권 가운데 가장 많은 89개나 된다). 만약 한글이라는 소리글자가 없었다면, 한국도 그 대열에 들어갔을지 모른다.

소리글자라서 그리 많지 않은 글자만으로 온갖 소리를 표시할 수 있고, 쓰고 읽기 편하며, 로마, 서유럽, 미국으로 이어지는 세계 패권국의 문자이기도 한 로마자. 그러므로 아직도 그 영토는 확장 가능성이 있다. 지금도 키릴 문자를 쓰는 동유럽이나 중앙아시아 국가들에서는 로마자로 바꾸자는 주장이 계속 나온다. 이를 러시아의 패권에 도전하는 것이라 여기는 러시아의 압력이 없었다면 이미 그렇게 되었을지 모른다. 하지만 정작 그 러시아도 한때(소련 수립 직후 한동안)는 키릴 문자를 버리고 로마자를 썼었지만 말이다! 그리고 꼭 국어를 로마자로 적지 않더라도, 경제도 문화도 세계화된 오늘날에는 로마자를 읽을 줄 모르면 세계 어느 곳에서나 생활이 어렵다. 한글을 가진 한국인도, 한자를 쓰는 중국인도 언어생활에서 로마자를 많이 사용하며, 그 정도는 점점 더 심해지고 있다.

19세기 독일의 법학자 루돌프 폰 예링은 "로마는 세계를 세 번 정복했다. 정치제도로 한 번, 법률로 한 번, 기독교로 또 한 번"이라고 말했다. 맞는 말이다. 그러나 로마자에 의한 세계 정복은 오늘날에도 진행형이다.

호모 사피엔스

영웅
황제
여성
건축
전쟁
기술
책
신
제도
유산

라틴어는 어째서 로마의 '유산'일까

냉전시대의 일화 한 조각. 사회주의권 국가를 방문한 학자가 국제전화를 하는데, 도청되고 있을 거라고 생각해서 라틴어를 썼다. 도청하던 정보요원들은 라틴어까지는 알아들을 수가 없어서 속을 끓이다가, 노골적으로 '외부와 대화할 때는 유엔 회원국의 언어만 써야 합니다'라는 희한한 안내를 했다. 그러자 당장은 난감해하던 그 학자는 한참 만에 '그래요? 바티칸시티도 유엔 회원국 맞죠?'라고 받아쳤다!

'믿거나 말거나'인 이야기지만, 현대인들 사이에서는, 심지어 정보요원쯤 되는 사람에게도 라틴어는 죽은 언어임을 나타내주는 이야기다. 그렇다면 어째서 라틴어가 로마의 '유산'일까. 로마가 한때 서구 문명의 전부였고 라틴어가 그 로마의 공용어였다고 해도, 지금의 우리에게 별 영향이 없다면 유산일 수 없는 것 아닌가.

더구나 라틴어는 최고의 영광을 손에 넣었을 때도 유아독존이 아니었고, 강력한 경쟁자를 옆에 두고 있었다. 바로 피정복민의 언어인 그리스어였다. 그리스어는 철학과 문학의 언어로 로마의 상류층들을 사로잡았고, 그리스

라틴어 교습을 묘사한 부조. ⓒ Jastrow
15세기 피렌체에서 만들어진 것이다.

어를 구사하지 못하면 기초 교양이 부족한 사람으로 여겨졌다. 그러나 라틴어가 마냥 축소되지는 않았다. 로마는 그리스를 넘어 계속해서 넓어지고 있었고, 따라서 폭증하는 군사, 행정 수요에 부응해 라틴어도 중요해졌기 때문이다. 로마는 문화생활의 언어로 그리스어가 갖는 힘을 억제하려 하지 않되(**카토** 1-5 같은 사람은 예외였다. 그는 그리스어를 중심으로 하는 그리스 문화가 로마의 강건함을 없애고 나약하게 만들 거라고 맹비난했다. 하지만 그 자신도 '무지몽매한 사람으로 남을 수는 없어서' 그리스어를 익혔고, 글도 썼다), 군대와 행정조직에서 통용되는 공공 언어는 어디까지나 라틴어여야 한다고 못 박았다. 그리하여 이집트나 시리아, 갈리아, 브리타니아 등 로마가 새로 정복한 지역에서는 새 질서에 적응하고 출세하기 위해 라틴어를 열심히 익히는 원주민들을 볼 수 있었다.

문화적 자존심도 기원전에서 기원후로, 공화정에서 제정으로 넘어가던 시기에 웬만큼 회복되었다. 당시 운문에서 베르길리우스, 산문에서 키케로와 리비우스가 나타나 라틴어를 정교하게 다듬어냈기 때문이다. 라틴어 문학의 역사에서 이들은 영어에서 셰익스피어, 러시아어에서 푸시킨이 해낸 일을 해냈다. 특히 키케로는 라틴어로도 그리스에서 비롯된 철학을 풀어나갈 수 있음을 보여주었다.

쇠퇴하던 라틴어의 반전

하지만 고대 로마의 영광이 가물어질 무렵, 라틴어는 정치적으로는 비극을, 문화적으로는 희극을 맞이해야 했다. 동서 로마의 분화가 뚜렷해짐과 함께, 동로마에서는 점점 더 그리스어가 중요해지며 공공 언어로서 라틴어의 지위가 위태로워졌고, 서로마에서는 국가 자체가 위태로워졌다. 439년, 동로마는 라틴어와 그리스어를 모두 공공 언어로 삼기로 결정했다. 6세기 중반, **유스티니아누스**2-9는 뭐든 '하나로' 만들기에 집착했던 황제였지만, 현실을 받아들여서 《로마법대전》을 라틴어와 그리스어로 펴내도록 했다. 당시 유스티니아누스의 경호대장이던 리두스는 이를 개탄하며 "이대로 라틴어의 쇠퇴를 방치하다가는 우리는 더 이상 로마가 아니게 될 것이다!"라고 경고했으나, 대세는 어쩔 수 없었다. 610년, 마침내 동로마의 공공 언어가 그리스어만으로 굳어졌다. 당시 서로마는 이미 멸망한 지 오래였기에, 이후 라틴어는 정치적으로는 '죽은 언어'가 되고 만다.

그러나 뜻밖에 서쪽에서 구원이 있었다. 서로마가 무너져도 로마교회는 건재했고, 오히려 더한 힘으로 서유럽 세계를 휘어잡았다. 그리고 교회의 언어는 어디까지나 라틴어였던 것이다. 아우구스티누스 같은 초기의 위대한 신학자들이 라틴어를 써서 신학 이론을 세우기도 했거니와, 교황청이 로마제국의 전통을 이어받는 존재임을 나타내고자 교회 내에서는 라틴어만을 쓰도록 고집한 까닭도 있었다. 그 때문에 먼 훗날까지, 종교개혁이 이뤄진 한참 뒤인 20세기 중반까지도 전 세계에서 가톨릭 미사는 라틴어로만 치러졌다(그래서 18세기 말, 책으로 가톨릭을 배운 조선인들이 한국어로 미사를 드린다는 사실에 교황청이 소스라쳐서 '당장 그런 이단적인 행위를 중단하라!'고 통보하기도 했다. 이런 규칙이 깨지고 각국의 언어로 미사를 치를 수 있게 된 것은 1962년의 제2차 바티칸 공의회 이후다).

교회는 곧 중세 지식인들의 집합소이기도 했기에, 철학, 법학, 문학 등 중세에 이뤄진 지성의 작품들은 하나같이 라틴어로 적혔다. 근대가 되며 이런 경향은 차차 줄어든다. 정치와 종교, 그리고 예술이 소수의 엘리트만이 아니라 일반 대중에게 호소력을 지녀야 하게 되면서 법령도《성서》도 오페라도 프랑스어, 독일어, 이탈리아어 등등 각지의 '지방어'로 적히게 된다. 하지만 19세기까지도 라틴어는 학술 분야의 상아탑을 고수하고 있었다. 오늘날 한국에서 한국어로 이뤄진 논문도 영어 요약문을 덧붙여서 전 세계 사람들이 이를 읽고 참고할 수 있게 하듯, 서로 다른 언어를 쓰는 (서구의) 지식인들이 교감하려면 라틴어가 필요했던 것이다.

18세기에 이루어져서 오늘날까지 사용되는, 일반인에게도 어느 정도 친숙한 학문적 공용 언어체계가 바로 '학명'이다. 스웨덴 식물학자 칼 폰 린네가 처음 도입한 학명은 언어에 따라 다양하게 불리는 생물의 이름을 단일화해 학술적 소통이 쉽도록 하고, 명칭에 그 생물이 갖는 분류적 위치(종, 속, 문 등)도 넣음으로써 생물의 전체 체계에서 이해할 수 있게 해준다. 여기서 쓰인 언어가 라틴어인 것이다. 학명 덕분에 사람, 렌人, 맨man, 멘쉬mensch는 모두 '호모 사피엔스'로 인식된다.

너무 어렵지만, 라틴어가 소멸될 수 없는 이유

하지만 학문의 세계를 넘어서 라틴어가 세계공통어 같은 역할을 하기에는 한계가 뚜렷하다. 비서구권 사람들에게는 워낙 낯선 데다 문법이 어렵다. 명사에는 남성, 여성, 중성의 세 가지가 있으며 그에 따라 문장을 각각 다르게 써야 한다. 그러나 어떤 명사가 어떤 성인지에는 일정한 규칙이 없기에 외우는 수밖에 없다. 여기에 단수와 복수에 따른 알맞은 변화도 필요하며, 무엇보다 주격, 속격, 여격, 대격, 탈격, 호격이라는 6격 문장이 있으므로 역시 그에 따라 맞춰 쓰는 게 어려운 일이다. 또한 명사에 따라 형용사가 적절하게 변화하므로 그 점도 고려해야 한다. 윈스턴 처칠 같은 엘리트 가문의 서양 사람도 너무 복잡하고 어려워서 학을 뗀 라틴어인데, 일반화되기 쉽겠는가? 그래서 오늘날 일상어에서는 물론 학술 분야에서조차 영어가 공용어 비슷한 위치에 있으며, 라틴어는 국제학술대회에서조차 쓰이지 않는다.

그렇지만 적어도 서구인들에게는 일상에서 라틴어가 완전히 사라졌다고 볼 수 없다. 고대 로마가 몰락하는 과정에서 여러 유럽 민족의 언어가 라틴어와 뒤섞였으며, 그에 따라 많은 단어와 문법에 라틴어가 녹아 있기 때문이다. 동아시아에서 한자의 쓰임과 비슷하다. 지금 한국의 젊은 세대는 한자를 거의 읽고 쓸 줄 모른다. 하지만 '뇌절', '관종', '흑화'처럼 그들만의 신조어를 만들 때도 한자에서 유래한 말을 조합해 쓴다. '腦絶', '觀種', '黑化'라고 읽고 쓸 줄은 모를 테지만 말이다. 한국어에 녹아들어 있는 한자가 여러 의미요소들을 조합해 새로운 의미의 단어를 만들어내는 데 편리하기 때문이다. 마찬가지로 라틴어를 읽고 쓸 줄 모르는 서양 사람이라도 '호모포비아' '인스타그램' '위키피디아' 등등 라틴어원 의미요소들을 전부 또는 일부 써서 만든 신조어를 쉽게 이해하고 활용한다.

서구 문명이 그 정체성을 잃어버리지 않는 한, 라틴어는 소멸되지 않을 것이다. 그것은 현대 서구 여러 나라의 각급 학교에서 아직도 라틴어를 가르치고 있는 사실에서도 엿볼 수 있다.

모든 길은 법으로 통한다

로마법의 위대함

'로마의 세계 3회 정복'을 말한 예링은 근대 독일의 법학자였다. 이는 다른 무엇보다도 로마법이 세계 법률에, 그 자신처럼 로마 멸망 후 수백 년이 지난 비로마권 국가(독일)의 법률에까지 막대한 영향을 미치고 있음에 감탄해서 나온 말이리라.

로마 문명은 법을 발명했다고 보아야 하며, 그 발명 하나만으로도 세계사에 막대한 공헌을 했다. 그리고 로마가 그토록 강성해질 수 있었던 까닭에도 법이 큰 비중을 차지할 것이다.

물론 법이 없는 국가나 정치체란 없다. 하지만 동아시아를 포함한 대부분의 전근대 사회에서 법이란 통치자가 일방적으로 정하는 것, 백성을 규제하고 처벌하기 위한 것, 강자에게는 약하고 약자에게는 강한 것이었다. 그래서 공자도 "법으로 다스리기보다 예와 덕으로 다스려야 한다"고 말했고, 유가에서 나온 법가는 '백성이란 말로 타일러서는 복종하지 않는 존재다'라고 여겨 오직 법으로 옭아매고 채찍질해야 나라가 안정된다고 보았다.

그러나 서양 도시국가에서 법은 인민이 정하는 것이며, 인민의 권리와 의무를 규정하는 것이었다. 그것은 서양인들이 특별히 정의로웠기 때문이라기보다, 도시국가 수준에서는 '전체' 구성원이 모이고 논의하고 규칙에 합의하기가 비교적 쉬웠기 때문이었다. 로마 역시 도시국가 시절에 법을 만들었는데, 이를 이끌어낸 것은 치열한 계급투쟁이었다. 따라서 나중에 오해받거나 쉽게 고쳐질 수 없도록 성문법으로 만든 것이다. 이는 도시국가 수준을 한참 넘어서 거대 영토국가에도 적용할 수 있도록 법이론을 정교화하고 새로운 영역을 다룰 법을 만들어냈다는 점에서 위대하다. 그래서 오늘날, 대규모 인구를 가진 근대 국민국가에서도 국민의 권리와 의무를 규정하기 위해 대체로 로마법에서 비롯된 법률체계로 국가를 운영하고 있는 것이다.

로마 최초의 성문법

로마 최초의 성문법은 12표법으로, 기원전 449년에 이루어졌다. 그 전에도 법은 있었으나 관습에 근거한 불문법이었고, 파트리키안 귀족들 및 그들로 구성된 사제집단들이 "법에 따르면 이게 맞거든?"이라고 하면 그런가 보다 하는 식이어서 자연히 평민 입장에서는 불만이 많았다. 그래서 '귀족이든 평민이든 로마 시민이다! 법을 공명정대하게 만들자! 그리고 누구나 보고 알 수 있도록, 해석에서 딴짓을 할 수 없도록, 문자로 남기도록 하자!'는 주장이 나왔고, 귀족들이 이를 결국 수용해 법을 만들게 된 것이다.

12표법이라고 해서 12개 조항으로 이루어진 법은 아니다. 기원전 450년 처음 10인 위원회(데켐비리)가 이루어져 10개표로 만들었다가, 1년 뒤 '평민의 철수'를 계기로 호민관제 신설, 채무노예제 폐지 등을 담은 2개표를 추가하여 12표법이 되었다. 각 표는 '재판절차법' '가족법' '토지관련법' 등의 주제를 담으며, 각 표마다 몇 개의 조항들이 있었는데, 지금은 그 가운데 일부만 남아 있다. 남은 내용은 대부분 재산권과 재판 절차에 대한 것이며, "채무 변제를 하지 않는 채무자의 신체를 채권자가 잘라낼 수 있다", "기형아는 태어나자마자 죽인다", "아버지는 자식을 팔 수 있다. 단 세 번까지이며 세 번 팔린 자식은 아버지의 부권에서 벗어난다" 등 오늘날 보기에는 해괴하고 끔찍한 내용도 있다.

12표법이 그렇게 개혁적이지 않다는 주장도 있다. 대부분 전부터 내려오던 관습법을 명문화했을 뿐이라는 것이다. 하지만 '명문화'하여 귀족들이 제멋대로 해석하거나 바꾸지 못하게 한 것만도 큰 성과라 볼 수 있다. 호민관제처럼 혁신적인 내용도 있었으며, 무엇보다 법이 계급과 지위에 따라 차등화되지 않고(가령 함무라비 법전 같은 고대 오리엔트 법전은 귀족과 평민은 같은 죄를 지어도 형량이 달랐다. 동아시아에는 법이란 백성을 다스리기 위한 것으로 고위층에는 적용하지 않는다는 관행이 오래 있었다) 로마 시민인 이상 누구에게나 평등히 적용된다. 점이 큰 의의가 있다.

12표법은 꾸준히 보충되었다. '셈프로니우스법', '율리우스법' 등등 법안을 제안한 정무관의 이름을 딴 법률들이 민회와 원로원의 토의와 의결로 계속 신설되었다. 이는 플레비시툼(민회 의결)과 세나투스 콘술툼(원로원 권고)으로서, 12표법과 함께 '시민법(유스 시빌레)'을 구성했다. 이 밖에 사법(주로 가족법), 공법(주로 행정법)이 있었고, 로마가 커지면서 외국인들과의 교류도 많아지고, 이 교류관계 또한 일정한 법률의 지배를 받아야 한다는 생각에 따라 기원전 242년에 '만민법(유스 젠티움)'이 만들어졌다. 또한 법조문에 분명히 나타나 있지 않은 문제를 따질 때는 인간의 상식과 초월적인 이치를 갖고 판단해야 한다 여겨져, '자연법(유스 나투랄레)'도 있다고 주장되었다. 만민법과 자연법처럼 로마시민권을 넘어서는 영역에서 법을 찾은 점도 법이란 곧 도시국가의 시민들에게만 해당되는 시민법일 뿐이라 여긴 관행에서 탈피한 발전이었다.

제국 시대의 로마법, 그 명암

그리고 제국 시대로 들어서면서, 12표법은 마침내 대체된다. 그것은 로마법의 역사에서 긍정과 부정의 의미를 모두 갖고 있었다.

긍정적인 면은 12표법에서 규정한 외의 재판 절차를 법무관이 자기 마음대로 정해버리는 제도('명예법'이라 불렸다)를 비롯해 아직도 남아 있던 법의 자의적이고 불합리한 적용 가능성을 없앤 것이다. **하드리아누스**2-6 황제는 법률 지식이 뛰어났던 살비우스 율리아누스에게 명하여 체계적이고 정교한 법령집을 만들도록 했고, 이것이 완성되자 '페르페투알 에딕트(영구 칙령)'라는 이름으로 12표법의 내용을 대체하는 법체계가 되도록 했다. 그런데 이처럼 칙령이 법원의 하나로 정착되고(아우구스투스 이래 이런저런 칙령이 있었으나 명목상 원로원의 승인을 받아야 했고, 주로 속주 총독들의 조치에 대한 지침 내지 법의 적용이 모호할 때의 유권해석이라는 보조적 성격이었다), 그것도 기존의 법을 대체하고 개정이나 교체를 불허하는 최고법으로 자리잡음으로써 로마법의 민주적인 성격은 크게 퇴색했다.

이때는 로마법이 체계성을 띠고, 법학이라는 학문도 세워지던 시기였다. 가이우스가 《법학제요Institutiones》를 써서 법을 공법과 사법으로 분류하고, 사법 가운데 민법은 물권법, 채권법, 민사소송법으로 분류하는 등 체계를 새롭게 만든 시기이기도 했다. 이 가이우스 체계는 **유스티니아누스**2-9 《대법전》 등에서 계승되고, 훗날 로마법을 본뜬 세계 대부분 나라의 법에서도 그대로 받아들여진다. 또한 가이우스와 그 후계자들이 정립한 법 개념들, 가령 행위능력, 무효, 취소, 원고, 피고, 대리, 후견, 사인행위 등등이 오늘날의 법체계에도 남아 있다. "미성년자는 행위능력이 없으므로 성년인 자(단 당시에는 14세 이상으로, 지금보다 일렀다)의 대리로 법률행위를 해야 한다. 만약 정당한 권한이 없는 자가 대리행위를 했다면 그 행위는 원칙적으로 무효다."

오늘날 법학 교과서를 펴면 나오는 이런 풀이는 로마시대에 비롯한 것이다.

또한 증거주의를 확립해 막연한 정황이나 군중심리에 따른 판결을 배제했으며, 중세 유럽과 전근대 동아시아에서 일반적이던 '고문에 의한 자백 유도'가 없었다. 우리나라 사극에서 흔히 보는 "사또 억울하옵니다!", "저놈이 바른 말을 할 때까지 주리를 틀어라!"와 같은 장면을 천몇백 년 전의 로마에서는 찾아볼 수 없었던 것이다. 오늘날처럼 증거를 들이대며 상대를 몰아세우는 변호사들의 법정 공방이 있었을 뿐이다.

> 로마는 '법치주의'를 수립했다. 법이 아닌 사람이 다스리는 체제나, 오직 일방적이고 사람을 옭아매는 의미에서의 법 중심 체제가 갖고 있던 모순과 한계를 극복해냈다.

이런 평가에 동의하지 않는 사람들도 있다. 가령 프랑스 역사학자 조르주 뒤비는 공화정기 법무관의 자의적 법해석이나 제정기 황제의 일방적 입법, 그리고 무력과 권세 앞에 법이 무력했던 사례들을 열거하며 로마는 법을 중시한 사회였지 법이 지배하는 사회가 아니었다고 한다. 하지만 한때 대한민국에서 쿠데타로 정권을 장악하는 일도 있었고, 뇌물로 범죄를 덮어버리는 일도 있었다고 해서 당시의 대한민국은 법치국가가 아니었다고 할 수는 없다. 키케로는《법률론》에서 이렇게 말했다.

> 정의란 법에서 비롯된다. 법은 자연의 힘이 나타난 것이고, 사려 깊은 인간의 이성 그 자체이며, 이로써 정의와 불의가 구분되는 것이다.

초기 공화정 때부터 귀족의 특권에 대한 평민의 불만이 나오되 유혈투쟁이 아닌 이성적인 논쟁으로 갈등이 해소되었고, 그에 따른 타협을 성문법의 형태로 남김으로써 법이란 곧 시민의 권리를 보장하는 정의가 되도록 했던 것이다. 그래서 법lex이라는 말이 정의jus와 동의어가 되었던 것이다. 5세기, 로마가 멸망으로 치닫고 있던 때조차도 훈족에게 항복해 그곳에서 살아온 로마인이 로마를 추억하며 "그곳에서 나는 자유롭게 살 수 있었다. 법이 나의 자유를 지켜 주었으니까"라고 한탄했다는 이야기를 역사가 프리스쿠스는 전한다.

로마 멸망 후 서유럽에서 로마법은 그 체계가 유실되고, 파편들만 남아서 교회법, 게르만법, 영국의 커먼로Common law 등에서 일부 채용되며 간신히 명맥을 이었다. 그러다가 11세기 이탈리아에서 가이우스의 법학서, 유스티니아누스의 법전 등이 발견되면서 법학 르네상스가 시작된다. 이후 '로마법의 계수繼受'라 불리는 과정, 즉 각국의 법이 로마법의 체계를 따르게 되는 과정이 진행되는데, 국가마다 달랐고 보통 몇백 년의 시간을 필요로 했다. 하지만 사람들이 점차 '개인의 권리'에 대해 의식하게 되자, 상업과 산업이 발달하면서 재산권 문제의 합리적 해결이 필요해졌으며, 왕이나 교회에 의한 관행적인 인권 침해에 대한 반발도 심해졌다. 그리하여 '정의는 법에서 비롯된다. 법은 이성이다'라는 키케로의 주장이 다시 호응을 받으며 유럽 법률의 로마법화가 이루어진 것이다. 그리고 제국주의 시대에 유럽과 미국이 세계를 장악하면서, 결국 모든 세계의 법률들이 로마법 체계에 따르게 되었다. 또한 로마 만민법은 국제법에, 자연법은 인간을 넘어 지구의 모든 생명체의 권리를 고려하려는 최근의 추세에 영향을 주고 있다. 21세기에도 '로마법 계수'는 진행 중이라고도 하리라.

하늘의 로마를 우러러

로마, 기독교를 탄압하기보다 혐오하다

> 어떤 눈에 보이는 형상으로 제시되지도 않고, 봉헌이나 축제, 희생제 같은 장엄한 행사도 하나 없는, 정신적인 유일신의 개념은 생소한 것이었다. (…) 그들은 제국 어디에서든 일반인과 달랐다. 그들의 늘 심각하고 근엄한 태도, 세속의 사업과 쾌락을 혐오하는 태도, 세상이 이제 금방 망할 거라는 단언 등은 다신교 신자들에게 막연한 위험에 대한 공포심을 심어주었다. 그 위험은 애매모호했기에, 더 으스스했다. 소 플리니우스는 기독교도에 대해 이렇게 말했다. "그들의 행동 규칙이 무엇이든, 그 완고한 태도만으로도 처벌받아 마땅하리라 봅니다."

기번의《로마제국쇠망사》에 담긴 내용이다. 소 플리니우스가 그렇게 말한 상대는 **트라야누스**2-5 황제였는데, 자신이 부임한 임지에서 기독교도들을 어떻게 처리해야 하느냐에 대해 묻는 편지글에서였다. 황제는 '그들을 합법화할 수는 없지만 최대한 관용을 베풀라. 근거 없는 고발은 무시하도록 하라'고 답변했다. 그것은 '로마제국은 기독교를 끈질기게, 잔혹하게 박해했다'는 흔한 통념과 실제는 달랐음을 보여준다.

오랫동안 기독교는 로마에서 탄압의 대상이 아닌 혐오의 대상이었다. 로마인들은 외래 종교에 관대했으며, 그런 자세가 피정복민들이 로마에 충성하게 만드는 데 도움이 된다고 보았다. 다만 **바쿠스**[8-4] 숭배나 **이시스**[8-9] 숭배 등이 초기에 탄압받은 까닭은 그 신도들이 사회질서에 어긋나는 행동, 야만적인 행동을 자행한다 보았기 때문이다. 기독교도 처음에는 그렇다는 오해를 받았다. 예배 뒤에 성체를 배령하며 '이는 그리스도의 몸', '그리스도의 피'라 하는 말을 곧이곧대로 받아들여 '기독교인은 인육을 먹는다'고 여기고, 신도들끼리 형제, 자매라 부르곤 하는데 분명 부부라면서도 서로를 그리 부르는 걸 듣고 '기독교도는 근친상간을 대놓고 한다'고 여기던 것 등이 그 예다. 하지만 이런 오해는 곧 풀렸다. 다만 앞서 기번의 글에서 보듯, 세상 고민을 다 안고 있는 듯 늘 심각한 기독교인들, 축제나 연회의 들뜬 즐거움을 '죄'라며 손가락질하는 기독교인들, 내일이라도 세상이 망할 수 있다며 '회개하라! 회개하라! 회개하라!'고 짜증날 정도로 떠들어대는 기독교인들, 그리고 무엇보다 로마인들이 집집마다 모시고 있는 **게니우스**[8-10]를 비롯해 전통적으로 섬겨온 신상들이 모조리 우상이라며 '없애야 한다, 신은 단 하나밖에 없다!'고 우겨대는 기독교인들은 일반 로마인 사이에서 혐오를 자아낼 수밖에 없었다.

이런 혐오에 편승해, 64년에 **네로**[2-3]가 가한 최초의 기독교 박해는 로마 대화재 이후의 흉흉한 민심을 달래려 기독교도들에게 죄를 뒤집어씌우기 위한 조치였다. 결코 긍정할 수 없는 조치였으나, 기독교 자체를 범죄시해 탄압한 것은 아니었다. 그로부터 약 20년 뒤에는 도미티아누스의 박해가 있었다고 한다. 도미티아누스는 황제 숭배를 본격화한 황제였기에 그에 가장 질색했던 기독교인을 미워할 만도 했다. 하지만 오늘날에는 황제에 의한 조직적인 박해의 증거를 찾을 수 없으며, 있었다 하더라도 그것은 당시의

장 레옹 제롬의 〈기독교 순교자들의 마지막 기도〉(1883).
콜로세움에서 사자와 호랑이에게 희생되는 기독교도들이 묘사되어 있다. 그러나 역사적으로 콜로세움에서 이같은 일은 벌어지지 않았으리라 여겨진다.

재정난을 해결하고자 유대인 및 기독교인에게 중한 세금을 물리려고 제국의 이곳저곳에서 산발적으로 벌어진 일이었을 것이라 본다.

하지만 기독교인들은 이런 상황을 심각하게 받아들였으며, 지하 무덤(카타콤)에서 몰래 집회를 갖는 등 비밀결사처럼 활동하기 시작했다. 그러다 보니 조직이 생겼으며, 주교, 사제, 평신도로 이어지는, 군대조직과도 같은 체계적인 질서가 나타났다. 이는 더욱 강화되면서 3세기쯤에는 주교의 명령이라면 같은 기독교도의 처형을 포함해 뭐든 가능한 수직적 체계가 자리잡았다.

박해의 희생자에서 박해자로

한편 교부들도 나타나면서, '로마인들의 마음을 사려면 온화하고 다정한 태도로 다가가라', '이교도의 신앙을 노골적으로 비웃거나 이제 곧 세상이 끝난다고 위협을 주거나 하는 일을 삼가라'는 등의 조언을 했다. 그래도 우상 숭배 문제만은 양보할 수 없었으므로 '황제 숭배를 공공연히 거부하고, 전통의 제례를 방해한다'는 혐의로 종종 기독교인이 고발되었다. 그러나 대부분 훈계를 듣고 방면되거나 가벼운 처분을 받는 데 그쳤다. 이러다 보니 엘리트층 가운데서도 기독교도가 늘기 시작했다. 사정이 달라진 건 303년이었는데, 막시밀리아누스라는 젊은이가 징병에 불응한 사태가 촉매가 되었다. '나는 예수를 섬기는 사람으로, 모든 이는 나의 형제인데 같은 형제에게 차마 무기를 들이댈 수 없다'는 이유였다. 결국 그는 탈영병으로 간주되어 처형되었는데, 세계 최초의 양심적 병역거부자라고 할 그의 뒤를 이어 기독교도의 병역 거부가 줄을 이었다. 심지어 장교까지 자기 투구를 내던지고, 군기를 짓밟는 등의 행동을 보였다. 제국을 이끄는 입장에서 이는 두고 볼 수 없는 일이었다. 게다가 기독교도 여성들이 남편과의 잠자리를 거부하는 일 역시 심각한 문제라 여겨졌다. 그리하여 디오클레티아누스는 '교회를 철거하라, 예배를 금지하라, 성서를 태우라. 이에 불응하는 자는 죽여라!'라는 포고령을 내렸다.

하지만 이미 제국 최고위층까지 스며들어 있던(그래도 로마인 전체 가운데는 아직 소수였다. 밀라노 칙령 당시 총인구의 5퍼센트 남짓이었을 것으로 보인다) 기독교는 결국 **콘스탄티누스**2-8의 내전 승리로 약 300년 만에 정식 종교로 공인되기에 이른다. 그것은 로마가 인정하는 여러 종교 가운데 하나라는 의미였지만, '유일한 종교'로 올라서는 데는 그리 오래 걸리지 않았다. 그 저변에는 갈수록 쇠퇴하는 제국의 현실을 보며 새로운 신앙에서 구원을 찾으려던 일반적인 성향이, 핵심에는 기독교인과 교회에 특혜를 주는 황제들의 정책(그것은 꼭 그들이 신앙심이 두터워서였다기보다, 전통 종교를 약화시키고 그 부와 명예를 기독교로 돌리는 과정에서 스스로 챙길 수 있는 게 많았기 때문이다. 또한 이제는 아무도 믿지 않는 '황제는 곧 신'이라는 도식보다 '전능하고 유일한 신과 그의 대리인인 황제'라는 도식이 더 설득력 있다고 보기도 했다)이 있었다. 이제 로마 총주교는 교황으로 대접받았으며, 서로를 '이단'이라 규정해 벌이는 싸움과 박해로 빚어진 유혈이 지난 300년간 간간이 있었던 기독교 박해로 생긴 사망자의 몇 배나 넘는 피해를 낳고 있었다.

로마는 저물었지만, 로마의 힘을 빌린 기독교

그러나 새 종교의 힘으로 로마는 강성해지지 않았다. 그 반대로, 이민족들이 사방에서 치고 들어와 유서 깊은 건물은 물론 새로 단장한 교회까지 잿더미로 만들고, 온갖 만행을 다 저지르는 사태가 거듭되었다. '우리는 성심으로 기독교의 신을 받들었다. 그런데 이게 뭐냐? 혹시 조상들의 종교를 버렸기 때문에 벌을 받고 있는 건 아니냐?'와 같은 회의의 목소리가 여기저기서 터져 나왔다. 이때 이를 반박하기 위해《신국》을 쓴 사람이 오늘날 알제리에 있던 도시 히포의 주교 아우구스티누스였다.

'로마는 망해간다. 그렇다. 하지만 강성했을 때의 로마는 과연 어땠는가? 사치와 범죄, 온갖 악덕이 날뛰는 세상, 강한 자가 약자를 짓밟는 세상이 아니었던가? 공화정에서 잠깐 동안, 또 일부 훌륭한 황제들의 치세 때 잠깐 동안 정의가 지켜졌다고 말할지도 모르겠다. 하지만 그래봤자 완벽한 정의는 아니었을 것이다. 인간들의 도시에서, 인간들끼리는 완벽한 정의를 이뤄낼 수 없기 때문이다. 완벽한 정의란 오직 저 하늘 위, 신이 직접 다스리시는 신의 나라에서만 이루어진다. 그리고 그 나라는 영원히 멸망하지 않는다. 모두 고개를 들자. 그리고 지상의 로마에 대한 미련을 버리고, 하늘의 로마를 우러르자!'

한때 키케로와 그를 통한 플라톤 철학에 심취했고, 키케로의 산문을 계승한 리비우스와 비슷하게 그의 철학을 계승한 사람이라 여겨졌던 이 늙은 주교는 스스로 죽음의 자리에 누운 채로, 밖에서는 히포를 침략하는 반달족들의 함성과 시민들의 비명이 메아리치는 가운데, 《신국》을 써내려갔다. 그리고 그가 약속하는 하늘의 이상국가에 대한 희망은 많은 사람들의 고통을 달래주었다. 삶은 너무도 힘들고 세상은 썩었다. 그러나 그게 전부가 아니지 않을까? 보이지 않는 존재가 있어 나를 지켜주고 구해주지 않을까? 나는 운명의 사랑을 받는 존재이지 않을까? 이런 희망조차 없이 살아갈 만큼 인간이 강인하기란 쉽지 않다. 그리하여 서로마가 망하고 난 뒤의 유럽에서, 로마는 하늘의 로마 바로 아래에서, 그 로마의 뜻에 따라 세상 사람들과 기독교인들을 다스리는 교황을 중심으로 계속 빛을 냈다. 로마의 힘을 빌려 기독교는 세계를 정복했지만, 로마보다도 더 넓은 땅에서 더 많은 사람에게, 어쩌면 더 강력한 힘을 오랫동안 행사했다. 르네상스, 종교개혁, 시민혁명과 과학혁명을 겪은 오늘날에도 그 힘은 사라지지 않았다. 물론 앞으로도 계속 하늘의 로마가 인류의 희망으로 여겨지려면, 권력과 권위를 넘어서 기독교적인 사랑의 힘이 더 진실하게 발휘될 수 있어야 하겠지만.

사람과 법의 구조물

공화정이란 무엇인가

대한민국은 민주공화국이다.

정부 수립 이래 헌법 제1조 1항이며, 정부의 조치가 민의를 무시했다는 시위대가 힘껏 연호하는 구호이기도 한 이 문구, 여기서 '민주'는 무슨 의미인지 모두 알지만(그렇다고 생각하지만), '공화국'이 무슨 뜻인지 아는 사람은 많지 않다.

공화정의 바른 의미는 대한민국 헌법 제1조 2항에서 찾을 수 있다. "대한민국의 주권은 국민에게 있으며, 모든 권력은 국민으로부터 나온다." 주권이 국민에게 있음은 민주주의의 기본이고, (통치)권력이 국민의 손에 있음은 공화주의의 기본이다. 그게 그거 아닌가 싶지만, 영국의 경우 엄밀하게 따져 주권은 국민이 아닌 국왕에게 있으나, 입헌정의 하나로 모든 권력은 국민이 뽑은 대표자들에게 있다.

어쩐지 더 복잡해진 것 같다. 사실 오늘날 정치에서 민주정과 공화정의 개념적 구분은 큰 의미가 없고, 국민의 자유와 권리가 얼마나 보장하느냐에 따라 민주주의냐, 아니냐로 나뉘는 구분이 더 널리 받아들여지며 의미가 있기도 하다. 그러나 민주정과 공화정의 이런 개념적 구분은 근대 이후의 것이며, 고대사회, 그리스–로마시대에는 도시국가 민주정과 구분되는 공화정이 여러 갈등과 시행착오를 거쳐 서서히 형성되었다.

공화정의 시작

기원전 494년부터 기원전 287년까지 모두 다섯 차례 있었다는 '평민의 철수(세케시오 플레비스)'에 대한 리비우스의 서술을 곧이곧대로 믿을 수는 없다. 그러나 사회 엘리트의 전횡에 분노한 서민층의 충돌과 갈등이 여러 차례 있었고, 이를 절충하고 보합하는 과정에서 로마 공화정이 차차 모습을 갖추게 되었음은 분명하다. 이 다섯 차례의 '철수'의 결과 12표법이 만들어지고, 채무노예제가 폐지되고, 호민관직이 창설되고, 콘술 등의 행정관직이 평민에게도 개방되었다.

그리고 마지막 세케시오 플레비스의 결과(아마도), '플레비스테리움(평민회 결의)'이 법으로서의 효력을 갖게 되었다. 이전에는 제안의 의미밖에 없었으나, 이제는 평민회에서 입법이 가능해진 것이다. 한편 '세나투스 콘술툼(원로원 결의)'은 여전히 권고의 효력만 있었으므로 평민의 권력이 더 강해졌다고도 볼 만했다. 하지만 원로원 결의는 법률 이상의 권위를 가졌고, 원로원은 이를 통해 평민회에서 제정된 법안을 거부할 수도 있었으므로 실제 권력은 엘리트에게 좀 더 기울어져 있었다. 키케로는 이 구도를 '권위는 원로원에게, 권력은 평민회에게, 이야말로 가장 훌륭한 균형과 조화다'라며 공화정의 핵심이라고 평가했다.

평민이 귀족을 떠받치고, 그들의 대립관계가 분열로 비화하지 않도록 귀족 및 평민 출신의 행정관이 마룻돌처럼 균형을 잡아주는 구도는 '사람'과 '법'이 정교하게 엮여서 지탱되는 구조물이라고 할 수 있었다. 아무래도 정치는 사람이 하는 것이니, 미덕이 높고 도량이 넓은 사람들을 더 존중하며 재능이 뛰어난 사람을 적재적소에 뽑는 일이 중요하다. 그래서 원로원에 권위를 부여하고, 행정관을 선거로 뽑는다. 하지만 사람을 너무 믿어서도 안 된다. 사람은 사정에 빠지거나, 부패하거나, 자기 공동체의 이익을 앞세우기 쉽기 때문이다. 그래서 법을 정해 모든 사람이 평등하게 지키는 기준을 삼는다. 그래서 권위와 재능이 떨어지는 사람들도 소외되지 않도록 한다. 이것이 '공적인 일(레스 푸블리카)'을 추구하는 방식이다.

근대 이후, 공화정의 변천

이런 구도가 혼란을 맞아 모두가 사적인 힘과 연줄만 좇아서 법도 관행도 무시하면서 공화정은 무너졌다. 그러나 레스 푸블리카에 대한 관심은 근대에 부활한다. 대표적으로 16세기, 마키아벨리는 '국민이 한 가지라고 보는 민주정의 관점은 비현실적이며, 엘리트와 서민은 대립하게 되어 있다'는 시각에서 귀족과 평민 사이에 견제와 균형을 도모한 로마 공화정을 부활시키는 일을 목표로 삼았다. 그러나 18세기의 루소는 아테네식 민주정을 더 선호했고, 그래서 '국민 전체의 참여'에 방점을 둔 공화정 모델을 내놓았다. 19세기, 칸트는 《영구평화론》에서 세상에서 전쟁을 없애는 방법으로 '모든 나라가 민주정이 아닌 공화정 체제가 되는 것'을 제시했다. 민주정은 주권이 국민에게 있다는 명분만 있을 뿐, 실제로는 독재자나 소수의 엘리트가 좌우하는 경우가 많다. 그러나 공화정은 국민의 의지에 따라 정치가 이루어진다. 그렇다면 깨어 있는 국민인 이상 전쟁에 찬성할 리 없고, 따라서 전쟁이 사라지리라는 것이었다.

오늘날, 민주정과 공화정의 실질적 차이는 희미해졌다. 또 '자유'가 보다 강조되면서 '자유민주주의'가 정치의 기본형인 것처럼 통용되고 있기도 하다. 그러나 마이클 샌델 같은 '공동체 지향적 공화주의자'는 자유민주주의가 미덕을 모르고 개인의 이익에만 관심이 있는 시민을 양산한다는 점을 지적하며, 시민의 덕을 보다 높여야 할 필요성을 제기한다. 한편 필립 페팃 같은 '자유 지향적 공화주의자'는 공동체를 강조하는 일의 위험성을 경고하면서도 '자유민주주의는 국가의 간섭을 받지 않을 권리에만 주목한다. 그러나 더 중요한 것은 공적이든 사적이든 지배받지 않을 권리다'라고 하며, 개인의 권리는 정치에서 이탈함으로써가 아니라 참여함으로써 확보될 수 있다고 지적한다.

그러나 공화정이든, 공화주의든, 레스 푸블리카를 말하는 사람은 누구나 고대 로마 공화정을 돌아본다. 그리고 현대 정치체제 원리의 하나로, 또한 더 나은 정치체제를 만들기 위한 이념적 모델로, 사람에 대한 믿음과 불신을 교묘하게 짜 맞춰 이뤄낸 고대 로마의 구조물은 지금도 중요한 의의를 갖고 살아 있다.

야누스에서 아우구스투스까지

로마인들의 역법

지금 세계에서 일반적인으로 말하는 새해 첫날은 1월 1일(그레고리력)이다. 하지만 보편적인 첫날은 아니다. 우리네 음력 새해 첫날은 그레고리력을 기준으로 보면 해마다 달라지고, 서아시아와 중앙아시아 일부처럼 춘분을 새해 첫날로 삼는 문화권도 있는데, 그러면 3월 20일 또는 21일이 된다. 또한 태국의 송끄란을 비롯해 동남아시아 여러 국가에서는 4월 13일이나 14일을, 유대교에서는 9월 9일을, 이슬람교에서는 9월 12일을 새해 첫날로 삼는다.

이렇게 다양한 설날이 있는 것은 그만큼 다양한 역법曆法이 있기 때문이다. 우주의 흐름이야 무슨 연월일의 구분이 있으랴만, 시간을 구분해서 생활을 계획하고 작업할 때와 쉴 때를 구별하는 존재가 인간이므로 역법을 만들 필요가 있었다. 그리고 되도록 자연의 흐름에 맞추고자 해의 흐름을 혹은 달의 흐름을 따랐는데, 애초에 시작도 끝도 없는 시간에 시작점을 매기려다 보니 기준이 제각각일 수밖에 없었다. 그래서 어떤 민족은 낮의 길이와 밤의 길이가 같을 때를, 어떤 민족은 봄기운이 처음 나타날 때를 시작점으로 정하는 식이 되다 보니 역법이 다양해진 것이다.

로마인들의 역법은 본래 음력이었다. 에트루리아 등 주변 이탈리아 종족들과 비슷했고, 일주일은 8일이었다. 그러다가 태양력으로 바뀐 때는 전설에 따르면 로마의 건국자인 **로물루스**1-1의 개혁에 의해서라고 하는데, 그는 음력이 때로는 여름, 겨울과 같은 계절 변화와 일치하지 않는 날짜를 강요한다고 보고 태양의 운행을 따라 역법을 개혁했다. 그의 달력은 **마르스**8-2 신을 기리는 마리티우스를 1월로, **베누스**8-3를 기리는 아피릴리스를 2월로 삼았으며 모두 10개월이고, 31일을 가진 달이 넷, 30일을 가진 달이 여섯이었다. 즉 마리티우스의 1일에서 데켐베르('10월'을 뜻한다)의 30일까지가 1년(304일)이었다.

셈하지 않던 60일과 '로마적'인 변화

태양력이라면 태양이 뜨고 지는 자전 주기를 하루로 삼았을 게 아닌가. 그러면 당시나 지금이나 하루의 길이는 똑같을 텐데, 60일 이상이나 차이가 날 수가 있나? 그것은 겨울에 해당하는 때는 달력에서 제외했기 때문이다. 농사도 지을 수 없고 전쟁도 할 수 없는 이 시기는 굳이 달력이 필요하지도 않기 때문에, 1년으로 셈하지도 않았던 것이다. 그렇지만 로물루스의 역법은, 일주일을 8일로 셈하는 일은 예전 태음력에서 그대로 가져왔다. 왜 8일인가 하면 달의 모양이 한 번 바뀌는(가령 초승달에서 상현달로, 또는 상현달에서 보름달로) 기간이 대략 8일이기 때문이며, 이는 A일, B일, C일…과 같이 A에서 H까지의 문자로 표기해 구분했다. 마지막 8일째인 H일은 '눈디나'라고 해서 지금의 주말처럼 쉬거나, 축제를 벌이거나, 시장을 열고 생산물을 교환하는 때로 삼았다. 전쟁과 농경의 정확성을 갖추려 태양력으로 개혁했지만, 사람들의 습관에 더 깊이 배어들어 있는 일주일 제도는 태음력의 것을 그대로 쓴 점에서 '과연 로물루스적이다', 아니 '로마적이다'라고 할 만하다.

그런데 역시 날짜를 말할 수도 기록할 수도 없는 날이 60일이나 계속되는 것은 불편했을 것이다. 그래서 다시 개혁이 이뤄졌는데(전설대로라면 로물루스를 계승한 제2대 왕 누마에 의해), **야누스**8-6 신을 기리는 야누아리우스와 '정화'를 의미하는 페브룸에서 온 페브루아리우스를 덧붙여 비어 있던 시간을 메움으로써 1년은 12개월이 되었다. 그런데 이미 존재하던 10월 체계에 새롭게 덧댄 것이기에 기존의 달 이름은 바뀌지 않았고, 로마의 '1월'도 야누아리우스가 아니라 마리티우스 그대로였다(따라서 12월, 마지막 달인 페브루아리우스는 1년 동안의 죄업을 정화하고 반성하는, 1년 차원의 눈디나 역할을 했다). 그런데 이런 체제는 로마가 확장되고 이집트와 그리스 등과의 교류가 활발해지면서 혼란스러워진다. 1월을 마리티우스가 아니라 야누아리우스로 정하게 되고(이 때문에 10월을 의미하는 데켐베르가 이제는 12월을 지칭하게 되는 등 말과 의미가 달라지는 결과를 낳았다. 아직까지도 말이다!) 일주일도 A에서 H가 아니라 솔리스(태양)에서 사투르누스(토성)에 이르는 태양계 7요曜를 지칭하는 이름으로 불리기 시작했는데, 기존의 눈디나 8일제는 7요일제와 오래 혼용, 병행되다가 기원후 321년 **콘스탄티누스**2-8에 의해서 비로소 7일제로만 굳어진다.

이것이 전부는 아니었다. 기원전 48년, 내전을 치르고 있던 **카이사르**1-8는 폼페이우스를 쫓아서 이집트까지 갔다. 그곳에서 클레오파트라를 만나 사랑을 했을 뿐 아니라, 일찌감치 '1년=365일' 체제로 쓰고 있던 이집트 태양력이 로마 것보다 정확하다는 점을 깨달았다. 그래서 그곳의 학자 소시게네스 등의 조언을 받으며 로마 역법을 개정해 1년을 365.25일로 정했다. 소수점에 해당하는 시간은 실재하는 시간인데도 날 수로 잡히지 않으므로 시간이 지날수록 실제 태양의 운행과 달력 사이의 오차가 벌어지는데, 이 문제는 4년마다 하루를 몰아주어 1년이 366일이 되는 윤년을 둠으로써 해결했다. 이 새로운 역법은 카이사르의 노멘을 따서 '율리우스력'이라고 불린다. 그리고 이것이 오늘날까지 사용되는 일반적 태양력 역법의 기본이다.

로마제국이 로마 역법에 덧붙인 유산은 카이사르를 기념해 그때까지 퀸틸리우스 달이라 불리던 5월, 지금의 7월을 율리우스 달이라고 부른 것(그 달에 카이사르의 생일이 있었기 때문이라는데, 퀸틸리우스가 로물루스와 동일시되는 점을 보면 그가 로물루스를 대신해 새로운 로마의 시조가 된다는 암시도 있었을 듯하다), 다시 그의 계승자로 제국을 명실공히 일으킨 **아우구스투스**[2-1]가 섹스틸리스 달(6월, 나중의 8월)을 아우구스투스 달로 바꾼 것이 있다. 그의 후계자 티베리우스에게서도 비슷한 제안이 나왔는데, 그는 '역대 황제가 12명을 넘어서면 어쩔 셈이냐?'고 퉁명스레 되쏘았다고 한다. 그 덕분에 오늘날 우리는 9월September을 '타이비리어스'라고 부르지 않아도 된다.

그레고리력에서 최종 완성된 로마력

그런데 황제의 영광이 스러질 때, 교황이 대신하여 '마무리'를 한 것은 역법에서도 그랬다. 율리우스력은 365.25일인데, 실제 태양의 공전주기는 365.2422일이다. 따라서 100여 년 정도면 몰라도, 수백 년이 넘어가면 오차가 크게 쌓이게 된다. 이 문제를 해결하고자 그레고리오 13세는 1582년에 1년을 더 세밀하게 설정한 그레고리력을 제정해 선포했다. 다만 당시는 이미 중세가 마감된 때였고, 교황의 권위를 인정하지 않는 개신교 등에서는 이를 받아들이기를 거부했다. 하지만 역시 시간과 달력은 정확해야 좋은 법이라, 유럽 각국은 차차 그레고리력으로 옮아갔다. 더 완강했던 쪽은 그리스 정교회가 지배하는 동유럽이었는데, 이 역시 근대화 개혁, 사회주의 혁명 등을 거치며 '글로벌 스탠더드'로서의 그레고리력을 받아들였다. 하지만

라비니아 폰타나의 〈교황 그레고리오 13세〉(1585).
그는 율리우스력의 누적된 오차를 없앤 현행의 그레고리력을 만들었다.

아직도 완고한 그리스정교 분파에서는 율리우스력을 쓴다.

로마자10-1와 **로마법**10-3이 그랬듯, 그레고리력에서 최종 완성된 '로마력'도 서구 제국주의의 돌풍에 실려 비서구 문명권 곳곳에 도입되었다. 한국의 초대 대통령 이승만은 서구화가 곧 문명화라고 여긴 개화파의 일원답게 양력 절대주의를 주장했으며, 몰래 음력 설을 치르는 사람이 적발되면 감옥에 가두기까지 했다. 그러나 그 로마력—양력의 원조인 로물루스가 수천 년 전 혜안을 보여주었듯, 민중의 습관을 강제로 단시간에 바꾸기란 어렵다. 결국 '우리우리 설날'은 모든 것이 양력에 맞춰진 우리네 생활 습관을 견디고 살아남아, '민족의 명절' 자리를 지키고 있다. 다만 민속 설은 이미 상전벽해가 되어버린 바다 한가운데 외로운 섬과 같은 처지이다. 중국의 춘절이나 태국의 송끄란도 다르지 않다. 모든 것은 단숨에 개혁하는 것이 아니라 낡은 것과 새로운 것을 적당히 배합해가며 오랜 시간을 보낸다. 그러다 보면 결국 새로운 원칙이 세계를 통일한다. 이 또한 로마적이다.

콜로세움에서 만나요

빵과 서커스의 정치학

오래전에는, 우리는 투표권을 팔지 않았었지.
누구나 자신의 책임을 다하며 살았지.
그러나 언젠가부터 우리는 우리 권한을 넘겨주기 시작했지.
군사령관에게, 고위공직자에게, 군인들에게, 우리의 모든 권한을!
이제 우리가 바라고 꿈꾸는 것은 두 가지뿐이라네.
빵과 서커스!

기원후 100년경에 로마의 시인 유베날리스가 《풍자시집》에서 읊은 말이다. 그는 **네로**2-3가 즉위한 다음 해에 태어났으며, 따라서 공화정을 실제 경험한 사람은 아니다. 그러나 "나 때는 말이야, 이렇지가 않았어!" 하는 말을 노인들에게서 귀에 못이 박히도록 들었고, 스스로도 네로에서 도미티니아누스에 이르는 황제들의 폭정과 그런 폭정을 수습하기 위해 **베스파시아누스**2-4 같은 황제들이 쓴 정책에 대해 유감과 의심을 갖게 되었다. 그래서 '자유롭고 긍지 높던 로마 시민은 어디 가고, 빵과 서커스밖에 모르는 대중만

2세기경, '키르쿠스 막시무스'에서 벌어지는 전차 경주를 묘사한 부조.
© Georges Jansoone

있는가?'라는 개탄을 읊은 것이다.

'**빵**10-10'이란 시민들에게 밀을 공짜로 배급하는 것을 의미하는데, 시작은 빈부격차에 따른 빈민들의 생활고를 덜어주고자 기원전 123년에 **그라쿠스**1-6가 했었다. 그러다가 군벌들, 나아가 황제들이 이를 자신의 이름으로 시행하면서 시민의 불만을 달래고 자신의 인기를 높이는 수단이 되었다.

그라쿠스가 시작했을 때는 배급 밀이 무료가 아니라 반값이었고, 빈민에게만 한정했다. 그러나 공짜 좋아하는 사람들의 심리가 두렵기도 하고 끌리기도 했던 위정자들은 반값 대신 무료 배급을 만들고 대상자도 점점 늘렸던 것이다. 유베날리스가 죽은 뒤인 140년에는 로마 시민에게 밀을 무료 배급한다는 법이 제정되었다.

한편 '서커스'는 오늘날 생각하는 서커스만이 아니라 원형경기장이나 전차 경기장 등에서 벌어지는 온갖 볼거리를 총칭한다. '키르쿠스circus'란 원circle이라는 뜻으로, 사람들이 둥글게 둘러앉아 볼거리를 즐긴다는 뜻을 담고 있다. 축하할 일이 있을 때 대중에게 볼거리를 제공하는 일, 가령 싸움에서 이긴 장군이 사비를 털어서 검투사 시합이나 공연을 개최하는 일은 로마의 오랜 전통이었다. 제정 시대가 되면서 이는 더 대규모로, 더 성대하게, 더 자주 개최되었으며 당연히 입장료는 무료였다.

황제에게도 중요한 서커스 정치

황제들은 대부분 경기장에서 벌어지는 시합에 몸소 참석했다. 매스컴이 없던 시대에 대제국을 다스리는 사람의 얼굴을 직접 볼 수 있다는 것도 서커스의 가치를 더했고, 황제 쪽에서도 대중에게 자신을 어필하며 자신의 손짓 하나에 열광하는 모습을 볼 수 있어서 좋았다. 그래서 **아우구스투스**[2-1]는 대중들의 오락거리가 취미에 안 맞았지만 반드시 참석하려 했으며, 네로는 자신이 배우로 나설 만큼 '황제의 볼거리'에 진심이었으나 피를 꺼리는 성격 때문에 검투사 시합을 폐지해 그 효과가 반감되었다. **베스파시아누스**[2-4]는 네로 이후의 혼란기로 실추된 제정의 인기를 높이는 일환으로 **콜로세움**[4-3]을 지었고, 다른 쪽에서는 내핍 재정을 고집하면서도 대중의 볼거리에는 돈을 아끼지 않았다.

이처럼 대중 스포츠가 일상화되자 현대 스포츠에서 볼 수 있는 현상들도 나타났다. 가령 뛰어난 검투사의 몸에 묻었던 모래(경기장에서 묻은 것으로, 시합을 마치면 주걱으로 긁어냈다)가 고가에 거래되었다. '팬심' 때문이었다. '훌리건'도 있었다. 응원하는 팀에 따라 주먹다짐에 칼부림까지 벌어지는 일이 흔했으며, 532년에는 콘스탄티노플에서 벌어진 전차 경주의 승부에 대한 시비가 결국 황제 **유스티니아누스**[2-9]의 목숨까지 위협하는 대폭동으로 번지기도 했다.

이러한 '빵과 서커스'는 시민을 자주적인 정치참여자에서 수동적인 대중으로 전락시키는 '독이 든 성배'였다고 평가된다. 유베날리스도, 세네카도 그렇게 생각했다. 특히 세네카는 "공짜 밀을 배급받는 사람 가운데는 악인도 많다"며 국가에 헌신한 사람과 밥만 축내는 사람, 미덕이 뛰어난 사람과 악덕으로 뭉친 사람을 아무 구별 없이 대접하는 것은 공정하지 않다고 비판했다. 그는 고대적인 정의관에 따라 공동체는 공동체에 기여한 공로에 비례해 시민을 대접해야 한다고 여긴 것이다. '시민이 깨어 있지 않으면 독재가 정당화된다'는 우려는 현대 민주정치에서도 마찬가지이며, 우리나라에서도 5공 시절 '3S 정책', 즉 스크린, 스포츠, 섹스에 붐을 일으키는 정책을 써서 대중이 잘못된 정치를 비판할 정신을 온통 그쪽에 빼앗기도록 했다는 이야기가 있다.

로마판 우민정책과 복지정책 사이

그러나 다른 각도에서 보면 빵과 서커스는 오히려 긍정적이다. 빈부나 지위, 평판에 관계없이 시민이기만 하면 일정한 배급을 받는다는 것은 현대의 보편복지 개념과 통하며, (비록 배급 대상은 성인 남성에만 국한되었던 것 같지만) 로마판 '기본소득'이라고 할 수 있다. 이 분배제도 덕분에 로마가 몰락하기 전까지는 전쟁이나 역병의 피해는 있었어도 대기근(그 이전이나 이후의 전근대 제국들에서는 그 제국의 전성기 때조차도 이따금 일어나는 일이었다)은 없었던 것으로 보인다.

또한 국가가 '빵만 먹고 살 수 없는' 개인에게 스트레스를 풀 수단도 공짜로 제공했음은 매우 특별하다. 동아시아나 중동의 왕국들에서는 국가가 백성을 가르쳐야 한다는 이념을 실천하는 경우가 있었다. 체계적이지는 않았지만, 빈민에 대한 국가 차원의 구휼도 있었다. 그러나 대중 오락을 국가가 운영해야 할 기본 사업의 하나로 여겼던 전근대 문명은 로마밖에 없다. 그것이 시민들의 정치의식을 떨어트린다고 하나, 한편 많은 사람이 한데 모이고 이야기하다 보면 오히려 정치의식이 높아지고 공론장이 형성될 수도 있었다.

현대의 대중문화는 대부분 국가가 아닌 민간이 만들고 운영한다고 하지만, 국가가 관심을 놓고 있는 것은 아니다. 대중매체에 대해 정치적 편향성이나 선정성, 폭력성 등을 이유로 규제도 하고, 반대로 '한류 열풍을 다시 일으키자'는 식으로 진흥하기도 한다. 스포츠의 경우에는 올림픽이나 월드컵 등이야말로 평범한 사람들이 애국심으로 대동단결할 수 있는 몇 안 되는 이벤트이기도 하다. 이에 대해서 로마시대의 그것과 비슷한 우려도 나오고, 두둔도 나온다. 갑론을박은 있지만, 그때나 지금이나 대중 오락은 사람들을 하나로 만드는 힘이 있다. 그리하여 만들어진 것이 우중愚衆인지, 공민公民인지, 단지 일시적으로 집합했을 뿐인 군중인지는 상황에 따라 다를 것이다. 우리는 그런 응집력을 되도록 바람직한 방향으로 가져가는 방법을 고민해야 한다.

영웅 황제 여성 건축 전쟁 기술 책 신 제도 유산

기독교적 박애와 제국적 위민

최초의 병원은 전쟁과 노동을 위해

서구 세계에서 '병원'이라는 시스템은 로마시대에 시작되었다. 하지만 그것을 순전히 고대 로마의 산물이라고 보기는 어렵다. 그것은 고대 서양인들이 질병을 지금의 우리와는 다르게 받아들였고, 병자나 장애인에 대한 그들의 태도 또한 지금과는 달랐기 때문이다.

고대 그리스와 로마에서(세계의 다른 곳에서도 대체로 그랬듯) 질병이란 신의 징벌이었다. 따라서 어떤 사람이 병에 걸렸다면 '신의 노여움을 샀거나 부도덕한 일을 저질러 벌을 받는가 보다'라는 눈총을 함께 받아야 했다. 그러니 그런 '죄인'을 위해 치료와 간호를 해주는 시설을 지어주자는 생각이 떠오를 수 있겠는가.

신의 징벌은 신의 은혜로 면해야 하는 법. 의술의 신 아스클레피오스에게 공물을 바치고 그 신전에 마련된 참회소에서 지내며 은혜가 내리기를 기다리는 관행은 그리스에서 시작되었고, 로마에서도 이 관행을 받아들였다. 참회소에서는 최소한의 간호 서비스를 했으며 아편과 같은 '치료제'도 주었으므로 이를 최초의 병원이라고도 보지만, 치료와 간호를 위해서만 존재하는 시설은 기원전 1세기경의 로마에서 처음 나타났다. 그러나 일반인을 위한 병원은 아니었고, 병사, 검투사, 노예를 위한 '발레투디나리움valetudinarium'이라는 시설이었다.

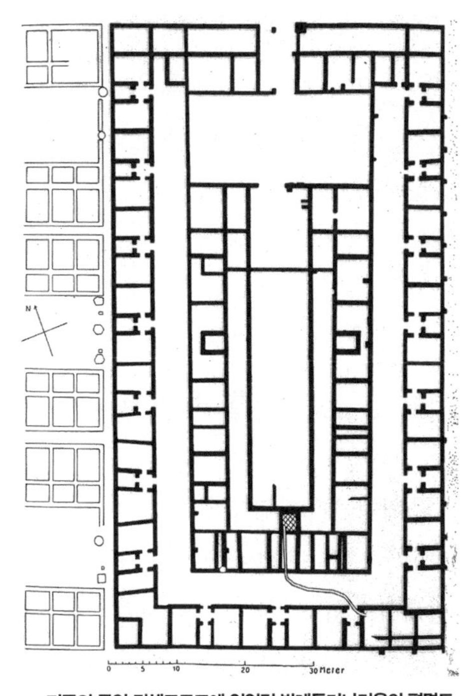

지금의 독일 뒤셀도르프에 있었던 발레투디나리움의 평면도.
ⓒWellcome Trust

이들만을 위한 의료시설이 마련된 까닭은 이들이 대체로 질병보다 부상이나 원정에서 얻은 역병으로 치료받아야 하는 사람들이었기 때문이다. 따라서 신의 징벌과는 무관할 수 있으며, 또한 그들을 빨리 치료해 업무에 복귀하도록 하는 일이 공익에 맞기 때문이기도 했다. 고대 서양의 정의관에 따르면 공동체에 기여한 만큼 공동체의 대우를 받는 것이 바로 정의였다. 따라서 업무에 종사하다가 부상을 입은 사람에게 공공 의료 서비스를 제공하는 일은 공정했다. 그러나 '신의 징벌'로 괴로워하는 사람에게 그런 서비스를 하는 일은 공정하지 않았던 것이다. 이런 관점에 따라 스파르타에서는 태어난 아이가 장애가 있으면 그 자리에서 죽여버렸고, 플라톤이나 아리스토텔레스는 이것이 매우 합당한 방법이라며 일반화할 필요가 있다고 했다. 천부인권이라는 관념이 없던 시대이고, 장애인이란 평생을 가도 공동체에 기여할 수가 없고 폐만 끼치는 존재이니 일찌감치 없애는 편이 합당하다고 여겼던 것이다.

발레투디나리움은 병영마다 설치되었고, 검투사 양성소나 시합장에도 있었다. 이들에 비해 노예를 위한 시설은 수준이 많이 떨어졌으며, 제공되는 서비스의 질도 낮았다. 각 군단별로 설치된 발레투디나리움은 대략 500명을 수용할 수 있었고, 그것은 군단 병력의 10퍼센트까지 수용한다는 의미였다.

기독교 보급 이후 바뀐 병원의 모습

이런 가치관이 바뀐 건 기독교가 로마 사회에 보급되고부터였다. 기독교는 병자만이 아니라 '우리 모두가 죄인'이라는 관념을 제시했다. 물론 신이 특정 죄인을 벌주고자 질병을 내릴 수도 있다. 그러나 욥의 경우처럼 아무 죄도 없지만 신이 '시험'하고자 병들게 한 경우도 있을 수 있다. 그리고 예수는 눈먼 자를 눈뜨게 하고 앉은뱅이를 일으키며, 장애인이 기피와 혐오의 대상이 아니라 함께 보듬어야 할 동료 시민임을 보여주었다. 그는 이렇게 말하지 않았던가. "너희 중에 가장 힘들게 사는 자에게 해준 것이 곧 나에게 해준 것이다."

그리하여 313년의 밀라노 칙령으로 기독교가 공인된 뒤, 병원의 설립 움직임이 활발해졌다. 344년경 안티오크에 레온티우스가 세운 병원을 시작으로, 대성당이 있는 도시마다 병원을 세우는 일이 관행화되었다. 그러나 기독교의 박애 정신만이 병원 설립의 동력이 되지는 않았다. 제국, 특히 동로마제국에서 황제는 귀천을 불문하고 만백성의 안녕을 위해야 한다는 관념이 이루어졌다. 또한 실질적 견지에서, 4세기쯤 되면 병균의 존재는 몰랐더라도 열악한 생활 환경이 전염병의 온상이 된다는 사실은 숙지되어 있었다. 그렇다면 설령 빈민들 사이에서만 역병이 돈다고 해도, 이를 최대한 억제하는 일이 제국 전체의 평안에 도움되리라. 그리고 병원을 세워 의사들이 병자들을 치료하는 한편 임상실습을 할 수 있게 되면, 그 전염병이 황제나 고위층들에게 번졌을 때도 요긴한 처방을 쓸 수 있게 되지 않겠는가.

동로마가 현대에 남긴 귀한 유산

그래서 특히 동로마에서 병원 설립과 운영은 활발히 이루어졌다. 10세기 전후 160여 개의 병원이 제국 전역에 있었던 것으로 보이며, 이는 콘스탄티노플의 200병상 대형 병원에서부터 변방의 수십 개 병상 병원까지 망라되었다. 각 병원에는 의사(아르키아트로이), 간호사(히포우르고이), 병원 직원(히페르타이) 등이 있어서 환자를 돌보고 관리하는 일을 했다. 그리고 현대의 암병동처럼 특정 질병에 특화된 병원도 있었던 것 같다.

병원 시스템은 고대 로마에 비해 인기가 없는 동로마가 현대에 남겨준 귀중한 유산 중 하나다. 그리고 그것은 고대의 정의관과 질병관이 변화를 겪고, 현대의 인권 관념과 비슷한 관념까지 진화가 이루어진 결과 실현될 수 있었다.

더 쓰실 분 없습니까?

전리품 처리 때문에 생겨난 방편

경매는 고대 바빌로니아에도 있었다고 하며, 아테네 등 그리스 도시국가에서도 행해졌다. 그러나 경매를 뜻하는 영어 단어 'auction'이 증가를 뜻하는 라틴어'auctum'에서 온 것처럼(점점 부르는 값이 늘어나는 식으로 이뤄지기 때문이리라), 경매를 본격화, 체계화, 일상 생활화해 경제의 중요한 부분으로 삼은 사람들은 고대 로마인이었다.

그것은 로마가 전쟁으로 번성하고, 전쟁에서 거둔 전리품을 편리하게 처리할 방법을 찾다 보니 이뤄진 일이었다. 금붙이나 미술품 등은 물론이고, 사람(노예)은 대규모로 보관할 데도 마땅치 않고, 빨리 처분하지 않으면 망가지거나 도둑맞거나 달아날 수 있었기 때문이다. 게다가 로마 군인에게 현지 약탈은 원칙적으로 불법이었다. 그래서 로마 군인들은 전리품을 얻은 현장이나 귀국한 뒤의 장터에 원을 그리고 자신의 창을 꽂아서 '이 원 안에 있는 것은 나의 경매물이다'라고 표시하고는 입찰을 시작했다고 한다. 그러나 여기에 부동산처럼 현장에 내놓을 수 없는 물건들도 나오게 되고, 경매에서 성공하려면 제 나름의 기술과 경험이 필요하다는 게 분명해지자, 전문 경매업자가 나타났다. 그래서 전리품은 물론 유산을 처분하거나, 빚잔치를 하거나 할 때 전문 경매업자를 불러 포럼에서 경매를 진행하게 되었다. 플리니우스의 **《박물지》**[7-7] 등에서 이 경매 현장을 묘사했는데, 오늘날 볼 수 있듯 파는 자와 사는 자 사이에 각종 책략이 난무하는 한편, 미술품 경매의 경우 위조품도 많이 나왔다. 그래서 미술품 전문 감식업자가 경매업자와 나란히 활약하고, 반대로 멀쩡한 물건을 위조라고 뒤집어씌워서 헐값에 낙찰받기도 했다고 한다.

공화정 후기에는 경매로 막대한 부를 쌓는 경우도 나왔는데, 주로 부동산 경매였다. 그 대표적인 인물이 **스파르타쿠스**[5-5]의 희망을 짓밟고, 삼두정치의 일원이 된 크라수스였다. 그는 술라의 편에서 일하다가 술라가 **마리우스**[1-7]와의 대결에서 최종 승리를 거두고 그와 그 일파의 재산을 모조리 압류해 경매에 붙이자, 그 기회를 놓치지 않고 알짜 부동산들을 싼 값으로 쓸어 담았다. 그리고 비싼 값으로 팔거나 임대했다. 크라수스가 당대의 '슈퍼리치'가 되는 데는 여러 가지 방법이 있었지만, 이 부동산 경매가 최고였다고 한다. 물론 크라수스만이 아니라 많은 사람이 굶주린 늑대처럼 마리우스파의 부동산에 달려들었다. 그래서 사실은 마리우스와 무관한데도 억지로 누명을 씌워서 그의 부동산을 긁어내는 일까지 있었다고 한다.

이런 아수라장을 두고 비판의 목소리도 높았다. 특히 젊은 **카이사르**[1-8]가 "로마의 법과 정의는 어디로 사라졌는가? 정말 이래도 되는 것이냐!"고 **원로원**[9-2]에서 일갈했을 때, 원로원 의원들은 아무 대답도 하지 못했다고 한다. 그러나 카이사르 자신도 로마 경매사에 한 획을 긋게 된다. **갈리아 전쟁**[5-6]에서 한 지역을 정복하고는 5만 명이 넘는 그곳 주민 전원을 노예로 경매에 넘긴 것이다. 하지만 카이사르로서는 그럴 필요가 있었다. 사병화된 그의 병사들에게 나눠줄 돈과 로마 정계에서 입지를 굳히기 위한 막대한 정치자금을 빠르게 손에 쥐어야만 했기 때문이다.

경매에 나온 황제 자리

제국 시대에도 경매는 흥했다. 황제들도 경매장에 나왔다. '나쁜' 황제도, '좋은' 황제도 자금 융통에 경매를 활용했다. 가령 **칼리굴라**2-2는 막대한 사치 때문에 늘 자금이 궁했는데, 원로원 의원과 부호들에게 '강제 경매'를 해서 일부를 해결했다. 자신이 입던 옷이나 신발 따위를 내놓고 거액으로 사들이게 강요한 것이다. 난처해하는 그들을 완전무장한 근위병들이 무섭게 노려보는 가운데 말이다. 한편 5현제의 하나인 **아우렐리우스**2-7도 게르만과의 전쟁으로 국고가 비게 되자, 궁전의 미술품, 집기 등을 경매에 내놓았다. 그래도 칼리굴라의 경우처럼 허섭스레기가 아니라 진품명품들뿐이라, 낙찰이 좀처럼 되지 않아 몇 달이나 걸렸다고 한다.

황제의 자리 자체가 경매에 넘겨진 경우도 있었다. 193년, 콤모두스의 폭정을 쿠데타로 해결한 페르티낙스에 불만을 품은 근위대가 그 역시 시해해 버린다. 그리고 다음 황제는 누굴 시킬 것인지 고민하던 그들은 '우린 어차피 돈이 최고 아냐? 돈 많이 내는 놈이 하라고 그러지 뭐!'라는 결론을 냈다. 그리고 진짜로 황제 자리를 경매에 건다고 공포했다. 이 소식을 듣고 솔깃했던 사람 가운데 디디우스 율리아누스가 있었다. 그는 크라수스 이상으로 돈을 밝히고, 루쿨루스 이상으로 사치에 진심이었다. 황제가 되면 더 마음껏 사치를 할 수 있겠다 싶었던 그는 얼른 달려가서 입찰했으며, 결국 옥좌를 따냈다. 기세등등히 황궁에 입성한 그는 아직도 암살될 때 그대로 방치된 페르티낙스의 시체를 보았다. 페르티낙스는 저녁을 들던 참에 습격당해 죽었는데, 디디우스는 페르티낙스의 검소한 저녁 밥상을 보더니 '미친 놈! 황제가 되어갖고 이 따위를 먹고 있었다니!' 하면서 시체를 치우라고 하고는 그 자리에서 호화로운 식사를, 최고의 무용수를 불러 노래와 춤을 감상하며 즐겼다고 한다. 그러나 그의 행복은 오래가지 못했다. 로마시에서 벌어진 소식을 듣고 지방에서 반란군들이 앞다퉈 다음 황제를 노리고 달려왔으며, 그 가운데 셉티미우스 세베루스가 가장 앞섰다. 디디우스는 그를 막으려 애썼으나 세베루스는 너무 강했고, 디디우스에 대한 로마군과 시민의 충성심은 너무 약했다. 결국 로마에 입성한 세베루스는 울며불며 발버둥치는 디디우스를 처형하고 옥좌에 앉았다. 경매로 따낸 황제 자리는 66일 만에 끝장났다.

고대 로마 경매의 유산, 유치권

고대 로마가 무너진 뒤로 경매는 원동력을 잃어버렸으며, 완전히 사라지지는 않았지만 거의 찾아볼 수 없는 상태로 1천 년이 지나갔다. 그러나 로마인들은 또 한 가지 점에서 경매 제도가 현대에 이어지게끔 기여했다. **로마법 체계**[10-3]에서 그 법적인 절차와 권한을 규정해둔 것이다. 그 가운데는 유치권도 있었다. 오늘날에도 경매 시장에서 간혹 시한폭탄으로 작용하는 유치권이란 담보물권의 하나로, 물건 그 자체의 소유권과 별개의 채권에서 선의의 3자의 이익을 보호하는 법적 권리다. 건축업과 부동산업이 현대에 버금가게 발달했던 로마에서, 건물을 주문한 사람이 파산해 그 건물이 경매를 통해 다른 사람에게 넘어갔을 경우 건축업자는 대금을 못 받을 위험에 처하는 일이 많았다. 그래서 그 경우에는 건물의 새 소유주로부터 대금을 받기 전까지 건물을 넘기지 않을 권리를 인정받게 되는데 그것이 유치권이다. 이 유치권은 '로마법 계수' 과정에서 근대 민법체계에 수용되었으며, 이와 함께 근대 상업과 산업이 발달하면서 경매는 다시 활발해지게 되었다.

나날의 주식에서 특별한 연회까지

부자는 흰 빵, 가난한 자는 검은 빵

"먹어라, 나의 살이다."

"마셔라, 나의 피다."

예수가 최후의 만찬에서 제자들에게 나눠줬다는 빵과 와인. 그것은 동아시아 전통의 '밥과 국'처럼 서양에서 오랫동안 '식사'의 기본 요소이자 대명사처럼 되어왔다. 그리고 그것이 자리잡은 때는 로마시대였다.

초기 로마인들은 곡물로 죽을 만들어 먹었으며, 빵을 먹는 습관은 그리스에서 이어받았다고 한다. 하지만 식사의 기본에 빵을 놓았을 뿐 아니라 제빵 기술을 비약적으로 발전시켜 오늘날과 거의 차이가 없을 정도의 빵 문화를 이룩한 곳은 로마다. 빵이 일상의 주식이 될 수 있었던 것은 로마가 지중해 세계를 제패하고 막대한 양의 밀과 그 밖의 곡물을 이탈리아로 실어 올 수 있었기 때문이며, 제국 시대에 접어들면서 이른바 '**빵과 서커스**1 0-7'로 민심을 어루만지기 위해 빈민을 대상으로 한 무상 곡물 배급을 대폭 늘렸기 때문이다. 그리하여 축제일에나 먹는 특식이던 빵이 흔해지면서 빵 자체보다는 얼마나 고급 빵을 먹을 수 있느냐가 부와 신분을 나타내게 되었다. 귀족과 부자는 부드러운 흰 빵을, 가난한 평민은 거친 검은 빵을 먹는다는 이야기는 이때부터 시작되어 서구 근대 초기까지 이어지게 된다.

화덕, 오븐은 서민 가정에서는 구비하기 어려워서 본래는 열기가 남은 잿더미에 굽거나 항아리에 넣고 구웠지만, 그래서는 다양하고 맛 좋은 빵이 나오지 않았다. 그래서 제정시대에는 부자들만 자택에 고급 오븐을 놓고 빵을 직접 구워 먹고, 대부분의 사람들은 빵집에서 빵을 사 먹었다(화재를 염려한 면도 있었다). 29년의 베수비오 분화로 파묻혔다 발굴된 폼페이시에서는 30여 곳의 빵집이 발견되었으며, '모데투스'라는 상호의 빵집에는 81개의 빵이 선반에 놓인 상태로 남아 있었다. 그 가운데 로마인들에게 가장 인기 있었던 빵은 '파니스 콰드라투스' 즉 '네모진 빵'으로, 탄화된 채 원래 모습을 그대로 간직하고 있는데 제빵사의 이름이 새겨져 있어 당시 전문 제빵사가 있었고 그 사회적 평가도 높았음을 보여준다. 윌리엄 루베는《빵의 지구사》에서 "로마인들의 빵이 오늘날 우리가 먹는 빵과 크게 다르지 않다"고 한다.

술에 물 탄 듯, 물에 술 탄 듯

와인은 술이고 오늘날 우리의 기준으로는 제법 비싼 술이므로 빵과 와인이 모든 이의 주식을 나타낸다는 게 의아할 수도 있다. 하지만 예나 지금이나 유럽 지역은 물에 석회 성분이 많아서 그대로 마시면 탈이 나기 쉬웠고, 가난할수록 깨끗한 물을 구하기가 더 어려웠기에 와인이 물 대신일 필요가 있었다. 다만 물을 섞어 마셨으므로 로마인들이 매일 고주망태가 되지는 않았는데, 그들은 보통의 식사가 아닌 연회에서 값비싼 와인을 마실 때도 물을 섞었고 원액 그대로 마시는 일을 야만스럽다고 여겼다. 또한 와인은 식사 때 반주로 마시는 거지 아무 때나 '병나발'을 분다면 예의가 아니라 보았는데, 시대가 지나면서 차차 물을 섞지 않고, 따로 안주도 없이 마시는 행태가 늘어났다.

로마인은 와인을 물 대용으로도 마셨지만 오늘날과 같은 고급술로도 마셨다. 포도 경작법, 와인 양조법, 와인 보관법 등에서 오늘날 와인 양조업자들이 사용하는 기술의 기본은 모두 로마시대에 고안된 것이다. 그런 기술을 써서 그들은 다양한 와인을 개발했고, 그 결과 오늘날처럼 최고급 와인, 고급 와인, 중급 와인 등의 등급을 매길 수 있게 되었다. 플리니우스의 **《박물지》**7-7에 따르면 기원후 1세기 당시 14종이 고급 와인으로, 28종이 중급 와인으로 거래되었다. 고급 와인 가운데 최고급은 센티눔이라는 상표가 붙었는데, **아우구스투스**2-1 이래 황제들이 즐기는 화이트와인이었다(오늘날에는 와인 하면 레드와인을 먼저 생각하지만, 로마인들은 화이트를 더 고급으로 쳤다. 그리고 요즘 말로는 바디감이 있는 와인보다 달콤한 와인을 좋아했다).

와인이 필수품이 되다 보니(와인을 생석회에 섞어 소석회로 만들고 그걸로 토목공사를 하던 관리가 '먹을 와인도 없는 판에 무슨!'이라며 흥분한 군중에게 맞아 죽을 뻔한 적도 있었다) 로마는 정복지마다 포도나무를 열심히 심었고, 와인을 만들었다. 그래서 와인 문화가 널리 퍼지는 데도 결정적 기여를 했다. 로마인들은 와인이 아닌 맥주를 마시는 북방 유럽인들을 야만스럽다고 비웃었다. 그리고 '갈리아인들이 왜 로마를 자꾸 침공했는지 아는가? 바로 우리 와인을 얻고 싶어서였다'라는 야담도 지어냈다. 하지만 갈리아는 사실 로마의 와인 문화에 중요한 공헌을 했는데, 오크통에 맥주를 담아 보관하는 걸 보고 그곳을 정복한 **카이사르**1-8가 오크통을 로마로 가져왔고, 이것으로 숙성시킨 와인이 훨씬 나은 풍미를 지니게 된 것이다. 30여 곳의 빵집이 있었던 폼페이에 와인가게는 100곳이 넘었다. 폼페이의 당시 인구는 2만 명이었다. 1세기 기준 로마인들이 1년에 마시던 와인은 2억 5천만 리터로 추산된다.

요리에 진심을 다했던 로마인들

로마인들은 보통 하루 세 끼를 먹었으며, 일반 평민 가정의 경우 아침(이엔타쿨룸)에는 플랫브레드 위주로 간단히 때우고, 점심(프란디움)은 작은 식당에서 빵과 무화과 등을 가볍게 사 먹었다. 그리고 저녁(코이나)을 가장 근사하고 푸짐하게 먹었다. 황실이나 부잣집에서 저녁식사로서 거창한 상차림을 하는 게 '연회(멘사이)'였다. 연회는 사교의 장이면서 주최한 사람이 부와 인덕을 과시하는 자리였는데, 얼마나 귀한 식재료를, 얼마나 많이, 얼마나 기상천외한 방식으로 요리해서 내놓느냐가 일종의 경쟁 과제였다. **네로**2-3 시대의 재간꾼 페트로니우스가 쓴 《사티리콘》에서 **해방노예**9-9 트리말키오는 쉴 새 없이 진기한 요리들을 손님들 앞에 선보인다. 소스의 바다에서 살아 헤엄치는 듯한 생선요리를 연출하기도 했고, 멀쩡히 살아 새끼들에 젖을 먹이고 있는 듯 보이는 멧돼지 구이의 배를 가르자 살아 있는 개똥지빠귀가 푸드득 하고 날아오르기도 했다. 음식이 너무나 많이 나와서 다 먹을 수가 없자 밖으로 나가 토한 다음 다시 먹는 사람까지 있었다는데(차려진 음식은 모두 먹는 게 당시의 예의였다), '로마인들은 먹고 토하고 하며 계속해서 게걸스레 먹었다'는 이야기가 여기서 나왔다(오늘날에는 그것이 일반적인 경우는 아니었으리라 보고 있다). 진귀한 요리의 최고봉은 식탐 황제의 최고봉인 비텔리우스가 만들게 한 '미네르바의 방패'를 꼽을 만하다. 엄청나게 큰 접시에 창꼬치 간, 꿩의 뇌, 공작의 뇌, 홍학의 혀, 칠성장어의 지라 등등을 써서 만든 요리인데, 그 하나하나가 로마제국 전역에서 힘들게 구해 온 것들이었다고 한다. 이보다 한술 더 떴다고도 볼 수 있는 괴짜 황제 엘라가발루스는 요리마다 금과 보석가루를 수북이 뿌려서 대접했다. 보기는 좋아도 먹기는 어려웠던 요리 아닐까.

연회라면 저마다 고기를 잔뜩 쌓아놓고 와구와구 먹어 치우는 장면이 그려지지만, 그것은 북방 유럽인들의 경우였고 로마인들은 생선을 훨씬 선호했다. 놀래기가 최고로 치는 생선이었고, 다음이 숭어, 연어였다. 도미티아누스 황제는 각료회의를 열어 '아드리아해에서 잡히는 광어를 어떻게 하면 제일 맛있게 요리할 수 있는가'를 놓고 진지하게 논의했다고 한다. 로마 저택에서 식당을 보면 식욕을 돋우는 용도의 **모자이크화**6-9가 그려진 경우가 많은데, 대부분 물고기 그림이다. 기본 소스도 '가룸'이라 하는, 생선을 발효해 만든 장을 써서 감칠맛을 더했다. 그래서 '로마인은 거의 채식주의자에 가까웠다'고도 하지만, 예외라면 멧돼지 고기, 그리고 쥐(겨울잠쥐) 고기였다. 세계 최초의 요리서로 여겨지는 아피키우스의 《요리에 대하여De re Coquinaria》가 1세기의 로마에서 나왔을 만큼, 서구의 미식문화도 로마에서 비롯했다고 할 수 있다.

당신의 눈동자에 건배를!

식사 때 건배를 하는 습관도 로마에서 왔다. 호라티우스에 따르면 첫 잔에서 셋째 잔까지는 각자 마시고, 네 번째 잔을 들 때 가족이나 친구의 건강을 빌며 건배했다고 한다. 건배를 영어로 토스트toast라고 하는 것도 로마에서 유래했다는 설도 있다. 로마인들은 와인잔에 풍미를 더하기 위해 토스트 조각을 넣곤 했으며, 술잔이 비거나 하면 더 달라는 의미로 잔을 쳐들며 '토스트!'라고 했기에 로마가 지배하던 영국에서 그런 습관이 생겼다는 것이다.

마지막으로 포크와 나이프라는, 서양식 식사의 기본 식사도구도 로마의 유산이다. 본래 로마인들도 세계의 많은 민족처럼 손으로 음식을 먹었다. 그러나 식습관이 사치스럽고 섬세해지면서 '뜨거운 음식은 제때 먹어야 맛있는데, 손으로 집기가 어렵다', '자기 앞에 음식 덩어리를 올려놓고 조금씩 잘라 먹는 편이 더 맛을 즐길 수 있다' 등의 생각이 나왔다. 그래서 1세기쯤부터 황실을 중심으로 연회 때는 개인용 포크와 나이프를 갖추게 되었다. 연회 자리는 참석자의 신분에 따라 차별이 있었는데, 포크와 나이프가 놓여 있지 않은 자리는 말석이었다. 그러나 게르만인들이 서로마 세계의 주인이 되고부터는 다시 손으로 먹는 문화로 되돌아갔다. 반면 동로마에는 포크와 나이프가 남아 있었는데, 로마교회의 사절들이 콘스탄티노플을 방문해 식사를 같이하다가 포크, 나이프를 이탈리아에 다시 가져가게 되었다. 프랑스에는 1533년이 되어서야 도입되었는데, 카테리나 메디치가 프랑스 왕실에 시집가면서 전한 것이다. 그러나 나이프는 그럭저럭 빨리 자리잡았으나 '신께서 주신 손을 놔두고 무슨 뾰족한 창 같은 걸로 음식을 찍어먹나?' 하면서 포크를 악마의 도구인 양 보는 시각이 많았던 탓에, 포크가 보급되는 데에는 시간이 많이 걸렸다. 유명한 루이 14세도 격식 있는 자리에서는 나이프와 포크로 식사를 했지만, 편한 자리에서는 서슴없이 손으로 음식을 집어 먹었다고 한다. 유럽에서 나이프와 포크를 쓰지 않으면 식사는 불가능하다고 여겨질 정도가 되었을 때는 18세기 말이었다.

천년의 제국을 결정한 10가지 역사 속 100장면

10×10 로마사

1판 1쇄 인쇄 2023년 9월 22일
1판 1쇄 발행 2023년 9월 29일

지은이 함규진
펴낸이 고병욱

기획편집실장 윤현주 **책임편집** 김경수 **기획편집** 한희진
마케팅 이일권, 함석영, 김재욱, 복다은, 임지현
디자인 공희, 진미나, 백은주
제작 김기창 **관리** 주동은 **총무** 노재경, 송민진

펴낸곳 청림출판(주)
등록 제1989-000026호

본사 06048 서울시 강남구 도산대로 38길 11 청림출판(주)
제2사옥 10881 경기도 파주시 회동길 173 청림아트스페이스
전화 02-546-4341 **팩스** 02-546-8053

홈페이지 www.chungrim.com
이메일 cr2@chungrim.com
페이스북 https://www.facebook.com/chusubat

ISBN 979-11-5540-224-5 03920

• 추수밭은 청림출판(주)의 인문 교양도서 전문 브랜드입니다.